ち

Tusculum-Bücher

Herausgegeben von H. Färber und M. Faltner

PINDAR

SIEGESGESÄNGE UND FRAGMENTE

Griechisch und deutsch

herausgegeben und übersetzt von Oskar Werner

ERNST HEIMERAN VERLAG IN MÜNCHEN

Auf dem Titelblatt · Siegreiches Viergespann· Dekadrachme von Syrakus 479 v. Chr.

INHALT

SIEGESGESÄNGE

ΟΛΥΜΠΙΟΝΙΚΑΙΣ

I

ΙΕΡΩΝΙ ΣΥΡΑΚΟΣΙΩΙ ΚΕΛΗΤΙ

Äolisch; Iamben

Str.

```
 1   U – –   U U – U –       – U   – U U – –
 2   U U U –       U – – U U – U U – U U – –
 3   – U –   U – U –
 4                                 – U   – U U – –
 5   – U –   U – U –
 6   – U –   U UU U – U –   U –   U – U U – – U – U –
 7   – U –   U – U –             U – U U – –     U –
 8 U UU U UU  U – U  – U –  U –
 9     U  UU   – U –   UU U –
10   U – –   U – U –   UU U –
11  Ū – U UU   – U –     U –
```

Ep.

```
 1 U – U UU – U –  – U U –  U – –  U – U –
 2           U –  – U U –  – U UU U – U –
 3 – U – U  – U   – U U – – U –
 4   U – –   U – – U U – U –   U – U U – –
 5     U U – U   – U U –     – U – U –
 6             – – U U – U – –  U – U –
 7       U U U   – U U –       – U –
 8 U – –   U –  – U U – U – – UU – U – –
```

OLYMPISCHE ODEN

I

FÜR HIERON AUS SYRAKUS, SIEGER MIT DEM RENNPFERD

Die Ode feiert den Sieg Hierons im Jahre 476, in dem Pindar zum ersten Mal nach Sizilien an die Höfe von Akragas und Syrakus kam. Nach dem Lob der Olympischen Spiele, die dem Kronossohn Zeus heilig sind, der Herrschertugenden Hierons und der Leistung des Rennpferdes Pherenikos erzählt Pindar von dem Heros Pelops, dem Begründer von Pisa bei Olympia, dem Sohne des Tantalos. Er formt dabei die Sage, die nach seiner Meinung in ihrer gewöhnlichen Form göttlicher Hoheit und Gerechtigkeit zu nahe tritt, in seiner Weise um. Nach der Sage schlachtet Tantalos seinen Sohn Pelops und setzt ihn den Göttern zum Mahl vor, um ihre Allwissenheit zu erproben. Nur Demeter, in Trauer um ihre Tochter, verspeist ein Stück der Schulter. Der tote Knabe aber wird von Hermes ins Leben zurückgerufen, das fehlende Stück Schulter durch Elfenbein ersetzt. Tantalos erhält seine gebührende Strafe. Bei Pindar klingt diese alte Sage noch nach; er verwendet sie nebenher auf seine Weise (V. 48 ff., V. 28). In der Hauptsache aber läßt er den schönen Knaben Pelops durch Poseidon entführt, ihn dann, als Tantalos sich gegen die Götter versündigt, zur Erde zurückversetzt werden; mit Hilfe Poseidons läßt er ihn weiterhin im Wagenrennen den König Oinomaos besiegen und so dessen Tochter Hippodameia gewinnen. Das geschieht in Elis, in der Landschaft von Olympia, wo später Pelops als Heros verehrt wurde. Mit dem Lob Hierons, der Warnung vor Überhebung und mit Wünschen für den Herrscher und sich selbst schließt der Dichter sein Lied.

Ἄριστον μὲν ὕδωρ, ὁ δὲ χρυσὸς αἰθόμενον πῦρ   Str. 1
ἅτε διαπρέπει νυκτὶ μεγάνορος ἔξοχα πλούτου·
εἰ δ' ἄεθλα γαρύεν
ἔλδεαι, φίλον ἦτορ,
μηκέτ' ἀελίου σκόπει   5
ἄλλο θαλπνότερον ἐν ἁμέρᾳ φαεν-
    νὸν ἄστρον ἐρήμας δι' αἰθέρος,
μηδ' Ὀλυμπίας ἀγῶνα φέρτερον αὐδάσομεν·
ὅθεν ὁ πολύφατος ὕμνος ἀμφιβάλλεται
σοφῶν μητίεσσι, κελαδεῖν
Κρόνου παῖδ' ἐς ἀφνεὰν ἱκομένους   10
μάκαιραν Ἱέρωνος ἑστίαν,

                                                                Ant. 1
θεμιστεῖον ὃς ἀμφέπει σκᾶπτον ἐν πολυμήλῳ
Σικελίᾳ δρέπων μὲν κορυφὰς ἀρετᾶν ἄπο πασᾶν,
ἀγλαΐζεται δὲ καί
μουσικᾶς ἐν ἀώτῳ,   15
οἷα παίζομεν φίλαν
ἄνδρες ἀμφὶ θαμὰ τράπεζαν. ἀλλὰ Δω-
    ρίαν ἀπὸ φόρμιγγα πασσάλου
λάμβαν', εἴ τί τοι Πίσας τε καὶ Φερενίκου χάρις
νόον ὑπὸ γλυκυτάταις ἔθηκε φροντίσιν,
ὅτε παρ' Ἀλφεῷ σύτο δέμας   20
ἀκέντητον ἐν δρόμοισι παρέχων,
κράτει δὲ προσέμειξε δεσπόταν,

                                                                Ep. 1
Συρακόσιον ἱπποχάρ-
    μαν βασιλῆα· λάμπει δέ οἱ κλέος
ἐν εὐάνορι Λυδοῦ Πέλοπος ἀποικίᾳ·
τοῦ μεγασθενὴς ἐράσσατο Γαιάοχος   25
Ποσειδάν, ἐπεί νιν καθαροῦ λέβη-
    τος ἔξελε Κλωθώ,
ἐλέφαντι φαίδιμον ὦμον κεκαδμένον.
ἦ θαύματα πολλά, καί πού τι καὶ βροτῶν
φάτιν ὑπὲρ τὸν ἀλαθῆ λόγον   28 b
δεδαιδαλμένοι ψεύδεσι ποικίλοις
    ἐξαπατῶντι μῦθοι.

Höchst wertvoll zwar ist Wasser; und Gold – wie leuchtendes Feuer
Glänzt durch die Nacht, so hebt's weit sich aus männererhebendem
Doch ist Wettkampfs Siegessang   [Reichtum;
Dein Begehr, liebe Seele:
Sieh die Sonne; mehr als sie,
Stärker glüht am Tage kein andres scheinendes
    Gestirn durch des einsamen Äthers Raum.
So Olympias Kampf; nicht Edlers gibt's; laßt uns ihm Sprache leihn!
Von dorther den Hymnos, den vielgepriesenen, umarmt
Der Sänger Geist zum Lobpreis auf den Sohn
Des Kronos, wenn sie am reichen sich vereint,
Am hochbeglückten Herde Hierons,

Der rechtgebendes Szepter führt in dem herdenviehreichen
Sikulerland, sein Haupt schmückt mit den Kronen von jeglicher
Doch auch glanzvoll strahlt zugleich   [Tugend,
In der Tonkunst Erblühen,
Wie im Spiel wir Männer sie
Pflegen oft in gastlicher Runde. Nun, so lang
    die dorische Leier denn her vom Pflock,
Wenn, was Pisa bot und Pherenikos an Anmut und Kraft,
Den Sinn dir auf holdeste Sangespläne eingestellt,
Als am Alpheios er jagte entlang,
Den Leib, ungestachelt, darbietend im Lauf,
Und so dem Sieg vermählte seinen Herrn,

Von Syrakus den rossekampf-
    freudigen König; hell glänzt der Ruhm ihm in
Der Stadt mannhaften Volks, Pflanzstadt Pelops', des Lydiers;
Den begehrte, der gewaltig den Erdkreis umfaßt:
Poseidon, seitdem ihn aus der reinen Wan-
    ne Klotho herausnahm,
Dem in elfenbeinernem Glanz strahlt der Schulter Schmuck.
Ja, Wunder gibt's viele, und manchmal sind auch der
Menschen weit über die Wahrheit hinaus
Mit Lügen, mit buntfarbgen, geschmückte Er-
    zählungen nichts als Trugwerk.

Χάρις δ', ἅπερ ἅπαντα τεύχει τὰ μείλιχα θνατοῖς,   Str. 2
ἐπιφέροισα τιμὰν καὶ ἅπιστον ἐμήσατο πιστόν   31
ἔμμεναι τὸ πολλάκις
ἀμέραι δ' ἐπίλοιποι
μάρτυρες σοφώτατοι.
ἔστι δ' ἀνδρὶ φάμεν ἐοικὸς ἀμφὶ δαι-   35
   μόνων καλά· μείων γὰρ αἰτία.
υἱὲ Ταντάλου, σὲ δ' ἀντία προτέρων φθέγξομαι,
ὁπότ' ἐκάλεσε πατὴρ τὸν εὐνομώτατον
ἐς ἔρανον φίλαν τε Σίπυλον,
ἀμοιβαῖα θεοῖσι δεῖπνα παρέχων,
τότ' 'Αγλαοτρίαιναν ἁρπάσαι,   40
   Ant. 2
δαμέντα φρένας ἱμέρῳ, χρυσέαισί τ' ἀν' ἵπποις
ὕπατον εὐρυτίμου ποτὶ δῶμα Διὸς μεταβᾶσαι·
ἔνθα δευτέρῳ χρόνῳ
ἦλθε καὶ Γανυμήδης
Ζηνὶ τωὖτ' ἐπὶ χρέος.   45
ὡς δ' ἄφαντος ἔπελες, οὐδὲ ματρὶ πολλὰ μαιόμενοι φῶτες ἄγαγον,
ἔννεπε κρυφᾷ τις αὐτίκα φθονερῶν γειτόνων,
ὕδατος ὅτι τε πυρὶ ζέοισαν εἰς ἀκμάν
μαχαίρᾳ τάμον κατὰ μέλη,
τραπέζαισί τ' ἀμφὶ δεύτατα κρεῶν   50
σέθεν διεδάσαντο καὶ φάγον.
   Ep. 2
ἐμοὶ δ' ἄπορα γαστρίμαρ-
   γον μακάρων τιν' εἰπεῖν· ἀφίσταμαι·
ἀκέρδεια λέλογχεν θαμινὰ κακαγόρους.
εἰ δὲ δή τιν' ἄνδρα θνατὸν 'Ολύμπου σκοποὶ
ἐτίμασαν, ἦν Τάνταλος οὗτος· ἀλ-   55
   λὰ γὰρ καταπέψαι
μέγαν ὄλβον οὐκ ἐδυνάσθη, κόρῳ δ' ἕλεν
ἄταν ὑπέροπλον, ἅν τοι πατὴρ ὕπερ   57b
κρέμασε καρτερὸν αὐτῷ λίθον,
τὸν αἰεὶ μενοινῶν κεφαλᾶς βαλεῖν
   εὐφροσύνας ἀλᾶται.

Es leiht Charis, die alles schafft, was genehm ist den Menschen,
Ansehn und Ehre, bewirkt es dann auch, daß Unglaubliches glaubhaft
Wird und ist, wie's oft geschieht.
Spätre Zeiten erst werden
Zeugen, klug und einsichtsvoll.
Es geziemt dem Manne, zu sprechen über Göt-
    ter Gutes nur; kleiner ist dann die Schuld.
Sohn des Tantalos, entgegen Früheren künd ich von dir:
Als einst dein Vater geladen, ganz wie's Brauch ist, zum
Gelag in Sipylos' freundliche Stadt,
Erwidernd den Göttern ihr gastliches Mahl,
Hat dich der Dreizackprangende geraubt –

Es zwang Sehnsucht sein Herz – auf goldnem Gefährt seiner Stuten
Dich zu des weithin verehrten, des Zeus hohem Hause gefahren,
Wo in nächster Zeit ja auch
Ganymedes dann hinkam,
Hin für Zeus zu gleichem Dienst.
Als du nun unsichtbar warst, dich der Mutter Män-
    ner, ob sie schon viel suchten, nicht gebracht,
Hat gleich heimlich einer der gehässigen Nachbarn gesagt,
Sie hätten in Wassers durch Feuer siedendheißem Schwall
Dich mit dem Messer gliedweise zerstückt,
An Gasttischen rings als Nachspeise das Fleisch,
Dein Fleisch verteilt einander und verzehrt.

Doch mir scheint's mißlich, nennt' ich freß-
    gierig der Selgen einen; das laß ich sein.
Ein Lohn bösester Art ward den Lästerern oft zuteil.
Wenn ein Sterblicher je von des Olymps Wächtern hoch
Geehrt ward, war dies Tantalos; doch
    das große Glück zu verdaun, war
Er nicht fähig; und übersättigt, zog er sich zu
Unmäßiges Unheil. Hängte der Vater doch
Über sein Haupt einen großmächtigen Stein,
Den ständig vom Haupt fort er zu stoßen strebt,
    bar allen Glücks und freudlos.

ἔχει δ' ἀπάλαμον βίον τοῦτον ἐμπεδόμοχθον   Str. 3
μετὰ τριῶν τέταρτον πόνον, ἀθανάτους ὅτι κλέψαις   60
ἀλίκεσσι συμπόταις
νέκταρ ἀμβροσίαν τε
δῶκεν, οἷσιν ἄφθιτον
θέν νιν. εἰ δὲ θεὸν ἀνήρ τις ἔλπεταί
⟨τι⟩ λαθέμεν ἔρδων, ἁμαρτάνει.
τοὔνεκα προῆκαν υἱὸν ἀθάνατοί ⟨οἱ⟩ πάλιν   65
μετὰ τὸ ταχύποτμον αὖτις ἀνέρων ἔθνος.
πρὸς εὐάνθεμον δ' ὅτε φυάν
λάχναι νιν μέλαν γένειον ἔρεφον,
ἑτοῖμον ἀνεφρόντισεν γάμον

                        Ant. 3
Πισάτα παρὰ πατρὸς εὔδοξον Ἱπποδάμειαν   70
σχεθέμεν. ἐγγὺς ἐλθὼν πολιᾶς ἁλὸς οἷος ἐν ὄρφνᾳ
ἄπυεν βαρύκτυπον
Εὐτρίαιναν· ὁ δ' αὐτῷ
πὰρ ποδὶ σχεδὸν φάνη.
τῷ μὲν εἶπε· 'Φίλια δῶρα Κυπρίας   75
ἄγ' εἴ τι, Ποσείδαον, ἐς χάριν
τέλλεται, πέδασον ἔγχος Οἰνομάου χάλκεον,
ἐμὲ δ' ἐπὶ ταχυτάτων πόρευσον ἁρμάτων
ἐς Ἆλιν, κράτει δὲ πέλασον.
ἐπεὶ τρεῖς τε καὶ δέκ' ἄνδρας ὀλέσαις
μναστῆρας ἀναβάλλεται γάμον   80
                        Ep. 3
θυγατρός. ὁ μέγας δὲ κίν-
δυνος ἄναλκιν οὐ φῶτα λαμβάνει.
θανεῖν δ' οἷσιν ἀνάγκα, τά κέ τις ἀνώνυμον
γῆρας ἐν σκότῳ καθήμενος ἕψοι μάταν,
ἁπάντων καλῶν ἄμμορος; ἀλλ' ἐμοὶ
μὲν οὗτος ἄεθλος
ὑποκείσεται· τὺ δὲ πρᾶξιν φίλαν δίδοι.'   85
ὡς ἔννεπεν· οὐδ' ἀκράντοις ἐφάψατο
ἔπεσι. τὸν μὲν ἀγάλλων θεός   86 b
ἔδωκεν δίφρον τε χρύσεον πτεροῖ-
σίν τ' ἀκάμαντας ἵππους.

Dies Leben hat er, hilflos, voll Not stets, zu den drei Qualen
Als seine vierte; gab er, was er stahl den Unsterblichen, doch den
Zechgenossen: Nektartrank
Und Ambrosia, womit
Sie unsterblich ihn gemacht.
Doch wenn vor der Gottheit ein Mensch verborgen et-
    was hofft zu vollbringen, so geht er irr.
Darum sandten ihm den Sohn die Himmlischen wieder hinab,
Hin unter der Menschen schnellsterbendes Geschlecht zurück.
Als dem – schön war erblüht seine Gestalt –
Der Bartflaum bereits bedeckt dunkel das Kinn,
Erwägt – sie bot sich – er Vermählung, will

In Pisa von dem Vater die edle Hippodameia
Haben. Und nah ans Meer geht, an das graue, allein er im Dunkel,
Ruft den dumpferdröhnenden
Dreizackträger; und ihm vorm
Fuß, ganz nah, erscheint der Gott.
Dem nun sagt er: „Wenn je die holden Gaben Ky-
    prias, irgend, Poseidon, dir gnädgen Sinn
Wecken, halte Oinomaos' Lanze, die eherne, auf;
Mich aber, auf hurtigstem Roßgespanne fahrend, bring
Nach Elis; zum Sieg führe mich dort!
Bereits dreizehn Männer ja brachte er um,
Bewerber, und schiebt so die Heirat auf

Der Tochter. Es ergreift Gefahr,
    große Gefahr, nur kraftlosen Mann nicht; ist
Der Tod schicksalverhängt, soll sein ruhmloses Alter da
Einer, nur im Dunkel sitzend, vergebens vertun.
All dessen, was schön, unteilhaft? Aber mir –
    mir ist dieser Wettkampf
Als mein Ziel gegeben; gib du, daß die Tat mir glückt!"
So sprach er; und nicht erfolglos rührt' an er die
Worte. Um Glanz ihm zu leihn, gab der Gott
Den goldenen Wagen und – beschwingt, nie matt-
    werdenden Laufs – die Stuten.

ἕλεν δ' Οἰνομάου βίαν παρθένον τε σύνευνον·   Str. 4
ἔτεκε λαγέτας ἓξ ἀρεταῖσι μεμαότας υἱούς.
νῦν δ' ἐν αἱμακουρίαις   90
ἀγλααῖσι μέμικται,
Ἀλφεοῦ πόρῳ κλιθείς,
τύμβον ἀμφίπολον ἔχων πολυξενω-
   τάτῳ παρὰ βωμῷ· τὸ δὲ κλέος
τηλόθεν δέδορκε τᾶν Ὀλυμπιάδων, ἐν δρόμοις
Πέλοπος ἵνα ταχυτὰς ποδῶν ἐρίζεται   95
ἀκμαί τ' ἰσχύος θρασύπονοι·
ὁ νικῶν δὲ λοιπὸν ἀμφὶ βίοτον
ἔχει μελιτόεσσαν εὐδίαν

    Ant. 4
ἀέθλων γ' ἕνεκεν· τὸ δ' αἰεὶ παράμερον ἐσλόν
ὕπατον ἔρχεται παντὶ βροτῶν. ἐμὲ δὲ στεφανῶσαι   100
κεῖνον ἱππίῳ νόμῳ
Αἰοληΐδι μολπᾷ
χρή· πέποιθα δὲ ξένον
μή τιν' ἀμφότερα καλῶν τε ἴδριν ἐόντα καὶ δύναμιν κυριώτερον
τῶν γε νῦν κλυταῖσι δαιδαλωσέμεν ὕμνων πτυχαῖς.   105
θεὸς ἐπίτροπος ἐὼν τεαῖσι μήδεται
ἔχων τοῦτο κᾶδος, Ἱέρων,
μερίμναισιν· εἰ δὲ μὴ ταχὺ λίποι,
ἔτι γλυκυτέραν κεν ἔλπομαι

    Ep. 4
σὺν ἅρματι θοῷ κλεΐ-   110
   ξειν ἐπίκουρον εὑρὼν ὁδὸν λόγων
παρ' εὐδείελον ἐλθὼν Κρόνιον. ἐμοὶ μὲν ὦν
Μοῖσα καρτερώτατον βέλος ἀλκᾷ τρέφει·
ἐν ἄλλοις δ' ἄλλοι μεγάλοι· τὸ δ' ἔ-
   σχατον κορυφοῦται
βασιλεῦσι. μηκέτι πάπταινε πόρσιον.
εἴη σέ τε τοῦτον ὑψοῦ χρόνον πατεῖν,   115
ἐμέ τε τοσσάδε νικαφόροις   115b
ὁμιλεῖν πρόφαντον σοφίᾳ καθ' Ἑλ-
   λανας ἐόντα παντᾷ.

So rafft' er Oinomaos hin, nahm die Jungfrau zum Weibe.
Diese gebar ihm sechs fürstlich nach Tugenden strebende Söhne.
Jetzt ist er bei prächtgen Blut-
Spendeopfern zugegen,
Ruht an des Alpheios Furt
In umhegtem Grab bei von Fremden dort gar oft
    besuchtem Altar. Und es glänzt sein Ruhm
Leuchtend weithin von Olympias Festspiel, bei dem auf der Bahn
Des Pelops sich streitet der Füße Schnelligkeit wie auch
Der Kraft höchster Rang mutvollen Mühns.
Wer dort siegt, im Leben hat künftig er stets
Süßester Heiterkeit Beglückung, weil

Den Kampfpreis er errang. Das stets Tag für Tag neue Glück – als
Höchstes kommts' jedem Sterblichen; mir aber geziemt es, zu krönen
Jenen mit dem Reiterlied
In aiolischer Weise
Klang. Ich weiß, nie werde ich
Einen Gastfreund, welcher des Schönen kundger ist,
    zugleich auch an Machtfülle stärker in
Unsern Zeiten, mit dem stolzen zieren: des Sangs Faltenwurf.
Ein schützender Gott hält die Hände über das, was du
Erstrebst, Hieron; liegt ihm doch dies
Am Herzen. Läßt er dich nicht plötzlich im Stich,
Noch freudevoller hoffe ich den Sieg

Des Renngespanns zu rühmen einst,
    findend der Worte hilfreichen Weg dort an
Dem weit sichtbaren Hügel des Kronos. Wenn mir ja die
Muse mächtigstes Geschoß voller Kraft nährt, so sind
In anderm Bereich andere groß; doch höch-
    ste Höh hebt zum Gipfel
Sich den Kön'gen. Richte den Blick nicht noch mehr hinauf!
Sei dir lang vergönnt, auf Höhen zu wandeln, und
Mir, all die Zeit bei den Kampfsiegern zu
Verweilen, voranleuchtend an Dichtergeist
    rings im Hellenenvolke!

II

ΘΗΡΩΝΙ ΑΚΡΑΓΑΝΤΙΝΩΙ ΑΡΜΑΤΙ

Aus Iamben entstanden

Str.

```
1  ∪ – ∪ – – ∪ – –
2  ∪ ∪͡∪ – ∪ – – ∪ ∪∪ – ∪ ∪∪ – ∪ –
3  – – ∪ – – ∪ ∪∪ – ∪ ∪͡∪ – – ∪ – ∪͡∪ ∪ –
4  – ∪ – ∪∪ ∪ –
5  ∪̱ – ∪ ∪∪ – ∪ – ∪͡∪ ∪ – ∪͡∪ ∪ –
6  ∪̱ – – ∪ ∪∪ – ∪ ∪͡∪ – ∪ – ∪ – – ∪ – –
7  – – ∪ – ∪∪ ∪ – ∪ – ∪ – ∪ ∪ –
```

Ep.

```
1  – – ∪ – – ∪ ∪͡∪ – ∪ –
2  – ∪ – ∪ – ∪ ∪∪ – ∪ – – ∪ – –
3  ∪∪ ∪ – – ∪ –  ∪ – ∪ ∪∪ – – ∪ –
4  – – ∪ – – ∪ ∪͡∪ – ∪ ∪∪ – –
5  ∪̱ – ∪ ∪∪ – ∪ – – ∪ – –
6  ∪ – ∪ – ∪ – –
```

                  Str. 1

'Αναξιφόρμιγγες ὕμνοι,
τίνα θεόν, τίν' ἥρωα, τίνα δ' ἄνδρα κελαδήσομεν;
ἤτοι Πίσα μὲν Διός· 'Ολυμπιάδα
    δ' ἔστασεν 'Ηρακλέης
ἀκρόθινα πολέμου·
Θήρωνα δὲ τετραορίας ἕνεκα νικαφόρου   5
γεγωνητέον, ὄπῐ δίκαιον ξένων,
    ἔρεισμ' 'Ακράγαντος,
εὐωνύμων τε πατέρων ἄωτον ὀρθόπολιν·

                  Ant. 1

καμόντες οἳ πολλὰ θυμῷ
ἱερὸν ἔσχον οἴκημα ποταμοῦ, Σικελίας τ' ἔσαν
ὀφθαλμός, αἰὼν δ' ἔφεπε μόρσιμος,   10
    πλοῦτόν τε καὶ χάριν ἄγων

II

FÜR THERON VON AKRAGAS, SIEGER MIT DEM WAGEN

In dem Lied auf den Wagensieg Therons, der in demselben Jahre (476) wie der Rennsieg Hierons errungen wurde, stellt Pindar den Gott (Zeus) als den Schutzgott, den Heros (Herakles) als den Stifter (vgl. O X) und den Menschen (Theron) als den Sieger in ihrer Beziehung zu den Olympischen Spielen nebeneinander, preist die Vorzüge Therons und weist dann auf die wechselnden Schicksale seines Geschlechts, der Emmeniden, besonders der Kadmostöchter Semele und Ino hin, denen nach Not und Leid Unsterblichkeit zuteil wird. Nach Lob der Wettkampfsiege Therons und seines Bruders Xenokrates (vgl. P VI und I II) spricht Pindar von der orphischpythagoreischen Unsterblichkeitslehre, deren Anhänger Theron war. Neben die Qual der Frevler im Hades tritt die Wonne der Seligen, zu denen sich gesellt, wer bei dreimaliger Einkörperung der Seele frei von Unrecht geblieben ist. Zu ihnen gehören auf Ratschluß des Rhadamanthys auch Peleus, Kadmos und Achilleus, der außer Hektor Kyknos, einen Sohn Poseidons, und Memnon, den Sohn der Eos, bezwang. Zum Schluß gibt Pindar seinem Bewußtsein der dichterischen Überlegenheit über seine Rivalen durch das Bild vom Adler und den krächzenden Raben Ausdruck und hebt Therons Edelmut und Freigebigkeit hervor.

Ihr harfenmeisternden Hymnen,
Was für ein Gott, ein Halbgott ist's, welcher Mann, den unser Lied
In Pisa herrscht Zeus, Olympias festlich Spiel   [nun preist?
    hat Herakles eingesetzt,
Erste Ausbeute des Kriegs;
Theron sodann ob seines siegbringenden Viergespanns
Gebührt Lob, ihm, der gerecht ist, gastlich, ein Turm
    der Stadt Akragas, von
Vätern, von ruhmreichen, ein edler stadterhaltender Sproß.

Die trugen viel Leid im Herzen;
Dort fanden heilge Wohnstatt am Fluß sie, waren dann Siziliens
Auge. Ein Leben, bestimmt vom Schicksal, kam;
    Reichtum und Glanz fügte es zu

γνησίαις ἐπ' ἀρεταῖς.
ἀλλ' ὦ Κρόνιε παῖ 'Ρέας, ἕδος 'Ολύμπου νέμων
ἀέθλων τε κορυφὰν πόρον τ' 'Αλφεοῦ,
  ἰανθεὶς ἀοιδαῖς
εὔφρων ἄρουραν ἔτι πατρίαν σφίσιν κόμισον

Ep. 1

λοιπῷ γένει. τῶν δὲ πεπραγμένων 15
ἐν δίκᾳ τε καὶ παρὰ δίκαν ἀποίητον οὐδ' ἂν
Χρόνος ὁ πάντων πατὴρ
  δύναιτο θέμεν ἔργων τέλος·
λάθα δὲ πότμῳ σὺν εὐδαίμονι γένοιτ' ἄν.
ἐσλῶν γὰρ ὑπὸ χαρμάτων πῆμα θνάσκει
παλίγκοτον δαμασθέν, 20

Str. 2

ὅταν θεοῦ Μοῖρα πέμπῃ
ἀνεκὰς ὄλβον ὑψηλόν. ἔπεται δὲ λόγος εὐθρόνοις
Κάδμοιο κούραις, ἔπαθον αἱ μεγάλα·
  πένθος δὲ πίτνει βαρύ
κρεσσόνων πρὸς ἀγαθῶν.
ζώει μὲν ἐν 'Ολυμπίοις ἀποθανοῖσα βρόμῳ 25
κεραυνοῦ τανυέθειρα Σεμέλα, φιλεῖ
  δέ μιν Παλλὰς αἰεί
καὶ Ζεὺς πατήρ, μάλα φιλεῖ δὲ παῖς ὁ κισσοφόρος·

Ant. 2

λέγοντι δ' ἐν καὶ θαλάσσᾳ
μετὰ κόραισι Νηρῆος ἁλίαις βίοτον ἄφθιτον
'Ινοῖ τετάχθαι τὸν ὅλον ἀμφὶ χρόνον. 30
  ἤτοι βροτῶν γε κέκριται
πεῖρας οὔ τι θανάτου,
οὐδ' ἡσύχιμον ἀμέραν ὁπότε παῖδ' ἀελίου
ἀτειρεῖ σὺν ἀγαθῷ τελευτάσομεν·
  ῥοαὶ δ' ἄλλοτ' ἄλλαι
εὐθυμιᾶν τε μέτα καὶ πόνων ἐς ἄνδρας ἔβαν.

Ep. 2

οὕτω δὲ Μοῖρ', ἅ τε πατρώϊον 35
τῶνδ' ἔχει τὸν εὔφρονα πότμον, θεόρτῳ σὺν ὄλβῳ

Tugenden echtester Art.
O Sohn des Kronos, Rheas Sohn, auf dem Olymp waltend, auf
Der Wettkämpfe Höh und an des Alpheios Furt,
  erfreut durch den Chorsang,
Schütz huldvoll ihr väterererbtes Land und wahr es für ihr

Künftig Geschlecht! Was an Taten geschah,
Sei's mit Recht, sei's widerrechtlich, ungetan könnte auch nicht
Chronos, von allem der Va-
  ter, machen Tun und Ausgang des Tuns.
Vergessen käme bei glückhaftem Schicksal wohl nur.
Denn edle Freuden wirken, daß Leid dahinstirbt,
Noch grollend, doch bewältigt,

Wenn eines Gotts Weisung sendet
Des Lebens Glück zum Gipfel. Dies Wort trifft zu auf die schön-
Töchter des Kadmos, die Schlimmes einst geduldet;   [thronenden
  schwer lastend Leid sank ja vor
Mächtigern Gütern des Glücks.
Lebt unter den Olympiern doch, die ihren Tod fand im Gegroll
Des Blitzstrahls, die langgelockte Semele; es liebt
  sie stets Pallas nunmehr
Und Vater Zeus, liebt sehr sie auch der efeutragende Sohn.

Sie sagen, daß selbst im Meere
Bei Nereus' Töchtern, den seebewohnenden, unsterblich Leben sei
Ino beschieden für aller Zeiten Dauer.
  Ach, Menschen ist kund nicht, wann
Setzt ihr Ziel ihnen der Tod,
Selbst nicht, wann uns – ein Sonnenkind – einen geruhigen Tag
Voll Glück, ungetrübt zu endgen vergönnt sein wird.
  Es kommt Flut auf Flut, stets
Wechselnd mit Freuden und mit Qualen, auf die Menschen herzu.

So führt die Moira, die seit Väterzeit
Lenkt ihr wohlgesinnt Geschick, mit gottentsprungner Beglückung

ἐπί τι καὶ πῆμ' ἄγει,
   παλιντράπελον ἄλλῳ χρόνῳ·
ἐξ οὗπερ ἔκτεινε Λᾶον μόριμος υἱός
συναντόμενος, ἐν δὲ Πυθῶνι χρησθέν
παλαίφατον τέλεσσεν.   40

                                                      Str. 3
ἰδοῖσα δ' ὀξεῖ' Ἐρινύς
ἔπεφνέ οἱ σὺν ἀλλαλοφονίᾳ γένος ἀρήϊον·
λείφθη δὲ Θέρσανδρος ἐριπέντι Πολυ-
   νείκει, νέοις ἐν ἀέθλοις
ἐν μάχαις τε πολέμου
τιμώμενος, Ἀδραστιδᾶν θάλος ἀρωγὸν δόμοις·   45
ὅθεν σπέρματος ἔχοντα ῥίζαν πρέπει
   τὸν Αἰνησιδάμου
ἐγκωμίων τε μελέων λυρᾶν τε τυγχανέμεν.

                                                      Ant. 3
Ὀλυμπίᾳ μὲν γὰρ αὐτός
γέρας ἔδεκτο, Πυθῶνι δ' ὁμόκλαρον ἐς ἀδελφεόν
Ἰσθμοῖ τε κοιναὶ Χάριτες ἄνθεα τε-   50
   θρίππων δυωδεκαδρόμων
ἄγαγον· τὸ δὲ τυχεῖν
πειρώμενον ἀγωνίας δυσφρονᾶν παραλύει.
ὁ μὰν πλοῦτος ἀρεταῖς δεδαιδαλμένος
   φέρει τῶν τε καὶ τῶν
καιρὸν βαθεῖαν ὑπέχων μέριμναν ἀγροτέραν,

                                                      Ep. 3
ἀστὴρ ἀρίζηλος, ἐτυμώτατον   55
ἀνδρὶ φέγγος· εἰ δέ νιν ἔχων τις οἶδεν τὸ μέλλον,
ὅτι θανόντων μὲν ἐν-
   θάδ' αὐτίκ' ἀπάλαμνοι φρένες
ποινὰς ἔτεισαν – τὰ δ' ἐν τᾷδε Διὸς ἀρχᾷ
ἀλιτρὰ κατὰ γᾶς δικάζει τις ἐχθρᾷ
λόγον φράσαις ἀνάγκᾳ·   60

Irgend ein Leid auch herbei,
  sich wieder wandelnd zu anderer Zeit;
Wie totschlug den Laïos ja nach Schicksalsschluß sein Sohn, ihm
Begegnend, und damit, was in Pytho vordem
Geweissagt ward, erfüllte.

Da's scharfen Augs sah Erinys,
Hat sie mit Wechselmord ihm getilgt sein kampfbegieriges Geschlecht.
Doch blieb Thersander dem kampfgefallenen Poly-
  neikes, mit Jünglingen beim Spiel
Wie in Feldschlachten geehrt,
Des Adrastidenstammes blühender hilfreicher Sproß.
Der dorther des Samens Wurzel hat, ihm, dem Sohn
  des Ainesidamos,
Ziemt's, Ruhmessang jubelnden Klangs zum Ton der Leier zu weihn.

Denn in Olympia nahm selbst er
Den Preis; indes in Pytho dem Bruder, schicksalsgleich, am Isthmos
Hold beiden, die Huldinnen des Sieges Blüten   [auch,
  für Viergespanns zwölfmalgen Lauf
Reichten. Gewonnener Sieg
Löst den, der einen Kampf versucht, von Bedrängnis und Not.
Ist Reichtum mit Mannessinn geziert, macht die Zeit
  für dies er und jenes
Tatreif und weckt tieferes Denken, das dem Jäger gleich spürt,

Ein Stern, der hell strahlt im Glanz des echtesten
Lichts dem Manne, wenn zudem er sich versteht auf das Künftge,
Daß nämlich hierorts Gestorb-
  ner frevelhafte Seelen sogleich
Schwer büßen müssen und daß, was im Reich des Zeus hier
Verübt ward, drunten einer richtet, sein Urteil
Feindselgen Zwanges fällend.

ἴσαις δὲ νύκτεσσιν αἰεί,   Str. 4
ἴσαις δ' ἀμέραις ἅλιον ἔχοντες, ἀπονέστερον
ἐσλοὶ δέκονται βίοτον, οὐ χθόνα τα-
   ράσσοντες ἐν χερὸς ἀκμᾷ
οὐδὲ πόντιον ὕδωρ
κενεὰν παρὰ δίαιταν, ἀλλὰ παρὰ μὲν τιμίοις   65
θεῶν οἵτινες ἔχαιρον εὐορκίαις
   ἄδακρυν νέμονται
αἰῶνα, τοὶ δ' ἀπροσόρατον ὀκχέοντι πόνον.

    Ant. 4

ὅσοι δ' ἐτόλμασαν ἐστρὶς
ἑκατέρωθι μείναντες ἀπὸ πάμπαν ἀδίκων ἔχειν
ψυχάν, ἔτειλαν Διὸς ὁδὸν παρὰ Κρό-   70
   νου τύρσιν· ἔνθα μακάρων
νᾶσον ὠκεανίδες
αὖραι περιπνέοισιν· ἄνθεμα δὲ χρυσοῦ φλέγει,
τὰ μὲν χερσόθεν ἀπ' ἀγλαῶν δενδρέων,
   ὕδωρ δ' ἄλλα φέρβει,
ὅρμοισι τῶν χέρας ἀναπλέκοντι καὶ στεφάνους

    Ep. 4
βουλαῖς ἐν ὀρθαῖσι Ῥαδαμάνθυος,   75
ὃν πατὴρ ἔχει μέγας ἑτοῖμον αὐτῷ πάρεδρον,
πόσις ὁ πάντων Ῥέας
   ὑπέρτατον ἐχοίσας θρόνον.
Πηλεύς τε καὶ Κάδμος ἐν τοῖσιν ἀλέγονται·
Ἀχιλλέα τ' ἔνεικ', ἐπεὶ Ζηνὸς ἦτορ
λιταῖς ἔπεισε, μάτηρ·   80

    Str. 5
ὃς Ἕκτορα σφᾶλε, Τροίας
ἄμαχον ἀστραβῆ κίονα, Κύκνον τε θανάτῳ πόρεν,
Ἀοῦς τε παῖδ' Αἰθίοπα. πολλά μοι ὑπ'
   ἀγκῶνος ὠκέα βέλη
ἔνδον ἐντὶ φαρέτρας
φωνάεντα συνετοῖσιν· ἐς δὲ τὸ πᾶν ἑρμανέων   85

Wo gleich jedoch stets die Nächte,
Auch gleich des Tags die Sonne sie haben, können müheloser die
Edlen verbringen ihr Dasein, nicht das Erdreich
    aufrührend mit Armes Gewalt
Noch des Meers salzige Flut
Zu nichtigem Erwerb; bei ehrwürdigen Göttern vielmehr
Verbringen, die freudig Eides Treuschwur gewahrt,
    ihr Leben, von Tränen
Ganz frei; die andern – die erdulden unansehbare Qual.

Doch die es vollbrachten, dreimal
In jedem der zwei Reiche ganz fern von Unrecht sich zu halten die
Seele, ziehn Zeus' Weg hin zu des Kronos Burg, wo
    die Insel der Selgen, entsandt
Von des Okeanos Flut,
Rings Lüfte kühl umhauchen; und Blüten aus Gold leuchten dort,
Die einen zu Land an Bäumen voll Pracht; es nährt
    das Wasser die andern.
Ketten hiervon flechten sie sich um Arme, Kränze ums Haupt

Nach Rhadamanthys' gerechtem Urteilsspruch,
Den der mächtge Vater sich bereit hält als Beistand, er, der
Gatte der Rhea, die in-
    nehat den allermächtigsten Thron.
Peleus und auch Kadmos gehören dieser Schar an.
Achilleus brachte, als sie Zeus' Herz durch Bitten
Gewonnen, hin die Mutter;

Der fällte Hektor, ihn, Troias
Unzwingbar festen Eckstein, den Kyknos gab dem Tod er und den Sohn
Der Eos, den Aithiopier. Viele sind mir,
    viel schnelle Pfeil' unter dem Arm,
In dem Köcher mir darin,
Klar tönend Einsichtsvollen; doch braucht's für das Volk Deuter zum

χατίζει. σοφὸς ὁ πολλὰ εἰδὼς φυᾷ·
  μαθόντες δὲ λάβροι
παγγλωσσίᾳ κόρακες ὣς ἄκραντα γαρύετον

Ant. 5

Διὸς πρὸς ὄρνιχα θεῖον.
ἔπεχε νῦν σκοπῷ τόξον, ἄγε θυμέ· τίνα βάλλομεν
ἐκ μαλθακᾶς αὖτε φρενὸς εὐκλέας ὀ-   90
  ϊστοὺς ἱέντες; ἐπί τοι
'Ακράγαντι τανύσαις
αὐδάσομαι ἐνόρκιον λόγον ἀλαθεῖ νόῳ,
τεκεῖν μή τιν' ἑκατόν γε ἐτέων πόλιν
  φίλοις ἄνδρα μᾶλλον
εὐεργέταν πραπίσιν ἀφθονέστερόν τε χέρα

Ep. 5

Θήρωνος. ἀλλ' αἶνον ἐπέβα κόρος   95
οὐ δίκᾳ συναντόμενος, ἀλλὰ μάργων ὑπ' ἀνδρῶν,
τὸ λαλαγῆσαι θέλον
  κρυφὸν τιθέμεν ἐσλῶν καλοῖς
ἔργοις, ἐπεὶ ψάμμος ἀριθμὸν περιπέφευγεν,
καὶ κεῖνος ὅσα χάρματ' ἄλλοις ἔθηκεν,
τίς ἂν φράσαι δύναιτο;   100

III

ΘΗΡΩΝΙ ΑΚΡΑΓΑΝΤΙΝΩΙ ΑΡΜΑΤΙ

Daktyloepitriten

Str.

1 – ∪ ∪ – ∪ ∪ – – – ∪ –
  – – ∪ ∪ – ∪ ∪ –
2 – – ∪ ∪ – ∪ ∪ – – – ∪ –
3 – – ∪ ∪ – ∪ ∪ – –   – ∪ –
  – – ∪ ∪ – ∪ ∪ –

Ep.

1 – ∪ – × – ∪ – –   – ∪ ∪ – ∪ ∪ –
2 – ∪ – – – ∪ ∪ – ∪ ∪ – –
  – ∪ – × – ∪ –
3 – ∪ ∪ – ∪ ∪ –
  – – ∪ ∪ – ∪ ∪ –   – ∪ –

Verstehn. Weise ist, wer vieles weiß von Natur.
  Die Aneigner, heftig,
Zungengewandt, krächzen, zwei Raben gleich, ihr eitles Getön

Entgegen Zeus' Göttervogel.
Auf, halte nunmehr aufs Ziel hin deinen Bogen, Geist; wen treffen wir,
Aus wieder nun sanftem Sinne Pfeile sendend,
  die Ruhm verleihn? Setzend fürwahr
Akragas mir als das Ziel,
Sag ich, beschwör es auch, ein Wort jetzt mit wahrhaftgem Sinn:
Erzeugt hat die Stadt, die hundertjährge, keinen Mann,
  der Freunden als größern
Wohltäter, freigebiger sich gezeigt mit offener Hand

Als Theron. Doch focht den Ruhm der Hochmut an,
Der sich nicht zum Recht gesellt, nein, Werk ist tolldreister Männer
Und durch Geschwätz will verdek-
  ken, was die Edlen an Großem auch
Schufen. Der Sand flieht vor Zählung bald hier-, bald dorthin;
Und wieviel Freuden jener andern bereitet,
Wer könnte das wohl kundtun?

III

FÜR THERON VON AKRAGAS, SIEGER MIT DEM WAGEN

Die Ode gilt demselben Sieg wie O II, ist den von Theron in Gastmählern
geehrten Dioskuren Kastor und Polydeukes und ihrer mit ihnen eingangs
erwähnten Schwester Helena geweiht und mag wohl im Dioskurentempel
aufgeführt worden sein. Den Dioskuren, die nach Herakles' Aufnahme in
den Olympos Schirmherren der Olympischen Spiele wurden, ist es zu verdanken, daß Theron, der Sohn des Ainesidemos, den Olivenkranz des
Siegers erhielt. Wie Olivenbäume nach Elis (Olympia) kamen, erzählt der
mythische Teil des Liedes. Herakles holt sie aus dem im Norden gelegenen
Land der sagenhaften Hyperboreer und bepflanzt damit den Festplatz von

4 – – ∪ – – – ∪ – × – ∪ –   4 – ∪ ∪ – ∪ ∪ –
   – – ∪ ∪ – ∪ ∪ – – – ∪ –   – – ∪ – – – ∪ ∪ – ∪ ∪ –
5 ∪͜∪ ∪ – × ∪ ∪͜∪ – – ∪ – –   5 – ∪ – × – ∪ – – ∪͜∪ ∪ – –

Str. 1

Τυνδαρίδαις τε φιλοξείνοις ἀδεῖν
   καλλιπλοκάμῳ θ' Ἑλένᾳ
κλεινὰν Ἀκράγαντα γεραίρων εὔχομαι,
Θήρωνος Ὀλυμπιονίκαν
   ὕμνον ὀρθώσαις, ἀκαμαντοπόδων
ἵππων ἄωτον. Μοῖσα δ' οὕτω ποι παρέ-
   στα μοι νεοσίγαλον εὑρόντι τρόπον
Δωρίῳ φωνὰν ἐναρμόξαι πεδίλῳ   5

Ant. 1

ἀγλαόκωμον· ἐπεὶ χαίταισι μὲν
   ζευχθέντες ἔπι στέφανοι
πράσσοντί με τοῦτο θεόδματον χρέος,
φόρμιγγά τε ποικιλόγαρυν
   καὶ βοὰν αὐλῶν ἐπέων τε θέσιν
Αἰνησιδάμου παιδὶ συμμεῖξαι πρεπόν-
   τως, ἅ τε Πίσα με γεγωνεῖν· τᾶς ἄπο
θεόμοροι νίσοντ' ἐπ' ἀνθρώπους ἀοιδαί,   10

Ep. 1

ᾧ τινι κραίνων ἐφετμὰς Ἡρακλέος προτέρας
ἀτρεκὴς Ἑλλανοδίκας γλεφάρων Αἰ-
   τωλὸς ἀνὴρ ὑψόθεν
ἀμφὶ κόμαισι βάλῃ
   γλαυκόχροα κόσμον ἐλαίας, τάν ποτε
Ἴστρου ἀπὸ σκιαρᾶν
   παγᾶν ἔνεικεν Ἀμφιτρυωνιάδας,
μνᾶμα τῶν Οὐλυμπίᾳ κάλλιστον ἀέθλων,   15

Str. 2

δᾶμον Ὑπερβορέων πείσαις Ἀπόλλωνος θεράποντα λόγῳ·
πιστὰ φρονέων Διὸς αἴτει πανδόκῳ

Olympia. Der Aufenthalt des Herakles bei den Hyperboreern geschieht in Zusammenhang mit der Aufgabe, die der Artemis geweihte Hirschkuh mit dem goldenen Geweih herbeizuholen. Den Schluß des Liedes bilden Lobsprüche auf Theron und die Mahnung, kein Glück über die Grenzen menschlichen Maßes hinaus zu erstreben.

Ehrung der gastlichen Tyndariden und
    schönlockigen Helena bei
Des ruhmvollen Akragas Lobpreis ist mein Wunsch,
Wenn Therons olympischen Sieges-
    sang ich aufrichte, nimmer fußmüden Roß-
Gespannes Preis. Und so nun half die Muse mir,
    daß, neuartig glänzende Sangart findend, ich
Passend zum dorischen Fußtakt schuf den Festzug

Schmückende Laute. Denn die aufs Haar gebund-
    nen Kränze, sie treiben von mir
Ein diese von Göttern mir zugewiesne Schuld:
Des Harfenklangs kunstvoll Getön, der
    Flöten Schall, der Worte Gefüge dazu
Ainesidamos' Sohn zu mischen, wie's ihm ge-
    bührt; Pisa verlangt auch Gesang von mir. Von dort,
Gottverliehen, kommen zu Menschen Gesänge,

Hin zu jedem, dem, erfüllend Herakles' einstig Gebot,
Lautren Sinns, der Kampfrichter über die Braun wirft,
    aus Aitolien der Mann,
Hoch um die Locken herum
    grauschimmernde Zierde des Ölbaums; den hat von
Schattigen Quellflüssen des
    Istros gebracht Amphitryons Sohn einst als
Schönstes Ruhmeszeichen von Olympias Kämpfen,

Als er die Hyperboreer überzeugt,
    Apollon treu dienendes Volk.
In treuer Gesinnung für Zeus' allgastlichen

ἄλσει σκιαρόν τε φύτευμα
  ξυνὸν ἀνθρώποις στέφανόν τ' ἀρετᾶν.
ἤδη γὰρ αὐτῷ, πατρὶ μὲν βωμῶν ἁγι-
  σθέντων, διχόμηνις ὅλον χρυσάρματος
ἑσπέρας ὀφθαλμὸν ἀντέφλεξε Μήνα,   20
                                                              Ant. 2

καὶ μεγάλων ἀέθλων ἁγνὰν κρίσιν
  καὶ πενταετηρίδ' ἁμᾶ
θῆκε ζαθέοις ἐπὶ κρημνοῖς Ἀλφεοῦ·
ἀλλ' οὐ καλὰ δένδρε' ἔθαλλεν
  χῶρος ἐν βάσσαις Κρονίου Πέλοπος.
τούτων ἔδοξεν γυμνὸς αὐτῷ κᾶπος ὀ-
  ξείαις ὑπακουέμεν αὐγαῖς ἀελίου.
δὴ τότ' ἐς γαῖαν πορεύεν θυμὸς ὥρμα   25
                                                               Ep. 2

Ἰστρίαν νιν· ἔνθα Λατοῦς ἱπποσόα θυγάτηρ
δέξατ' ἐλθόντ' Ἀρκαδίας ἀπὸ δειρᾶν
  καὶ πολυγνάμπτων μυχῶν,
εὖτέ μιν ἀγγελίαις
  Εὐρυσθέος ἔντυ' ἀνάγκα πατρόθεν
χρυσόκερων ἔλαφον
  θήλειαν ἄξονθ', ἄν ποτε Ταϋγέτα
ἀντιθεῖσ' Ὀρθωσίᾳ ἔγραψεν ἱεράν.   30

                                                               Str. 3
τὰν μεθέπων ἴδε καὶ κείναν χθόνα
  πνοιαῖς ὄπιθεν Βορέα
ψυχροῦ· τόθι δένδρεα θάμβαινε σταθείς.
τῶν νιν γλυκὺς ἵμερος ἔσχεν
  δωδεκάγναμπτον περὶ τέρμα δρόμου
ἵππων φυτεῦσαι. καί νυν ἐς ταύταν ἑορτὰν ἵλαος ἀντιθέοισιν νίσεται
σὺν βαθυζώνοιο διδύμοις παισὶ Λήδας.   35
                                                              Ant. 3

τοῖς γὰρ ἐπέτραπεν Οὔλυμπόνδ' ἰὼν
  θαητὸν ἀγῶνα νέμειν
ἀνδρῶν τ' ἀρετᾶς πέρι καὶ ῥιμφαρμάτου

Hain bat um ein schattend Gewächse er,
    allem Volk zugut und den Siegern zum Kranz.
Denn schon ließ auf Altäre, dem Vater geweiht,
    zur Mitte des Monats auf goldenem Wagen die
Mondgöttin ihm scheinen glanzvoll des Abends Auge,

Hatte er kraftvoller Kämpfe lautren Spruch,
    vierjährige Frist auch bestimmt
Auf gottnahen, auf des Alpheios Hängen dort.
Doch trug keine Bäume voll Pracht in
    Kronios' Bergschluchten des Pelops Gefild.
So, ohne sie, nackt, schien der Festbezirk ihm ganz
    scharfsengenden Strahlen der Sonne untertan.
Da nun trieb zur Wanderung sein Mut ihn an nach

Istrien; dort nahm Letos rossetummelnde Tochter ihn auf,
Als er dorthin kam von Arkadiens Hängen
    und vielwendgen Schluchten her;
Trieb auf Eurystheus' Bescheid
    der Zwang ihn doch an, der vom Vater herkam, die
Hinde mit goldnem Geweih
    zu bringen, die Taygeta einstmals zuvor
Zum Ersatz Orthosia gab als heilges Weihtum.

Diese verfolgend, erblickt' er jenes Land
    auch, hinter des Boreas Hauch,
Des kalten; die Bäume dort staunt' er an im Stehn.
Sie wünscht' er in süßem Verlangen
    um das Ziel zu pflanzen der Roßlaufbahn, das
Zwölfmal umfahrne. Er besucht auch jetzt dies Fest,
    huldreich, mit dem Zwillingspaar, dem göttlichen, den
Söhnen der mit tiefem Gurt geschmückten Leda.

Denen, als er zum Olymp ging, trug er auf
    die Leitung des herrlichen Kampfs
Um Leistung von männlicher Kraft und rascher Fahrt

διφρηλασίας. ἐμὲ δ' ὦν πᾳ
  θυμὸς ὀτρύνει φάμεν Ἐμμενίδαις
Θήρωνί τ' ἐλθεῖν κῦδος εὐίππων διδόν-
  των Τυνδαριδᾶν, ὅτι πλείσταισι βροτῶν
ξεινίαις αὐτοὺς ἐποίχονται τραπέζαις,   40
                                        Ep. 3

εὐσεβεῖ γνώμᾳ φυλάσσοντες μακάρων τελετάς.
εἰ δ' ἀριστεύει μὲν ὕδωρ, κτεάνων δὲ
  χρυσὸς αἰδοιέστατος,
νῦν δὲ πρὸς ἐσχατιὰν
  Θήρων ἀρεταῖσιν ἱκάνων ἅπτεται
οἴκοθεν Ἡρακλέος
  σταλᾶν. τὸ πόρσω δ' ἐστὶ σοφοῖς ἄβατον
κἀσόφοις. οὔ μιν διώξω· κενεὸς εἴην.   45

IV

ΨΑΥΜΙΔΙ ΚΑΜΑΡΙΝΑΙΩΙ

Choriamben, äolisch, Iamben

Str.

```
1  ∪ ∪ − ∪ − ∪ ∪ − − ∪ ∪ − ∪ ∪ −      − ∪ − ∪ − −
2     ∪ ∪ − ∪ ∪ − − ∪ ∪ − −       ∪ − ∪∪ − ∪ − −
3/4     − − ∪ ∪ − − ∪ ∪ − −         − − − − − −
5      ∪ − ∪ − ∪ − ∪ ∪ −          ∪ − ∪ − ∪ − −
6         − − ∪ − ∪ ∪ −            − ∪ −
7          − ∪ − ∪ ∪ −
         ∪ ∪ ∪ − ∪ ∪ −           − − ∪ − ∪ −
8          − − ∪ ∪ − −
9          ╳ − ∪ ∪ − ∪ −          ∪ − ∪ − −
```

Ep.

```
1              − − ∪ ∪ − ∪ − ∪
2             − ∪ ∪ − ∪ − −      ∪ − ∪ − ∪ − ∪ −
3             − − ∪ ∪ − ∪ ∪ −       − ∪ ∪
```

Wettrennender Wagen. Mich treibt mein
  Herz nun, kund zu tun, wie dem Emmenesstamm
Und Theron Ruhm kam durch die Gunst der reisigen
  Tyndareossöhne, die sie ja allermeist
Von den Menschen ehren durch gastliche Tafeln,

Frommen Sinns festhaltend an der Seligen Feiern und Fest.
Wie das Wasser wertvollstes Gut ist, von Schätzen
  Gold am meisten schätzenswert,
Kommt jetzt zum äußersten Ziel
  Theron, mit dem Ruhm reicht er von zuhause bis
Herakles' Säulen nun hin.
  Noch weiter dürfen Weise wie Unweise nicht
Gehn. Nicht folg ich dem, der dies tut. Töricht wär ich.

IV

FÜR PSAUMIS VON KAMARINA, SIEGER MIT DEM WAGEN (MAULTIERGESPANN)

Die wohl aus der Spätzeit Pindars aus dem Jahr 452 stammende Ode ist
für Psaumis, einen durch Reichtum, Macht, Gastlichkeit und Besitz eines
Rennstalls hervorragenden Mann der südsizilischen Stadt Kamarina verfaßt. Nach Anruf des Typhonbezwingers Zeus, dessen Töchter, die Horen
(Jahreszeiten), den Dichter nach Olympia sandten, bringt Pindar Wünsche
für den Sieger und Lobsprüche auf ihn vor, und zum Beweis des Wortes,
daß man erst durch Erprobung Wert und Leistung der Menschen erkennt,
führt er den Wettlauf des Argonauten Erginos, Sohnes des Klymenos, an,
der, obwohl früh ergraut, durch seinen Sieg den Spott der lemnischen
Weiber zuschanden machte und den Kranz aus den Händen ihrer Königin
in Empfang nehmen konnte. Das Beispiel paßt auf Psaumis, der im Wettkampf gesiegt hat, ist aber vielleicht auch ein Hinweis auf Pindar selbst,
der, an Jahren alt, innerlich jung, sich durch dieses Lied als Dichter bewährt.

```
4        ∪ – ∪ – ∪ ∪ –        – ∪ – ∪ ∪∪ ∪ –
5        – ∪ ∪ – ∪ ∪ – ∪
6        – – ∪ ∪ – ∪ ∪ –        ∪ – – ∪ – ∪ –
7        ∪ – ∪ – ∪ ∪ –
8        ∪ ∪∪ ∪ ∪∪ – ∪ ∪ –        ∪ – ∪ – ∪ –
```

Str.

Ἐλατὴρ ὑπέρτατε βροντᾶς ἀκαμαντόποδος
  Ζεῦ· τεαὶ γὰρ Ὧραι
ὑπὸ ποικιλοφόρμιγγος ἀοιδᾶς ἑλισσόμεναί μ' ἔπεμψαν
ὑψηλοτάτων μάρτυρ' ἀέθλων·
ξείνων δ' εὖ πρασσόντων
ἔσαναν αὐτίκ' ἀγγελίαν ποτὶ γλυκεῖαν ἐσλοί·   5
ἀλλὰ Κρόνου παῖ, ὃς Αἴτναν ἔχεις
ἷπον ἀνεμόεσσαν ἑκατογκεφάλα
  Τυφῶνος ὀβρίμου,
Οὐλυμπιονίκαν
δέξαι Χαρίτων ἕκατι τόνδε κῶμον,

Ant.

χρονιώτατον φάος εὐρυσθενέων ἀρετᾶν.   10
  Ψαύμιος γὰρ ἵκει
ὀχέων, ὃς ἐλαίᾳ στεφανωθεὶς Πισάτιδι, κῦδος ὄρσαι
σπεύδει Καμαρίνᾳ. θεὸς εὔφρων
εἴη λοιπαῖς εὐχαῖς·
ἐπεί νιν αἰνέω, μάλα μὲν τροφαῖς ἑτοῖμον ἵππων,
χαίροντά τε ξενίαις πανδόκοις,   15
καὶ πρὸς Ἡσυχίαν φιλόπολιν καθαρᾷ
  γνώμᾳ τετραμμένον.
οὐ ψεύδεϊ τέγξω
λόγον· διάπειρά τοι βροτῶν ἔλεγχος·

Ep.

ἅπερ Κλυμένοιο παῖδα
Λαμνιάδων γυναικῶν ἔλυσεν ἐξ ἀτιμίας.   20
χαλκέοισι δ' ἐν ἔντεσι νικῶν δρόμον   22
ἔειπεν Ὑψιπυλείᾳ μετὰ στέφανον ἰών·
ʽοὗτος ἐγὼ ταχυτᾶτι·

Allerhöchster Lenker nie mattwerdenden Donnergerolls,
    Zeus! Die Horen, deine
Mit des Harfentons Wohllaut zu dem Chorsang sich schwingenden
Als Zeugen mich erhabenster Kämpfe.   [Töchter, sandten
Glückt Gastfreunden der Sieg,
So freun sich auf die Botschaft sogleich, die süße, hin die Edlen.
Oh, Kronos' Sohn, der dem Ätna gebeut,
Ihm, der, sturmwindumbraust, Falle ward Typhons, des hun-
    dertköpfgen, schrecklichen,
Olympiasiegs Ehrung:
Nimm an ihn, den Huldinnen zulieb, den Festzug,

Das am längsten während, weitwirkender Leistungen Licht!
    Kommt auf Psaumis' Wagen
Es doch her, der sich eilt, ölzweigbekränzt dort in Pisa, nun Ruhm zu
Der Stadt Kamarina. Mög ein Gott doch   [wecken
Hold sein künftgen Wünschen!
Ich preise ihn ja, weil er sich sehr um edler Rosse Zucht müht,
Sich freut an Gastmählern für alles Volk
Und der Göttin des stadtfreundlichen Friedens sich
    reinen Sinns hat zugewandt.
Mit Lüge nicht färb ich
Mein Wort; denn der Menschen Prüfung bringt Erkenntnis.

Auch Klymenos' Sohn hat sie von
Lemnischer Weiber spottlustgem Schmähwort freigemacht.
Als, ehern gerüstet, im Lauf er gesiegt,
Sprach er, zu Hypsipyleia des Kranzes halber gewandt:
„Ich bin am Ziel, weil ich schnell war;

χεῖρες δὲ καὶ ἦτορ ἴσον. φύονται δὲ καὶ νέοις   25
ἐν ἀνδράσιν πολιαί
θαμάκι παρὰ τὸν ἁλικίας ἐοικότα χρόνον.'

V

ΨΑΥΜΙΔΙ ΚΑΜΑΡΙΝΑΙΩΙ ΑΠΗΝΗΙ

Glykoneen, Iamben

Str.

1 — — — ∪ ∪ — — ∪ ∪ —   ∪ —   — ∪ —
2 — — — ∪ ∪ —   ∪ ∪ — ∪ ∪ —   — ∪ — ∪ — —
3 ∪ ∪ — ∪ ∪ —   ∪ — — ∪ —   — ∪ — ∪ — —

Ep.

1 — — — ∪ ∪ —   ∪ ∪ — ∪ ∪ — ∪   — ∪ — ∪ — —
2 — — — ∪ ∪ —   ∪ ∪ — ∪ ∪ —
                  — ∪ — — ∪ —   — ∪ — ∪ — —

                                                      Str. 1
'Υψηλᾶν ἀρετᾶν καὶ στεφάνων ἄωτον γλυκύν
τῶν Οὐλυμπίᾳ, 'Ωκεανοῦ θύγατερ, καρδίᾳ γελανεῖ
ἀκαμαντόποδός τ' ἀπήνας δέκευ Ψαύμιός τε δῶρα·

                                                      Ant. 1
ὃς τὰν σὰν πόλιν αὔξων, Καμάρινα, λαοτρόφον,
βωμοὺς ἓξ διδύμους ἐγέραρεν ἑορταῖς θεῶν μεγίσταις   5
ὑπὸ βουθυσίαις ἀέθλων τε πεμπαμέροις ἀμίλλαις,

                                                      Ep. 1
ἵπποις ἡμιόνοις τε μοναμπυκίᾳ τε. τὶν δὲ κῦδος ἁβρόν
νικάσας ἀνέθηκε, καὶ ὃν πατέρ' ῎Α-
    κρων' ἐκάρυξε καὶ τὰν νέοικον ἕδραν.

                                                      Str. 2
ἵκων δ' Οἰνομάου καὶ Πέλοπος παρ' εὐηράτων
σταθμῶν, ὦ πολιάοχε Παλλάς, ἀείδει μὲν ἄλσος ἁγνόν   10
τὸ τεὸν ποταμόν τε ῎Ωανον ἐγχωρίαν τε λίμναν

Sind Arme und Herz doch gleich stark. Es sprießt jungen Männern
In grauer Farbe das Haar [auch
Des öftern noch vor des dafür gemäßen Lebensalters Zeit."

V

FÜR PSAUMIS VON KAMARINA, SIEGER MIT DEM MAULTIERGESPANN

Die Echtheit des Liedes, das, wie es scheint, denselben Sieg feiert wie das
vorige, das aber erst später von dem alexandrinischen Gelehrten Didymos
den Oden eingefügt wurde, ist umstritten. Im Anfang bittet der Dichter
die Stadt- und Flußgöttin Kamarina, den Siegeskranz von Psaumis gnädig
anzunehmen; hat er doch in Olympia sich durch Opfer hervorgetan und
nach dem Sieg durch Ausruf seinem Vater Akron und der neu auferbauten
Stadt Ehre erwiesen. Von Olympia kommend, grüßt er nun den heiligen
Bezirk der Pallas (Athene) und die Gewässer der Heimat, von denen der
Fluß Hipparis für Wasserversorgung und Neuaufbau der Stadt besonders
wichtig war. Ein Gebet an Zeus für die Stadt und für Psaumis sowie die
Mahnung vor Überheblichkeit schließen das Lied.

Hoher männlicher Tugend und der Kränze Olympias
Holde Blüte, Okeanos' Tochter, nimm an lächelnd-frohen Herzens
Als der nimmer ermüdet-fußschnellen Maultier' und Psaumis' Gaben!

Der dir hob, Kamarina, deine Stadt, die volknährende,
Der sechs Zwillingsaltäre an Feiern der Götter durch Stieres Opfer,
Durch gewaltigste, und der Kämpfe fünftägigen Wettstreit ehrte:

Fahrt mit Rossen und Maultieren, Rennen zu Pferd: Dir weiht' er
Sieger, gab seinen Vater, gab A- [holden Ruhm als
kron durch Ausruf bekannt und den neuaufgebauten Wohnsitz.

Kommend von Oinomaos' und von Pelops' gastfreundlicher
Wohnstatt, Städtebeschützerin Pallas, besingt er den heiligen Wald
Deinen Hain, den Oanosfluß wie des Sees heimatlich Gewässer [nun,

καὶ σεμνοὺς ὀχετούς, Ἵππαρις οἷσιν ἄρδει στρατόν   Ant. 2
κολλᾷ τε σταδίων θαλάμων ταχέως ὑψίγυιον ἄλσος,
ὑπ' ἀμαχανίας ἄγων ἐς φάος τόνδε δᾶμον ἀστῶν·

                                                          Ep. 2
αἰεὶ δ' ἀμφ' ἀρεταῖσι πόνος δαπάνα τε μάρναται πρὸς   15
  ἔργον
κινδύνῳ κεκαλυμμένον· ἢ δ' ἔχοντες σοφοὶ καὶ πολίταις ἔδοξαν ἔμμεν.

                                                          Str. 3
Σωτὴρ ὑψινεφὲς Ζεῦ, Κρόνιόν τε ναίων λόφον
τιμῶν τ' Ἀλφεὸν εὐρὺ ῥέοντα Ἰδαῖόν τε σεμνὸν ἄντρον,
ἱκέτας σέθεν ἔρχομαι Λυδίοις ἀπύων ἐν αὐλοῖς,

                                                          Ant. 3
αἰτήσων πόλιν εὐανορίαισι τάνδε κλυταῖς   20
δαιδάλλειν, σέ τ', Ὀλυμπιόνικε, Ποσειδανίοισιν ἵπποις
ἐπιτερπόμενον φέρειν γῆρας εὔθυμον ἐς τελευτάν,

                                                          Ep. 3
υἱῶν, Ψαῦμι, παρισταμένων. ὑγίεντα δ' εἴ τις ὄλβον
  ἄρδει,
ἐξαρκέων κτεάτεσσι καὶ εὐλογίαν
  προστιθείς, μὴ ματεύσῃ θεὸς γενέσθαι.

VI
ΑΓΗΣΙΑΙ ΣΥΡΑΚΟΥΣΙΩΙ ΑΠΗΝΗΙ

Daktyloepitriten

Str.   Ep.

1 — — ∪ — × — ∪ —   1 — ∪ ∪ — ∪ ∪ — —
    — — ∪ ∪ — ∪ ∪ —   — ∪ — — — ∪ ∪ — ∪ ∪ —
2 — ∪ ∪ — ∪ ∪ — — — ∪ ∪ —   2 — ∪ — × — ∪ — — — ∪ ∪ —
3 — ∪ ∪ — ∪ ∪ — — — ∪ — —   ∪ ∪ — ∪ ∪ — — — ∪ ∪ —

Und die prächtigen Gräben, draus der Hipparis tränkt das Volk,
Schnell auch festigt der standrechten Bauten hochgliedrigen Wald,
                                                           indem er
Aus der Hilflosigkeit hinausführt ins Licht diese Schar von Städtern.

Ständig ringen um tüchtige Leistungen Müh und Aufwand für ein
    Werk, das
Eingehüllt von Gefahren ist. Wer aber wak-
    ker sich hält, scheint auch Mitbürgern klug und weise.

Retter Zeus, im Gewölk thronend, der Kronos' Höh du bewohnst,
Den breitströmenden ehrst, den Alpheios, am Ida die heilge Grotte,
Im Gebet komm ich her zu dir, auf den lydischen Flöten tönend,

Um zu flehn: Diese Stadt schmücke mit tüchtiger Männer Ruhm
Herrlich aus! Und, Olympiasieger, mögst du, an Poseidons Rossen
Dich erfreuend, in Wohlgemutheit dein Alter zu Ende führen,

Während Söhne dich, Psaumis, umstehen! Wer in Gesundheit Segens
    Glück nährt,
Genug hat an Besitz, dazu ruhmvollen Na-
    men noch fügt, soll nicht trachten, ein Gott zu werden!

VI

FÜR HAGESIAS AUS SYRAKUS, SIEGER MIT DEM MAULTIERGESPANN

Anlaß für die Ode ist eine Feier, die 468 für Hagesias, der in Syrakus lebte,
Aineias, ein Verwandter, in Stymphalos, dem Heimatort, bei einem Fest
der Hera Parthenia veranstaltete. Aineias führte das aus Theben gesandte
Lied selbst auf. Nach dem der Dichter sich mit Hagesias selbst befaßt hat,
führt er die Schicksale des Iamidengeschlechts, zu dem der Sieger gehörte,
vor Augen. Das Geschlecht leitete seinen Ursprung von Poseidon und von
Apollon her. Iamos, Sohn der Euadne, der Pflegetochter des Arkader-

```
4 - ∪ - × - ∪ - -              3 - ∪ ∪ - - - ∪ ∪ - -
5   - ∪ ∪ - ∪ ∪ - -                - ∪ - × - ∪ -
6 - - ∪ - - - ∪ ∪ - ∪ ∪ - ∪ -   4 - ∪ - × - ∪ -    ∪ - ∪ ∪ - ∪ ∪ -
  ∪ - - - ∪ - × - ∪ - -         5 - ∪ ∪ - ∪ ∪ -    - - ∪ ∪ - ∪ ∪ -
  - ∪ ∪ - ∪ ∪ - -              6 - ∪ ∪ - ∪ ∪ -    - - ∪ ∪ - ∪ ∪ -
7 - ∪ ∪ - ∪ ∪ - -              7 - ∪ - - ∪ - -
  - ∪ - - - ∪ - × - ∪ - -          - ∪ - × - ∪ - -
```

                                                        Str. 1

Χρυσέας ὑποστάσαντες εὐ-
    τειχεῖ προθύρῳ θαλάμου
κίονας ὡς ὅτε θαητὸν μέγαρον
πάξομεν· ἀρχομένου δ' ἔργου πρόσωπον
χρὴ θέμεν τηλαυγές. εἰ δ' εἴ-
    η μὲν 'Ολυμπιονίκας,
βωμῷ τε μαντείῳ ταμίας Διὸς ἐν Πίσᾳ,   5
συνοικιστήρ τε τᾶν κλεινᾶν Συρακοσ-
    σᾶν, τίνα κεν φύγοι ὕμνον
κεῖνος ἀνήρ, ἐπικύρσαις
    ἀφθόνων ἀστῶν ἐν ἱμερταῖς ἀοιδαῖς;

                                                        Ant. 1

ἴστω γὰρ ἐν τούτῳ πεδί-
    λῳ δαιμόνιον πόδ' ἔχων
Σωστράτου υἱός. ἀκίνδυνοι δ' ἀρεταί
οὔτε παρ' ἀνδράσιν οὔτ' ἐν ναυσὶ κοίλαις   10
τίμιαι· πολλοὶ δὲ μέμναν-
    ται, καλὸν εἴ τι πονᾳθῇ.
'Αγησία, τὶν δ' αἶνος ἑτοῖμος, ὃν ἐνδίκας
ἀπὸ γλώσσας "Αδραστος μάντιν Οἰκλεί-
    δαν ποτ' ἐς 'Αμφιάρηον
φθέγξατ', ἐπεὶ κατὰ γαῖ' αὐ-
    τόν τέ νιν καὶ φαιδίμας ἵππους ἔμαρψεν.

                                                        Ep. 1
ἑπτὰ δ' ἔπειτα πυρᾶν νε-   15
    κροῖς τελεσθέντων Ταλαϊονίδας
εἶπεν ἐν Θήβαισι τοιοῦτόν τι ἔπος·
    'Ποθέω στρατιᾶς ὀφθαλμὸν ἐμᾶς

königs Aipytos, gewinnt durch seinen göttlichen Vater Apollon das Seher-
priesteramt in Olympia für sich selbst und zugleich für sein Geschlecht.
Pindar freut sich zu zeigen, wie auch Theben und damit er selbst Beziehung zu Stymphalos hat, lobt und ermahnt den Chorführer Aineias,
rühmt Syrakus und Hieron, von dem er hofft, daß er den Festzug, wenn
er von Stymphalos nach Syrakus kommt, gnädig aufnimmt, wünscht
Hagesias Glück, der, gleichsam mit zwei Ankern sein Schiff sichernd,
Heimat in Stymphalos und in Syrakus hat, und erbittet zum Schluß
Poseidons und seiner Gemahlin Gunst für seine Lieder.

Säulen von Gold unter des Saals
   schönwandige Vorhalle nun
Stellend, baun gleichsam ein herrlich Haus wir uns auf;
Muß des beginnenden Werkes Stirne ja doch
Weithin strahlend man gestalten.
   Ist er Olympiasieger
Und Walter an Zeus' Seheraltäre in Pisa und
Zugleich Mitgründer des ruhmvollen Syra-
   kus: welchem Loblied kann solch ein
Mann wohl entgehn, wenn es neidlos
   ihm das Stadtvolk darbringt anmutvollen Chorsangs?

So wisse, daß auf dieser Soh-
   le ruhe sein glückhafter Fuß,
Sostratos' Sohn! Was gefahrlos einer vollbringt,
Ehrt man bei Männern nicht noch in hohlen Schiffen;
Viele aber denken an Ed-
   les, wenn es mühsam erreicht ward.
Hagesias, für dich gilt das Lob, das mit Recht der Mund,
Adrastos' Mund dem Seher, Oïkles' Sohn
   Amphiaraos, einst nachrief,
Als ihn die Erde hinab, ihn
   selbst mitsamt den glänzenden Stuten geholt hat.

Sieben Gefallnen war je ein
   Holzstoß gerichtet, als des Talaos Sohn
Sprach in Theben solcher Art sein Wort: „Ich vermis-
   se des Heers, meines Heeres Auge, nach zwei

ἀμφότερον μάντιν τ' ἀγαθὸν καὶ
  δουρὶ μάρνασθαι.' τὸ καί
ἀνδρὶ κώμου δεσπότᾳ πάρεστι Συρακοσίῳ
οὔτε δύσηρις ἐὼν οὔτ' ἂν φιλόνικος ἄγαν,
καὶ μέγαν ὅρκον ὀμόσσαις τοῦτό γέ οἱ σαφέως   20
μαρτυρήσω· μελίφθογ-
  γοι δ' ἐπιτρέψοντι Μοῖσαι.

Str. 2

ὦ Φίντις, ἀλλὰ ζεῦξον ἤ-
  δη μοι σθένος ἡμιόνων,
ᾇ τάχος, ὄφρα κελεύθῳ τ' ἐν καθαρᾷ
βάσομεν ὄκχον, ἵκωμαί τε πρὸς ἀνδρῶν
καὶ γένος· κεῖναι γὰρ ἐξ ἀλ-   25
  λᾶν ὁδὸν ἁγεμονεῦσαι
ταύταν ἐπίστανται, στεφάνους ἐν Ὀλυμπίᾳ
ἐπεὶ δέξαντο· χρὴ τοίνυν πύλας ὕ-
  μνων ἀναπιτνάμεν αὐταῖς·
πρὸς Πιτάναν δὲ παρ' Εὐρώ-
  τα πόρον δεῖ σάμερον ἐλθεῖν ἐν ὥρᾳ·

Ant. 2

ἅ τοι Ποσειδάωνι μι-
  χθεῖσα Κρονίῳ λέγεται
παῖδα ἰόπλοκον Εὐάδναν τεκέμεν.   30
κρύψε δὲ παρθενίαν ὠδῖνα κόλποις·
κυρίῳ δ' ἐν μηνὶ πέμποισ'
  ἀμφιπόλους ἐκέλευσεν
ἥρωι πορσαίνειν δόμεν Εἰλατίδᾳ βρέφος,
ὃς ἀνδρῶν Ἀρκάδων ἄνασσε Φαισά-
  νᾳ, λάχε τ' Ἀλφεὸν οἰκεῖν·
ἔνθα τραφεῖσ' ὑπ' Ἀπόλλω-   35
  νι γλυκείας πρῶτον ἔψαυσ' Ἀφροδίτας.

Ep. 2

οὐδ' ἔλαθ' Αἴπυτον ἐν παντὶ χρόνῳ κλέπτοισα θεοῖο γόνον.
ἀλλ' ὁ μὲν Πυθῶνάδ', ἐν θυμῷ πιέσαις
  χόλον οὐ φατὸν ὀξείᾳ μελέτᾳ,

Seiten erprobt: als Seher von Rang und
   streitbar im Speerkampf". Dies gilt
Für des Festzugs Führer auch, den Mann aus der Stadt Syrakus.
Weder voll Streitsucht noch allzu sehr auf den Wortsieg bedacht,
Will ich mit kräftigem Eidschwur dies ihm bezeugen als wahr
Klaren Worts; honigtönend
   stimmen, hoff ich, bei die Musen.

He, Phintis, auf denn! Schirre nun
   mir an deiner Maultiere Kraft!
Hurtig, damit wir auf lautrem Pfad das Gefährt
Lenken und hin ich auch komme zu der Männer
Ursprung! Jene wissen ja doch
   besser als andre, den Weg uns
Dorthin zu führen, da in Olympia Kränze sie
Empfingen; not tut's also, nun der Hymnen
   Tore vor ihnen zu öffnen.
Muß ich doch Pitana am Eu-
   rotasflusse heut noch rechtzeitig erreichen;

Sie, die Poseidon, dem Kroni-
   den, sagt man, gesellt, ihm ein Kind,
Veilchenfarb-dunkelgelockt: Euadne gebar.
Erst barg das Jungfrauenkind sie in des Kleids Bausch,
Sandte, als ihr Tag kam, ihre
   Mägde dann, hieß sie dem Helden
Zur Pflege das Kind geben, dem Eilatossohne, der
Arkadiens Volk beherrschte dort in Phaisa-
   na, am Alpheiosfluß wohnend.
Dort wächst sie auf; durch Apollon kostet erstmals
   sie die Wonnen Aphrodites.

Bergen nicht konnt' all die Zeit sie
   Aipytos, daß Frucht von dem Gotte sie trug.
Aber der, im Herzen niederdrückend den Groll,
   den unsäglichen, durch tatkräftges Bemühn,

ᾦχετ' ἰὼν μαντευσόμενος ταύτας περ' ἀτλάτου πάθας.
ἀ δὲ φοινικόκροκον ζώναν καταθηκαμένα 40
κάλπιδά τ' ἀργυρέαν λόχμας ὑπὸ κυανέας
τίκτε θεόφρονα κοῦρον. τᾷ μὲν ὁ χρυσοκόμας
πραΰμητίν τ' 'Ελείθυι-
  αν παρέστασ' ἔν τε Μοίρας·

Str. 3

ἦλθεν δ' ὑπὸ σπλάγχων ὑπ' ὠ-
  δίνεσσ' ἐραταῖς "Ιαμος
ἐς φάος αὐτίκα. τὸν μὲν κνιζομένα
λεῖπε χαμαί· δύο δὲ γλαυκῶπες αὐτόν 45
δαιμόνων βουλαῖσιν ἐθρέ-
  ψαντο δράκοντες ἀμεμφεῖ
ἰῷ μελισσᾶν καδόμενοι. βασιλεὺς δ' ἐπεί
πετραέσσας ἐλαύνων ἵκετ' ἐκ Πυθῶνος, ἅπαντας ἐν οἴκῳ
εἴρετο παῖδα, τὸν Εὐά-
  δνα τέκοι· Φοίβου γὰρ αὐτὸν φᾶ γεγάκειν

Ant. 3

πατρός, περὶ θνατῶν δ' ἔσεσθαι μάντιν ἐπιχθονίοις 50
ἔξοχον, οὐδέ ποτ' ἐκλείψειν γενεάν.
ὣς ἄρα μάνυε. τοὶ δ' οὔτ' ὦν ἀκοῦσαι
οὔτ' ἰδεῖν εὔχοντο πεμπταῖ-
  ον γεγενημένον. ἀλλ' ἐν
κέκρυπτο γὰρ σχοίνῳ βατιᾷ τ' ἐν ἀπειρίτῳ,
ἴων ξανθαῖσι καὶ παμπορφύροις ἀ- 55
  κτῖσι βεβρεγμένος ἀβρόν
σῶμα· τὸ καὶ κατεφάμι-
  ξεν καλεῖσθαί νιν χρόνῳ σύμπαντι μάτηρ

Ep. 3

τοῦτ' ὄνυμ' ἀθάνατον. τερπνᾶς δ' ἐπεὶ χρυσοστεφάνοιο λάβεν
καρπὸν "Ηβας, 'Αλφεῷ μέσσῳ καταβαὶς
  ἐκάλεσσε Ποσειδᾶν' εὐρυβίαν,

Eilte nach Pytho, Rat zu erflehn bei
   diesem untragbaren Schlag.
Sie nun, als den purpurfarbnen Gürtel sie niedergelegt
Neben den silbernen Krug, gebar unter dunklem Gesträuch
Einen begnadeten Knaben. Und der Goldhaarige ließ
Beistehn ihr sanften Sinnes
   Eileithyia und die Moiren.

Da kam aus ihrem Schoß bei günst-
   gen Wehen sogleich an das Licht
Iamos. Den freilich ließ sie – schmerzte sie's gleich –
Liegen am Boden; zwei glanzäugige Schlangen
Nach der Götter Ratschluß zogen
   ihn mit untadligem Seim auf
Der Bienen, eifrig um ihn besorgt. Doch der König, als
Vom steingen Pytho er zurückkam, fragte
   alle im Hause nach einem
Sohn, den Euadne geboren;
   „denn von Phoibos", sprach er, „stammt er, seinem Vater;

Über den Menschen wird er stehn,
   ein Seher fürs irdische Volk
Trefflichster Art, und sein Stamm wird niemals vergehn."
Dies tat er kund. Doch die schworen, nicht gehört ihn
Noch gesehn zu haben – und fünf
   Tage war's, daß er zur Welt kam!
Versteckt ja lag in Schilf er und endlosem Dorngesträuch,
Vom hellen und vom purpurnen Geleucht der
   Veilchen begossen den zarten
Leib; (nach den Veilchen), versprach die
   Mutter, solle stets er seinen Namen haben,

Diesen unsterblichen. Als die
   Frucht der frohen Hebe im Goldkranz er nahm,
Stieg er mitten in den Alpheiosfluß, rief
   den gewaltigen Poseidon, seinen Ahn,

ὃν πρόγονον, καὶ τοξοφόρον Δάλου θεοδμάτας σκοπόν,
αἰτέων λαοτρόφον τιμάν τιν' ἐᾷ κεφαλᾷ,   60
νυκτὸς ὑπαίθριος. ἀντεφθέγξατο δ' ἀρτιεπής
πατρία ὅσσα, μετάλλασέν τέ νιν· '"Ορσο, τέκνον,
δεῦρο πάγκοινον ἐς χώ-
  ραν ἵμεν φάμας ὄπισθεν.'

                                                Str. 4

ἵκοντο δ' ὑψηλοῖο πέ-
  τραν ἀλίβατον Κρονίου
ἔνθα οἱ ὤπασε θησαυρὸν δίδυμον   65
μαντοσύνας, τόκα μὲν φωνὰν ἀκούειν
ψευδέων ἄγνωστον, εὖτ' ἂν
  δὲ θρασυμάχανος ἐλθών
Ἡρακλέης, σεμνὸν θάλος Ἀλκαϊδᾶν, πατρί
ἑορτάν τε κτίσῃ πλειστόμβροτον τεθμόν τε μέγιστον ἀέθλων,
Ζηνὸς ἐπ' ἀκροτάτῳ βω-   70
  μῷ τότ' αὖ χρηστήριον θέσθαι κέλευσεν.

                                                Ant. 4

ἐξ οὗ πολύκλειτον καθ' Ἕλ-
  λανας γένος Ἰαμιδᾶν·
ὄλβος ἅμ' ἕσπετο· τιμῶντες δ' ἀρετάς
ἐς φανερὰν ὁδὸν ἔρχονται· τεκμαίρει
χρῆμ' ἕκαστον· μῶμος ἐξ ἄλλων κρέμαται φθονεόντων
τοῖς, οἷς ποτε πρώτοις περὶ δωδέκατον δρόμον   75
ἐλαυνόντεσσιν αἰδοία ποτιστά-
  ξῃ Χάρις εὐκλέα μορφάν.
εἰ δ' ἐτύμως ὑπὸ Κυλλά-
  νας ὄροϛ, Ἁγησία, μάτρωες ἄνδρες

                                                Ep. 4

ναιετάοντες ἐδώρη-
  σαν θεῶν κάρυκα λιταῖς θυσίαις
πολλὰ δὴ πολλαῖσιν Ἑρμᾶν εὐσεβέως,
  ὃς ἀγῶνας ἔχει μοῖράν τ' ἀέθλων,

Und der den Bogen führt, des von Göttern
 fest erbauten Delos Hort,
Und erbat ein volkbeglückend Amt für sein Haupt, in der Nacht
Draußen im Freien. Entgegen scholl ihm mit deutlichem Laut
Antwort vom Vater; er sprach zu ihm: „Komm hierher, mein Kind,
Ins allgastliche Land hin,   [und geh
 folgend meiner Stimme Rufen!"

So kamen hin sie zu des ho-
 hen Kronios ragendem Fels.
Dorten gewährte er ihm des Sehertums Schatz,
Zweifach geteilt: daß er höre nun die Stimme,
Die nicht Trug kennt; komme dann, kühn,
 tatenstark, Herakles, heilger
Sprößling der Alkaïden, und weihe dem Vater ein
Das Fest, das völkerreichste, samt gewichtger
 Ordnung der Wettkämpfe: auf Zeus
Höchstem Altar sodann solle
 Einen Sehersitz er gründen, so gebot er.

Seitdem gewann viel Ruhm in Hel-
 las der Iamiden Geschlecht;
Segen umgab sie; und ehrend Tugend und Mut,
Schreiten auf leuchtender Bahn sie hin. Drauf deutet
All und jedes: Tadel hängt von
 Neidvollen denen vor andern
Sich an, die, weil als erste sie zwölfmal die Rennbahn einst
Umkreisten, Charis, die Ehrwürdige, be-
 schenkte mit herrlichem Aussehn.
Wenn in der Tat an Kylle-
 nes Berg, Hagesias, die Ahnen dir von Mutters

Seite gewohnt und gar oft den
 Götter-Herold betend und opfernd durch Dienst
Ehrten mancher Art, den Hermes, frommen Gemüts,
 der, den Wettkampf betreuend, teilhat am Sieg,

Ἀρκαδίαν τ' εὐάνορα τιμᾷ· 80
κεῖνος, ὦ παῖ Σωστράτου,
σὺν βαρυγδούπῳ πατρὶ κραίνει σέθεν εὐτυχίαν.
δόξαν ἔχω τιν' ἐπὶ γλώσσᾳ λιγυρᾶς ἀκόνας,
ἅ μ' ἐθέλοντα προσέρπει καλλιρόαισι πνοαῖς.
ματρομάτωρ ἐμὰ Στυμ-
φαλίς, εὐανθὴς Μετώπα,

Str. 5

πλάξιππον ἃ Θήβαν ἔτι- 85
κτεν, τᾶς ἐρατεινὸν ὕδωρ
πίομαι, ἀνδράσιν αἰχματαῖσι πλέκων
ποικίλον ὕμνον. ὄτρυνον νῦν ἑταίρους,
Αἰνέα, πρῶτον μὲν Ἥραν
Παρθενίαν κελαδῆσαι,
γνῶναί τ' ἔπειτ', ἀρχαῖον ὄνειδος ἀλαθέσιν
λόγοις εἰ φεύγομεν, Βοιωτίαν ὗν. 90
ἐσσὶ γὰρ ἄγγελος ὀρθός,
ἠϋκόμων σκυτάλα Μοι-
σᾶν, γλυκὺς κρατὴρ ἀγαφθέγκτων ἀοιδᾶν·

Ant. 5

εἶπον δὲ μεμνᾶσθαι Συρα-
κοσσᾶν τε καὶ Ὀρτυγίας·
τὰν Ἱέρων καθαρῷ σκάπτῳ διέπων,
ἄρτια μηδόμενος, φοινικόπεζαν
ἀμφέπει Δάματρα λευκίπ- 95
που τε θυγατρὸς ἑορτάν
καὶ Ζηνὸς Αἰτναίου κράτος. ἁδύλογοι δέ νιν
λύραι μολπαί τε γινώσκοντι. μὴ θράσ-
σοι χρόνος ὄλβον ἐφέρπων,
σὺν δὲ φιλοφροσύναις εὐ-
ηράτοις Ἀγησία δέξαιτο κῶμον

Ep. 5

οἴκοθεν οἴκαδ' ἀπὸ Στυμ-
φαλίων τειχέων ποτινισόμενον,
ματέρ' εὐμήλοιο λείποντ' Ἀρκαδίας. 100
ἀγαθαὶ δὲ πέλοντ' ἐν χειμερίᾳ

Der auch Arkadiens mannhaftes Volk ehrt:
    der, o Sohn des Sostratos,
Und des Donners Herr, sein Vater, bringen zum Ziel dir dein Glück.
Mir kommt ein Einfall, schärft wetzsteinschrill mir die Zunge, der schön
Fließenden Hauches nach Wunsch aufsucht: aus Stymphalos stammt
Meine Urahne, die blühn-
    de Metope, welche Thebe,

Die Rossetummlerin, gebar;
    ihr Wasser, erquickend und rein,
Trinke ich, flechtend für Männer, speerstarke, mein
Farbiges Preislied. Aineas, treibe nun an
Die Gefährten, erst zu feiern
    Hera Parthenia, zu prüfen
Dann, ob dem alten Schimpfwort „boiotische Sau" wir nun
Durch klarer Gründe Zeugnis uns entziehen.
    Bist du der rechte Verkünder,
Schönlockger Musen Geheimbrief
    doch, ein süßer Mischkrug wohlklangreichen Chorsangs.

Zu denken sagt' ich zu an Sy-
    rakus und Ortygia, wo
Hieron lautren Szepters, rechtlichen Sinns
Richtend, Demeter, der purpurfüßgen, sich weiht
Und der Schimmellenkerin Fest,
    das ihrer Tochter, zuhöchst ehrt,
Zeus' Macht auch, des aitnaiischen. Lyraklang süßen Tons
Und Chorsang kennen ihn gar wohl. Nie störe
    kommende Zeit seine Wohlfahrt!
Möge er nun mit erwünschter Freundlichkeit empfangen des Hagesias
    Festzug,

Kehrt von der Heimat zur Heimat
    er von den stymphalischen Mauern zurück,
Aus Arkadiens Mutterstadt, des schafreichen, schei-
    dend. 's ist gut, wenn in Sturmesnacht von dem schnell

νυκτὶ θοᾶς ἐκ ναὸς ἀπεσκίμ-
  φθαι δύ' ἄγκυραι. θεός
τῶνδε κείνων τε κλυτὰν αἶσαν παρέχοι φιλέων.
δέσποτα ποντόμεδον, εὐθὺν δὲ πλόον καμάτων
ἐκτὸς ἐόντα δίδοι, χρυσαλακάτοιο πόσις
'Αμφιτρίτας, ἐμῶν δ' ὕ-   105
  μνων ἄεξ' εὐτερπὲς ἄνθος.

VII

ΔΙΑΓΟΡΑΙ ΡΟΔΙΩΙ ΠΥΚΤΗΙ

Daktyloepitriten

Str.   Ep.

1 U U – – – U – – – U U – U U –   1 – U U – U U – –
2 – U – U – U – × – U –   – U U – U U – – – U –
3 – – U –   2 – U – × – U – –
4 U – U – × – U – –   – U U – U U – – U –
   – U U – U U – – – U U – U U –   3 – U U –   U U U – U U – U U –
5 – U U – U U – –   – – U U – U U –
   – U – – – U U – U U –   4 – U – × – U – U
6 U U – – – U – – – U U – U U – –   5 – U U – U U – Ṻ
                                           UU U – – – U U – U U –
                                        6 U U – – U U – U U – – – U –
                                        7 – U – × – U – – – U – –

Str. 1

Φιάλαν ὡς εἴ τις ἀφνειᾶς ἀπὸ χειρὸς ἑλών
ἔνδον ἀμπέλου καχλάζοισαν δρόσῳ
δωρήσεται
νεανίᾳ γαμβρῷ προπίνων
  οἴκοθεν οἴκαδε, πάγχρυσον, κορυφὰν κτεάνων,

Fahrenden Schiff man konnte zwei Anker
  werfen in das Meer. Ein Gott
Schenke so für hier wie dort auch gnädig ein ruhmvoll Geschick!
Fahrt gib, o Herrscher des Meers, gradaus und von Mühsalen frei!
Gatte der Göttin mit goldner Spindel, Gedeihen, Gemahl
Amphitrites, leih meiner
  Lieder freudenreicher Blüte!

VII

FÜR DIAGORAS VON RHODOS, SIEGER IM FAUSTKAMPF

Die Ode wurde 464 bei dem von der Familie der Eratiden veranstalteten Siegesmahl in Ialysos aufgeführt. Einleitend vergleicht Pindar sein Lied einer goldenen Schale, die, mit edlem Wein gefüllt, als Geschenk gereicht wird, preist Rhodos und rühmt den Sieger sowie dessen Vater, der ein hohes Amt innehatte. Er greift dann zurück auf den ersten Besiedler der Insel, den Sohn des Herakles, Tlepolemos, der nach einer Mordtat auswandern muß und auf Anweisung Apollons argeiisches Volk nach Rhodos führt; nach Rhodos, wo Zeus nach der Geburt der Athene aus seinem Haupt als Zeichen des Segens Goldschnee regnen läßt, wo das Geschlecht des Helios, dem die Insel gehört, das Feuer zum Opfer für Zeus und Athene vergißt und so „feuerlos" opfert, aber doch von Athene mit der Kunst, Menschen zu bilden, belohnt wird. Weiter zurückgreifend, berichtet Pindar, wie Helios Herr von Rhodos wird, mit der Inselgöttin sieben Söhne zeugt, wie nach seinen drei Enkeln Ialysos, Kamiros und Lindos die Städte benannt werden. Nach einem Hinweis auf Tlepolemos, der nach seinem Tod durch Opfer und Wettkämpfe geehrt wird, zählt Pindar die Siege des Diagoras auf und erfleht von Zeus Segen für sein Lied, für den, den es feiert, und für dessen Geschlecht.

Wie wenn einer eine Schale nimmt, von des Weinstockes Tau
Innen schäumend, reicht sie mit begüterter
Hand als Geschenk
Dem jungen Eidam, trinkt ihm zu vom
  Hause zum Haus, – eine goldne Schale, den köstlichsten Schatz,

συμποσίου τε χάριν κᾶ- 5
δός τε τιμάσαις ⟨ν⟩έον, ἐν δὲ φίλων
παρεόντων θῆκέ νιν ζαλωτὸν ὁμόφρονος εὐνᾶς·

Ant. 1

καὶ ἐγὼ νέκταρ χυτόν, Μοισᾶν δόσιν, ἀεθλοφόροις
ἀνδράσιν πέμπων, γλυκὺν καρπὸν φρενός,
ἱλάσκομαι
Ὀλυμπίᾳ Πυθοῖ τε νικών- 10
τεσσιν· ὁ δ' ὄλβιος, ὃν φᾶμαι κατέχωντ' ἀγαθαί·
ἄλλοτε δ' ἄλλον ἐποπτεύ-
ει Χάρις ζωθάλμιος ἀδυμελεῖ
θαμὰ μὲν φόρμιγγι παμφώνοισί τ' ἐν ἔντεσιν αὐλῶν.

Ep. 1

καί νυν ὑπ' ἀμφοτέρων σὺν
Διαγόρᾳ κατέβαν, τὰν ποντίαν
ὑμνέων, παῖδ' Ἀφροδίτας
Ἀελίοιό τε νύμφαν, Ῥόδον,
εὐθυμάχαν ὄφρα πελώριον ἄνδρα παρ' Ἀλ- 15
φειῷ στεφανωσάμενον
αἰνέσω πυγμᾶς ἄποινα
καὶ παρὰ Κασταλίᾳ, πα-
τέρα τε Δαμάγητον ἀδόντα Δίκᾳ,
Ἀσίας εὐρυχόρου τρίπολιν νᾶσον πέλας
ἐμβόλῳ ναίοντας Ἀργείᾳ σὺν αἰχμᾷ.

Str. 2

ἐθελήσω τοῖσιν ἐξ ἀρχᾶς ἀπὸ Τλαπολέμου 20
ξυνὸν ἀγγέλλων διορθῶσαι λόγον,
Ἡρακλέος
εὐρυσθενεῖ γέννᾳ. τὸ μὲν γὰρ
πατρόθεν ἐκ Διὸς εὔχονται· τὸ δ' Ἀμυντορίδαι
ματρόθεν Ἀστυδαμείας.
ἀμφὶ δ' ἀνθρώπων φρασὶν ἀμπλακίαι
ἀναρίθμητοι κρέμανται· τοῦτο δ' ἀμάχανον εὑρεῖν, 25

Ant. 2

ὅ τι νῦν ἐν καὶ τελευτᾷ φέρτατον ἀνδρὶ τυχεῖν.
καὶ γὰρ Ἀλκμήνας κασίγνητον νόθον

Festmahl und neuer Versippung
 Band zu ehren –, macht im befreundeten Kreis
Ihn beneidet allerseits des einmütgen Ehebunds wegen:

So send ich auch Nektartrank, der Musen Geschenk, meines Geists
Süße Frucht, den preisgekrönten Männern und
Mach mir geneigt
Olympia- und Pythosieger.
 Der ist ein Glücklicher, den Ruhm, ehrende Rede umfängt;
Diesen bald, jenen bald schaut an
 Charis und läßt Leben erblühen gar oft
Durch der Harfe süßen Schall und klangvolles Werkzeug der Flöten.

Nun, von den beiden umtönt, zog
 ich mit Diagoras, preisend Rhodos, die
Meerumströmte, Aphrodites
 Tochter und Helios' Braut, um so zu
Loben den Wettkämpfer voll Ehrlichkeit, riesig an Wuchs,
 bekränzt am Alpheios als Lohn
Für den Faustkampfsieg wie vorher
An der Kastalia, den Vater
 auch: Damagetos, teuer der Göttin des Rechts;
Die bewohnen an des raumweiten Asiens Vorsprung die
Dreistadt-Insel samt dem argeiischen Speervolk.

Ich gedenke, ihnen von Anfang seit Tlepolemos recht
Darzutun die Sage, gemeinsam dem Stamm
Des Herakles,
Dem weithin mächtgen. Denn sie rühmen
 vaterseits ja sich des Zeus als Ahnherrn, sind mutterseits durch
Astydameia Amynto-
 riden. Um das Denken des Menschenvolks hängt
Ungezählter Irrtum sich. Man kann ja unmöglich erforschen,

Was nun jetzt und schließlich dann als Bestes dem Menschen geschieht.
Traf doch den Halbbruder auch Alkmenes mit

σκάπτῳ θενών
σκληρᾶς ἐλαίας ἔκτανεν Τί-
    ρυνθι Λικύμνιον ἐλθόντ' ἐκ θαλάμων Μιδέας
τᾶσδέ ποτε χθονὸς οἰκι-   30
    στὴρ χολωθείς. αἱ δὲ φρενῶν ταραχαί
παρέπλαγξαν καὶ σοφόν. μαντεύσατο δ' ἐς θεὸν ἐλθών.

                                                        Ep. 2

τῷ μὲν ὁ χρυσοκόμας εὐ-
    ώδεος ἐξ ἀδύτου ναῶν πλόον
εἶπε Λερναίας ἀπ' ἀκτᾶς
    εὐθὺν ἐς ἀμφιθάλασσον νομόν,
ἔνθα ποτὲ βρέχε θεῶν βασιλεὺς ὁ μέγας
    χρυσέαις νιφάδεσσι πόλιν,
ἀνίχ' 'Αφαίστου τέχναισιν   35
χαλκελάτῳ τελέκει πα-
    τέρος 'Αθαναία κορυφὰν κατ' ἄκραν
ἀνορούσαισ' ἀλάλαξεν ὑπερμάκει βοᾷ.
Οὐρανὸς δ' ἔφριξέ νιν καὶ Γαῖα μάτηρ.

                                                        Str. 3
τότε καὶ φαυσίμβροτος δαίμων 'Υπεριονίδας
μέλλον ἔντειλεν φυλάξασθαι χρέος   40
παισὶν φίλοις,
ὡς ἂν θεᾷ πρῶτοι κτίσαιεν
    βωμὸν ἐναργέα, καὶ σεμνὰν θυσίαν θέμενοι
πατρί τε θυμὸν ἰάναι-
    εν κόρᾳ τ' ἐγχειβρόμῳ. ἐν δ' ἀρετάν
ἔβαλεν καὶ χάρματ' ἀνθρώποισι προμαθέος αἰδώς·
                                                        Ant. 3
ἐπὶ μὰν βαίνει τι καὶ λάθας ἀτέκμαρτα νέφος,   45
καὶ παρέλκει πραγμάτων ὀρθὰν ὁδόν
ἔξω φρενῶν.
καὶ τοὶ γὰρ αἰθοίσας ἔχοντες
    σπέρμ' ἀνέβαν φλογὸς οὔ. τεῦξαν δ' ἀπύροις ἱεροῖς
ἄλσος ἐν ἀκροπόλει. κεί-
    νοισι μὲν ξανθὰν ἀγαγὼν νεφέλαν
πολὺν ὗσε χρυσόν· αὐτὰ δέ σφισιν ὤπασε τέχναν   50

Des Ölbaums Stab,
Des harten, und schlug ihn in Tiryns
    tot, den Likymnios, als er kam aus Mideas Gemach,
Einst dieses Landes Besiedler,
    zornentbrannt. Der Sinne Verwirrung führt irr
Auch den Klugen. Und er ging zum Gott hin und fragte um Rat ihn.

Ihm wies der Gott mit dem goldnen
    Haar aus dem duftenden Heiligtum die Fahrt
An von Lernas Strand geradwegs
    hin zu dem meerflutumströmten Gefild,
Dort, wo einst geregnet der mächtige König der Göt-
    ter goldnen Schnee auf die Stadt,
Als Hephaistos' Künste schufen,
Daß unter ehernem Beil A-
    thena des Vaters Haupte hoch oben entsprang
Und im Sprung Kampfgeschrei schallen ließ langdauernden Rufs.
Uranos erschrak vor ihr und Mutter Gaia.

Und der lichtbringende Gott hieß warten, Hyperions Sohn,
Seine lieben Söhne ihrer nächsten Pflicht:
Zuerst zu weihn
Der Göttin einen allem Volk sicht-
    baren Altar, durch ein heiliges Opfer dem Vater das Herz
Dann zu erfreun und der speerdröh-
    nenden Jungfrau. Edelsten Sinn ja erwirkt
In den Menschen, Freude auch ehrfürchtige Scheu, die vorausdenkt.

Doch es kommt auch des Vergessens Wolke her, unangezeigt,
Und entrückt des Tuns und Handelns richtgen Weg
Ganz aus dem Sinn.
Auch diese kamen hin und hatten
    brennenden Feuers kein Körnchen, weihten so, feuerlos dort
Opfernd, das Heiligtum auf der
    Burg. Für sie zog Zeus gelbe Wolken herbei,
Ließ des Golds viel regnen. Die Helläugige aber verlieh, sie

πᾶσαν ἐπιχθονίων Γλαυκ-   Ep. 3
  ῶπις ἀριστοπόνοις χερσὶ κρατεῖν.
ἔργα δὲ ζωοῖσιν ἑρπόν-
  τεσσί θ' ὁμοῖα κέλευθοι φέρον·
ἦν δὲ κλέος βαθύ. δαέντι δὲ καὶ σοφία
  μείζων ἄδολος τελέθει.
φαντὶ δ' ἀνθρώπων παλαιαί
ῥήσιες, οὔπω, ὅτε χθό-   55
  να δατέοντο Ζεύς τε καὶ ἀθάνατοι,
φανερὰν ἐν πελάγει Ῥόδον ἔμμεν ποντίῳ,
ἁλμυροῖς δ' ἐν βένθεσιν νᾶσον κεκρύφθαι.

                                                           Str. 4
ἀπεόντος δ' οὔτις ἔνδειξεν λάχος Ἀελίου·
καί ῥά μιν χώρας ἀκλάρωτον λίπον,
ἁγνὸν θεόν.   60
μνασθέντι δὲ Ζεὺς ἄμπαλον μέλ-
  λεν θέμεν. ἀλλά νιν οὐκ εἴασεν· ἐπεὶ πολιᾶς
εἶπέ τιν' αὐτὸς ὁρᾶν ἔν-
  δον θαλάσσας αὐξομέναν πεδόθεν
πολύβοσκον γαῖαν ἀνθρώποισι καὶ εὔφρονα μήλοις.

                                                           Ant. 4
ἐκέλευσεν δ' αὐτίκα χρυσάμπυκα μὲν Λάχεσιν
χεῖρας ἀντεῖναι, θεῶν δ' ὅρκον μέγαν   65
μὴ παρφάμεν,
ἀλλὰ Κρόνου σὺν παιδὶ νεῦσαι,
  φαεννὸν ἐς αἰθέρα μιν πεμφθεῖσαν ἑᾷ κεφαλᾷ
ἐξοπίσω γέρας ἔσσε-
  σθαι. τελεύταθεν δὲ λόγων κορυφαί
ἐν ἀλαθείᾳ πετοῖσαι· βλάστε μὲν ἐξ ἁλὸς ὑγρᾶς

                                                           Ep. 4
νᾶσος, ἔχει τέ μιν ὀξει-   70
  ᾶν ὁ γενέθλιος ἀκτίνων πατήρ,
πῦρ πνεόντων ἀρχὸς ἵππων·
  ἔνθα Ῥόδῳ ποτὲ μιχθεὶς τέκεν
ἑπτὰ σοφώτατα νοήματ' ἐπὶ προτέρων
  ἀνδρῶν παραδεξαμένους

Sollten in jeglicher Kunst vor-
   angehn den Menschen mit bestschaffender Hand.
Bilder trugen, Lebenden und
   Wandelnden gleich, ihres Lands Wege dort;
Groß war ihr Ruhm; wer begabt ist, dem gelingt auch wohl Kunst
   von höherer Art ohne Trug.
Es erzählt der Menschen alte
Sage: noch nicht, als das Land Zeus
   und die Unsterblichen miteinander geteilt,
Sei erkennbar in der Meerflut gewesen Rhodos; es
Blieb in salzgen Tiefen die Insel verborgen.

Da er fort war, wies dem Helios keiner ein Los zu; und so
Ließen sie ihn ohne seinen Teil an Land,
Den reinen Gott.
Er mahnte; Zeus nun wollt' aufs neue
   teilen. Doch ließ er ihn nicht; denn, sprach er, inmitten des Meers
Habe, des grauen, er selbst ge-
   sehn emporwachsen aus dem Boden hervor
Ein für Menschen nahrungsreiches Land und erfreulich den Herden.

Und er hieß leisten die goldreiftragende Lachesis mit
Händeheben gleich der Götter großen Schwur,
Nicht fälschlich, nein,
Mit dem Kroniden sich verbürgen,
   daß seinem Haupte das Land, zum schimmernden Äther gekehrt,
Weiterhin Ehrengeschenk sei.
   Und das höchste Ziel ward der Worte erreicht,
Die in Wahrheit sich erfüllten. Sproß doch aus salziger Flut die

Insel; die hat nun der scharfe
   Strahlen erzeugende Vater inne, der
Feuersprühnden Rosse Lenker;
   dort, einst der Rhodos gesellt, zeugte er
Sieben die weiseste Denkart bei den früheren Men-
   schen tragende Söhne, wovon

παῖδας, ὧν εἷς μὲν Κάμιρον
πρεσβύτατόν τε Ἰάλυ-
σον ἔτεκεν Λίνδον τ'· ἀπάτερθε δ' ἔχον
διὰ γαῖαν τρίχα δασσάμενοι πατρωΐαν   75
ἀστέων μοίρας, κέκληνται δέ σφιν ἕδραι.

Str. 5

τόθι λύτρον συμφορᾶς οἰκτρᾶς γλυκὺ Τλαπολέμῳ
ἵσταται Τιρυνθίων ἀρχαγέτᾳ,
ὥσπερ θεῷ,
μήλων τε κνισάεσσα πομπὰ   80
καὶ κρίσις ἀμφ' ἀέθλοις. τῶν ἄνθεσι Διαγόρας
ἐστεφανώσατο δίς, κλει-
νᾷ τ' ἐν Ἰσθμῷ τετράκις εὐτυχέων,
Νεμέᾳ τ' ἄλλαν ἐπ' ἄλλᾳ, καὶ κρανααῖς ἐν Ἀθάναις.

Ant. 5

ὅ τ' ἐν Ἄργει χαλκὸς ἔγνω νιν, τά τ' ἐν Ἀρκαδίᾳ
ἔργα καὶ Θήβαις, ἀγῶνές τ' ἔννομοι
Βοιωτίων,   85
Πέλλανά τ'· Αἴγινά τε νικῶνθ'
ἑξάκις· ἐν Μεγάροισίν τ' οὐχ ἕτερον λιθίνα
ψᾶφος ἔχει λόγον. ἀλλ' ὦ
Ζεῦ πάτερ, νώτοισιν Ἀταβυρίου
μεδέων, τίμα μὲν ὕμνου τεθμὸν Ὀλυμπιονίκαν,

Ep. 5

ἄνδρα τε πὺξ ἀρετὰν εὑ-
ρόντα. δίδοι τέ οἱ αἰδοίαν χάριν
καὶ ποτ' ἀστῶν καὶ ποτὶ ξεί-   90
νων. ἐπεὶ ὕβριος ἐχθρὰν ὁδόν
εὐθυπορεῖ, σάφα δαεὶς ἅ τε οἱ πατέρων
ὀρθαὶ φρένες ἐξ ἀγαθῶν
ἔχρεον. μὴ κρύπτε κοινόν
σπέρμ' ἀπὸ Καλλιάνακτος·
Ἐρατιδᾶν τοι σὺν χαρίτεσσιν ἔχει
θαλίας καὶ πόλις· ἐν δὲ μιᾷ μοίρᾳ χρόνου
ἄλλοτ' ἀλλοῖαι διαιθύσσοισιν αὖραι.   95

Einer zeugte den Kamiros
Und als den ältesten den I-
   alysos und den Lindos; sie hatten getrennt,
Als sie dreifach das vom Vater ererbte Land geteilt,
Ihre Städte; und nach jedem hieß sein Wohnsitz.

Dort erfolgt von traurigem Geschick dem Tlepolemos nun
Süße Lösung, der Tirynthier Oberherrn,
Wie einem Gott:
Schafopfers Fettdampfduft und Richter-
   amt in der Wettkämpfe Spiel. Dort hat sich mit Blüten bekränzt
Zweimal Diagoras, hat auch
   viermal am Isthmos, dem berühmten, gesiegt,
In Nemea wieder und der felsigen Stadt der Athener.

Ihn kennt Argos' Erzschild, Bildwerkpreise Arkadiens ken-
   nen und Thebens ihn, und Kämpfe, wie sie der
Boiotier Brauch;
Pellana auch; Aigina bracht' ihm
   sechsfachen Sieg; keinen andern Namen nennt Megaras Stein
Als nur den seinen. O Vater
   Zeus, der Atabyrios' Rücken beherrscht,
Deine Huld leihe des Hymnos Kunst beim Olympiasiege

Wie auch dem trefflichsten Mann im
   Faustkampf! Und schenke ihm hochschätzende Gunst
So beim Stadtvolk wie auch bei Gast-
   freunden! Denn hochmutverachtenden Pfad
Geht er gradaus, weiß gar wohl, was ihm trefflicher Vä-
   ter rechte Gesinnung und Art
Kundgetan. Nicht birg in Nacht, was
Stammt aus Kallianax' Samen!
   Der Eratiden Siegesfest feiert auch mit
Ihre Stadt, freudig bewegt; doch in einem Nu der Zeit
Stürmen hier- und dorthin andersartge Winde.

VIII

ΑΛΚΙΜΕΔΟΝΤΙ ΑΙΓΙΝΗΤΗΙ ΠΑΙΔΙ ΠΑΛΑΙΣΤΗΙ

Daktyloepitriten

Str.

1 – ∪ – – – ∪ ∪ – ∪ ∪ – – – ∪ –
2 – – ∪ – – – ∪ ∪ – ∪ ∪ – ṵ
3 – ∪ – – ṵ ∪ ∪ – ∪ ∪ – –
    – ∪ ∪ – ∪ ∪ – –
4 – ∪ ∪ – ∪ ∪ – ṵ – ∪ –

5 – ∪ ∪ – ∪∪ –
6 ∪ ∪ – – – ∪ –
7 ṵṵ ∪ – × – ∪ –

Ep.

1 – – ∪ ∪ – ∪ ∪ – – – ∪ –
2 – ∪ ∪ – ∪ ∪ – ṵ – ∪ ∪ – ∪ ∪ –
3 – ∪ ∪ – ∪ ∪ – ṵ – ∪ –
4 – ∪ ∪ – ∪ ∪ – –
5 – ∪ ∪ – ∪ ∪ – – – ∪ ∪ – ∪ ∪ – –
6 – ∪ ∪ – ∪ ∪ –
    ṵ – ∪ ∪ – ∪ ∪ –   ṵ – ∪ –
7 – ∪ – – ∪ ∪ – ∪ ∪ –
8 ṵ – ∪ – × – ∪ –

Str. 1

Μᾶτερ ὦ χρυσοστεφάνων ἀέθλων, Οὐλυμπία,
δέσποιν' ἀλαθείας, ἵνα μάντιες ἄνδρες
ἐμπύροις τεκμαιρόμενοι παραπειρῶν-
    ται Διὸς ἀργικεραύνου,
εἴ τιν' ἔχει λόγον ἀνθρώπων πέρι
μαιομένων μεγάλαν   5
ἀρετὰν θυμῷ λαβεῖν,
τῶν δὲ μόχθων ἀμπνοάν.

VIII

FÜR ALKIMEDON AUS AIGINA, SIEGER IM RINGKAMPF DER KNABEN

Der Siegesgesang wurde 460 in Olympia aufgeführt; hier hatte man vorher vom Orakel wegen des Wettkampfes günstige Antwort erhalten. Des Siegers Vater lebte nicht mehr, wohl aber sein Großvater. Sein Bruder Timosthenes war Nemeasieger. Ihr Geschlecht, die Blepsiaden, führte sich auf Aiakos, den Sohn des Zeus und der Inselgöttin Aigina, zurück. Nach einem Lob Aiginas als eines gerecht regierten, durch Handel und Verkehr berühmten Landes erzählt Pindar von der Erbauung Troias durch die Götter Poseidon und Apollon, die als Helfer den Menschen Aiakos berufen. Die einstige Zerstörung Troias – nur möglich, weil ein Mensch beim Bau beteiligt war – schließt Apollon aus einem Zeichen und weissagt, wie Aiakos' Nachkommen an den Kämpfen um Troia teilnehmen werden. Wie üblich, lobt Pindar den Wettkampflehrer des Siegers, den Athener Melesias, der selbst als Knabe und Mann siegte und dessen Schüler durch Alkimedon nun den 30. Sieg gewannen. Über diesen Sieg freut sich der Großvater, freuen sich auch die verstorbenen Verwandten, wenn Angelia, die Göttin der Botschaft, dem Vater Kallimachos und dem Oheim Iphion die Siegeskunde bringt. Segenswünsche für Stamm und Stadt des Siegers schließen das Lied.

Mutter goldkranzspendender Wettkämpfe, o Olympia,
Herrin der Wahrheit, wo sich des Sehertums Priester,
Schließend aus Brandopfern, bemühn, zu erforschen
    Zeus', des hellblitzenden Meinung,
Ob einen Wahrspruch er über Menschen hat,
Die großen Ruhm voller Mut
Zu erlangen suchen, nach
Mühsal des Aufatmens Lust!

ἄνεται δὲ πρὸς χάριν εὐσεβίας ἀνδρῶν λιταῖς·   Ant. 1
ἀλλ' ὦ Πίσας εὔδενδρον ἐπ' Ἀλφεῷ ἄλσος,
τόνδε κῶμον καὶ στεφαναφορίαν δέ-   10
   ξαι. μέγα τοι κλέος αἰεί,
ᾧτινι σὸν γέρας ἕσπετ' ἀγλαόν.
ἄλλα δ' ἐπ' ἄλλον ἔβαν
ἀγαθῶν, πολλαὶ δ' ὁδοί
σὺν θεοῖς εὐπραγίας.

                                                    Ep. 1
Τιμόσθενες, ὔμμε δ' ἐκλάρωσεν πότμος   15
Ζηνὶ γενεθλίῳ· ὃς σὲ μὲν Νεμέᾳ πρόφατον,
Ἀλκιμέδοντα δὲ πὰρ Κρόνου λόφῳ
θῆκεν Ὀλυμπιονίκαν.
ἦν δ' ἐσορᾶν καλός, ἔργῳ τ' οὐ κατὰ εἶδος ἐλέγχων
ἐξένεπε κρατέων   20
   πάλᾳ δολιχήρετμον Αἴγιναν πάτραν·
ἔνθα σώτειρα Διὸς ξενίου
πάρεδρος ἀσκεῖται Θέμις

                                                    Str. 2
ἔξοχ' ἀνθρώπων. ὃ τι γὰρ πολὺ καὶ πολλᾷ ῥέπῃ,
ὀρθᾷ διακρῖναι φρενὶ μὴ παρὰ καιρόν
δυσπαλές· τεθμὸς δέ τις ἀθανάτων καὶ   25
   τάνδ' ἁλιερκέα χώραν
παντοδαποῖσιν ὑπέστασε ξένοις
κίονα δαιμονίαν –
ὁ δ' ἐπαντέλλων χρόνος
τοῦτο πράσσων μὴ κάμοι –

                                                    Ant. 2
Δωριεῖ λαῷ ταμιευομέναν ἐξ Αἰακοῦ·   30
τὸν παῖς ὁ Λατοῦς εὐρυμέδων τε Ποσειδάν,
Ἰλίῳ μέλλοντες ἐπὶ στέφανον τεῦ-
   ξαι, καλέσαντο συνεργόν
τείχεος, ἦν ὅτι νιν πεπρωμένον
ὀρνυμένων πολέμων
πτολιπόρθοις ἐν μάχαις   35
λάβρον ἀμπνεῦσαι καπνόν.

Es erfüllt sich – dank ihrer Frömmigkeit – der Männer Gebet.
O Pisas bäumeprangender Hain am Alpheios,
Nimm den Festzug an und den Kranz, den wir bringen!
   Groß ist sein Ruhm ja für immer,
Wem deine Gabe auch wird, die strahlende!
Dies kommt der Güter zu dem,
Das zu jenem; mancher Weg
Führt – durch Götterhuld – zum Glück.

Timosthenes, euch teilte zu das Geschick als
Stammgott den Zeus, der dich in Nemea berühmt werden ließ
Und den Alkimedon, bei des Kronos Höh
Nunmehr Olympiasieger.
Schön war zu schaun er; durch Tat sein Aussehn nicht schändend,
Siegend im Ringkampf, das lang-   [ließ nennen,
   rudrige Aigina er als Vaterstadt.
Wo die hilfreiche, des gastlichen Zeus
Beisitzrin: Themis man verehrt

Allermeist bei Menschen. Wenn viel hin und her die Wage schwankt
Ist rechten Sinns zu richten, nicht wider Gebühr, ein
Schweres Amt. Doch stellte ein Göttergesetz auch
   dieses vom Meere umhegte
Land hin für jegliche Gastfreunde als
Säule aus göttlicher Hand –
Werde zukünftige Zeit
Müde nicht in solchem Tun! –

Dieses Land, von dorischem Volke betreut seit Aiakos.
Ihn riefen Letos Sohn und der Herrscher Poseidon,
Als sie Ilion den Mauerkranz fertigen wollten,
   zu sich als Helfer beim Bau des
Bollwerks, weil's so ja verhängt war: die Stadt
Sollte, wenn Krieg sich erhob,
Nach Zerstörungskämpfen hoch
Blasen ungestümen Rauch.

γλαυκοὶ δὲ δράκοντες, ἐπεὶ κτίσθη νέον,   Ep. 2
πύργον ἐσαλλόμενοι τρεῖς, οἱ δύο μὲν κάπετον,
αὖθι δ' ἀτυζόμενοι ψυχὰς βάλον,
εἷς δ' ἐνόρουσε βοάσαις.   40
ἔννεπε δ' ἀντίον ὁρμαίνων τέρας εὐθὺς 'Απόλλων·
'Πέργαμος ἀμφὶ τεαῖς,
   ἥρως, χερὸς ἐργασίαις ἁλίσκεται·
ὡς ἐμοὶ φάσμα λέγει Κρονίδα
πεμφθὲν βαρυγδούπου Διός.

                                                          Str. 3
οὐκ ἄτερ παίδων σέθεν, ἀλλ' ἅμα πρώτοις ἄρξεται   45
καὶ τερτάτοις.' ὡς ἦρα θεὸς σάφα εἴπαις
Ξάνθον ἤπειγεν καὶ 'Αμαζόνας εὐίπ-
   πους καὶ ἐς "Ιστρον ἐλαύνων.
'Ορσοτρίαινα δ' ἐπ' 'Ισθμῷ ποντίᾳ
ἅρμα θοὸν τάννεν,
ἀποπέμπων Αἰακόν   50
δεῦρ' ἀν' ἵπποις χρυσέαις

                                                          Ant. 3
καὶ Κορίνθου δειράδ' ἐποψόμενος δαιτικλυτάν.
τερπνὸν δ' ἐν ἀνθρώποις ἴσον ἔσσεται οὐδέν.
εἰ δ' ἐγὼ Μελησίᾳ ἐξ ἀγενείων
   κῦδος ἀνέδραμον ὕμνῳ,
μὴ βαλέτω με λίθῳ τραχεῖ φθόνος·   55
καὶ Νεμέᾳ γὰρ ὁμῶς
ἐρέω ταύταν χάριν,
τὰν δ' ἔπειτ' ἀνδρῶν μάχας

                                                          Ep. 3
ἐκ παγκρατίου. τὸ διδάξασθαι δέ τοι
εἰδότι ῥᾴτερον· ἄγνωμον δὲ τὸ μὴ προμαθεῖν·   60
κουφότεραι γὰρ ἀπειράτων φρένες.
κεῖνα δὲ κεῖνος ἂν εἴποι
ἔργα περαίτερον ἄλλων, τίς τρόπος ἄνδρα προβάσει
ἐξ ἱερῶν ἀέθλων
   μέλλοντα ποθεινοτάταν δόξαν φέρειν.

Blauschillernde Schlangen – sie war kaum neu erbaut –
Sprangen zur Burg hin zu drein; herab stürzten zwei, gaben dort
Ohnmächtig auf ihren Geist. Doch eine fuhr
Schreiend hinein. Und es sprach, das
Widrige Zeichen sich überlegend, sogleich nun Apollon:
„Pergamos fällt, weil ja dei-
    ne Hand bei dem Werk half, o Held, dem Feind anheim;
So sagt dies Zeichen mir, kommend vom dumpf
Erdröhnenden Kroniden Zeus.

Nicht wird's ohne Söhne von dir sein; die ersten wirken mit
Und noch die vierten." Also sprach deutlich der Gott, zum
Xanthos, zu den reitfreudigen Amazonen
    eilt' er, zum Istros sich wendend.
Doch mit dem Dreizack der Gott, zur Isthmosflut
Trieb er sein hurtig Gefährt,
Brachte so den Aiakos
Her auf goldnem Roßgespann,

Wollt' auch Korinths Höhe besuchen, durch Festmähler bekannt.
Freude gibt unter Menschen in gleicher Art kein Ding.
Wenn ich zu Melesias' Ruhm bei den Unbär-
    tigen mich aufschwang im Hymnos,
Werfe mit zackigem Stein mich Mißgunst nicht!
Künd ich doch seinen Ruhm
In Nemea, wie auch den
Später dann beim Allkampf der

Männer. Zu belehren ist dem, der selbst die Kunst
Ausübt, viel leichter. 's ist unklug, wenn man nicht vorher erst lernt;
Allzu leicht macht sich's der Unerfahrnen Sinn.
Lehrt jene Künste doch jener
Besser als andere: Welche Weise den Mann bringt zum Fortschritt,
Der aus dem heiligen Spiel
    ersehntesten Ruhm sich davontragen will.

νῦν μὲν αὐτῷ γέρας 'Αλκιμέδων   65
νίκαν τριακοστὰν ἑλών·

                                                              Str. 4
ὃς τύχᾳ μὲν δαίμονος, ἀνορέας δ' οὐκ ἀμπλακών
ἐν τέτρασιν παίδων ἀπεθήκατο γυίοις
νόστον ἔχθιστον καὶ ἀτιμοτέραν γλῶσσαν καὶ ἐπίκρυφον οἶμον,
πατρὶ δὲ πατρὸς ἐνέπνευσεν μένος   70
γήραος ἀντίπαλον·
'Αΐδα τοι λάθεται
ἄρμενα πράξαις ἀνήρ.

                                                              Ant. 4
ἀλλ' ἐμὲ χρὴ μναμοσύναν ἀνεγείροντα φράσαι
χειρῶν ἄωτον Βλεψιάδαις ἐπίνικον,   75
ἕκτος οἷς ἤδη στέφανος περίκειται
  φυλλοφόρων ἀπ' ἀγώνων.
ἔστι δὲ καί τι θανόντεσσιν μέρος
κὰν νόμον ἐρδόμενον·
κατακρύπτει δ' οὐ κόνις
συγγόνων κεδνὰν χάριν.   80
                                                              Ep. 4
Ἑρμᾶ δὲ θυγατρὸς ἀκούσαις 'Ιφίων
'Αγγελίας, ἐνέποι κεν Καλλιμάχῳ λιπαρόν
κόσμον 'Ολυμπίᾳ, ὅν σφι Ζεὺς γένει
ὤπασεν. ἐσλὰ δ' ἐπ' ἐσλοῖς
ἔργα θέλοι δόμεν, ὀξείας δὲ νόσους ἀπαλάλκοι.   85
εὔχομαι ἀμφὶ καλῶν
  μοίρᾳ νέμεσιν διχόβουλον μὴ θέμεν·
ἀλλ' ἀπήμαντον ἄγων βίοτον
αὐτούς τ' ἀέξοι καὶ πόλιν.   88

Jetzt bringt ihm Ehre Alkimedon, der
Den dreißigsten Sieg ihm gewann.

Der – durch Götterfügung, doch Manneszucht nicht ermangelnd – auf
Vier Knabenleiber wälzte er höchlichst verhaßte
Heimkehr von sich ab und unrühmlichstes Reden
    wie auch verbergenden Schleichweg,
Hauchte dem Vater des Vaters Mut ein, des
Alters Bezwinger. Vergißt
Doch den Hades wahrlich, wem
Glücklich sich das Leben fügt.

Doch ich muß, Erinnerung weckend, der Arme Siegesruhm
Nun künden den Nachkommen des Blepsias; ihnen
Ward der sechste Kranz nun schon umgelegt aus der
    Fülle des Laubes am Kampfort.
Auch den Verstorbnen ist Anteil gewährt,
Opfergleich, wie sich's gebührt;
Und nicht wird verdeckt vom Staub
Der Verwandten Ehrenschmuck.

Erst hört von Angelia, Hermes' Tochter, ihn
Iphion, sagt dem Kallimachos danach weiter des Ruhms
Glanz in Olympia, welchen Zeus dem Stamm
Ausersehn. Treffliche Taten
Geb er zu trefflichen, halte hitzige Seuchen dem Stamm fern,
Lasse, so fleh ich, bei Glück-
    kes Gunst nicht Vergeltung ersinnen andres Los,
Schenke bei leidlosem Leben vielmehr
Ihnen Gedeihn wie auch der Stadt!

IX

ΕΦΑΡΜΟΣΤΩΙ ΟΠΟΥΝΤΙΩΙ ΠΑΛΑΙΣΤΗΙ

Äolisch

Str.

```
1   U U – U U – U –
2    U – U U – U –    – U – U U – U – –
3   – U – U U – U –    U – U U – –
4   – – – U U – U –    – – U U – –
5   – U – U U – U –    – – U U – –
6   U U U – × – U U –    – – U U – –
7/8  – U – U U – U –    – – U U – –
9   U – U U – U –                    – U –
10   – – U U – U U –    U – U U – –
```

Ep.

```
1   U – U –        U – U  –
2  U U – U –        U – U  – –
3              U U – U U – –
4      – –        – – U U – U –  – –
5  – U U –        – –
        U –        – – U U – U U – U U –
6      – –        U – U U – U U –   – –
7  – – U – × – U – U U –
        × – U – U U –  U – –
```

Str. 1

Τὸ μὲν 'Αρχιλόχου μέλος
φωνᾶεν 'Ολυμπίᾳ,
   καλλίνικος ὁ τριπλόος κεχλαδώς
ἄρκεσε Κρόνιον παρ' ὄχθον ἀγεμονεῦσαι
κωμάζοντι φίλοις 'Εφαρμόστῳ σὺν ἑταίροις·
ἀλλὰ νῦν ἑκαταβόλων Μοισᾶν ἀπὸ τόξων   5

IX

FÜR EPHARMOSTOS AUS OPUS, SIEGER IM RINGKAMPF

In Olympia war beim Zug des Siegers zum Altar des Zeus nur der kurze, wie man sagte, von Archilochos zu Ehren des Herakles verfaßte Ruf: „Heil dir, siegreicher Kämpfer!" erklungen; dieser Siegessang aber soll, wie man Pfeile entsendet, überallhin gelangen, besonders nach Olympia und auch nach Delphi, wo Epharmostos erfolgreich war, der Siegessang, der 466 für den Festzug in Opus zum Heiligtum des Lokrers Aias verfaßt ist. Nach diesen einleitenden Gedanken und dem Lob der Stadt, in der das Recht wohnt und die an Ruhm reich ist, spricht Pindar von Herakles' Kampf mit drei Göttern, bricht, weil ihm die Geschichte unfromm vorkommt, scharf ab und wendet sich zu der Ursprungssage von Opus, wie nach der Sintflut Deukalion und Pyrrha sich aus Steinen Nachkommen schaffen, die Könige des Lokrerlandes und Vorfahren des Siegers; mütterlicherseits verhilft der Kronide Zeus dem kinderlosen „Lokros" zu einem Pflegesohn, der nach seinem Großvater „Opus" heißt. Nach dem Bericht über die Siege des Epharmostos und seines Bruders Lampromachos läßt der Dichter den Chor noch einmal den Sieger preisen, der nun seinen Kranz am Altar des von Opus stammenden Oïleussohnes Aias niederlegt.

Des Archilochos Lied, das dort
Erklang in Olympia,
   Siegesheilruf, der dreimal schwellend brauste,
War genug, um am Kronoshügel Führer zu werden
Beim Festzug dem Epharmostos mit lieben Gefährten;
Aber jetzt von der Musen fernhintreffendem Bogen

Δία τε φοινικοστερόπαν σεμνόν τ' ἐπίνειμαι
ἀκρωτήριον Ἄλιδος
τοιοῖσδε βέλεσσιν,
τὸ δή ποτε Λυδὸς ἥρως Πέλοψ
ἐξάρατο κάλλιστον ἕδνον Ἱπποδαμείας·   10

Ant. 1

πτερόεντα δ' ἵει γλυκύν
Πυθῶνάδ' ὀϊστόν· οὔτοι χαμαιπετέων λόγων ἐφάψεαι,
ἀνδρὸς ἀμφὶ παλαίσμασιν φόρμιγγ' ἐλελίζων
κλεινᾶς ἐξ Ὀπόεντος· αἰνήσαις ἕ καὶ υἱόν,
ἂν Θέμις θυγάτηρ τέ οἱ σώτειρα λέλογχεν   15
μεγαλόδοξος Εὐνομία. θάλλει δ' ἀρεταῖσιν
σόν τε, Καστωλία, πάρα
Ἀλφεοῦ τε ῥέεθρον·
ὅθεν στεφάνων ἄωτοι κλυτάν
Λοκρῶν ἐπαείροντι ματέρ' ἀγλαόδενδρον.   20

Ep. 1

ἐγὼ δέ τοι φίλαν πόλιν
μαλεραῖς ἐπιφλέγων ἀοιδαῖς,
καὶ ἀγάνορος ἵππου
θᾶσσον καὶ ναὸς ὑποπτέρου παντᾷ
ἀγγελίαν πέμψω ταύταν,   25
    εἰ σύν τινι μοιριδίῳ παλάμᾳ
ἐξαίρετον Χαρίτων νέμομαι κᾶπον·
κεῖναι γὰρ ὤπασαν τὰ τέρπν'· ἀγαθοὶ
    δὲ καὶ σοφοὶ κατὰ δαίμον' ἄνδρες

Str. 2

ἐγένοντ'· ἐπεὶ ἀντίον
πῶς ἂν τριόδοντος Ἡ-   30
    ρακλέης σκύταλον τίναξε χερσίν,
ἁνίκ' ἀμφὶ Πύλον σταθεὶς ἤρειδε Ποσειδάν,
ἤρειδεν δέ μιν ἀργυρέῳ τόξῳ πολεμίζων
Φοῖβος, οὐδ' Ἀΐδας ἀκινήταν ἔχε ῥάβδον,
βρότεα σώμαθ' ᾇ κατάγει κοίλαν πρὸς ἄγυιαν
θνᾳσκόντων; ἀπό μοι λόγον   35

Lasse zu Zeus gelangen, dem purpurblitzenden, und zum
Heilgen Berghaupt von Elis solch
Vortreffliche Pfeile,
Das einstmals der Lyder, Held Pelops, ja
Errungen als edelste Mitgift Hippodameias!

Einen Pfeil auch, geflügelt, süß,
Entsende nach Pytho; nicht ja bedienst du dich staubverfallner Worte,
Schlägst für Ringkämpfe du des Manns die Harfe aus Opus'
Stadt voll Ruhms, ihren Sohn preisend und sie, die erlost hat
Themis und ihre segensreiche, höchlich geehrte
Tochter Eunomia. Und sie prangt in Blüten des Siegs an
Deiner Strömung, Kastalia,
Und der des Alpheios;
Von dort her der Kränze Schmuck hebt empor
Der Lokrer an Ruhm reiche, bäumeprangende Mutter.

So will ich denn, die liebe Stadt
Mit der Macht entflammend meiner Lieder,
Übertreffend ein mutig
Roß an Schnelle, ein geflügelt Schiff, allwärts
Hinsenden die Botschaft, wenn ja
    ich pflege mit schicksalberufener Hand
Erlesnen Garten, der Huldinnen Blütenreich;
Denn sie verleihn, was froh macht; starke erstehn
    und weise Männer, sofern die Gottheit

Es so will. Denn wie konnte auf
Den Dreizack sonst Herakles
    seine Keule wohl schwingen mit den Armen,
Als vor Pylos zum Widerstand anstürmte Poseidon,
Heranstürmte, bekämpfend ihn mit silbernem Bogen,
Phoibos, Hades auch unbewegt nicht ließ seinen Stab, mit
Dem er die sterblichen Leiber führt zu dem Hohlweg
Der Gestorbnen? Wirf weg von dir,

τοῦτον, στόμα, ῥῖψον·
ἐπεὶ τό γε λοιδορῆσαι θεούς
ἐχθρὰ σοφία, καὶ τὸ καυχᾶσθαι παρὰ καιρόν

Ant. 2

μανίαισιν ὑποκρέκει.
μὴ νῦν λαλάγει τὰ τοι-   40
   αῦτ'· ἔα πόλεμον μάχαν τε πᾶσαν
χωρὶς ἀθανάτων· φέροις δὲ Πρωτογενείας
ἄστει γλῶσσαν, ἵν' αἰολοβρέντα Διὸς αἴσᾳ
Πύρρα Δευκαλίων τε Παρνασσοῦ καταβάντε
δόμον ἔθεντο πρῶτον, ἄτερ δ' εὐνᾶς ὁμόδαμον
κτισσάσθαν λίθινον γόνον·   45
λαοὶ δ' ὀνύμασθεν.
ἔγειρ' ἐπέων σφιν οἶμον λιγύν,
αἴνει δὲ παλαιὸν μὲν οἶνον, ἄνθεα δ' ὕμνων

Ep. 2

νεωτέρων. λέγοντι μάν
χθόνα μὲν κατακλύσαι μέλαιναν   50
ὕδατος σθένος, ἀλλά
Ζηνὸς τέχναις ἀνάπωτιν ἐξαίφνας
ἄντλον ἑλεῖν. κείνων δ' ἔσαν
   χαλκάσπιδες ὑμέτεροι πρόγονοι
ἀρχᾶθεν, Ἰαπετιονίδος φύτλας   55
κοῦροι κορᾶν καὶ φερτάτων Κρονιδᾶν,
   ἐγχώριοι βασιλῆες αἰεί,

Str. 3

πρὶν Ὀλύμπιος ἀγεμών
θύγατρ' ἀπὸ γᾶς Ἐπει-
   ῶν Ὀπόεντος ἀναρπάσαις, ἕκαλος
μίχθη Μαιναλίαισιν ἐν δειραῖς, καὶ ἔνεικεν
Λοκρῷ, μὴ καθέλοι μιν αἰών πότμον ἐφάψαις   60
ὀρφανὸν γενεᾶς. ἔχεν δὲ σπέρμα μέγιστον
ἄλοχος, εὐφράνθη τε ἰδὼν ἥρως θετὸν υἱόν,
μάτρωος δ' ἐκάλεσσέ νιν
ἰσώνυμον ἔμμεν,

Mein Mund, diese Rede;
Denn grade das Lästern der Götter ist
Verhaßte Erfindung, und Prahlen über das Maß greift

In des Wahnwitzes Saitenspiel.
Nein, schwatze jetzt nicht derglei-
    chen! Laß Krieg und jedwede Art von Kämpfen
Fern Unsterblichen sein! Und lenk auf Protogeneias
Stadt dein Wort, wo auf Zeus', des zackigblitzenden, Fügung
Pyrrha stieg und Deukalion herab vom Parnassos,
Bauten ihr Haus, ihr erstes, und schufen ohne Umarmung
Ein gleichartges Geschlecht aus Stein,
Benannt nach den Steinen.
Erwecke für sie des Sangs hellen Gang
Und preise wie Wein, wenn er alt ist, Blüten des Sangs, wenn

Sie neu sind. Man erzählt, das Land
Sei, das schwarze, überflutet worden
Von des Wassers Gewalt; doch
Durch Zeus' Kunst sei wieder abgeebbt rasch die
Meerflut. Von jenen stammten eu-
    re ehrenbeschildeten Vorfahren von
Anfang, der Jungfraun vom Stamm des Iapetos Söhne – und
Aus dem höchst mächtgen Stamm des Kronossohns Zeus;
    einheimisch waren die Kön'ge allzeit,

Bis darauf des Olympos Fürst
Die Tochter des Opus aus
    dem Epeierland raubte, ungestört sich
Ihr verband auf Mainalias Höhn, sie brachte dem Lokros,
Daß hinweg ihn nicht nehme die Zeit, schüfe das Los ihm,
Ohne Kinder zu sein. Nun trug den Samen, den höchsten,
Seine Gemahlin; froh war der Held, den Pflegesohn schauend;
Nach dem Vater der Mutter hieß
Er nennen ihn, nach dem

ὑπέρφατον ἄνδρα μορφᾷ τε καί   65
ἔργοισι. πόλιν δ' ὤπασεν λαόν τε διαιτᾶν.

    Ant. 3

ἀφίκοντο δέ οἱ ξένοι
ἔκ τ' "Αργεος ἔκ τε Θη-
   βᾶν, οἱ δ' 'Αρκάδες, οἱ δὲ καὶ Πισᾶται·
υἱὸν δ' "Ακτορος ἐξόχως τίμασεν ἐποίκων
Αἰγίνας τε Μενοίτιον. τοῦ παῖς ἄμ' 'Ατρείδαις   70
Τεύθραντος πεδίον μολὼν ἔστα σὺν 'Αχιλλεῖ
μόνος, ὅτ' ἀλκάεντας Δαναοὺς τρέψαις ἁλίαισιν
πρύμναις Τήλεφος ἔμβαλεν·
ὥστ' ἔμφρονι δεῖξαι
μαθεῖν Πατρόκλου βιατὰν νόον·   75
ἐξ οὗ Θέτιός γ' ἶνις οὐλίῳ μιν ἐν "Αρει

    Ep. 3

παραγορεῖτο μή ποτε
σφετέρας ἄτερθε ταξιοῦσθαι
δαμασιμβρότου αἰχμᾶς.
εἴην εὑρησιεπὴς ἀναγεῖσθαι   80
πρόσφορος ἐν Μοισᾶν δίφρῳ·
   τόλμα δὲ καὶ ἀμφιλαφὴς δύναμις
ἔσποιτο. προξενίᾳ δ' ἀρετᾷ τ' ἦλθον
τιμάορος 'Ισθμίαισι Λαμπρομάχου
   μίτραις, ὅτ' ἀμφότεροι κράτησαν

    Str. 4
μίαν ἔργον ἀν' ἀμέραν.   85
ἄλλαι δὲ δύ' ἐν Κορίν-
   θου πύλαις ἐγένοντ' ἔπειτα χάρμαι,
ταὶ δὲ καὶ Νεμέας 'Εφαρμόστῳ κατὰ κόλπον·
"Αργει τ' ἔσχεθε κῦδος ἀνδρῶν, παῖς δ' ἐν 'Αθάναις,
οἷον δ' ἐν Μαραθῶνι συλαθεὶς ἀγενείων
μένεν ἀγῶνα πρεσβυτέρων ἀμφ' ἀργυρίδεσσιν·   90
φῶτας δ' ὀξυρεπεῖ δόλῳ
ἀπτωτὶ δαμάσσαις
διήρχετο κύκλον ὅσσα βοᾷ,
ὡραῖος ἐὼν καὶ καλὸς κάλλιστά τε ῥέξαις.

Vorzüglichsten Mann sowohl an Gestalt
Wie Taten. Und Stadt gab und Volk er ihm zu verwalten.

Und es kamen die Fremden hin
Von Argos und Theben her,
   Arkader und von Pisa die Männer ins Land;
Aktors Sohn und Aiginas schätzt' aufs höchste er unter
Den Neusiedlern: Menoitios. Sein Sohn, der mit Atreus'
Söhnen kam in des Teuthras Flur, hielt stand – mit Achilleus
Nur –, als die starken Danaer schlug und auf die Verdecke
Warf der Meerschiffe Telephos;
So ließ einen Klugen
Er merken Patroklos' gewaltgen Sinn.
Drauf mahnte der Sprößling der Thetis ihn, wenn verderblich

Der Kampf entbrennte, nie ins Glied
Sich zu stellen fern von seiner Männer
Überwältgenden Lanze.
Wär ich doch Wortfinder, tauglich aufwärts zur
Fahrt auf der Musen Wagenstand!
   Gewährten doch Kühnheit, umfassende Kraft
Mir Beistand! Ehrend Lampromachos' Gastlichkeit
Und Hochsinn, kam ich, und im isthmischen Kampf
   die Kränze, als ihren Sieg sie beide

Sich erwarben an einem Tag.
Noch zweimal ward vor Korinths
   Toren Freude in Kämpfen ihm zuteil wie
In dem Talgrund Nemeas dem Epharmostos; und er
Fand in Argos als Mann, als Knabe Ruhm in Athen; wie
Hielt in Marathon er, die Schar Bartloser verlassend,
Wacker im Kampf der Älteren sich um silberne Schalen!
Männer – selbst ohne Sturz – voll List,
Raschwägend, bezwang er
Und schritt durch die Runde, beifallumtost,
In blühender Jugend und schön nach schönstem Vollbringen.

τὰ δὲ Παρρασίῳ στρατῷ   Ant. 4
θαυμαστὸς ἐὼν φάνη
  Ζηνὸς ἀμφὶ πανάγυριν Λυκαίου,
καὶ ψυχρᾶν ὁπότ' εὐδιανὸν φάρμακον αὐρᾶν
Πελλάνᾳ φέρε· σύνδικος δ' αὐτῷ 'Ιολάου
τύμβος ἐνναλία τ' 'Ελευσὶς ἀγλαΐαισιν.
τὸ δὲ φυᾷ κράτιστον ἅπαν· πολλοὶ δὲ διδακταῖς   100
ἀνθρώπων ἀρεταῖς κλέος
ὤρουσαν ἀρέσθαι·
ἄνευ δὲ θεοῦ, σεσιγαμένον
οὐ σκαιότερον χρῆμ' ἕκαστον· ἐντὶ γὰρ ἄλλαι

                             Ep. 4
ὁδῶν ὁδοὶ περαίτεραι,   105
μία δ' οὐχ ἅπαντας ἄμμε θρέψει
μελέτα· σοφίαι μέν
αἰπειναί· τοῦτο δὲ προσφέρων ἄεθλον,
ὄρθιον ὤρυσαι θαρσέων,
  τόνδ' ἀνέρα δαιμονίᾳ γεγάμεν
εὔχειρα, δεξιόγυιον, ὁρῶντ' ἀλκάν,   110
Αἴαν, τεόν τ' ἐν δαιτί, 'Ιλιάδα,
  νικῶν ἐπεστεφάνωσε βωμόν.

X

ΑΓΗΣΙΔΑΜΩΙ ΛΟΚΡΩΙ ΕΠΙΖΕΦΥΡΙΩΙ
ΠΑΙΔΙ ΠΥΚΤΗΙ

Aus Iamben entstanden, äolisch

Str.

1   ∪ ∪ – ∪ ∪ – – ∪ – ∪∪ ∪ –
2   ∪ – ∪ – – ∪ ∪ – ∪ –
3   × – ∪ – – ∪ ∪ ∪ – – ∪ ∪ ∪ – –
    ∪ ∪∪ – – – – ∪ ∪ – ∪ ∪ –
4   ∪ – – ∪ ∪ ∪ – – ∪ –
5   ∪̄ – ∪ – – ∪ –
6   ∪̄ – – ∪ ∪ – ∪ –

Vom parrhasischen Volke auch
Bewundert, erschien er beim
    allversammelnden Fest des Zeus Lykaios,
Und als gegen die kalte Luft er wärmendes Mittel
In Pellana davontrug. Ihm bezeugt Iolaos'
Grab den Glanz seiner Siege und die Seestadt Eleusis.
Was von Natur kommt, ist voller Kraft; viel Menschen erstreben,
Mit erlernter Geschicklichkeit
Sich Ruhm zu erwerben;
Doch alles, was ohne Gottheit geschieht,
Wird durch das Verschweigen nicht schlechter. Sind manche Wege

Ja weiter, als es andre sind.
Und es nährt nicht ein Bemühn uns alle,
Daß wir wachsen. Die Kunst zwar
Ist steil; doch wenn diesen Kampfpreis du darbringst,
Hebe getrost hellauf den Ruf:
    „Der Mann ward durch göttliche Macht
Armstark, gelenkigen Leibs, den Blick voll Mut,
Der, Aias, dir, Oïleus' Sohn, bei dem Mahl
    als Sieger deinen Altar bekränzte."

X

FÜR HAGESIDAMOS AUS LOKROI ZEPHYRIOI, SIEGER IM FAUSTKAMPF DER KNABEN

Die kurze XI. Ode – demselben Sieger gleich nach dem Siege gewidmet –
liegt zeitlich *vor* dieser Ode, die der Dichter damals versprochen hatte; er
entschuldigt sich daher zu Beginn, daß er jetzt erst – vielleicht nach zwei
Jahren (474) – sein Versprechen einlöst, und will „Zins zahlen" durch
dieses längere, schönere Lied. Er lobt zuerst die Heimat des Siegers,
Lokroi in Unteritalien, spricht dann vom Sieg des Hagesidamos, den er
nach anfänglichem Wanken – selbst Herakles blieb davon nicht frei –
dank seinem Wettkampflehrer Ilas gewann, der ihn zur Standhaftigkeit
ermahnt hatte. Auf die Stiftung der Olympischen Spiele eingehend, schildert Pindar, wie Herakles, was er im Krieg mit Augeias, der ihn für Reinigung des Stalles nicht bezahlen will, an Beute gewinnt, für Opfer und Ein-

Ep.

```
1  U – U U U – U U –   – –   U U U –
2  U – – U U – U U –
3  UU – U U U – U U U – – U̅ U – U̅U̅ – U –
4    – – U U – –   U U – U U U   – –
5    – – U U – U –
6    – –   U – U –
7  U U – U U –
8    – – U U – U U – U –
9  U – U U UU – – –   U U U – U – – U U –
```

Str. 1

Τὸν Ὀλυμπιονίκαν ἀνάγνωτέ μοι
Ἀρχεστράτου παῖδα, πόθι φρενός
ἐμᾶς γέγραπται· γλυκὺ γὰρ αὐτῷ μέλος ὀφείλων
   ἐπιλέλαθ'· ὦ Μοῖσ', ἀλλὰ σὺ καὶ θυγάτηρ
Ἀλάθεια Διός, ὀρθᾷ χερί
ἐρύκετον ψευδέων   5
ἐνιπὰν ἀλιτόξενον.

Ant. 1

ἕκαθεν γὰρ ἐπελθὼν ὁ μέλλων χρόνος
ἐμὸν καταίσχυνε βαθὺ χρέος.
ὅμως δὲ λῦσαι δυνατὸς ὀξεῖαν ἐπιμομφὰν
   τόκος ἀνάτως· νῦν ψᾶφον ἑλισσομέναν
ὀπᾷ κῦμα κατακλύσσει ῥέον,   10
ὀπᾷ τε κοινὸν λόγον
φίλαν τείσομεν ἐς χάριν.

Ep. 1

νέμει γὰρ Ἀτρέκεια πόλιν Λοκρῶν Ζεφυρίων,
μέλει τέ σφισι Καλλιόπα
καὶ χάλκεος Ἄρης. τράπε δὲ Κύ-   15
   κνεια μάχα καὶ ὑπέρβιον
Ἡρακλέα· πύκτας δ' ἐν Ὀλυμπιάδι νικῶν
Ἴλᾳ φερέτω χάριν
Ἁγησίδαμος, ὡς
Ἀχιλεῖ Πάτροκλος.

setzung der Wettkämpfe verwendet. Nach namentlicher Aufzählung der ersten Sieger und Lobpreis des Gottes der Spiele, Zeus, betont Pindar, daß er das Lied zur Freude und zum Ruhm dem Hagesidamos und seiner Vaterstadt geschaffen habe, und erinnert sich des Sieges in Olympia, den er mit ansah, und der Schönheit des jungen Siegers.

Vom Olympiasieger, Archestratos' Sohn,
Lest nach mir doch, wo in dem Sinn er mir
Geschrieben steht; dann daß ich ein Lied ihm, ein süßes, schulde,
    vergessen hab ich's; o Muse und Tochter des Zeus,
O Wahrheit, wehrt mir mit rechtlicher Hand
Der Lüge Vorwurf, wehrt mir
Versündgung an dem Gastfreund ab!

Hat, die fernher nun kam, Zukunft erst war: die Zeit
Geweckt doch die Scham meiner tiefen Schuld.
Gleichwohl löst auf – er vermag's! – selbst scharfer Beschwerde Klage
    der Zins, daß schuldfrei man wird; wie den rollenden Stein
Die Woge fortschwemmt im Schwall, bringen jetzt
Wir dies gemeinsame Wort
Als Zins freundlichen Dankes dar.

Es lenkt Gerechtigkeit den zephyrischen Lokrern die Stadt;
Sie huldgen der Kalliope wie
Ares, dem ehernen. Wanken ließ einst
    selbst den gewaltigen Herakles
Mit Kyknos der Kampf. Sieger im Faustkampf Olympias, zolle Dank
Nun Hagesidamos dem
Ilas, wie dem Achill
Ihn Patroklos gezollt!

θάξαις δέ κε φύντ' ἀρετᾷ ποτί   20
πελώριον ὁρμάσαι κλέος ἀ-
  νὴρ θεοῦ σὺν παλάμαις.

Str. 2

ἄπονον δ' ἔλαβον χάρμα παῦροί τινες,
ἔργων πρὸ πάντων βιότῳ φάος.
ἀγῶνα δ' ἐξαίρετον ἀεῖσαι θέμιτες ὦρσαν
  Διός, ὃν ἀρχαίῳ σάματι πὰρ Πέλοπος
καμὼν ἐξάριθμον ἐκτίσσατο,   25
ἐπεὶ Ποσειδάνιον
πέφνε Κτέατον ἀμύμονα,

Ant. 2

πέφνε δ' Εὔρυτον, ὡς Αὐγέαν λάτριον
ἀέκονθ' ἑκὼν μισθὸν ὑπέρβιον
πράσσοιτο, λόχμαισι δὲ δοκεύσαις ὑπὸ Κλεωνᾶν   30
  δάμασε καὶ κείνους Ἡρακλέης ἐφ' ὁδῷ,
ὅτι πρόσθε ποτὲ Τιρύνθιον
ἔπερσαν αὐτῷ στρατόν
μυχοῖς ἥμενον Ἄλιδος

Ep. 2

Μολίονες ὑπερφίαλοι. καὶ μὰν ξεναπάτας
Ἐπειῶν βασιλεὺς ὄπιθεν   35
οὐ πολλὸν ἴδε πατρίδα πολυ-
  κτέανον ὑπὸ στερεῷ πυρί
πλαγαῖς τε σιδάρου βαθὺν εἰς ὀχετὸν ἄτας
ἵζοισαν ἑὰν πόλιν.
νεῖκος δὲ κρεσσόνων
ἀποθέσθ' ἄπορον.   40
καὶ κεῖνος ἀβουλίᾳ ὕστατος
ἁλώσιος ἀντάσαις θάνατον
  αἰπὺν οὐκ ἐξέφυγεν.

Str. 3

ὁ δ' ἄρ' ἐν Πίσᾳ ἕλσαις ὅλον τε στρατόν
λᾴαν τε πᾶσαν Διὸς ἄλκιμος

Wetzt einen zur Leistung Gebornen
Ein Mann, zu gewaltgem Ruhm treibt er ihn
    wohl, legt mit Hand an ein Gott.

Ohne Mühe ward Freude nur wen'gen, die mehr
Als alle Taten Licht dem Leben leiht.
Erlesnen Wettstreit zu singen, trieb mich die Satzung des Zeus;
    den stiftete als sechsfachen am ehrwürdgen Mal
Des Pelops Herakles; Kampf ging voraus:
Poseidons Sohn Kteatos
Schlug tot er, den untadligen;

Tot auch Eurytos; da Dienstlohn von Augias,
Der Zahlung abschlug, er, beträchtlichen,
Eintreiben wollte, hat, im Versteck lauernd bei Kleonai,
    auch jene bezwungen Herakles auf seinem Weg,
Weil vordem einst das tirynthische Heer
Vernichtet ihm hatten, als
Im Talgrund es von Elis saß,

Die trotzgen Molionen. Und der ihn, den Gast, herging,
Der König der Epeier, sah bald
Danach, wie die mit Reichtümern ge-
    segnete durch grausames Feuer, Stoß
Wie Hieb mit dem Eisen in des Unheils tiefen Abgrund
Versank: seine Vaterstadt!
Dem Streit mit Stärkeren
Sich entziehen, ist schwer.
Auch jener – durch Mangel an Einsicht – fiel
Zuletzt in Gefangenschaft, konnte dem
    Tod, dem jähen, nicht entfliehn.

Als in Pisa nun versammelt sein ganzes Heer
Und all die Kriegsbeute der starke Sohn

υἱὸς σταθμᾶτο ζάθεον ἄλσος πατρὶ μεγίστῳ   45
  περὶ δὲ πάξαις Ἄλτιν μὲν ὅγ' ἐν καθαρῷ
διέκρινε, τὸ δὲ κύκλῳ πέδον
ἔθηκε δόρπου λύσιν,
τιμάσαις πόρον Ἀλφεοῦ

                                         Ant. 3

μετὰ δώδεκ' ἀνάκτων θεῶν· καὶ πάγον
Κρόνου προσεφθέγξατο· πρόσθε γὰρ   50
νώνυμνος, ἇς Οἰνόμαος ἄρχε, βρέχετο πολλᾷ
  νιφάδι. ταύτᾳ δ' ἐν πρωτογόνῳ τελετᾷ
παρέσταν μὲν ἄρα Μοῖραι σχεδόν
ὅ τ' ἐξελέγχων μόνος
ἀλάθειαν ἐτήτυμον

                                         Ep. 3

Χρόνος. τὸ δὲ σαφανὲς ἰὼν πόρσω κατέφρασεν,   55
ὅπᾷ τὰν πολέμοιο δόσιν
ἀκρόθινα διελὼν ἔθυε καὶ
  πενταετηρίδ' ὅπως ἄρα
ἔστασεν ἑορτὰν σὺν Ὀλυμπιάδι πρώτᾳ
νικαφορίαισί τε·
τίς δὴ ποταίνιον   60
ἔλαχε στέφανον
χείρεσσι ποσίν τε καὶ ἄρματι,
ἀγώνιον ἐν δόξᾳ θέμενος
  εὖχος, ἔργῳ καθελών;

                                         Str. 4

στάδιον μὲν ἀρίστευσεν, εὐθὺν τόνον
ποσσὶ τρέχων, παῖς ὁ Λικυμνίου   65
Οἰωνός· ἶκεν δὲ Μιδέαθεν στρατὸν ἐλαύνων·
  ὁ δὲ πάλᾳ κυδαίνων Ἔχεμος Τεγέαν·
Δόρυκλος δ' ἔφερε πυγμᾶς τέλος,
Τίρυνθα ναίων πόλιν·
ἀν' ἵπποισι δὲ τέτρασιν

                                         Ant. 4

ἀπὸ Μαντινέας Σᾶμος ὁ Ἁλιροθίου·   70
ἄκοντι Φράστωρ ἔλασε σκοπόν·

Des Zeus, steckt' ab einen heilgen Hain er dem höchsten Vater,
  und durch Umhegung schied aus er auf freiem Gefild
Den Festplatz; doch rings die Ebne bestimmt'
Er für Erholung beim Mahl;
So ehrt' er des Alpheios Strom

Mit den Herrschern, den zwölf Göttern, benannte auch
Des Kronos Hügel; denn noch namenlos
War er, solang Oinomaos Herr war; benetzt ward viel er
  von Schnee. Bei erstmals gefeierten Festes Geburt,
Da standen nahe die Moiren dabei
Und, der ans Licht bringt allein
Die Wahrheit, wie sie wirklich ist:

Gott Chronos. Das hat deutlich er, vorschreitend, kund noch getan,
Wie – Auswahl aus des Krieges Geschenk –
Er den Weihezoll geopfert und dann fünf-
  jährig die Festzeit eingesetzt
Zugleich mit der ersten der Olympiaden und mit
Siegbringender Spiele Kampf.
Wem ward zuteil der neu
Zu gewinnende Kranz
Durch Arme und Füße und Viergespann?
Wer, der auf den Kampfruhm gesetzt seinen
  Sinn, errang ihn durch die Tat?

In der Bahn war der Sieger, die Strecke gradaus
Zu Fuß durchmessend, des Likymnios Sohn
Oionos, der von Midea herkam mit seiner Heerschar;
  im Ringen holt' Echemos für Tegea sich Ruhm
Und Doryklos sich beim Faustkampf den Preis;
In Tiryns wohnhaft, der Stadt.
Mit vier Rossen hat Samos aus

Mantinea gesiegt, Halirhothios' Sohn;
Im Speerwurf drang Phrastor bis vor ans Ziel;

μᾶκος δὲ Νικεὺς ἔδικε πέτρῳ χέρα κυκλώσαις
  ὑπὲρ ἁπάντων, καὶ συμμαχία θόρυβον
παραίθυξε μέγαν· ἐν δ' ἕσπερον
ἔφλεξεν εὐώπιδος
σελάνας ἐρατὸν φάος.   75
                                                      Ep. 4

ἀείδετο δὲ πᾶν τέμενος τερπναῖσι θαλίαις
τὸν ἐγκώμιον ἀμφὶ τρόπον.
ἀρχαῖς δὲ προτέραις ἑπόμενοι
  καί νυν ἐπωνυμίαν χάριν
νίκας ἀγερώχου κελαδησόμεθα βροντάν
καὶ πυρπάλαμον βέλος   80
ὀρσικτύπου Διός,
ἐν ἅπαντι κράτει
αἴθωνα κεραυνὸν ἀραρότα·
χλιδῶσα δὲ μολπὰ πρὸς κάλαμον
  ἀντιάξει μελέων,

                                                      Str. 5
τὰ παρ' εὐκλέϊ Δίρκᾳ χρόνῳ μὲν φάνεν·   85
ἀλλ' ὧτε παῖς ἐξ ἀλόχου πατρί
ποθεινὸς ἵκοντι νεότατος τὸ πάλιν ἤδη,
  μάλα δέ οἱ θερμαίνει φιλότατι νόον·
ἐπεὶ πλοῦτος ὁ λαχὼν ποιμένα
ἐπακτὸν ἀλλότριον
θνᾴσκοντι στυγερώτατος·   90
                                                      Ant. 5

καὶ ὅταν καλὰ ἔρξαις ἀοιδᾶς ἄτερ,
'Αγησίδαμ', εἰς 'Αΐδα σταθμόν
ἀνὴρ ἵκηται, κενεὰ πνεύσαις ἔπορε μόχθῳ
  βραχύ τι τερπνόν. τὶν δ' ἁδυεπής τε λύρα
γλυκύς τ' αὐλὸς ἀναπάσσει χάριν·
τρέφοντι δ' εὐρὺ κλέος   95
κόραι Πιερίδες Διός.
                                                      Ep. 5

ἐγὼ δὲ συνεφαπτόμενος σπουδᾷ, κλυτὸν ἔθνος
Λοκρῶν ἀμφέπεσον, μέλιτι

Weithin warf Nikeus den Stein, den Arm rings im Kreise schwingend,
   weg über alle; der Mitkämpfer Schar hob Gelärm,
Ein mächtges, an; und den Abend bestrahlt'
Im Glanz der schönäugigen,
Der Mondgöttin erfreulich Licht.

Von Liedern klang der heilige Hain bei Festmählern voll Lust
Rings ganz wider in Lobgesangs Ton.
Wie's sonst zum Eingang Brauch, wollen wir nun
   jetzt auch zu Ehren dessen, der
Dem stolzesten Sieg Namen verleiht, besingen Donner
Und feuriges Handgeschoß
Zeus' des lautdröhnenden,
Den mit aller Art Kraft
Gerüsteten funkelnden Wetterstrahl;
Vollschwellend Getön soll begegnen dem
   Rohre im Reigengesang,

Der am ruhmreichen Quell Dirke spät erst entstand,
So wie dem Vater von der Frau ein Sohn
Willkommen ist, wenn er über die Jugend schon hinaus ist,
   und ganz davon erwärmt wird ihm in Liebe das Herz;
Sein Gut – fiele es der Hut eines Manns
Zu, hergelaufen und fremd,
Wär es, stirbt er, ihm höchst verhaßt.

Kommt, wer Edles getan, ungepriesen im Sang,
Hagesidamos, in des Hades Haus
Hinab: der hat sich, vergebens atmend, verschafft für Mühsal
   nur kurze Freude. Doch dir streut hold redenden Klangs
Die Lyra, süß auch die Flöte dir Huld;
Es nähren dir weithin Ruhm
Zeus' Töchter aus Pieria.

Doch ich griff eifrig zu, schloß der Lokrer ruhmreiches Geschlecht
Ins Herz mir, um mit Honig die Stadt

εὐάνορα πόλιν καταβρέχων·
  παῖδ' ἐρατὸν ⟨δ'⟩ Ἀρχεστράτου
αἴνησα, τὸν εἶδον κρατέοντα χερὸς ἀλκᾷ   100
βωμὸν παρ' Ὀλύμπιον
κεῖνον κατὰ χρόνον
ἰδέᾳ τε καλόν
ὥρᾳ τε κεκραμένον, ἅ ποτε
ἀναιδέα Γανυμήδει θάνατον   105
  ἆλκε σὺν Κυπρογενεῖ.

XI

ΑΓΗΣΙΔΑΜΩΙ ΛΟΚΡΩΙ ΕΠΙΖΕΦΥΡΙΩΙ
ΠΑΙΔΙ ΠΥΚΤΗΙ

Daklyloepitriten

Str.   Ep.

1 – ∪ – – – ∪ ∪ – ∪ ∪ – –   1 – ∪ ∪ – ∪ ∪ – – – ∪ – –
2 – ∪ – – – ∪ ∪ – ∪ ∪ –   2 – ∪ ∪ – ∪ ∪ – –
3 – ∪ – – – ∪ ∪ –   3 ∪∪ ∪ – – – ∪ ∪ – ∪ ∪ –
4 – ∪ – × – ∪ – – – ∪ ∪ – ∪ ∪ – – 4   – ∪ – × – ∪ – ∪ – ∪ –
5 – ∪ – × – ∪ –   5   – ∪ – × – ∪ – – – ∪ –
6 – ∪ – × – ∪ – ∪ – ∪ – ∪ ∪ – ∪ ∪ – 6   – ∪ – × – ∪ –
                                 7 – ∪ ∪ – ∪ ∪ – – – ∪ – –
                                   – ∪ ∪ – ∪ ∪ – – – ∪ – –
                                 8 – ∪ – × – ∪ – – ∪ – × – ∪ – –

                                                          Str.

Ἔστιν ἀνθρώποις ἀνέμων ὅτε πλείστα
χρῆσις· ἔστιν δ' οὐρανίων ὑδάτων,
ὀμβρίων παίδων νεφέλας·
εἰ δὲ σὺν πόνῳ τις εὖ πράσσοι, μελιγάρυες ὕμνοι
ὑστέρων ἀρχὰ λόγων   5
τέλλεται καὶ πιστὸν ὅρκιον μεγάλαις ἀρεταῖς·

Zu netzen, reich an vortrefflichem Volk;
　rühmt' ich Archestratos' Sohn doch, den
Anmutigen, den siegen ich sah mit starker Faust beim
Altar von Olympia,
Zu jener Zeit, da schön
An Gestalt er und von
Jugend war durchdrungen, die einst vorm Tod,
Dem argen, den Ganymedes schützte durch
　Kyprias hilfreiche Gunst.

XI

FÜR HAGESIDAMOS AUS LOKROI ZEPHYRIOI, SIEGER IM FAUSTKAMPF DER KNABEN

Die Ode, 476 entstanden, feiert denselben Sieg wie O X (vgl. die Einleitung). Zu Beginn führt Pindar (ähnlich wie in O I und sonst) durch Aufzählung bedeutsamer Dinge zu dem Gedanken, auf den es ihm ankommt: Wind verhilft Schiffen zu schneller Fahrt, Regen dem Land zur Fruchtbarkeit, ein Lied aber hoher Leistung zu Anerkennung und Ruhm; das soll auch dieses für die Heimat des Siegers bestimmte Lied tun; in ihm preist er mit Hilfe der Gottheit das Volk, zu dem Hagesidamos gehört, die gastfreien, des Schönen kundigen, klugen und tapferen Lokrer, die ihr angeborenes Wesen wahren, wie ja auch Tiere ihre Eigenart nicht ändern.

Not tun Menschen Winde bisweilen am meisten,
Bald tun ihnen himmlische Wasser, Gewölks
Kinder, regenspendende, not.
Doch gelingt's mit Mühe einem gut, dann entstehen wohl Hymnen,
Honigtönend, spätern Sangs
Ursprung und getreue Zeugen trefflicher Leistung und Art.

ἀφθόνητος δ᾽ αἶνος Ὀλυμπιονίκαις   Ant.
οὗτος ἄγκειται. τὰ μὲν ἁμετέρα
γλῶσσα ποιμαίνειν ἐθέλει,
ἐκ θεοῦ δ᾽ ἀνὴρ σοφαῖς ἀνθεῖ πραπίδεσσιν ὁμοίως.   10
ἴσθι νῦν, Ἀρχεστράτου
παῖ, τεᾶς, Ἁγησίδαμε, πυγμαχίας ἕνεκεν

                                                    Ep.
κόσμον ἐπὶ στεφάνῳ χρυσέας ἐλαίας
ἀδυμελῆ κελαδήσω,
Ζεφυρίων Λοκρῶν γενεὰν ἀλέγων.   15
ἔνθα συγκωμάξατ᾽· ἐγγυάσομαι
ὔμμιν, ὦ Μοῖσαι, φυγόξεινον στρατόν
μηδ᾽ ἀπείρατον καλῶν
ἀκρόσοφόν τε καὶ αἰχματὰν ἀφίξε-
   σθαι. τὸ γὰρ ἐμφυὲς οὔτ᾽ αἴθων ἀλώπηξ
οὔτ᾽ ἐρίβρομοι λέοντες διαλλάξαιντο ἦθος.   20

XII

ΕΡΓΟΤΕΛΕΙ ΙΜΕΡΑΙΩΙ ΔΟΛΙΧΟΔΡΟΜΩΙ

Daktyloepitriten

Str.   Ep.

1 – ∪ – – – ∪ ∪ – ∪ ∪ –   1 – ∪ ∪ – ∪ ∪ – – – ∪ – ∪
2 – ∪ – – – ∪ ∪ – ∪ ∪ –   – – ∪ ∪ – 2 – ∪ ∪ – ∪ ∪ – – – ∪ – × – ∪ –
3 – ∪ – × – ∪ – – – ∪ –   3 – ∪ – – – ∪ ∪ – ∪ ∪ – ∪ ∪ –
4 – ∪ – × – ∪ – – – ∪ ∪ –   4 – – ∪ ∪ – ∪ ∪ – –   – ∪ – × – ∪ – –
5 – ∪ – – – ∪ ∪ – ∪ ∪ – –   5 – ∪ – ∪ – ∪ ∪ – ∪ ∪ –
6 – ∪ – × – ∪ –   6 – ∪ – × – ∪ – – – ∪ ∪ –
6a – – ∪ ∪ – ∪ ∪ – – – ∪ – × – ∪ – 7 – ∪ – × – ∪ – – – ∪ –
                                       – ∪ – × – ∪ – –

                                                    Str.
Λίσσομαι, παῖ Ζηνὸς Ἐλευθερίου,
Ἱμέραν εὐρυσθενέ᾽ ἀμφιπόλει, σώτειρα Τύχα.

Neidlos ziemt's, Olympiasiegern ein solches
Lob zu spenden. Dieses zu weiden als Hirt,
Zeigt sich unsre Zunge bereit;
Hilft ein Gott, dann blüht ein Mann in weisen Gedanken beständig.
Wisse nun, Archestratos'
Sohn, Hagesidamos, deines Faustkampfes wegen den Schmuck

Süßen Gesangs will zum Kranz goldner Olive
Dichtend ich schaffen, dem Stamm der
Epizephyrischen Lokrer zulieb.
Dort macht mit beim Festzug! Bürgen will ich euch,
O ihr Musen, gästescheu nicht ist das Volk,
Unkund nicht des Schönen, höchst
Weise vielmehr sowie speerkampfstark, zu dem ihr
kommt. Denn ihr angestammt Wesen – nicht der feurig
Rote Fuchs wird's noch die stark brüllnden Löwen jemals ändern.

XII

FÜR ERGOTELES AUS HIMERA, SIEGER IM LANGLAUF

Zu Beginn der Ode, die vermutlich 470 entstanden ist, ruft Pindar Tyche, die Göttin des Glücks, an, Himera, die Heimat des Siegers, zu beschützen. Er entwickelt Gedanken über das Walten Tyches im Schicksal der Völker und Menschen, das in seinen Wechselfällen keiner, selbst der Weiseste nicht, voraussehen kann. So hat es auch dem Sieger – damit wendet sich der Dichter an ihn – Glück nach Unglück gebracht; mußte er doch aus seiner kretischen Vaterstadt Knossos wegen Aufruhrs weichen, fand dann aber im sizilischen Himera eine neue Heimat, in der er Besitz und Reichtum erlangte und die ihm ermöglichte, durch seine hervorragenden Leistungen im Langlauf in den Pythischen, den Isthmischen und nun auch in den Olympischen Spielen zu siegen und so das durch seine heißen Quellen berühmte, mächtige Himera zu Ehren zu bringen.

Dir gilt, Tochter Zeus' des Befreiers, mein Ruf:
Himera, das mächtige, rettende Glücksgöttin, nimm in Schutz!

τὶν γὰρ ἐν πόντῳ κυβερνῶνται θοαί
νᾶες, ἐν χέρσῳ τε λαιψηροὶ πόλεμοι
κἀγοραὶ βουλαφόροι. αἵ γε μὲν ἀνδρῶν   5
πόλλ' ἄνω, τὰ δ' αὖ κάτω
ψεύδη μεταμώνια τάμνοισαι κυλίνδοντ' ἐλπίδες·   6 a
                                                      Ant.

σύμβολον δ' οὔ πώ τις ἐπιχθονίων
πιστὸν ἀμφὶ πράξιος ἐσσομένας εὗρεν θεόθεν·
τῶν δὲ μελλόντων τετύφλωνται φραδαί.
πολλὰ δ' ἀνθρώποις παρὰ γνώμαν ἔπεσεν,   10
ἔμπαλιν μὲν τέρψιος, οἱ δ' ἀνιαραῖς
ἀντικύρσαντες ζάλαις
ἐσλὸν βαθὺ πήματος ἐν μικρῷ πεδάμειψαν χρόνῳ.   12 a
                                                      Ep.

υἱὲ Φιλάνορος, ἤτοι καὶ τεά κεν
ἐνδομάχας ἅτ' ἀλέκτωρ συγγόνῳ παρ' ἑστίᾳ
ἀκλεὴς τιμὰ κατεφυλλορόησε(ν) ποδῶν,   15
εἰ μὴ στάσις ἀντιάνειρα Κνωσίας σ' ἄμερσε πάτρας.
νῦν δ' 'Ολυμπίᾳ στεφανωσάμενος
καὶ δὶς ἐκ Πυθῶνος 'Ισθμοῖ τ', 'Εργότελες,
θερμὰ Νυμφᾶν λουτρὰ βαστάζεις ὁμι-   19
    λέων παρ' οἰκείαις ἀρούραις.

XIII

ΞΕΝΟΦΩΝΤΙ ΚΟΡΙΝΘΙΩΙ ΣΤΑΔΙΟΔΡΟΜΩΙ
ΚΑΙ ΠΕΝΤΑΘΛΩΙ

Āolisch, in Daktyloepitriten übergehend
Str.

```
1              U U – U U – –
2  Ū – U –      – U – U U – –
3  U – U UU    U – – – U –
4  – – U UU     U – Ū – U –
```

Denn du lenkst zur See die schnellen Schiffe, zu
Land den rasch ausbrechenden Krieg wie auch des Volks
Ratsversammlung. Freilich bewegen der Menschen
Hoffnungen sich oft zur Höh
Und sinken dann wieder hinab, einschlagend eitler Täuschung Pfad.

Fand kein Zeichen je doch ein Irdischer, kein
Sichres, über später erst kommendes Schicksal durch einen Gott;
Für die Zukunft blind ist selbst der Klugheit Blick.
Vieles fällt den Menschen anders aus, als man denkt,
Dem schlägt um die Freude; doch andre, wenn Schwall der
Wogen sie furchtbarer Art
Traf, tauschen die Höhe des Glücks ein für das Leid in kurzer Frist.

Sohn des Philanor, fürwahr auch dir, dem Haushahn
Gleich, der im Hofe kämpft, hätt' an dem angestammten Herd
Ungeehrt der Wert deiner Füße entblättert sein Laub,
Wenn Aufruhr nicht, Mann wider Mann, der Heimat Knossos dich
Kranz jetzt von Olympia, von Pytho zuvor   [beraubt. Im
Zweimal und vom Isthmos, bringst, Ergoteles, du
Ruhm der Nymphen warmen Bädern, wohn-
    haft auf eigner Fluren Siedlung.

XIII

FÜR XENOPHON AUS KORINTH, SIEGER IM FÜNFKAMPF UND STADIONLAUF

Xenophon fügte einem olympischen Wettlaufsieg seines Vaters Thessalos
nunmehr 464 seinen zweifachen Sieg hinzu, im Wettlauf und im Fünfkampf, was eine ganz ungewöhnliche Leistung war. Das Lied beginnt mit
dem Lobpreis des Hauses und der Heimat Xenophons, der aristokratisch
regierten Stadt Korinth, in der Reichtum, gesetzliche Ordnung und Friede,
die überheblichem Stolz wehren, zu finden sind. Die Korinther, deren
erster König der Heraklide Aletes war, zeichnen sich aus, so hebt Pindar
hervor, durch Wettkampfsiege und Erfindungen, aber auch durch Tapfer-

5 υυ – υ –   – υ – υ υ – –‖
6 u̲ – υ – υ υ – –   – υ –
   – – υ υ – υ υ –   – υ –
7/8 υ – υ υ – υ υ –
   – – υ υ – υ υ – u̲   – υ –
   – υ – – – υ υ –

Ep.

1 – – υ υ – υ υ –
   – υ υ – υ υ – – – υ – –
2 – υ – – – υ υ – υ υ –
3 – υ – u̲ – υ υ – – υ – –
4 u̲u̲ υ – – – υ – x – υ –
5 – υ – x – υ – – – υ υ – υ υ –
6 υ υ – – υ – – u̲u̲ υ –
7 – υ – x – υ –   – υ – – u̲u̲ – –

Str. 1

Τρισολυμπιονίκαν
ἐπαινέων οἶκον ἥμερον ἀστοῖς,
ξένοισι δὲ θεράποντα, γνώσομαι
τὰν ὀλβίαν Κόρινθον, Ἰσθμίου
πρόθυρον Ποτειδᾶνος, ἀγλαόκουρον·   5
ἐν τᾷ γὰρ Εὐνομία ναίει κασι-
   γνήτα τε, βάθρον πολίων ἀσφαλές,
Δίκα καὶ ὁμότροφος Εἰ-
   ρήνα, τάμι' ἀνδράσι πλούτου,
χρύσεαι παῖδες εὐβούλου Θέμιτος·

Ant. 1

ἐθέλοντι δ' ἀλέξειν
Ὕβριν, Κόρου ματέρα θρασύμυθον.   10
ἔχω καλά τε φράσαι, τόλμα τέ μοι
εὐθεῖα γλῶσσαν ὀρνύει λέγειν.
ἄμαχον δὲ κρύψαι τὸ συγγενὲς ἦθος,
ὕμμιν δέ, παῖδες Ἀλάτα, πολλὰ μὲν
   νικαφόρον ἀγλαΐαν ὤπασαν

keit im Krieg. Möge Zeus die Stadt und den Sieger schützen, der nun in seinem Tempel die errungenen Kränze niederlegen wird! Nach Aufzählung früherer Siege Xenophons und seiner Verwandten stellt Pindar berühmte Gestalten aus Korinths Sage vor Augen: Sisyphos, Medea und Glaukos, dann ausführlich Bellerophon. Die Bändigung des Rosses Pegasos auf Rat des Sehers Polyeidos und mit Hilfe Athenes, die Taten, die Bellerophon auf Geheiß des Lykierkönigs Iobatos ausführt, die Versetzung des Rosses auf den Olymp erzählt Pindar, verschweigt aber den Tod Bellerophons; er wendet sich wieder zu den Siegen der Oligaithiden und endet mit kurzem Gebet an Zeus.

Für den dreifachen Sieg in
Olympia preisend das Bürgern so milde,
Den Gästen hilfreiche Haus, deut auf Korinth,
Des isthmischen Poseidon Vorhof, ich,
Auf das reiche, prangend von Jugend; in ihm wohnt
Eunomia, ihre Schwester Dike, siche-
     re Stütze der Städte, und mit ihr genährt,
Eirene, den Menschen des Reich-
     tums Pflegerin, welche die goldnen Kinder der
Themis, der wohlratenden, sind.

Die bemühn sich, zu wehren
Der Hybris, der frechen Mutter des Trotzes.
Ich habe Schönes zu künden, Mut spornt an
Gradwegs die Zunge mir zum Wort des Ruhms.
Nicht zu bergen ist angeborenes Wesen;
Aletes' Söhne, euch schenkten vielfach des
     Siegs Freudenglanz derer, die zum höchsten Maß

ἄκραις ἀρεταῖς ὑπερελ-   15
  θόντων ἱεροῖς ἐν ἀέθλοις,
πολλὰ δ᾽ ἐν καρδίαις ἀνδρῶν ἔβαλον

Ὧραι πολυάνθεμοι ἀρ-   Ep. 1
  χαῖα σοφίσμαθ᾽. ἅπαν δ᾽ εὑρόντος ἔργον.
ταὶ Διωνύσου πόθεν ἐξέφανεν
σὺν βοηλάτᾳ χάριτες διθυράμβῳ;
τίς γὰρ ἱππείοις ἐν ἔντεσσιν μέτρα,   20
ἢ θεῶν ναοῖσιν οἰωνῶν βασιλέα δίδυμον
ἐπέθηκ᾽; ἐν δὲ Μοῖσ᾽ ἁδύπνοος,
ἐν δ᾽ Ἄρης ἀνθεῖ νέων οὐλίαις αἰχμαῖσιν ἀνδρῶν.

ὕπατ᾽ εὐρὺ ἀνάσσων   Str. 2
Ὀλυμπίας, ἀφθόνητος ἔπεσσιν   25
γένοιο χρόνον ἅπαντα, Ζεῦ πάτερ,
καὶ τόνδε λαὸν ἀβλαβῆ νέμων
Ξενοφῶντος εὔθυνε δαίμονος οὖρον·
δέξαι τέ οἱ στεφάνων ἐγκώμιον
  τεθμόν, τὸν ἄγει πεδίων ἐκ Πίσας,
πενταέθλῳ ἅμα σταδίου   30
  νικῶν δρόμον· ἀντεβόλησεν
τῶν ἀνὴρ θνατὸς οὔπω τις πρότερον.

δύο δ᾽ αὐτὸν ἔρεψαν   Ant. 2
πλόκοι σελίνων ἐν Ἰσθμιάδεσσιν
φανέντα· Νέμεά τ᾽ οὐκ ἀντιξοεῖ·
πατρὸς δὲ Θεσσαλοῖ᾽ ἐπ᾽ Ἀλφεοῦ   35
ῥεέθροισιν αἴγλα ποδῶν ἀνάκειται,
Πυθοῖ τ᾽ ἔχει σταδίου τιμὰν διαύ-
  λου θ᾽ ἁλίῳ ἀμφ᾽ ἑνί, μηνός τέ οἱ
τωὐτοῦ κρανααῖς ἐν Ἀθά-
  ναισι τρία ἔργα ποδαρκής
ἀμέρα θῆκε κάλλιστ᾽ ἀμφὶ κόμαις,

Ἑλλώτια δ᾽ ἑπτάκις· ἐν   Ep. 2
  δ᾽ ἀμφιάλοισι Ποτειδᾶνος τεθμοῖσιν

Von Leistung sich hoben im heil-
gen Wettkampf, und flößten auch oft der Männer Geist
Alter Zeit Erfindungen ein

Die Horen, die blütenerfüll-
ten. Jedes Werk gehört dem, der es erfunden.
Wo denn stammten her dionysische Lust
Mit des Dithyrambos, des stiertreibenden, Sang?
Wer, wer gab dem Roßgeschirr des Zaumes Maß?
Wer war's, der auf Göttertempel zweifach den König gesetzt
Hat der Vögel? Dort blüht der Muse Werk
Süßen Hauchs, dort Ares auf grausen Speeren junger Mannschaft.

Weithin Herrschender, Höchster,
Olympias Herr, gnädig sei meinen Worten
Gesonnen alle die Zeit, o Vater Zeus,
Wahr dieses Volk vor Schaden, graden Wegs
Für des Xenophon Schicksal lenke den Fahrwind!
Nimm an die ihm seine Kränze feiernde
Festschar, die er herführt aus Pisas Gefild
Als Sieger im Fünfkampf zugleich
und Stadionlauf; es erreichte
Dieses ein sterblicher Mann noch niemals zuvor!

Zweimal deckte Gelock ihn
Des Eppichs, als er bei Isthmischen Spielen
Erschien; Nemea gibt nicht andern Bescheid.
Vom Vater Thessalos ward geweiht, was am
Strom Alpheios glanzvoll erkämpft seine Füße;
In Pythos Stadion- und Doppellauf gab Sieg
ein Sonnenlicht; selbigen Monats geschah's,
Daß ihm bei dem felsgen Athen
drei Kränze ein fußschneller Tag, die
Kränze des schönsten Siegs, ums Haupthaar gelegt,

Sieben die Hellotien. Beim
Kampf zwischen Meeren, Poseidons Spielen, folgt dem

Πτοιοδώρῳ σὺν πατρὶ μακρότεραι
Τερψίᾳ θ' ἕψοντ' 'Εριτίμῳ τ' ἀοιδαί·
ὅσσα τ' ἐν Δελφοῖσιν ἀριστεύσατε,
ἠδὲ χόρτοις ἐν λέοντος, δηρίομαι πολέσιν
περὶ πλήθει καλῶν· ὡς μὰν σαφές   45
οὐκ ἂν εἰδείην λέγειν ποντιᾶν ψάφων ἀριθμόν.

                                                                  Str. 3
ἕπεται δ' ἐν ἑκάστῳ
μέτρον· νοῆσαι δὲ καιρὸς ἄριστος.
ἐγὼ δὲ ἴδιος ἐν κοινῷ σταλείς
μῆτίν τε γαρύων παλαιγόνων   50
πόλεμόν τ' ἐν ἡρωΐαις ἀρεταῖσιν
οὐ ψεύσομ' ἀμφὶ Κορίνθῳ, Σίσυφον
    μὲν πυκνότατον παλάμαις ὡς θεόν,
καὶ τὰν πατρὸς ἀντία Μή-
    δειαν θεμέναν γάμον αὐτᾷ,
ναΐ σώτειραν 'Αργοῖ καὶ προπόλοις·

                                                                  Ant. 3
τὰ δὲ καί ποτ' ἐν ἀλκᾷ   55
πρὸ Δαρδάνου τειχέων ἐδόκησαν
ἐπ' ἀμφότερα μαχᾶν τάμνειν τέλος,
τοὶ μὲν γένει φίλῳ σὺν 'Ατρέος
'Ελέναν κομίζοντες, οἱ δ' ἀπὸ πάμπαν
εἴργοντες· ἐκ Λυκίας δὲ Γλαῦκον ἐλ-   60
    θόντα τρόμεον Δαναοί. τοῖσι μέν
ἐξεύχετ' ἐν ἄστεϊ Πει-
    ράνας σφετέρου πατρὸς ἀρχάν
καὶ βαθὺν κλᾶρον ἔμμεν καὶ μέγαρον·

                                                                  Ep. 3
ὃς τᾶς ὀφιώδεος υἱ-
    όν ποτε Γοργόνος ἦ πόλλ' ἀμφὶ κρουνοῖς
Πάγασον ζεῦξαι ποθέων ἔπαθεν,
πρίν γέ οἱ χρυσάμπυκα κούρα χαλινόν   65
Παλλὰς ἤνεγκ', ἐξ ὀνείρου δ' αὐτίκα
ἦν ὕπαρ, φώνασε δ'· 'Εὕδεις Αἰολίδα βασιλεῦ;

Vater Ptoiodoros wie Terpsias und
Ergotimos nach der Gesang hoher Lieder.
Und wie oft in Delphi ihr die Besten und
Im Geheg des Löwen wart, da streit ich mit vielen, wie groß
Wohl die Menge der Siege; wie fürwahr
Nicht genau ich nennen könnte der Meereskiesel Anzahl.

Es verknüpft sich mit allem
Ein Maß; dies einsehn zur Zeit ist das Beste.
Ich Einzelner, für die Gemeinschaft bestellt,
Klugheit zu künden eurer Ahnen, Krieg
Auch mit heldenhaft sich bewährender Leistung,
Nicht lüg ich über Korinth, daß Sisyphos
    höchst klug wie ein Gott war in Anschlägen, daß
Medea, die, trotzend dem Va-
    ter, selbst sich vermählte, dem Schiffe
Argo wie der Bemannung Retterin ward.

Aber dann auch voll Kampfmut
Vor Dardanos' Mauern, schien es, für beide
Entschieden sie nun der Schlachten End und Ziel:
Die wollten mit des Atreus liebem Stamm
Sich die Helena holen, die es verhindern
Mit aller Kraft. Als aus Lykien Glaukos kam,
    erbebten die Danaer. Vor ihnen rühmt'
Er sich, in der Stadt der Peire-
    ne sei seines Vaters Gebiet mit
Großem Erbgut gelegen und dem Palast.

Der litt – er begehrte den Sohn
    einst der von Nattern umlockten, der Gorgo:
Pegasos, zu zäumen – am Quell gar viel Not,
Bis gleich goldnem Stirnband den Zaum dann die Jungfrau
Pallas ihm brachte; aus dem Traumbild ward sie gleich
Wirklichkeit und sagte: „Schläfst du, König, des Aiolos Sohn?

ἄγε φίλτρον τόδ' ἵππειον δέκευ,
καὶ Δαμαίῳ μιν θύων ταῦρον ἀργάεντα πατρὶ δεῖξον.'

Str. 4

κυάναιγις ἐν ὄρφνᾳ   70
κνώσσοντί οἱ παρθένος τόσα εἰπεῖν
ἔδοξεν· ἀνὰ δ' ἔπαλτ' ὀρθῷ ποδί.
παρκείμενον δὲ συλλαβὼν τέρας,
ἐπιχώριον μάντιν ἄσμενος εὗρεν,
δεῖξέν τε Κοιρανίδᾳ πᾶσαν τελευ-   75
    τὰν πράγματος, ὥς τ' ἀνὰ βωμῷ θεᾶς
κοιτάξατο νύκτ' ἀπὸ κεί-
    νου χρήσιος, ὥς τέ οἱ αὐτά
Ζηνὸς ἐγχεικεραύνου παῖς ἔπορεν

δαμασίφρονα χρυσόν.   Ant. 4
ἐνυπνίῳ δ' ᾷ τάχιστα πιθέσθαι
κελήσατό μιν, ὅταν δ' εὐρυσθενεῖ   80
καρταίποδ' ἀναρύῃ Γαιαόχῳ,
θέμεν Ἱππίᾳ βωμὸν εὐθὺς 'Αθάνᾳ.
τελεῖ δὲ θεῶν δύναμις καὶ τὰν παρ' ὅρ-
    κον καὶ παρὰ ἐλπίδα κούφαν κτίσιν.
ἤτοι καὶ ὁ καρτερὸς ὁρ-
    μαίνων ἕλε Βελλεροφόντας,
φάρμακον πραῢ τείνων ἀμφὶ γένυι,   85

ἵππον πτερόεντ'· ἀναβαὶς δ'   Ep. 4
    εὐθὺς ἐνόπλια χαλκωθεὶς ἔπαιζεν.
σὺν δὲ κείνῳ καί ποτ' 'Αμαζονίδων
αἰθέρος ψυχρῶν ἀπὸ κόλπων ἐρήμου
τοξόταν βάλλων γυναικεῖον στρατὸν
καὶ Χίμαιραν πῦρ πνέοισαν καὶ Σολύμους ἔπεφνεν.   90
διασωπάσομαί οἱ μόρον ἐγώ·
τὸν δ' ἐν Οὐλύμπῳ φάτναι Ζηνὸς ἀρχαῖαι δέκονται.

Hier dies Roßzaubermittel – nimm es, zeig's,
Einen weißen Stier ihm opfernd, dem ‚Bändiger', deinem Ahnherrn!''

Mit der schwarzblauen Aigis
Die Jungfrau schien, als im Dunkeln er schlief, dies
Zu sagen; aufsprang er graden Fußes, nahm,
Das bei ihm lag, das Wunderding, fand ein
sich voll Freude dann bei dem Seher des Lands und
Tat kund dem Koiranossohn all des Gesche-
    hens Hergang: wie er an der Göttin Altar
Sich lagerte nachts, seinem Spruch
    folgend, wie sie selbst ihm sodann, des
Blitzeschleudernden Zeus Tochter, an die Hand,

Das den Sinn zähmt, das Gold gab.
Dem Traumbild hieß der ihn schnellstens gehorchen;
Wenn er dem mächtigen Erdumfasser den
Starkfuß geopfert: setzen solle gleich
Er der Hippia einen Altar, der Athena.
Es wirkt der Götter Gewalt, glaubt man gleich, schwört,
    unmöglich sei's, leichte Erreichung des Ziels.
So packte der starke Belle-
    rophon auch voll Eifer, das Zähmung
Wirkende Zauberding spannend um das Kinn,

Das Roß, das geflügelte; aufstieg er,
    begann gleich das Kampfspiel, erzgepanzert.
Und auf ihm beschoß er von eisiger Bucht
Her des öden Äthers einst der Amazonen
Bogentragend Weiberheer; die Feuer schnaubt,
Die Chimaira auch erschlug er dann und der Solymer Schar.
Ich will schweigen, welch Los ihn traf. Sein Roß
Nehmen im Olympos auf des Zeus uralte Krippen.

ἐμὲ δ' εὐθὺν ἀκόντων   Str. 5
ἱέντα ῥόμβον παρὰ σκοπὸν οὐ χρή
τὰ πολλὰ βέλεα καρτύνειν χεροῖν.   95
Μοίσαις γὰρ ἀγλαοθρόνοις ἑκών
'Ολιγαιθίδαισίν τ' ἔβαν ἐπίκουρος.
'Ισθμοῖ τά τ' ἐν Νεμέᾳ παύρῳ ἔπει
    θήσω φανέρ' ἀθρό', ἀλαθής τέ μοι
ἔξορκος ἐπέσσεται ἑξη-
    κοντάκι δὴ ἀμφοτέρωθεν
ἀδύγλωσσος βοὰ κάρυκος ἐσλοῦ.   100
                                                        Ant. 5

τὰ δ' 'Ολυμπίᾳ αὐτῶν
ἔοικεν ἤδη πάροιθε λελέχθαι·
τά τ' ἐσσόμενα τότ' ἂν φαίην σαφές.
νῦν δ' ἔλπομαι μέν, ἐν θεῷ γε μάν
τέλος· εἰ δὲ δαίμων γενέθλιος ἕρποι,   105
Δὶ τοῦτ' 'Ενυαλίῳ τ' ἐκδώσομεν
    πράσσειν. τὰ δ' ὑπ' ὀφρύϊ Παρνασσίᾳ
ἕξ· "Αργεῖ θ' ὅσσα καὶ ἐν
    Θήβαις· ὅσα τ' 'Αρκάσι βασσῶν
μαρτυρήσει Λυκαίου βωμὸς ἄναξ·
                                                        Ep. 5

Πέλλανά τε καὶ Σικυὼν
    καὶ Μέγαρ' Αἰακιδᾶν τ' εὐερκὲς ἄλσος
ἅ τ' 'Ελευσὶς καὶ λιπαρὰ Μαραθών   110
ταί θ' ὑπ' Αἴτνας ὑψιλόφου καλλίπλουτοι
πόλιες ἅ τ' Εὔβοια· καὶ πᾶσαν κάτα
'Ελλάδ' εὑρήσεις ἐρευνῶν μάσσον' ἢ ὡς ἰδέμεν.
ἄγε κούφοισιν ἐκνεῦσαι ποσίν·
Ζεῦ τέλει', αἰδῶ δίδοι καὶ τύχαν τερπνῶν γλυκεῖαν.   115

Doch ich darf, soll ich gradhin
Der Speere Schwung schleudern, neben das Ziel nicht
So viele Wurfspieße lenken mit dem Arm;
Den glanzvoll thronenden Musen kam ich ja
Und den Oligaithiden willig als Helfer.
Vom Isthmos und von Nemea künd ich, kurz
    zusammengefaßt, und mein Eidhelfer wird,
Mein wahrer, der sechzigmal schon
    auf beiden Gefilden mit süßer
Zunge erscholl: des wackren Heroldes Ruf.

Ihr Erfolg in Olympia
Ward, will mir scheinen, schon vorher berichtet;
Die künftigen Siege tu dann deutlich ich kund.
Jetzt hoff ich drauf; doch bei der Gottheit liegt
Der Erfolg. Des Stamms Geist, ob glückhaft er schreite,
Zeus lassen dies, Enyalios wir bewir-
    ken. Sechsmal gab's an des Parnaß Braue Sieg!
In Argos und Theben wieviel!
    Wieviel in Arkadien, bezeugt, der
Über Waldschluchten thront: Lykaions Altar,

Pellana auch, Sikyon und
    Megara, der Aiakiden wohlumhegter
Hain, Eleusis, Marathons schimmernd Gefild,
Unterm hohen Nacken des Ätna die Städte,
Reich und schön, dazu Euboia! Allwärts in
Hellas findst du, suchst du danach, mehr, als zu schaun du vermagst!
Nun wohlan! Leichten Fußes schwimm ans Land!
Zeus Vollender! Ehrfurcht gib und ein Los, süß, voller Freuden!

XIV

ΑΣΩΠΙΧΩΙ ΟΡΧΟΜΕΝΙΩΙ ΣΤΑΔΙΕΙ

Äolisch und choriambische Dimeter

```
1              – – ∪ – ∪ ∪ –
2         ∪ – ∪ – ∪ – ∪ ∪ – ∪ –  ∪ – –
3      – ∪ ∪ – ∪ – ∪ – ∪ ∪ – –
4  ∪ ∪ ∪ – ∪ ∪ – ∪ – ∪ – ∪ ∪ – ∪ –  ∪ –
5      – ∪ ∪ – ∪ –
                – ∪ –  – ∪ ∪ – ∪ –
6      – ∪ ∪ – ∪ –  – ∪ ∪ –
7      – ∪ ∪ – ∪∪ – ∪ – ∪ ∪ – –
8      – ∪  – ∪∪ –  – ∪ ∪ – ∪ –
9      – ∪ ∪ – ∪∪ –
         – ∪ – ∪  – ∪ –  – ∪ ∪ –
10         – –  ∪ – ∪ –
                – ∪ –  – ∪ ∪ – ∪ –
11    –∪∪∪ – – – ∪ –
12      – ∪ ∪ – ∪ – ∪ – ∪ – ∪ ∪ – ∪ –   ∪ – –
```

Str. 1

Καφισίων ὑδάτων
λαχοῖσαι αἵτε ναίετε καλλίπωλον ἕδραν,
ὦ λιπαρᾶς ἀοίδιμοι βασίλειαι
Χάριτες Ἐρχομενοῦ, παλαιγόνων Μινυᾶν ἐπίσκοποι,
κλῦτ', ἐπεὶ εὔχομαι· σὺν γὰρ ὑμῖν τά ⟨τε⟩ τερπνὰ καί   5
τὰ γλυκέ' ἄνεται πάντα βροτοῖς,
εἰ σοφός, εἰ καλός, εἴ τις ἀγλαὸς ἀνήρ.
οὐδὲ γὰρ θεοὶ σεμνᾶν Χαρίτων ἄτερ
κοιρανέοντι χορούς
    οὔτε δαῖτας· ἀλλὰ πάντων ταμίαι
ἔργων ἐν οὐρανῷ, χρυσότοξον θέμεναι πάρα   10
Πύθιον Ἀπόλλωνα θρόνους,
αἰέναον σέβοντι πατρὸς Ὀλυμπίοιο τιμάν.

XIV

FÜR ASOPICHOS AUS ORCHOMENOS, SIEGER IM WETTLAUF DER KNABEN

Mit diesem Lied führte Pindar selbst – vermutlich 488 – den Festzug für den Sieger nach dem Heiligtum der in Orchomenos, der alten Stadt der Minyer in Boiotien, besonders verehrten Chariten, der Huldgöttinnen. Diese, ursprünglich mächtige Gottheiten der Erde, die segnen, aber auch strafen, werden dann, wie ihr Name besagt, zu Göttinnen der Anmut, des Liebreizes, als solche auch der musischen Künste. Nach Pindar sind sie im Kreis der Olympischen Götter hochangesehen und bedeutsam. Aglaia („die Glänzende") schenkt Glanz des Reichtums und Glücks, Euphrosyne („die in seelischer Beziehung Gute und Schöne") Weisheit und dichterische Begabung, Thaleia („die Blühende") Jugend und Schönheit. Sie ist als Bekränzerin des jugendlichen Siegers gedacht und als Schützerin des Festzuges.

Die, in kephisischer Flut
Besitz, ihr wohnt auf Fluren, von schönen Rossen prangend,
Sangesberühmte Königinnen ihr des   [Schirm,
Reichen Orchomenos, Huldinnen, der uralten Minyer Schutz und
Hört auf mein Beten! Wird doch durch euch alles Erfreuliche,
Süße vollendet den Menschen, sofern
Weise ein Mann ist und schön und edler Gesinnung.
Ohne die hehren Huldinnen führen selbst
Götter nicht durch ihre Rei-
  gen und Mähler; ordnend, was not tut vielmehr
Im Himmel, setzten sie nah dem goldbogenbewehrten, dem
Pythischen Apollon ihren Thron,
Huldigen ständig des olympischen Vaters ewger Hoheit.

⟨ὦ⟩ πότνι' Ἀγλαΐα   Str. 2
φιλησίμολπέ τ' Εὐφροσύνα, θεῶν κρατίστου
παῖδες, ἐπακοοῖτε νῦν, Θαλία τε   15
ἐρασίμολπε, ἰδοῖσα τόνδε κῶμον ἐπ' εὐμενεῖ τύχᾳ
κοῦφα βιβῶντα· Λυδῷ γὰρ Ἀσώπιχον ἐν τρόπῳ
ἐν μελέταις τ' ἀείδων ἔμολον,
οὕνεκ' Ὀλυμπιόνικος ἁ Μινύεια
σεῦ ἕκατι. μελαντειχέα νῦν δόμον   20
Φερσεφόνας ἔλθ', Ἀ-
    χοῖ, πατρὶ κλυτὰν φέροισ' ἀγγελίαν,
Κλεόδαμον ὄφρ' ἰδοῖσ' υἱὸν εἴπῃς ὅτι οἱ νέαν
κόλποις παρ' εὐδόξοις Πίσας
ἐστεφάνωσε κυδίμων ἀέθλων πτεροῖσι χαίταν.   24

Herrin Aglaia voll Glanz,
Und Euphrosyne, Freundin des Sangs, des stärksten Gottes
Kinder, hört meinen Ruf nun; du auch, Thaleia,
Sangesbegeisterte, wenn du siehst den Festzug bei holdgesinntem
Unbeschwert schreiten; Asopichos lydischen Tones voll   [Glück
Sorgfalt zu feiern ja, kam ich hierher,
Wurde Olympiasiegerin Minyeia
Doch durch dich. Zum schwarzwandigen Haus geh nun
Persephoneias, E-
     cho, dem Vater bringe die Botschaft des Ruhms;
Tu, siehst du Kleodamos, ihm kund, daß seinem Sohne dort
In Pisas hochberühmtem Tal
Kränzte das junge Haar die Muse mit hehren Wettkampfs Fittich!

ΠΥΘΙΟΝΙΚΑΙΣ

I

ΙΕΡΩΝΙ ΑΙΤΝΑΙΩΙ ΑΡΜΑΤΙ

Daktyloepitriten

Str.

```
1  – ∪ – × – ∪ – – – ∪ ∪ – ∪ ∪ –
2  – ∪ – – – ∪ ∪ – – ∪ – –
        – ∪ ∪ – ∪ ∪ – – –
3  – – – ∪ – × – ∪ –
4  – – ∪ ∪ – ∪ ∪ – ∪̲ – ∪ –
        – ∪ – – – ∪ ∪ – ∪ ∪ –
5  – ∪ – × – ∪ – – – ∪ –
6  – ∪ ∪ – ∪ ∪ – – ∪ – –
        – ∪ ∪ – ∪ ∪ – ∪̲∪̲
        – ∪ ∪ – ∪ ∪ – – ∪ – –
```

Ep.

```
1  – ∪ ∪ – ∪ ∪ – – – ∪ – × – ∪ –
2  – ∪ ∪ – ∪ ∪ – ∪̲ – ∪ – –
        – ∪ ∪ – ∪ ∪ –
3  – ∪ – – – ∪ – × – ∪ – ∪ ∪ ∪ –
4  – – ∪ ∪ – ∪ ∪ – – – ∪ –
5  ∪̲∪̲ ∪ – – – ∪ ∪ – ∪ ∪ – – – ∪
6  – ∪ – – – ∪ ∪ – ∪ ∪ – –
7  ∪ ∪ ∪ – × – ∪ – –
        – ∪ – × – ∪ – – – ∪ ∪ – ∪ ∪
8  ∪ ∪ – – – ∪ ∪ – ∪∪ ∪ – × – ∪ – –
```

PYTHISCHE ODEN

I

FÜR HIERON VON AITNA, SIEGER MIT DEM WAGEN

Hierons Macht verstärkte sich dadurch, daß er nach Therons Tod Herr von Akragas wurde und daß er eine neue Stadt, Aitna, gegründet hatte, als deren König er seinen Sohn Deinomenes einsetzte. Nach dem pythischen Wagensieg 470, bei dem sich Hieron der neuen Stadt zu Ehren als Aitnaier bezeichnete, erhielt Pindar den Auftrag, für ein Zeusfest in Aitna dieses Chorlied zu dichten. Die Einleitung handelt von der Macht der Musik, der sich selbst die Götter hingeben, der nur deren Feinde, die Titanen, feindlich gegenüberstehen, besonders Typhoeus, den Zeus durch seinen Blitzstrahl niedergestreckt hat und der nun unter dem feuerspeienden Ätna liegt. Für die nach dem Berg benannte neue Stadt und ihren Gründer erfleht Pindar die Huld der Götter, zuerst des Zeus, dann Apollons; er rühmt Hieron wegen seiner Taten und vergleicht ihn, der als Kranker einen Feldzug leitet, mit Philoktetes, der, von furchtbarer Seuche geheilt, an großer Tat, der Eroberung Troias, maßgeblichen Anteil hat. Wünsche für Frieden und Sicherheit vor den bei Himera und Kyme besiegten Karthagern (Phoinikern) und Etruskern (Tyrrhenern) verbindet der Dichter mit Ratschlägen für den jungen Herrscher Aitnas, Deinomenes, damit er durch Gerechtigkeit, Klugheit und Freigebigkeit Ansehen bei den Bürgern und Ruhm durch die Dichter gewinne.

Χρυσέα φόρμιγξ, Ἀπόλλωνος καὶ ἰοπλοκάμων   Str. 1
σύνδικον Μοισᾶν κτέανον· τᾶς ἀκούει
  μὲν βάσις ἀγλαΐας ἀρχά,
πείθονται δ' ἀοιδοὶ σάμασιν
ἀγησιχόρων ὁπόταν προοιμίων
  ἀμβολὰς τεύχῃς ἐλελιζομένα.
καὶ τὸν αἰχματὰν κεραυνὸν σβεννύεις   5
αἰενάου πυρός. εὕδει δ' ἀνὰ σκάπτῳ Διὸς αἰετός, ὠκεῖ-
αν πτέρυγ' ἀμφοτέρωθεν χαλάξαις,

                             Ant. 1
ἀρχὸς οἰωνῶν, κελαινῶπιν δ' ἐπί οἱ νεφέλαν
ἀγκύλῳ κρατί, γλεφάρων ἀδὺ κλάϊ-
  θρον, κατέχευας· ὁ δὲ κνώσσων
ὑγρὸν νῶτον αἰωρεῖ, τεαῖς
ῥιπαῖσι κατασχόμενος. καὶ γὰρ βια-   10
  τὰς Ἄρης, τραχεῖαν ἄνευθε λιπὼν
ἐγχέων ἀκμάν, ἰαίνει καρδίαν
κώματι, κῆλα δὲ καὶ δαιμόνων θέλ-
  γει φρένας ἀμφί τε Λατοΐδα σοφίᾳ βαθυκόλπων τε Μοισᾶν.

                             Ep. 1
ὅσσα δὲ μὴ πεφίληκε Ζεύς, ἀτύζονται βοάν
Πιερίδων ἀΐοντα, γᾶν τε καὶ πόντον κατ' ἀμαιμάκετον,
ὅς τ' ἐν αἰνᾷ Ταρτάρῳ κεῖται, θεῶν πολέμιος,   15
Τυφὼς ἑκατοντακάρανος· τόν ποτε
Κιλίκιον θρέψεν πολυώνυμον ἄντρον· νῦν γε μάν
ταί θ' ὑπὲρ Κύμας ἁλιερκέες ὄχθαι
Σικελία τ' αὐτοῦ πιέζει
  στέρνα λαχνάεντα· κίων δ' οὐρανία συνέχει,
νιφόεσσ' Αἴτνα, πάνετες χιόνος ὀξείας τιθήνα·   20

                             Str. 2
τᾶς ἐρεύγονται μὲν ἀπλάτου πυρὸς ἁγνόταται
ἐκ μυχῶν παγαί· ποταμοὶ δ' ἀμέραισιν
  μὲν προχέοντι ῥόον καπνοῦ

Goldne Harfe, die Apolls, der veilchengelockten zugleich
Eigentum, der Musen, du bist; dir gehorcht der
Tanzschritt, des heiteren Fests Anfang;
Deinen Zeichen folgt der Sänger Chor,
Sobald du des Vorspiels, des reigenführenden,
Anfangstöne bebenden Saiten entlockst.
Selbst den Blitzstrahl löschest du, den Schleuderer
Ewigen Feuers. Es schläft auf des Zeus Kron-
stab auch der Adler, den Flügel
beiderseits nieder, den hurtigen, senkend,

Er, der Vögel Herr; die dunkeläugige Wolke ums Haupt,
Ums gebogne, hast du, des Lids süße Schließung,
ihm ja gegossen; und er, schlummernd,
Hebt den feuchten Rücken, ganz durch dein
Geschlagnes Ertönen gebannt. Auch der gewalt-
tätge Ares – weg läßt die rauhe, die Kraft
Er der Lanzen und erwärmt sein Herz durch Ruhn.
Deine Geschosse bezaubern selbst Götter-
sinn durch des Letosohns Meister-
schaft und der Musen, der vollbus'gen, Chorsang.

Doch alle Wesen, die Zeus nicht liebt, entsetzen sich, den Laut
Der Pieriden vernehmend, die zu Land, im
Meer die, dem wilden, und er,
Der im grausgen Tartaros liegt, machtlos, der Götter Feind:
Typhoeus, der Riese, der hundertköpfge, den
Einst die berühmte Höhle Kilikiens genährt hat; jetzt jedoch
Drücken, meerumzäumt, die Gestade von Kyme
Und Sizilien ihm die Brust, die
zottige; es hält des Himmels Säule ihn nieder, die reich
Ist an Schnee, des Ätna Höh, ganzjährig des Schnees, des scharfen,
                                                                    [Amme.

Dessen Schlünde speien von unnahbarem Feuer heraus
Heiligste Quellen; und es gießen bei Tage
Flüsse hervor einen Strom von Qualm,

αἴθων'· ἀλλ' ἐν ὄρφναισιν πέτρας
φοίνισσα κυλινδομένα φλὸξ ἐς βαθεῖαν φέρει πόντου πλάκα σὺν πατάγῳ.
κεῖνο δ' Ἀφαίστοιο κρουνοὺς ἑρπετόν   25
δεινοτάτους ἀναπέμπει· τέρας μὲν
     θαυμάσιον προσιδέσθαι,
     θαῦμα δὲ καὶ παρεόντων ἀκοῦσαι,

                                       Ant. 2

οἷον Αἴτνας ἐν μελαμφύλλοις δέδεται κορυφαῖς
καὶ πέδῳ, στρωμνὰ δε χαράσσοισ' ἅπαν νῶτον ποτικεκλιμένον κεντεῖ.
εἴη, Ζεῦ, τὶν εἴη ἀνδάνειν,
ὃς τοῦτ' ἐφέπεις ὄρος, εὐκάρποιο γαί-   30
ας μέτωπον, τοῦ μὲν ἐπωνυμίαν
κλεινὸς οἰκιστὴρ ἐκύδανεν πόλιν
γείτονα, Πυθιάδος δ' ἐν δρόμῳ κά-
     ρυξ ἀνέειπέ νιν ἀγγέλ-
     λων Ἱέρωνος ὑπὲρ καλλινίκου

                                       Ep. 2

ἅρμασι. ναυσιφορήτοις δ' ἀνδράσι πρῶτα χάρις
ἐς πλόον ἀρχομένοις πομπαῖον ἐλθεῖν
     οὖρον· ἐοικότα γάρ
καὶ τελευτᾷ φερτέρου νόστου τυχεῖν. ὁ δὲ λόγος   35
ταύταις ἐπὶ συντυχίαις δόξαν φέρει
λοιπὸν ἔσεσθαι στεφάνοισί ν⟨ιν⟩ ἵπποις τε κλυτάν
καὶ σὺν εὐφώνοις θαλίαις ὀνυμαστάν.
Λύκιε καὶ Δάλοι' ἀνάσσων
     Φοῖβε Παρνασσοῦ τε κράναν Κασταλίαν φιλέων,
ἐθελήσαις ταῦτα νόῳ τιθέμεν εὔανδρόν τε χώραν.   40

                                       Str. 3

ἐκ θεῶν γὰρ μαχαναί πᾶσαι βροτέαις ἀρεταῖς,
καὶ σοφοὶ καὶ χερσὶ βιαταὶ περίγλωσ-
σοί τ' ἔφυν. ἄνδρα δ' ἐγὼ κεῖνον
αἰνῆσαι μενοινῶν ἔλπομαι
μὴ χαλκοπάρᾳον ἄκονθ' ὡσείτ' ἀγῶ-
     νος βαλεῖν ἔξω παλάμᾳ δονέων,

Fahl leuchtend. Zur Nachtzeit aber trägt
Felssteine die purpurne Lohe wälzend zum
   tiefen Meeresgrund mit Gekrach und Getös.
Jenes „Kriechtier" schickt Hephaistos' Bäche, höchst
Furchtbare, grause, empor, ist ein Schreckbild,
   wunderbar dem, der es sieht; ein
   Wunder auch, hört man's von dem, der dabei war,

Wie es an des Ätna dunkellaubiges Haupt ist gebannt
Und den Grund, sein Bett ganz den Rücken, den fest an-
   liegenden, stachelt und ihm wundreibt.
Laß uns, Zeus, dir wohl gefallen, der
Du dieses Gebirge betreust, fruchtbaren Erd-
   reiches Stirn; nach ihm trägt den Namen die Stadt,
Die geehrt hat ihr berühmter Gründer, die
Nachbarin; denn in der pythischen Rennbahn
   nannt' ihren Namen der Herold,
   ausrufend Hierons glanzvollen Sieg mit

Seinem Gespann. Auf der See fahrende Männer freut es als
Erstes, wenn ihnen bei Fahrtbeginn ein günstger
   Wind kommt; so hofft man mit Recht,
Auch am Schluß der Fahrt auf beßre Heimkehr. Der Sinn solchen
   gibt auch diesem schönen Erfolg die Aussicht, es   [Worts
Werde künftighin wie durch Kränze und Rosse hochberühmt,
So die Stadt ob klangvoller Feste bekannt sein.
Lykiens und Delos' Herrscher,
   Phoibos, der du des Parnassos Quelle Kastalia liebst,
Leg ans Herz die Wünsche dir und schenke dem Lande tüchtge
                  [Männer!

Götter leihn ja alle Kräfte menschlicher Tugend und Tat,
Lassen Weise wachsen und Hände- und Sprachge-
   waltige. Hab jenen Mann ich zu
Lobpreisen in Absicht, hoff ich, den
Erzwangigen Wurfspeer nicht gleichsam abseits vom
   Ziel zu schleudern, wenn ihn mein Arm schwingt, vielmehr

μακρὰ δὲ ῥίψαις ἀμεύσασθ' ἀντίους.　　　　　　45
εἰ γὰρ ὁ πᾶς χρόνος ὄλβον μὲν οὕτω
　καὶ κτεάνων δόσιν εὐθύ-
νοι, καμάτων δ' ἐπίλασιν παράσχοι·

Ant. 3

ἦ κεν ἀμνάσειεν, οἵαις ἐν πολέμοισι μάχαις
τλάμονι ψυχᾷ παρέμειν', ἁνίχ' εὑρί-
σκοντο θεῶν παλάμαις τιμάν
οἵαν οὔτις Ἑλλάνων δρέπει
πλούτου στεφάνωμ' ἀγέρωχον. νῦν γε μὰν　　50
　τὰν Φιλοκτήταο δίκαν ἐφέπων
ἐστρατεύθη· σὺν δ' ἀνάγκᾳ μιν φίλον
καί τις ἐὼν μεγαλάνωρ ἔσανεν.
　φαντὶ δὲ Λαμνόθεν ἕλκει
　τειρόμενον μεταβάσοντας ἐλθεῖν

Ep. 3

ἥροας ἀντιθέους Ποίαντος υἱὸν τοξόταν·
ὃς Πριάμοιο πόλιν πέρσεν, τελεύτα-
σέν τε πόνους Δαναοῖς,
ἀσθενεῖ μὲν χρωτὶ βαίνων, ἀλλὰ μοιρίδιον ἦν.　55
οὕτω δ' Ἱέρωνι θεὸς ὀρθωτὴρ πέλοι
τὸν προσέρποντα χρόνον, ὧν ἔραται καιρὸν διδούς.
Μοῖσα, καὶ πὰρ Δεινομένει κελαδῆσαι
πίθεό μοι ποινὰν τεθρίππων·
　χάρμα δ' οὐκ ἀλλότριον νικαφορία πατέρος.
ἄγ' ἔπειτ' Αἴτνας βασιλεῖ φίλιον ἐξεύρωμεν ὕμνον·　60

Str. 4

τῷ πόλιν κείναν θεοδμάτῳ σὺν ἐλευθερίᾳ
Ὑλλίδος στάθμας Ἱέρων ἐν νόμοις ἔ-
κτισσε· θέλοντι δὲ Παμφύλου
καὶ μὰν Ἡρακλειδᾶν ἔκγονοι
ὄχθαις ὕπο Ταϋγέτου ναίοντες αἰεὶ μένειν τεθμοῖσιν ἐν Αἰγιμιοῦ
Δωριεῖς. ἔσχον δ' Ἀμύκλας ὄλβιοι　　　　　65

Weiten Wurfs den Gegnern es voranzutun.
Möge doch ständig die Zeit lenken so aufs
   Ziel hin sein Glück und Besitztums
   Gabe, Vergessen gewähren der Mühsal!

Wahrlich, sie erinnert ihn wohl, was er für Schlachten im Krieg
Tapfren Sinnes durchhielt, als er und die Seinen
   fanden durch Götterhand Ruhm und Macht,
Wie sie keiner der Hellenen pflückt,
Des Reichtums großartige Krönung. Jetzt nun zog,
   Philoktetes' Weise befolgend, er fort
In den Krieg. Im Zwang der Not umwedelt' als
Freund ihn sogar mancher Mann hohen Ansehns.
   Heißt's doch, es kamen, von Lemnos
   den durch die Wunde gequälten zu holen,

Gottgleiche Helden, des Poias Sohn, den bogentragenden.
Der hat dann Priamos' Stadt zerstört und so be-
   endet der Danaer Not,
Kranken Leibs zwar schreitend; doch das Schicksal hat so es bestimmt.
So möge auch Hieron ein Gott aufrichten in
Künftger Zeit, gewähren ihm, was er sich wünscht, wenn's
   an der Zeit!
Muse, vor Deinomenes auch zu erheben
Sei mir gewillt des Viergespanns Lob!
   Nicht ist Freude fremd ihm; hat im Kampf doch der Vater gesiegt!
Drum für Aitnas König, wohlan, laß uns ein freundlich Chorlied finden;

Ihm hat jene Stadt mit gottgeordneter Freiheit gemäß
Den Gesetzen Hyllischer Richtschnur gegründet
   Hieron; es wollen des Pamphilos
Und der Herakleiden Enkel, an
Hängen des Taygetos wohnend, ständig den
   Satzungen treu sein des Aigimios als
Dorier. Sie nahmen Amyklai – welch Glück! –

Πινδόθεν ὀρνύμενοι, λευκοπώλων
  Τυνδαριδᾶν βαθύδοξοι
  γείτονες, ὧν κλέος ἄνθησεν αἰχμᾶς.

Ant. 4

Ζεῦ τέλει', αἰεὶ δὲ τοιαύταν 'Αμένα παρ' ὕδωρ
αἶσαν ἀστοῖς καὶ βασιλεῦσιν διακρί-
  νειν ἔτυμον λόγον ἀνθρώπων.
σύν τοι τίν κεν ἀγητὴρ ἀνήρ,
υἱῷ τ' ἐπιτελλόμενος, δᾶμον γεραί-   70
  ρων τράποι σύμφωνον ἐς ἡσυχίαν.
λίσσομαι νεῦσον, Κρονίων, ἥμερον
ὄφρα κατ' οἶκον ὁ Φοίνιξ ὁ Τυρσα-
  νῶν τ' ἀλαλατὸς ἔχῃ, ναυ-
  σίστονον ὕβριν ἰδὼν τὰν πρὸ Κύμας,

Ep. 4

οἷα Συρακοσίων ἀρχῷ δαμασθέντες πάθον,
ὠκυπόρων ἀπὸ ναῶν ὅ σφιν ἐν πόντῳ βάλεθ' ἁλικίαν,
'Ελλάδ' ἐξέλκων βαρείας δουλίας. ἀρέομαι   75
πὰρ μὲν Σαλαμῖνος 'Αθαναίων χάριν
μισθόν, ἐν Σπάρτᾳ δ' ⟨ἀπὸ⟩ τᾶν πρὸ Κιθαιρῶνος μαχᾶν,
ταῖσι Μήδειοι κάμον ἀγκυλότοξοι,
παρ⟨ὰ⟩ δὲ τὰν εὔυδρον ἀκτὰν
  'Ιμέρα παίδεσσιν ὕμνον Δεινομένεος τελέσαις,
τὸν ἐδέξαντ' ἀμφ' ἀρετᾷ, πολεμίων ἀνδρῶν καμόντων.   80

Str. 5

καιρὸν εἰ φθέγξαιο, πολλῶν πείρατα συντανύσαις
ἐν βραχεῖ, μείων ἕπεται μῶμος ἀνθρώ-
  πων· ἀπὸ γὰρ κόρος ἀμβλύνει
αἰανὴς ταχείας ἐλπίδας,
ἀστῶν δ' ἀκοὰ κρύφιον θυμὸν βαρύ-
  νει μάλιστ' ἐσλοῖσιν ἐπ' ἀλλοτρίοις.
ἀλλ' ὅμως, κρέσσον γὰρ οἰκτιρμοῦ φθόνος,   85

Stürmend vom Pindos, und wurden der Tynda-
    riden, der schimmelberittnen,
    Nachbarn voll Ansehens; ihr Speerruhm erblühte.

Zeus Vollender, daß stets an des Amenas Wasser besteh
Solchen Rechts Teil Bürgern wie Kön'gen, laß wahres
    Urteil der Menschen bestätigen!
Hilf du ihm, damit der Fürst und Herr –
Von ihm auch beauftragt, sein Sohn – betreun das Volk,
    leiten es zum Einklang von Frieden und Glück!
Hör mein Flehn, Zeus, gib, daß bleib im friedsamen
Haus der Phoiniker, der Tyrrhener Kriegslärm
    auch, da sie sahn, wie ihr Hochmut
    Jammer ward auf den Schiffen vor Kyme,

Sahn, was sie litten, besiegt vom Herrn der Syrakosier, der
Ihnen von eiligbewegten Schiffen warf ins
    Meer hin die Jugend des Volks,
Hellas riß aus schlimmer Sklaverei Gefahr! Ernten als Lohn
Durch Salamis' Preis will Athens Gunst ich, die Gunst
Spartas, wenn die Kämpfe ich rühm am Kithairon,
    wo dahin
Sanken Scharen medischer Krummbogenschützen;
Doch an dem schönumspülten Ufer
    Himeras vollend ich den Deinomenessöhnen das Lied,
Das sie tapfren Muts sich verdient, feindliche Männer niederzwingend.

Sprichst zur Zeit du Rechtes, spannst von vielem die Enden zugleich
Kurz zusammen, kleinerer Tadel von Menschen
    folgt sodann; Übermaß, lästiges,
Stumpft rasche Erwartungen ja ab;
Es lastet geheim auf der Bürger Seele, was
    häufig man hört von anderer ruhmvollem Tun.
Doch gleichwohl – denn besser ist ja als Mitleid Neid –

μὴ παρίει καλά. νώμα δικαίῳ
πηδαλίῳ στρατόν· ἀψευ-
δεῖ δὲ πρὸς ἄκμονι χάλκευε γλῶσσαν.

Ant. 5

εἴ τι καὶ φλαῦρον παραιθύσσει, μέγα τοι φέρεται
πὰρ σέθεν. πολλῶν ταμίας ἐσσί· πολλοὶ
μάρτυρες ἀμφοτέροις πιστοί.
εὐανθεῖ δ' ἐν ὀργᾷ παρμένων,
εἴπερ τι φιλεῖς ἀκοὰν ἀδεῖαν αἰ-   90
εὶ κλύειν, μὴ κάμνε λίαν δαπάναις·
ἐξίει δ' ὥσπερ κυβερνάτας ἀνήρ
ἱστίον ἀνεμόεν. μὴ δολωθῇς,
ὦ φίλε, κέρδεσιν ἐντραπέ-
λοις· ὀπιθόμβροτον αὔχημα δόξας

Ep. 5

οἷον ἀποιχομένων ἀνδρῶν δίαιταν μανύει
καὶ λογίοις καὶ ἀοιδοῖς. οὐ φθίνει Κροί-
σου φιλόφρων ἀρετά.
τὸν δὲ ταύρῳ χαλκέῳ καυτῆρα νηλέα νόον   95
ἐχθρὰ Φάλαριν κατέχει παντᾷ φάτις,
οὐδέ μιν φόρμιγγες ὑπωρόφιαι κοινανίαν
μαλθακὰν παίδων ὀάροισι δέκονται.
τὸ δὲ παθεῖν εὖ πρῶτον ἀέθλων·
εὖ δ' ἀκούειν δευτέρα μοῖρ'· ἀμφοτέροισι δ' ἀνήρ
ὃς ἂν ἐγκύρσῃ καὶ ἕλῃ, στέφανον ὕψιστον δέδεκται.   100

II

IΕΡΩΝΙ ΑΡΜΑΤΙ

Äolisch, Iamben

Str.

1 ∪∪ ∪ ∪∪   ∪ – ∪ – ∪ – ∪ ∪∪ ∪ –
2   ∪∪ ∪ – ∪ ∪ – – ∪̄ – ∪ ∪ – ∪ – – – ∪ ∪ – ∪ –
3   – – ∪ ∪ – ∪ ∪ – ∪ ∪ – – ∪ –

Gib nicht das Edele auf! Lenke, gerecht
  führend das Steuer, dein Volk! Auf
  truglosem Amboß mach stahlhart die Zunge!

Geht auch nur Geringes dir fehl, trägt man es weiter als groß;
Kommt's von dir doch. Viele betreust du. Viel wahre
  Zeugen – für zweierlei Tun – gibt es.
Wenn du, wahrend edelblühnde Art,
Zu hören es liebst, daß du stets stehst in erfreu-
  lichem Ruf: nicht karge mit Aufwand zu sehr;
Lasse frei, gleich einem Steuermann, im Wind
Schwellen dein Segel! Und laß nicht dich, Freund, ver-
  locken durch schlaue Gewinnsucht!
  Todüberdauernd tut preisender Nachruhm

Einzig verschiedener Männer Leben durch Erzähler und
Sänger des Lieds kund. Es schwindet nicht des Kroisos
  freundschaftlich edele Art.
Doch der roh im erznen Stier Menschen verbrannt: nieder hält ihn
Voll Abscheu, den Phalaris, allwärts schlimmer Ruf;
Nehmen ihn doch Harfen nicht auf unter gleichem Dache zu
Trauter Gemeinschaft mit der Jugend Gesängen.
Glück und Erfolg ist erster Kampfpreis,
  guter Ruf das zweite Los; wer aber begegnet den zwein
Und erringt sie beide zugleich: der hat den höchsten Kranz empfangen.

II

FÜR HIERON VON SYRAKUS, SIEGER MIT DEM WAGEN

Ob die vermutlich um 475 entstandene Ode sich auf einen pythischen Sieg
bezieht, ist umstritten. Deutlich zeigt sich in ihr das Bestreben, Mißstim-
mung und Mißtrauen in der Beziehung zu Hieron zu beseitigen. Sie beginnt mit dem Lob der Stadt Syrakus und Hierons, der als Rennstall-
besitzer selbst die Pferde zähmt und einübt und mit ihnen durch Götterhuld Siege gewann. Für den Gedanken, sich dankbar erweisen und schmä-

4   ∪ ∪ – ∪ ∪ – ∪ ∪ – ∪ –   ∪∪ – ∪ ∪ – ∪ –
5   – – ∪ ∪∪ ∪ – ∪ – ∪ ∪ –
6   – – ∪ ∪∪ ∪ – ∪ – ∪ ∪ – ∪ ∪ –
7   ∪∪ ∪ – ∪ ∪ – ∪∪ ∪ – – ∪ –
8   – – ∪ ∪ – ∪ – ∪ –   – ∪ – ∪ –   ∪ – ∪ ∪ – ∪ – –

Ep.

1   ∪ ∪∪ – ∪ ∪ – ∪ – – ∪ – ∪ ∪ –
1b   ∪ – – ∪ ∪ – ∪ – – ∪ – ∪ ∪ –
2   ∪ – – ∪ ∪ – ∪ –   ∪∪ ∪ – ∪ ∪ –
3   ∪ – – ∪ ∪ – ∪ –   ∪∪ ∪ – ∪ ∪ –   – ∪ – ∪ –
4   ∪ ∪∪ – ∪ ∪ – ∪ –   – ∪ –
5   ū – ∪ –   – ū – ∪ ∪ – ∪ –   – ∪ –
6   ∪ – – ∪ ∪ –   – ∪ –
7   – – ∪ – ∪ ∪ – –
8   ∪ – – ∪ – ∪ ∪ – ∪ – –   ∪ – ∪ ∪ – ∪ – – –

Str. 1

Μεγαλοπόλιες ὦ Συράκοσαι, βαθυπολέμου
τέμενος Ἄρεος, ἀνδρῶν ἵππων τε σιδαροχαρ-
    μᾶν δαιμόνιαι τροφοί,
ὔμμιν τόδε τᾶν λιπαρᾶν ἀπὸ Θηβᾶν φέρων
μέλος ἔρχομαι ἀγγελίαν τετραορίας ἐλελίχθονος,
εὐάρματος Ἱέρων ἐν ᾷ κρατέων   5
τηλαυγέσιν ἀνέδησεν Ὀρτυγίαν στεφάνοις,
ποταμίας ἕδος Ἀρτέμιδος, ἇς οὐκ ἄτερ
κείνας ἀγαναῖσιν ἐν χερσὶ ποικιλα-
    νίους ἐδάμασσε πώλους.

Ant. 1

ἐπὶ γὰρ ἰοχέαιρα παρθένος χερὶ διδύμᾳ
ὅ τ' ἐναγώνιος Ἑρμᾶς αἰγλάεντα τίθησι κόσ-   10
    μον, ξεστὸν ὅταν δίφρον
ἕν θ' ἅρματα πεισιχάλινα καταζευγνύῃ
σθένος ἵππιον, ὀρσοτρίαιναν εὐρυβίαν καλέων θεόν.
ἄλλοις δέ τις ἐτέλεσσεν ἄλλος ἀνήρ
εὐαχέα βασιλεῦσιν ὕμνον ἄποιν' ἀρετᾶς.

hende Rede meiden, ist Pflicht, führt Pindar nun als Beispiel Kinyras an, den Geliebten Apollons und Priester der Aphrodite auf Kypros, den dankbares Gedenken im Liede preist, ähnlich wie Hieron in dem italischen Lokroi durch Jungfrauenchöre Ehre zuteil wird. Dagegen wird Ixion, der sich gegen die Götter undankbar erweist, furchtbar bestraft; und der schmähsüchtige Dichter Archilochos findet ein schlimmes Ende. In rechter Gesinnung kann Pindar den Herrscher als klugen Verwalter seines Reichtums und ruhmreichen Feldherrn preisen und bittet, sein Lied freundlich aufzunehmen. Er warnt vor heimtückischen Verleumdern und möchte in seiner ehrlichen Art, mit der er seine Meinung über die verschiedenen Staatsformen sagt, von Hieron als Freund anerkannt werden; ist sein Wunsch doch, mit Edlen, die ihn schätzen, Umgang zu pflegen.

Mächtige Stadt Syrakus, des krieg- und kampfbegeisterten, des
Ares Bezirk, du der Männer und Rosse, der eisenfro-
    hen, göttliche Nährerin!
Euch bringend vom strahlenden Theben dies Lied, komm ich her,
Eine Botschaft vom Viergespann, dem die Erde erschütternden;
Auf ihm der wagenberühmte Hieron, wand   [Sieger war
Fernhin erglänzende Kränze so um Ortygia, der
Artemis Sitz an dem Fluß; nicht ohne Hilfe von ihr
Ja hat er mit sanften Händen gezähmt sich je-
    ne buntaufgezäumten Fohlen.

Reicht doch die pfeilfrohe Jungfrau ihm mit beiden Händen sowie
Hermes, der Wettkämpfe Wart, dar den glänzenden Schmuck, wenn
    glattschimmernde Plattform und   [an
Den zügelgehorchenden Wagen er anspannt die Kraft
Seiner Rosse, den Schwinger des Dreizacks rufend, den weithin ge-
Dem einen König schafft der ja, jener jedoch   [waltgen Gott.
Dem andern klangvolles Preislied, Lohn seiner Tugend und Tat.

κελαδέοντι μὲν ἀμφὶ Κινύραν πολλάκις   15
φᾶμαι Κυπρίων, τὸν ὁ χρυσοχαῖτα προ-
    φρόνως ἐφίλησ' 'Απόλλων,

                                                        Ep. 1

ἱερέα κτίλον 'Αφροδίτας· ἄγει δὲ χάρις
    φίλων ποίνιμος ἀντὶ ἔργων ὀπιζομένα·
σὲ δ', ὦ Δεινομένειε παῖ, Ζεφυρία πρὸ δόμων
Λοκρὶς παρθένος ἀπύει,
    πολεμίων καμάτων ἐξ ἀμαχάνων
διὰ τεὰν δύναμιν δρακεῖσ' ἀσφαλές·   20
θεῶν δ' ἐφετμαῖς 'Ιξίονα φαντὶ ταῦτα βροτοῖς
λέγειν ἐν πτερόεντι τροχῷ
παντᾷ κυλινδόμενον·
τὸν εὐεργέταν ἀγαναῖς
    ἀμοιβαῖς ἐποιχομένους τίνεσθαι.

                                                        Str. 2
ἔμαθε δὲ σαφές. εὐμενέσσι γὰρ παρὰ Κρονίδαις   25
γλυκὺν ἑλὼν βίοτον, μακρὸν οὐχ ὑπέμεινεν ὄλ-
    βον, μαινομέναις φρασίν
'Ήρας ὅτ' ἐράσσατο, τὰν Διὸς εὐναὶ λάχον
πολυγαθέες· ἀλλά νιν ὕβρις εἰς ἀυάταν ὑπεράφανον
ὦρσεν· τάχα δὲ παθὼν ἐοικότ' ἀνήρ
ἐξαίρετον ἕλε μόχθον. αἱ δύο δ' ἀμπλακίαι   30
φερέπονοι τελέθοντι· τὸ μὲν ἥρως ὅτι
ἐμφύλιον αἷμα πρώτιστος οὐκ ἄτερ
    τέχνας ἐπέμειξε θνατοῖς,

                                                        Ant. 2
ὅτι τε μεγαλοκευθέεσσιν ἔν ποτε θαλάμοις
Διὸς ἄκοιτιν ἐπειρᾶτο. χρὴ δὲ κατ' αὐτὸν αἰ-
    εὶ παντὸς ὁρᾶν μέτρον.
εὐναὶ δὲ παράτροποι ἐς κακότατ' ἀθρόαν   35
ἔβαλον· ποτὶ καὶ τὸν ἵκοντ'· ἐπεὶ
    νεφέλᾳ παρελέξατο
ψεῦδος γλυκὺ μεθέπων ἄϊδρις ἀνήρ·
εἶδος γὰρ ὑπεροχωτάτᾳ πρέπεν Οὐρανιᾶν
θυγατέρι Κρόνου· ἄντε δόλον αὐτῷ θέσαν

So auch erschallen die Loblieder der Kyprier gar oft
Auf Kinyras, den der Goldhaarige geneig-
    ten Sinnes geliebt: Apollon,

Ihn, Aphrodites liebwerten Priester. So wirkt denn der Dank,
    indem freundliche Taten er fromm verehrend vergilt.
Dich ruft in der zephyrischen Lokris, Deinomenes' Sohn,
Die Jungfrau vor dem Haus im Lied,
    da nach der Kriegsläufte ratloser Mühsal sie
Dank deiner Macht nun den Blick hebt in Sicherheit.
Es sprach, so sagt man, Ixion, auf Göttergeheiß rundum
Gewälzt auf dem geflügelten Rad,
Dies zu der Sterblichen Volk:
„Zum Wohltäter geht und vergel –
    tet ihm mit erfreuender Gegengabe!"

Deutlich erfuhr er's. Als ihm die Kronossöhne, freundlichen Sinns,
Heiteres Leben gewährt, lang nicht hielt er da aus sein Glück,
    weil rasenden Sinnes er
Nach Hera begehrte, erkoren für Zeus' Lager, das
Freudenreiche; ihn aber trieb Frevelmut zu vermessner Verblendung
Schnell kam, gebührenden Lohn empfangend, der Mann   [an.
In ungewöhnliche Not. Und die zwei Vergehn sind's, die ihm
Qualen gebracht: daß er einmal, ein Heros, mit Blut,
Mit naheverwandtem, die Sterblichen als er-
    ster, nicht ohne List, befleckte;

Dann, weil er einst in dem hohen, dem verschwiegnen Ehegemach
Sich an die Gattin des Zeus wagte. Stets muß, nach eigner Art,
    von allem man sehn das Maß.
Beischlaf, sich verirrend vom Weg, hat in drangvolle Not
Schon gestürzt. Und auch ihn überkam sie. Denn
    einer Wolke gesellte sich,
Süßem Betrug sich vertraund, nichtsahnend der Mann.
Glich an Gestalt sie der Höchsten unter den Himmlischen, der
Tochter des Kronos, doch. Dies Trugbild – das legten ihm bei

Ζηνὸς παλάμαι, καλὸν πῆμα. τὸν δὲ τε-   40
   τράκναμον ἔπραξε δεσμόν

                                                                         Ep. 2

ἐὸν ὄλεθρον ὄγ'· ἐν δ' ἀφύκτοισι γυιοπέδαις
   πεσὼν τὰν πολύκοινον ἀνδέξατ' ἀγγελίαν.
ἄνευ οἱ Χαρίτων τέκεν γόνον ὑπερφίαλον
μόνα καὶ μόνον οὔτ' ἐν ἀν-
   δράσι γερασφόρον οὔτ' ἐν θεῶν νόμοις·
τὸν ὀνύμαζε τράφοισα Κένταυρον, ὅς
ἵπποισι Μαγνητίδεσσιν ἐμείγνυτ' ἐν Παλίου   45
σφυροῖς, ἐκ δ' ἐγένοντο στρατός
θαυμαστός, ἀμφοτέροις
ὁμοῖοι τοκεῦσι, τὰ μα-
   τρόθεν μὲν κάτω, τὰ δ' ὕπερθε πατρός.

                                                                         Str. 3

θεὸς ἅπαν ἐπὶ ἐλπίδεσσι τέκμαρ ἀνύεται,
θεός, ὃ καὶ πτερόεντ' αἰετὸν κίχε, καὶ θαλασ-   50
   σαῖον παραμείβεται
δελφῖνα, καὶ ὑψιφρόνων τιν' ἔκαμψε βροτῶν,
ἑτέροισι δὲ κῦδος ἀγήραον παρέδωκ'· ἐμὲ δὲ χρεών
φεύγειν δάκος ἀδινὸν κακαγοριᾶν.
εἶδον γὰρ ἑκὰς ἐὼν τὰ πόλλ' ἐν ἀμαχανίᾳ
ψογερὸν Ἀρχίλοχον βαρυλόγοις ἔχθεσιν   55
πιαινόμενον· τὸ πλουτεῖν δὲ σὺν τύχᾳ
   πότμου σοφίας ἄριστον.

                                                                         Ant. 3

τὺ δὲ σάφα νιν ἔχεις ἐλευθέρᾳ φρενὶ πεπαρεῖν,
πρύτανι κύριε πολλᾶν μὲν εὐστεφάνων ἀγυι-
   ᾶν καὶ στρατοῦ. εἰ δέ τις
ἤδη κτεάτεσσί τε καὶ περὶ τιμᾷ λέγει
ἕτερόν τιν' ἀν' Ἑλλάδα τῶν πάροιθε γενέσθαι ὑπέρτερον,   60
χαύνᾳ πραπίδι παλαιμονεῖ κενεά.
εὐανθέα δ' ἀναβάσομαι στόλον ἀμφ' ἀρετᾷ
κελαδέων. νεότατι μὲν ἀρήγει θράσος
δεινῶν πολέμων· ὅθεν φαμὶ καὶ σὲ τὰν
   ἀπείρονα δόξαν εὑρεῖν,

Zeus' Hände: ein schönes – Unheil! An vier der Speichen Fesseln: so wirkte er selbst

Sich sein Verderben! In Gliederbande unfliehbar verstrickt,
   erkannt' er seiner Botschaft Spruch als allgemeingültig an.
Nicht schön war er, ein Ungetüm, den sie als Sohn ihm gebar,
Die Einzge nur den Einzigen,
      weder bei Menschen geehrt noch nach Götterbrauch;
Und diesen nannte die Amme Kentauros; der
Gesellte sich Stuten Magnesias am Fuße des Pelion;
Daraus aber entstand nun ein Volk,
Gar seltsam, ähnlich den zwei
Erzeugern, der Mutter der un-
   tre Teil, und der obere Teil dem Vater.

Was sich ein Gott wünscht, erreicht er, jedes Ziel, er, der als ein Gott
Selbst den geflügelten Aar einholt und auch voraus dem meer-
   bewohnenden, dem Delphin,
Eilt, der von den Sterblichen manchem den Hochmut gebeugt,
Andern aber niealterndeen Ruhms Geschenk gab. Doch ich – ich muß
Biß, scharf, verletzend, von Reden übeler Art.   [meiden den
Sah ich, wenn fern auch, den tadelsüchtgen Archilochos oft
Hilflos doch, weil er an Schmähreden voll Haß und Groll
Sich weidete. Reichtum ist, wenn des Schicksals Gunst
   mit Klugheit ihn paart, das Beste.

Du aber kannst offenbar ihn sehen lassen freimütgen Geists,
Hoher Gebieter und Herr vieler Straßen, die schönumkränzt
   sind, und vielen Volks. Wofern
Nun einer behauptet, es sei schon an Gütern und Ruhm
Von den Frühern ein andrer in Hellas dir überlegen gewesen, so
Müht der – sich blähenden Sinns – um Nichtiges sich.
Auf Fahrt, auf blumenbekränzte, will ich nun gehen, von Kraft
Singend und Tüchtigkeit. Der Jugend hilft Mut zwar in
Gefährlichen Kriegen. Dort, sag ich, hast auch du
   unendlichen Ruhm erworben,

τὰ μὲν ἐν ἱπποσόαισιν ἄνδρεσσι μαρνάμενον,   Ep. 3
   τὰ δ' ἐν πεζομάχαισι· βουλαὶ δὲ πρεσβύτεραι
ἀκίνδυνον ἐμοὶ ἔπος ⟨σὲ⟩ ποτὶ πάντα λόγον
ἐπαινεῖν παρέχοντι. χαῖ-
   ρε· τόδε μὲν κατὰ Φοίνισσαν ἐμπολάν
μέλος ὑπὲρ πολιᾶς ἁλὸς πέμπεται·
τὸ Καστόρειον δ' ἐν Αἰολίδεσσι χορδαῖς θέλων
ἄθρησον χάριν ἑπτακτύπου   70
φόρμιγγος ἀντόμενος.
γένοι', οἷος ἐσσὶ μαθών.
   καλός τοι πίθων παρὰ παισίν, αἰεί

                                                             Str. 4
καλός. ὁ δὲ 'Ραδάμανθυς εὖ πέπραγεν, ὅτι φρενῶν
ἔλαχε καρπὸν ἀμώμητον, οὐδ' ἀπάταισι θυμὸν τέρπεται ἔνδοθεν,
οἷα ψιθύρων παλάμαις ἕπετ' αἰεὶ βροτῷ.   75
ἄμαχον κακὸν ἀμφοτέροις διαβολιᾶν ὑποφάτιες,
ὀργαῖς ἀτενὲς ἀλωπέκων ἴκελοι.
κέρδει δὲ τί μάλα τοῦτο κερδαλέον τελέθει;
ἆτε γὰρ ἐννάλιον πόνον ἐχοίσας βαθύν
σκευᾶς ἑτέρας, ἀβάπτιστός εἰμι φελ-   80
   λὸς ὣς ὑπὲρ ἕρκος ἅλμας.

                                                             Ant. 4
ἀδύνατα δ' ἔπος ἐκβαλεῖν κραταιὸν ἐν ἀγαθοῖς
δόλιον ἀστόν· ὅμως μὰν σαίνων ποτὶ πάντας ἄ-
   ταν πάγχυ διαπλέκει.
οὔ οἱ μετέχω θράσεος. φίλον εἴη φιλεῖν·
ποτὶ δ' ἐχθρὸν ἇτ' ἐχθρὸς ἐὼν λύκοιο
   δίκαν ὑποθεύσομαι,
ἄλλ' ἄλλοτε πατέων ὁδοῖς σκολιαῖς.   85
ἐν πάντα δὲ νόμον εὐθύγλωσσος ἀνὴρ προφέρει,
παρὰ τυραννίδι, χὠπόταν ὁ λάβρος στρατός,
χὦταν πόλιν οἱ σοφοὶ τηρέωντι. χρὴ
   δὲ πρὸς θεὸν οὐκ ἐρίζειν,

                                                             Ep. 4
ὃς ἀνέχει τοτὲ μὲν τὰ κείνων, τότ' αὖθ' ἑτέροις
   ἔδωκεν μέγα κῦδος. ἀλλ' οὐδὲ ταῦτα νόον

Bald rossetummelnden Männern im Kampf dich stellend und bald
    den Fußkämpfern; doch was du, älter nun, planst, es gewährt
Gefahrlos, ohne Mißverstehn mir, dich in jedem Betracht
Im Preislied zu erheben. Heil
    dir! Nach der Art von phoinikischer Ware wird
Der Sang hier über das graue Meer dir gesandt;
Das Kastorlied in aiolischer Weise nimm freundlich auf
Und laß – siebenfach tönenden Klangs –
Die Harfe freudvoll dir sein!
Werde, wer du bist, doch erkenn's
    erst! „Schön" ist der Affe für Kinder nur, stets

„Schön". Rhadamanthys jedoch fand selges Leben, weil er des Geists
Frucht, die untadlige, empfing, durch Täuschungen nicht im Sinn
    tiefinnen betört wird, wie's
Durch Flüsteranschläge dem Sterblichen jeweils geschieht.
Unbekämpfbares Übel ist beiderseits der Verleumdungen Zugeraun,
Dem Wesen gänzlich der Füchse gleich und gemäß.
Doch der Gewinnsucht – was bringt solches Tun ihr an wahrem
Wie ja im Meer unten tief Arbeit verrichtend sich hält   [Gewinn?
Das übrige Fischzeug, bleib ich, nicht eingetaucht
    ins Meer, überm Netz, dem Kork gleich.

Nicht kann ein Wort voller Wirkung auf die Edlen hinwerfen ein
Tückischer Bürger. Doch schweifwedelnd allen, flicht allwärts er
    Betörung als Netz. Nicht teil
Mit ihm ich die Frechheit. Gern möchte ich Freund sein dem Freund.
Aber wider den Feind will als Feind dem Wolf gleich
    ich losspringen, schleichend bald
Hier und bald dort mich heran auf wechselndem Pfad.
Bei jeder Form tritt hervor der gradzüngig-ehrliche Mann,
Bei der Alleinherrschaft, sowie wenn des Volks Ungestüm
Herrscht, und wenn die Weisen walten des Staats. Doch darf
    man nicht mit der Gottheit hadern,

Die manchmal Menschen emporhebt, und manchmal anderen dann
    gewährt machtvollen Ruhm. Doch selbst solcher Wechsel erweicht

ἰαίνει φθονερῶν· στάθμας δέ τινες ἑλκόμενοι   90
περισσᾶς ἐνέπαξαν ἕλ-
    κος ὀδυναρὸν ἑᾷ πρόσθε καρδίᾳ,
πρὶν ὅσα φροντίδι μητίονται τυχεῖν.
φέρειν δ' ἐλαφρῶς ἐπαυχένιον λαβόντα ζυγόν
ἀρήγει· ποτὶ κέντρον δέ τοι
λακτιζέμεν τελέθει   95
ὀλισθηρὸς οἶμος· ἁδόν-
    τα δ' εἴη με τοῖς ἀγαθοῖς ὁμιλεῖν.

III

ΙΕΡΩΝΙ ΣΥΡΑΚΟΣΩΙ

Daktyloepitriten

Str.   Ep.

Str.		Ep.	
1	– ∪ – – – ∪ ∪ – ∪ ∪ –	1	– ∪ – – – ∪ ∪ – ∪ ∪ –
2	– ∪ – – – ∪ ∪ – ∪ ∪ –	2	– ∪ – × – ∪ – – – ∪ –
	– ∪ – × – ∪ –	3	– ∪ – – – ∪ ∪ – ∪ ∪ – – – ∪ –
3	– – ∪ ∪ – ∪ ∪ –	4	– ∪ – <u>∪</u> – ∪ ∪ – ∪ ∪ – –
4	– ∪ ∪ – ∪ ∪ – ∪ ∪ – ∪ ∪ –	5	– ∪ ∪ – ∪ ∪ – – – ∪ – × – ∪ –
	– – ∪ – × – ∪ – – – ∪ ∪ –	6	– ∪ ∪ – ∪ ∪ – – – ∪ – × – ∪ –
5	– ∪ – – – ∪ ∪ – ∪ ∪ – – – ∪ –	7	– ∪ ∪ – ∪ ∪ – – – ∪ ∪ – ∪ ∪ –
6	– ∪ ∪ – ∪ ∪ –	8	– ∪ – – – ∪ ∪ – ∪ ∪ – – – ∪ – –
	– ∪ – – – ∪ – × – ∪ –	9	∪ ∪ – ∪ ∪ – – – ∪ – × – ∪ –
7	– ∪ ∪ – ∪ ∪ – – – ∪ – –		

                                             Str. 1

῎Ηθελον Χίρωνά κε Φιλυρίδαν,
εἰ χρεὼν τοῦθ' ἁμετέρας ἀπὸ γλώσσας
    κοινὸν εὔξασθαι ἔπος,
ζώειν τὸν ἀποιχόμενον,
Οὐρανίδα γόνον εὐρυμέδοντα Κρόνου,
    βάσσαισί τ' ἄρχειν Παλίου φῆρ' ἀγρότερον
νόον ἔχοντ' ἀνδρῶν φίλον· οἷος ἐὼν θρέψεν ποτέ   5

Der Mißgünstigen Sinn nicht; ziehn manche doch Meßschnuren in
Das Maßlose und schlagen so
   schmerzende Wunden sich vorn in die eigene Brust,
Bevor sie, was sie im Innern planen, erreicht.
Beim Tragen hilft's, wenn behende man auf den Nacken sich nahm
Das Joch. Wider den Stachel jedoch
Löcken – ein schlüpfriger Pfad
Ist das! Mein Wunsch ist es, geschätzt
   von ihnen, mit Edelen umzugehen!

III

FÜR HIERON AUS SYRAKUS

Diese Ode, wohl 474 oder 473 entstanden, erwähnt zwar frühere pythische
Siege mit dem Rennpferd Pherenikos, ist aber in der Hauptsache ein
Trostgedicht für den kranken Hieron und eine Antwort auf dessen Ein-
ladung. Sein Mitgefühl zeigt Pindar durch den Wunsch, mit dem er die
Ode beginnt: Lebte doch Chiron, der weise Kentaur, noch und sendete
einen heilkundigen Heros wie Asklepios! Nach dem Bericht über das
Schicksal des Asklepios, die wunderbare Rettung des noch ungeborenen
Kindes, seine Erziehung zum Arzt, seine Überheblichkeit und Bestrafung
kehrt Pindar zu dem am Anfang geäußerten Wunsch zurück und fügt
hinzu, wie gern er selbst käme. Er kann nicht, zeigt aber durch Gebet und
Trostwort seine Freundschaft und schließt mit Worten, die von ihm selbst,
von Pindar sprechen, aber eine Ermahnung an Hieron sind zu rechtem
Verhalten im Genuß und zu großmütigem und freigebigem Gebrauch des
Reichtums und der Macht, zu einer Lebensführung, die Ruhm durch die
Dichtung mit sich bringen kann.

Daß doch – wünscht' ich – Chiron, der Philyra Sohn –
Wenn es ziemt, mit unserer Zunge den Wunsch, den
   allgemeinen, kundzutun –
Noch lebte, der längst schon verschied,
Kronos', des Uranossohnes, weitwaltender Sproß
   Herr wär als rauhes Halbtier in des Pelion Geklüft,
Holdgesinnt den Menschen! Er zeigt' es, als einst er aufzog der

τέκτονα νωδυνίας
  ἥμερον γυιαρκέος Ἀσκλαπιόν,
ἥροα παντοδαπᾶν ἀλκτῆρα νούσων.

Ant. 1

τὸν μὲν εὐίππου Φλεγύα θυγάτηρ
πρὶν τελέσσαι ματραπόλῳ σὺν Ἐλειθυί-
  ᾳ, δαμεῖσα χρυσέοις
τόξοισιν ὕπ' Ἀρτέμιδος   10
εἰς Ἀΐδα δόμον ἐν θαλάμῳ κατέβα,
  τέχναις Ἀπόλλωνος. χόλος δ' οὐκ ἀλίθιος
γίνεται παίδων Διός. ἅ δ' ἀποφλαυρίξαισά μιν
ἀμπλακίαισι φρενῶν,
  ἄλλον αἴνησεν γάμον κρύβδαν πατρός.
πρόσθεν ἀκερσεκόμᾳ μιχθεῖσα Φοίβῳ,

Ep. 1

καὶ φέροισα σπέρμα θεοῦ καθαρόν.   15
οὐκ ἔμειν' ἐλθεῖν τράπεζαν νυμφίαν,
οὐδὲ παμφώνων ἰαχὰν ὑμεναίων, ἅλικες
οἷα παρθένοι φιλέοισιν ἑταῖραι
ἑσπερίαις ὑποκουρίζεσθ' ἀοιδαῖς· ἀλλά τοι
ἥρατο τῶν ἀπεόντων· οἷα καὶ πολλοὶ πάθον.   20
ἔστι δὲ φῦλον ἐν ἀνθρώποισι ματαιότατον,
ὅστις αἰσχύνων ἐπιχώρια παπταίνει τὰ πόρσω,
μεταμώνια θηρεύων ἀκράντοις ἐλπίσιν.

Str. 2

ἔσχε τοι ταύταν μεγάλαν ἀνάταν
καλλιπέπλου λῆμα Κορωνίδος· ἐλθόν-   25
  τος γὰρ εὐνάσθη ξένου
λέκτροισιν ἀπ' Ἀρκαδίας.
οὐδ' ἔλαθε σκοπόν· ἐν δ' ἄρα μηλοδόκῳ
  Πυθῶνι τόσσαις ἄϊεν ναοῦ βασιλεύς
Λοξίας, κοινᾶνι παρ' εὐθυτάτῳ γνώμαν πιθών,
πάντα ἰσάντι νόῳ·
  ψευδέων δ' οὐχ ἅπτεται, κλέπτει τέ μιν
οὐ θεὸς οὐ βροτὸς ἔργοις οὔτε βουλαῖς.   30

Schmerzstillung freundlichen Meister, der gliederstärkenden: Asklepios,
Heros und Helfer bei aller Art von Krankheit.

Eh des reisgen Phlegyas Tochter noch ihn
Austrug mit Hilfe der die Mütter betreunden
  Eileithyia, stieg, erlegt
Von Artemis' goldenem Pfeil
In ihrem Brautgemach, sie in den Hades hinab;
  so wirkt' es Apollon. Nicht unwirksam ist der Groll
Ja von Zeus' Kindern. Aber sie, ihn gering einschätzend in
Sinnes Betörung, erkor,
  ihn dem Vater bergend, andern Bund, die doch
Vorher gesellt war dem niegeschornen Phoibos

Und des Gottes Samen, den lauteren, trug.
Nicht das hochzeitliche Mahl erharrte sie
Noch des vollertönenden Brautlieds Gejauchz, wie Jungfraun ja,
Altersgleiche Freundinnen, damit zu necken
Pflegen im Scherze durch abendlichen Chorsang; nein, vielmehr
Sehnte nach Fernem sie sich; wie es ja vielen schon erging.
Rechnet man unter den Menschen doch zu der törichtsten Art,
Wer da, häßlich handelnd am Heimischen, ausschaut nach dem
Nach Vergeblichem jagt mit unerfüllten Hoffnungen.   [Fremden,

Es befiel solch große Betörung das Herz
Der mit schönem Kleide gezierten Koronis;
  denn des Fremdlings Bett bestieg
Sie, der aus Arkadien kam.
Nicht blieb's verborgen dem Späher; im opfertierrei-
  chen Pytho weilend, nahm es wahr des Heiligtums Fürst,
Loxias, beim redlichsten Freund sich Gewißheit holend, bei
Seinem allwissenden Geist.
  Denn der rührt Lügen nicht an; es täuscht ihn kein
Gott und kein Sterblicher mit Taten noch Ratschlag.

καὶ τότε γνοὺς Ἴσχυος Εἰλατίδα   Ant. 2
ξεινίαν κοίταν ἀθεμίν τε δόλον, πέμ-
   ψεν κασιγνήταν μένει
θυίοισαν ἀμαιμακέτῳ
ἐς Λακέρειαν, ἐπεὶ παρὰ Βοιβιάδος
   κρημνοῖσιν ᾤκει παρθένος· δαίμων δ' ἕτερος
ἐς κακὸν τρέψαις ἐδαμάσσατό νιν, καὶ γειτόνων   35
πολλοὶ ἐπαῦρον, ἀμᾶ
   δ' ἔφθαρεν· πολλὰν δ' ὄρει πῦρ ἐξ ἑνός
σπέρματος ἐνθορὸν ἀίστωσεν ὕλαν.

                                                        Ep. 2
ἀλλ' ἐπεὶ τείχει θέσαν ἐν ξυλίνῳ
σύγγονοι κούραν, σέλας δ' ἀμφέδραμεν
λάβρον Ἀφαίστου, τότ' ἔειπεν Ἀπόλλων· Οὐκέτι   40
τλάσομαι ψυχᾷ γένος ἀμὸν ὀλέσσαι
οἰκτροτάτῳ θανάτῳ ματρὸς βαρείᾳ σὺν πάθᾳ.'
ὣς φάτο· βάματι δ' ἐν πρώτῳ κιχὼν παῖδ' ἐκ νεκροῦ
ἅρπασε· καιομένα δ' αὐτῷ διέφαινε πυρά.
καί ῥά μιν Μάγνητι φέρων πόρε Κενταύρῳ διδάξαι   45
πολυπήμονας ἀνθρώποισιν ἰᾶσθαι νόσους.

                                                        Str. 3
τοὺς μὲν ὦν, ὅσσοι μόλον αὐτοφύτων
ἑλκέων ξυνάονες, ἢ πολιῷ χαλκῷ μέλη τετρωμένοι
ἢ χερμάδι τηλεβόλῳ,
ἢ θερινῷ πυρὶ περθόμενοι δέμας ἢ   50
   χειμῶνι, λύσαις ἄλλον ἀλλοίων ἀχέων
ἔξαγεν, τοὺς μὲν μαλακαῖς ἐπαοιδαῖς ἀμφέπων,
τοὺς δὲ προσανέα πί-
   νοντας, ἢ γυίοις περάπτων πάντοθεν
φάρμακα, τοὺς δὲ τομαῖς ἔστασεν ὀρθούς·

                                                        Ant. 3
ἀλλὰ κέρδει καὶ σοφία δέδεται.
ἔτραπεν καὶ κεῖνον ἀγάνορι μισθῷ   55
   χρυσὸς ἐν χερσὶν φανείς
ἄνδρ' ἐκ θανάτου κομίσαι

Da er weiß, daß Ischys, dem Eilatossohn,
Sie, dem Fremdling, beilag, ihn ruchlos betrog, da
    sendet er die Schwester, die
In unwiderstehlichem Zorn
Tobende, nach Lakereia; dort wohnte am Hang
    des Boibiassees das Mädchen; ein Fluchgeist, der, ihr feind,
Sie zu Bösem antrieb, bewältigte sie; und viele der
Nachbarn traf's mit, und sie gin-
    gen zugrund; tilgt einem Berg doch viel an Wald
Feuer, das ihm aus nur einem Keim hineinspringt.

Doch als auf den Holzstoß das Mädchen hinauf
Legten die Verwandten und wild sie umlief
Des Hephaistos Lohe, da sagte Apollon: „Nicht mehr kann
Dulden mir mein Herz, daß mein Blut mir vernichtet
Wird durch den kläglichsten Tod, der Mutter schwerem Los vereint."
Sprachs'; nur ein Schritt – er erreicht das Kind, und aus der Toten Leib
Reißt er's; der flammende Holzstoß öffnete ihm seine Glut.
Nach Magnesia bracht' er es, gab's dem Kentauren, daß er's lehre,
Wie man Krankheiten, schmerzhaft, qualvoll Menschen, heilen kann.

Wie viel nun auch kamen, am Leib ein Geschwür,
Das von selbst wuchs, oder die Glieder verletzt durch
    graues Eisen oder durch
Den weithin geschleuderten Stein,
Oder durch Sommersglut oder den Winter versehrt
    am Körper: die macht' er von der, andere von
Jener Qual frei, manche behandelnd durch sanften Zauberspruch,
Andre mit heilendem Trank
    oder Salbverbänden um die Glieder rings.
Andere bracht' er durch Schneiden auf die Beine.

Doch Gewinnsucht fesselt auch Weisheit und Kunst.
Trieb doch auch jenen mit zu reichlichem Lohn an
    Gold, in Händen blinkend, zu
Befrein einen Mann von dem Tod,

ἤδῃ ἁλωκότα· χερσὶ δ' ἄρα Κρονίων
  ῥίψαις δι' ἀμφοῖν ἀμπνοὰν στέρνων κάθελεν
ὠκέως, αἴθων δὲ κεραυνὸς ἐνέσκιμψεν μόρον.
χρὴ τὰ ἐοικότα πὰρ
  δαιμόνων μαστευέμεν θναταῖς φρασίν
γνόντα τὸ πὰρ ποδός, οἵας εἰμὲν αἴσας.   60

                                                              Ep. 3
μή, φίλα ψυχά, βίον ἀθάνατον
σπεῦδε, τὰν δ' ἔμπρακτον ἄντλει μαχανάν.
εἰ δὲ σώφρων ἄντρον ἔναι' ἔτι Χίρων, καί τί οἱ
φίλτρον ⟨ἐν⟩ θυμῷ μελιγάρυες ὕμνοι
ἀμέτεροι τίθεν, ἰατῆρά τοί κέν μιν πίθον   65
καί νυν ἐσλοῖσι παρασχεῖν ἀνδράσιν θερμᾶν νόσων
ἤ τινα Λατοΐδα κεκλημένον ἢ πατέρος.
καί κεν ἐν ναυσὶν μόλον 'Ιονίαν τάμνων θάλασσαν
'Αρέθοισαν ἐπὶ κράναν παρ' Αἰτναῖον ξένον,

                                                              Str. 4
ὃς Συρακόσσαισι νέμει βασιλεύς,   70
πραῢς ἀστοῖς, οὐ φθονέων ἀγαθοῖς, ξεί-
  νοις δὲ θαυμαστὸς πατήρ.
τῷ μὲν διδύμας χάριτας
εἰ κατέβαν ὑγίειαν ἄγων χρυσέαν
  κῶμόν τ' ἀέθλων Πυθίων αἴγλαν στεφάνοις,
τοὺς ἀριστεύων Φερένικος ἕλεν Κίρρᾳ ποτέ,
ἀστέρος οὐρανίου   75
  φαμὶ τηλαυγέστερον κείνῳ φάος
ἐξικόμαν κε βαθὺν πόντον περάσαις.

                                                              Ant. 4
ἀλλ' ἐπεύξασθαι μὲν ἐγὼν ἐθέλω
Ματρί, τὰν κοῦραι παρ' ἐμὸν πρόθυρον σὺν
  Πανὶ μέλπονται θαμά
σεμνὰν θεὸν ἐννύχιαι.
εἰ δὲ λόγων συνέμεν κορυφάν, 'Ιέρων,   80
  ὀρθὰν ἐπίστᾳ, μανθάνων οἶσθα προτέρων·
ἓν παρ' ἐσλὸν πήματα σύνδυο δαίονται βροτοῖς

Der ihn erfaßt schon; da raubte Kronion, mit star-
  ker Hand durch beide treffend, der Brust Atem den zwein
Raschen Wurfs; es streckte ein feuriger Blitz sie in den Tod.
Wünschen von Göttern nur soll
  man, was ziemt, sterblichen Sinns erkennend, was
Liegt auf der Hand: welch ein Schicksal uns zuteil ward.

Kein unsterblich Leben erstrebe, mein Herz,
Doch die durchführbare Arbeit schöpfe aus!
Wohnte Chiron noch in der Höhle, der Weise, gössen ihm
Unsre honigtönenden Hymnen ins Herz Trank,
Der ihn bezauberte: einen Arzt, beredet' ich ihn, auch
Jetzt zu beschaffen für edler Männer hitzge Krankheit, sei's
Daß nach dem Letosohn er sich oder dem Vater benennt.
Und ich käm, auf Schiffen das Ionische Meer durchschneidend, zum
Arethusa bis hin zum Gastfreund, dem aitnaiischen,   [Quell

Der in Syrakus als der König gebeut,
Mild den Bürgern, neidlos den Edlen gesinnt, Frem-
  den ein Vater, hochgeehrt.
Käm ich, als ein zweifach Geschenk
Ihm die Gesundheit, die goldene, bringend sowie
  den Festzug für pythischen Kampf, Glanz Kränzen zu leihn,
Die als Siegespreis Pherenikos gewann in Kirrha einst:
Mehr als ein Himmelsgestirn
  strahlend, glaub ich, würd ich dort, jenem ein Licht,
Anlangen, wenn ich das tiefe Meer durchfahren.

Aber flehn will ich zur Erhabenen, zur
Mutter, welche Mädchen im Vorhof bei mir
  oft mit Pan feiern im Sang,
Die ehrwürdge Göttin, bei Nacht.
Wenn du der Worte erhabenen Gipfel verstehn
  kannst, Hieron, weißt, lernend von den Vorfahren, du:
Einem Glück teilen die Unsterblichen zweimal Leid zu für

ἀθάνατοι, τὰ μὲν ὦν
   οὐ δύνανται νήπιοι κόσμῳ φέρειν,
ἀλλ' ἀγαθοί, τὰ καλὰ τρέψαντες ἔξω.

                                                          Ep. 4
τὶν δὲ μοῖρ' εὐδαιμονίας ἕπεται.
λαγέταν γάρ τοι τύραννον δέρκεται,   85
εἴ τιν' ἀνθρώπων, ὁ μέγας πότμος. αἰὼν δ' ἀσφαλής
οὐκ ἔγεντ' οὔτ' Αἰακίδᾳ παρὰ Πηλεῖ
οὔτε παρ' ἀντιθέῳ Κάδμῳ· λέγονται μὰν βροτῶν
ὄλβον ὑπέρτατον οἳ σχεῖν, οἵτε καὶ χρυσαμπύκων
μελπομενᾶν ἐν ὄρει Μοισᾶν καὶ ἐν ἑπταπύλοις   90
ἄϊον Θήβαις, ὁπόθ' Ἁρμονίαν γᾶμεν βοῶπιν,
ὁ δὲ Νηρέος εὐβούλου Θέτιν παῖδα κλυτάν,

                                                          Str. 5
καὶ θεοὶ δαίσαντο παρ' ἀμφοτέροις,
καὶ Κρόνου παῖδας βασιλῆας ἴδον χρυ-
      σέαις ἐν ἕδραις, ἕδνα τε
δέξαντο· Διὸς δὲ χάριν   95
ἐκ προτέρων μεταμειψάμενοι καμάτων
      ἔστασαν ὀρθὰν καρδίαν. ἐν δ' αὖτε χρόνῳ
τὸν μὲν ὀξείαισι θύγατρες ἐρήμωσαν πάθαις
εὐφροσύνας μέρος αἱ
      τρεῖς· ἀτὰρ λευκωλένῳ γε Ζεὺς πατήρ
ἤλυθεν ἐς λέχος ἱμερτὸν Θυώνᾳ.

                                                          Ant. 5
τοῦ δὲ παῖς, ὅνπερ μόνον ἀθανάτα   100
τίκτεν ἐν Φθίᾳ Θέτις, ἐν πολέμῳ τό-
      ξοις ἀπὸ ψυχὰν λιπών
ὦρσεν πυρὶ καιόμενος
ἐκ Δαναῶν γόον. εἰ δὲ νόῳ τις ἔχει
      θνατῶν ἀλαθείας ὁδόν, χρὴ πρὸς μακάρων
τυγχάνοντ' εὖ πασχέμεν. ἄλλοτε δ' ἀλλοῖαι πνοαί
ὑψιπετᾶν ἀνέμων.   105
      ὄλβος οὐκ ἐς μακρὸν ἀνδρῶν ἔρχεται
σάος, πολὺς εὖτ' ἂν ἐπιβρίσαις ἕπηται.

Sterbliche. Das nun fürwahr
  können nicht Toren mit Würde tragen, nur
Edle, indem sie das Schöne auswärts kehren.

Dir jedoch folgt herrlichen Glückes Geschick.
Auf des Volkes Führer, den Herrscher, ja blickt,
Wenn auf einen Menschen, gewaltiges Schicksal. Sicheres
Leben ward nicht Peleus, dem Aiakossohn, nicht
Kadmos, dem gottgleichen. Doch sagt man, der Menschen höchstes
Ward ihnen, die sie der Musen Sang, der goldreiftragenden,   [Glück
Hoch auf dem Berg und im siebentorigen Theben gehört,
Als der großäugigen Harmonia jener, d e r des Nereus,
Jenes ratklugen, Kind: Thetis, der hehren, sich vermählt.

Und die Götter schmausten bei beiden; sie sahn
Kronos' Söhne, Herrscher auf goldenen Stühlen,
  nahmen deren Brautschatz in
Empfang. Und da Gnade des Zeus
Sie gegen frühere Mühsale glücklich vertauscht,
  so richteten auf sie den Mut. Doch kam es, daß dem
Einen bittre Leiden der Töchter, der drei, der Freude Teil
Raubten; es ging freilich hin
  zu der weißarm'gen Thyone Vater Zeus,
Teilte das Lager, wie er's ersehnte, mit ihr.

Und des andern Sohn, den als einz'gen gebar
Thetis, die Göttin, dort in Phthia, als ihm im
  Krieg sein Leben nahm ein Pfeil,
Erregte, vom Feuer verbrannt,
Klage den Danaern. Wenn von den Sterblichen trägt
  einer im Sinn der Wahrheit Weg, der muß, was ihm kommt
Von den Selgen, hinnehmen. Geht doch bald hier-, bald dorthin hoch
Fliegender Sturmwinde Wehn.
  Glück kommt nicht für lange Menschen unversehrt
Her, wenn in wuchtiger Fülle es sich einstellt.

σμικρὸς ἐν σμικροῖς, μέγας ἐν μεγάλοις   Ep. 5
ἔσσομαι, τὸν δ' ἀμφέποντ' αἰεὶ φρασίν
δαίμον' ἀσκήσω κατ' ἐμὰν θεραπεύων μαχανάν.
εἰ δέ μοι πλοῦτον θεὸς ἁβρὸν ὀρέξαι,   110
ἐλπίδ' ἔχω κλέος εὑρέσθαι κεν ὑψηλὸν πρόσω.
Νέστορα καὶ Λύκιον Σαρπηδόν', ἀνθρώπων φάτῖς,
ἐξ ἐπέων κελαδεννῶν, τέκτονες οἷα σοφοί
ἅρμοσαν, γινώσκομεν· ἁ δ' ἀρετὰ κλειναῖς ἀοιδαῖς
χρονία τελέθει· παύροις δὲ πράξασθ' εὐμαρές.   115

IV

ΑΡΚΕΣΙΛΑΩΙ ΚΥΡΗΝΑΙΩΙ ΑΡΜΑΤΙ

Daktyloepitriten

Str.

```
1  – ∪ – – – ∪ ∪ – ∪ ∪ –
2  – ∪ – – – ∪ ∪ – ∪ ∪ –   –
       – ∪ – – – ∪ ∪ – ∪ ∪ –
3  – ∪ – – – ∪ ∪ – ∪ ∪ – –
       – ∪ – × – ∪ – –
4  – ∪ ∪ – ∪ ∪ – ∪ ∪ – ∪̲ – ∪ – –
5  – ∪ ∪ – ∪ ∪ – – – ∪ – × – ∪ –
6  – ∪ – × – ∪ – –
       – ∪ ∪ – ∪ ∪ – ∪ ∪ –
7  – ∪ – × – ∪ – – – ∪ – – ∪ –
8  ∪̄∪̄ ∪ – × – ∪ – –
```

Ep.

```
1  – ∪ – – – ∪ ∪ – ∪ ∪ – –
       – ∪ – × – ∪ –
2  – ∪ ∪ – ∪ ∪ – –
       – ∪ – – – ∪ ∪ – ∪ ∪ –
3  – ∪ – × – ∪ – ∪̲ – ∪ ∪ – ∪ ∪ –
```

Klein im Kleinen, groß will im Großen ich sein
Und um die stets meinen Geist umschwebende
Gottheit mich bemühen, ihr dienend nach meiner Fähigkeit.
Wenn ein Gott Fülle zarter Kunst mir gewährte,
Hoffe ich, Ruhm zu erwerben, hohen Ruhm in künftiger Zeit.
Nestor, den Lykier Sarpedon auch, von Menschen oft genannt,
Kennen aus klangreichen Liedern wir, wie sie Meister voll Kunst
Fügend schufen; Tugend und Taten – sie dauern in Gesängen
Voller Ruhm; doch nur wenige erreichen leicht dies Ziel.

IV

FÜR ARKESILAOS AUS KYRENE, SIEGER MIT DEM WAGEN

Diese längste Ode Pindars bringt den Nachweis der göttlichen Abkunft
der Battiaden, des Geschlechts, dem der Sieger Arkesilaos angehört, und
die mythische Begründung für die Herrschaft dieses Stamms in Kyrene.
Sie ist dort 462 im Palast des Königs aufgeführt worden. Vor der Erzählung des Mythos, der Argonautensage, würdigt der Dichter den Sieger,
seine Stadt und seinen Erfolg und faßt dann kurz, orakelhaft dunkel die
Ereignisse des Mythos zusammen. Zu besserem Verständnis der dann folgenden Erzählung, die er nach seiner Art sprunghaft, unter Vorwegnahme
späteren Geschehens und mit Nachholen früherer Vorgänge vorbringt,
geben wir die Ereignisse der Reihenfolge nach. Euphamos, der Urvater
des Geschlechts, nimmt am Argonautenzug teil, erhält auf der Heimkehr
in Libyen von der göttlichen Gestalt des Eurypylos eine Erdscholle als
Pfand, daß sein Stamm einst in Libyen herrschen werde. Die Scholle geht
unterwegs verloren und wird nach Thera geschwemmt. Nach der Landung
auf Lemnos zeugt Euphamos, als die männerlosen Lemnierinnen sich mit
den Argonauten zusammentun, Nachkommen, die nach Lakedaimon,
dann nach Thera kommen und von dort sich in Kyrene niederlassen.
Unter ihnen befindet sich der Vorfahr des Siegers, Battos, nach dem sein
Geschlecht heißt. – Pindar geht aus von einem pythischen Orakel an
Battos über die Gründung Kyrenes und bringt dann vor, was schon früher
Medea den Argonauten in Thera vorausgesagt hatte. Des Zeussohnes
Epaphos Tochter Libya, Göttin des Erdteils, werde durch Bewohner von
Thera als Siedler Städte gründen in ihrem dem Zeus Ammon heiligen
Gebiet. Und dann folgt die Geschichte von der Erdscholle. Erst das

```
4 – υ υ – – – υ – × – υ –
    – – υ υ – υ υ –
5 – – υ υ – υ υ – υ υ – – – υ – u̲
6 – υ – × – υ – – – υ υ –
7 – υ – u̲ – υ υ – υ υ –
    u̲u̲ υ – – – υ – –
```

Str. 1

Σάμερον μὲν χρή σε παρ' ἀνδρὶ φίλῳ
στᾶμεν, εὐίππου βασιλῆϊ Κυράνας,
    ὄφρα κωμάζοντι σὺν 'Αρκεσίλᾳ,
Μοῖσα, Λατοίδαισιν ὀφειλόμενον Πυ-
    θῶνί τ' αὔξῃς οὖρον ὕμνων,
ἔνθα ποτὲ χρυσέων Διὸς αἰετῶν πάρεδρος
οὐκ ἀποδάμου 'Απόλλωνος τυχόντος ἱέρεα   5
χρῆσεν οἰκιστῆρα Βάττον
    καρποφόρου Λιβύας, ἱεράν
νᾶσον ὡς ἤδη λιπὼν κτίσσειεν εὐάρματον
πόλιν ἐν ἀργεννόεντι μαστῷ,

Ant. 1

καὶ τὸ Μηδείας ἔπος ἀγκομίσαι
ἑβδόμᾳ καὶ σὺν δεκάτᾳ γενεᾷ Θή-   10
    ραιον, Αἰήτα τό ποτε ζαμενής
παῖς ἀπέπνευσ' ἀθανάτου στόματος, δέσ-
    ποινα Κόλχων. εἶπε δ' οὕτως
ἡμιθέοισιν 'Ιάσονος αἰχματᾶο ναύταις·
'Κέκλυτε, παῖδες ὑπερθύμων τε φωτῶν καὶ θεῶν·
φαμὶ γὰρ τᾶσθ' ἐξ ἀλιπλά-
    κτου ποτὲ γᾶς 'Επάφοιο κόραν
ἀστέων ῥίζαν φυτεύσεσθαι μελησίμβροτον   15
Διὸς ἐν "Αμμωνος θεμέθλοις.

Geschlecht, das Euphamos in Lemnos zeuge, werde in Libyen ansässig werden, betont Medea am Schluß. Dem fügt Pindar die Begrüßung des Battos als des künftigen Königs von Kyrene durch die delphische Priesterin an, weist kurz auf den Sieg seines Nachkommen hin und beginnt die Geschichte von Iason und dem goldenen Vlies, also den ältesten Teil der Sage: Die Warnung des Orakels vor dem „Einschuhigen", d. i. Iason, die Ankunft Iasons, seine Verständigung mit dem Oheim, dessen Auftrag, das goldene Vlies zu holen, die Ausführung des Auftrags mit Hilfe Medeas, die Zeugung des Battos, die Besiedlung Kyrenes von Thera aus. Am Schluß der Ode bittet Pindar den Arkesilaos, dem als Aufruhrstifter verbannten vornehmen Kyrenäer Damophilos die Rückkehr zu gestatten, der in Theben Pindar und seine Dichtungen kennengelernt hatte.

Heute mußt du beistehn dem teuren Mann,
Ihm, Kyrenes König, der roßreichen Stadt, daß
   mit dem feiernden, mit Arkesilas, du,
Muse, mehrest – den Letoiden und Pytho
   schulden wir's – der Hymnen Fahrwind;
Dort, nah den goldenen Adlern des Zeus, als nicht Apollon
Fern war, tat kund einst die Seherin, daß Battos, Libyens
Siedler, des fruchtbaren Lands, wenn
   er von der Insel, der heiligen, fort
Sei, begründen werde eine wagenberühmte Stadt
Auf jener Erde weißer Brust und

So Medeas Worte erfüllen, den Spruch
Über das siebzehnte Geschlecht, den von Thera,
   den Aietes Tochter begeisterten Sinns
Einstmals aus unsterblichem Munde gehaucht, der
   Kolcher Herrin. So nun sprach sie
Zu des Iason, des Speerkämpfers, gottgezeugtem Schiffsvolk:
„Hört mich, ihr Söhne von mutgen Männern und von Göttern! Ich
Künde: Aus dem meerumpeitschten
   Land hier pflanzt Epaphos' Tochter dereinst
Sich der Städte Wurzel, die von Menschen zu pflegen ist,
Auf Zeus Ammons heilgem Erdgrund.

ἀντὶ δελφίνων δ' ἐλαχυπτερύγων ἵπ-   Ep. 1
   πους ἀμείψαντες θοάς,
ἀνία τ' ἀντ' ἐρετμῶν δί-
   φρους τε νωμάσοισιν ἀελλόποδας.
κεῖνος ὄρνις ἐκτελευτάσει μεγαλᾶν πολίων
ματρόπολιν Θήραν γενέσθαι, τόν ποτε   20
   Τριτωνίδος ἐν προχοαῖς
λίμνας θεῷ ἀνέρι εἰδομένῳ γαῖαν διδόντι
ξείνια πρῴραθεν Εὔφαμος καταβαίς
δέξατ' – αἰσίαν δ' ἐπί οἱ Κρονίων
   Ζεὺς πατὴρ ἔκλαγξε βροντάν –,

                                                       Str. 2
ἀνίκ' ἄγκυραν ποτὶ χαλκόγενυν
ναΐ κριμνάντων ἐπέτοσσε, θοᾶς 'Αρ-   25
   γοῦς χαλινόν, δώδεκα δὲ πρότερον
ἀμέρας ἐξ 'Ωκεανοῦ φέρομεν νώ-
   των ὕπερ γαίας ἐρήμων
ἐννάλιον δόρυ, μήδεσιν ἀνσπάσσαντες ἀμοῖς.
τουτάκι δ' οἰοπόλος δαίμων ἐπῆλθεν, φαίδιμαν
ἀνδρὸς αἰδοίου πρόσοψιν
   θηκάμενος· φιλίων δ' ἐπέων
ἄρχετο, ξείνοις ἅ τ' ἐλθόντεσσιν εὐεργέται   30
δεῖπν' ἐπαγγέλλοντι πρῶτον.

                                                       Ant. 2
ἀλλὰ γὰρ νόστου πρόφασις γλυκεροῦ
κώλυεν μεῖναι. φάτο δ' Εὐρύπυλος Γαι-
   αόχου παῖς ἀφθίτου 'Εννοσίδα
ἔμμεναι· γίνωσκε δ' ἐπειγομένους· ἂν
   δ' εὐθὺς ἁρπάξαις ἀρούρας
δεξιτερᾷ προτυχὸν ξένιον μάστευσε δοῦναι ,   35
οὐδ' ἀπίθησέ ἱν, ἀλλ' ἥρως ἐπ' ἀκταῖσιν θορών,
χειρί οἱ χεῖρ' ἀντερείσαις
   δέξατο βώλακα δαιμονίαν.
πεύθομαι δ' αὐτὰν κατακλυσθεῖσαν ἐκ δούρατος
ἐναλίαν βᾶμεν σὺν ἅλμᾳ

Für Delphine, kurz nur beschwingte, nun Rosse,
  rasche, tauschend, Zäume für
Ruder nun, werden sie lenken
  ihrer Wagen sturmwindschnell laufend Gespann.
Jenes Zeichen führt zum Ziel: mächtigen Städten werd' einst
Mutterstadt Thera; jenes Zeichen, das an des
  Tritonissees Ausflüssen einst
Empfangen vom Gott, der, gestaltet als Mann, ihm Erde gab als
Gastgeschenk, Euphamos, von dem Schiffsbug herab
Steigend – heilverkündend erdröhnte dazu
  Vater Zeus', Kronions, Donner –,

Als (der Gott) uns traf, wie wir hängten ans Schiff
Grad des Ankers ehern Gebiß, der geschwinden
  Argo Zaum. Zwölf Tage lang trugen zuvor
Wir daher vom Ozean über der Erde
  öde Rücken unser Schiff, zur
Seefahrt gebaut, als ans Land, wie ich riet, wir es gezogen.
Damals nun kam auf uns zu einsam der Gott, in hellem Glanz
Eines würdgen Mannes Antlitz
  zeigend; mit freundlichen Worten begann
Er, wie Fremden bei der Ankunft man als Wohltäter erst
Eine Mahlzeit freundlich bietet.

Doch der süßen Heimkehr Gedanke gab Grund,
Nicht zu bleiben. Der nannt' Eurypylos sich, den
  Sohn des Landumfassers, des Ewigen, des
Erderschüttrers, nahm, daß wir fort wollten, wahr, rafft'
  eilig auf an Erde, was ihm
Kam in die Rechte, und wollte als Gastgeschenk es geben.
Nicht widerstrebt ihm der Heros, nein, ans Ufer springend, streckt
Seine Hand er dessen Hand hin,
  nimmt in Empfang so die Scholle des Gotts.
Doch sie ist, herabgespült vom Schiffe, so hör ich, im
Meer gegangen mit der Salzflut

ἑσπέρας ὑγρῷ πελάγει σπομέναν. ἦ   Ep. 2
  μάν νιν ὤτρυνον θαμά   41
λυσιπόνοις θεραπόντεσ-
  σιν φυλάξαι· τῶν δ' ἐλάθοντο φρένες·
καί νυν ἐν τᾷδ' ἄφθιτον νάσῳ κέχυται Λιβύας
εὐρυχόρου σπέρμα πρὶν ὥρας. εἰ γὰρ οἴκοι νιν βάλε πὰρ χθόνιον
Ἀίδα στόμα, Ταίναρον εἰς ἱερὰν Εὔφαμος ἐλθών,
υἱὸς Ἱππάρχου Ποσειδάωνος ἄναξ,   45
τόν ποτ' Εὐρώπα Τιτυοῦ θυγάτηρ
  τίκτε Καφισοῦ παρ' ὄχθαις,

                    Str. 3
τετράτων παίδων κ' ἐπιγεινομένων
αἱμά οἱ κείναν λάβε σὺν Δαναοῖς εὐ-
  ρεῖαν ἄπειρον. τότε γὰρ μεγάλας
ἐξανίστανται Λακεδαίμονος Ἀργεί-
  ου τε κόλπου καὶ Μυκηνᾶν.
νῦν γε μὲν ἀλλοδαπᾶν κριτὸν εὑρήσει γυναικῶν   50
ἐν λέχεσιν γένος, οἵ κεν τάνδε σὺν τιμᾷ θεῶν
νᾶσον ἐλθόντες τέκωνται
  φῶτα κελαινεφέων πεδίων
δεσπόταν· τὸν μὲν πολυχρύσῳ ποτ' ἐν δώματι
Φοῖβος ἀμνάσει θέμισσιν

                    Ant. 3
Πύθιον ναὸν καταβάντα χρόνῳ   55
ὑστέρῳ, νάεσσι πολεῖς ἀγαγὲν Νείλοιο πρὸς πῖον τέμενος Κρονίδα.'
ἦ ῥα Μηδείας ἐπέων στίχες. ἔπτα-
  ξαν δ' ἀκίνητοι σιωπᾷ
ἥροες ἀντίθεοι πυκινὰν μῆτιν κλύοντες.
ὦ μάκαρ υἱὲ Πολυμνάστου, σὲ δ' ἐν τούτῳ λόγῳ
χρησμὸς ὤρθωσεν μελίσσας   60
  Δελφίδος αὐτομάτῳ κελάδῳ·
ἅ σε χαίρειν ἐστρὶς αὐδάσαισα πεπρωμένον
βασιλέ' ἄμφανεν Κυράνᾳ,

Abends, folgend feuchtem Gewoge. Fürwahr, oft
  Mahnte ich die Diener, wenn
Frei sie vom Tagewerk waren,
  sie zu hüten; dennoch vergaß es ihr Sinn.
Nun liegt bei der Insel ewig Libyens, des raumweiten, Keim,
Hingestreut vor der Zeit. Denn wenn zuhaus ihn ge-
  sät hätte beim irdischen Mund
Des Hades Euphamos, zum heiligen Tainaros gelangt, der
Sohn des roßbeherrschenden Poseidon, der Fürst,
Den Europa, Tityos' Tochter, gebar
  einst an des Kephisos Ufern,

Hätte nach vier Folgegeschlechtern sein Blut
Jenes weite Festland gewonnen, mit ihm die
  Danaer. Zu der Zeit ja brechen sie auf
Aus dem mächtigen Lakedaimon, der arge-
  ischen Bucht und von Mykene.
Jetzt wird's geschehn, daß in landsfremder Weiber Betten er sich
Schafft ein erlesen Geschlecht, das durch die Huld der Götter zur
Insel hier gelangt und zeugt den
  Mann, der des dunkelumwölkten Gefilds
Herrscher wird. Den wird in goldschmuckreichem Haus mahnen einst
Phoibos durch des Wahrspruchs Worte,

Wenn er Pythos Tempel in Zukunft betritt,
Viel des Volks auf Schiffen zu führen zum fruchtba-
  ren Bezirk des Nilgotts, des Kronossohns, hin.''
So Medeas Worte und Spruch. Und gefesselt,
  reglos, schweigend harrten da die
Helden, die gottgleichen, als sie die kluge Rede hörten.
O Polymnastos' glückselger Sohn, dich hob, wie's kundtat dies
Wort, der Spruch der delphischen Bie-
  ne, den von selber sie gab, hoch empor;
Grüßte sie dich dreimal doch, rief als vom Schicksal bestimmt
Zu Kyrenes König dich aus,

δυσθρόου φωνᾶς ἀνακρινόμενον ποι- 　　　　　　　　Ep. 3
　νὰ τίς ἔσται πρὸς θεῶν.
ἦ μάλα δὴ μετὰ καὶ νῦν,
　ὧτε φοινικανθέμου ἦρος ἀκμᾷ,
παισὶ τούτοις ὄγδοον θάλλει μέρος Ἀρκεσίλας· 　　　　65
τῷ μὲν Ἀπόλλων ἅ τε Πυθὼ κῦδος ἐξ
　ἀμφικτιόνων ἔπορεν
ἱπποδρομίας. ἀπὸ δ' αὐτὸν ἐγὼ Μοίσαισι δώσω
καὶ τὸ πάγχρυσον νάκος κριοῦ· μετὰ γάρ
κεῖνο πλευσάντων Μινυᾶν, θεόπομ-
　ποί σφισιν τιμαὶ φύτευθεν.

　　　　　　　　　　　　　　　　　　　　　　　　Str. 4
τίς γὰρ ἀρχὰ δέξατο ναυτιλίας, 　　　　　　　　　70
τίς δὲ κίνδυνος κρατεροῖς ἀδάμαντος
　δῆσεν ἅλοις; θέσφατον ἦν Πελίαν
ἐξ ἀγαυῶν Αἰολιδᾶν θανέμεν χεί-
　ρεσσιν ἢ βουλαῖς ἀκάμπτοις.
ἦλθε δέ οἱ κρυόεν πυκινῷ μάντευμα θυμῷ,
πὰρ μέσον ὀμφαλὸν εὐδένδροιο ῥηθὲν ματέρος
τὸν μονοκρήπιδα πάντως 　　　　　　　　　　　75
　ἐν φυλακᾷ σχεθέμεν μεγάλᾳ,
εὖτ' ἂν αἰπεινῶν ἀπὸ σταθμῶν ἐς εὐδείελον
χθόνα μόλῃ κλειτᾶς Ἰαολκοῦ,

　　　　　　　　　　　　　　　　　　　　　　　　Ant. 4
ξεῖνος αἴτ' ὢν ἀστός. ὁ δ' ἦρα χρόνῳ
ἵκετ' αἰχμαῖσιν διδύμαισιν ἀνὴρ ἔκ-
　παγλος· ἐσθὰς δ' ἀμφοτέρα μιν ἔχεν,
ἅ τε Μαγνήτων ἐπιχώριος ἁρμό- 　　　　　　　　80
　ζοισα θαητοῖσι γυίοις,
ἀμφὶ δὲ παρδαλέᾳ στέγετο φρίσσοντας ὄμβρους·
οὐδὲ κομᾶν πλόκαμοι κερθέντες ᾤχοντ' ἀγλαοί,
ἀλλ' ἅπαν νῶτον καταίθυσ-
　σον. τάχα δ' εὐθὺς ἰὼν σφετέρας
ἐστάθη γνώμας ἀταρβάκτοιο πειρώμενος
ἐν ἀγορᾷ πλήθοντος ὄχλου. 　　　　　　　　　85

Als du, weil schwer sprach deine Zunge, gefragt nach
   Heilung durch der Götter Gunst.
Wahrlich, so lange danach: jetzt
   wie der purpurblühende Frühling, voll Kraft
Sproßt im achten Gliede den Nachfahren Arkesilas nun;
Ihm hat Apollon, ihm hat Pytho Ruhm gewährt
   Bei Umwohnern, Ruhm durch den Sieg
Im Rennen der Wagen. Ihn weis ich den Musen singend zu, ihn
Und des Widders goldnes Vlies. Denn als ja nach ihm
Fuhr der Minyer Schar, auf Göttergeheiß ward
   ihnen Ruhm gepflanzt und Ehre.

Welchen Anlaß gab's für die Seefahrt, und was
Für Gefahr band fest sie mit stählernen, starken
   Nägeln? Götterspruch war es: „Pelias stirbt
Durch erhabner Aiolossprößlinge Hand einst
   oder unbeugsame Planung."
Schauernd durchdrang seinen wachsamen Sinn der Wahrspruch,
Mitten beim Nabel der bäumereichen Mutter Erde dies: [tönend
„Vor dem Einschuhigen allwärts
   sei — und gar sehr — auf der Hut, wenn er kommt
Von der Heimstatt steiler Höh zum sonnigen Lande der
Stolzen Stadt Iolkos, sei's als

Fremdling oder Bürger!" Der kam, als die Zeit
Reif war, ein Paar Speere in Händen, ein Mann zum
   Staunen; Kleidung, zweifach, umfing ihn: Gewand,
Wie man's im Land trägt der Magneten, schmiegt' eng sich
   an seine anmutsvollen Glieder;
Rings mit dem Pantherfell schützt' er sich noch vor Regenschauern.
Nicht war des Lockenhaars Pracht ihm durch der Schere Schnitt
Sondern ganz den Rücken hinab   [geraubt,
   floß sie im Glanz. Und sogleich ging er schnell,
Stand, erprobend seines unerschrockenen Geistes Mut,
Auf dem Markt im Volksgedränge.

τὸν μὲν οὐ γίνωσκον· ὀπιζομένων δ' ἔμ-   Ep. 4
    πας τις εἶπεν καὶ τόδε·
'Οὔ τί πού οὗτος 'Απόλλων,
    οὐδὲ μὰν χαλκάρματός ἐστι πόσις
'Αφροδίτας· ἐν δὲ Νάξῳ φαντὶ θανεῖν λιπαρᾷ
'Ιφιμεδείας παῖδας, Ὦτον καὶ σέ, τολ-
    μάεις 'Επιάλτα ἄναξ.
καὶ μὰν Τιτυὸν βέλος 'Αρτέμιδος θήρευσε κραιπνόν,   90
ἐξ ἀνικάτου φαρέτρας ὀρνύμενον,
ὄφρα τις τᾶν ἐν δυνατῷ φιλοτά-
    των ἐπιψαύειν ἔραται.'

                                                                  Str. 5
τοὶ μὲν ἀλλάλοισιν ἀμειβόμενοι
γάρυον τοιαῦτ'· ἀνὰ δ' ἡμιόνοις ξε-
    στᾷ τ' ἀπήνᾳ προτροπάδαν Πελίας
ἵκετο σπεύδων· τάφε δ' αὐτίκα παπτά-   95
    ναις ἀρίγνωτον πέδιλον
δεξιτερῷ μόνον ἀμφὶ ποδί. κλέπτων δὲ θυμῷ
δεῖμα προσήνεπε· 'Ποίαν γαῖαν, ὦ ξεῖν', εὔχεαι
πατρίδ' ἔμμεν; καὶ τίς ἀνθρώ-
    πων σε χαμαιγενέων πολιᾶς
ἐξανῆκεν γαστρός; ἐχθίστοισι μὴ ψεύδεσιν
καταμιάναις εἰπὲ γένναν.'   100
                                                                  Ant. 5
τὸν δὲ θαρσήσαις ἀγανοῖσι λόγοις
ὧδ' ἀμείφθη· 'Φαμὶ διδασκαλίαν Χί-
    ρωνος οἴσειν. ἀντρόθε γὰρ νέομαι
πὰρ Χαρικλοῦς καὶ Φιλύρας, ἵνα Κενταύ-
    ρου με κοῦραι θρέψαν ἀγναί.
εἴκοσι δ' ἐκτελέσαις ἐνιαυτοὺς οὔτε ἔργον
οὔτ' ἔπος ἐντράπελον κείνοισιν εἰπὼν ἱκόμαν   105
οἴκαδ', ἀρχαίαν κομίζων
    πατρὸς ἐμοῦ, βασιλευομέναν
οὐ κατ' αἶσαν, τάν ποτε Ζεὺς ὤπασεν λαγέτᾳ
Αἰόλῳ καὶ παισὶ τιμάν.

Keiner kannt' ihn; doch von den ehrfurchtsvoll Schauenden
   sagte einer wohl auch dies:
„Ist denn nicht der da Apollon,
   nicht, der lenkt sein ehern Gefährt, der Gespons
Aphrodites? Liegen, heißt's, auf Naxos, dem prächtgen, doch tot
Iphimedeias Söhne, Otos und auch du,
   Ephialtes, wagmutiger Fürst.
Auch Tityos hat ja der Artemis hurtger Pfeil erlegt, aus
Unbezwungnem Köcher schnell geholt und entsandt,
Auf daß nur, soweit es erlaubt, man mit Lie-
   be sich zu befassen trachte!"

Die nun miteinander im Wechselgespräch
Sagten solcherlei; mit dem Maultiergespann auf
   blankem Wagen jagenden Laufes herbei kam
Pelias eilig; aber er stutzte sogleich, den
   wohlbekannten Schuh am rechten
Fuße als einzgen erspähend. Doch hehlt' er im Gemüt den
Schrecken und redet' ihn an: „Welch Land rühmst, Fremdling, du als
Vaterland? Und von den irdschen   [dein
   Menschen – wer sandte aus dunkelem Leib
Dich ans Licht? Von hassenswerter Lügen Befleckung frei,
Sage offen deine Herkunft!"

Ihm voll Mut erwidert' er freundlichen Worts
So: „Ich rühme mich der Belehrung durch Chiron,
   kehr von seiner Grotte, von Philyra heim
Und Chariklo; zogen mich dort des Kentauren
   Töchter einst doch auf, die edlen.
Zwanzig der Jahre verbrachte ich dort und tat kein Werk noch
Sagt' ich zu jenen ein unziemliches Wort; nun kam ich nach
Haus, die Herrschaft wieder zu ge-
   winnen des Vaters, zur Zeit nicht geführt
Nach Gebühr, die Zeus einst Aiolos, dem Volksführer, und
Seinen Söhnen als ihr Amt gab.

πεύθομαι γάρ νιν Πελίαν ἄθεμιν λευ-   Ep. 5
    καῖς πιθήσαντα φρασίν
ἀμετέρων ἀποσυλᾶ-   110
    σαι βιαίως ἀρχεδικᾶν τοκέων·
τοί μ', ἐπεὶ πάμπρωτον εἶδον φέγγος, ὑπερφιάλου
ἀγεμόνος δείσαντες ὕβριν, κᾶδος ὡσ-
    εἴτε φθιμένου δνοφερόν
ἐν δώμασι θηκάμενοι μίγα κωκυτῷ γυναικῶν,
κρύβδα πέμπον σπαργάνοις ἐν πορφυρέοις,
νυκτὶ κοινάσαντες ὁδόν, Κρονίδᾳ   115
    δὲ τράφεν Χίρωνι δῶκαν.

                                                                      Str. 6
ἀλλὰ τούτων μὲν κεφάλαια λόγων
ἴστε. λευκίππων δὲ δόμους πατέρων, κε-
    δνοὶ πολῖται, φράσσατέ μοι σαφέως·
Αἴσονος γὰρ παῖς ἐπιχώριος οὐ ξεί-
    ναν ἱκάνω γαῖαν ἄλλων.
φὴρ δέ με θεῖος 'Ιάσονα κικλήσκων προσαύδα.'
ὡς φάτο· τὸν μὲν ἐσελθόντ' ἔγνον ὀφθαλμοὶ πατρός·   120
ἐκ δ' ἄρ' αὐτοῦ πομφόλυξαν
    δάκρυα γηραλέων γλεφάρων,
ἃν περὶ ψυχὰν ἐπεὶ γάθησεν, ἐξαίρετον
γόνον ἰδὼν κάλλιστον ἀνδρῶν.

                                                                      Ant. 6
καὶ κασίγνητοί σφισιν ἀμφότεροι
ἤλυθον κείνου γε κατὰ κλέος· ἐγγὺς   125
    μὲν Φέρης κράναν 'Υπερῇδα λιπών,
ἐκ δὲ Μεσσάνας 'Αμυθάν· ταχέως δ' "Α-
    δματος ἵκεν καὶ Μέλαμπος
εὐμενέοντες ἀνεψιόν. ἐν δαιτὸς δὲ μοίρᾳ
μειλιχίοισι λόγοις αὐτοὺς 'Ιάσων δέγμενος
ξείνι' ἁρμόζοντα τεύχων
    πᾶσαν εὐφροσύναν τάνυεν
ἀθρόαις πέντε δραπὼν νύκτεσσιν ἕν θ' ἀμέραις   130
ἱερὸν εὐζοίας ἄωτον.

Kunde ward mir, Pelias habe mit Unrecht,
  stolzem Sinn gehorchend, sie
Unseren Eltern geraubt, ge-
  waltsam, ihrem Recht auf die Krone zum Trotz.
Die nun, kaum daß ich das erste Licht sah, des hochmütigen
Landesherrn Untat fürchtend, hielten düstre Trau-
  erfeier, als wäre ich tot,
Im Hause mir ab, untermischt mit der Weiber Wehgeklage,
Sandten heimlich mich in Purpurwindeln, der Nacht
Nur den Weg mitteilend, und gaben mich Chi-
  ron, dem Kronossohn, zum Aufziehn.

Gut; ihr wißt der Vorfälle wichtigste nun.
Meiner schimmellenkenden Väter Palast, ihr
  wackren Bürger, zeigt mir genau, wo er liegt!
Aisons Sohn ja, heimisch hier bin ich, komm nicht als
  Fremdling in ein Land von Fremden.
Rief das Geschöpf mich, das göttliche, nannt' es mich Iason."
So sein Bericht. Wie er eintrat, kannt' ihn gleich des Vaters Aug;
Und es quollen ihm aus seinen
  Wimpern, den greisen, die Tränen hervor;
So von Herzen freut' er sich, als er den trefflichen Sohn
Vor sich sah, der Männer schönsten.

Auch die Brüder kamen zu ihnen, die zwei,
Hin nun, auf die Kunde von jenem. Von nahher
  Pheres, der den Quell Hypereïs verließ,
Aus Messana Amythan; ferner in Eile
  kam Admetos und Melampos,
Herzlich begrüßend den Vetter. Zum Mahl, wie sich's gebührt, mit
Freundlichen Worten empfing sie dann Iason, sorgte für
Gaben angemessner Art und
  gab jedem Frohsinn das weiteste Feld,
Insgesamt fünf volle Nächte pflückend und Tage freud-
vollen Lebens heilge Blüte.

ἀλλ' ἐν ἕκτᾳ πάντα λόγον θέμενος σπου-   Ep. 6
    δαῖον ἐξ ἀρχᾶς ἀνήρ
συγγενέσιν παρεκοινᾶθ'·
    οἱ δ' ἐπέσποντ'. αἶψα δ' ἀπὸ κλισιᾶν
ὦρτο σὺν κείνοισι· καί ῥ' ἦλθον Πελία μέγαρον·
ἐσσύμενοι δ' εἴσω κατέσταν· τῶν δ' ἀκού-   135
    σαις αὐτὸς ὑπαντίασεν
Τυροῦς ἐρασιπλοκάμου γενεά· πραΰν δ' Ἰάσων
μαλθακᾷ φωνᾷ ποτιστάζων ὄαρον
βάλλετο κρηπῖδα σοφῶν ἐπέων·
    'Παῖ Ποσειδᾶνος Πετραίου,

                                                               Str. 7
ἐντὶ μὲν θνατῶν φρένες ὠκύτεραι
κέρδος αἰνῆσαι πρὸ δίκας δόλιον τρα-   140
    χεῖαν ἑρπόντων πρὸς ἔπιβδαν ὅμως·
ἀλλ' ἐμὲ χρὴ καὶ σὲ θεμισσαμένους ὀρ-
    γὰς ὑφαίνειν λοιπὸν ὄλβον.
εἰδότι τοι ἐρέω· μία βοῦς Κρηθεῖ τε μάτηρ
καὶ θρασυμήδεϊ Σαλμωνεῖ· τρίταισιν δ' ἐν γονᾷς
ἄμμες αὖ κείνων φυτευθέν-
    τες σθένος ἀελίου χρύσεον
λεύσσομεν. Μοῖραι δ' ἀφίσταντ', εἴ τις ἔχθρα πέλει   145
ὁμογόνοις αἰδῶ καλύψαι.

                                                               Ant. 7
οὐ πρέπει νῷν χαλκοτόροις ξίφεσιν
οὐδ' ἀκόντεσσιν μεγάλαν προγόνων τι-
    μὰν δάσασθαι. μῆλά τε γάρ τοι ἐγώ
καὶ βοῶν ξανθὰς ἀγέλας ἀφίημ' ἀ-
    γρούς τε πάντας, τοὺς ἀπούρας
ἀμετέρων τοκέων νέμεαι πλοῦτον πιαίνων·   150
κοὔ με πονεῖ τεὸν οἶκον ταῦτα πορσύνοντ' ἄγαν·
ἀλλὰ καὶ σκᾶπτον μόναρχον
    καὶ θρόνος, ᾧ ποτε Κρηθεΐδας
ἐγκαθίζων ἱππόταις εὔθυνε λαοῖς δίκας –
τὰ μὲν ἄνευ ξυνᾶς ἀνίας

Doch am sechsten teilte, zum Ernst hingewandt, all
   das Geschehn von Anfang an
Seinen Verwandten der Mann mit.
   Diese stimmten zu, und vom Lager sprang gleich
Er empor mit jenen. Und sie gingen zu Pelias' Haus,
Stürzten hinein und standen drin. Da hörte sie
   und trat ihnen selbst in den Weg
Der Sprößling der Tyro, der lieblichgelockten. Sanft Gespräch mit
Mildem Ton der Stimme ihm zuträufelnd, hat nun
Weiser Worte Grundstein Iason gelegt:
   „Sohn des Felsengotts Poseidon,

Zwar zu schnell bereit ist der Sterblichen Sinn,
Vorteil durch Trug höher zu schätzen als Recht, wenn
   gleich den Weg sie bitterer Nachfeier gehn;
Doch ziemt's mir und dir, daß, zurechtweisend Zorn und
   Wut, wir weben künftgen Glücks Los.
Weißt du's gleich, sag ich dir: Mutter ward e i n e Kuh dem Kretheus
Und dem beherzten Salmoneus. In der dritten Zeugung von
Jenen wieder stammend, schauen
   wir nun des Sonnengotts goldne Kraft.
Abseits gehn die Moiren, wenn sich Feindschaft naht Menschen des
Gleichen Stamms, die Scham zu bergen.

Nicht geziemt uns, streitend mit ehernem Schwert
Und dem Speer, der Vorfahren machtvolles Herrscher-
   amt zu teilen. Laß ich das Kleinvieh dir doch
Wie der Rinder bräunliche Scharen und all die
   Äcker, die als Raub du wegnahmst
Unseren Eltern und nutzest zu deines Reichtums Mästung.
Nicht ist mir's leid, wenn dein Haus hierdurch so sehr empor sich hebt;
Doch den Stab der höchsten Macht, den
   Thron auch, auf dem der Krethide vordem
Sitzend reisger Mannen Schar Recht sprach – all das gib nunmehr
Ohne gegenseitgen Mißmut

λῦσον, ἄμμιν μή τι νεώτερον ἐξ αὐ-   Ep. 7
    τῶν ἀναστάῃ κακόν.·   156
ὣς ἄρ' ἔειπεν, ἀκᾷ δ' ἀντ-
    αγόρευσεν καὶ Πελίας· ʻ"Εσομαι
τοῖος· ἀλλ' ἤδη με γηραιὸν μέρος ἁλικίας
ἀμφιπολεῖ· σὸν δ' ἄνθος ἥβας ἄρτι κυ-
    μαίνει· δύνασαι δ' ἀφελεῖν
μᾶνιν χθονίων. κέλεται γὰρ ἑὰν ψυχὰν κομίξαι
Φρίξος ἐλθόντας πρὸς Αἰήτα θαλάμους   160
δέρμα τε κριοῦ βαθύμαλλον ἄγειν,
    τῷ ποτ' ἐκ πόντου σαώθη

                                                                         Str. 8
ἔκ τε ματρυιᾶς ἀθέων βελέων.
ταῦτά μοι θαυμαστὸς ὄνειρος ἰὼν φω-
    νεῖ. μεμάντευμαι δ' ἐπὶ Κασταλίᾳ,
εἰ μετάλλατόν τι· καὶ ὡς τάχος ὀτρύ-
    νει με τεύχειν ναῒ πομπάν.
τοῦτον ἄεθλον ἑκὼν τέλεσον· καί τοι μοναρχεῖν   165
καὶ βασιλευέμεν ὄμνυμι προήσειν. καρτερός
ὅρκος ἄμμιν μάρτυς ἔστω
    Ζεὺς ὁ γενέθλιος ἀμφοτέροις.'
σύνθεσιν ταύταν ἐπαινήσαντες οἱ μὲν κρίθεν·
ἀτὰρ Ἰάσων αὐτὸς ἤδη

                                                                         Ant. 8
ὤρνυεν κάρυκας ἐόντα πλόον   170
φαινέμεν παντᾷ. τάχα δὲ Κρονίδαο
    Ζηνὸς υἱοὶ τρεῖς ἀκαμαντομάχαι
ἦλθον Ἀλκμήνας θ' ἑλικογλεφάρου Λή-
    δας τε, δοιοὶ δ' ὑψιχαῖται
ἀνέρες, Ἐννοσίδα γένος, αἰδεσθέντες ἀλκάν,
ἔκ τε Πύλου καὶ ἀπ' ἄκρας Ταινάρου· τῶν μὲν κλέος
ἐσλὸν Εὐφάμου τ' ἐκράνθη   175
    σόν τε, Περικλύμεν' εὐρυβία.
ἐξ Ἀπόλλωνος δὲ φορμιγκτὰς ἀοιδᾶν πατήρ
ἔμολεν, εὐαίνητος Ὀρφεύς.

Frei, daß uns nicht irgend ein schlimmeres Unheil
    aus all diesem mög entstehn!"
Dies also sagte er. Ruhig
    sprach darauf auch Pelias: „Mir ist es recht
So. Jedoch – es ist der greise Teil meines Lebens bereits,
Der mich umgibt. Dir wogt der Mannheit Blüte grad;
    so kannst du uns retten vorm Groll
Der Erdgötter. Mahnt doch, die Seele ihm heimzubringen, Phrixos,
Heißt uns, zu Aietes' Haus ziehend, das Vlies
Holen, das dichtwollge, des Widders, auf dem
    übers Meer er einst entrann dem

Gottlos-frevlen Anschlag, der Stiefmutter Werk.
Das tut ein erstaunlicher Traum, der mir kam, mir
    kund. Ich fragte an am kastalischen Quell,
Ob mir Deutung würde; da hieß man mich schnellstens
    rüsten auf dem Schiff die Ausfahrt.
Führe nun du diese Tat willig aus! Und dich – ich schwör es –
Laß ich Alleinherrscher dann und König sein. Es soll des Eids
Mächtger Rächer sein und Zeuge
    Zeus, der uns beiden der Stammesgott ist!"
Diese Übereinkunft lobten beide und schieden dann;
Und Iason selbst ließ ausziehn

Nun sogleich Herolde, die künftige Fahrt
Allwärts kundzutun. Schnell erschienen Zeus', des
    Kronossohns, drei Söhne, nie müde im Kampf,
Von der glanzäugigen Alkmene und Leda;
    und mit hohem Haar zwei Männer,
Des Ennosiden Geblüt, ihrer Kampfkraft Ehre machend,
Kamen aus Pylos, vom Kap her Tainaros; ihr edler Ruhm
Wuchs, der des Euphamos und dei-
    ner, Periklymenos, machtvoller Held.
Von Apollon kam der Harfenspieler her, des Gesangs
Vater, der hochgepriesne Orpheus.

πέμψε δ' Ἑρμᾶς χρυσόραπις διδύμους υἱ-   Ep. 8
οὓς ἐπ' ἄτρυτον πόνον,
τὸν μὲν Ἐχίονα, κεχλά-
δοντας ἥβᾳ, τὸν δ' Ἔρυτον. ταχέες
ἀμφὶ Παγγαίου θεμέθλοις ναιετάοντες ἔβαν,   180
καὶ γὰρ ἑκὼν θυμῷ γελανεῖ θᾶσσον ἔν-
τυνεν βασιλεὺς ἀνέμων
Ζήταν Κάλαΐν τε πατὴρ Βορέας, ἄνδρας πτεροῖσιν
νῶτα πεφρίκοντας ἄμφω πορφυρέοις.
τὸν δὲ παμπειθῆ γλυκὺν ἡμιθέοισιν πόθο- ἔνδαιεν Ἥρα

                                              Str. 9
ναὸς Ἀργοῦς, μή τινα λειπόμενον   185
τὰν ἀκίνδυνον παρὰ ματρὶ μένειν αἰῶνα πέσσοντ', ἀλλ' ἐπὶ καὶ θανάτῳ
φάρμακον κάλλιστον ἑᾶς ἀρετᾶς ἅ-
λιξιν εὑρέσθαι σὺν ἄλλοις.
ἐς δ' Ἰαολκὸν ἐπεὶ κατέβα ναυτᾶν ἄωτος,
λέξατο πάντας ἐπαινήσαις Ἰάσων. καί ῥά οἱ
μάντις ὀρνίχεσσι καὶ κλά-   190
ροισι θεοπροπέων ἱεροῖς
Μόψος ἄμβασε στρατὸν πρόφρων· ἐπεὶ δ' ἐμβόλου
κρέμασαν ἀγκύρας ὕπερθεν,

                                              Ant. 9
χρυσέαν χείρεσσι λαβὼν φιάλαν
ἀρχὸς ἐν πρύμνᾳ πατέρ' Οὐρανιδᾶν ἐγ-
χεικέραυνον Ζῆνα καὶ ὠκυπόρους
κυμάτων ῥιπὰς ἀνέμους τ' ἐκάλει νύ-   195
κτας τε καὶ πόντου κελεύθους
ἄματά τ' εὔφρονα καὶ φιλίαν νόστοιο μοῖραν·
ἐκ νεφέων δέ οἱ ἀντάυσε βροντᾶς αἴσιον
φθέγμα· λαμπραὶ δ' ἦλθον ἀκτῖ-
νες στεροπᾶς ἀπορηγνύμεναι.
ἄμπνοαν δ' ἥρωες ἔστασαν θεοῦ σάμασιν
πιθόμενοι· κάρυξε δ' αὐτοῖς   200

Hermes mit dem goldenen Stab sandte zwei Söh-
   ne zu unablässger Müh;
Erytos war's und Echion,
   beide in Kraft schäumend der Jugend; und schnell
Kamen, die da wohnten an dem Fuß des Pangaiosbergs; denn
Willig und froh zur Eile trieb den Zetes und
   den Kalaïs Boreas an,
Ihr Vater, der König der Winde, die beiden Männer, mit am
Rücken aufgereckten Purpurflügeln geschmückt.
Solch allzwingend süßes Verlangen hat He-
   ra entfacht den Göttersöhnen

Nach dem Schiff Argo, daß nicht einer zurück
Bleibe bei der Mutter, gefahrloses Leben
   nährend, sondern – zahlt er's gleich mit dem Tod –
Schönsten Heiltrank finde im Ruhm seiner Taten
   mit Gefährten gleichen Alters.
Als nach Iolkos hinabkam der Fahrtgenossen Blüte,
Mustert' Iason befriedigt alle. Als die Gottheit durch
Vogelflug und heilge Lose
   er nun befragt, hieß an Bord gehn das Heer
Frohen Muts der Seher Mopsos; da am Schiffsschnabel sie
Oben aufgehängt die Anker,

Nahm die goldne Schale zu Händen am Heck
Nun der Fürst; den Vater der Uranossprossen,
   Zeus, den blitzbewehrten, der Wogen geschwind
Eilende Stöße und die Winde und Nächte
   rief er und des Meeres Pfade,
Tage auch, heiter gestimmte, und freundlich Glück der Heimkehr;
Aus dem Gewölk ihm entgegen scholl des Donners günstiges
Zeichen; flammend kamen Strahlen
   zuckenden Blitzes von droben herab.
Und die Helden atmeten auf, trauend dem Zeichen des
Gottes; es gebot der Seher,

ἐμβαλεῖν κώπαισι τερασκόπος ἀδεί-   Ep. 9
  ας ἐνίπτων ἐλπίδας·
εἰρεσία δ' ὑπεχώρη-
  σεν ταχειᾶν ἐκ παλαμᾶν ἄκορος.
σὺν Νότου δ' αὔραις ἐπ' Ἀξείνου στόμα πεμπόμενοι
ἤλυθον· ἔνθ' ἁγνὸν Ποσειδάωνος ἕσ-
  σαντ' ἐνναλίου τέμενος,
φοίνισσα δὲ Θρηϊκίων ἀγέλα ταύρων ὑπᾶρχεν,   205
καὶ νεόκτιστον λίθων βωμοῖο θέναρ.
ἐς δὲ κίνδυνον βαθὺν ἱέμενοι
  δεσπόταν λίσσοντο ναῶν,

                                                                         Str. 10
συνδρόμων κινηθμὸν ἀμαιμάκετον
ἐκφυγεῖν πετρᾶν. δίδυμαι γὰρ ἔσαν ζω-
  αί, κυλινδέσκοντό τε κραιπνότεραι
ἢ βαρυγδούπων ἀνέμων στίχες· ἀλλ' ἤ-   210
  δη τελευτὰν κεῖνος αὐταῖς
ἡμιθέων πλόος ἄγαγεν. ἐς Φᾶσιν δ' ἔπειτεν
ἤλυθον, ἔνθα κελαινώπεσσι Κόλχοισιν βίαν
μεῖξαν Αἰήτᾳ παρ' αὐτῷ.
  πότνια δ' ὀξυτάτων βελέων
ποικίλαν ἴυγγα τετράκναμον Οὐλυμπόθεν
ἐν ἀλύτῳ ζεύξαισα κύκλῳ   215
                                                                         Ant. 10
μαινάδ' ὄρνιν Κυπρογένεια φέρεν
πρῶτον ἀνθρώποισι λιτάς τ' ἐπαοιδὰς
  ἐκδίδασκησεν σοφὸν Αἰσονίδαν·
ὄφρα Μηδείας τοκέων ἀφέλοιτ' αἰδῶ, ποθεινὰ δ' Ἑλλὰς αὐτάν
ἐν φρασὶ καιομέναν δονέοι μάστιγι Πειθοῦς.
καὶ τάχα πείρατ' ἀέθλων δείκνυεν πατρωΐων·   220
σὺν δ' ἐλαίῳ φαρμακώσαισ'
  ἀντίτομα στερεᾶν ὀδυνᾶν
δῶκε χρίεσθαι. καταίνησάν τε κοινὸν γάμον
γλυκὺν ἐν ἀλλάλοισι μεῖξαι.

Daß sie in die Ruder sich legten, sie anfeu-
  ernd mit süßer Hoffnung. Da
Ging unermüdlich die Ruder-
  arbeit unter rührigen Händen voran.
Mit des Südwinds Wehen zur Mündung des Axeinos-Meers
Kamen sie hin; dort bauten sie dem Meergott Po-
  seidon einen heilgen Bezirk;
Es fand eine rotbraune Herde von Thrakerstieren sich und,
Neu erbaut, aus Stein, die Höhlung eines Altars.
Da in hohes Wagnis sie führte die Fahrt,
  baten sie der Schiffe Herrn, sie

Zu entziehn der Felsen wildwütendem Stoß,
Beim Zusammenprall; waren beide doch lebend,
  wälzten aufeinander sich heftiger zu
Als der dumpf aufheulenden Sturmwinde Scharen.
  Doch schon schuf ein Ende ihnen
Jene – der Halbgötter – Fahrt. Und beim Phasis kamen dann sie
An, wo mit Kolchern, mit dunkelhäutgen, ihre Kräfte sie
Maßen vor Aietes selbst. Die
  Herrin der schärfsten Geschosse, die band
Einen bunten Wendehals vierspeichig, unlösbar aufs
Rad und brachte vom Olymp den

Raserei-Vogel, sie, die Kypris, zuerst
Zu den Menschen; flehnde Beschwörungen lehrte
  Aisons klugen Sohn sie von Grund aus, damit
Er Medea raube die Scheu vor den Eltern,
  Sehnsucht hin nach Hellas die im
Herzen Erglühende aufjage mit der Peitho Geißel.
Schnell für die Proben des Vaters wies sie ihm die Lösung, gab
Ihm mit Öl gemischten Zauber,
  Gegengift grausamer Schmerzen, auf daß
Er sich salbe. Sie gelobten, sich im Bund süßer Eh
Miteinander zu vereinen.

ἀλλ' ὅτ' Αἰήτας ἀδαμάντινον ἐν μέσ-   Ep. 10
σοις ἄροτρον σκίμψατο
καὶ βόας, οἳ φλόγ' ἀπὸ ξαν-   225
θᾶν γενύων πνέον καιομένοιο πυρός,
χαλκέαις δ' ὁπλαῖς ἀράσσεσκον χθόν' ἀμειβόμενοι·
τοὺς ἀγαγὼν ζεύγλᾳ πέλασσεν μοῦνος. ὀρ-
θὰς δ' αὔλακας ἐντανύσαις
ἤλαυν', ἀνὰ βωλακίας δ' ὀρόγυιαν σχίζε νῶτον
γᾶς. ἔειπεν δ' ὧδε· 'Τοῦτ' ἔργον βασιλεύς,
ὅστις ἄρχει ναός, ἐμοὶ τελέσαις   230
ἄφθιτον στρωμνὰν ἀγέσθω,

                                                        Str. 11
κῶας αἰγλᾶεν χρυσέῳ θυσάνῳ.'
ὣς ἄρ' αὐδάσαντος ἀπὸ κρόκεον ῥίψαις Ἰάσων εἷμα θεῷ πίσυνος
εἴχετ' ἔργου· πῦρ δέ νιν οὐκ ἐόλει παμ-
φαρμάκου ξείνας ἐφετμαῖς.
σπασσάμενος δ' ἄροτρον, βοέους δήσαις ἀνάγκᾳ
ἔντεσιν αὐχένας ἐμβάλλων τ' ἐριπλεύρῳ φυᾷ   235
κέντρον αἰανὲς βιατὰς
ἐξεπόνησ' ἐπιτακτὸν ἀνήρ
μέτρον. ἴυξεν δ' ἀφωνήτῳ περ ἔμπας ἄχει
δύνασιν Αἰήτας ἀγασθείς.

                                                        Ant. 11
πρὸς δ' ἑταῖροι καρτερὸν ἄνδρα φίλας
ὤρεγον χεῖρας, στεφάνοισί τέ μιν ποί-   240
ας ἔρεπτον, μειλιχίοις τε λόγοις
ἀγαπάζοντ'. αὐτίκα δ' Ἀελίου θαυμαστὸς υἱὸς δέρμα λαμπρόν
ἔννεπεν, ἔνθα νιν ἐκτάνυσαν Φρίξου μάχαιραι·
ἔλπετο δ' οὐκέτι οἱ κεῖνόν γε πράξασθαι πόνον.
κεῖτο γὰρ λόχμᾳ, δράκοντος
δ' εἴχετο λαβροτατᾶν γενύων,
ὃς πάχει μάκει τε πεντηκόντερον ναῦν κράτει,   245
τέλεσεν ἂν πλαγαὶ σιδάρου.

Als nunmehr Aietes den stählernen Pflug in-
   mitten hingestellt, zugleich
Stiere, die, Flammen aus gelben
   Kiefern schnaubend brennenden Feuers, der Erd
Ehrnen Hufs Erschütterung schufen in wechselndem Schritt.
Führt' er sie her und schirrte sie ins Joch allein;
   und Furchen geradenwegs ziehnd,
Trieb vor er sie; scholliger Erde durchschnitt er klaftertief den
Rücken, sprach dann so; „Wenn dieses Werk hier des Schiffs
Führer mir, der König, zu Ende führt, mag
   er die nievergehnde Decke

Nehmen, das in Goldzotteln leuchtende Vlies!"
Der sprach so; abwarf da das Safrangewand I-
   ason, ging, vertrauend dem Gott, an das Werk.
Feuer drängte ihn nicht zurück dank den Ratschlä-
   gen der zauberkundgen Fremden.
Her zu sich zog er den Pflug, band der Stiere Nacken zwangsweis
An das Geschirr, setzt' in mächtger Weiche Wuchs den Stachel, den
Schmerzenden, und führte durch voll
   Müh, der gewaltige Mann, seines Werks
Maß. Es schrie auf, freilich in wortlosem Schmerz, solcher Kraft
Leistung anstaunend, Aietes.

Die Gefährten streckten dem tapferen Mann
Freundeshände hin und, mit Laubkränzen ihn um-
   windend, grüßten liebreichen Wortes sie ihn.
Und sogleich gab an ihm des Helios Sohn, der
   vielbestaunte, wo das Fell, das
Glänzende, aufgespannt hatten des Phrixos Messer, in der
Hoffnung, die kommende Arbeit führe jener nicht noch durch.
Lag's im Dickicht doch, von eines
   Drachen entsetzlichen Kiefern umfaßt;
Dicker war er, länger als das fünfzigrudrige Schiff,
Das des Erzes Schläge schufen.

μακρά μοι νεῖσθαι κατ' ἀμαξιτόν· ὤρα   Ep. 11
   γὰρ συνάπτει καί τινα
οἶμον ἴσαμι βραχύν· πολ-
   λοῖσι δ' ἅγημαι σοφίας ἑτέροις.
κτεῖνε μὲν γλαυκῶπα τέχναις ποικιλόνωτον ὄφιν,
ὦ _'Αρκεσίλα, κλέψεν τε Μήδειαν σὺν αὐ-   250
   τᾷ, τὰν Πελίαο φονόν·
ἔν τ' 'Ωκεανοῦ πελάγεσσι μίγεν πόντῳ τ' ἐρυθρῷ
Λαμνιᾶν τ' ἔθνει γυναικῶν ἀνδροφόνων·
ἔνθα καὶ γυίων ἀέθλοις ἐπεδεί-
   ξαντο κρίσιν ἐσθᾶτος ἀμφίς,

                                  Str. 12
καὶ συνεύνασθεν. καὶ ἐν ἀλλοδαπαῖς
σπέρμ' ἀρούραις τουτάκις ὑμετέρας ἀ-   255
   κτῖνος ὄλβου δέξατο μοιρίδιον
ἄμαρ ἢ νύκτες· τόθι γὰρ γένος Εὐφάμου φυτευθὲν λοιπὸν αἰεί
τέλλετο· καὶ Λακεδαιμονίων μιχθέντες ἀνδρῶν
ἤθεσιν ἔν ποτε Καλλίσταν ἀπῴκησαν χρόνῳ
νᾶσον· ἔνθεν δ' ὔμμι Λατοί-
   δας ἔπορεν Λιβύας πεδίον
σὺν θεῶν τιμαῖς ὀφέλλειν, ἄστυ χρυσοθρόνου   260
διανέμειν θεῖον Κυράνας

                                    Ant. 12
ὀρθόβουλον μῆτιν ἐφευρομένοις.
γνῶθι νῦν τὰν Οἰδιπόδα σοφίαν· εἰ
   γάρ τις ὄζους ὀξυτόμῳ πελέκει
ἐξερείψειεν μεγάλας δρυός, αἰσχύ-
   νοι δέ οἱ θαητὸν εἶδος,
καὶ φθινόκαρπος ἐοῖσα διδοῖ ψᾶφον περ' αὐτᾶς,   265
εἴ ποτε χειμέριον πῦρ ἐξίκηται λοίσθιον,
ἢ σὺν ὀρθαῖς κιόνεσσιν
   δεσποσύναισιν ἐρειδομένα
μόχθον ἄλλοις ἀμφέπει δύστανον ἐν τείχεσιν,
ἑὸν ἐρημώσαισα χῶρον.

Weit wär's, ging' entlang ich den Fahrweg; die Stunde
    drängt, und einen Pfad ja weiß
Ich, einen kürzeren; vielen
    andern bin ich Führer in Weisheit und Kunst.
Tot schlug er mit List den Wurm, helläugig, buntrückig, entführt',
Ihr war es recht, Arkesilas, Medea, die
    dem Pelias wirkte den Tod.
Okeanos' Fluten erreichten, das Rote Meer sie, Lemnos,
Wo der Weiber Stamm, der gattenmordenden, haust.
Dort bei Leibeswettspielen um ein Gewand
    zeigten sie ihr Können, bestiegen

Dann der Frauen Lager. Und damals empfing
Auf dem fremden Ackerland Samen zu eures
    Glückes Glanz sei's schicksalgeordneter Tag
Oder Nacht. Dort ward ja gepflanzt des Euphamos
    Stamm und sproßte in der Zukunft
Stets voller Kraft. Und zu lakedaimonischer Männer Wohnsitz
Kommend, besiedelten in der Folge sie Kallista, die
Insel; dorther ließ der Leto
    Sohn euch durch Götterhuld Libyens Flur
Mächtig machen, weil ihr, der goldthronenden heilge Stadt,
Der Kyrene, zu verwalten,

Rechten Ratschluß fandet besonnenen Sinns.
Nimm nun wahr des Oidipus Weisheit: Wenn einer
    nämlich mit scharfschneidenden Beiles Gewalt
Abhaut eines mächtigen Eichbaums Geäst und
    schändet ihm sein herrlich Aussehn,
Gibt er, wenn keinerlei Frucht mehr, doch Zeugnis von sich selbst
Sei's, daß er einmal zur Winterszeit ins Feuer letztlich kommt, [noch,
Sei's mit aufrecht stehnden Säulen
    stützend das Haus eines herrschenden Manns,
Last, mühselge, tragen muß in fremden Mauern, nachdem
Seine Stätte er geräumt hat.

ἐσσὶ δ' ἰατὴρ ἐπικαιρότατος, Παι-   Ep. 12
   άν τέ σοι τιμᾷ φάος.   271
χρὴ μαλακὰν χέρα προσβάλ-
   λοντα τρώμαν ἕλκεος ἀμφιπολεῖν.
ῥᾴδιον μὲν γὰρ πόλιν σεῖσαι καὶ ἀφαυροτέροις·
ἀλλ' ἐπὶ χώρας αὖτις ἕσσαι δυσπαλὲς
   δὴ γίνεται, ἐξαπίνας
εἰ μὴ θεὸς ἀγεμόνεσσι κυβερνατὴρ γένηται.
τὶν δὲ τούτων ἐξυφαίνονται χάριτες.   275
τλᾶθι τᾶς εὐδαίμονος ἀμφὶ Κυρά-
   νας θέμεν σπουδὰν ἅπασαν.

                                                                Str. 13
τῶν δ' Ὁμήρου καὶ τόδε συνθέμενος
ῥῆμα πόρσυν'· ἄγγελον ἐσλὸν ἔφα τιμὰν μεγίσταν πράγματι παντὶ φέρειν·
αὔξεται καὶ Μοῖσα δι' ἀγγελίας ὀρ-
   θᾶς. ἐπέγνω μὲν Κυράνα
καὶ τὸ κλεεννότατον μέγαρον Βάττου δικαιᾶν   280
Δαμοφίλου πραπίδων. κεῖνος γὰρ ἐν παισὶν νέος,
ἐν δὲ βουλαῖς πρέσβυς ἐγκύρ-
   σαις ἑκατονταετεῖ βιοτᾷ,
ὀρφανίζει μὲν κακὰν γλῶσσαν φαεννᾶς ὀπός,
ἔμαθε δ' ὑβρίζοντα μισεῖν,

                                                                Ant. 13
οὐκ ἐρίζων ἀντία τοῖς ἀγαθοῖς,   285
οὐδὲ μακύνων τέλος οὐδέν. ὁ γὰρ και-
   ρὸς πρὸς ἀνθρώπων βραχὺ μέτρον ἔχει.
εὖ νιν ἔγνωκεν· θεράπων δέ οἱ, οὐ δρά-
   στας ὀπαδεῖ. φαντὶ δ' ἔμμεν
τοῦτ' ἀνιαρότατον, καλὰ γινώσκοντ' ἀνάγκᾳ
ἐκτὸς ἔχειν πόδα. καὶ μὰν κεῖνος Ἄτλας οὐρανῷ
προσπαλαίει νῦν γε πατρῴ-   290
   ας ἀπὸ γᾶς ἀπό τε κτεάνων·
λῦσε δὲ Ζεὺς ἄφθιτος Τιτᾶνας. ἐν δὲ χρόνῳ
μεταβολαὶ λήξαντος οὔρου

Du bist höchst erwünscht hier als Arzt, und dir gibt der
    Heilgott Ehr und lichten Glanz.
Not tut, daß, sanfteste Hand an-
    legend, so die schwärende Wunde man heilt.
Leicht ist's, zu erschüttern den Staat, selbst für die Schwächeren;
Wieder auf festen Grund ihn stellen – das ist schwer   [doch
    vollführbar, sofern nicht ein Gott
Ganz wider Erwarten den Führern als Steuermann sich einstellt.
Dir webt hierfür man des Dankes reiches Gewand.
Sei bestrebt, Kyrene, der glückhaften Stadt,
    alle Sorgfalt zuzuwenden!

Von Homers Worten merk auch dieses und schenk
Ihm Beachtung: Edeler Bote leiht höchste
    Würde, sagt er, allem Verhandeln und Tun;
Ihre Macht erhöht auch die Muse durch Botschaft
    rechter Art. Wohl kennt Kyrene,
Battos' berühmter Palast kennt Damophilos' gerechte,
Schuldlose Denkart. Zwar unter Jungen jung erscheinend, doch
An Besonnenheit ein Greis, deß
    Alter die Hundert an Jahren erreicht,
Macht er stumm verleumderischer Zunge schrilles Getön,
Lernte auch den Frevler hassen;

Weder fängt er Streit wider Edele an
Noch steckt er sein Ziel sich zu weit. Denn des rechten
    Zeitpunkts Blüte ist bei den Menschen nur kurz.
Gut erkannt' er ihn, geht als williger Diener,
    nicht als Sklave mit ihm. Man sagt,   [doch
Dies sei am schmerzlichsten, wenn man das Schöne kennt, aus Zwang
Draußen zu halten den Fuß. Hart ringt ja mit der Schwere des
Himmels dieser Atlas, dem Land
    fern jetzt der Väter und seinem Besitz.
Gab der ewge Zeus doch die Titanen frei. Mit der Zeit
Stellt man, legt der Wind sich, um die

ἱστίων. ἀλλ' εὔχεται οὐλομέναν νοῦ-   Ep. 13
  σον διαντλήσαις ποτέ
οἶκον ἰδεῖν, ἐπ' 'Απόλλω-
  νός τε κράνᾳ συμποσίας ἐφέπων
θυμὸν ἐκδόσθαι πρὸς ἥβαν πολλάκις, ἔν τε σοφοῖς   295
δαιδαλέαν φόρμιγγα βαστάζων πολί-
  ταις ἡσυχίᾳ θιγέμεν,
μήτ' ὤν τινι πῆμα πορών, ἀπαθὴς δ' αὐτὸς πρὸς ἀστῶν·
καί κε μυθήσαιθ', ὁποίαν, 'Αρκεσίλα,
εὗρε παγὰν ἀμβροσίων ἐπέων,
  πρόσφατον Θήβᾳ ξενωθείς.

V

ΑΡΚΕΣΙΛΑΩΙ ΚΥΡΗΝΑΙΩΙ ΑΡΜΑΤΙ

Aus Äolisch entstanden

```
 1  U – U –   – U –
 2  U – U UU – U – U – U U –
 3  U – U UU    – U – U U – U  – UU U –
 4                        U UU UU U –
 5        – U UU   – U U –
 6                     U – – U –
 7   –    – U    – – U U – U –
 8     U – –    U – U U – U –
 9  U – U – –    U –   – U –
10  – U –     – U U –
                 UU U –  – U –
11  U –  – –     U –       U – U –
```

Ep.

```
 1  U – – UU U – U – U – U U –
 2                U – – U U – U –
    U – U –    – U – U U –
```

Segel. Sein Wunsch ist, nach durchlittenen bittren
  Qualen einmal wieder sein
Haus zu erblicken und an A-
  pollons Quell Gastmähler zu feiern, den Sinn
Hinzugeben oft der Jugend Freuden und, rührend im Kreis
Tonkunstverständger Bürger die kunstreiche Lei-
  er, friedlich zu leben, indem
Er keinem ein Leid antut, selbst ungekränkt bleibt von den Bürgern;
Und er täte dir wohl kund, Arkesilas, welch
Einen Quell unsterblicher Lieder er fand,
  als er jüngst in Theben zu Gast war.

V

FÜR ARKESILAOS AUS KYRENE, SIEGER IM WAGENRENNEN

Die Ode, das eigentliche Siegeslied auf den schon in P IV gerühmten
Erfolg des Arkesilaos, wurde 462/1 beim Fest des Apollon Karneios auf-
geführt. Am Anfang preist Pindar den königlichen Sieger, der seinen
Reichtum gerecht und klug zu verwenden weiß und nun das Glück des
Sieges genießt, und lobt seinen Schwager Karrhotos, der als Wagenlenker
vor 40 Wettfahrern als erster ans Ziel kam, und zwar mit unbeschädigtem
Wagen, der deshalb in Delphi als Weihgabe für Apollon aufgestellt wurde.
Vom Stammvater Battos wird dann berichtet, wie die Heilung seiner
schweren Zunge, nach der er das delphische Orakel gefragt hat, erfolgt:
seine ganze Stimmkraft, die er gleichsam verborgen übers Meer nach
Libyen gebracht hat, kommt ihm beim Anblick der ihm bisher unbekann-
ten Löwen wieder. Dank der Hilfe Apollons, den nun der Chor als den
Schutzgott der Siedler feiert, und zwar mit besonderer Genugtuung, da
das Karneenfest von den Aigiden, den Vorfahren des Chors, nach Kyrene
eingeführt wurde. Der Preis gilt auch Kyrene, wo ältere Ansiedler, Nachkommen des griechenfreundlichen Troers Antenor, sich niedergelassen
hatten und nun von den mit Battos – sein eigentlicher Name ist Aristoteles, Battos nur Titel – gekommenen neuen Ansiedlern durch Opfer
geehrt werden. Über den Sieg des Arkesilaos freuen sich nun auch der als
Heros verehrte Battos und die Seelen der anderen Könige. Zeus möge,

3   – ∪ – ∪ ∪ – ∪∪ ∪ – ∪ ∪ –
4   ∪ – ∪ –   – ∪ – ∪ ∪ – –
5   ∪ – – ∪ ∪ – ∪∪ ∪ –
6   – ∪ ∪ –   ∪∪ ∪ – ∪ ∪ –   – ∪ –
7 ∪ – u͜u ∪ –   ∪ u͜u ∪ – –
8 – ∪ –   – ∪ –
9 u͜u u̅ – ∪ ∪ – ∪ – – ∪ ∪ – ∪ u̅u̅ ∪ – – ∪ –

                                                          Str. 1
Ὀ πλοῦτος εὐρυσθενής,
ὅταν τις ἀρετᾷ κεκραμένον καθαρᾷ
βροτήσιος ἀνὴρ πότμου παραδόντος αὐτὸν ἀνάγῃ
πολύφιλον ἐπέταν.
ὦ θεόμορ' Ἀρκεσίλα,   5
σύ τοί νιν κλυτᾶς
αἰῶνος ἀκρᾶν βαθμίδων ἄπο
σὺν εὐδοξίᾳ μετανίσεαι
ἔκατι χρυσαρμάτου Κάστορος·
εὐδίαν ὃς μετὰ χειμέριον ὄμβρον τεάν   10
καταιθύσσει μάκαιραν ἑστίαν.

                                                          Ant. 1
σοφοὶ δέ τοι κάλλιον
φέροντι καὶ τὰν θεόσδοτον δύναμιν.
σὲ δ' ἐρχόμενον ἐν δίκᾳ πολὺς ὄλβος ἀμφινέμεται·
τὸ μέν, ὅτι βασιλεύς   15
ἐσσὶ μεγαλᾶν πολίων,
ἔχει συγγενής
ὀφθαλμὸς αἰδοιότατον γέρας
τεᾷ τοῦτο μειγνύμενον φρενί·
μάκαρ δὲ καὶ νῦν, κλεεννᾶς ὅτι   20
εὖχος ἤδη παρὰ Πυθιάδος ἵπποις ἑλών
δέδεξαι τόνδε κῶμον ἀνέρων,

                                                          Ep. 1
Ἀπολλώνιον ἄθυρμα· τῶ σε μὴ λαθέτω
Κυράνας γλυκὺν ἀμφὶ κᾶ-
    πον Ἀφροδίτας ἀειδόμενον,

so schließt Pindar, dem König und seinem Volk Huld und Schutz gewähren und ihm einen solchen Sieg auch in Olympia schenken.

Der Reichtum hat Macht weithin,
Wenn ihn, gepaart mit lautrer Tugend, ihm überreicht
Vom Schicksal, mit sich führt ein sterblicher Mann, ihm Geleiter zu
Der viel der Freunde ihm wirbt.   [sein,
Götterfreund Arkesilas, von
Den Stufen herab,
Den hohen, gepriesenen Lebens strebst
Du ihm nach, von herrlichem Ruhm beglückt,
Wie's Kastor dir schuf, des Goldwagens Herr,
Welcher nach Regen und Sturm heiteres Wetter herab
Läßt strahlen deinem segensreichen Herd.

Die weise sind, rühmlicher
Betätigen sie auch die gottverliehene Macht.
Dich, der des Rechtes Pfade wandelt, umgibt viel Glückseligkeit rings.
Zuerst, weil König du bist
Über große Städte, hat so
Ehrwürdigsten Amts
Verwaltung dein Herrscherblick, von Geburt
Dir eigen, gemeinsam mit deinem Geist.
Glückselig auch bist du jetzt, weil, dir Ruhm
Holend im herrlichen Pytho mit den Rossen, du nun
Erhalten diesen Männerchorgesang,

Apollons Freude und Lust. Darum vergiß du es nicht,
Du, den man in Kyrenes hol-
    dem Garten der Aphrodite besingt,

παντὶ μὲν θεὸν αἴτιον ὑπερτιθέμεν,   25
φιλεῖν δὲ Κάρρωτον ἔξοχ' ἑταίρων·
ὃς οὐ τὰν Ἐπιμαθέος ἄγων
ὀψινόου θυγατέρα Πρόφασιν Βαττιδᾶν
ἀφίκετο δόμους θεμισκρεόντων·
ἀλλ' ἀρισθάρματον   30
ὕδατι Κασταλίας ξενω-
  θεὶς γέρας ἀμφέβαλε τεαῖσιν κόμαις,

                                                                      Str. 2
ἀκηράτοις ἀνίαις
ποδαρκέων δώδεκ' ἂν δρόμων τέμενος.
κατέκλασε γὰρ ἐντέων σθένος οὐδέν· ἀλλὰ κρέμαται
ὀπόσα χεριαρᾶν   35
τεκτόνων δαίδαλ' ἄγων
Κρισαῖον λόφον
ἄμειψεν ἐν κοιλόπεδον νάπος
θεοῦ· τό σφ' ἔχει κυπαρίσσινον
μέλαθρον ἀμφ' ἀνδριάντι σχεδόν,   40
Κρῆτες ὃν τοξοφόροι τέγεϊ Παρνασσίῳ
καθέσσαντο μ̄ονόδροπον φυτόν.

                                                                      Ant. 2
ἑκόντι τοίνυν πρέπει
νόῳ τὸν εὐεργέταν ὑπαντιάσαι.
Ἀλεξιβιάδα, σὲ δ' ἠΰκομοι φλέγοντι Χάριτες.   45
μακάριος, ὃς ἔχεις
καὶ πεδὰ μέγαν κάματον
λόγων φερτάτων
μναμήϊ'· ἐν τεσσαράκοντα γὰρ
πετόντεσσιν ἀνιόχοις ὅλον   50
δίφρον κομίξαις ἀταρβεῖ φρενί,
ἦλθες ἤδη Λιβύας πεδίον ἐξ ἀγλαῶν
ἀέθλων καὶ πατρῳῖαν πόλιν.

                                                                      Ep. 2
πόνων δ' οὔ τις ἀπόκλαρός ἐστιν οὔτ' ἔσεται·
ὁ Βάττου δ' ἔπεται παλαι-   55
  ὸς ὄλβος ἔμπαν τὰ καὶ τὰ νέμων,

Daß, die alles bewirkt hat, hoch die Gottheit du ehrst
Und schätzest auch Karrhotos vor den Freunden,
Der nicht mit Epimetheus', des zu spät
Wissenden, Tochter, die sich „Ausrede" nennt, zum Haus kam
Gerecht waltender Battiaden; nein, des
Wagensiegs Ehrenkranz
Legte, am Wasser Kastalias
    weilend zu Gast, er dir um dein Haar. Fußschnell ja,

Das Zügelzeug unverwirrt,
Durchjagt' er zwölfmal des Umlaufs Plan; und dabei
Zerbrach er nichts von seinem festen Geschirre; vielmehr, geweiht ist
All das, was, kunstvoll geformt
Von der Meister Hand, er geführt
Die Fahrt von der Höh
Krisas zum tiefliegenden Waldesgrund
Des Gottes. Und das birgt ein zypressner Schrein,
Dem Standbild nah, das an parnassischer
Felsenwand Kreter einmal, bogenbewehrte, dorthin
Sich aufgestellt, aus einem Stück geformt.

Freundwillgen Sinns also ziemt
Es zu begegnen einem Mann, der Tüchtges vollbracht.
Dich, Alexibios' Sohn, umglänzt schöngelockter Charitinnen Huld.
Glückselger, der du erhältst
Nun nach großer Leistungen Müh
Auch trefflichsten Worts
Denkmal; denn du hast unter vierzig, die
Als Lenker gestürzt, unversehrt zum Ziel
Gebracht den Wagen mit furchtlosem Sinn,
Kamst in Libyens Gefild nun von dem glanzvollen Kampf
Des Wettspiels und zu deiner Väter Stadt.

Von Mühn ist keiner verschont und frei, noch wird's einer sein;
Jedoch Battos' uralter Se-
    gen bleibt stets treu und beschert dies und das,

πύργος ἄστεος ὄμμα τε φαεννότατον
ξένοισι. κεῖνόν γε καὶ βαρύκομποι
λέοντες περὶ δείματι φύγον,
γλῶσσαν ἐπεί σφιν ἀπένεικεν ὑπερποντίαν·
ὁ δ' ἀρχαγέτας ἔδωκ' 'Απόλλων   60
θῆρας αἰνῷ φόβῳ,
ὄφρα μὴ ταμίᾳ Κυρά-
    νας ἀτελὴς γένοιτο μαντεύμασιν.

                                            Str. 3
ὃ καὶ βαρειᾶν νόσων
ἀκέσματ' ἄνδρεσσι καὶ γυναιξὶ νέμει,
πόρεν τε κίθαριν, δίδωσί τε Μοῖσαν οἷς ἂν ἐθέλῃ,   65
ἀπόλεμον ἀγαγών
ἐς πραπίδας εὐνομίαν,
μυχόν τ' ἀμφέπει
μαντήϊον· τῷ Λακεδαίμονι
ἐν "Αργει τε καὶ ζαθέᾳ Πύλῳ   70
ἔνασσεν ἀλκάεντας 'Ηρακλέος
ἐκγόνους Αἰγιμιοῦ τε. τὸ δ' ἐμὸν γαρύειν
ἀπὸ Σπάρτας ἐπήρατον κλέος,

                                            Ant. 3
ὅθεν γεγενναμένοι
ἵκοντο Θήρανδε φῶτες Αἰγεῖδαι,   75
ἐμοὶ πατέρες, οὐ θεῶν ἄτερ, ἀλλὰ Μοῖρά τις ἄγεν·
πολύθυτον ἔρανον
ἔνθεν ἀναδεξάμενοι,
"Απολλον, τεᾷ,
Καρνήϊ', ἐν δαιτὶ σεβίζομεν   80
Κυράνας ἀγακτιμέναν πόλιν·
ἔχοντι τὰν χαλκοχάρμαι ξένοι
Τρῶες 'Αντανορίδαι· σὺν 'Ελένᾳ γὰρ μόλον,
καπνωθεῖσαν πάτραν ἐπεὶ ἴδον

                                            Ep. 3
ἐν "Αρει· τὸ δ' ἐλάσιππον ἔθνος ἐνδυκέως   85
δέκονται θυσίαισιν ἄν-
    δρες οἰχνέοντές σφε δωροφόροι,

Ist ein Turm für die Stadt, Fremden ein Auge voll Glanz
Und Licht. Vor ihm sind dumpfbrüllende Löwen
Sogar – schreckenerfaßt sind sie geflohn,
Als er die Stimme sie ließ hören von jenseit des Meers.
Der stadtgründende Herr Apollon schuf den
Tieren gräßliche Furcht,
Daß dem Hüter Kyrenes er
   nicht unerfüllt sein ließe der Weissagung Spruch.

Für schwere Krankheiten teilt
Er Männern Heilmittel zu und Frauen; er gab
Die Kithara und schenkt der Muse Begabung dem, den er erwählt,
Friedfertig rechtlichen Sinn
Senkend in die Seelen hinein;
Der Wahrsagung Sitz
Betreut er; wie in Lakedaimon, so
In Argos, im heiligen Pylos hieß
Er wohnen kraftvolle Nachkommen des
Herakles wie auch des Aigimios. Zu singen steht mir
Zu, daß Ruhm, was mich freut, von Sparta kommt;

Von dort entstammt, kamen ja
Nach Thera hin Männer aus Aigidengeschlecht,
Die, meine Ahnen, – Götter wollten es – das Geschick dorthin gführt;
Das opferreiche Gelag
Übernehmend ebendaher,
Erweisen wir Ehr,
Apollon Karneios, bei deinem Mahl
Kyrenes so herrlich gebauter Stadt;
Dort sitzen Fremde, Antenors Geschlecht,
Troer, kampffreudige; mit Helena brachen sie auf,
Als rauchumhüllt sie sahn die Vaterstadt

Im Krieg. Es nehmen den Stamm, den rossetummelnden, auf
Gar sorgfältig mit Opfern und
   Geschenke bringend die Männer, die einst

τοὺς Ἀριστοτέλης ἄγαγε ναυσὶ θοαῖς
ἁλὸς βαθεῖαν κέλευθον ἀνοίγων.
κτίσεν δ᾽ ἄλσεα μείζονα θεῶν,
εὐθύτομόν τε κατέθηκεν Ἀπολλωνίαις   90
ἀλεξιμβρότοις πεδιάδα πομπαῖς
ἔμμεν ἱππόκροτον
σκυρωτὰν ὁδόν, ἔνθα πρυ-
  μνοῖς ἀγορᾶς ἔπι δίχα κεῖται θανών·

                             Str. 4

μάκαρ μὲν ἀνδρῶν μέτα
ἔναιεν, ἥρως δ᾽ ἔπειτα λαοσεβής.   95
ἄτερθε δὲ πρὸ δωμάτων ἕτεροι λαχόντες Ἀίδαν
βασιλέες ἱεροί
ἐντί, μεγαλᾶν δ᾽ ἀρετᾶν
δρόσῳ μαλθακᾷ
ῥανθεισᾶν κώμων ὑπὸ χεύμασιν,   100
ἀκούοντί ποι χθονίᾳ φρενί,
σφὸν ὄλβον υἱῷ τε κοινὰν χάριν
ἔνδικόν τ᾽ Ἀρκεσίλᾳ· τὸν ἐν ἀοιδᾷ νέων
πρέπει χρυσάορα Φοῖβον ἀπύειν,

                             Ant. 4

ἔχοντα Πυθωνόθεν   105
τὸ καλλίνικον λυτήριον δαπανᾶν
μέλος χαρίεν. ἄνδρα κεῖνον ἐπαινέοντι συνετοί.
λεγόμενον ἐρέω·
κρέσσονα μὲν ἁλικίας
νόον φέρβεται   110
γλῶσσάν τε· θάρσος δὲ τανύπτερος
ἐν ὄρνιξιν αἰετὸς ἔπλετο,
ἀγωνίας δ᾽, ἕρκος οἷον, σθένος·
ἔν τε Μοίσαισι ποτανὸς ἀπὸ ματρὸς φίλας,
πέφανταί θ᾽ ἁρματηλάτας σοφός·   115
                             Ep. 4

ὅσαι τ᾽ εἰσὶν ἐπιχωρίων καλῶν ἔσοδοι,
τετόλμακε. θεός τέ οἱ
  τὸ νῦν τε πρόφρων τελεῖ δύνασιν,

Aristoteles hinführte, des Meers tiefen Pfad
Eröffnend durch schnelle Schiffe. Wie Haine
Er schuf, größre, den Gottheiten, so legt'
Auch für die Festzüge Apollons, die heilbringenden,
Er gradlaufend, eben, steingepflastert,
Pferdehufhallend an
Eine Straße, wo an des Markts
 Ende er abgesondert, allein ruht im Tod;

Im Glück so wohnte er bei
Den Menschen, ward Halbgott dann, vom Volke verehrt.
Doch fern ihm, vorm Palaste liegen die andern Kön'ge, die erlost
Den Hades, heilig und hehr.
Und wenn hohe Leistung und Art
Mit lieblichem Tau
Besprengt wird, Chorsang sich ergießt: ihr Geist
Hört drunten dann wohl auch ihr Glück, nimmt teil
Am Ruhm, den Arkesilas sich, ihr Sohn,
Rechtens schuf; ihm nun geziemt, daß mit der Jünglinge Chor
Den Goldschwertträger Phoibos laut er preist;

Erhielt von Pytho er doch
Zur Siegesfeier als seines Aufwandes Lohn
Ein Lied voll Anmut. Diesem Mann spenden Lob Verständige. Was
Gesagt wird, sprech ich nun aus: [schon
Reifer, als sein Alter verlangt,
Erwächst ihm Verstand
Und Rede. An Mut wurde, breitbeschwingt,
Er unter den Vögeln der Adler und
Im Kampf wie Mauern so stark. War in der
Musen Kunst flügge er von Mutterschoß an, wies zugleich
Als kundger Wagenlenker er sich aus.

Soviel zu heimischen Siegen hin es Zugänge gibt,
Er hat jeden erprobt. Ein Gott
 führt ihm jetzt voll Huld hin zum Ziel seine Macht;

καὶ τὸ λοιπὸν ὁμοῖα, Κρονίδαι μάκαρες,
διδοῖτ' ἐπ' ἔργοισιν ἀμφί τε βουλαῖς
ἔχειν, μὴ φθινοπωρὶς ἀνέμων   120
χειμερία κατὰ πνοὰ δαμαλίζοι χρόνον.
Διός τοι νόος μέγας κυβερνᾷ
δαίμον' ἀνδρῶν φίλων.
εὔχομαί νιν 'Ολυμπίᾳ
    τοῦτο δόμεν γέρας ἔπι Βάττου γένει.

VI

ΞΕΝΟΚΡΑΤΕΙ ΑΚΡΑΓΑΝΤΙΝΩΙ ΑΡΜΑΤΙ

Äolisch, choriambische Dimeter

```
1 ∪ – ∪ –   ∪ ∪ ∪ – ∪ ∪ – ∪ – – ∪ – ∪ – ∪ ∪ –
2           ∪ ∪ ∪ – ∪ ∪ – ∪ ͞∪͞∪ – ∪ –
3                 ∪ ∪ –     – ∪ – ∪ – ∪ ∪ –
4                 – ∪ ∪ – ∪ – – ∪ – ∪ – ∪ ∪ –
5           ∪ ∪ ∪ – ∪ ∪ – ∪ –   – ∪∪ ∪ –
6 ∪ – ∪ – –   – ∪͟ ͞∪ – ∪ ∪ – –
7 ∪ – –   ∪ – ∪ – × – ∪ –
```

                                                              Str. 1

'Ακούσατ'· ἦ γὰρ ἑλικώπιδος 'Αφροδίτας
    ἄρουραν ἢ Χαρίτων
ἀναπολίζομεν, ὀμφαλὸν ἐριβρόμου   3
χθονὸς ἐς νάϊον προσοιχόμενοι·
Πυθιόνικος ἔνθ' ὀλβίοισιν 'Εμμενίδαις   5
ποταμίᾳ τ' 'Ακράγαντι καὶ μὰν Ξενοκράτει
ἐτοῖμος ὕμνων θησαυρὸς ἐν πολυχρύσῳ   7/8
'Απολλωνίᾳ τετείχισται νάπᾳ·

Und in Zukunft sodann, selge Kroniden, gewährt,
Daß Taten ihm wie Entschlüsse gedeihn, daß
Nicht, der Früchte verdirbt, der eisige Hauch
Stürmischer Winde ihm das Leben, es bändgend, bedrängt!
Des Zeus mächtger Wille lenkt ihm teurer
Männer Schicksal. Zu ihm
Bete ich, in Olympia
solch eine Ehre noch zu verleihn Battos' Stamm.

VI

FÜR XENOKRATES AUS AKRAGAS, SIEGER MIT DEM WAGEN

Der Sieger, Therons Bruder, hatte 490 seinen Sohn Thrasybulos mit dem Gespann nach Delphi gesandt. Mit ihm wurde Pindar bekannt und bewunderte seine jugendliche Schönheit. So erklärt es sich, wenn er Aphrodite, die Göttin der Liebe und Schönheit, und die anmut- und siegverleihenden Huldinnen (Chariten) an den Anfang der Ode stellt, die er für die Emmeniden, das Geschlecht Therons, für Akragas, für Xenokrates, den Sieger, besonders aber für Thrasybulos geschaffen hat. Im Hauptteil lobt Pindar den jungen Prinzen wegen seiner Sohnesliebe; dabei weist er auf die Ratschläge hin, die der Kentaur Chiron dem Achilleus, dem Sohn des Peleus, gibt, sowie auf Antilochos, Nestors Sohn, der vor Troia seinen Vater gegen Memnon, den Sohn der Göttin Eos, schützt und dabei den Tod findet. Zum Schluß preist das Lied als Vorzüge des Thrasybulos Klugheit und Bescheidenheit, Sinn für musische Kunst, Frömmigkeit und liebenswürdiges Wesen im geselligen Verkehr.

Horcht auf! Der glanzäugigen Göttin, der Aphrodite,
    wohl auch der Huldinnen Flur
Pflügen aufs neue wir, lenkend zu dem Heiligtum,
Zu lautdröhnender Erde Nabel den Gang;
Dort ist den glücklichen Emmeniden, Akragas' Fluß-
stadt und zumal dem Xenokrates, bestimmt für den Sieg
In Pytho, ein Schatzhaus der Hymnen errichtet
Im goldreichen, dem Apollon heilgen Tal.

τὸν οὔτε χειμέριος ὄμβρος, ἐπακτὸς ἐλθὼν　　　　　Str. 2
  ἐριβρόμου νεφέλας　　　　　　　　　　　　　　　11
στρατὸς ἀμείλιχος, οὔτ' ἄνεμος ἐς μυχούς　　　　　12
ἁλὸς ἄξοισι παμφόρῳ χεράδει
τυπτόμενον. φάει δὲ πρόσωπον ἐν καθαρῷ
πατρὶ τεῷ, Θρασύβουλε, κοινάν τε γενεᾷ　　　　　15
λόγοισι θνατῶν εὔδοξον ἅρματι νίκαν　　　　　　16/17
Κρισαίαις ἐνὶ πτυχαῖς ἀπαγγελεῖ.

                              Str. 3
σύ τοι σχεθών νιν ἐπὶ δεξιὰ χειρὸς ὀρθὰν　　　　　20
  ἄγεις ἐφημοσύναν,
τά ποτ' ἐν οὔρεσι φαντὶ μεγαλοσθενεῖ
Φιλύρας υἱὸν ὀρφανιζομένῳ
Πηλεΐδᾳ παραινεῖν· μάλιστα μὲν Κρονίδαν,
βαρύοπα στεροπᾶν κεραυνῶν τε πρύτανιν,
θεῶν σέβεσθαι· ταύτας δὲ μή ποτε τιμᾶς　　　　　25/26
ἀμείρειν γονέ͜ων βίον πεπρωμένον.

                              Str. 4
ἔγεντο καὶ πρότερον Ἀντίλοχος βιατὰς
  νόημα τοῦτο φέρων,
ὃς ὑπερέφθιτο πατρός, ἐναρίμβροτον　　　　　　30
ἀναμείναις στράταρχον Αἰθιόπων
Μέμνονα. Νεστόρειον γὰρ ἵππος ἅρμ' ἐπέδα
Πάριος ἐκ βελέων δαϊχθείς· ὁ δ' ἔφεπεν
κραταιὸν ἔγχος· Μεσσανίου δὲ γέροντος　　　　　34/35
δονηθεῖσα φρὴν βόασε παῖδα ὅν,

                              Str. 5
χαμαιπετὲς δ' ἄρ' ἔπος οὐκ ἀπέριψεν· αὐτοῦ
  μένων δ' ὁ θεῖος ἀνήρ
πρίατο μὲν θανάτοιο κομιδὰν πατρός,
ἐδόκησέν τε τῶν πάλαι γενεᾷ　　　　　　　　40
ὁπλοτέροισιν ἔργον πελώριον τελέσαις
ὕπατος ἀμφὶ τοκεῦσιν ἔμμεν πρὸς ἀρετάν.
τὰ μὲν παρίκει· τῶν νῦν δὲ καὶ Θρασύβουλος
πατρῴαν μάλιστα πρὸς στάθμαν ἔβα,　　　　　45

Das führen nicht eisiger Regen, lautdröhnender Wol-
    ke schnell heranrückend Heer,
Ohne Erbarmen sich nahnd, noch Sturm in des Meers
Tiefen Schlund, vom Geröll der Steine erfaßt,
Sondern in reinem Lichtglanz wird seine Vorhalle kund
Tun, deinem Vater wie eurem Stamm geltend, in dem Wort
Der Menschen ruhmreich: Sieg, den euch, Thrasybulos,
Der Wagen in Krisas Felsenschlucht errang.

Du hältst fürwahr an deiner Rechten den Vater, folgst so
    der guten Weisung, wozu
Einst in den Bergen der Philyra Sohn, so sagt
Man, den mächtgen Peliden, fern seinem Heim,
Also ermahnt: „Zumeist scheue den Kroniden, den dumpf
Dröhnenden Lenker von Donner und Blitzschlägen, vor all
Den Göttern; die Ehrfurcht raube nie auch dem Leben
Der Eltern, solang ihr Los es ihnen gönnt!"

Es hegte auch früher Antilochos, der gewaltge,
    denselben Sinn; denn er starb
Für seinen Vater, als stand er hielt dem Führer der
Aithiopier, dem männermordenden, dem
Memnon. Es hemmte nämlich den Wagen Nestors ein Pferd, das
War von des Paris Geschossen. Und der naht' und erhob   [verletzt
Den mächtgen Speer; da rief des messenischen Greises
Von Schrecken erschütterter Sinn seinen Sohn;

Zu Boden nicht schleudert' er, weg nicht sein Wort; es hielt dort
    der Mann, der göttliche, stand,
Kaufte mit eigenem Tod des Vaters Sicherheit
Und erschien von den ehmals Lebenden den
Jüngeren, da er vollbrachte die gewaltige Tat,
Höher als alle durch edles Tun den Eltern zulieb.
Das ist vorbei. Von Heutigen ging Thrasybulos
Wie sonst keiner der väterlichen Richtschnur nach.

πάτρῳ τ' ἐπερχόμενος ἀγλαΐαν ἅπασαν. Str. 6
  νόῳ δὲ πλοῦτον ἄγει,
ἄδικον οὔθ' ὑπέροπλον ἥβαν δρέπων.
σοφίαν δ' ἐν μυχοῖσι Πιερίδων·
τίν τ', 'Ελέλιχθον, ἄρχεις ὃς ἱππιᾶν ἐσόδων, 50
μάλα ἀδόντι νόῳ, Ποσειδάν, προσέχεται.
γλυκεῖα δὲ φρὴν καὶ συμπόταισιν ὁμιλεῖν 52/53
μελισσᾶν ἀμείβεται τρητὸν πόνον.

VII

ΜΕΓΑΚΛΕΙ ΑΘΗΝΑΙΩΙ ΤΕΘΡΙΠΠΩΙ

Äolisch

Str.

```
1 − − ∪ − ∪ ͡∪∪ ∪ ͡∪∪ ∪ − −
2 ∪ − ∪∪ − −   ∪ − × − ∪ −
3 ∪ − −   − ∪ −   − − − ∪ ∪ − −
4 ∪ − ∪ ∪∪ − ∪ ∪ −   − − − ∪ ∪ − ∪ −
5 ∪∪ ∪ − ∪ −
6 × ∪∪ ∪ − −
```

Ep.

```
1/2        − ∪∪ ∪ −   − − ∪ − ∪ ∪ −
3 ∪ − −      − ∪ −      − − ∪ ∪ − ∪ −
4      ∪∪ ∪ − ∪ ∪ − ∪∪ ∪ − ∪ − ∪ ∪ −
5              − − − ∪ − ∪ ∪ −
6 − − ∪ −    − ∪ ∪ −    ∪ − ∪ ∪ − −
```

                                        Str.

Κάλλιστον αἱ μεγαλοπόλιες 'Αθᾶναι
προοίμιον 'Αλκμανιδᾶν εὐρυσθενεῖ
γενεᾷ κρηπῖδ' ἀοιδᾶν ἵπποισι βαλέσθαι. 3/4
ἐπεὶ τίνα πάτραν, τίνα οἶκον ναίων ὀνυμάξεαι 5/6
ἐπιφανέστερον 7
'Ελλάδι πυθέσθαι;

Des Oheims Spur folgt er in all ihrem Glanz, gebraucht klug
   den Reichtum; frevelnd nicht, voll
Keckheit nicht pflückt er die Jugend, sondern Weisheit heimst
In den Grotten der Pieriden er ein;
Dir, der die Erd' erschüttert, des Rossewettlaufes Herrn,
Neigt er mit frommen Gemüte, o Poseidon, sich zu.
Sein herzlich Wesen, auch beim Gelage mit Freunden,
Es wetteifert mit der Bienen Wabenseim.

VII

FÜR MEGAKLES AUS ATHEN, SIEGER MIT DEM VIERGESPANN

Die Ode, außer N II der einzige Siegesgesang für einen Athener, für
Megakles aus dem vornehmen Geschlecht der Alkmaioniden, wurde 486
nicht in Athen, sondern in Delphi aufgeführt, da Megakles ein Jahr
vorher bei Parteikämpfen verbannt worden war. Die Alkmaioniden waren
schon einmal unter Peisistratos aus Athen vertrieben worden; sie ließen
sich in Delphi nieder und bauten dort den Apollontempel, der 548 verbrannt war, auf prächtige Weise wieder auf. Darauf nimmt der Dichter
bei seinem Preis der Stadt Athen Bezug, ehe er von den Siegen der Alkmaioniden spricht. Die letzten Worte spielen wohl auf Megakles' Verbannung
und auf die wechselnden Schicksale seines Geschlechts an.

Den schönsten Eingang beut die großmächtige Stadt, beut
Athen für Alkmaions weitwaltendes Geschlecht,
Den Grundstein zu dem Sang auf die Rosse zu legen.
Denn welch ein Vaterland, welch ein Haus, drin zu wohnen, kannst
Nennen, das glänzendern   [du mir wohl
Ruf hätte in Hellas?

πάσαισι γὰρ πολίεσι λόγος ὁμιλεῖ   Ant.
Ἐρεχθέος ἀστῶν, ᾿Άπολλον, οἳ τεόν   10
δόμον Πυθῶνι δίᾳ θαητὸν ἔτευξαν.   11/12
ἄγοντι δέ με πέντε μὲν ᾿Ισθμοῖ νῖκαι, μία δ᾿ ἐκπρεπής   13/14
Διὸς ᾿Ολυμπιάς.   15
δύο δ᾿ ἀπὸ Κίρρας,

               Ep.

ὦ Μεγάκλεες,
ὑμαί τε καὶ προγόνων.
νέᾳ δ᾿ εὐπραγίᾳ χαίρω τι· τὸ δ᾿ ἄχνυμαι,
φθόνον ἀμειβόμενον τὰ καλὰ ἔργα. φαντί γε μάν
οὕτω κ᾿ ἀνδρὶ παρμονίμαν   20
θάλλοισαν εὐδαιμονίαν τὰ καὶ τὰ φέρεσθαι.

VIII

ΑΡΙΣΤΟΜΕΝΕΙ ΑΙΓΙΝΗΤΗΙ ΠΑΛΑΙΣΤΗΙ

Äolisch

Str.

```
1         υ υ   υ – υ υ –   υ –
2           –  υ – υ υ υ υ υ –
3               – – υ –   υ υ –
4          υ  – υ – –   υ υ – υ –
5      – υ υ – –   x – υ –   υ υ – υ –
6 x – υ – υ υ – –   x – υ –         υ –
7 x – υ –         x – ū –         υ –
```

Ep.

```
1 υ – υ – υ υ – ū – –         ū – υ –
2 – – υ – υ υ –   –   x – υ υ – –
3  – ū – υ υ – υ – –   – – υ υ – –
4   – – υ υ – – υ υ – υ – υ –
5  υ – – υ υ – υ –   – υ – υ υ – υ –
6 – – u̱         – u̱ – υ υ – υ – υ – –
```

In allen Städten ist ja die Rede, Apollon,
Im Gang von des Erechtheus' Bürgern, die dein Haus
Im heilgen Pytho staunenswert bauten. Es treiben
Zum Lob mich an fünf Siege am Isthmos, ein glänzender bei des Zeus
Fest in Olympia,
Dazu zwei in Kirrha,

Die, Megakles, du
Und deine Ahnen erkämpft.
Des neuen Sieges Glück – wohl freut's mich, doch schmerzlich ist,
Daß immer Mißgunst sich naht trefflichen Taten. Sagt man ja auch:
So bringe dem Menschen ein lang
Andauerndes, blühendes Glück den Umschwung wohl mit sich.

VIII

FÜR ARISTOMENES AUS AIGINA, SIEGER IM RINGKAMPF

Die Ode wurde 446 (also in der Spätzeit Pindars) in Aigina aufgeführt.
Des Dichters Verbundenheit mit der Stadt, die nach langer Abhängigkeit
von Athen durch den Sieg von Koroneia eine gewisse Selbständigkeit erlangt hatte, zeigt sich in Lobesworten und Wünschen auch dieses Liedes,
dem im übrigen die aus den Erlebnissen und der Geisteshaltung des
greisen Dichters erwachsenen Gedanken und Mahnungen sein besonderes
Gepräge geben. – Nach Anruf der Hesychia (Gottheit der Ruhe und Stille),
deren Wirken auf ordnender Gerechtigkeit beruht (Kind der Dike), und
die zugleich sich wehrhaft zeigt, wenn es nottut, führt Pindar als Beispiele bestrafter Ruhestörer Porphyrion, den König der Giganten, an,
den Apollon erschießt, und Typhos, den der Blitz des Zeus trifft. Mit dem
Lobpreis des Siegers Aristomenes, Sohnes des Xenarkes, verbindet sich
der seiner Heimat, die musische Kunst liebt, das Recht wahrt und in
Wettkampf und Krieg sich Ruhm erwarb. Seines Stammes würdig zeigte
sich nun auch Aristomenes; ähnlich wie einst auch Alkmaion; dessen
Vater, der im ersten Zug gegen Theben zugrunde gegangene Seher Amphiaraos, sieht im Hades voraus, daß, während der im ersten Zug besiegte,
im zweiten siegreiche Adrastos den Sohn im Kampf verliert, sein Sohn

Str. 1

Φιλόφρον Ήσυχία, Δίκας
ὦ μεγιστόπολι θύγατερ,
βουλᾶν τε καὶ πολέμων
ἔχοισα κλαῖδας ὑπερτάτας
Πυθιόνικον τιμὰν 'Αριστομένει δέκευ.
τὺ γὰρ τὸ μαλθακὸν ἔρξαι τε καὶ παθεῖν ὁμῶς
ἐπίστασαι καιρῷ σὺν ἀτρεκεῖ·

Ant. 1

τὺ δ' ὁπόταν τις ἀμείλιχον
καρδίᾳ κότον ἐνελάσῃ,
τραχεῖα δυσμενέων   10
ὑπαντιάξαισα κράτει τιθεῖς
ὕβριν ἐν ἄντλῳ, τὰν οὐδὲ Πορφυρίων μάθεν
παρ' αἶσαν ἐξερεθίζων. κέρδος δὲ φίλτατον,
ἑκόντος εἴ τις ἐκ δόμων φέροι.

Ep 1

βία δὲ καὶ μεγάλαυχον ἔσφαλεν ἐν χρόνῳ.   15
Τυφὼς Κίλιξ ἑκατόγκρανος οὔ μιν ἄλυξεν,
οὐδὲ μὰν βασιλεὺς Γιγάντων· δμᾶθεν δὲ κεραυνῷ
τόξοισί τ' 'Απόλλωνος· ὃς εὐμενεῖ νόῳ
Ξενάρκειον ἔδεκτο Κίρραθεν ἐστεφανωμένον
υἱὸν ποίᾳ Παρνασσίδι Δωριεῖ τε κώμῳ.   20

Str. 2

ἔπεσε δ' οὐ Χαρίτων ἑκάς
ἁ δικαιόπολις ἀρεταῖς
κλειναῖσιν Αἰακιδᾶν
θιγοῖσα νᾶσος· τελέαν δ' ἔχει

sich trefflich bewährt. Dem fügt Pindar hinzu, Alkmaion, durch sein Heiligtum ihm benachbart, habe ihm Gutes geweissagt, kommt nach Aufzählung anderer Siege auf den pythischen Sieg zurück und, nachdem er schon vorher Apollons Huld für Xenarkes' Haus erbeten, erfleht er zum Schluß von der Schutzgöttin der Stadt, von Zeus und den Heroen Freiheit für Aigina, das seit zehn Jahren unter Athens Botmäßigkeit stand.

Liebreiche Göttin der Ruhe, der
Dike Kind, die du Städte beglückst,
Hältst für Beratung und Krieg
In Händen erhabenste Schlüssel: nimm
Für Aristomenes' Sieg in Pytho die Ehrung an!
Verstehst du Friedsames doch zu tun, zu empfangen auch
Zugleich zu nirgends falsch bemessner Zeit.

Stieß unversöhnlichen Groll jedoch
Einer tief in das Herz sich hinein,
Machst du, begegnend der Kraft
Böswilliger, leck ihr Schiff, wirfst ins Meer
Frevelnden Trotz; dich kannt' auch Porphyrion nicht, als er
Dich reizte wider Gebühr. Liebste Art Gewinn ist's, trägt
Man dem, der gern ihn gibt, ihn aus dem Haus.

Gewalt stürzt auch mit der Zeit den Hoffärtgen; Typhon selbst,
Der hundertköpfge Kilikier, entrann ihr nicht, auch der
König nicht der Giganten; zu Boden warf sie der Blitz und
Der Bogen Apollons. Der empfing Xenarkes' Sohn
Voll Huld, ihn, den in Kirrha Laub vom Parnassos im Siegeskranz
Schmückend geehrt und dorischer Chorgesang im Festzug.

Fern nicht den Huldinnen ruht, des Rechts
Wahrerin, die des Aiakosstamms
Ruhmvolles Heldentum teilt,
Die Insel. Hoch steht schon ihr Ansehn von

δόξαν ἀπ' ἀρχᾶς. πολλοῖσι μὲν γὰρ ἀείδεται   25
νικαφόροις ἐν ἀέθλοις θρέψαισα καὶ θοαῖς
ὑπερτάτους ἥρωας ἐν μάχαις·

                                                   Ant. 2
τὰ δὲ καὶ ἀνδράσιν ἐμπρέπει.
εἰμὶ δ' ἄσχολος ἀναθέμεν
πᾶσαν μακραγορίαν   30
λύρᾳ τε καὶ φθέγματι μαλθακῷ,
μὴ κόρος ἐλθὼν κνίσῃ. τὸ δ' ἐν ποσί μοι τράχον
ἴτω τεὸν χρέος, ὦ παῖ, νεώτατον καλῶν,
ἐμᾷ ποτανὸν ἀμφὶ μαχανᾷ.

                                                   Ep. 2
παλαισμάτεσσι γὰρ ἰχνεύων ματραδελφεούς   35
Οὐλυμπίᾳ τε Θεόγνητον οὐ κατελέγχεις,
οὐδὲ Κλειτομάχοιο νίκαν Ἰσθμοῖ θρασύγυιον·
αὔξων δὲ πάτραν Μειδυλιδᾶν λόγον φέρεις,
τὸν ὅνπερ ποτ' Ὀϊκλέος παῖς ἐν ἑπταπύλοις ἰδών
υἱοὺς Θήβαις αἰνίξατο παρμένοντας αἰχμᾷ,   40

                                                   Str. 3
ὁπότ' ἀπ' Ἄργεος ἤλυθον
δευτέραν ὁδὸν Ἐπίγονοι.
ὧδ' εἶπε μαρναμένων·
'φυᾷ τὸ γενναῖον ἐπιπρέπει
ἐκ πατέρων παισὶ λῆμα. θαέομαι σαφές   45
δράκοντα ποικίλον αἰθᾶς Ἀλκμᾶν' ἐπ' ἀσπίδος
νωμῶντα πρῶτον ἐν Κάδμου πύλαις.

                                                   Ant. 3
ὁ δὲ καμὼν προτέρᾳ πάθᾳ
νῦν ἀρείονος ἐνέχεται
ὄρνιχος ἀγγελίᾳ
Ἄδραστος ἥρως· τὸ δὲ οἴκοθεν   50
ἀντία πράξει. μόνος γὰρ ἐκ Δαναῶν στρατοῦ
θανόντος ὀστέα λέξαις υἱοῦ, τύχᾳ θεῶν
ἀφίξεται λαῷ σὺν ἀβλαβεῖ

Urbeginn. Weil sie in vielen siegreichen Spielen und
Manch schneller Schlacht überlegne Heroen aufzog, wird
Im Lied sie ja besungen und gerühmt.

Doch auch durch Männer erglänzt sie. Nicht
Hab ich Muse, zu schildern all dies
Im weithin greifenden Wort
Mit Leier und schmeichelndem Sang, auf daß
Überdruß nicht kommt und quält. Was mir vor den Füßen liegt,
Du forderst, Sohn: es soll kommen der jüngste Ruhm, er sei
Beflügelt durch die Schöpfung meiner Kunst!

Im Ringen folgst deiner Mutter Brüdern du nach und machst
Nicht in Olympia dem Sieger Theognetos Schande
Noch Kleitomachos' Isthmossieg, Werk der Glieder voll Kühnheit.
Ruhm Meidylos' Stamm bringend, bekräftigst du das Wort,
Das einst Oïkles' Sohn geraunt, wie die Söhne vor Theben er,
Dem siebentorgen, ausharren sah voll Mut im Speerkampf,

Damals, als herkam von Argos zum
Zweiten Feldzug der Nachkommen Schar.
So sprach er während des Kampfs:
,,Naturererbt zeigt von den Vätern sich
Adlige Art an den Söhnen. Deutlich ja seh ich, wie
Den bunten Drachen auf leuchtendem Schild Alkmaion dort
Als erster vor des Kadmos Toren schwingt.

Der aber Not litt im frühern Kampf,
Jetzt ist er unter günstigeren
Wahrsagevogels Auskunft gestellt,
Der Held Adrastos. Doch im Hause wird's
Anders ihm gehn. Er allein vom Danaerheer ja birgt
Eines gefallenen Sohnes Gebeine, zieht dann mit
Durch Götterfügung unverletztem Heer

Ἄβαντος εὐρυχόρους ἀγυιάς.' τοιαῦτα μέν   Ep. 3
ἐφθέγξατ' Ἀμφιάρηος. χαίρων δὲ καὶ αὐτός   56
Ἀλκμᾶνα στεφάνοισι βάλλω, ῥαίνω δὲ καὶ ὕμνῳ,
γείτων ὅτι μοι καὶ κτεάνων φύλαξ ἐμῶν
ὑπάντασεν ἰόντι γᾶς ὀμφαλὸν παρ' ἀοίδιμον.
μαντευμάτων τ' ἐφάψατο συγγόνοισι τέχναις.   60

                                                           Str. 4
τὺ δ', Ἑκαταβόλε, πάνδοκον
ναὸν εὐκλέα διανέμων
Πυθῶνος ἐν γυάλοις,
τὸ μὲν μέγιστον τόθι χαρμάτων
ὤπασας, οἴκοι δὲ πρόσθεν ἁρπαλέαν δόσιν   65
πενταεθλίου σὺν ἑορταῖς ὑμαῖς ἐπάγαγες·
ὦναξ, ἑκόντι δ' εὔχομαι νόῳ

                                                           Ant. 4
κατά τιν' ἁρμονίαν βλέπειν
ἀμφ' ἕκαστον, ὅσα νέομαι.
κώμῳ μὲν ἁδυμελεῖ   70
Δίκα παρέστακε· θεῶν δ' ὄπιν
ἄφθονον αἰτέω, Ξέναρκες, ὑμετέραις τύχαις.
εἰ γάρ τις ἐσλὰ πέπαται μὴ σὺν μακρῷ πόνῳ,
πολλοῖς σοφὸς δοκεῖ πεδ' ἀφρόνων

                                                           Ep. 4
βίον κορυσσέμεν ὀρθοβούλοισι μαχαναῖς.   75
τὰ δ' οὐκ ἐπ' ἀνδράσι κεῖται· δαίμων δὲ παρίσχει,
ἄλλοτ' ἄλλον ὕπερθε βάλλων, ἄλλον δ' ὑπὸ χειρῶν
μέτρῳ καταβαίνει· Μεγάροις δ' ἔχεις γέρας,
μυχῷ τ' ἐν Μαραθῶνος, Ἥρας τ' ἀγῶν' ἐπιχώριον
νίκαις τρισσαῖς, ὦ 'Αριστόμενες, δάμασσας ἔργῳ·   80

                                                           Str. 5
τέτρασι δ' ἔμπετες ὑψόθεν
σωμάτεσσι κακὰ φρονέων,
τοῖς οὔτε νόστος ὁμῶς
ἔπαλπνος ἐν Πυθιάδι κρίθη,

Zurück in Abas' geräum'ge Straßen". Solch einen Spruch
Ließ hören Amphiaraos. Froh leg ich nun selbst auch
Kränze hin dem Alkmaion, netz ihn mit Lobgesang, weil er,
Mein Nachbar und Hort meines Besitztums, in den Weg
Beim Gang mir zu der Erde ruhmvollem Nabel gekommen. Der
Weissagung Künste wandte er an, die altererbten.

Ferntreffer, du des berühmten, des
Allversammelnden Heiligtums Herr
In Pythos Schluchten, du hast
Die höchste der Freuden nun dort gewährt,
Wie ja zuhaus auch vordem den hurtig errungnen Preis
Bei euren Festen im Fünfkampf herbeigeführt;
O Herr, ich fleh zu dir, laß will'gen Sinns

Hin auf ein richtiges Maß mich stets
Schaun bei allem, woran ich auch geh!
Festsang, süßtönendem, steht
Zwar Dike bei; doch daß der Götter Blick
Neidlos sei eurem Geschick, Xenarkes, das ist mein Flehn.
Hat einer Hohes erreicht mit nicht langer Müh, kann, scheint
Es vielen, klug er unter Toren sich

Sein Leben wappnen durch planvoller Einsicht Rat;
Doch das hängt ab nicht von Menschen; die Gottheit gewährt es,
Hebt bald jenen, bald den empor; andre läßt unter ihrer
Kraft Maß sie herabgehen. In Megara den Preis
Errangst du wie in Marathons Schlucht; in Heras einheimischem
Spiel kämpftest dreimal du, Aristomenes, erfolgreich.

Nun aber stürztest herab auf vier
Leiber du dich, gar Schlimmes im Sinn,
Denen nicht Heimkehr gleich dir,
Glückselge, das pythische Spiel beschied;

οὐδὲ μολόντων πὰρ ματέρ' ἀμφὶ γέλως γλυκύς   85
ὧρσεν χάριν· κατὰ λαύρας δ' ἐχθρῶν ἀπάοροι
πτώσσοντι, συμφορᾷ δεδαγμένοι.

ὁ δὲ καλόν τι νέον λαχών   Ant. 5
ἁβρότατος ἔπι μεγάλας
ἐξ ἐλπίδος πέταται   90
ὑποπτέροις ἀνορέαις, ἔχων
κρέσσονα πλούτου μέριμναν. ἐν δ' ὀλίγῳ βροτῶν
τὸ τερπνὸν αὔξεται· οὕτω δὲ καὶ πίτνει χαμαί,
ἀποτρόπῳ γνώμᾳ σεσεισμένον.

ἐπάμεροι· τί δέ τις ; τί δ' οὔ τις ; σκιᾶς ὄναρ   Ep. 5
ἄνθρωπος. ἀλλ' ὅταν αἴγλα διόσδοτος ἔλθῃ,   96
λαμπρὸν φέγγος ἔπεστιν ἀνδρῶν καὶ μείλιχος αἰών.
Αἴγινα φίλα μᾶτερ, ἐλευθέρῳ στόλῳ
πόλιν τάνδε κόμιζε Δὶ καὶ κρέοντι σὺν Αἰακῷ
Πηλεῖ τε κἀγαθῷ Τελαμῶνι σύν τ' Ἀχιλλεῖ.   100

IX

ΤΕΛΕΣΙΚΡΑΤΕΙ ΚΥΡΗΝΑΙΩΙ ΟΠΛΙΤΟΔΡΟΜΩΙ

Daktyloepitriten

Str.

1 ∪ ∪ − × − ∪ ∪ − ∪ ∪ − −
2 − ∪ − × − ∪ − − −
3 ∪ ∪ − ∪ − ∪ ∪ − ∪ ∪ − −
4 − ∪ ∪ − ∪ ∪ −   − − ∪ ∪ − ∪ ∪ − −
5 − ∪ − − − ∪ ∪ − ∪ ∪ −
      − − ∪ − − − ∪ ∪ − ∪ ∪ −
6 − ∪ ∪ − ∪ ∪ − −   − ∪ ∪ − ∪ ∪ −
7 − − ∪ ∪ − ∪ ∪ − ∪̲
8 − ∪ ∪ − ∪ ∪ −   − ∪ − × − ∪ −
9 − ∪ − × − ∪ −   −
      − ∪ −   ∪̲ − ∪ − −

Ep.

1 − − ∪ ∪ − ∪ ∪ − − − ∪ −
2 − ∪ ∪ − ∪ ∪ − −   − ∪ − ×
      − ∪ − − − ∪ ∪ − ∪ ∪ −
3 − ∪ − − − − ∪ ∪ − ∪ ∪ − − − ∪ −
4 − ∪ − × − ∪ − −
5 − ∪ − ∪̲ − ∪ ∪ − ∪ ∪ − ∪̲   − ∪ −
6 − ∪ − − − ∪ ∪ − ∪ ∪ −
7 − ∪ − − − ∪ ∪ − ∪ ∪ − −
      − ∪ − × − ∪ −
8 − ∪ ∪ − ∪ ∪ −
9 − ∪ ∪̲∪̲ − − ∪ ∪ − ∪ ∪ − −

Kamen zur Mutter sie, schuf kein liebliches Lachen Lust
Ringsum; die Gassen entlang, fern den Feinden, ducken sie
Sich scheu, verwundet von des Unglücks Biß.

Wer aber frisch sich den Sieg geholt,
Jung und zart noch, der schwingt sich, erfüllt
Von großer Hoffnung, empor
In flügelverleihendem Mannestum,
Bessres als Reichtum im Sinn. Für kurz nur wächst Sterblichen
Empor die Freude; und so stürzt sie auch zu Boden, wenn
Ein widrig Urteil sie erschüttert hat.

Tagwesen! Was ist – was ist man nicht? – Eines Schattens Traum –
Der Mensch! Sobald aber Glanz, gottgegebener, kommt, ist
Strahlend Licht bei den Menschen, freundlich ihr Dasein. Aigina,
Führe, liebe Mutter, auf der Freiheit Straße hin
Die Stadt hier im Verein mit Zeus, dem gebietenden Aiakos,
Mit Peleus, Telamon, dem vieledlen, und Achilleus!

IX

FÜR TELESIKRATES VON KYRENE, SIEGER IM WAFFENLAUF

Das 474 entstandene Lied ist wohl in Kyrene, der Heimat des Siegers,
aufgeführt worden. Von Telesikrates wendet sich Pindar sogleich zu der
Sage von Kyrene, der Stadtgottheit. Durch Apollon von Thessalien nach
Libyen gebracht, wird die Nymphe Herrin des Landes und gebiert
Apollon einen Sohn. Pindar berichtet zurückgreifend von ihren Eltern
und ihrer Jugend, ihrer Jagdleidenschaft, dem Kampf mit dem Löwen,
bei dem sie die Bewunderung und Liebe Apollons erregt, vom Gespräch
des Gottes mit Chiron, der ihm zum Bund mit der Jungfrau rät und die
Zukunft voraussagt. Wenn Pindar dann, nachdem er kurz von dem Sieg
und dem Sieger gesprochen, seine Vaterstadt Theben und ihre Heroen
rühmt, will er vielleicht den Vorwurf entkräften, wegen seiner Beziehun-
gen zu Sizilien vernachlässige er die Heimat. Nach dem Hinweis auf
frühere Erfolge des Siegers erzählt er, einer Mahnung des Liedbestellers
folgend, von dem Ahnen Alexidamos, der die Tochter des Antaios als
schnellster Wettläufer zur Gattin gewann.

'Εθέλω χαλκάσπιδα Πυθιονίκαν   Str. 1
σὺν βαθυζώνοισιν ἀγγέλλων
Τελεσικράτη Χαρίτεσσι γεγωνεῖν
ὄλβιον ἄνδρα διωξίππου στεφάνωμα Κυράνας·   5
τὰν ὁ χαιτάεις ἀνεμοσφαράγων
   ἐκ Παλίου κόλπων ποτὲ Λατοΐδας
ἅρπασ', ἔνεικέ τε χρυσέῳ παρθένον ἀγροτέραν
δίφρῳ, τόθι νιν πολυμήλου   6a
καὶ πολυκαρποτάτας θῆκε δέσποιναν χθονός
ῥίζαν ἀπείρου τρίταν εὐ-
   ήρατον θάλλοισαν οἰκεῖν.

                                                                              Ant. 1
ὑπέδεκτο δ' ἀργυρόπεζ' 'Αφροδίτα
Δάλιον ξεῖνον θεοδμάτων   10
ὀχέων ἐφαπτομένα χερὶ κούφᾳ·
καί σφιν ἐπὶ γλυκεραῖς εὐναῖς ἐρατὰν βάλεν αἰδῶ,
ξυνὸν ἁρμόζοισα θεῷ τε γάμον
   μιχθέντα κούρᾳ θ' 'Υψέος εὐρυβία·
ὃς Λαπιθᾶν ὑπερόπλων τουτάκις ἦν βασιλεύς,
ἐξ 'Ωκεανοῦ γένος ἥρως   14a
δεύτερος· ὃν ποτε Πίνδου κλεενναῖς ἐν πτυχαῖς   15
Ναῒς εὐφρανθεῖσα Πηνει-
   οῦ λέχει Κρέοισ' ἔτικτεν,

                                                                              Ep. 1
Γαίας θυγάτηρ. ὁ δὲ τὰν εὐώλενον
θρέψατο παῖδα Κυράναν· ἁ μὲν οὔθ' ἱ-
   στῶν παλιμβάμους ἐφίλησεν ὁδούς,
οὔτε δείπνων οἰκοριᾶν μεθ' ἑταιρᾶν τέρψιας,
ἀλλ' ἀκόντεσσίν τε χαλκέοις   20
φασγάνῳ τε μαρναμένα κεράϊζεν ἀγρίους
θῆρας, ἦ πολλάν τε καὶ ἡσύχιον
βουσὶν εἰρήναν παρέχοισα πατρῴαις,
   τὸν δὲ σύγκοιτον γλυκύν
παῦρον ἐπὶ γλεφάροις
ὕπνον ἀναλίσκοισα ῥέποντα πρὸς ἀῶ.   25

Ihn, den erzbeschildeten Pythiensieger,
Will ich feiern, Telesikrates,
Mit der tiefgegürteten Huldinnen Gunst den
Glücklichen Mann, der die roßstummelnde Kyrene mit Ruhm kränzt;
Die hat einst der Lockenumwallte aus sturm-
   durchbrauster Schlucht des Pelion geraubt, er, der Sohn
Letos; auf goldnem Gespann die Jungfrau, die Jägerin, bracht'
Er, wo er sie dann zu des Lands, des
Herden- und früchtegesegnetsten, Herrin machte, des
Festlands dritte Wurzel, schön und
   blütenprangend, zu bewohnen.

Es empfing den delischen Gast Aphrodite,
Silberfüßgen Gangs, mit leichter Hand
An den Wagen rührend, den göttererbauten;
Und auf ihr wonniges Lager legte sie liebliche Scham,
Fügend so zusammen dem Gott und des groß-
   mächtigen Hypseus Tochter den einenden Bund.
Ihn, der der stolzen Lapithen König war dazumal, als
Halbgott des Okeanos Enkel,
Brachte zur Welt in Pindos' berühmten Schluchten aus
Frohem Bund einst mit Peneios
   Gaias Tochter, die Najade

Kreusa. Er selbst aber zog sie auf nun, die
Schönarmge Tochter Kyrene. Doch sie liebte
   nicht des Webstuhls Wege, die hingehn und her,
Noch im Haus der Festmähler Freuden im Kreis der Freundinnen;
Nein, mit Speeren, ehernen, und
Mit dem Schwerte kämpfend, erlegte sie wilde Tiere, so –
Wahrlich – tiefen, ruhigen Frieden der Schar
Väterlicher Rinder verschaffend, jedoch den
   süßen Bettgenossen nur
Wenig sich gönnend, den Schlaf,
Der erst auf die Lider sich senkte beim Frührot.

κίχε νιν λέοντί ποτ' εὐρυφαρέτρας   Str. 2
ὀβρίμῳ μούναν παλαίοισαν
ἄτερ ἐγχέων ἑκάεργος Ἀπόλλων.
αὐτίκα δ' ἐκ μεγάρων Χίρωνα προσήνεπε φωνᾷ·
'σεμνὸν ἄντρον, Φιλυρίδα, προλιπὼν   30
    θυμὸν γυναικὸς καὶ μεγάλαν δύνασιν
θαύμασον, οἷον ἀταρβεῖ νεῖκος ἄγει κεφαλᾷ,
μόχθου καθύπερθε νεᾶνις   31a
ἦτορ ἔχοισα· φόβῳ δ' οὐ κεχείμανται φρένες.
τίς νιν ἀνθρώπων τέκεν; ποί-
    ας δ' ἀποσπασθεῖσα φύτλας

                                                                    Ant. 2
ὀρέων κευθμῶνας ἔχει σκιοέντων;
γεύεται δ' ἀλκᾶς ἀπειράντου.   35
ὁσία κλυτὰν χέρα οἱ προσενεγκεῖν
ἦρα καὶ ἐκ λεχέων κεῖραι μελιαδέα ποίαν;'
τὸν δὲ Κένταυρος ζαμενής, ἀγανᾷ
    χλοαρὸν γελάσσαις ὀφρύϊ, μῆτιν ἑάν
εὐθὺς ἀμείβετο· 'κρυπταὶ κλαΐδες ἐντὶ σοφᾶς
Πειθοῦς ἱερᾶν φιλοτάτων,   39a
Φοῖβε, καὶ ἔν τε θεοῖς τοῦτο κἀνθρώποις ὁμῶς   40
αἰδέοντ', ἀμφανδὸν ἀδεί-
    ας τυχεῖν τὸ πρῶτον εὐνᾶς.

                                                                     Ep. 2
καὶ γὰρ σέ, τὸν οὐ θεμιτὸν ψεύδει θιγεῖν,
ἔτραπε μείλιχος ὀργὰ παρφάμεν τοῦ-
    τον λόγον. κούρας δ' ὁπόθεν γενεάν
ἐξερωτᾷς, ὦ ἄνα; κύριον ὃς πάντων τέλος
οἶσθα καὶ πάσας κελεύθους·   45
ὅσσα τε χθὼν ἠρινὰ φύλλ' ἀναπέμπει, χὠπόσαι
ἐν θαλάσσᾳ καὶ ποταμοῖς ψάμαθοι
κύμασιν ῥιπαῖς τ' ἀνέμων κλονέονται,
    χὠ τι μέλλει, χὠπόθεν
ἔσσεται, εὖ καθορᾷς.
εἰ δὲ χρὴ καὶ πὰρ σοφὸν ἀντιφερίξαι,   50

So denn traf sie mit einem furchtbaren Löwen
Waffenlos einst, einsam, ringend der
Mit dem breiten Köcher: Ferntreffer Apollon.
Gleich aus der Grotte den Chiron rufend, erhob er die Stimme:
„Laß die heilge Höhle, der Philyra Sohn,
    staun eines Weibes Mut an und mächtige Kraft,
Welch einen Kampf unerschrocknen Hauptes sie ausficht, und wie
Hoch über der Not sie, die Junge,
Festhält ihr Herz, und von Schreck nicht umschauert ist ihr Sinn!
Wer der Männer zeugte sie? Von
    welchem Stamme losgerissen,

Hält sie auf in Schluchten sich schattiger Berge?
Sie erfreut sich endlosen Kampfgeists.
Ist es recht, sie mit Götterhand zu berühren,
Liebevoll, und auf dem Bett zu pflücken die liebliche Blüte?"
Ihm gab der wildstarke Kentaur, mit der mil-
    den Braue herzlich lachend, sogleich seinen Rat:
„Heimliche Schlüssel der weisen Peitho zum heiligen Bund,"
Erwidert er, „gibt es der Liebe,
Phoibos; bei Göttern und Menschen zugleich ja hat man Scheu,
Offen das erfreuende La-
    ger zum ersten Mal zu teilen.

So trieb denn auch dich, den nicht Lug anrühren darf,
Nur eine zärtliche Wallung zu dem Mißgriff
    dieses Worts. Woher denn das Mädchen wohl stammt,
Fragst du, Herr? Der du doch von allem das endgültige Ziel
Weißt und alle Pfade kennst; wie
Viel an Frühlingsblättern die Erde hervorschickt, und wieviel
In dem Meer, den Flüssen an Sandmassen durch
Wogen und Windstöße umher wird getrieben,
    und was kommt, woher es einst
Kommen wird, siehst du recht wohl.
Doch soll ich dem Weisen das Gleichgewicht halten,

194   Πυθιονίκαις

ἐρέω· ταῦτα πόσις ἵκεο βᾶσσαν   Str. 3
τάνδε, καὶ μέλλεις ὑπὲρ πόντου
Διὸς ἔξοχον ποτὶ κᾶπον ἐνεῖκαι·
ἔνθα νιν ἀρχέπολιν θήσεις, ἐπὶ λαὸν ἀγείραις
νασιώταν ὄχθον ἐς ἀμφίπεδον·   55
   νῦν δ' εὐρυλείμων πότνιά σοι Λιβύα
δέξεται εὐκλέα νύμφαν δώμασιν ἐν χρυσέοις
πρόφρων· ἵνα οἱ χθονὸς αἶσαν   56a
αὐτίκα συντελέθειν ἔννομον δωρήσεται,
οὔτε παγκάρπων φυτῶν νά-
   ποινον οὔτ' ἀγνῶτα θηρῶν.

                                                                      Ant. 3
τόθι παῖδα τέξεται, ὃν κλυτὸς Ἑρμᾶς
εὐθρόνοις Ὥραισι καὶ Γαίᾳ   60
ἀνελὼν φίλας ὑπὸ ματέρος οἴσει.
ταὶ δ' ἐπιγουνίδιον θαησάμεναι βρέφος αὐταῖς,
νέκταρ ἐν χείλεσσι καὶ ἀμβροσίαν
   στάξοισι, θήσονταί τέ νιν ἀθάνατον,
Ζῆνα καὶ ἁγνὸν Ἀπόλλων', ἀνδράσι χάρμα φίλοις
ἄγχιστον ὀπάονα μήλων,   64a
Ἀγρέα καὶ Νόμιον, τοῖς δ' Ἀρισταῖον καλεῖν.'   65
ὣς ἄρ' εἰπὼν ἔντυεν τερ-
   πνὰν γάμου κραίνειν τελευτάν.

                                                                      Ep. 3
ὠκεῖα δ' ἐπειγομένων ἤδη θεῶν
πρᾶξις ὁδοί τε βραχεῖαι. κεῖνο κεῖν' ἆ-
   μαρ διαίτασεν· θαλάμῳ δὲ μίγεν
ἐν πολυχρύσῳ Λιβύας· ἵνα καλλίσταν πόλιν
ἀμφέπει κλεινάν τ' ἀέθλοις.   70
καί νυν ἐν Πυθῶνί νιν ἀγαθέᾳ Καρνειάδα
υἱὸς εὐθαλεῖ συνέμειξε τύχᾳ·
ἔνθα νικάσαις ἀνέφανε Κυράναν,
   ἅ νιν εὔφρων δέξεται
καλλιγύναικι πάτρᾳ
δόξαν ἱμερτὰν ἀγαγόντ' ἀπὸ Δελφῶν.   75

Tu ich kund: Ihr – Gatte zu sein, bist ins Tal du
Hier gekommen; übers Meer wirst du
Zu des Zeus gar herrlichem Garten sie bringen,
Dort sie zur Stadtherrin machen, wenn du gesammelt das Volk der
Insel auf dem Hügel, von Fluren umrahmt;
    dann nimmt die Herrscherin über weites Gefild,
Libya, auf deine hehre Braut in dem goldenen Haus
Huldvoll und gibt dort an dem Land ihr
Anteil sogleich, daß sie rechtsgültig walte ihres Reichs,
Dem es nicht an Bäumen, an frucht-
    schweren, fehlt noch Jagdwild fremd ist.

Dort gebiert ein Kind sie, das Hermes, der Hehre,
Bringt, der lieben Mutter es nehmend,
Zu den herrlich thronenden Horen und Gaia;
Diese nun setzen bewundernd sich auf die Kniee den Kleinen,
Träufeln Nektar ihm und Ambrosia auf
    die Lippen, machen so ihn unsterblich, zum Zeus,
Reinen Apollon; den lieben Freunden ein Stolz, den Herden
Der achtsamste Wächter, heißt Agreus,
Nomios er und bei andern auch Aristaios." Dies
Sagt' er ihm, trieb so ihn an, froh
    zu vollziehn den Bund der Ehe.

Doch eilig ist, drängen die Götter, ihnen die
Tat, und die Wege sind kurz. Entschied doch dies der
    gleiche Tag: in Libyas Gemach, dem von Gold
Glänzenden, vereinten sie sich, wo der schönsten Stadt sie dann
Waltet, der wettkampfberühmten.
Jetzt auch hat in Pytho, dem göttlichen, Karneades' Sohn
Sie mit herrlichblühendem Glücke vereint.
Dort schuf siegend Glanz er Kyrene; die wird ihn
    froh im Land der schönen Fraun
Grüßen, dem Heimatland, ihn,
Der ersehnten Ruhm ihr jetzt herbringt von Delphi.

ἀρεταὶ δ' αἰεὶ μεγάλαι πολύμυθοι·   Str. 4
βαιὰ δ' ἂν μακροῖσι ποικίλλειν
ἀκοὰ σοφοῖς· ὁ δὲ καιρὸς ὁμοίως
παντὸς ἔχει κορυφάν. ἔγνον ποτὲ καὶ 'Ιόλαον
οὐκ ἀτιμάσαντά νιν ἑπτάπυλοι   80
    Θῆβαι· τόν, Εὐρυσθῆος ἐπεὶ κεφαλάν
ἔπραθε φασγάνου ἀκμᾷ, κρύψαν ἔνερθ' ὑπὸ γᾶν
διφρηλάτα 'Αμφιτρύωνος   81a
σάματι, πατροπάτωρ ἔνθα οἱ Σπαρτῶν ξένος
κεῖτο, λευκίπποισι Καθμεί-
    ων μετοικήσαις ἀγυιαῖς.

                                                                    Ant. 4
τέκε οἱ καὶ Ζηνὶ μιγεῖσα δαΐφρων
ἐν μόναις ὠδῖσιν 'Αλκμήνα   85
διδύμων κρατησίμαχον σθένος υἱῶν.
κωφὸς ἀνήρ τις, ὃς 'Ηρακλεῖ στόμα μὴ περιβάλλει,
μηδὲ Διρκαίων ὑδάτων ἀὲ μέ-
    μναται, τά νιν θρέψαντο καὶ 'Ιφικλέα·
τοῖσι τέλειον ἐπ' εὐχᾷ κωμάσομαί τι παθών
ἐσλόν. Χαρίτων κελαδεννᾶν   89a
μή με λίποι καθαρὸν φέγγος. Αἰγίνᾳ τε γάρ   90
φαμὶ Νίσου τ' ἐν λόφῳ τρὶς
    δὴ πόλιν τάνδ' εὐκλεΐξαι,

                                                                    Ep. 4
σιγαλὸν ἀμαχανίαν ἔργῳ φυγών·
οὔνεκεν, εἰ φίλος ἀστῶν, εἴ τις ἀντά-
    εις, τό γ' ἐν ξυνῷ πεπονᾱμένον εὖ
μὴ λόγον βλάπτων ἁλίοιο γέροντος κρυπτέτω·
κεῖνος αἰνεῖν καὶ τὸν ἐχθρόν   95
παντὶ θυμῷ σύν τε δίκᾳ καλὰ ῥέζοντ' ἔννεπεν.
πλεῖστα νικάσαντά σε καὶ τελεταῖς
ὡρίαις ἐν Παλλάδος εἶδον ἄφωνοί
    θ' ὡς ἕκασται φίλτατον
παρθενικαὶ πόσιν ἤ
υἱὸν εὔχοντ', ὦ Τελεσίκρατες, ἔμμεν,   100

Große Taten leihn stets viel Stoff zum Erzählen;
Doch Geringes, formt man's breit und bunt,
Wird den Klugen Ohrenschmaus. Freilich das Maß hat
Allwärts den Vorrang. Einst sah, daß nicht Iolaos mißachtet
Hat den Telesikrates, Theben, die sie-
    bentorge Stadt; den barg, als er traf mit des Schwerts
Schärfe das Haupt des Eurystheus, man in der Erde, im Grab
Amphitryons, Lenkers der Rosse,
Wo ihm sein Ahnherr die Ruh fand, der Sparten Gast, der sich
In des Kadmos Stadt, berühmt durch
    weiße Rosse, angesiedelt.

Ihm und Zeus gesellt, hat geboren Alkmene,
Die verständ'ge, aus den gleichen Wehn
Ihrer Zwillingssöhne siegbringende Kampfkraft.
Stumpf ist an Geist, wer des Mundes Lob nicht um Herakles schlingt,
Nicht der Dirkaiischen Gewässer stets ein-   [wer
    gedenk ist, die ihn nährten und Iphikles! Die
Preis ich nun, wie ich gelobt, höchlich, da ich Edles empfing.
Nicht möge der Huldinnen mir, der
Tonreichen, lauteres Licht fehlen! In Aigina ja,
Sag ich, und an Nisos' Hügel
    schuf ich dreimal meiner Stadt Ruhm,

Stillschweigender Ohnmacht durch dies mein Tun entflohn.
Deshalb, ob Freund einer oder Widerpart der
    Bürger: tat wohl er der Gemeinschaft, hintan
Setze man's nicht und berge des Meergreises Mahnung nicht in Nacht!
„Lobe", sprach er, „auch den Feind von
Ganzem Herzen – so ist es recht – wenn er edle Tat vollbringt!"
Meist sah ich dich siegreich, sowohl bei dem Fest
Jährlich der Pallas, sah, wie wortlos sie alle –
    waren's Mädchen – sich gewünscht,
Daß ihr Gemahl oder doch,
Daß ihr Sohn du, o Telesikrates, wärest, –

ἐν 'Ολυμπίοισί τε καὶ βαθυκόλπου   Str. 5
Γᾶς ἀέθλοις ἔν τε καὶ πᾶσιν
ἐπιχωρίοις. ἐμὲ δ' οὖν τις ἀοιδᾶν
δίψαν ἀκειόμενον πράσσει χρέος, αὖτις ἐγεῖραι
καὶ παλαιὰν δόξαν τεῶν προγόνων·   105
   οἷοι Λιβύσσας ἀμφὶ γυναικὸς ἔβαν
Ἴρασα πρὸς πόλιν, 'Ανταίου μετὰ καλλίκομον
μναστῆρες ἀγακλέα κούραν·   106a
τὰν μάλα πολλοὶ ἀριστῆες ἀνδρῶν αἴτεον
σύγγονοι, πολλοὶ δὲ καὶ ξεί-
   νων. ἐπεὶ θαητὸν εἶδος

                                Ant. 5
ἔπλετο· χρυσοστεφάνου δέ οἱ Ἥβας
καρπὸν ἀνθήσαντ' ἀποδρέψαι   110
ἔθελον. πατὴρ δὲ θυγατρὶ φυτεύων
κλεινότερον γάμον, ἄκουσεν Δαναόν ποτ' ἐν Ἄργει
οἷον εὗρεν τεσσαράκοντα καὶ ὀκ-
   τὼ παρθένοισι πρὶν μέσον ἆμαρ ἐλεῖν
ὠκύτατον γάμον· ἔστασεν γὰρ ἅπαντα χορόν
ἐν τέρμασιν αὐτίκ' ἀγῶνος·   114a
σὺν δ' ἀέθλοις ἐκέλευσεν διακρῖναι ποδῶν,   115
ἄντινα σχήσοι τις ἡρώ-
   ων, ὅσοι γαμβροί σφιν ἦλθον.

                                Ep. 5
οὕτω δ' ἐδίδου Λίβυς ἁρμόζων κόρᾳ
νυμφίον ἄνδρα· ποτὶ γραμμᾷ μὲν αὐτὰν
   στᾶσε κοσμήσαις, τέλος ἔμμεν ἄκρον,
εἶπε δ' ἐν μέσσοις ἀπάγεσθαι, ὃς ἂν πρῶτος θορών
ἀμφί οἱ ψαύσειε πέπλοις.   120
ἔνθ' 'Αλεξίδαμος, ἐπεὶ φύγε λαιψηρὸν δρόμον,
παρθένον κεδνὰν χερὶ χειρὸς ἑλών
ἆγεν ἱππευτᾶν Νομάδων δι' ὅμιλον.
   πολλὰ μὲν κεῖνοι δίκον
φύλλ' ἔπι καὶ στεφάνους·
πολλὰ δὲ πρόσθεν πτερὰ δέξατο νικᾶν.   125

Wie auch in Olympias und in der Gaia
Spielen, der vollbus'gen, und allen
In der Heimat. Aber mich ruft, der den Durst ich
Stille nach Liedern, zur Pflicht nun einer, zu wecken dazu auch
Deiner Ahnen uralten Ruhm, wie der Li-
    byerin, der Jungfrau wegen sie zogen zur Stadt
Irasa hin, des Antaios schönlock'ge Tochter zu frein,
Die weithinberühmte; es wünschten
Zahlreiche vornehme Männer sie sich zur Gattin, zum
Stamm gehör'ge und auch viele
    fremde; war doch ihre Schönheit

Wohl zu sehn. Sie wollten der goldkranzgeschmückten
Hebe Frucht, die blühnde, ihr pflücken.
Doch der Vater dachte, der Tochter zu pflanzen
Stolzere Hochzeit; es ward kund ihm, was einst Danaos für die
Achtundvierzig Töchter in Argos ersann,
    um vor dem Mittag noch zu erreichen für sie
Eiligste Hochzeit: er stellte ihre vollzählige Schar
Gleich auf an dem Ziel der Rennbahn,
Hieß dann durch Wettstreit der Füße entscheiden, welche ein
Jeder Held gewänne, soviel
    Schwiegersöhne ihm gekommen.

So gab auch der Libyer, klug es fügend, der
Tochter den Gatten; am Endstrich stellte er sie
    auf, im Brautschmuck, Ziel dort, das höchste, zu sein,
Tat rings kund, es dürfe sie heimführen, wer als erster im
Wettlauf rühre an ihr Kleid. Da
Faßt' Alexidamos, den andern entflohen schnellen Laufs,
An das holde Mädchen und führt', ihre Hand
Nehmend, sie durch reitfroher Numider Menge.
    Viel des Laubes warfen nun
Jene und Kränze auf ihn;
Viel zuvor der Fittiche nahm er für Siege.

X

ΙΠΠΟΚΛΕΙ ΘΕΣΣΑΛΩΙ ΠΑΙΔΙ ΔΙΑΥΛΟΔΡΟΜΩΙ

Äolisch, Choriamben

Str.

```
1  -  ū - ∪ ∪ - -
2 ∪ -   ∪ - ∪ ∪ -   ∪   - - ∪ ∪ - - ∪ -
3 ∪ - ∪ ∪ - ∪ ∪ -     × - ∪ ∪ - -
4 ∪ -     - ∪ ∪ -     × - ∪ ∪ - -
                      ∪ - ∪ ∪ - - ∪ - ∪ -
5 ∪ -     -   ∪ -     ∪ - ∪ ∪ - ∪ - -
6 ∪ ∪ - ∪ ∪ - ∪ -  ×   - ∪ - ∪ -
```

Ep.

```
1 × - ∪ ∪ - -   ū - ∪ ∪ - ∪ -
2     - ∪ ∪ - -
3 × - ∪ - ∪ ∪ ⌢ ∪ ∪ ⌢  ⌢ ∪ -
4 ∪ - ∪ - ∪ ∪ -       - ∪ -
5 ∪ - ∪ - ∪ ∪ -         ∪ - -
6 ū̄ - ∪ -   ū -   ∪ ∪ - ∪ - - ∪ -
```

Str. 1

Ὀλβία Λακεδαίμων,
μάκαιρα Θεσσαλία. πατρὸς δ' ἀμφοτέραις ἐξ ἑνός
ἀριστομάχου γένος Ἡρακλέος βασιλεύει.
τί κομπέω παρὰ καιρόν; ἀλλά με Πυθώ
    τε καὶ τὸ Πελινναῖον ἀπύει
Ἀλεύα τε παῖδες, Ἱπποκλέα θέλοντες   5
ἀγαγεῖν ἐπικωμίαν ἀνδρῶν κλυτὰν ὄπα.

Ant. 1

γεύεται γὰρ ἀέθλων·
στρατῷ τ' ἀμφικτιόνων ὁ Παρνάσσιος αὐτὸν μυχός
διαυλοδρομᾶν ὕπατον παίδων ἀνέειπεν.

X

FÜR HIPPOKLES, DEN THESSALISCHEN KNABEN, SIEGER IM DOPPELLAUF

Die 498 entstandene Ode, die früheste uns erhaltene, führte Pindar bei der Feier auf, die für Hippokles die Fürsten von Thessalien, die Aleuaden, in Pelinna veranstalteten. Der Aleuade Thorax hatte ihm den Auftrag gegeben, Edle aus dessen Geschlecht bildeten den Chor. Daß die Aleuaden wie die Lakedaimonier ihren Stamm von Herakles herleiteten, betont Pindar zu Anfang, rühmt dann den Sieger und seinen Vater Phrikias, der, selbst einst Olympia- und Pythosieger, sich nun über den Sieg des Sohnes freut. Doch soll ihn die Freude nicht überheblich machen; es bleibt ihm der Himmel verschlossen wie das Land der Hyperboreer. Zu diesem Volk kommt einst – damit beginnt Pindar die Sagenerzählung – Perseus, der Sohn des Zeus und der Danae; wir erfahren, wie er der Gorgone Medusa das Haupt abschlägt und mit ihm dem Herrscher der Insel Seriphos, dem Polydektes, der seiner Mutter nachstellt, den Tod gibt. Abbrechend wendet der Dichter sich zum Lob des Hippokles und Thorax und rühmt von seinem aristokratischen Standpunkt aus die Regierung des Landes, die, wie er meint, bei den Aleuaden in guten Händen liegt.

Glückliches Lakedaimon,
An Segen reiches Thessalien! Dem Vater, dem einen, entstammt,
Lenkt beide des kampfesgewalt'gen Herakles Sippe.
Wie? rühm über das Maß ich? Nein, denn mich ruft Pytho und Pelinnaion und Enkel des
Aleuas, die wünschen, Hippokles darzubringen
In dem feiernden Zug der Männer tönenden Gesang.

Freude hat er am Kampfpreis;
Hat in der Umwohner Menge ihn doch das parnassische Tal
Im doppelten Lauf als der Knaben ersten verkündet.

Ἄπολλον, γλυκὺ δ' ἀνθρώπων τέλος ἀρχά					10
	τε δαίμονος ὀρνύντος αὔξεται·
ὁ μέν που τεοῖς τε μήδεσι τοῦτ' ἔπραξεν,
τὸ δὲ συγγενὲς ἐμβέβακεν ἴχνεσιν πατρός

Ep. 1

Ὀλυμπιονίκα δὶς ἐν πολεμαδόκοις
Ἄρεος ὅπλοις·
ἔθηκε καὶ βαθυλείμων ὑπὸ Κίρρας πετρᾶν					15
ἀγὼν κρατησίποδα Φρικίαν.
ἔποιτο μοῖρα καὶ ὑστέραισιν
ἐν ἀμέραις ἀγάνορα πλοῦτον ἀνθεῖν σφίσιν·

Str. 2

τῶν δ' ἐν Ἑλλάδι τερπνῶν
λαχόντες οὐκ ὀλίγαν δόσιν, μὴ φθονεραῖς ἐκ θεῶν					20
μετατροπίαις ἐπικύρσαιεν. θεὸς εἴη
ἀπήμων κέαρ· εὐδαίμων δὲ καὶ ὑμνη-
	τὸς οὗτος ἀνὴρ γίνεται σοφοῖς,
ὃς ἂν χερσὶν ἢ ποδῶν ἀρετᾷ κρατήσαις
τὰ μέγιστ' ἀέθλων ἕλῃ τόλμᾳ τε καὶ σθένει,

Ant. 2

καὶ ζώων ἔτι νεαρόν					25
κατ' αἶσαν υἱὸν ἴδῃ τυχόντα στεφάνων Πυθίων.
ὁ χάλκεος οὐρανὸς οὔ ποτ' ἀμβατὸς αὐτῷ·
ὅσαις δὲ βροτὸν ἔθνος ἀγλαΐαις ἁ-
	πτόμεσθα, περαίνει πρὸς ἔσχατον
πλόον· ναυσὶ δ' οὔτε πεζὸς ἰὼν ⟨κεν⟩ εὕροις
ἐς Ὑπερβορέων ἀγῶνα θαυμαστὰν ὁδόν.					30

Ep. 2

παρ' οἷς ποτε Περσεὺς ἐδαίσατο λαγέτας,
δώματ' ἐσελθών,
κλειτὰς ὄνων ἑκατόμβας ἐπιτόσσαις θεῷ
ῥέζοντας· ὧν θαλίαις ἔμπεδον
εὐφαμίαις τε μάλιστ' Ἀπόλλων					35
χαίρει, γελᾷ θ' ὁρῶν ὕβριν ὀρθίαν κνωδάλων.

Apollon, es gedeiht gar lieblich der Menschen
  Beginnen und Ziel, treibt ein Gott sie an.
Der hat, weil es so dein Plan war, wohl dies erreicht, schritt
Wie's ihm artgemäß, auf des Vaters Spur, der zweimal in

Olympia siegte in kampfeserprobten, des
Kriegsgottes Waffen;
Es macht' im Wiesengrund auch unter dem Fels Kirrhas der
Wettkampf zum Sieger im Lauf Phrikias.
Geleite sie auch in künft'gen Tagen
Das Schicksal so, daß ihnen ein stolzer Reichtum erblüht!

Möchten sie, die in Hellas
Erlost der Freuden nicht kleines Maß, neidischen Glückswechsel nie
Erleben durch Fügung der Götter! Möge die Gottheit
Dem Groll fern sein im Herzen! Glücklich scheint, wert des
  Gesanges den Weisen der Mann, der, durch
Den Arm oder seiner Füße Gewandtheit siegreich,
Sich die höchsten der Preise nahm durch Wagemut und Kraft

Und – am Leben noch – sieht, wie
In Jugendkraft nach Verdienst sein Sohn pythische Kränze erringt.
Der eherne Himmel wird nie ersteigbar für ihn. So
Viel uns sterblichem Volk an Glanz nur erfaßlich,
  erreicht er durch weit überlegene Fahrt.
Nicht freilich zu Schiff noch wandernd zu Fuß fändst du
Zu der Hyperboreer Fest den wunderbaren Weg.

Bei ihnen hat Perseus geschmaust einst, der Volksfürst, traf
Sie, zu den Häusern
Gelangt, bei Festopfern von Eseln; die brachten dem Gott
Sie dar. An ihren Gelagen freut stets
Und den Gebeten Apollon sich sehr
Und lacht, sieht er der Bestien bockende Ungebühr,

Μοῖσα δ' οὐκ ἀποδαμεῖ   Str. 3
τρόποις ἐπὶ σφετέροισι· παντᾷ δὲ χοροὶ παρθένων
λυρᾶν τε βοαὶ καναχαί τ' αὐλῶν δονέονται·
δάφνᾳ τε χρυσέᾳ κόμας ἀναδήσαν-   40
   τες εἰλαπινάζοισιν εὐφρόνως.
νόσοι δ' οὔτε γῆρας οὐλόμενον κέκραται
ἱερᾷ γενεᾷ· πόνων δὲ καὶ μαχᾶν ἄτερ

                                                              Ant. 3
οἰκέοισι φυγόντες
ὑπέρδικον Νέμεσιν. θρασείᾳ δὲ πνέων καρδίᾳ
μόλεν Δανάας ποτὲ παῖς, ἀγεῖτο δ' 'Αθάνα,   45
ἐς ἀνδρῶν μακάρων ὅμιλον· ἔπεφνέν
   τε Γοργόνα, καὶ ποικίλον κάρα
δρακόντων φόβαισιν ἤλυθε νασιώταις
λίθινον θάνατον φέρων. ἐμοὶ δὲ θαυμάσαι

                                                              Ep. 3
θεῶν τελεσάντων οὐδέν ποτε φαίνεται
ἔμμεν ἄπιστον.   50
κώπαν σχάσον, ταχὺ δ' ἄγκυραν ἔρεισον χθονί
πρῴραθε, χοιράδας ἄλκαρ πέτρας.
ἐγκωμίων γὰρ ἄωτος ὕμνων
ἐπ' ἄλλοτ' ἄλλον ὥτε μέλισσα θύνει λόγον.

                                                              Str. 4
ἔλπομαι δ' 'Εφυραίων   55
ὄπ' ἀμφὶ Πηνεΐὸν γλυκεῖαν προχεόντων ἐμάν
τὸν 'Ιπποκλέαν ἔτι καὶ μᾶλλον σὺν ἀοιδαῖς
ἕκατι στεφάνων θαητὸν ἐν ἅλι-
   ξι θησέμεν ἐν καὶ παλαιτέροις,
νέαισίν τε παρθένοισι μέλημα. καὶ γάρ
ἑτέροις ἑτέρων ἔρωτες ἔκνιξαν φρένας·   60
                                                              Ant. 4

τῶν δ' ἕκαστος ὀρούει,
τυχών κεν ἁρπαλέαν σχέθοι φροντίδα τὰν πὰρ ποδός·
τὰ δ' εἰς ἐνιαυτὸν ἀτέκμαρτον προνοῆσαι.

Auch hält fern nicht die Muse
Sich ihren Sitten und Bräuchen; allwärts ist der Jungfrauen Reihn,
Der Leiern Getön und der Flöten Dröhnen im Schwange;
Mit Lorbeer, mit dem goldenen, ihre Haare
  umwunden, so schmausen sie frohgemut.
Nicht Krankheit, verderblich Alter nicht drängt ins Volk sich,
In das heilige, ein. Von Mühsal und von Kämpfen frei,

Hausen sie, ganz entzogen
Der rachefordernden Nemesis. Mutbeseelt, tapfren Sinns
Drang einstmals der Danae Sohn – in führte Athena –
Zur Schar vor der glückselgen Männer, erschlug dann
  die Gorgo und kam so, ihr Haupt, umwallt
Von Schlagengelock, als steinernen Tod mitbringend,
Zu den Inselbewohnern. Mir will, wär's ein Wunder gleich,

Wenn's Götter vollbringen, nie etwas erscheinen, als
Wär es unglaublich.
Halt fest den Rudergriff, schnell stoße den Anker zum Grund
Vom Bug, vorm Felsenriff Schutz dir zu sein!
Der Lobeshymnen erlesne Blüte
Schwärmt, Bienen gleich, von einem Geschehn ja zum andern hin

Lassen Ephyras Männer
Mein süßes Wort am Peneios hinströmen, so hoff ich, noch mehr
Dem Hippokles, Kränze, erworbne, ehrend mit Chören,
Bewunderung zu erwecken bei seinen Alters-
  genossen sowohl wie bei Älteren,
Den Jungfraun zu süßer Sorge. Es reizt den einen
Ihre Sinne ja der, den andern jener Sehnsucht Wunsch.

Doch was jeder erstrebt, hält,
Erlangt er's, er als errafftes Liebstes und ihm Nächstes wohl fest;
Was auch nur ein Jahr bringt, läßt sich nicht sicher voraussehn.

πέποιθα ξενίᾳ προσανέϊ Θώρα-
  κος, ὅσπερ ἐμὰν ποιπνύων χάριν
τόδ' ἔζευξεν ἅρμα Πιερίδων τετράορον,   65
φιλέων φιλέοντ', ἄγων ἄγοντα προφρόνως.

Ep. 4

πειρῶντι δὲ καὶ χρυσὸς ἐν βασάνῳ πρέπει
καὶ νόος ὀρθός.
ἀδελφεοῖσί τ' ἐπαινήσομεν ἐσλοῖς, ὅτι
ὑψοῦ φέροντι νόμον Θεσσαλῶν   70
αὔξοντες· ἐν δ' ἀγαθοῖσι κεῖται
πατρώϊαι κεδναὶ πολίων κυβερνάσιες.

XI

ΘΡΑΣΥΔΑΙΩΙ ΘΗΒΑΙΩΙ ΠΑΙΔΙ ΣΤΑΔΙΕΙ

Äolisch, Choriamben

Str.

1 – – ∪ – ∪ ∪ –   ∪ ∪ – ∪ ∪ – ∪ –   – –
2 – – ∪ – ∪ ∪ –   – ∪ – ∪ ∪ ∪∪ ∪ – – ∪ –
3/4∪∪ ∪ – ∪ ∪∪ ∪ – ∪ ∪ –   – ū ūū ∪∪ – –
   – ∪∪ ∪ – ∪ ∪ –
5 – – ∪ – ∪ ∪ –   ∪ – – ∪ – ∪ –

Ep.

1/2   – ∪ ∪ – ∪ – – ∪∪ ∪ – ∪ ∪ – –
3   – – ∪ ∪ – ∪ –   – ∪ – ∪ –
4 ∪∪ ∪ – ∪ ∪ – ∪ –   – ∪ –
5   ∪ – ∪ – ∪ – – ∪∪ ∪ –
6   ∪̲ – ∪ –   ū – ∪ ∪ – –

Str. 1

Κάδμου κόραι, Σεμέλα μὲν 'Ολυμπιάδων ἀγυιᾶτι,
'Ινὼ δὲ Λευκοθέα
   ποντιᾶν ὁμοθάλαμε Νηρηΐδων,

Vertraun heg ich zur Gastlichkeit, zur geneigten,
  des Thorax, der, sich mühnd um meine Gunst,
Ja dies Pieriden-Viergespann angeschirrt, Freund
Ist dem Freund und die Hand gebotner Hand in Güte beut.

Wer Gold auf dem Stein prüft, dem zeigt sich's als echt, so wie
Rechte Gesinnung.
Die Brüder preisen wir, die trefflichen; halten sie hoch
Doch der Thessalier Recht, ständig es
Mehrend; den Edlen ja liegt, von Vätern
Ererbt, der Städte sorgsame Lenkung am Steuer ob.

XI

FÜR THRASYDAIOS AUS THEBEN, SIEGER IM WETTLAUF DER KNABEN

Das 474 entstandene, in Theben im Heiligtum des Apollon Ismenios auf-
geführte Lied beginnt mit dem Anruf der Kadmostöchter Semele, der
Mutter des Dionysos, und der zur Meeresgöttin gewordenen Ino Leukothea
sowie der Mutter des Herakles, Alkmene. Sie sollen auf Geheiß Apollons
zu Melia, durch Apollon Mutter des Ismenos, in das Ismenion kommen,
um Themis, die Göttin heiliger Satzung, aus Anlaß des pythischen Sieges
zu feiern. Der heilige Ort Delphi läßt Pindar auf dessen Nachbar Strophios, den Vater des Pylades, kommen und damit zur Sage von dessen
Freund Orestes, den er nach einer Wendung der Sage, die Agamemnon
in Amyklai herrschen läßt, den Lakonier nennt. Erzählt wird, wie die
Amme – sie heißt hier Arsinoe – bei Ermordnug Agamemnons den Knaben
Orestes zu Strophios bringt. Den Sagenbericht abbrechend, rühmt Pindar
nun die Siege des Thrasydaios und seines Vaters. Wieder wie in P X ver-
teidigt sich der Dichter gegen den Vorwurf, ein Freund der Tyrannis
zu sein, und läßt sein Lied in ein Lob des Iolaos und der Dioskuren aus-
klingen.

Ihr Kadmostöchter, du, Semele, – Göttinnen im Olymp – und du,
Ino Leukothea, – im Meer
  Nereus' Töchtern gesellt – sucht nun samt Herakles'

ἴτε σὺν Ἡρακλέος ἀριστογόνῳ
ματρὶ πὰρ Μελίαν χρυσέων ἐς ἄδυτον τριπόδων 4
θησαυρόν, ὃν περίαλλ' ἐτίμασε Λοξίας, 5

Ant. 1

'Ισμήνιον δ' ὀνύμαξεν, ἀλαθέα μαντίων θῶκον,
ὦ παῖδες Ἀρμονίας,
ἔνθα καί νυν ἐπίνομον ἡρωΐδων
στρατὸν ὁμαγερέα καλεῖ συνίμεν,
ὄφρα Θέμιν ἱερὰν Πυθῶνά τε καὶ ὀρθοδίκαν 9
γᾶς ὀμφαλὸν κελαδήσετ' ἄκρᾳ σὺν ἑσπέρᾳ 10

Ep. 1

ἑπταπύλοισι Θήβαις
χάριν ἀγῶνί τε Κίρρας,
ἐν τῷ Θρασυδᾷος ἔμνασεν ἑστίαν
τρίτον ἔπι στέφανον πατρῴαν βαλών,
ἐν ἀφνεαῖς ἀρούραισι Πυλάδα 15
νικῶν ξένου Λάκωνος Ὀρέστα.

Str. 2

τὸν δὴ φονευομένου πατρὸς Ἀρσινόα Κλυταιμήστρας
χειρῶν ὕπο κρατερᾶν
ἐκ δόλου τροφὸς ἄνελε δυσπενθέος,
ὁπότε Δαρδανίδα κόραν Πριάμου
Κασσάνδραν πολιῷ χαλκῷ σὺν Ἀγαμεμνονίᾳ 20
ψυχᾷ πόρευ' Ἀχέροντος ἀκτὰν παρ' εὔσκιον

Ant. 2

νηλὴς γυνά. πότερόν νιν ἄρ' Ἰφιγένει' ἐπ' Εὐρίπῳ
σφαχθεῖσα τῆλε πάτρας
ἔκνισεν βαρυπάλαμον ὄρσαι χόλον;
ἢ ἑτέρῳ λέχεϊ δαμαζομέναν
ἔννυχοι πάραγον κοῖται; τὸ δὲ νέαις ἀλόχοις 25
ἔχθιστον ἀμπλάκιον καλύψαι τ' ἀμάχανον

Ep. 2

ἀλλοτρίαισι γλώσσαις·
κακολόγοι δὲ πολῖται.
σχεῖ τε γὰρ ὄλβος οὐ μείονα φθόνον·

Mutter, des größten Helden Gebärerin, Me-
lią im Schatzhaus auf der goldnen Dreifüße, im heilgen, nicht zu
Betretenden, das vor allem hochschätzte Loxias,

Der es Ismenion nannte, der Seher untrüglich-wahren Sitz,
Wohin auch jetzt, o ihr Töch-
ter Harmonias, er die dort heimische Schar
Der Heroinen, sich zu versammeln, beruft,
daß ihr Themis, die heilge, und Pytho, den Erdnabel auch,
Des Rechtes Stützpfeiler, feiert, wenn sich der Abend senkt,

Theben, der siebentor'gen
Stadt, und dem Wettkampf von Kirrha
Zuliebe, wo Thrasydaios der Väter Herd
Ehre gebracht, auf ihn legend den dritten Kranz
Vom Sieg auf reicher Flur des Pylades, des
Gastfreundes des Lakoniers Orestes.

Den nun nahm beim Mord an dem Vater durch Klytaimestras gewaltge
Hände Arsinoë, die
Amme, mit sich, entriß ihn höchst leidvollem Trug,
Als nun des Dardaniden, des Priamos Toch-
ter Kassandra mit der Seele zugleich Agamemnons gesandt
Durch graues Erz an des Acherons düstres Ufer das

Grausame Weib. Hat sie, daß Iphigenie an dem Euripos,
Der Heimat fern, ward geschlach-
tet, gereizt zu dem Ausbruch solch unbänd'gen Zorns?
Oder hat, als sie fremder Umarmung erle-
gen, zur Nachtzeit sie verführt der Beischlaf? Jungen Frauen ist dies
Der ärgste Fehltritt und zu verbergen unmöglich der

Anderen Leute Zungen;
Schmähsüchtig ja sind die Bürger.
Erregt großes Gut doch auch nicht geringern Neid;

ὁ δὲ χαμηλὰ πνέων ἄφαντον βρέμει.   30
θάνεν μὲν αὐτὸς ἥρως Ἀτρεΐδας
ἵκων χρόνῳ κλυταῖς ἐν Ἀμύκλαις,

                                                                  Str. 3
μάντιν τ' ὄλεσσε κόραν, ἐπεὶ ἀμφ' Ἑλένᾳ πυρωθέντας
Τρώων ἔλυσε δόμους
    ἁβρότατος. ὁ δ' ἄρα γέροντα ξένον
Στροφίον ἐξίκετο, νέα κεφαλά,   35
    Παρνασσοῦ πόδα ναίοντ'· ἀλλὰ χρονίῳ σὺν Ἄρει   36
πέφνεν τε ματέρα θῆκέ τ' Αἴγισθον ἐν φοναῖς.

                                                                  Ant. 3
ἦρ', ὦ φίλοι, κατ' ἀμευσίπορον τρίοδον ἐδινάθην,
ὀρθὰν κέλευθον ἰὼν
    τὸ πρίν· ἦ μέ τις ἄνεμος ἔξω πλόου
ἔβαλεν, ὡς ὅτ' ἄκατον ἐνναλίαν;   40
    Μοῖσα, τὸ δὲ τεόν, εἰ μισθοῖο συνέθευ παρέχειν   41
φωνὰν ὑπάργυρον, ἄλλοτ' ἄλλᾳ ταρασσέμεν

                                                                  Ep. 3
ἢ πατρὶ Πυθονίκῳ
τό γέ νυν ἢ Θρασυδάῳ,
τῶν εὐφροσύνα τε καὶ δόξ' ἐπιφλέγει.   45
τὰ μὲν ⟨ἐν⟩ ἅρμασι καλλίνικοι πάλαι
Ὀλυμπίαθ' ἀγώνων πολυφάτων
ἔσχον θοὰν ἀκτῖνα σὺν ἵπποις,

                                                                  Str. 4
Πυθοῖ τε γυμνὸν ἐπὶ στάδιον καταβάντες ἤλεγξαν
Ἑλλανίδα στρατιὰν   50
    ὠκύτατι. θεόθεν ἐραίμαν καλῶν,
δυνατὰ μαιόμενος ἐν ἁλικίᾳ.
    τῶν γὰρ ἀνὰ πόλιν εὑρίσκων τὰ μέσα μακροτέρῳ   52
ὄλβῳ τεθαλότα, μέμφομ' αἶσαν τυραννίδων·

                                                                  Ant. 4
ξυναῖσι δ' ἀμφ' ἀρεταῖς τέταμαι· φθονεροὶ δ' ἀμύνονται.
⟨ἀλλ'⟩ εἴ τις ἄκρον ἑλὼν   55
    ἡσυχᾷ τε νεμόμενος αἰνὰν ὕβριν

Doch wer im Niedern lebt, macht – von Glanz fern – nur Lärm.
So starb der Held denn, der Atreide, als spät
Er ankam im berühmten Amyklai,

Der Seherin schuf er Unheil, als Helenas wegen er raubte
Der Troer Häusern durch Brand
   ihren Prunk. Der nun kam zu dem am Fuß des Parnaß
Wohnenden Greis, dem Gastfreund Strophios, das
   junge Haupt; aber spät erst mit Hilfe des Mordgottes schlug
Tot er die Mutter und gab Aigisthos den Todesstreich.

Bin, Freunde, ich am sich kreuzenden Dreiweg gar irregegangen
Und schritt auf richtigem Pfad
   doch zuvor? Oder warf mich ein Wind aus der Fahrt
Gleich einem Kahn auf wogender Salzflut? Doch du,
   Muse, darfst, wenn um Lohn du versprachst, deine Stimme zu leihn,
Die silberne, hier- und dorthin sie drehn, sei's ehrend den

Vater, den Pythosieger,
Nun, oder sei's Thrasydaios;
Es flammt ihre Freude, ihr Ruhm im Glanze auf,
Trugen sie doch, mit dem Wagen einst siegreich in
Olympia, davon gerühmtesten Kampfs
Hellstrahlend schnellen Sieg mit den Rossen;

In Pytho abwärts zur Bahn, wo man nackt läuft, gelangt, be-
Ganz Hellas' Wettlaufschar durch   [schämten sie
   Schnelligkeit. Ich fleh Gott an, daß Edles ich tu,
Mögliches nur begehrend dem Alter gemäß.
   Da im Staat ich ja nur, was die Mitte hält, finde erblüht
In längerem Segen, verwerfe ich der Tyrannis Form;

Gemeinschaftsdienst ist mein Streben; doch Neider bestreiten mir's.
Hat einer Höchstes erreicht,   [Aber
   ist, in Ruhe genießend, dem unseligen

ἀπέφυγεν, μέλανος ἃν ἐσχατιάν
  καλλίονα θανάτου ⟨στείχοι⟩ γλυκυτάτᾳ γενεᾷ
εὐώνυμον κτεάνων κρατίσταν χάριν πορών·

Ep. 4

ἅ τε τὸν Ἰφικλείδαν
διαφέρει Ἰόλαον   60
ὑμνητὸν ἐόντα, καὶ Κάστορος βίαν,
σέ τε, ἄναξ Πολύδευκες, υἱοὶ θεῶν,
τὸ μὲν παρ' ἆμαρ ἕδραισι Θεράπνας,
τὸ δ' οἰκέοντας ἔνδον Ὀλύμπου.

XII

ΜΙΔΑΙ ΑΥΛΗΤΗΙ ΑΚΡΑΓΑΝΤΙΝΩΙ

Daktyloepitriten

1 $- - \cup \cup - \cup \cup - - - \cup \cup - \cup \cup -$
2 $- \cup \cup - \cup \cup - - - \cup \cup - \cup \cup -$
3 $- - \cup \cup - \cup \cup - - - \cup - \times - \cup -$
4 $- \cup \cup - \cup \cup - - - \cup \cup - \cup \cup -$
5 $- - \cup \cup - \cup \cup - - - \cup - \times - \cup -$
6 $- - \cup \cup - \cup \cup - - - \cup - \times - \cup -$
7 $- \cup \cup - \cup \cup - \underline{\cup} - \cup -$
8 $- \cup - \times - \cup - - - \cup - -$

Str. 1

Αἰτέω σε, φιλάγλαε, καλλίστα βροτεᾶν πολίων,
Φερσεφόνας ἕδος, ἅ τ' ὄχθαις ἔπι μηλοβότου
ναίεις Ἀκράγαντος, ἐΰδματον κολώναν, ὦ ἄνα,
ἵλαος ἀθανάτων ἀνδρῶν τε σὺν εὐμενίᾳ
δέξαι στεφάνωμα τόδ' ἐκ Πυθῶνος εὐδόξῳ Μίδᾳ   5
αὐτόν τε νιν Ἑλλάδα νικάσαντα τέχνᾳ, τάν ποτε
Παλλὰς ἐφεῦρε θρασειᾶν ⟨Γοργόνων⟩
οὔλιον θρῆνον διαπλέξαισ' Ἀθάνα·

Hochmut entflohn, der steigt zu des düsteren Tods
  schönrer Grenze wohl, reichend der süßesten Nachkommenschaft
Des guten Namens erfreulich Gut als den schönsten Schatz;

Der zeichnet Iphikles' Sproß
Aus, Iolaos, den vielfach
Besungnen, und Kastors Kraft und auch Herrscher, dich,
O Polydeukes, ihr Göttersöhne, die Tag
Um Tag, bald auf Therapnes Stühlen ihr thront,
Bald wohnt in des Olympos Gemächern!

XII

FÜR MIDAS VON AKRAGAS, SIEGER IM FLÖTENSPIEL

Diese Ode feiert als einzige einen Sieg in musischem Wettkampf, und zwar den des Flötenspielers Midas, der wohl mit Thrasybulos, dem Neffen Therons, 490 nach Delphi gekommen war (vgl. P VI). Nach Lobpreis der Stadt Akragas und Anruf der Stadtgöttin spricht Pindar von der Erfindung der Flöte. Athene ahmt mit ihren Tönen den Trauergesang der beiden Gorgonen nach, den sie anstimmen, als Perseus ihrer Schwester Medusa das Haupt abgeschlagen hat. Mit dem Haupt, dessen Anblick versteinert, gibt dieser dann dem König Polydektes, der seiner Mutter Danae nachstellt, den Tod (vgl. P X). Die „vielhäuptige Weise", der „Vielhäupterton" Athenes wird von Perseus und den Menschen übernommen und auf Erz- und Rohrflöten gespielt. Gedanken über die Unbeständigkeit menschlichen Glückes beschließen die Ode.

Glanzliebende, schönste der Menschenstädte, ich bitte dich, Sitz
Persephoneias, die du bewohnst an das Akragas Hang,
Des schafeernährenden, wohlbebaute Höhen: Herrin, nimm
Gnädig, Unsterblichen und den Menschen zu Gunst und zu Dank,
Den Kranz hier aus Pytho für Midas, den berühmten, an und ihn
Auch selber, der Hellas bezwang durch jene Kunst, die einstmals, der
Wilden Gorgonen wehklagend düstren Sang
Kunstvoll nachflechtend, erfand Pallas Athene;

τὸν παρθενίοις ὑπό τ' ἀπλάτοις ὀφίων κεφαλαῖς   Str. 2
ἄϊε λειβόμενον δυσπενθέϊ σὺν καμάτῳ,   10
Περσεὺς ὁπότε τρίτον ἄυσεν κασιγνητᾶν μέρος
ἐνναλίᾳ Σερίφῳ λαοῖσί τε μοῖραν ἄγων.
ἤτοι τό τε θεσπέσιον Φόρκοι' ἀμαύρωσεν γένος,
λυγρόν τ' ἔρανον Πολυδέκτᾳ θῆκε ματρός τ' ἔμπεδον
δουλοσύναν τό τ' ἀναγκαῖον λέχος,   15
εὐπαρᾴου κρᾶτα συλάσαις Μεδοίσας

                                                                          Str. 3
υἱὸς Δανάας· τὸν ἀπὸ χρυσοῦ φαμὲν αὐτορύτου
ἔμμεναι. ἀλλ' ἐπεὶ ἐκ τούτων φίλον ἄνδρα πόνων
ἐρρύσατο, παρθένος αὐλῶν τεῦχε πάμφωνον μέλος,
ὄφρα τὸν Εὐρυάλας ἐκ καρπαλιμᾶν γενύων   20
χριμφθέντα σὺν ἔντεσι μιμήσαιτ' ἐρικλάγκταν γόον.
εὗρεν θεός· ἀλλά νιν εὑροῖσ' ἀνδράσι θνατοῖς ἔχειν,
ὠνύμασεν κεφαλᾶν πολλᾶν νόμον,
εὐκλεᾶ λαοσσόων μναστῆρ' ἀγώνων,

                                                                          Str. 4
λεπτοῦ διανισόμενον χαλκοῦ θαμὰ καὶ δονάκων,   25
τοὶ παρὰ καλλιχόρῳ ναίοισι πόλι Χαρίτων
Καφισίδος ἐν τεμένει, πιστοὶ χορευτᾶν μάρτυρες.
εἰ δέ τις ὄλβος ἐν ἀνθρώποισιν, ἄνευ καμάτου
οὐ φαίνεται· ἐκ δὲ τελευτάσει νιν ἤτοι σάμερον
δαίμων – τὸ δὲ μόρσιμον οὐ παρφυκτόν –, ἀλλ' ἔσται χρόνος   30
οὗτος, ὃ καί τιν' ἀελπτίᾳ βαλών
ἔμπαλιν γνώμας τὸ μὲν δώσει, τὸ δ' οὔπω.

Den hört' aus der Jungfrauen Häuptern, schrecklicher Schlangen
Tropfend sie strömen in düster-trauernder, qualvoller Not, [zugleich,
Nach Perseus' Triumphschrei: ein Dritteil trug er fort der Schwestern;
Seriphos war es, das meerumströmte, bestimmt und sein Volk. [für
Fürwahr, er verbannte in Nacht des Phorkos unheimlichen Stamm,
Ließ bitter das Mahl und der Mutter lange Knechtung werden und
Zwangsehe für Polydektes, als nun der
Wangenschönen, der Medusa Haupt erbeutet

Der Danae Sohn, der aus Gold, selbstströmendem, kam, wie man sagt.
Doch als gerettet aus solchen Nöten den teueren Mann
Die Jungfrau, da schuf sie des Flötenspiels alltönenden Gesang,
Daß, was Euryales hurtgen Kiefern entquollen, er nun
Nachschüfe mit Hilfe des Werkzeuges: ihr lautklagend Gestöhn.
Die Göttin erfand's, doch erfand's zu sterblicher Menschen Besitz,
Nannt' es den Vielhäupterton, der hochberühmt,
Als der volkanfeuernden Wettkämpfe Werber,

Erz, dünnes, durchstreicht oft sowie Rohre, die der tanzfrohen nah
Wohnen, der Stadt der Charitinnen in dem heilgen Bezirk
Der Kephisis, vertraunswerte Zeugen der Choreuten. Wenn ein Glück,
Irgendein Glück es für Menschen gibt: ohne Mühsal und Not
Erscheint es nicht; führen zur Höh kann es am heutgen Tage noch
Ein Gott – das Geschick ist unfliehbar – doch kommt eine Zeit her, die,
Traf unverhofft sie mit ihrem Schlag, gleichwohl
Unerwartet dieses gibt, jenes noch nicht gibt.

ΝΕΜΕΟΝΙΚΑΙΣ

I

ΧΡΟΜΙΩΙ ⟨ΣΥΡΑΚΟΣΙΩΙ⟩ ΙΠΠΟΙΣ

Daktyloepitriten

Str.	Ep.
1 – – ∪ – × – ∪ –	1 ∪∪ ∪ – × – ∪ – –
2 – – ∪ – – – ∪ ∪ – ∪ ∪ –	– ∪ ∪ – ∪ ∪ –|– ∪ –
3 – ∪ ∪ – ∪ ∪ –	2 – ∪ ∪ – ∪ ∪ – ∪ ∪ –
4 – – ∪ – – – ∪ ∪ – ∪ ∪ –	– – ∪ – × – ∪ –
5 ∪ – × – ∪ –	3 – ∪ – – – ∪ ∪ – ∪ ∪ –
6 – ∪ ∪ – ∪ ∪ –	∪ ∪ – – – ∪ – × – ∪ –
∪ ∪ – – – ∪ – × – ∪ –	4 – – ∪ – –|∪ ∪ –
7 – ∪ – – – ∪ ∪ – ∪ ∪ –	– ∪ – × – ∪ –
– ∪ – × – ∪ – – – ∪ – × – ∪ –	

Str. 1

Ἄμπνευμα σεμνὸν Ἀλφεοῦ,
κλεινᾶν Συρακοσσᾶν θάλος Ὀρτυγία,
δέμνιον Ἀρτέμιδος,
Δάλου κασιγνήτα, σέθεν ἁδυεπής
ὕμνος ὁρμᾶται θέμεν
αἶνον ἀελλοπόδων   5
   μέγαν ἵππων, Ζηνὸς Αἰτναίου χάριν·
ἅρμα δ' ὀτρύνει Χρομίου Νεμέα
   τ' ἔργμασιν νικαφόροις ἐγκώμιον ζεῦξαι μέλος.

Ant. 1

ἀρχαὶ δὲ βέβληνται θεῶν
κείνου σὺν ἀνδρὸς δαιμονίαις ἀρεταῖς.
ἔστι δ' ἐν εὐτυχίᾳ   10

NEMEISCHE ODEN

I

FÜR CHROMIOS AUS SYRAKUS, SIEGER MIT DEM ROSSEGESPANN

Die Feier für den wohl 477 errungenen Sieg dürfte 476 bei Pindars Aufenthalt in Sizilien im Hause des Siegers, eines unter Gelon und Hieron verdienten Generals, erfolgt sein. Die Ode preist zuerst die Stadt Syrakus, deren einer Teil Ortygia war, und den Sieg, darauf die glanzvolle, fruchtbare, ruhmreiche Insel Sizilien und Chromios' gastfreundliches Haus. Nach Ratschlägen, die er z. T. in Ichform kleidet, erzählt Pindar den Mythos von Herakles: den Kampf des Säuglings mit den Schlangen und die Weissagung des Teiresias über künftige Taten des Heros und seine Aufnahme in die olympischen Wohnungen.

Alpheios' heilge Rast im Lauf,
Ortygia, Sprößling von Syrakus, dem an Ruhm
Reichen, der Artemis Bett,
Schwester von Delos, süßen Getöns hebt aus dir
Sich der Hymnos, aufzubaun
Sturmfüßgen Roßgespanns macht-
    vollen Lobpreis, Zeus, dem Aitnagott, zum Dank.
Treibt mich Chromios' Wagen doch an und Neme-
    a, zu sieggekrönter Taten Feier anzuschirrn mein Lied.

Den Grund hat Götterhuld gelegt
Und jenes Manns gottähnliche Hoheit und Kraft.
Glücklich Gelingen verbürgt

πανδοξίας ἄκρον· μεγάλων δ᾽ ἀέθλων
Μοῖσα μεμνᾶσθαι φιλεῖ.
σπεῖρέ νυν ἀγλαΐαν
   τινὰ νάσῳ, τὰν Ὀλύμπου δεσπότας
Ζεὺς ἔδωκεν Φερσεφόνᾳ, κατένευ-
   σέν τέ οἱ χαίταις, ἀριστεύοισαν εὐκάρπου χθονός
                                                              Ep. 1
Σικελίαν πίειραν ὀρθώ-   15
   σειν κορυφαῖς πολίων ἀφνεαῖς·
ὤπασε δὲ Κρονίων πολέμου
   μναστῆρά οἱ χαλκεντέος
λαὸν ἵππαιχμον, θαμὰ δὴ καὶ Ὀλυμπιάδων φύλλοις ἐλαιᾶν χρυσέοις
μιχθέντα. πολλῶν ἐπέβαν
   καιρὸν οὐ ψεύδει βαλών·

                                                              Str. 2
ἔσταν δ᾽ ἐπ᾽ αὐλείαις θύραις
ἀνδρὸς φιλοξείνου καλὰ μελπόμενος,   20
ἔνθα μοι ἁρμόδιον
δεῖπνον κεκόσμηται, θαμὰ δ᾽ ἀλλοδαπῶν
οὐκ ἀπείρατοι δόμοι
ἐντί· λέλογχε δὲ μεμ-
   φομένοις ἐσλοὺς ὕδωρ καπνῷ φέρειν
ἀντίον. τέχναι δ᾽ ἑτέρων ἕτεραι·   25
   χρὴ δ᾽ ἐν εὐθείαις ὁδοῖς στείχοντα μάρνασθαι φυᾷ.
                                                              Ant. 2
πράσσει γὰρ ἔργῳ μὲν σθένος,
βουλαῖσι δὲ φρήν, ἐσσόμενον προϊδεῖν
συγγενὲς οἷς ἕπεται.
Ἀγησιδάμου παῖ, σέο δ᾽ ἀμφὶ τρόπῳ
τῶν τε καὶ τῶν χρήσιες.   30
οὐκ ἔραμαι πολὺν ἐν
   μεγάρῳ πλοῦτον κατακρύψαις ἔχειν,
ἀλλ᾽ ἐόντων εὖ τε παθεῖν καὶ ἀκοῦ-
   σαι φίλοις ἐξαρκέων. κοιναὶ γὰρ ἔρχοντ᾽ ἐλπίδες

Allseitgen Ruhms Gipfel; hoher Wettkämpfe bleibt
Gern die Muse eingedenk.
Sä einen strahlenden Glanz
   nun der Insel, die ja des Olympos Herr,
Zeus, geschenkt Persephone; zunickt' er ihr
   mit den Locken, er werd' ihr erhöhn das herrlichste Gebiet

Fruchtbaren Lands, das fette Sizilien, durch der Städte sich steigerndes Glück;
Und ihm gewährte Kronion auf erz-
   bewehrten Krieg bedachtes Volk,
Lanzenreiter, häufig auch von des olympischen Ölbaums goldner Blätterzier umrankt.
Zu vielem, was günstig sich bot,
   kam ich, treffend ohne Trug;

So trat zum Hoftor ich des Manns,
Des gastlichen, besingend den schönen Erfolg,
Wo man ein zusagend Mahl
Mir zubereitet hat; oft zeigt Fremden als Wirt
Nicht sich ungeübt dies Haus.
Er hat das Glück, daß bei Schmä-
   hungen für ihn Edle Wasser wider Rauch
Tragen. Künste kann dieser die, andre der;
   not tut: grade Wege wandelnd, streiten seiner Art gemäß!

Wirkt doch durch Tat, wem Stärke, durch
Ratschläge, wem Sinn, Künftges im voraus zu sehn,
Schon durch Geburt ward verliehn.
Hagesidamos' Sohn, deiner Art ist gegönnt
Der wie jener Kraft Gebrauch.
Nicht ist mein Wunsch, vielen Reich-
   tum verborgen im Gemach zu halten, nein,
Vom Besitz bei gutem Ergehen und Ruf   [Furcht
   Freunden reichlich wohlzutun. Gleichmäßig kommt Hoffnung und

πολυπόνων ἀνδρῶν. ἐγὼ δ᾽ Ἡ-   Ep. 2
   ρακλέος ἀντέχομαι προφρόνως
ἐν κορυφαῖς ἀρετᾶν μεγάλαις,
   ἀρχαῖον ὀτρύνων λόγον,
ὡς, ἐπεὶ σπλάγχνων ὕπο ματέρος αὐ-   35
   τίκα θαητὰν ἐς αἴγλαν παῖς Διός
ὠδῖνα φεύγων διδύμῳ
   σὺν κασιγνήτῳ μόλεν,

                                                            Str. 3
ὡς οὐ λαθὼν χρυσόθρονον
Ἥραν κροκωτὸν σπάργανον ἐγκατέβα·
ἀλλὰ θεῶν βασιλέα
σπερχθεῖσα θυμῷ πέμπε δράκοντας ἄφαρ.   40
   τοὶ μὲν οἰχθεισᾶν πυλᾶν
ἐς θαλάμου μυχὸν εὐ-
   ρὺν ἔβαν, τέκνοισιν ὠκείας γνάθους
ἀμφελίξασθαι μεμαῶτες· ὁ δ᾽ ὀρ-
   θὸν μὲν ἄντεινεν κάρα, πειρᾶτο δὲ πρῶτον μάχας,

                                                            Ant. 3
δισσαῖσι δοιοὺς αὐχένων
μάρψαις ἀφύκτοις χερσὶν ἑαῖς ὄφιας.   45
ἀγχομένοις δὲ χρόνος
ψυχὰς ἀπέπνευσεν μελέων ἀφάτων.
ἐκ δ᾽ ἄρ᾽ ἄτλατον δέος
πλᾶξε γυναῖκας, ὅσαι
   τύχον Ἀλκμήνας ἀρήγοισαι λέχει·
καὶ γὰρ αὐτὰ ποσσὶν ἄπεπλος ὀρού-   50
   σαισ᾽ ἀπὸ στρωμνᾶς ὅμως ἄμυνεν ὕβριν κνωδάλων.

                                                            Ep. 3
ταχὺ δὲ Καδμείων ἀγοὶ χαλ-
   κέοις σὺν ὅπλοις ἔδραμον ἀθρόοι,
ἐν χερὶ δ᾽ Ἀμφιτρύων κολεοῦ
   γυμνὸν τινάσσων ⟨φάσγανον⟩

Leidvollen Menschen. Ich jedoch wend
   Herakles freudigen Mutes mich zu
Ob seines Heldentums machtvoller Höh,
   der Frühzeit Mär erweckend, wie,
Als aus dunklem Schoße der Mutter noch kaum
     zu des Lichts sichtbarem Glanz der Sohn des Zeus,
Den Wehn entfliehnd, sich bewegt
   mit dem Zwillingsbruder, man

Ihn tat in Safranwindeln, nicht
Verborgen der goldthronenden Hera; vielmehr
Schickte ergrimmten Gemüts
Der Götter Kön'gin Schlangen sogleich hin. Und die –
Drangen durch die offne Tür
Weit in des Schlafgemachs Inn-
   res, voll Gier, die Kinder mit den hurtigen
Kiefern zu verschlingen; er aber – empor,
   aufrecht reckte er sein Haupt, versuchte erstmals sich im Kampf;

Mit seinen zwei Händen die zwei
Schlangen, mit den unfliehbaren, packt' er am Hals,
Bis den Gewürgten die Zeit
Die Seelen fortblies aus ihrem grausigen Leib.
Eine untragbare Angst
Schreckte die Fraun auf, die dienst-
   bereit standen um Alkmenes Bett; und sie
Selbst, ob auf die Füße gewandlos sie sich
   schwang vom Lager, wollte doch abwehren der Untiere Wut.

Eilig nun liefen der Kadmeier
   Führer, sich drängend, gewappnet in Erz;
Herkam Amphitryon auch, in der Hand,
   los von der Scheide, schwingend sein

ἵκετ᾽, ὀξείαις ἀνίαισι τυπείς.
    τὸ γὰρ οἰκεῖον πιέζει πάνθ᾽ ὁμῶς·
εὐθὺς δ᾽ ἀπήμων κραδία
    κᾶδος ἀμφ᾽ ἀλλότριον.

                                        Str. 4
ἔστα δὲ θάμβει δυσφόρῳ   55
τερπνῷ τε μιχθείς. εἶδε γὰρ ἐκνόμιον
λῆμά τε καὶ δύναμιν
υἱοῦ· παλίγγλωσσον δέ οἱ ἀθάνατοι
ἀγγέλων ῥῆσιν θέσαν.
γείτονα δ᾽ ἐκκάλεσεν   60
    Διὸς ὑψίστου προφάταν ἔξοχον,
ὀρθόμαντιν Τειρεσίαν· ὁ δέ οἱ
    φράζε καὶ παντὶ στρατῷ, ποίαις ὁμιλήσει τύχαις.

                                        Ant. 4
ὅσσους μὲν ἐν χέρσῳ κτανών,
ὅσσους δὲ πόντῳ θῆρας ἀϊδροδίκας,
καί τινα σὺν πλαγίῳ
ἀνδρῶν κόρῳ στείχοντα τὸν ἐχθρότατον   65
φᾶ ἓ δᾳώσειν μόρον.
καὶ γὰρ ὅταν θεοὶ ἐν
    πεδίῳ Φλέγρας Γιγάντεσσιν μάχαν
ἀντιάζωσιν, βελέων ὑπὸ ῥι-
    παῖσι κείνου φαιδίμαν γαίᾳ πεφύρσεσθαι κόμαν

                                        Ep. 4
ἔνεπεν· αὐτὸν μὰν ἐν εἰρή-
    νᾳ τὸν ἅπαντα χρόνου ⟨ἐν⟩ σχερῷ
ἡσυχίαν καμάτων μεγάλων   70
    ποινὰν λαχόντ᾽ ἐξαίρετον
ὀλβίοις ἐν δώμασι, δεξάμενον
    θαλερὰν Ἥβαν ἄκοιτιν καὶ γάμον
δαίσαντα πὰρ Δὶ Κρονίδᾳ,
    σεμνὸν αἰνήσειν νόμον.

Schwert, durch scharf ihn treffende Ängste gequält.
  Denn des eignen Hauses Not drückt jeden gleich;
Doch schnell von Qual frei wird das Herz,
  handelt sich's um fremdes Leid.

Er stand in Staunen, düsterm und
Freudgem; er sah die außergewöhnliche Art
Ja und die Stärke des Sohns;
Ins Gegenteil hatten die Unsterblichen der
Boten Meldung ihm gewandt.
Her ließ er rufen den Nach-
  bar, des Höchsten, Zeus' erkornen Seher, den
Rechten Wahrheitskünder Teiresias; der   [wird,
  sagt ihm, all dem Volk auch, welch Schicksal er auf sich nehmen

Wieviel zu Land er töten wird,
Wieviel zur See unbändgen Getiers, und wie
Einen, der tückisch, voll Trotz
Wider die Menschen vorgeht, durch bittersten Tods
Schicksal er vernichten wird.
Und wenn die Götter in Phleg-
  ras Gefild mit den Giganten sich im Kampf
Treffen, wie von seiner Geschosse gewalt-
  samer Wucht der Erde ihr hell leuchtend Haar besudelt wird,

Kündet er. Selber werde er in
  Frieden für allezeit fortwährende
Ruhe erlangen, gewaltiger Mühn
  und Kämpfe auserlesnen Lohn,
In den selgen Häusern, empfangen die blü-
  hende Hebe als Gemahlin, und, das Mahl
Bei Kronos' Sohn feiernd, bei Zeus,
  Preisen heilger Ordnung Brauch.

II

ΤΙΜΟΔΗΜΩΙ ΑΧΑΡΝΕΙ ΠΑΓΚΡΑΤΕΙ

Äolisch

```
1 ∪   − − ∪ ∪ − ∪   −
2     − − ∪ ∪ − ∪   −        ∪ − −
3 −   ṵ − ∪ ∪ − ∪   − ū   −   ∪ ∪ − −
4 ∪ ∪ ∪ − ∪ ∪ − ∪   −
      −   − − ∪ ∪ − ∪   − −   ū − ∪ ∪ − −
5       − ∪ ∪ −          ṵ − ∪ ∪ − −
```

Str. 1

Ὅθεν περ καὶ Ὁμηρίδαι
ῥαπτῶν ἐπέων τὰ πόλλ' ἀοιδοί
ἄρχονται Διὸς ἐκ προοιμίου, καὶ ὅδ' ἀνήρ
καταβολὰν ἱερῶν ἀγώ-
   νων νικαφορίας δέδεκται πρῶτον Νεμεαίου
ἐν πολυϋμνήτῳ Διὸς ἄλσει.   5

Str. 2

ὀφείλει δ' ἔτι, πατρίαν
εἴπερ καθ' ὁδόν νιν εὐθυπομπός
αἰὼν ταῖς μεγάλαις δέδωκε κόσμον Ἀθάναις,
θαμὰ μὲν Ἰσθμιάδων δρέπε-
   σθαι κάλλιστον ἄωτον ἐν Πυθίοισί τε νικᾶν
Τιμονόου παῖδ'· ἔστι δ' ἐοικός   10

Str. 3

ὀρειᾶν γε Πελειάδων
μὴ τηλόθεν Ὠαρίωνα νεῖσθαι.
καὶ μὰν ἁ Σαλαμίς γε θρέψαι φῶτα μαχατάν
δυνατός. ἐν Τροίᾳ μὲν Ἕ-
   κτωρ Αἴαντος ἄκουσεν. ὦ Τιμόδημε, σὲ δ' ἀλκά
παγκρατίου τλάθυμος ἀέξει.   15

II

FÜR TIMODEMOS AUS ACHARNAI, SIEGER IM RING- UND FAUSTKAMPF

Das kurze Lied, wohl vor 480, vielleicht schon 485, entstanden, ist für den Festzug in Nemea zum Preis des aus Acharnai, nördlich Athen stammenden, nun in Salamis wohnenden Siegers gedichtet. Es spielt im Mythischen an auf Orion, den Jäger, und beschäftigt sich dann mit Aias, dem Herrscher von Salamis. Es preist das Geschlecht des Timodemos als siegreich in zahlreichen Wettkämpfen und fordert am Schluß zum Gesang des in Nemea üblichen Siegesrufs auf, den wohl der Sieger selbst anstimmte.

Wie auch die Homeriden das
Webwerk ihrer Worte meist, die Sänger,
Mit dem Vorspiel auf Zeus beginnen, hat dieser Mann auch
Den Grundstein erstmals empfangen zu
    hehrer Wettkämpfe Siegespreis in des Zeus von Nemea
Heiligem, vielbesungenem Haine.

Doch muß, falls, auf der Väter Weg
Ihn gradeaus leitend, ihn die Zeit als
Zierde wirklich gegeben hat dem mächtgen Athen, noch
Gar häufig pflücken im isthmischen
    Wettkampf edelsten Kranz und siegen im pythischen Spiel der
Sohn des Timonoos; gleichwie den Töchtern

Des Berggotts, den Pleiaden, nicht
Fern folgend, Orion seines Wegs zieht.
Wahrlich, Salamis kann erziehen streitbare Männer;
So hat vor Ilion Hektor ge-
    hört von Aias; und, Timodemos, dich bringt deine Kraft, die
Mutig bestand den Allkampf, zu Ehren.

Ἀχάρναι δὲ παλαίφατον   Str. 4
εὐάνορες· ὅσσα δ' ἀμφ' ἀέθλοις,
Τιμοδημίδαι ἐξοχώτατοι προλέγονται.
παρὰ μὲν ὑψιμέδοντι Παρ-
   νασσῷ τέσσαρας ἐξ ἀέθλων νίκας ἐκόμιξαν·
ἀλλὰ Κορινθίων ὑπὸ φωτῶν   20

                                                                        Str. 5
ἐν ἐσλοῦ Πέλοπος πτυχαῖς
ὀκτὼ στεφάνοις ἔμιχθεν ἤδη·
ἑπτὰ δ' ἐν Νεμέᾳ, τὰ δ' οἴκοι μάσσον' ἀριθμοῦ,
Διὸς ἀγῶνι. τόν, ὦ πολῖ-
   ται, κωμάξατε Τιμοδήμῳ σὺν εὐκλέϊ νόστῳ·
ἀδυμελεῖ δ' ἐξάρχετε φωνᾷ.   25

                                     III

                  ΑΡΙΣΤΟΚΛΕΙΔΗΙ ΑΙΓΙΝΗΤΗΙ ΠΑΓΚΡΑΤΙΑΣΤΗΙ

Äolisch, Iamben
Str.
1   − − ∪ ∪ − ∪ −   ∪ − ∪∪ − − ∪ −
2   − ∪ − ∪ − ∪ ∪∪ ∪ − ∪ − ∪∪ ∪ −
3   ∪∪ ∪ − ∪ ∪ − ∪ −   − ∪   ∪∪ ∪ −
4 ∪ − ∪ −   − ∪ − ∪ ∪ − ∪ −   − ∪ −
5   − − ∪ − ∪ − ∪ ∪∪ ∪ − ∪∪ −
6 − − ∪ −   ū − ∪ ∪ u̲u̲ −
7   − ∪ −   ∪ − ∪ ∪ − ∪ −   − ∪ −
8   ∪∪ − ∪ ∪ − ∪ −   ∪ − ∪ − ∪   − −

Ep.
1 − ∪ ∪ −   ∪ − ∪∪ −   ū − ∪ − −
2 ∪ ∪∪ ∪ − ∪ − ∪ ∪∪ ∪ − ∪∪ −   ∪ − ∪ − − ∪ −
3   − ∪ − ∪ ∪ − −   ∪ − ∪ ∪ − −
4 − ∪ ∪ − ∪ − ∪ − ∪ ∪ − −   ∪ − ∪ ∪ − − ∪ u̲u̲ ∪ −
5   ∪∪ − ∪ ∪ − ∪ − ∪∪ − ∪ ∪ − ∪ − − ∪ −

Acharnai ist seit alters reich
An Männern voll Kraft; in allen Spielen
Nennt die Timodemiden man als trefflichste Kämpfer.
Bei dem Parnassos, der Höhn Be-
  herrscher, haben aus Kämpfen vier Siege sie sich gewonnen,
Wurden von den korinthischen Männern

Im Tal Pelops', des edlen, mit
Acht Kränzen bereits als Preis umwunden;
Sieben gab's in Nemea – mehr zuhause an Zahl noch –
Beim Spiel des Zeus. Diesen feiert, ihr
  Bürger, für Timodemos, wird ihm doch ruhmreiche Heimkehr;
Lieblichen Tones stimmt den Gesang an!

III

FÜR ARISTOKLEIDES AUS AIGINA, SIEGER IM FAUST- UND RINGKAMPF

Aristokleides, der auch in anderen Wettkämpfen siegreich gewesen war, stand wohl schon in höherem Alter, als dieses Lied für die Erinnerungsfeier eines nemeïschen Sieges im Thearion, dem Priesterhaus des Apollontempels zu Aigina, aufgeführt wurde; das war im Monat der Nemeïschen Spiele, vielleicht 475. Der Dichter bittet die Muse, die Mutter der Dichter und Sänger, den jungen Chorsängern zu helfen bei der Feier des Sieges, den einst Aristokleides nach hartem Kampf errang. Nach Würdigung des Herakles wendet sich Pindar zum Lob Aiginas und seines berühmtesten Geschlechtes, der Aiakiden; Peleus, Telamon, Achilleus werden in ihrem Heldentum vor Augen geführt. Dabei betont Pindar auch hier den Gedanken, daß es vor allem auf edle Anlage, angeborene Tüchtigkeit ankomme, wenn auch weise Erziehung von Wert sei, wie die, die der Kentaur Chiron Achilleus, Iason und Asklepios zuteil werden läßt. Von Aristokleides rühmt Pindar, daß er vier Tugenden verbinde: Tüchtigkeit als Knabe, als Mann, als alter Mann sowie kluges Bedenken der gegenwärtigen Lage. Seine Siege verdanke er der Muse Klio, der er, Pindar, nun auch durch sein – einer Opferspende von Honig und Milch gleichendes – Lied gehuldigt habe.

Ὦ πότνια Μοῖσα, μᾶτερ ἁμετέρα, λίσσομαι,   Str. 1
τὰν πολυξέναν ἐν ἱερομηνίᾳ Νεμεάδι
ἵκεο Δωρίδα νᾶσον Αἴγιναν· ὕδατι γὰρ
μένοντ' ἐπ' Ἀσωπίῳ μελιγαρύων τέκτονες
κώμων νεανίαι, σέθεν ὄπα μαιόμενοι.   5
διψῇ δὲ πρᾶγος ἄλλο μὲν ἄλλου,
ἀεθλονικία δὲ μάλιστ' ἀοιδὰν φιλεῖ,
στεφάνων ἀρετᾶν τε δεξιωτάταν ὀπαδόν·

                                                            Ant. 1

τᾶς ἀφθονίαν ὄπαζε μήτιος ἁμᾶς ἄπο·
ἄρχε δ' οὐρανοῦ πολυνεφέλα κρέοντι, θύγατερ,   10
δόκιμον ὕμνον· ἐγὼ δὲ κείνων τέ μιν ὀάροις
λύρᾳ τε κοινάσομαι. χαρίεντα δ' ἕξει πόνον
χώρας ἄγαλμα, Μυρμιδόνες ἵνα πρότεροι
ᾤκησαν, ὧν παλαίφατον ἀγοράν
οὐκ ἐλεγχέεσσιν Ἀριστοκλείδας τεάν   15
ἐμίανε κατ' αἶσαν ἐν περισθενεῖ μαλαχθείς

                                                            Ep. 1

παγκρατίου στόλῳ· καματωδέων δὲ πλαγᾶν
ἄκος ὑγιηρὸν ἐν βαθυπεδίῳ Νεμέᾳ
   τὸ καλλίνικον φέρει.
εἰ δ' ἐὼν καλὸς ἔρδων τ' ἐοικότα μορφᾷ
ἀνορέαις ὑπερτάταις ἐπέβα   20
   παῖς Ἀριστοφάνεος, οὐκέτι πρόσω
ἀβάταν ἅλα κιόνων ὕπερ Ἡρακλέος περᾶν εὐμαρές,

                                                            Str. 2

ἥρως θεὸς ἃς ἔθηκε ναυτιλίας ἐσχάτας
μάρτυρας κλυτούς· δάμασε δὲ θῆρας ἐν πελάγεϊ
ὑπερόχους, ἰδίᾳ τ' ἐρεύνασε τεναγέων
ῥοάς, ὁπᾷ πόμπιμον κατέβαινε νόστου τέλος,   25
καὶ γᾶν φράδασε. θυμέ, τίνα πρὸς ἀλλοδαπάν
ἄκραν ἐμὸν πλόον παραμείβεαι;
Αἰακῷ σε φαμὶ γένει τε Μοῖσαν φέρειν.
ἕπεται δὲ λόγῳ δίκας ἄωτος, 'ἐσλὸν αἰνεῖν',

Dich, ehrwürdge Muse, flehe, unsere Mutter, ich an:
In Nemeas heiligem Monat komm hin zur gastfreundlichen, zur
Dorischen Insel Aigina; am Wasser harren ja, am
Asopischen, dort des honigsüßtönenden Festgesangs
Baumeister, Jünglinge, sich sehnend nach Tönen von dir.
Dürstet ein Ding nach diesem, nach jenem ein
Andres: wünscht sich Wettkampfes Sieg am meisten Gesang
Für die Kränze und Taten als geeignetsten Begleiter;

Reich davon in Fülle, neidlos ihm, was mein Geist sich erdacht;
Fang dem Herrn bewölkten Himmels zur Ehr, du, die Tochter, ihm
Würdigen Hymnos! Ich will ihn mit jener trautem Gesang   [an
Und Klang der Leier vereinen. Gar holde Arbeit hat so
Des Landes Zier, drin Myrmidonen in früherer Zeit
Einst wohnten, deren uraltberühmte Schar
Nicht mit Schande Aristokleides, da du ihm hold
Warst, befleckt hat, obgleich erschöpft von übermächtgem Einsatz

Während des Allkampfs. Ermattend schwerer Schläge Balsam,
Den heilenden, bringt, der in Nemeas Tiefebne erfoch-
    ten ward: der herrlichste Sieg!
Wenn – von schöner Gestalt und durch Tat, die ihr gleich ist, –
Auf zu der Mannheit Gipfel stieg Aristo-
    phanes' Sohn, dann noch weiter aufs Meer hin, das   [leicht;
Ungangbare, zu dringen noch über Herakles' Säulen hin, ist nicht

Die setzte der Gottheld als der entferntesten Meeresfahrt
Ruhmeszeugen. Er bezwang auf dem Meere Untiere, an Kraft
Mächtigste; selbst spürt' er auf die Fluten der Untiefen dort,
Wo er zum heimwärts ihn führenden Ziel der Fahrt kam; dort zeigt'
Er klar der Erde Grenzen. Herz, zu welch abseitger Höh
Wendst du mir meine Fahrt hin? Laß für den
Aiakos die Muse nun sprechen und seinen Stamm!
Es gesellt dann dem Wort sich höchstes Recht: das Edle preisen!

οὐδ' ἀλλοτρίων ἔρωτες ἀνδρὶ φέρειν κρέσσονες·   Ant. 2
οἴκοθεν μάτευε. ποτίφορον δὲ κόσμον ἔλαχες   31
γλυκύ τι γαρυέμεν. παλαιαῖσι δ' ἐν ἀρεταῖς
γέγαθε Πηλεὺς ἄναξ, ὑπέραλλον αἰχμὰν ταμών·
ὃς καὶ 'Ιαολκὸν εἷλε μόνος ἄνευ στρατιᾶς,
καὶ ποντίαν Θέτιν κατέμαρψεν   35
ἐγκονητί. Λαομέδοντα δ' εὐρυσθενής
Τελαμὼν 'Ιόλᾳ παραστάτας ἐὼν ἔπερσεν

                                                          Ep. 2
καί ποτε χαλκότοξον 'Αμαζόνων μετ' ἀλκάν
ἕπετό οἱ, οὐδέ μίν ποτε φόβος ἀνδροδάμας
    ἔπαυσεν ἀκμὰν φρενῶν.
συγγενεῖ δέ τις εὐδοξίᾳ μέγα βρίθει.   40
ὃς δὲ διδάκτ' ἔχει, ψεφεννὸς ἀνήρ
    ἄλλοτ' ἄλλα πνέων οὔ ποτ' ἀτρεκεῖ
κατέβα ποδί, μυριᾶν δ' ἀρετᾶν ἀτελεῖ νόῳ γεύεται.

                                                          Str. 3
ξανθὸς δ' 'Αχιλεὺς τὰ μὲν μένων Φιλύρας ἐν δόμοις
παῖς ἐὼν ἄθυρε μεγάλα ἔργα· χερσὶ θαμινά
βραχυσίδαρον ἄκοντα πάλλων ἴσα τ' ἀνέμοις,   45
μάχᾳ λεόντεσσιν ἀγροτέροις ἔπρασσεν φόνον,
κάπρους τ' ἔναιρε· σώματα δὲ παρὰ Κρονίδαν
Κένταυρον ἀσθμαίνοντα κόμιζεν,
ἑξέτης τὸ πρῶτον, ὅλον δ' ἔπειτ' ἂν χρόνον·
τὸν ἐθάμβεον "Αρτεμίς τε καὶ θρασεῖ' 'Αθάνα,   50
                                                          Ant. 3
κτείνοντ' ἐλάφους ἄνευ κυνῶν δολίων θ' ἑρκέων·
ποσσὶ γὰρ κράτεσκε. λεγόμενον δὲ τοῦτο προτέρων
ἔπος ἔχω· βαθυμῆτα Χίρων τράφε λιθίνῳ
'Ιάσον' ἔνδον τέγει, καὶ ἔπειτεν 'Ασκλαπιόν,
τὸν φαρμάκων δίδαξε μαλακόχειρα νόμον·   55
νύμφευσε δ' αὖτις ἀγλαόκολπον
Νηρέος θύγατρα, γόνον τέ οἱ φέρτατον
ἀτίταλλεν ⟨ἐν⟩ ἀρμένοισι πᾶσι θυμὸν αὔξων,

Nicht ist für den Mann das Fremde zu lieben der bessre Teil;
In der Heimat suche! Passenden Stoffes Schatz fandest du dort,
Lieblichen Ton ihm zu leihen. Uralten Heldentums ward
Fürst Peleus froh, als die ragende Lanze er sich gefällt;
Der nahm dann auch Iolkos ein, ganz allein, ohne Heer,
Die Meermaid Thetis faßt' und bezwang er
Raschen Griffs. Es gab dem Laomedon voller Kraft
Telamon, Iolaos Beistand leihnd, den Tod und ist auch

Wider der Amazonen erzbogenstarke Wehrkraft
Ihm einstmals gefolgt; und nie nahm männerbezwingende Furcht
    die Schärfe ihm seines Muts.
Angeborener Wert ist's, der hohes Gewicht leiht.
Wer nur Gelerntes kann, ein dunkeler Mann,
    denkt auf dieses, auf jenes er bald, geht nie   [Sinn.
Sichren Fußes, versucht sich an tausend Leistungen nur mit ziellosem

Der blonde Achilleus führte, bleibend im Haus Philyras,
Schon als Knabe spielend aus große Taten. In Händen gar oft
Schwang er den Speer mit dem kurzen Eisen zu windschnellem Flug,
Gab kämpfend Löwen, gefährlich und wild, den Tod und erschlug
Eber; die Leiber aber trug zum Kentauren, dem Sohn
Des Kronos, er, die röchelnden, als sechs
Jahr er alt war, erstmals, und all die Zeit dann danach.
Den bewunderten Artemis, Athena auch, die kühne,

Wie Hirsche er ohne Hund erlegte und trugvolles Netz;
Mit den Füßen ja erzwang er's. Auch diese Mär früherer Zeit
Weiß ich: Voll Weisheit zog Chiron drinnen im steinernen Haus
Iason auf und danach den Asklepios, den er gelehrt,
Heilmittel richtig zu gebrauchen mit lindernder Hand,
Vermählte auch, die prangte mit schönem
Busen, Nereus' Tochter und zog ihr auf ihren Sohn,
Den gewaltgen, in alledem, was ziemt, den Mut ihm stärkend,

ὄφρα θαλασσίαις ἀνέμων ῥιπαῖσι πεμφθείς   Ep. 3
ὑπὸ Τροΐαν δορίκτυπον ἀλαλὰν Λυκίων   60
    τε προσμένοι καὶ Φρυγῶν
Δαρδάνων τε, καὶ ἐγχεσφόροις ἐπιμείξαις
Αἰθιόπεσσι χεῖρας, ἐν φρασὶ πά-
    ξαιθ', ὅπως σφίσι μὴ κοίρανος ὀπίσω
πάλιν οἴκαθ' ἀνεψιὸς ζαμενὴς Ἑλένοιο Μέμνων μόλοι.

                                                                      Str. 4
τηλαυγὲς ἄραρε φέγγος Αἰακιδᾶν αὐτόθεν·
Ζεῦ, τεὸν γὰρ αἷμα, σέο δ' ἀγών, τὸν ὕμνος ἔβαλεν   65
ὀπὶ νέων ἐπιχώριον χάρμα κελαδέων.
βοᾷ δὲ νικαφόρῳ σὺν 'Αριστοκλείδᾳ πρέπει,
ὃς τάνδε νᾶσον εὐκλέϊ προσέθηκε λόγῳ
καὶ σεμνὸν ἀγλααῖσι μερίμναις
Πυθίου Θεάριον. ἐν δὲ πείρᾳ τέλος   70
διαφαίνεται ὧν τις ἐξοχώτερος γένηται,

                                                                      Ant. 4
ἐν παισὶ νέοισι παῖς, ἐν ἀνδράσιν ἀνήρ, τρίτον
ἐν παλαιτέροισι, μέρος ἕκαστον οἷον ἔχομεν
βρότεον ἔθνος· ἐλᾷ δὲ καὶ τέσσαρας ἀρετὰς
⟨ὁ⟩ θνατὸς αἰών, φρονεῖν δ' ἐνέπει τὸ παρκείμενον.   75
τῶν οὐκ ἄπεσσι· χαῖρε, φίλος· ἐγὼ τόδε τοι
πέμπω μεμιγμένον μέλι λευκῷ
σὺν γάλακτι, κιρναμένα δ' ἔερσ' ἀμφέπει,
πόμ' ἀοίδιμον Αἰολίσσιν ἐν πνοαῖσιν αὐλῶν,

                                                                      Ep. 4
ὀψέ περ. ἔστι δ' αἰετὸς ὠκὺς ἐν ποτανοῖς,   80
ὃς ἔλαβεν αἶψα, τηλόθε μεταμαιόμενος,
    δαφοινὸν ἄγραν ποσίν·
κραγέται δὲ κολοιοὶ ταπεινὰ νέμονται.
τίν γε μέν, εὐθρόνου Κλεοῦς ἐθελοί-
    σας, ἀεθλοφόρου λήματος ἕνεκεν   [φάος.
Νεμέας Ἐπιδαυρόθεν τ' ἄπο καὶ Μεγάρων δέδορκεν

Daß, auf dem Meer vom Windstoß gesendet hin nach Troia,
Beim Lanzengedröhn er standhaft bliebe und Kampfschrei der Ly-
    kier und Phryger sowie
Dardaner und den speertragenden Aithiopiern
Mitten im Handgemenge prägte ins Herz,
    ihnen werde ihr Herr nicht mehr späterhin
Wieder heimwärts gelangen: Memnon, der mutige Vetter des Helenos.

Fernstrahlendes Licht war's, das er den Aiakiden dort schuf.
Zeus, dein Blut ist's, dein der Wettkampf, auf den der Hymnos mit
Zielte der Jünglinge, Freude der Heimat feiernd voll Lust. [dem Sang
Des Jubels Ruf ziemt dem Sieger Aristokleides gar wohl,
Der dieser Insel ihren Teil gab an Lobpreis und Ruhm,
An Dichtergeist voll Glanz auch des Pythiers
Heilgem Priesterhaus. Durch Erprobung zeigt klar sich, was
Man erzielt unter denen, die man übertrifft als Bester,

Bei Knaben als Knabe, unter Männern als Mann und zu dritt
Unter Älteren, bei welch einer Gruppe wir jeweils auch stehn,
Sterbliches Volk, das wir sind. Zu vier Tugenden treibt uns an
Das sterbliche Leben, heißt noch bedenken, was vor uns liegt.
Von denen fehlt dir keine. Gruß dir, Freund! Ich sende dir
Dies hier: mit Milch, mit weißer, gemischten
Honig; zugegossener Tau umperlt ihn, den Trank,
Der als Chorsang sich eint aiolischem Hauchgetön der Flöten;

Spät zwar. Doch ist der Aar hurtig unter den Beschwingten,
Der plötzlich ergreift, von ferne hinter ihr herspähnd, die blut-
    ge Beute mit seinen Klaun.
Krächzend Krähenvolk sucht sich die niederen Triften.
Dir nun zwar leuchtet – Klio wollt' es, die schön-
    thronende – deinem sieghaften Mut zum Lohn
Von Nemea und Epidauros sowie auch von Megara Licht des Ruhms.

IV

ΤΙΜΑΣΑΡΧΩΙ ΑΙΓΙΝΗΤΗΙ ΠΑΛΑΙΣΤΗΙ

Choriambische Dimeter und äolisch

```
1  ū – ū – υ υ –        υ –   – υ υ –
2  υ̱ – ū – υ υ –
3  – – υ – υ υ –      –   υ̱ – υ – υ υ –
4    – υ – υ υ – υ –        υ – υ υ – –
5 – ū – υ – υ υ –          ū – υ υ – υ –
6 – ū – ū – υ υ –          υ – υ υ – –
7  υ υ υ – υ υ – υ –
8      – – υ υ – υ –        υ – –
```

Str. 1

Ἄριστος εὐφροσύνα πόνων κεκριμένων
ἰατρός· αἱ δὲ σοφαί
Μοισᾶν θύγατρες ἀοιδαὶ θέλξαν νιν ἁπτόμεναι.
οὐδὲ θερμὸν ὕδωρ τόσον γε μαλθακὰ τεύχει
γυῖα, τόσσον εὐλογία φόρμιγγι συνάορος.   5
ῥῆμα δ' ἐργμάτων χρονιώτερον βιοτεύει,
ὅ τι κε σὺν Χαρίτων τύχᾳ
γλῶσσα φρενὸς ἐξέλοι βαθείας.

Str. 2

τό μοι θέμεν Κρονίδᾳ τε Δὶ καὶ Νεμέᾳ
Τιμασάρχου τε πάλᾳ   10
ὕμνου προκώμιον εἴη· δέξαιτο δ' Αἰακιδᾶν
ἠύπυργον ἕδος, δίκᾳ ξεναρκέϊ κοινόν
φέγγος. εἰ δ' ἔτι ζαμενεῖ Τιμόκριτος ἁλίῳ
σὸς πατὴρ ἐθάλπετο, ποικίλον κιθαρίζων
θαμά κε, τῷδε μέλει κλιθείς,   15
υἱὸν κελάδησε καλλίνικον

IV

FÜR TIMASARCHOS AUS AIGINA, SIEGER IM RINGKAMPF

Da die Verwandtschaft des Siegers auch Dichter und Musiker aufwies, hebt Pindar in dem vielleicht 473 entstandenen Lied zunächst den Wert rühmenden Sanges hervor, preist dann den Sieger, dessen verstorbener Vater die Leier spielte, und kommt bei Erwähnung Thebens auf Herakles und seinen aiginetischen Gefährten Telamon und ihre Taten zu sprechen. Er bricht ab, so schwer es ihm fällt, spricht von gegen ihn gerichteten Anschlägen, doch auch von seiner dichterischen Kraft, die noch in die Folgezeit wirken wird. Er kehrt dann zum Preis der Aiakidenhelden, besonders des Peleus, zurück, gedenkt der früheren Erfolge der Familie des Siegers sowie eines Vorfahren, der Sänger war, und lobt zum Schluß den Lehrer und Einüber des Timasarchos, den Athener Melesias.

Der beste Arzt für die Mühen, die gut man bestand,
Ist Freude; weise, voll Kunst,
Der Musen Töchter: Gesänge, entzünden, zaubern sie her.
Nicht umschmeichelt selbst warmes Wasser so sehr die Glieder,
Wie es tut ein rühmender Sang, vermählt mit der Harfe Ton.
Und das Wort bleibt längere Zeit am Leben als Taten,
Holt mit der Huldinnen Fügung es
Die Zunge hervor aus Herzens Tiefe.

Könnt' ich dem Kronossohn Zeus und Timasarchos' Sieg
In Nemea des Gesangs
Vorklang herstellen; mög ihn aufnehmen des Aiakosstamms
Hochburg, die, aller Fremden Rechte schirmend, als Licht strahlt
Der Gesamtheit! Wärmte an kräfter Sonne Timokritos
Sich, dein Vater, noch, schlösse, farbig die Leier
Spielend, er gern diesem Sang sich an
Und priese den sieggekrönten Sohn, weil

Κλεωναίου τ' ἀπ' ἀγῶνος ὅρμον στεφάνων   Str. 3
πέμψαντα καὶ λιπαρᾶν
εὐωνύμων ἀπ' Ἀθανᾶν, Θήβαις τ' ἐν ἑπταπύλοις
οὕνεκ' Ἀμφιτρύωνος ἀγλαὸν παρὰ τύμβον   20
Καδμεῖοί νιν οὐκ ἀέκοντες ἄνθεσι μείγνυον,
Αἰγίνας ἕκατι. φίλοισι γὰρ φίλος ἐλθών
ξένιον ἄστυ κατέδρακεν
Ἡρακλέος ὀλβίαν πρὸς αὐλάν.

                                                           Str. 4
σὺν ᾧ ποτε Τροΐαν κραταιὸς Τελαμών   25
πόρθησε καὶ Μέροπας
καὶ τὸν μέγαν πολεμιστὰν ἔκπαγλον Ἀλκυονῆ,
οὐ τετραορίας γε πρὶν δυώδεκα πέτρῳ
ἥροάς τ' ἐπεμβεβαῶτας ἱπποδάμους ἕλεν
δὶς τόσους. ἀπειρομάχας ἐών κε φανείη   30
λόγον ὁ μὴ συνιείς· ἐπεί
ῥέζοντά τι καὶ παθεῖν ἔοικεν.

                                                           Str. 5
τὰ μακρὰ δ' ἐξενέπειν ἐρύκει με τεθμός
ὧραί τ' ἐπειγόμεναι·
ἴυγγι δ' ἕλκομαι ἦτορ νεομηνίᾳ θιγέμεν.   35
ἔμπα, καίπερ ἔχει βαθεῖα ποντιὰς ἅλμα
μέσσον, ἀντίτειν' ἐπιβουλίαις· σφόδρα δόξομεν
δαΐων ὑπέρτεροι ἐν φάει καταβαίνειν·
φθονερὰ δ' ἄλλος ἀνὴρ βλέπων
γνώμαν κενεὰν σκότῳ κυλίνδει   40

                                                           Str. 6
χαμαὶ πετοῖσαν. ἐμοὶ δ' ὁποίαν ἀρετάν
ἔδωκε Πότμος ἄναξ,
εὖ οἶδ' ὅτι χρόνος ἕρπων πεπρωμέναν τελέσει.
ἐξύφαινε, γλυκεῖα, καὶ τόδ' αὐτίκα, φόρμιγξ,
Λυδίᾳ σὺν ἁρμονίᾳ μέλος πεφιλημένον   45
Οἰνώνᾳ τε καὶ Κύπρῳ, ἔνθα Τεῦκρος ἀπάρχει
ὁ Τελαμωνιάδας· ἀτάρ
Αἴας Σαλαμῖν' ἔχει πατρῴαν·

Vom Spiel Kleionais er sandte der Kränze Gewind,
Der glanzvoll-ruhmreichen Stadt
Auch, von Athen her, und weil in der siebentorigen Stadt
Theben bei des Amphitryon hellstrahlenden Grabmal
Die Kadmeier gern ihm und freudig reichten den Blumenkranz,
Aigina zuliebe. Als Freund ja unter den Freunden
Schaut' er die gastliche Stadt sich an,
Zu Herakles' reichem Hof gekommen.

Mit dem zerstörte einst Troia voll Kraft Telamon
Und schlug die Meroper und
Den mächtgen Kriegsmann, den furchtweckenden Alkyoneus; doch
Den nicht, bis er zwölf Viergespanne ihnen durch Felswurf
Und von rossezähmenden Helden, die sie bestiegen, zwei
Mal so viel genommen. Des Kampfs unkundig erschiene
Wohl, wer mein Wort nicht versteht; es muß,
Wer irgendwie handelt, ja auch leiden.

Ein lang Erzählen verwehrt mir die Regel des Sangs
Und Drang der Zeit; doch verlockt –
Vom Wendehals bei dem Neumond – wird, dran zu rühren, mein Herz.
Gleichwohl, wenn auch des Meeres tiefe Salzflut dich ringsum
Festhält, tritt entgegen geheimem Anschlag! Klar soll man uns,
Feinden überlegen, im Lichte schreiten sehn! Voll Neid
Blickend, wälzt törichten Sinns ein Mann
Wertloser Gedanken Plan im Dunkeln,

Zu Boden fallenden; doch was auch immer an Kraft
Der Schicksalsgott mir geschenkt,
Ich weiß: die Folgezeit bringt sie, wie's ihr bestimmt ist, ans Ziel.
Web zu Ende auch dieses Lied sogleich, süße Harfe,
Dieses Lied, in Freundschaft geformt mit lydischen Wohlklangs Ton
Für Oinone, Kypros auch; dort herrscht heimatfern Teukros,
Telamons Sohn; aber Aias
Hat Salamis als sein Vätererbe,

ἐν δ' Εὐξείνῳ πελάγει φαενάν 'Αχιλεύς   Str. 7
νᾶσον· Θέτις δὲ κρατεῖ   50
Φθίᾳ· Νεοπτόλεμος δ' 'Απείρῳ διαπρυσίᾳ,
βουβόται τόθι πρῶνες ἔξοχοι κατάκεινται
Δωδώναθεν ἀρχόμενοι πρὸς 'Ιόνιον πόρον.
Παλίου δὲ πὰρ ποδὶ λατρίαν 'Ιαολκόν
πολεμίᾳ χερὶ προστραπών   55
Πηλεὺς παρέδωκεν Αἱμόνεσσιν

      Str. 8
δάμαρτος 'Ιππολύτας 'Ακάστου δολίαις
τέχναισι χρησάμενος·
τᾷ Δαιδάλου δὲ μαχαίρᾳ φύτευέ οἱ θάνατον
ἐκ λόχου Πελίαο παῖς· ἄλαλκε δὲ Χίρων,   60
καὶ τὸ μόρσιμον Διόθεν πεπρωμένον ἔκφερεν·
πῦρ δὲ παγκρατὲς θρασυμαχάνων τε λεόντων
ὄνυχας ὀξυτάτους ἀκμάν
καὶ δεινοτάτων σχάσαις ὀδόντων

      Str. 9
ἔγαμεν ὑψιθρόνων μίαν Νηρεΐδων.   65
εἶδεν δ' εὔκυκλον ἕδραν,
τὰν οὐρανοῦ βασιλῆες πόντου τ' ἐφεζόμενοι
δῶρα καὶ κράτος ἐξέφαναν ἐγ γένος αὐτῷ.
Γαδείρων τὸ πρὸς ζόφον οὐ περατόν· ἀπότρεπε
αὖτις Εὐρώπαν ποτὶ χέρσον ἔντεα ναός·   70
ἄπορα γὰρ λόγον Αἰακοῦ
παίδων τὸν ἅπαντά μοι διελθεῖν.

      Str. 10

Θεανδρίδαισι δ' ἀεξιγυίων ἀέθλων
κάρυξ ἑτοῖμος ἔβαν
Οὐλυμπίᾳ τε καὶ 'Ισθμοῖ Νεμέᾳ τε συνθέμενος,   75
ἔνθα πεῖραν ἔχοντες οἴκαδε κλυτοκάρπων
οὐ νέοντ' ἄνευ στεφάνων, πάτραν ἵν' ἀκούομεν,
Τιμάσαρχε, τεὰν ἐπινικίοισιν ἀοιδαῖς
πρόπολον ἔμμεναι. εἰ δέ τοι
μάτρῳ μ' ἔτι Καλλικλεῖ κελεύεις   80

Achill die leuchtende Insel im gastlichen Meer;
Wie Thetis Phthia beherrscht,
So Neoptolemos Epeiros' weit sich dehnenden Raum,
Dort, wo, rinderernährend, Höhenzüge sich abwärts
Strecken, von Dodona beginnend, bis zu Ioniens Meer.
Als an Pelions Fuß er zur Knechtschaft niedergezwungen
Iolkos mit kämpfender Faust, da hat
Peleus es den Haimonern gegeben.

Er, der Hippolytas Ränken, den heimtückischen, der
Frau des Akastos, verfiel;
Und mit des Daidalos Schwert wollte ihm erzeugen den Tod
Aus dem Hinterhalt Pelias' Sohn; dies hinderte Cheiron,
Schuf, daß das von Zeus ihm verhängte Los zur Erfüllung kam:
Allbezwingend Feuer, sich wild gebärdender Löwen
Schneidende Klaun wie die Schärfe hielt
Er furchtbarster Zähne aus, gewann so

Hochthronender Nereïden sich eine zur Frau;
Auf schönen Sitzen im Rund
Sah er des Himmels und Meers Kön'ge sitzen, die ihm zum Fest
Gaben boten und Herrschaft für den Stamm ihm verhießen.
Jenseits von Gadeira ins Dunkel darf man nicht! Wende weg,
Nach Europas Festland zurück, das Rüstzeug des Schiffes!
Kann ich die Sage von Aiakos'
Söhnen doch, die ganze, nicht durchwandern.

Gliedstärkender Wettkämpfe williger Herold, so kam
Den Theandriden ich, wie
Ich's für Olympia, den Isthmos, Nemea bindend versprach;
Dort, dem Wagnis sich unterziehend, kehrten nicht ohne
Frucht ruhmreicher Kränze sie heimwärts, wo, wie wir hören, dein
Stammverband, Timasarchos, sich bei Siegesgesängen
Dienend betätigt. Und bittst du mich,
Noch Kallikles, deinem Ohm, ein Denkmal

στάλαν θέμεν Παρίου λίθου λευκοτέραν·   Str. 11
ὁ χρυσὸς ἑψόμενος
αὐγὰς ἔδειξεν ἀπάσας, ὕμνος δὲ τῶν ἀγαθῶν
ἐργμάτων βασιλεῦσιν ἰσοδαίμονα τεύχει
φῶτα· κεῖνος ἀμφ' 'Αχέροντι ναιετάων ἐμάν   85
γλῶσσαν εὑρέτω κελαδῆτιν, 'Ορσοτριαίνα
ἵν' ἐν ἀγῶνι βαρυκτύπου
θάλησε Κορινθίοις σελίνοις·

                                                        Str. 12
τὸν Εὐφάνης ἐθέλων γεραιὸς προπάτωρ
σὸς ἄεισέν ποτε, παῖ.   90
ἄλλοισι δ' ἅλικες ἄλλοι· τὰ δ' αὐτὸς ἀντιτύχῃ,
ἔλπεταί τις ἕκαστος ἐξοχώτατα φάσθαι.
οἷον αἰνέων κε Μελησίαν ἔριδα στρέφοι,
ῥήματα πλέκων, ἀπάλαιστος ἐν λόγῳ ἕλκειν,
μαλακὰ μὲν φρονέων ἐσλοῖς,   95
τραχὺς δὲ παλιγκότοις ἔφεδρος.

V

ΠΥΘΕΑΙ ⟨ΑΙΓΙΝΗΤΗΙ ΑΓΕΝΕΙΩΙ⟩
ΠΑΓΚΡΑΤΙΑΣΤΗΙ

Daktyloepitriten

Str.

```
1  − − ∪ − × − ∪ − − ∪ − × −    − −
         − ∪ ∪ − ∪ ∪ − − − ∪ −
2  − ∪ ∪ − ∪ ∪ − −
         − ∪ ∪ − ∪ ∪ −   ū − ∪ − −
3  − ∪ − × − ∪ − − − ∪ −
4  − − ∪ − × − ∪ ∪∪ − − ∪ −
5  − − ∪ − ∪ − ∪ ∪ − ∪ ∪ −
6  − − ∪ ∪∪ − − ∪ − −
         − ∪ − × − ∪ − −
```

Zu setzen, parischen Marmor besiegend an Glanz –
Gold läßt, geläutert erst, sehn
All seine Strahlen, der Hymnos auf Taten edeler Art
Macht den Königen gleich an gottverliehenem Glück den
Mann – mag jener, weilend am Acheron, meine Zunge ihn
Rühmen finden, der bei des Dreizackschwingers, des dunkel
Dröhnenden, Wettkampf erblühte von
Korinthischer Eppichranken Laubkranz.

Ihn pries einst Euphanes freudig, dein würdiger Ahn,
O Knabe; andere Zeit
Hat andre Altersgenossen; was einer selber sieht, will
Hoffend jeder als Allerhöchstes künden; so würde
Er beim Lobgesang auf Melesias zupacken in dem Streit,
Sprüche reihnd, im Wortringkampf nicht niederzuziehen,
Sanft zwar den Edlen gesinnt, jedoch
Als Schlußkämpfer hart gehäßgen Gegnern.

V

FÜR PYTHEAS AUS AIGINA, SIEGER IM ALLKAMPF DER KNABEN

Die Ode, für einen Festzug nach dem Aiakosheiligtum zu Aigina auf
Veranlassung der Familie des Siegers, der Psalychiaden, geschaffen, gehört wohl in verhältnismäßig frühe Zeit, vielleicht um 483. Eingangs
stellt Pindar die Dichtkunst in Gegensatz zu der in Aigina blühenden
Bildhauerkunst; auf den zahlreichen Schiffen des Inselvolks könnten, so
meint er, seine Lieder überallhin gelangen, so auch verkünden, wie
Pytheas durch seinen Sieg Aigina und die Heroen des Landes, die Nachkommen des Aiakos, ehrte. Die Söhne des Aiakos, Peleus, Telamon und
ihr Stiefbruder Phokos retten, so betont das Lied in dem folgenden
mythischen Teil, Aigina, ja ganz Griechenland durch ihr Gebet zu Zeus,
der seitdem den Beinamen Hellenios führt, vor Hungersnot und machen
Aigina stark und berühmt. Doch vor dem, was sich dann ereignet, der
Ermordung des Phokos durch seine Stiefbrüder, weicht Pindar zurück

Ep.

1 $\bar{\cup} - \cup\cup - \cup\cup - \underline{\cup}\ \ - \cup - \times - \cup - -$
2 $- \cup\cup - \cup\cup - -$
$\quad\quad - \cup - \underline{\cup}\ |\ - \cup - \times - \cup -$
3 $- - \cup\cup - \cup\cup - -$
$\quad\quad - \cup - \times - \cup -$
4 $- - \cup - - - \cup\cup -$
$\quad\quad - \cup\cup - \cup\cup - \underline{\cup} - \cup -$
5 $- - \cup\cup - \cup\cup - - - \cup -$
6 $- \cup - - - \cup\cup - \cup\cup -$
$\quad\quad \cup\cup - - - \cup - -$

Str. 1

Οὐκ ἀνδριαντοποιός εἰμ', ὥστ' ἐλινύσοντα ἐργά-
  ζεσθαι ἀγάλματ' ἐπ' αὐτᾶς βαθμίδος
ἑστᾰότ'· ἀλλ' ἐπὶ πάσας
  ὁλκάδος ἔν τ' ἀκάτῳ, γλυκεῖ' ἀοιδά,
στεῖχ' ἀπ' Αἰγίνας διαγγέλλοισ', ὅτι
Λάμπωνος υἱὸς Πυθέας εὐρυσθενής
νίκη Νεμείοις παγκρατίου στέφανον,   5
οὔπω γένυσι φαίνων τερείνας
  ματέρ' οἰνάνθας ὀπώραν,

Ant. 1

ἐκ δὲ Κρόνου καὶ Ζηνὸς ἥρωας αἰχματὰς φυτευθέν-
  τας καὶ ἀπὸ χρυσεᾶν Νηρηΐδων
Αἰακίδας ἐγέραιρεν
  ματρόπολίν τε, φίλαν ξένων ἄρουραν·
τάν ποτ' εὔανδρόν τε καὶ ναυσικλυτάν
θέσσαντο, πὰρ βωμὸν πατέρος Ἑλλανίου   10
στάντες, πίτναν τ' ἐς αἰθέρα χεῖρας ἁμᾶ
'Ενδαΐδος ἀριγνῶτες υἱοί
  καὶ βία Φώκου κρέοντος,

Ep. 1

ὁ τᾶς θεοῦ, ὃν Ψαμάθεια τίκτ' ἐπὶ ῥηγμῖνι πόντου.
αἰδέομαι μέγα εἰπεῖν
  ἐν δίκᾳ τε μὴ κεκινδυνευμένον,

und schildert nun, wie die Musen und Apollon selbst die Hochzeit des
Peleus mit Thetis durch ihre Kunst verschönen, schildert weiter, was
der Hochzeit vorausgeht: das Abenteuer mit Hippolyta. Im Schlußteil
verbindet sich die Würdigung erfolgreicher Wettkämpfer in der Verwandtschaft des Siegers mit dem Lob des athenischen Wettkampflehrers
Themistios.

Nicht bin ich ein Bildhauer, um müßig in sich ruhende Bild-
    werke zu schaffen, die auf dem Sockel nur
Stehn; nein, auf jeglichem Frachtschiff
    ziehe und jeglichem Boote, süßer Sang, hier
Von Aigina fort und allwärts tu es kund,
Daß Lampons Sohn, der gliederstarke Pytheas,
Den Siegerkranz im Allkampf Nemeas erfocht,
Noch eh er zeigt' am Kinn – gleich Reben-
    knospens Ursprung – zarte Reife,

Daß, die gezeugt von Kronos und Zeus aus goldnen Nereïden,
    speerstarke Helden, die Aiakiden, er
Ehrte und auch seine Mutter-
    stadt, eine Fremdlingen holde Stätte; die Stadt
Machten volkreich einst und schiffberühmt, hin zum
Altar des Vaters tretend, des Hellanios,
Und reckten auf zum Äther die Hände zugleich:
Endaïs' weitbekannte Söhne,
    Phokos auch, der mächtge Herr, den

Die Göttin gebar, Psamatheia, nahe an des Meeres Brandung.
Scheu heg ich, Schweres zu künden,
    Tun voll Unrecht und verwegen; wie sie dann

πῶς δὴ λίπον εὐκλέα νᾶσον,　　　　　　　　　　15
　καὶ τίς ἄνδρας ἀλκίμους
δαίμων ἀπ' Οἰνώνας ἔλασεν.
　στάσομαι· οὔ τοι ἅπασα κερδίων
φαίνοισα πρόσωπον ἀλάθει' ἀτρεκές·
καὶ τὸ σιγᾶν πολλάκις ἐστὶ σοφώ-
　τατον ἀνθρώπῳ νοῆσαι.

Str. 2

εἰ δ' ὄλβον ἢ χειρῶν βίαν ἢ σιδαρίταν ἐπαινῆ-
　σαι πόλεμον δεδόκηται, μακρά μοι
αὐτόθεν ἅλμαθ' ὑποσκά-　　　　　　　　　　20
　πτοι τις· ἔχω γονάτων ὁρμὰν ἐλαφράν·
καὶ πέραν πόντοιο πάλλοντ' ἀετοί.
πρόφρων δὲ καὶ κείνοις ἄειδ' ἐν Παλίῳ
Μοισᾶν ὁ κάλλιστος χορός, ἐν δὲ μέσαις
φόρμιγγ' 'Απόλλων ἑπτάγλωσσον
　χρυσέῳ πλάκτρῳ διώκων

Ant. 2

ἁγεῖτο παντοίων νόμων· αἱ δὲ πρώτιστον μὲν ὕμνη-　　25
　σαν Διὸς ἀρχόμεναι σεμνὰν Θέτιν
Πηλέα θ', ὥς τέ νιν ἁβρὰ
　Κρηθεῖς 'Ιππολύτα δόλῳ πεδᾶσαι
ἤθελε ξυνᾶνα Μαγνήτων σκοπόν
πείσαισ' ἀκοίταν ποικίλοις βουλεύμασιν,
ψεύσταν δὲ ποιητὸν συνέπαξε λόγον,
ὡς ἦρα νυμφείας ἐπείρα　　　　　　　　　　30
　κεῖνος ἐν λέκτροις 'Ακάστου

Ep. 2

εὐνᾶς· τὸ δ' ἀναντίον ἔσκεν· πολλὰ γάρ μιν παντὶ θυμῷ
παρφαμένα λιτάνευεν.
　τοῖο δ' ὀργὰν κνίζον αἰπεινοὶ λόγοι·
εὐθὺς δ' ἀπανάνατο νύμφαν,
　ξεινίου πατρὸς χόλον
δείσαις· ὁ δ' εὖ φράσθη κατένευ-
　σέν τέ οἱ ὀρσινεφὴς ἐξ οὐρανοῦ

Die herrliche Insel verließen,
    wer die starken Männer, welch
Ein Fluchgeist, aus Oinone vertrieb –
    Hier halt ich inne: nicht alle Wahrheit bringt
Gewinn, wenn ihr Antlitz sie vorweist unverstellt.
Und das Schweigen – oft ist's das Weiseste, was
    einem Menschen die Vernunft rät.

Doch wenn das Glück, der Arme Kraft oder den stahlharten Krieg es
    gilt zu verherrlichen, weit hinaus von hier
Soll mir dann einer den Sprungplatz
    graben; ich hab in den Knien gelenke Schnellkraft;
Übers Meer auch schwingen sich die Adler hin,
Willfährig sang selbst jenen an dem Pelion
Der Musen schönster Chor, schlug mitten in ihm
Die Harfe Apollon, die sieben-
    züngige, mit goldnem Schlagholz

Und führte an vielfältige Weisen. Zuerst besangen sie, Zeus
    preisend zu Anfang, die hehre Thetis und
Peleus, und wie ihn die üppge
    Tochter des Kretheus, Hippolyta, mit Arglist
Wollt' umgarnen, fügsam der Magneten Vogt
Sich machte, ihren Gatten, durch Ratschlag voll Trug;
Die selbsterfundne Lügenmär baute sie auf,
Daß jener sie verführen wollte
    auf Akastos' Bett, die junge

Gattin; doch das Gegenteil war es: vielmehr ja in Leidenschaft ihm
Zuredend, bat sie ihn flehend;
    seinen Zorn reizten die kecken Worte; und
Sogleich wies die Frau er zurück, des
    Gästehorts, des Vaters Groll
Fürchtend; der merkt es wohl, und ihm nickt
    zu, der die Wolken bewegt, vom Himmel Zeus,

Ζεὺς ἀθανάτων βασιλεύς, ὥστ' ἐν τάχει   35
ποντίαν χρυσαλακάτων τινὰ Νη-
  ρεΐδων πράξειν ἄκοιτιν,

                                                                Str. 3
γαμβρὸν Ποσειδάωνα πείσαις, ὃς Αἰγᾶθεν ποτὶ κλει-
  τὰν θαμὰ νίσεται 'Ισθμὸν Δωρίαν·
ἔνθα μιν εὔφρονες ἶλαι
  σὺν καλάμοιο βοᾷ θεὸν δέκονται,
καὶ σθένει γυίων ἐρίζοντι θρασεῖ.
Πότμος δὲ κρίνει συγγενὴς ἔργων πέρι   40
πάντων. τὺ δ' Αἰγίναθε δίς, Εὐθύμενες,
Νίκας ἐν ἀγκώνεσσι πίτνων
  ποικίλων ἔψαυσας ὕμνων.

                                                                Ant. 3
ἦτοι μεταΐξαις σὲ καὶ νῦν τεὸς μάτρως ἀγάλλει
  κείνου ὁμόσπορον ἔθνος, Πυθέα.
ἁ Νεμέα μὲν ἄραρεν
  μείς τ' ἐπιχώριος, ὃν φίλησ' 'Απόλλων·
ἅλικας δ' ἐλθόντας οἴκοι τ' ἐκράτει   45
Νίσου τ' ἐν εὐαγκεῖ λόφῳ. χαίρω δ' ὅτι
ἐσλοῖσι μάρναται πέρι πᾶσα πόλις
ἴσθι, γλυκεῖάν τοι Μενάνδρου
  σὺν τύχᾳ μόχθων ἀμοιβάν

                                                                Ep. 3
ἐπαύρεο. χρὴ δ' ἀπ' 'Αθανᾶν τέκτον' ἀεθληταῖσιν ἔμμεν·
εἰ δὲ Θεμίστιον ἵκεις   50
  ὥστ' ἀείδειν, μηκέτι ῥίγει· δίδοι
φωνάν, ἀνὰ δ' ἱστία τεῖνον
  πρὸς ζυγὸν καρχασίου,
πύκταν τέ νιν καὶ παγκρατίου
  φθέγξαι ἑλεῖν 'Επιδαύρῳ διπλόαν
νικῶντ' ἀρετάν, προθύροισιν δ' Αἰακοῦ
ἀνθέων ποιάεντα φέρε στεφανώματα σὺν ξανθαῖς Χάρισσιν.

König der Unsterblichen, schnell der Meerfraun mit
Goldner Spindel eine zur Gattin zu nehmen aus Nereus' Stamm, nachdem er

Schwager Poseidon dafür gewonnen, der von Aigai oft den
   ruhmreichen dorischen Isthmos aufsucht, wo
Heitere Scharen ihn dann, den
   Gott, mit der Rohrflöte Ruf empfangen und man
Mit der Glieder kühner Kraft wetteifernd kämpft.
Schicksal entscheidet, angebornes, alles Tun.
Aigina war es, wo du, Euthymenes, zwei
Mal, von der Nike Arm umschlossen,
   bunte Hymnen auf dich lenktest.

Fürwahr, nun eilte dir dein Oheim auch nach, bringt Glanz dem Volks-
   der mit dem Heros verwandt ist, Pytheas.   [stamm,
Sieg gab Nemea ihm und der
   Monat, daheim, der Apollon lieb ist; kamen
Altersgleiche, die bezwang zuhaus er und
In Nisos' schöngeschwungener Schlucht. Froh bin ich, daß
Die ganze Stadt um Edles sich ringend bemüht.
Bedenke: deiner Mühen süßen
   Lohn empfingst du durch Menanders

Erfolg mit dir. Gut ist's, wenn aus Athen der Meister stammt für
Kommst zu Themistios du, um   [Kämpfer.
   ihn zu feiern, sei nicht karg mehr: Gib ganz frei
Die Stimme, spann hoch deine Segel
   bis zum Joch des Masts und tu
Kund, daß im Faust- und Allkampf er zwei-
   mal sich errungen in Epidauros Sieg
Und Ruhm, und dem Vorsaal des Aiakos bring hin
Kranzgewinde, grünende, blütengeziert,
   mit der blonden Huldinnen Gunst!

VI

ΑΛΚΙΜΙΔΑΙ ΑΙΓΙΝΗΤΗΙ ΠΑΙΔΙ ΠΑΛΑΙΣΤΗΙ

Äolisch, choriambische Dimeter

Str.

```
1                      ∪ – –
        – ∪ – ∪ ∪ – ∪ – ∪∪ ∪ –
2       – ∪ – ∪ ∪ – ∪ – – ∪  – ∪ – ∪ ∪ –
3   ∪∪ ∪ – ∪ ∪ – ∪ ∪∪ – ∪ ∪ – ∪ ∪ – ∪ ∪ –
4                      ∪ ∪ – ∪ ∪ – ∪ ∪ –
    ∪∪ ∪ – ∪ – ∪ –
5                           ∪ ∪ – – ∪ ∪ – ∪ ∪ –
6                           – ∪∪ – ∪ ∪ –
    – – ∪ ∪ – ∪ ∪∪ – –
7                      – ∪ ∪∪ –
8                      – ∪ ∪∪ – ∪ ∪ –
                       ∪ – ∪ –
```

Ep.

```
1    – ∪ ∪ –  – ∪ ∪ – ∪ ∪ –   ∪∪ ∪ –
2         – ∪ ∪∪ ∪ ∪ – ∪ –
3    – – ∪ ∪ – ∪ ∪ – ∪ ∪ – – ∪ ∪ –
4    – ∪ ∪ – ∪ ∪ – ∪ ∪ – ∪ –
5    – – ∪ ∪ – – ∪ ∪ – ∪ ∪ –
6  ∪∪ – ∪ – ∪ – ∪ – –
7     – –    – – ∪ ∪ – ∪ –
8    – – ∪ ∪ – ∪ ∪ – ∪ ∪ –
```

Str. 1

Ἔν ἀνδρῶν, ἕν θεῶν γένος· ἐκ μιᾶς δὲ πνέομεν
ματρὸς ἀμφότεροι· διείργει δὲ πᾶσα κεκριμένα
δύναμις, ὡς τὸ μὲν οὐδέν, ὁ δὲ
    χάλκεος ἀσφαλὲς αἰὲν ἕδος
μένει οὐρανός. ἀλλά τι προσφέρομεν ἔμπαν ἢ μέγαν
νόον ἤτοι φύσιν ἀθανάτοις,   5

VI

FÜR ALKIMIDAS AUS AIGINA, SIEGER IM RINGKAMPF DER KNABEN

Die Ode, die wohl in Pindars späte Zeit gehört, vielleicht um 465, feiert den Sieg des Alkimidas aus dem in Wettkämpfen erfolgreichen Stamm der Bassiden. Sie beginnt mit Gedanken über das Wesen der Menschen und Götter; von der Urmutter Erde stammen sie beide. doch sind die Menschen im Vergleich zu den Göttern kraft- und rastlos. Und wie die Erde nach fruchtbaren, kraftvollen Zeiten solche der Ruhe braucht, so auch die Geschlechter der Menschen. Dieser Wechsel zeigt sich bei dem Stamm des Siegers. Das führt Pindar aus, wendet sich dann zu den Heroen Aiginas und berichtet von dem Sieg des Achilleus über Memnon, den Sohn der Eos, der Göttin der Morgenröte. Doch – seiner doppelten Bürde eingedenk, der Verpflichtung, der Sage wie der Familie des Siegers im Lied gerecht zu werden – kommt er wieder auf Alkimidas' Sieg – es ist der 25. – zurück, erwähnt, daß ihm wie einem Verwandten wohl auch einmal das Glück des Siegs versagt blieb, und rühmt zum Schluß den athenischen Wettkampflehrer Melesias.

Ein Stamm: Menschen und Götter; von einer ja atmen wir, von
Einer Mutter wir beiden; doch Macht von ganz verschiedener Art
Trennt uns, so daß hier ein Nichts ist, dort der
    eherne Himmel ein sicherer Sitz
Bleibt für ewig. Doch kommen in etwas, sei's an hohem Geiste, sei's
Durch Natur, wir den Unsterblichen nah,

καίπερ ἐφαμερίαν οὐκ
  εἰδότες οὐδὲ μετὰ νύκτας
ἄμμε πότμος   6b
ἄντιν' ἔγραψε δραμεῖν ποτὶ στάθμαν.

                                                    Ant. 1

τεκμαίρει καί νυν 'Αλκιμίδας τὸ συγγενὲς ἰδεῖν
ἄγχι καρποφόροις ἀρούραισιν, αἴτ' ἀμειβόμεναι
τόκα μὲν ὦν βίον ἀνδράσιν ἐπ-   10
  ηετανὸν ἐκ πεδίων ἔδοσαν,
τόκα δ' αὖτ' ἀναπαυσάμεναι σθένος ἔμαρψαν. ἦλθέ τοι
Νεμέας ἐξ ἐρατῶν ἀέθλων
παῖς ἐναγώνιος, ὃς ταύ-
  ταν μεθέπων Διόθεν αἶσαν
νῦν πέφανται   13b
οὐκ ἄμμορος ἀμφὶ πάλᾳ κυναγέτας,

                                                    Ep. 1

ἴχνεσιν ἐν Πραξιδάμαντος ἐὸν πόδα νέμων   15
πατροπάτορος ὁμαιμίοις.
κεῖνος γὰρ 'Ολυμπιόνικος ἐὼν Αἰακίδαις
ἔρνεα πρῶτος ⟨ἔνεικεν⟩ ἀπ' 'Αλφεοῦ,
καὶ πεντάκις 'Ισθμοῖ στεφανωσάμενος,
Νεμέᾳ δὲ τρεῖς, ἔπαυσε λάθαν   20
Σαοκλείδα', ὃς ὑπέρτατος
'Αγησιμάχοι' υἱέων γένετο.

                                                    Str. 2

ἐπεί οἱ τρεῖς ἀεθλοφόροι πρὸς ἄκρον ἀρετᾶς
ἦλθον, οἵ τε πόνων ἐγεύσαντο. σὺν θεοῦ δὲ τύχᾳ
ἕτερον οὔ τινα οἶκον ἀπε-   25
  φάνατο πυγμαχίᾳ ⟨πλεόνων⟩
ταμίαν στεφάνων μυχῷ 'Ελλάδος ἁπάσας. ἔλπομαι
μέγα εἰπὼν σκοποῦ ἄντα τυχεῖν
ὥτ' ἀπὸ τόξου ἱείς· εὔ-
  θυν' ἐπὶ τοῦτον, ἄγε, Μοῖσα,
οὖρον ἐπέων   28b
εὐκλέα· παροιχομένων γὰρ ἀνέρων,

Wissen wir auch nicht, wohin
  wohl, ob es bei Tag ist oder Nacht, das
Schicksal uns zu
Laufen vorschrieb, bis zu was für einem Ziel.

Klar zeigt auch jetzt Alkimidas, daß man, was angestammt ist,
Sichtlich stellen kann neben fruchtbare Fluren; geben sie doch
Wechselnd bald jährlichen Lebensunterhalt aus dem Boden dem
   Menschenvolk her,
Und dann wiederum ruhen sie aus, sammeln sie Kraft. So kam vom
Der sein Wunsch war, dem nemeïschen, der   [Kampf,
Knabe als Kämpfer, der, die-
   ser Fügung von Zeus her Folge leistend,
Nunmehr nicht als
Beuteloser Jäger beim Ringkampf sich gezeigt;

Denn auf die Spur hin des Praxidamas setzt' er seinen Fuß,
Die vom Ahnen blutsverwandte Spur.
Der bracht' als Olympiasieger ja für Aiakos' Stamm
Zweige als erster herbei vom Alpheios, trug
Fünfmal an dem Isthmos auch noch Kränze davon,
In Nemea drei, enthob dem Dunkel
So Sokleides, der geboren war
Als des Hagesimachos ältester Sohn.

Doch stiegen ihm drei Preisträger auf zu Höchstleistung und Ruhm,
Als die Mühen sie ausgekostet. Und durch die Huld eines Gotts
Hat noch kein anderes Haus sonst ausge-
   zeichnet der Faustkampf als Herrn über mehr,
Über reichere Kränze in ganz Griechenlands Schoß. Ich hoffe, wenn
Ich so stolz rede, ich traf in das Ziel,
Gleichsam vom Bogen den Pfeil sen-
   dend. Auf dies Haus lenk, Muse, hin der
Worte Fahrwind, der
Ehr und Ruhm bringt! Schieden die Männer gleich dahin,

ἀοιδαὶ καὶ λόγοι τὰ καλά σφιν ἔργ' ἐκόμισαν·   Ant. 2
Βασσίδαισιν ἅ τ' οὐ σπανίζει, παλαίφατος γενεά,   31
ἴδια ναυστολέοντες ἐπι-
  κώμια, Πιερίδων ἀρόταις
δυνατοὶ παρέχειν πολὺν ὕμνον ἀγερώχων ἐργμάτων
ἕνεκεν. καὶ γὰρ ἐν ἀγαθέᾳ
χεῖρας ἱμάντι δεθεὶς Πυ-   35
  θῶνι κράτησεν ἀπὸ ταύτας
αἷμα πάτρας   35 b
χρυσαλακάτου ποτὲ Καλλίας ἁδών

                    Ep. 2
ἔρνεσι Λατοῦς, παρὰ Κασταλίαν τε Χαρίτων
ἑσπέριος ὁμάδῳ φλέγεν·
πόντου τε γέφυρ' ἀκάμαντος ἐν ἀμφικτιόνων
ταυροφόνῳ τριετηρίδι Κρεοντίδαν   40
τίμασε Ποσειδάνιον ἂν τέμενος·
βοτάνα τέ νίν ποθ' ἁ λέοντος
νικάσαντ' ἤρεφε δασκίοις
Φλειοῦντος ὑπ' ὠγυγίοις ὄρεσιν.

                    Str. 3
πλατεῖαι πάντοθεν λογίοισιν ἐντὶ πρόσοδοι   45
νᾶσον εὐκλέα τάνδε κοσμεῖν· ἐπεί σφιν Αἰακίδαι
ἔπορον ἔξοχον αἶσαν ἀρε-
  τὰς ἀποδεικνύμενοι μεγάλας,
πέταται δ' ἐπί τε χθόνα καὶ διὰ θαλάσσας τηλόθεν
ὄνυμ' αὐτῶν· καὶ ἐς Αἰθίοπας
Μέμνονος οὐκ ἀπονοστή-   50
  σαντος ἔπαλτο· βαρὺ δέ σφιν
νεῖκος Ἀχιλεύς   50 b
ἔμπεσε χαμαὶ καταβαὶς ἀφ' ἁρμάτων,

                    Ant. 3
φαεννᾶς υἱὸν εὖτ' ἐνάριξεν Ἀόος ἀκμᾷ
ἔγχεος ζακότοιο. καὶ ταῦτα μὲν παλαιότεροι
ὁδὸν ἀμαξιτὸν εὗρον· ἕπο-
  μαι δὲ καὶ αὐτὸς ἔχων μελέταν·

Gesang und Sagen wahren die edelen Taten für sie;
Daran fehlt's der Bassiden uraltberühmtem Stamm nicht, an Bord
Führt er die Lasten mit eignen Ruhms, des
    Musengefildes Bestellern vermag
Vieler Loblieder Saat er zu liefern wegen tapfrer Taten, die
Er vollbracht. Denn auch im heiligen Hain
Pythos ward Sieger, die Fäuste
    riemenumwunden, Blut vom Stammhaus:
Kallias einst, der,
Der goldspindelführenden Leto Sprossen lieb,

Freudig erglüht war bei Kastalias Quell abends im Schwarm
Der Charitinnen; geehrt hat auch
Die Brücke des niemüden Meers, wenn nach dreijähriger Frist
Stieropferfeier die Umwohner halten, den
Kreontidas dort in des Poseidon Bezirk;
Und das Laub des Löwen hat ihn einstmals,
Als er gesiegt, in den schattigen
Urzeitlichen Bergen von Phlius gekrönt.

Gar breite Wege gibt's für Erzähler allwärts als Schmuck
Dieser ruhmreichen Insel; gaben die Aiakiden für sie
Ja doch vortrefflichen Inhalt, da sie
    Leistungen zeigten, gewaltig und groß;
Und es flog über Land hin und weit über die Meere hin von fern
Her ihr Ruf; zu Aithiopiern selbst,
Als nämlich Memnon nicht heimkam,
    Nahm er den Flug; ein schwerer Kampf: so
Stürzt' Achilleus
Auf ihn, als vom Wagen er sprang zur Erde; er

Erschlug darauf der strahlenden Eos Sohn, ihn mit des Schwerts
Schärfe treffend, des grimmigen. Dieses fanden Frühere als
Fahrbaren Weg schon; und ich verfolge
    selber ihn auch voller Sorgfalt und Fleiß.

τὸ δὲ πὰρ ποδὶ ναὸς ἑλισσόμενον αἰεὶ κυμάτων   55
λέγεται παντὶ μάλιστα δονεῖν
θυμόν. ἑκόντι δ' ἐγὼ νώ-
  τῳ μεθέπων δίδυμον ἄχθος
ἄγγελος ἔβαν,   57 b
πέμπτον ἐπὶ εἴκοσι τοῦτο γαρύων

                           Ep. 3

εὖχος ἀγώνων ἄπο, τοὺς ἐνέποισιν ἱερούς,
'Αλκίμιδα, σέ γ' ἐπαρκέσαι   60
κλειτᾷ γενεᾷ – δύο μὲν Κρονίου πὰρ τεμένει,
παῖ, σέ τ' ἐνόσφισε καὶ Πολυτιμίδαν
κλᾶρος προπετὴς ἄνθε' 'Ολυμπιάδος –,
δελφῖνι καὶ τάχος δι' ἅλμας
ἴσον ⟨κ'⟩ εἴποιμι Μελησίαν   65
χειρῶν τε καὶ ἰσχύος ἀνίοχον.

VII

ΣΩΓΕΝΕΙ ΑΙΓΙΝΗΤΗΙ ΠΑΙΔΙ ΠΕΝΤΑΘΛΩΙ

Äolisch

Str.

```
1    U – – U U – U – –        U – U –
2 – U U – UU U U –
     U̅ – – U U – U – –        U – U –
3        – U U – U – –    U – U – U –
4 U – U – – U U UU
         – U U – U – –
5    U – U U – – U –        U UU U –
6    – – U U – U – U̅U̅ U UU U – U –
7    – U̲U̲ U U – U – UU        U – U –
8    – – U U – U – –
     U – U U – U – –
```

Was jedoch an dem Fuße des Schiffs stets sich dahin in Wogen wälzt:
Allermeist gibt es, so sagt man, dem Geist
Antrieb. Mit willigem Nacken
   doppelte Bürde tragend, kam als
Bote ich, tu
Kund: Als fünfundzwanzigsten Sieg, errungen in

Wettkämpfen, die heilig sie nennen, hast nun diesen dazu
Du, Alkimidas, noch dargereicht
Dem ruhmreichen Stamm – freilich zweimal hat dir, Knabe, geraubt
Und Polytimidas auch bei des Kronos Hain
Voreiliges Los Blüten olympischen Spiels –
Dem Delphin an Schnelle gleich im Salzmeer
Nenn ich Melesias nun wohl, ihn,
Der Arme und Leibeskraft zügelt und lenkt.

VII

FÜR SOGENES AUS AIGINA, SIEGER IM FÜNFKAMPF DER KNABEN

Die Ode, vielleicht 485 entstanden, steht in Gegensatz zu dem früher entstandenen Paian VI; in ihm erscheint Neoptolemos, der Sohn des Achilleus, in ungünstigem Licht, was bei den Aigineten Anstoß erregt haben
mochte. Die Ode hat man als Widerruf und Entschuldigung aufgefaßt;
was Pindar vorbringt, ist aber vielmehr eine Verteidigung und Klar-
stellung seiner dichterischen Art überhaupt, die für sich die Freiheit in
Anspruch nimmt, ohne Starrsinn und wendig in verschiedenen Dichtungen
denselben Gegenstand in verschiedenem Licht darzustellen. Der Chor
ruft zuerst Eileithyia an, die Göttin der Geburt, die zum Leben, zu
Wachstum und jugendlicher Kraft verhilft. Ihr verdankt auch Sogenes,
Thearions Sohn, den Sieg. Nach Lobpreis Aiginas bringt die Ode als
Beispiel für die freilich auch manchmal trügende Wirkung der Dichtkunst
Odysseus und Aias vor und wendet sich dann zu Neoptolemos, dem durch
Huld der Götter in Delphi seine letzte Ruhestatt und nach seinem Tod
die Aufsicht über die Feiern zuteil ward, ein Amt, wie es ihm nach seinen

Ep.

```
1  U – U – – U U –        U U U –
2     U U U – U U –          – U –
3      – U – U U – U U U  – U –
4     U̅U̅ U – U U – U U U  – U –
5     U U U – U U – U –
      U U U – U U – U  – U  – –
```

Str. 1

'Ελείθυια, πάρεδρε Μοιρᾶν βαθυφρόνων,
παῖ μεγαλοσθενέος, ἄκου-
 σον, Ἥρας, γενέτειρα τέκνων· ἄνευ σέθεν
οὐ φάος, οὐ μέλαιναν δρακέντες εὐφρόναν
τεὰν ἀδελφεὰν ἐλάχομεν ἀγλαόγυιον Ἥβαν.
ἀναπνέομεν δ' οὐχ ἅπαντες ἐπὶ ἴσα·   5
εἴργει δὲ πότμῳ ζυγένθ' ἕτερον ἕτερα. σὺν δὲ τίν
καὶ παῖς ὁ Θεαρίωνος ἀρετᾷ κριθείς
εὔδοξος ἀείδεται Σωγένης μετὰ πενταέθλοις.

Ant. 1

πόλιν γὰρ φιλόμολπον οἰκεῖ δορικτύπων
Αἰακιδᾶν· μάλα δ' ἐθέλον-   10
 τι σύμπειρον ἀγωνίᾳ θυμὸν ἀμφέπειν.
εἰ δὲ τύχῃ τις ἔρδων, μελίφρον' αἰτίαν
ῥοαῖσι Μοισᾶν ἐνέβαλε· ταὶ μεγάλαι γὰρ ἀλκαί
σκότον πολὺν ὕμνων ἔχοντι δεόμεναι·
ἔργοις δὲ καλοῖς ἔσοπτρον ἴσαμεν ἑνὶ σὺν τρόπῳ,
εἰ Μναμοσύνας ἕκατι λιπαράμπυκος   15
εὕρηται ἄποινα μόχθων κλυταῖς ἐπέων ἀοιδαῖς.

Ep. 1

σοφοὶ δὲ μέλλοντα τριταῖον ἄνεμον
ἔμαθον, οὐδ' ὑπὸ κέρδει βλάβεν·
ἀφνεὸς πενιχρός τε θανάτου παρά
σᾶμα νέονται. ἐγὼ δὲ πλέον' ἔλπομαι   20
λόγον Ὀδυσσέος ἢ πάθαν
 διὰ τὸν ἀδυεπῆ γενέσθ' Ὅμηρον·

und seines Stammes Taten und als Abkömmling des Zeussohnes Aiakos
gebührt. Kein Tadel, betont Pindar, selbst durch einen Nachkommen
des Neoptolemos noch in seiner Heimat Theben könne ihn treffen; und
wenn er vom Lob des Siegers sich habe ablenken lassen, so zeige doch
sein Lied gleich dem Gold, Elfenbein und den Korallen Glanz, Wert und
Schönheit. Mit Gebet an Herakles für die Familie des Siegers und kurzem
Wort über die Mannigfaltigkeit der Wendungen, die seiner Dichtung –
auch im Falle des Neoptolemos – eigen ist, schließt Pindar sein Lied.

Eleithyia, die bei den Moiren, den weisen, thront,
Hör mich, du Kind Heras, der gewalt-
   gen, du Helferin bei den Geburten; ohne dich
Sähen nicht Licht wir noch dunkle Nacht, gelangten nicht
Zu deiner Schwester, deren Glieder prangen in Jugend: Hebe.
Wir atmen nicht alle aufs gleiche Ziel hin; es hemmt
Den unter des Schicksals Joch dieses bald, jenen bald das; mit dir
Zu edlem Tun erwählt ward auch Thearions Sohn;
Und ruhmreich wird Sogenes nun besungen als Fünfkampfsieger.

Die sangfreudge ja ist ihm, der Aiakiden Stadt
Heimat, der speerdröhnenden; voll Ei-
   fer umhegen sie ihren wettkampferprobten Mut.
Wem eine Tat gelang, herzerfreunden Antrieb warf
Des Musensangs Strömung er zu; denn mächtigste Kräfte bleiben
Im Dunkelen ganz, wenn der Hymnen Sang ihnen fehlt;
Für Taten voll Trefflichkeit wissen wir einer Art Spiegel nur:
Wenn mit Mnemosynes, der stirnbandumglänzten, Gunst
Sie finden den Lohn der Mühsal durch rühmenden Sang der Dichtung.

Die Weisen wissen, wie nach drei Tagen der Wind
Sein wird, nicht schädigt sie Sucht nach Gewinn;
Reich und arm – zu des Todes Grenzmal wandern sie
Hin. Ich aber, ich glaube, größer wurde der
Ruf des Odysseus als seine Lei-
   den durch Homer, den Gestalter süßer Worte.

ἐπεὶ ψεύδεσί οἱ ποτανᾷ ⟨τε⟩ μαχανᾷ   Str. 2
σεμνὸν ἔπεστί τι· σοφία
   δὲ κλέπτει παράγοισα μύθοις. τυφλὸν δ' ἔχει
ἦτορ ὅμιλος ἀνδρῶν ὁ πλεῖστος. εἰ γὰρ ἦν
ἓ τὰν ἀλάθειαν ἰδέμεν, οὔ κεν ὅπλων χολωθείς   25
ὁ καρτερὸς Αἴας ἔπαξε διὰ φρενῶν
λευρὸν ξίφος· ὃν κράτιστον Ἀχιλέος ἄτερ μάχᾳ
ξανθῷ Μενέλᾳ δάμαρτα κομίσαι θοαῖς
ἂν ναυσὶ πόρευσαν εὐθυπνόου Ζεφύροιο πομπαί

                                                            Ant. 2
πρὸς Ἴλου πόλιν. ἀλλὰ κοινὸν γὰρ ἔρχεται   30
κῦμ' Ἀίδα, πέσε δ' ἀδόκη-
   τον ἐν καὶ δοκέοντι· τιμὰ δὲ γίνεται
ὧν θεὸς ἁβρὸν αὔξει λόγον τεθνακότων.
βοαθῶν τοι παρὰ μέγαν ὀμφαλὸν εὐρυκόλπου
μόλεν χθονός – ἐν Πυθίοισι δὲ δαπέδοις
κεῖται – Πριάμου πόλιν Νεοπτόλεμος ἐπεὶ πράθεν,   35
τᾷ καὶ Δαναοὶ πόνησαν· ὁ δ' ἀποπλέων
Σκύρου μὲν ἅμαρτε, πλαγχθέντες δ' εἰς Ἐφύραν ἵκοντο.

                                                            Ep. 2
Μολοσσίᾳ δ' ἐμβασίλευεν ὀλίγον
χρόνον· ἀτὰρ γένος αἰεὶ φέρει
τοῦτο οἱ γέρας. ᾤχετο δὲ πρὸς θεόν,   40
κτέατ' ἄγων Τροΐαθεν ἀκροθινίων·
ἵνα κρεῶν νιν ὕπερ μάχας
   ἔλασεν ἀντιτυχόντ' ἀνὴρ μαχαίρᾳ.

                                                            Str. 3
βάρυνθεν δὲ περισσὰ Δελφοὶ ξεναγέται.
ἀλλὰ τὸ μόρσιμον ἀπέδω-
   κεν· ἐχρῆν δέ τιν' ἔνδον ἄλσει παλαιτάτῳ
Αἰακιδᾶν κρεόντων τὸ λοιπὸν ἔμμεναι   45
θεοῦ παρ' εὐτειχέα δόμον, ἡροΐαις δὲ πομπαῖς
θεμισκόπον οἰκεῖν ἐόντα πολυθύτοις.
εὐώνυμον ἐς δίκαν τρία ἔπεα διαρκέσει·
οὐ ψεῦδις ὁ μάρτυς ἔργμασιν ἐπιστατεῖ.
Αἴγινα, τεῶν Διός τ' ἐκγόνων – θρασύ μοι τόδ' εἰπεῖν – 50

Durch Trugwort und beschwingte Kunst ist ja etwas von
Hoheit ihm eigen; und es betört
   die Dichtung und führt irre durch Märchen. Blinden Sinn
Hat doch der Menschen Schar allermeist. Denn konnte klar
Er sehn die Wahrheit, hätte nicht, voll Groll ob der Waffen, Aias,
Der mächtige, sich durch die Brust geheftet das Schwert,
Das breite. Ihn, nach dem Achilleus den stärksten, ihn trug, durch
Die Frau Menelaos, dem blonden, zu holen, auf   [Kampf
Schnell fahrendem Schiff gradaus wehnden Zephirs Geleit zur Burg hin

Des Ilos. Doch für alle gleich kommt die Woge des
Hades, fällt Nichtsahnende wie auch
   Vorausahnende an; jedoch Ehre wird zuteil,
Denen ein Gott den Ruhm reichlich blühn läßt nach dem Tod.
Hin zu der breitbrüstigen Erde mächtigen Nabel, um Hilfe
Zu bringen, – im Erdgrund von Pytho ruht er – brach auf
Neoptolemos, als zerstört er des Priamos Stadt, um die
Die Danaer erst hart gekämpft. Segelnd von dort, verfehlt'
Er Skyros; auf Irrfahrt sind sie nach Ephyra hin gekommen.

Drauf in Molossien wurde er König, wenn auch kurz
Nur; doch es wahrt sein Geschlecht ständig ihm
Diese Würde. Er zog den Weg nun zu dem Gott,
Schätze bringend von Troia her als Erstlingszoll;
Dort, als um Fleischstücke er in Streit
   kam, hat ein Mann ihn durchbohrt mit einem Messer.

Und Leid traf übers Maß die gastlichen Delphier.
Er aber trug ab, was ihm bestimmt
   war; sollt' in dem uralten Haine doch einer von
Den Aiakidenherrschern in Zukunft weilen bei
Des Gottes schönwandigem Haus und sehn auf die Satzungen bei
Den schlachtopferreichen Heroenfeiern. Dies Recht·
Durch edele Abkunft – drei Worte tun ihm genug: auftritt –
Nicht trügend – das Zeugnis durch Werke. Aigina, den   [ihre
Nachkommen von dir und Zeus geht – kühn sprech ich dies aus – für

φαενναῖς ἀρεταῖς ὁδὸν κυρίαν λόγων   Ant. 3
οἴκοθεν· ἀλλὰ γὰρ ἀνάπαυ-
σις ἐν παντὶ γλυκεῖα ἔργῳ· κόρον δ᾽ ἔχει
καὶ μέλι καὶ τὰ τέρπν᾽ ἄνθε᾽ Ἀφροδίσια.
φυᾷ δ᾽ ἕκαστος διαφέρομεν βιοτὰν λαχόντες
ὁ μὲν τά, τὰ δ᾽ ἄλλοι· τυχεῖν δ᾽ ἕν᾽ ἀδύνατον   55
εὐδαιμονίαν ἅπασαν ἀνελόμενον· οὐκ ἔχω
εἰπεῖν, τίνι τοῦτο Μοῖρα τέλος ἔμπεδον
ὤρεξε. Θεαρίων, τὶν δ᾽ ἐοικότα καιρὸν ὄλβου

                                     Ep. 3
δίδωσι, τόλμαν τε καλῶν ἀρομένῳ
σύνεσιν οὐκ ἀποβλάπτει φρενῶν.   60
ξεῖνός εἰμι· σκοτεινὸν ἀπέχων ψόγον,
ὕδατος ὤτε ῥοὰς φίλον ἐς ἄνδρ᾽ ἄγων
κλέος ἐτήτυμον αἰνέσω·
    ποτίφορος δ᾽ ἀγαθοῖσι μισθὸς οὗτος.

                                     Str. 4
ἐὼν δ᾽ ἐγγὺς Ἀχαιὸς οὐ μέμψεταί μ᾽ ἀνήρ
Ἰονίας ὑπὲρ ἁλὸς οἰ-   65
    κέων, καὶ προξενίᾳ πέποιθ᾽, ἔν τε δαμόταις
ὄμματι δέρκομαι λαμπρόν, οὐχ ὑπερβαλών,
βίαια πάντ᾽ ἐκ ποδὸς ἐρύσαις· ὁ δὲ λοιπὸς εὔφρων
ποτὶ χρόνος ἕρποι. μαθὼν δέ τις ἂν ἐρεῖ,
εἰ πὰρ μέλος ἔρχομαι ψάγιον ὄαρον ἐννέπων.
Εὐξένιδα πάτραθε Σώγενες, ἀπομνύω   70
μὴ τέρμα προβαὶς ἄκονθ᾽ ὤτε χαλκοπάραον ὄρσαι

                                     Ant. 4
θοὰν γλῶσσαν. ὃς ἐξέπεμψεν παλαισμάτων
αὐχένα καὶ σθένος ἀδίαν –
    τον, αἴθωνι πρὶν ἁλίῳ γυῖον ἐμπεσεῖν,
εἰ πόνος ἦν, τὸ τερπνὸν πλέον πεδέρχεται.
ἔα με· νικῶντί γε χάριν, εἴ τι πέραν ἀερθείς   75
ἀνέκραγον, οὐ τραχύς εἰμι καταθέμεν.
εἴρειν στεφάνους ἐλαφρόν, ἀναβάλεο· Μοῖσά τοι
κολλᾷ χρῦσὸν ἕν τε λευκὸν ἐλέφανθ᾽ ἁμᾶ
καὶ λείριον ἄνθεμον ποντίας ὑφελοῖσ᾽ ἐέρσας.

In Glanz strahlenden Taten der Worte gültger Weg
Aus von der Herkunft. – Aber – Unterbre-
  chung tut wohl bei jedwedem Tun; wecken Überdruß
Honig und Aphrodites so süße Blüten doch.
Im Wesen ungleich sind wir alle; Leben ward uns vom Schicksal,
Dem dies, jenes – andern. Jedoch, daß e i n e r erlangt
Des Götterglücks Vollgenuß, ist unmöglich; und sagen kann
Ich nicht, wem die Moira beständig dieses Höchste je
Gewährt hat. Thearion, dir verleiht sie an Glück ein Maß, wie's

Geziemt; und gewannst Mut du zu edelstem Sinn,
Schädigt es nicht die Vernunft deines Geists.
Gastfreund bin ich, halt Tadels dunklen Schatten fern;
Wassers Strömen gleich führend zu dem teuren Mann
Wahrhaften Ruhm, spend ich Preis und Lob;
  kommt ja dem Edlen und Guten solcher Lohn zu.

Ist nah hier ein Achaier, tadeln wird er mich nicht,
Jenseits des Meers wohnend, des Io-
  nischen; trau ich dem Gastrecht doch; unterm Volk daheim
Blicke ich strahlenden Augs; ich schoß nicht übers Ziel,
Stieß alles Gewaltsame von mir. Möge die künftge Zeit sich
Mir wohlgesinnt nahn! Wer mich kennt, sage es laut,
Ob, wider den rechten Ton Schmähworte sagend, ich schreit einher.
Euxenide vom Vater, dir, Sogenes, schwöre ich: [rasch
Nicht regt', übers Mal hin schreitend, erzwangigem Speer gleich zu

Die Zung' ich. Wer herausgebracht aus des Ringkampfs Not
Hals und des Leibs Muskeln unbenetzt
  von Schweiß, ehe die Glieder ihm Sonnenglut befällt:
Wenn es auch Mühsal war, folgt ihr Freude, größre, nach.
Vergib mir! Dem Sieger ihm Liebes – hob ich beschwingten Geistes
Die Stimme zu sehr auch – zu leisten, sperr ich mich nicht.
Kranzwinden ist leichtes Werk; laß es ruhen! Die Muse, sie
Fügt dir ja zusammen Gold, glänzendes Elfenbein
Und Lilienblüte, die sie entnommen dem Tau des Meeres.

Διὸς δὲ μεμναμένος ἀμφὶ Νεμέᾳ   Ep. 4
πολύφατον θρόον ὕμνων δόνει   81
ἡσυχᾷ. βασιλῆα δὲ θεῶν πρέπει
δάπεδον ἂν τόδε γαρυέμεν ἡμέρᾳ
ὀπί· λέγοντι γὰρ Αἰακόν
  μιν ὑπὸ ματροδόκοις γοναῖς φυτεῦσαι,

                                                             Str. 5
ἐμᾷ μὲν πολίαρχον εὐωνύμῳ πάτρᾳ,   85
'Ηράκλεες, σέο δὲ προπράον'
  ἔμ⟨μ⟩εν ξεῖνον ἀδελφεόν τ'. εἰ δὲ γεύεται
ἀνδρὸς ἀνήρ τι, φαῖμέν κε γείτον' ἔμμεναι
νόῳ φιλήσαντ' ἀτενέϊ γείτονι χάρμα πάντων
ἐπάξιον· εἰ δ' αὐτὸ καὶ θεὸς ἀνέχοι, –
ἐν τίν κ' ἐθέλοι, Γίγαντας ὃς ἐδάμασας, εὐτυχῶς   90
ναίειν πατρὶ Σωγένης ἀταλὸν ἀμφέπων
θυμὸν προγόνων ἐϋκτήμονα ζαθέαν ἄγυιαν.

                                                             Ant. 5
ἐπεὶ τετρἄόροισιν ὧθ' ἁρμάτων ζυγοῖς
ἐν τεμένεσσι δόμον ἔχει
τεοῖς, ἀμφοτέρας ἰὼν χειρός. ὦ μάκαρ,
τὶν δ' ἐπέοικεν 'Ήρας πόσιν τε πειθέμεν   95
κόραν τε γλαυκώπιδα· δύνασαι δὲ βροτοῖσιν ἀλκάν
ἀμαχανιᾶν δυσβάτων θαμὰ διδόμεν.
εἰ γὰρ σύ ἱν ἐμπεδοσθενέα βίοτον ἁρμόσαις
ἥβᾳ λιπαρῷ τε γήραϊ διαπλέκοις
εὐδαίμον' ἐόντα, παίδων δὲ παῖδες ἔχοιεν αἰεί   100

                                                             Ep. 5
γέρας τό περ νῦν καὶ ἄρειον ὄπιθεν.
τὸ δ' ἐμὸν οὔ ποτε φάσει κέαρ
ἀτρόποισι Νεοπτόλεμον ἑλκύσαι
ἔπεσι· ταὐτὰ δὲ τρὶς τετράκι τ' ἀμπολεῖν
ἀπορία τελέθει, τέκνοι-   105
  σιν ἅτε μαψυλάκας 'Διὸς Κόρινθος'.

Laß, Zeus' gedenkend, für Nemea deinen Ruf
Tönen der Hymnen, den ruhmvollen, in
Sanfter Weise! Den Götterkönig ziemt's auf dem
Boden maßvollen Worts zu feiern; sagt man doch,
Daß er den Aiakos zur Geburt
    durch die Empfängnis der Mutter einst gepflanzt hat,

Um Stadtheger für meine ruhmreiche Heimat und,
Herakles, gefällig dir als Gast-
    freund und Bruder zu sein. Empfängt Gutes Mann von Mann
Irgendwie, sagen wir wohl: Ein Nachbar, welcher liebt
Getreuen Sinns, ist für den Nachbar Freude, vor allem andern
Von Wert; doch wenn daran ein Gott auch festhält, so kann
Durch dich, der Giganten gebändigt, im Glücke wohl Sogenes,
Umhegend den Vater kindlichen Gemütes, an
Der Vorfahren schönbebauter, der heiligen Straße wohnen.

Hat er doch – wie durch Viergespanns Joch die Deichsel – in
Deines Bezirks heilgem Hain sein Haus
umrahmt rechter wie linker Hand stehn. Glückselger, dir
Ziemt's, zu gewinnen Heras Gemahl, die Jungfrau auch
Dazu, die helläugige; du kannst Sterblichen Kraft zur Abwehr
Schwerzwingbarer drangvoller Nöte oftmals verleihn.
Oh, möchtest du, ihnen stets kraftvoll ihr Leben gestaltend, es
Mit Jugend durchflechten und Alter voll Glanz, daß Glück
Ihm blühe; und mögen der Kinder Kinder erringen wie jetzt

Stets Ehre, und höhere noch später! Nicht gibt
Zu je mein Herz, daß mit Worten gezaust
Ich, mit unwandelbaren, Neoptolemos.
Doch dasselbe drei-, viermal umzupflügen, ist
Schwäche des Geists, wie wohl Kindern ein
    Weib von der „Zeusstadt Korinth" beständig vorschwatzt.

VIII

⟨ΔΕΙΝΙΑΙ ΑΙΓΙΝΗΤΗΙ ΔΙΑΥΛΟΔΡΟΜΩΙ⟩

Daktyloepitriten

Str.

1 – – – ∪ ∪ – – – ∪ – –
   – ∪ ∪ – ∪ ∪ – –
2 – ∪ – ͟∪ – ∪ – × – ∪ – – – ∪ ∪ –
3 – ∪ – ͟∪ – ∪ – × – ∪ – –
   – ∪ ∪ – ∪ ∪ –
4 ∪ ∪ – ∪ ∪ – – – ∪ – – ∪ ∪ – ∪ ∪ – –
5 – ∪ – × – ∪ – – ∪ – × – ∪ – –

Ep.

1 – – ∪ ∪ – ∪ ∪ – – ∪ – × – ∪ –
2 – ∪ – – – ∪ ∪ – ∪ ∪ –
3 ∪ ∪ – – ∪ –
   – – ∪ ∪ – ∪ ∪ – ∪̄ – ∪ –
4 – – ∪ – × – ∪ – ∪ –
5 – ∪ – – – ∪ ∪ – ∪ ∪ – – ∪ –
6 – ∪ – – – ∪ ∪ –
   – ∪ – ∪ – ∪ ∪ – ∪ ∪ – ∪̄
7 – ∪ – × – ∪ – –
   – ∪ – × – ∪ – ∪̄ – ∪ –

Str. 1

Ὥρα πότνια, κάρυξ Ἀφροδίτας
   ἀμβροσιᾶν φιλοτάτων,
ἅ τε παρθενηΐοις παίδων τ' ἐφίζοισα γλεφάροις,
τὸν μὲν ἡμέροις ἀνάγκας χερσὶ βαστάζεις, ἕτερον δ' ἑτέραις.
ἀγαπατὰ δὲ καιροῦ μὴ πλαναθέντα πρὸς ἔργον ἕκαστον
τῶν ἀρειόνων ἐρώτων ἐπικρατεῖν δύνασθαι.   5

VIII

FÜR DEINIAS AUS AIGINA, SIEGER IM DOPPEL-LAUF DER KNABEN

Die Ode wurde vermutlich 459 unter Leitung des Dichters im Aiakoshei-ligtum zu Aigina aufgeführt. Megas, der Vater des Knaben Deinias, war kurz vorher gestorben. An die Anrufung der Göttin Hora, d. h. die Stunde, die Jahreszeit, besonders auch die Zeit der Jugend und Liebe, was zu der Schönheit des jugendlichen Siegers paßte, schließt sich ein Gebet für die Stadt und ihre Bürger an den Heros Aiakos an, den Sohn des Zeus und der Aigina. Den Gedanken, daß sich Neid an hohe Dichtung, überhaupt an Edles heftet, erläutert Pindar am Schicksal des Telamoniers Aias. Er selbst wünscht sich – und sein Wunsch hat zugleich den Sinn einer Mah-nung – frei von Verleumdung und Schmähung, ein einfaches, wahrheits-getreues Leben zu führen, das guten Ruf auch nach dem Tod ihm und seinen Kindern sichert. Im Gedenken an den verstorbenen Vater Megas freut sich der Dichter, sein Lied als Pfand der Freundschaft darbringen zu können, einen preisenden Hymnos, wie ihn schon die Zeiten noch vor dem Zug der Sieben, noch vor der Gründung der Nemeischen Spiele kannten.

Hora, Herrscherin, Botin von Aphrodites
    himmlischen Freuden der Liebe,
Die auf jungfräulichen und der Knaben Augenlidern du thronst,
Den in sanften Schicksalsarmen aufwärts trägst, doch
    jenen in härtere zwingst:
Es macht fröhlich, wenn, niemals Zeit und Ziel jeglichen Werkes ver-
Man für sich gewinnen kann hoher Liebesgötter Freuden. [fehlend,

οἷοι καὶ Διὸς Αἰγίνας τε λέκτρον   Ant. 1
 ποιμένες ἀμφεπόλησαν
Κυπρίας δώρων· ἔβλαστεν δ' υἱὸς Οἰνώνας βασιλεύς
χειρὶ καὶ βουλαῖς ἄριστος. πολλά νιν πολλοὶ λιτάνευον ἰδεῖν·
ἀβοατὶ γὰρ ἡρώων ἄωτοι περιναιεταόντων
ἤθελον κείνου γε πείθεσθ' ἀναξίαις ἑκόντες,   10

                                                                    Ep. 1
οἵ τε κρανααῖς ἐν 'Αθάναισιν ἅρμοζον στρατόν,
οἵ τ' ἀνὰ Σπάρταν Πελοπηϊάδαι.
ἱκέτας Αἰακοῦ
 σεμνῶν γονάτων πόλιός θ' ὕπὲρ φίλας
ἀστῶν θ' ὕπὲρ τῶνδ' ἅπτομαι φέρων
Λυδίαν μίτραν καναχηδὰ πεποικιλμέναν,   15
Δείνιος δισσῶν σταδίων
 καὶ πατρὸς Μέγα Νεμεαῖον ἄγαλμα.
σὺν θεῷ γάρ τοι φυτευθεὶς
 ὄλβος ἀνθρώποισι παρμονώτερος·

                                                                    Str. 2
ὅσπερ καὶ Κινύραν ἔβρισε πλούτῳ
 ποντίᾳ ἔν ποτε Κύπρῳ.
ἵσταμαι δὴ ποσσὶ κούφοις, ἀμπνέων τε πρίν τι φάμεν.
πολλὰ γὰρ πολλᾷ λέλεκται, νεαρὰ δ' ἐξευ-   20
 ρόντα δόμεν βασάνῳ
ἐς ἔλεγχον, ἅπας κίνδυνος· ὄψον δὲ λόγοι φθονεροῖσιν,
ἅπτεται δ' ἐσλῶν ἀεί, χειρόνεσσι δ' οὐκ ἐρίζει.

                                                                    Ant. 2
κεῖνος καὶ Τελαμῶνος δάψεν υἱόν,
 φασγάνῳ ἀμφικυλίσαις.
ἦ τιν' ἄγλωσσον μέν, ἦτορ δ' ἄλκιμον, λάθα κατέχει
ἐν λυγρῷ νείκει· μέγιστον δ' αἰόλῳ ψεύ-   25
 δει γέρας ἀντέταται.
κρυφίαισι γὰρ ἐν ψάφοις 'Οδυσσῆ Δαναοὶ θεράπευσαν·
χρυσέων δ' Αἴας στερηθεὶς ὅπλων φόνῳ πάλαισεν.

Wie um Zeus' und Aiginas Lager sie als
  Hüter auch schwebten von Kyprias
Gaben; diesem Bund entsprang ein Sohn, Oinonas König, mit Arm
Und mit Rat vor allen trefflich. Vielmal baten
  viele darum, ihn zu schaun;
Ungerufen begehrte ja der rings wohnenden Helden erlesne
Schar, freiwillig seinen Herrschergeboten zu gehorchen:

Jene, die in dem fels'gen Athen einst das Volk geführt, und in
Dem Gebiet von Sparta des Pelops Geschlecht.
  Als ein Bittflehnder fass
    ich Aiakos' heilige Knie der teuren Stadt,
Den Bürgern hier zuliebe, lydische
Binde bring, mit hellem Getön bunt geschmückt, ich hierher:
  Zweier Wettlaufsiege – von Dei-
    nis und Vater Megas – nemeïschen Festschmuck.
Wahrlich, gottgepflanzter Segen
  bleibt den Menschen ein beständigeres Glück;

Wie auf Kinyras einstmals er Reichtum lud in
  Kypros, dem meerflutumströmten.
Leichten Fußes heb ich mich, schöpf Atem vor Erzählens Beginn.
Viel ist vieler Art erzählt; gibt, Neues findend,
  man's auf den Prüfstein hin, es   [Neid; er
Zu erproben, droht stets Gefahr; denn Kost, leckre, ist Dichtung dem
Greift nach Edlem stets, läßt nicht mit Geringerm sich in Streit ein.

Der hat nagend zerfleischt auch Telamons Sohn,
  drängend ums Schwert seinen Leib ihm.
Ja, wer karger Zung ist, ist sein Herz gleich stark: Vergessen befällt
Ihn in bösem Streit; doch höchste Ehre wird ver-
  schlagener Lüge gezollt.
In Geheimwahl begünstigten den Odysseus der Danaer Stimmen;
Und beraubt der goldnen Wehr, rang sich Aias durch zum Freitod.

ἦ μὰν ἀνόμοιά γε δᾴοισιν ἐν θερμῷ χροΐ   Ep. 2
ἕλκεα ῥῆξαν πελεμιζόμενοι
ὑπ᾽ ἀλεξιμβρότῳ   30
    λόγχᾳ, τὰ μὲν ἀμφ᾽ Ἀχιλεῖ νεοκτόνῳ,
ἄλλων τε μόχθων ἐν πολυφθόροις
ἀμέραις. ἐχθρὰ δ᾽ ἄρα πάρφασις ἦν καὶ πάλαι,
αἰμύλων μύθων ὁμόφοι-
    τος, δολοφραδής, κακοποιὸν ὄνειδος·
ἃ τὸ μὲν λαμπρὸν βιᾶται,
    τῶν δ᾽ ἀφάντων κῦδος ἀντείνει σαθρόν.

εἴη μή ποτέ μοι τοιοῦτον ἦθος,   Str. 3
    Ζεῦ πάτερ, ἀλλὰ κελεύθοις   36
ἁπλόαις ζωᾶς ἐφαπτοίμαν, θανὼν ὡς παισὶ κλέος
μὴ τὸ δύσφαμον προσάψω. χρυσὸν εὔχον-
    ται, πεδίον δ᾽ ἕτεροι
ἀπέραντον, ἐγὼ δ᾽ ἀστοῖς ἁδὼν καὶ χθονὶ γυῖα καλύψαι,
αἰνέων αἰνητά, μομφὰν δ᾽ ἐπισπείρων ἀλιτροῖς,

ἀΐσσει δ᾽ ἀρετά, χλωραῖς ἐέρσαις   Ant. 3
    ὡς ὅτε δένδρεον ⟨αὔξει⟩,   41
⟨ἐν⟩ σοφοῖς ἀνδρῶν ἀερθεῖσ᾽ ἐν δικαίοις τε πρὸς ὑγρόν
αἰθέρα. χρεῖαι δὲ παντοῖαι φίλων ἀν-
    δρῶν· τὰ μὲν ἀμφὶ πόνοις
ὑπερώτατα, μαστεύει δὲ καὶ τέρψις ἐν ὄμμασι θέσθαι
πιστόν. ὦ Μέγα, τὸ δ᾽ αὖτις τεὰν ψυχὰν κομίξαι

οὔ μοι δυνατόν· κενεᾶν δ᾽ ἐλπίδων χαῦνον τέλος·   Ep. 3
σεῦ δὲ πάτρᾳ Χαριάδαις τε λάβρον   45
ὑπερεῖσαι λίθον
    Μοισαῖον ἕκατι ποδῶν εὐωνύμων
δὶς δὴ δυοῖν. χαίρω δὲ πρόσφορον
ἐν μὲν ἔργῳ κόμπον ἱείς, ἐπαοιδαῖς δ᾽ ἀνήρ
νώδυνον καί τις κάματον
    θῆκεν· ἦ γε μὰν ἐπικώμιος ὕμνος   50
δὴ πάλαι καὶ πρὶν γενέσθαι
    τὰν Ἀδράστου τάν τε Καδμείων ἔριν.

Und ungleiche Wunden fürwahr schlugen sie den Feinden doch
In das warme Fleisch, als sie hoben im Kampf
Ihren mannschützenden
    Speer, so um Achilleus, den frischgefallnen, wie
An andrer Kampfmühn vielvernichtenden
Tagen. Gab's haßvolle Verleumdung ja auch einstmals schon,
Weggenossin schmeichelnden Worts,
    listensinnend-missetatstiftende Schmähung,
Die, was Glanz hat, niederzwingt, des
    Niedern Ruhm emporreckt, ob er morsch gleich ist.

Möcht' ich nie solchen Sinns sein, Vater Zeus, viel-
    mehr auf den einfachen Pfaden
Mich des Lebens fortbewegen, daß, gestorben, meinen Kindern ich
Schaffe bösen Leumunds Ruf. Die wünschen Gold, die   [nicht
    Land, unbegrenztes, doch ich
Will, nachdem ich den Bürgern wohlgefallen, weil ich Löbliches lobte,
Tadel Frevlern säte, die Glieder bergen in der Erde.

Aufsteigt mannhafte Tat, schwingt, wie durch frische
    Tropfen des Taues ein Baum wächst,
Durch der Dichter Weisheit nach Verdienst zum feuchten Äther sich
Wert gar mancher Art und Nutzen kommt von Freunden;   [auf.
    ist man in Mühsal und Not,   [der Freundschaft
Dann am meisten; doch wünscht auch Freude, vor Augen zu stellen
Treupfand. Megas, wieder heraufzuholen deine Seele,

Vermag ich nicht – Eiteler Hoffnungen Ziel zerfließt – doch kann
Deiner Stadt und den Chariaden voll Kraft
Ich errichten ein Denk-
    mal musischer Art für der Füße Doppelsieg,
Von zwein erkämpft. Mich freut, wie's ziemt, der Tat
Tönend Lob zu spenden; mit Zaubergesängen ja hat
Schmerzensfrei selbst mancher die Müh-
    sal gemacht. Gab's preisenden Hymnos doch wahrlich
Längst schon, ehe noch entstanden
    Dem Adrastos Streit einst mit des Kadmos Stamm.

IX

⟨ΧΡΟΜΙΩΙ ΑΙΤΝΑΙΩΙ ΑΡΜΑΤΙ⟩

Daktyloepitriten

```
1  – U U – U U – – – U U – U U – –
2  – U – U – U – –   – U U – U U –
      – – U – x – U –
3  – U U – U U –
      U – U U – U U – – – U –
4  – U – – – U U – U U – –
      – U U – U U –   – – U – x – U –
5  – – U – x – U –   – – U – –
```

Str. 1

Κωμάσομεν παρ' Ἀπόλλωνος Σικυωνόθε, Μοῖσαι,
τὰν νεοκτίσταν ἐς Αἴτναν, ἔνθ' ἀναπεπταμέναι
  ξείνων νενίκανται θύραι,
ὄλβιον ἐς Χρομίου
  δῶμ'. ἀλλ' ἐπέων γλυκὺν ὕμνον πράσσετε.
τὸ κρατήσιππον γὰρ ἐς ἅρμ' ἀναβαίνων
  ματέρι καὶ διδύμοις παίδεσσιν αὐδὰν μανύει
Πυθῶνος αἰπεινᾶς ὁμοκλάροις ἐπόπταις.   5

Str. 2

ἔστι δέ τις λόγος ἀνθρώπων, τετελεσμένον ἐσλόν
μὴ χαμαὶ σιγᾷ καλύψαι· θεσπεσία δ' ἐπέων
  καύχας ἀοιδᾷ πρόσφορος.

IX

FÜR CHROMIOS AUS AITNA, SIEGER MIT DEM WAGEN

Das Lied feiert einen Sieg im Adrastoswettspiel zu Sikyon, den um 472 Hierons Schwager, der General Chromios, Sohn des Hagesidamos, errungen hatte. Es wurde von Pindar nach Aitna gesandt, wo Chromios für Hierons Sohn Deinomenes die Regentschaft führte. Nach Anrufung der Musen werden die Kinder der Leto, Apollon und Artemis, gepriesen; zu Apollons Ehren hatte ja einst die Wettspiele in Sikyon Adrastos gestiftet. Sein Schicksal und das des Amphiaraos stellt Pindar im mythischen Teil der Ode in seiner Weise dar: Adrastos, Sohn des Talaos, wird mit seinen Brüdern von Amphiaraos, dem Sohn des Oikles, aus Argos vertrieben, kommt nach Sikyon, wird dort Herrscher, kehrt nach Argos zurück und versöhnt sich mit Amphiaraos, indem er ihm seine Schwester Eriphyle zur Gattin gibt, gewissermaßen als Schwurpfand oder Bürgschaft; daher wird sie, die Vermittlerin der Versöhnung, „männerbezähmend" genannt. Nachdem er die Huld und den Schutz des Zeus für Aitna und seine Bewohner erfleht hat, rühmt Pindar Chromios' einstige Taten, die ihn die Göttin Aidos (das Gefühl der sittlichen Scheu, die Ehrliebe) vollbringen ließ, gesteht ihm das Recht zu, sein Alter in Muße und Freude zu verleben, und fordert zum Schluß dazu auf, nun den Wein aus den einst in Sikyon gewonnenen silbernen Schalen zu trinken zur Feier des Sieges, den dieses Lied verherrlicht.

Laßt uns vom Haus des Apollon, feiernd, von Sikyon, Musen,
Ziehn ins neugegründete Aitna, wo geöffnet der Sieg
   den Gästen weit die Türen zu
Chromios' gesegnetem Haus!
   Auf, schafft nun aus Worten den süßen Lobgesang!
Denn besteigend siegreichen Roßgespanns Wagen,
   weist er dem Lied auf die Mutter, ihre zwei Kinder den Ton,
Auf sie, der steilen Pytho anteilgleiche Hüter.

Gibt es ein Wort doch der Menschen: „Ward etwas Edles vollendet,
Hüllt es nicht in niederes Schweigen! Rühmender Worte erhabner Lobgesang ist's, was ihm ziemt!"

ἀλλ' ἀνὰ μὲν βρομίαν
  φόρμιγγ', ἀνὰ δ' αὐλὸν ἐπ' αὐτὰν ὄρσομεν
ἱππίων ἀέθλων κορυφάν, ἅ τε Φοίβῳ
  θῆκεν Ἄδραστος ἐπ' Ἀσωποῦ ῥεέθροις· ὧν ἐγώ
μνασθεὶς ἐπασκήσω κλυταῖς ἥρωα τιμαῖς.   10
                                                        Str. 3

ὃς τότε μὲν βασιλεύων κεῖθι νέαισί θ' ἑορταῖς
ἰσχύος τ' ἀνδρῶν ἀμίλλαις ἅρμασί τε γλαφυροῖς
  ἄμφαινε κυδαίνων πόλιν.
φεῦγε γὰρ Ἀμφιαρῆ
  ποτε θρασυμήδεα καὶ δεινὰν στάσιν
πατρίων οἴκων ἀπό τ' Ἄργεος· ἀρχοὶ
  δ' οὐκ ἔτ' ἔσαν Ταλαοῦ παῖδες, βιασθέντες λύᾳ.
κρέσσων δὲ καππαύει δίκαν τὰν πρόσθεν ἀνήρ.   15
                                                        Str. 4

ἀνδροδάμαντ' Ἐριφύλαν, ὅρκιον ὡς ὅτε πιστόν,
δόντες Οἰκλείδᾳ γυναῖκα, ξανθοκομᾶν Δαναῶν
  ἦσαν μέγιστοι ⟨δεσπόται⟩
καί ποτ' ἐς ἑπταπύλους
  Θήβας ἄγαγον στρατὸν ἀνδρῶν αἰσιᾶν
οὐ κατ' ὀρνίχων ὁδόν· οὐδὲ Κρονίων
  ἀστεροπὰν ἐλελίξαις οἴκοθεν μαργουμένους
στείχειν ἐπώτρυν', ἀλλὰ φείσασθαι κελεύθου.   20
                                                        Str. 5

φαινομέναν δ' ἄρ' ἐς ἄταν σπεῦδεν ὅμιλος ἱκέσθαι
χαλκέοις ὅπλοισιν ἱππείοις τε σὺν ἔντεσιν· Ἰσμηνοῦ δ' ἐπ' ὄχθαισι γλυκύν
νόστον ἐρεισάμενοι
  λευκανθέα σώμασι πίαναν καπνόν·
ἑπτὰ γὰρ δαίσαντο πυραὶ νεογυίους
  φῶτας· ὁ δ' Ἀμφιαρεῖ σχίσσεν κεραυνῷ παμβίᾳ
Ζεὺς τὰν βαθύστερνον χθόνα, κρύψεν δ' ἅμ' ἵπποις,   25
                                                        Str. 6

δουρὶ Περικλυμένου πρὶν νῶτα τυπέντα μαχατάν
θυμὸν αἰσχυνθῆμεν. ἐν γὰρ δαιμονίοισι φόβοις
  φεύγοντι καὶ παῖδες θεῶν.

Auf, laßt die dröhnende Harf'
uns wecken, uns wecken die Flöte nun zu der
Roßwettkämpfe krönendem Schmuck, die dem Phoibos
einstmals Adrastos geweiht an des Asopos Flut; hieran
Gedenkend, zier ich jetzt mit Ehr und Ruhm den Heros;

Ihn, der dort damals als König, gründend die Feste, die neuen,
Wo der Männer Kraft im Kampf sich mißt und die Wagen voll Zier,
Glanz gab der Stadt und Ruhm ihr schuf.
Floh er vor Amphiara-
os doch, dem Verwegnen, und vor dem furchtbarn Zwist
In dem Vaterhaus und aus Argos einst; Herrscher
waren nun nicht mehr des Talaos Söhne, durch Umsturz verdrängt.
Der stärkre Mann setzt ab zuvor vorhandenes Recht.

Als sie Eriphyle dann, die männerbezähmende, wie als
Schwurpfand Oïkles' Sohn vermählt: blondhaariger Danaer stärk-
ste Oberherrn waren sie da;
Und gegen Theben, das sie-
bentorige, führten ihr Heer sie einst mit nicht
Günstgen Zeichen für ihren Zug; auch Kronion
trieb mit geschleudertem Blitz die aus der Heimat Drängenden
Zu gehen nicht an, sondern zu lassen vom Feldzug.

Also in deutliches Unheil drängte die Schar sich zu kommen,
Erzbewehrt und mit geschirrten Rossen; und an des Isme-
nos Ufern stießen sie das Glück
Von sich der Heimkehr und mach-
ten fett mit den Leibern dann weißblühenden Rauch:
Fraßen sieben Holzstöße doch junger Helden
Glieder; dem Amphiaraos riß aber Zeus mit mächtgem Blitz
Der Erde breite Brust auf, barg ihn mit den Rossen

Eh, in den Rücken getroffen durch Periklymenos' Speer, im
Tapfren Herzen Schmach er litte. Schicken Dämonen den Schreck,
fliehn ja der Götter Söhne selbst.

εἰ δυνατόν, Κρονίων,
  πεῖραν μὲν ἀγάνορα Φοινικοστόλων
ἐγχέων ταύταν θανάτου πέρι καὶ ζω-
  ᾶς ἀναβάλλομαι ὡς πόρσιστα, μοῖραν δ' εὔνομον
αἰτέω σε παισὶν δαρὸν Αἰτναίων ὀπάζειν,   30
                                                        Str. 7

Ζεῦ πάτερ, ἀγλαΐαισιν δ' ἀστυνόμοις ἐπιμεῖξαι
λαόν. ἐντί τοι φίλιπποί τ' αὐτόθι καὶ κτεάνων
  ψυχὰς ἔχοντες κρέσσονας
ἄνδρες. ἄπιστον ἔειπ'·
  αἰδὼς γὰρ ὑπὸ κρύφα κέρδει κλέπτεται,
ἃ φέρει δόξαν. Χρομίῳ κεν ὑπασπί-
ζων παρὰ πεζοβόαις ἵπποις τε ναῶν τ' ἐν μάχαις
ἔκρινας ἂν κίνδυνον ὀξείας ἀϋτᾶς,   35
                                                        Str. 8

οὕνεκεν ἐν πολέμῳ κείνα θεὸς ἔντυεν αὐτοῦ
θυμὸν αἰχματὰν ἀμύνειν λοιγὸν Ἐνυαλίου.
  παῦροι δὲ βουλεῦσαι φόνου
παρποδίου νεφέλαν
  τρέψαι ποτὶ δυσμενέων ἀνδρῶν στίχας
χερσὶ καὶ ψυχᾷ δυνατοί· λέγεται μὰν
  Ἕκτορι μὲν κλέος ἀνθῆσαι Σκαμάνδρου χεύμασιν
ἀγχοῦ, βαθυκρήμνοισι δ' ἀμφ' ἀκταῖς Ἑλώρου,   40
                                                        Str. 9

ἔνθ' Ἀρείας πόρον ἄνθρωποι καλέοισι, δέδορκεν
παιδὶ τοῦθ' Ἁγησιδάμου φέγγος ἐν ἁλικίᾳ
  πρώτᾳ· τὰ δ' ἄλλαις ἁμέραις
πολλὰ μὲν ἐν κονίᾳ
  χέρσῳ, τὰ δὲ γείτονι πόντῳ φάσομαι.
ἐκ πόνων δ', οἳ σὺν νεότατι γένωνται
  σύν τε δίκᾳ, τελέθει πρὸς γῆρας αἰὼν ἡμέρα.
ἴστω λαχὼν πρὸς δαιμόνων θαυμαστὸν ὄλβον.   45
                                                        Str. 10

εἰ γὰρ ἅμα κτεάνοις πολλοῖς ἐπίδοξον ἄρηται
κῦδος, οὐκ ἔστι πρόσωθεν θνατὸν ἔτι σκοπιᾶς
  ἄλλας ἐφάψασθαι ποδοῖν.

Kann es, Kronion, geschehn,
    wünsch Männermutprüfung ich durch Phoinikerheers
Waffen, und zwar Prüfung auf Leben und Tod, in
    weiteste Ferne gerückt; doch wohlgeordnet-friedlich Los,
Fleh ich, gewähre lange der Aitnaier Söhnen;

Und, Vater Zeus, mit dem Strahl stadtordnenden Glanzes vermähl ihr
Volk! Sind rossefroh doch dort die Männer mit über Besitz
    erhabnen Seelen. Was wohl nicht
Glaublich ist, sagte ich da;
    Ehrliebe wird heimlich betrogen von Gewinn,
Die doch Ruhm bringt. Hättest du Chromios' Schild ge-
    tragen in Kämpfen zu Fuß und Roß, in Schiffsgefechten, hättest
Du wohl ein Urteil, wie in hitzgen Schlachtrufs Not die

Göttin (der Ehrliebe) in das Herz ihm gelegt seinen Mut als
Kämpfer, abzuwehren Enyalios' verderbliche Wut.
    Wen'ge sind, Rat zu finden, um
Fußnahen Todes Gewölk
    zu wenden auf feindlicher Männer Reihen, an
Arm und Seele mächtig genug; man erzählt ja,
    Hektor sei Ruhm so erblüht nah des Skamandros Strömung; doch
An des Heloros jäh abstürzenden Gestaden,

Dort, wo es Aresquells Furt die Menschen benennen, erglänzte
Dieses Licht Hagesidamos' Sohn in der frühesten Ju-
    gend; auf die Taten andrer Zeit,
Viele auf staubigem Land,
    andre auf benachbartem Meer, weis ich noch hin.
Doch aus Mühsal, die in der Jugend entstand in
    rechtlichem Tun – daraus wächst dem Alter sanfte Zeit. Erlost,
Wiss' es, von Göttern hast du wundersamen Segen.

Denn wenn bei vielem Besitztum ehrenden Ruhm er erwarb, kann
Weiterhin ein Sterblicher nicht noch einer anderen War-
    te Gipfel rühren mit dem Fuß.

ἡσυχία δὲ φιλεῖ
 μὲν συμπόσιον· νεοθαλὴς δ' αὔξεται
μαλθακᾷ νικαφορία σὺν ἀοιδᾷ·
 θαρσαλέα δὲ παρὰ κρατῆρα φωνὰ γίνεται.
ἐγκιρνάτω τίς μιν, γλυκὺν κώμου προφάταν,   50

Str. 11

ἀργυρέαισι δὲ νωμάτω φιάλαισι βιατάν
ἀμπέλου παῖδ', ἅς ποθ' ἵπποι κτησάμεναι Χρομίῳ
 πέμψαν θεμιπλέκτοις ἀμᾶ
Λατοΐδα στεφάνοις
 ἐκ τᾶς ἱερᾶς Σικυῶνος. Ζεῦ πάτερ,
εὔχομαι ταύταν ἀρετὰν κελαδῆσαι
 σὺν Χαρίτεσσιν, ὑπὲρ πολλῶν τε τιμαλφεῖν λόγοις
νίκαν, ἀκοντίζων σκοποῖ' ἄγχιστα Μοισᾶν.   55

X

⟨ΘΕΑΙΩΙ ΑΡΓΕΙΩΙ ΠΑΛΑΙΣΤΗΙ⟩

Daktyloepitriten

Str.   Ep.

1 ∪ ∪ − ∪ ∪ − ∪ − u̲   1 − ∪ − − − ∪ ∪ − ∪ ∪ − − − ∪ −
   − ∪ − − − ∪ ∪ − ∪ ∪ −   2 − ∪ − − − ∪ ∪ − ∪ ∪ − − − ∪ −
2 − ∪ − −   − ∪ ∪ − ∪ ∪ − −   3 − ∪ ∪ − ∪ ∪ − − − ∪ ∪ − ∪ ∪ −
   − ∪ ∪ − ∪ ∪ −   4 − ∪ ∪ − ∪ ∪ − − − ∪ − u̲
3 − ∪ − − − ∪ ∪ − ∪ ∪ −   5 − ∪ − × − ∪ − − − ∪ ∪ − ∪ ∪ − u̲
4 − ∪ − u̲ − ∪ ∪ − ∪ ∪ − u̲ − ∪ − 6 ∪ ∪ ∪ − − ∪ − − ∪ ∪ − ∪ ∪ − −
5 − ∪ − − − ∪ ∪ − ∪ ∪ − u̲   − ∪ − × − ∪ −
   − ∪ ∪ − ∪ ∪ −
6 − ∪ − × − ∪ − − − ∪ −
   − ∪ − u̲ − ∪ − × − ∪ −

Friedlicher Ruhe ist an-
   genehm das Gelage; und neuerblühend wächst
Sieg, den man errang, mit dem lieblichen Chorsang;
   tapfer, voll Kraft – ist der Mischkrug nahe – schwillt die Stimme an.
Man mische ihn, der Jubelfeier süßen Künder,

Teile den silbernen Schalen zu den gewaltigen Sohn des
Weinstocks, Schalen, die dem Chromios einst seine Rosse erkämpft
   und mit nach Brauch gewundenen
Kränzen des Letosohns aus
   dem heiligen Sikyon gebracht. Laß, Vater Zeus,
Fleh ich, diese Tat mit der Huldinnen Gunst mich
   feiern, vor vielen mich preisen tönenden Wortes den Sieg,
Den Wurfspeer werfend allernächst dem Ziel der Musen!

X

FÜR THEAIOS AUS ARGOS, SIEGER
IM RINGKAMPF

Der Ode (vgl. Anm. zu N IX) liegen zwei Siege in den Heraspielen zu
Argos zugrunde. Ihre Entstehungszeit ist sehr umstritten; vielleicht gehört
sie erst in die Spätzeit. Sie beginnt mit dem Lobpreis der Stadt Argos,
in der Hera besondere Verehrung genoß. An hervorragenden Heroen und
Männern werden Perseus und Epaphos, Lynkeus, Diomedes und Amphiaraos, an Frauen Alkmene und Danae erwähnt, denen sich Zeus nahte;
nach Hinweis auf die argeiischen Könige Talaos und Lynkeus verweilt
das Lied kurz bei Amphitryon, mit dessen Gemahlin Alkmene Zeus den
Herakles zeugte. Pindar spricht dann von all den Wettkampfsiegen des
Theaios, dessen Wunsch ein Sieg in Olympia ist. Seine und der Ahnen
zahlreiche Erfolge verdankt das Geschlecht besonders auch den Dioskuren, Kastor und Polydeukes, die bei einem der Ahnen zum Gastmahl
sich einstellten. Ihr Schicksal, ihre brüderliche Liebe und Treue behandelt
die Ode in ihren letzten Strophen.

Δαναοῦ πόλιν ἀγλαοθρό-   Str. 1
  νων τε πεντήκοντα κορᾶν, Χάριτες,
῎Αργος ῞Ηρας δῶμα θεοπρεπὲς ὑμνεῖ-
  τε· φλέγεται δ᾽ ἀρεταῖς
μυρίαις ἔργων θρασέων ἕνεκεν.
μακρὰ μὲν τὰ Περσέος ἀμφὶ Μεδοίσας Γοργόνος,
πολλὰ δ᾽ Αἰγύπτῳ κατῴκισεν ἄστη   5
  ταῖς ᾽Επάφου παλάμαις·
οὐδ᾽ ῾Υπερμήστρα παρεπλάγχθη, μονό-
ψαφον ἐν κολεῷ κατασχοῖσα ξίφος.

                              Ant. 1
Διομήδεα δ᾽ ἄμβροτον ξαν-
  θὰ ποτε Γλαυκῶπις ἔθηκε θεόν·
γαῖα δ᾽ ἐν Θήβαις ὑπέδεκτο κεραυνω-
  θεῖσα Διὸς βέλεσιν
μάντιν Οἰκλείδαν, πολέμοιο νέφος·
καὶ γυναιξὶν καλλικόμοισιν ἀριστεύει πάλαι·   10
Ζεὺς ἐπ᾽ ᾽Αλκμήναν Δανάαν τε μολὼν τοῦτον κατέφανε λόγον·
πατρὶ δ᾽ ᾽Αδράστοιο Λυγκεῖ τε φρενῶν
  καρπὸν εὐθείᾳ συνάρμοξεν δίκᾳ·

                              Ep. 1
θρέψε δ᾽ αἰχμὰν ᾽Αμφιτρύωνος. ὁ δ᾽ ὄλβῳ φέρτατος
ἵκετ᾽ ἐς κείνου γενεάν, ἐπεὶ ἐν χαλκέοις ὅπλοις
Τηλεβόας ἔναρεν· τῷ ὄψιν ἐειδόμενος   15
ἀθανάτων βασιλεὺς αὐλὰν ἐσῆλθεν,
σπέρμ᾽ ἀδείμαντον φέρων ῾Ηρακλέος· οὗ κατ᾽ ῎Ολυμπον
ἄλοχος ῞Ηβα τελείᾳ παρὰ ματέρι βαίνοισ᾽
  ἔστι, καλλίστα θεῶν.

                              Str. 2
βραχύ μοι στόμα πάντ᾽ ἀναγή-
  σασθ᾽, ὅσων ᾽Αργεῖον ἔχει τέμενος
μοῖραν ἐσλῶν· ἔστι δὲ καὶ κόρος ἀνθρώ-   20
  πων βαρὺς ἀντιάσαι·
ἀλλ᾽ ὅμως εὔχορδον ἔγειρε λύραν,
καὶ παλαισμάτων λάβε φροντίδ᾽· ἀγών τοι χάλκεος

Für des Danaos, der fünfzig schönthro-
    nenden Töchter Stadt stimmt Charitinnen, für
Argos, Heras göttliche Wohnung, den Sang an!
    Strahlt es in Heldentum doch,
Tausendfachem, wegen der Taten voll Muts.
Machtvoll war, was Perseus mit Gorgo Medusa einstmals tat;
Zahlreich in Ägypten hat Städte es ange-
    legt durch des Epaphos Hand;
Nicht ging Hypermestra irr, als sie nur, für
    sich entscheidend, in der Scheide hielt den Dolch.

Diomedes – den machte einst die
    blonde Glanzäugige unsterblich, zum Gott;
Thebens Erdreich nahm, von dem Blitzstrahl des Zeus ge-
    troffen, des Oïkles Sohn
In sich auf, den Seher, die Wolke des Kriegs;
Auch durch Fraun, schönlockge, erweist sich seit alters Argos' Ruhm;
Zeus, der sich Alkmene und Danae nahte,
    zeigte, wie wahr dieses Wort;
Des Adrastos Vater und dem Lynkeus eint'
    es des Geists Frucht mit dem Sinn für wahres Recht,

Nährte des Amphitryon Speer. Der an Segen Mächtigste
Trat in dessen Stamm, als, gewappnet in Erz, er überwand
Die Teleboer. Sein Ebenbild, kam zum Hof hin der Kö-
    nig der Unsterblichen, trug furchtlosen Samen,
Herakles' Samen; als dessen Gattin ging hin zum Olympos
Hebe und weilt bei der Mutter, die den Ehbund betreut, als
    schönste dort der Götterfraun.

Doch zu schwach ist mein Mund, noch aufzu-
    führen all das Edle, dran Argos' Bezirk
Seinen Teil hat; ist doch auch lästig der Menschen
    Überdruß, wenn er uns trifft;
Weck die wohlbesaitete Leier gleichwohl,   [Volk
Richt auf Ringerwettkampf dein Denken; der Streit ums Erz – das

δᾶμον ὀτρύνει ποτὶ βουθυσίαν Ἥ-
  ρας ἀέθλων τε κρίσιν·
Οὐλία παῖς ἔνθα νικάσαις δὶς ἔ-
  σχεν Θεαῖος εὐφόρων λάθαν πόνων.

Ant. 2

ἐκράτησε δὲ καὶ ποθ' Ἕλλα-   25
  να στρατὸν Πυθῶνι, τύχᾳ τε μολών
καὶ τὸν Ἰσθμοῖ καὶ Νεμέᾳ στέφανον, Μοί-
  σαισί τ' ἔδωκ' ἀρόσαι,
τρὶς μὲν ἐν πόντοιο πύλαισι λαχών,
τρὶς δὲ καὶ σεμνοῖς δαπέδοις ἐν Ἀδραστείῳ νόμῳ.
Ζεῦ πάτερ, τῶν μὰν ἔραται φρενί, σιγᾷ
  οἱ στόμα· πᾶν δὲ τέλος
ἐν τὶν ἔργων· οὐδ' ἀμόχθῳ καρδίᾳ   30
  προσφέρων τόλμαν παραιτεῖται χάριν.

Ep. 2

γνώτ' ἀείδω θεῷ τε καὶ ὅστις ἁμιλλᾶται πέρι
ἐσχάτων ἀέθλων κορυφαῖς. ὕπατον δ' ἔσχεν Πίσα
Ἡρακλέος τεθμόν. ἀδεῖαί γε μὲν ἀμβολάδαν
ἐν τελεταῖς δὶς Ἀθαναίων μιν ὀμφαί
κώμασαν· γαίᾳ δὲ καυθείσᾳ πυρὶ καρπὸς ἐλαίας   35
ἔμολεν Ἥρας τὸν εὐάνορα λαὸν ἐν ἀγγέων
  ἔρκεσιν παμποικίλοις.

Str. 3

ἐπέβα δέ, Θεαῖε, ματρώ-
  ων πολύγνωτον γένος ὑμετέρων
εὐάγων τιμὰ Χαρίτεσσί τε καὶ σὺν
  Τυνδαρίδαις θαμάκις.
ἀξιωθείην κεν, ἐὼν Θρασύκλου
Ἀντία τε σύγγονος, Ἄργεϊ μὴ κρύπτειν φάος   40
ὀμμάτων. νικαφορίαις γὰρ ὅσαις Προί-
  τοιο τόδ' ἱπποτρόφον
ἄστυ θάλησεν Κορίνθου τ' ἐν μυχοῖς·
  καὶ Κλεωναίων πρὸς ἀνδρῶν τετράκις·

Treibt er zu Stieropfern für Hera und zur Ent-
scheidung der Wettkämpfe hin;
Ulias' Sohn Theaios siegte zweimal dort
Und vergaß, die Schönes brachten, so der Mühn.

Doch bezwang er auch Hellas' Schar in
Pytho einst, gewann, da das Schicksal ihm hold,
An dem Isthmos und in Nemea den Kranz, gab
ihn an die Musen zur Saat;
Dreimal ward er ihm an den Toren des Meers,
Dreimal auch auf heiliger Flur nach Adrastos' Kampfgesetz.
Vater Zeus, wonach ihm der Sinn steht, darüber
schweigt ihm der Mund; allen Tuns
Endziel liegt bei dir; nicht Mühsal scheuenden Her-
zens, nein, Mut beweisend, erfleht er sich Huld.

Wohlbekanntes sing ich dem Gott wie auch jedem Kämpfer um
Höchsten Wettspiels Kronen. Erhabenste Satzung ward zuteil
Pisa durch Herakles. Süße Stimmen als Vorklang, Gesang,
Froher, hat zweimal bei der Athener Festen
Ihn gefeiert; Frucht des Ölbaums kam in des feuergebrannten
Irdnen Gefäßes verziert-bunter Umhegung zu Heras
männerreichem Volke hin.

Und es kam auch, Theaios, eurer
mütterlichen Ahnen gepriesnem Geschlecht
Schönen Kampfs Ruhm oft durch die Huldinnen und Tyn-
dareos' Söhne herbei.
Würdig wär ich, stammt' ich aus Thrasyklos' und
Antias' Blut, würdig, in Argos das Licht der Augen nicht
Zu verbergen. In wieviel Siegen des Proitos
rosseernährende Stadt
Doch erblüht ist an Korinthos' Schluchten! Vier-
mal auch durch kleonischer Preisrichter Spruch.

Σικυωνόθε δ' ἀργυρωθέν-   Ant. 3
   τες σὺν οἰνηραῖς φιάλαις ἀπέβαν,
ἐκ δὲ Πελλάνας ἐπιεσσάμενοι νῶτον μαλακαῖσι κρόκαις·
ἀλλὰ χαλκὸν μυρίον οὐ δυνατόν   45
ἐξελέγχειν — μακροτέρας γὰρ ἀριθμῆσαι σχολᾶς —
ὅν τε Κλείτωρ καὶ Τεγέα καὶ ᾿Αχαιῶν
   ὑψίβατοι πόλιες
καὶ Λύκαιον πὰρ Διὸς θῆκε δρόμῳ,
   σὺν ποδῶν χειρῶν τε νικῶντι σθένει.

                                 Ep. 3

Κάστορος δ' ἐλθόντος ἐπὶ ξενίαν πὰρ Παμφάη
καὶ κασιγνήτου Πολυδεύκεος, οὐ θαῦμα σφίσιν   50
ἐγγενὲς ἔμμεν ἀεθληταῖς ἀγαθοῖσιν· ἐπεί
εὐρυχόρου ταμίαι Σπάρτας ἀγώνων
μοῖραν ῾Ερμᾷ καὶ σὺν ῾Ηρακλεῖ διέποντι θάλειαν,
μάλα μὲν ἀνδρῶν δικαίων περικαδόμενοι. καὶ
   μὲν θεῶν πιστὸν γένος.

                                 Str. 4
μεταμειβόμενοι δ' ἐναλλὰξ   55
   ἁμέραν τὰν μὲν παρὰ πατρὶ φίλῳ
Δὶ νέμονται, τὰν δ' ὑπὸ κεύθεσι γαίας
   ἐν γυάλοις Θεράπνας,
πότμον ἀμπιπλάντες ὁμοῖον· ἐπεί
τοῦτον, ἢ πάμπαν θεὸς ἔμμεναι οἰκεῖν τ' οὐρανῷ,
εἵλετ' αἰῶνα φθιμένου Πολυδεύκης
   Κάστορος ἐν πολέμῳ.
τὸν γὰρ ῎Ιδας ἀμφὶ βουσίν πως χολω-   60
   θεὶς ἔτρωσεν χαλκέας λόγχας ἀκμᾷ.

                                 Ant. 4

ἀπὸ Ταϋγέτου πεδαυγά-
   ζων ἴδεν Λυγκεὺς δρυὸς ἐν στελέχει
ἡμένους. κείνου γὰρ ἐπιχθονίων πάντων γένετ' ὀξύτατον
ὄμμα. λαιψηροῖς δὲ πόδεσσιν ἄφαρ

Und von Sikyon kamen sie mit
  Silberpreisen, Schalen für Wein, wieder heim,
Aus Pellana heim, ihren Rücken in Mäntel
  weichen Gewebes gehüllt;
Doch von Erz die zahllosen Preise sind nicht
Zu errechnen – längerer Muße zur Zählung braucht es – die
Kleitor und Tegea wie der Achaier
  Städte, sich streckend auf Höhn,
Und Lykaion bei des Zeus Rennbahn verliehn
  dem, der mit des Arms, der Füße Kraft gesiegt.

Da einst Kastor kam zur Bewirtung zu Pamphaës und mit
Ihm sein Zwilling kam, Polydeukes, ließ ihr Geschlecht sie – kein
Wunder! – in Wettkämpfen trefflich sein; denn sie führen das Amt
Als des geräumigen Sparta Walter, seiner
Wettkampfspiele blühndes Amt, mit Hermes und Herakles durch, sehr
Sorgsam sich annehmend rechtschaffener Männer. Und wahrlich:
  treu ist, was von Göttern stammt.

Miteinander im Wechsel wohnen
  einen Tag beim teueren Vater sie, Zeus,
Doch den andern bringen im Erdengrund, in den
  Klüften Therapnais sie hin,
So ein gleiches Schicksal erfüllend; denn dies
Leben – statt ganz Gott und im himmlischen Haus wohnhaft zu sein –
Wählte Polydeukes sich aus, als im Kriege
  Kastor gefallen war. Ihn
Hatte Idas, ob der Rinder zornig, ver-
  letzt durch seines ehernen Speers scharfen Stoß.

Vom Taygetos her ausschauend,
  sah sie Lynkeus auf eines Eichbaumes Stamm
Sitzen; dessen Auge ja war unter allem
  irdischen Volk weitaus das
Schärfste. Hurtgen Fußes gelangten sogleich

ἐξικέσθαν, καὶ μέγα ἔργον ἐμήσαντ' ὠκέως
καὶ πάθον δεινὸν παλάμαις 'Αφαρητί-   65
  δαι Διός· αὐτίκα γάρ
ἦλθε Λήδας παῖς διώκων· τοὶ δ' ἔναν-
  τα στάθεν τύμβῳ σχεδὸν πατρωΐῳ·

                                                      Ep. 4
ἔνθεν ἁρπάξαντες ἄγαλμ' 'Αΐδα, ξεστὸν πέτρον,
ἔμβαλον στέρνῳ Πολυδεύκεος· ἀλλ' οὔ νιν φλάσαν
οὐδ' ἀνέχασσαν· ἐφορμαθεὶς δ' ἄρ' ἄκοντι θοῷ,
ἤλασε Λυγκέος ἐν πλευραῖσι χαλκόν.   70
Ζεὺς δ' ἐπ' Ἴδᾳ πυρφόρον πλᾶξε ψολόεντα κεραυνόν·
ἅμα δ' ἐκαίοντ' ἐρῆμοι. χαλεπὰ δ' ἔρις ἀνθρώποις ὁμιλεῖν κρεσσόνων.

                                                      Str. 5
ταχέως δ' ἐπ' ἀδελφεοῦ βί-
  αν πάλιν χώρησεν ὁ Τυνδαρίδας,
καί μιν οὔπω τεθναότ', ἄσθματι δὲ φρίσ-
  σοντα πνοὰς ἔκιχεν.
θερμὰ δὴ τέγγων δάκρυα στοναχαῖς   75
ὄρθιον φώνασε· 'Πάτερ Κρονίων, τίς δὴ λύσις
ἔσσεται πενθέων; καὶ ἐμοὶ θάνατον σὺν
  τῷδ' ἐπίτειλον, ἄναξ.
οἴχεται τιμὰ φίλων τατωμένῳ
  φωτί· παῦροι δ' ἐν πόνῳ πιστοὶ βροτῶν

                                                      Ant. 5
καμάτου μεταλαμβάνειν.' ὣς
  ἤνεπε· Ζεὺς δ' ἀντίος ἤλυθέ οἱ,
καὶ τόδ' ἐξαύδασ' ἔπος· '"Εσσι μοι υἱός·   80
  τόνδε δ' ἔπειτα πόσις
σπέρμα θνατὸν ματρὶ τεᾷ πελάσαις
στάξεν ἥρως. ἀλλ' ἄγε τῶνδέ τοι ἔμπαν αἵρεσιν
παρδίδωμ'· εἰ μὲν θάνατόν τε φυγὼν καὶ
  γῆρας ἀπεχθόμενον
αὐτὸς Οὔλυμπον θέλεις ⟨ναίειν ἐμοὶ⟩
  σύν τ' 'Αθαναίᾳ κελαινεγχεῖ τ' "Αρει,

Sie zum Ort; es planten vermessene Tat in Eile und –
Litten furchtbar unter den Händen des Zeus die
   Apharetiden; denn gleich
Kam der Leda Sohn, schnell folgend; die jedoch
   widerstanden, nah bei ihres Vaters Grab;

Los dort reißend Hades' gemeißelten Schmuckstein, warfen sie
Nach der Brust ihn des Polydeukes; doch nicht zerdrückten noch
Brachten zum Weichen sie ihn; vorstürmend mit hurtigem Speer,
Stieß er hinein in des Lynkeus Seite sein Erz.
Zeus nun warf auf Idas feurig schwelenden Blitz; sie verbrannten
Beide am einsamen Ort. Schlimm wird für Menschen ein Streit, füh-
   ren sie ihn mit Stärkeren.

Und gar schnell zu dem mächtgen Bruder
   wandte wieder der Tyndaride sich hin.
Und er traf ihn noch nicht gestorben, doch schwer nur
   atmend in zuckendem Krampf.
Heiße Tränen nun mit Gestöhne vergoß
Er und rief laut: „Vater Kronion, was für Erlösung kann's
Geben aus den Qualen? Auch mir laß den Tod – mit
   diesem da – kommen, o Herr!
Ehre flieht, ist er beraubt der Freunde, den
   Mann; nur wenig Menschen sind in Not so treu,

Von der Mühsal ihr Teil zu tragen."
   Also sprach er; Zeus aber kam zu ihm hin,
Sagte ihm dies: „Du bist mir Sohn; aber den hat
   dann, deiner Mutter sich nahnd
Als Gemahl, als sterblichen Samen der Held
Noch geträufelt. Höre nun: Zweierlei stell ich dir zur Wahl
Frei: Wenn du, dem Tod und dem Alter, dem hassens-
   werten, entfliehend, für dich
Im Olymp willst wohnen bei mir, bei Athe-
   ne und Ares, blutig-dunkler Lanze Gott,

ἔστι σοι τούτων λάχος· εἰ δὲ κασιγνήτου πέρι   Ep. 5
μάρνασαι, πάντων δὲ νοεῖς ἀποδάσσασθαι ἶσον,   85
ἥμισυ μέν κε πνέοις γαίας ὑπένερθεν ἐών,
ἥμισυ δ' οὐρανοῦ ἐν χρυσέοις δόμοισιν.'
ὣς ἄρ' αὐδάσαντος οὐ γνώμᾳ διπλόαν θέτο βουλάν,
ἀνὰ δ' ἔλυσεν μὲν ὀφθαλμόν, ἔπειτα δὲ φωνὰν   90
χαλκομίτρα Κάστορος.

XI

⟨ΑΡΙΣΤΑΓΟΡΑΙ ΤΕΝΕΔΙΩΙ ΠΡΥΤΑΝΕΙ⟩

Daktyloepitriten

Str.   Ep.

```
1 – ∪ – – – ∪ ∪ – ∪ ∪ – ∪̲ – ∪ –        1 – ∪ ∪ – ∪ ∪ – – – ∪ ∪ –
2 – ∪ – × – ∪ – – – ∪ ∪ – ∪ ∪ – –        2 – ∪ – – – ∪ ∪ – ∪ ∪ – ∪̲ – ∪ –
3 – ∪ ∪ – ∪ ∪ – – – ∪ ∪ – ∪ ∪ –          3 – ∪ ∪ – ∪ ∪ – – – ∪ ∪ – ∪ ∪ – –
4 – ∪ – × – ∪ – – – ∪ –                   4 – ∪ ∪ – ∪ ∪ – – – ∪ ∪ – – ∪ –
5 – ∪ ∪ – – ∪ – – ∪ – – – ∪ ∪ –          5 – ∪ – × – ∪ – – – ∪ –
                                         6 – ∪ – – ∪ – –   – ∪ ∪ – ∪ ∪ –
```

                                                   Str. 1

Παῖ 'Ρέας, ἅ τε πρυτανεῖα λέλογχας, 'Εστία,
Ζηνὸς ὑψίστου κασιγνήτα καὶ ὁμοθρόνου "Ηρας,
εὖ μὲν 'Αρισταγόραν δέξαι τεὸν ἐς θάλαμον,
εὖ δ' ἑταίρους ἀγλαῷ σκάπτῳ πέλας,
οἵ σε γεραίροντες ὀρθὰν φυλάσσοισιν Τένεδον,   5
                                                   Ant. 1

πολλὰ μὲν λοιβαῖσιν ἀγαζόμενοι πρώταν θεῶν,
πολλὰ δὲ κνίσᾳ· λύρα δέ σφι βρέμεται καὶ ἀοιδά·

Fällt dir dies als Los zu; wenn aber des Bruders wegen du
Not hast und denkst, alles zu teilen mit ihm in gleichem Maß,
Magst du die halbe Zeit atmen unter dem Erdengrund, die
Halbe sodann in des Himmels goldnen Häusern."
Als der Gott so sprach, kam jener nicht beim Entschlusse in Zwiespalt;
Und so erschloß erst das Auge, dann die Stimme dem erzge-
gürteten Kastor (der Gott).

XI

FESTLIED FÜR ARISTAGORAS VON TENEDOS, DEN PRYTANEN

Die Ode (vgl. Anm. zu N IX) ist kein Siegeslied, wenn auch auf Wettkampferfolge hingewiesen wird, sondern ein Festlied zum Amtsantritt
eines hohen Beamten, eines Prytanen auf der Insel Tenedos. Mit der
Choraufführung verband sich Opfer, Gebet und Festmahl im Stadthaus
am Herd der Gemeinde. So beginnt der Gesang mit der Anrufung der
Herdgöttin Hestia und mit der Würdigung des neuen Prytanen, der sich
ernste Mahnung anschließt. Pindar zählt die Wettkampfsiege des Gefeierten auf und bedauert dabei, daß die Eltern ihn als Knaben von den
olympischen und pythischen Wettspielen fernhielten, ihn, der doch
wertvolle Anlagen von den Vorfahren her in sich trug. Gedanken über
den Wechsel im Schicksal der Menschen schließen die kurze, gehaltvolle
Ode, die in der Spätzeit des Dichters, wohl um 446, entstanden ist.

Tochter Rheas, die du der Amtshäuser waltest, Hestia,
Zeus' des Höchsten Schwester und der neben ihm thronenden Hera,
Huldvoll empfange in deinem Saal Aristagoras, voll
Huld die seinen stolzen Stab Geleitenden,
Die, dich verehrend, Bewahrer des Rechts in Tenedos sind,

Oft dich mit Trankspenden erfreuend vor allen Göttern, oft
Auch mit Opferdampf. Die Harfe rauscht, der Gesang ihnen, und die

καὶ ξενίου Διὸς ἀσκεῖται θέμις αἰενάοις
ἐν τραπέζαις· ἀλλὰ σὺν δόξᾳ τέλος
δωδεκάμηνον περᾶσαί νιν ἀτρώτῳ κραδίᾳ. 10

Ep. 1

ἄνδρα δ' ἐγὼ μακαρίζω μὲν πατέρ' Ἀρκεσίλαν,
καὶ τὸ θαητὸν δέμας ἀτρεμίαν τε σύγγονον·
εἰ δέ τις ὄλβον ἔχων μορφᾷ παραμεύσεται ἄλλους,
ἔν τ' ἀέθλοισιν ἀριστεύων ἐπέδειξεν βίαν,
θνατὰ μεμνάσθω περιστέλλων μέλη, 15
καὶ τελευτὰν ἁπάντων γᾶν ἐπιεσσόμενος.

Str. 2

ἐν λόγοις δ' ἀστῶν ἀγαθοῖσιν ἐπαινεῖσθαι χρεών,
καὶ μελιγδούποισι δαιδαλθέντα μελίζεν ἀοιδαῖς.
ἐκ δὲ περικτιόνων ἑκκαίδεκ' Ἀρισταγόραν
ἀγλααὶ νῖκαι πάτραν τ' εὐώνυμον 20
ἐστεφάνωσαν πάλᾳ καὶ μεγαυχεῖ παγκρατίῳ.

Ant. 2

ἐλπίδες δ' ὀκνηρότεραι γονέων παιδὸς βίαν
ἔσχον ἐν Πυθῶνι πειρᾶσθαι καὶ Ὀλυμπίᾳ ἀέθλων.
ναὶ μὰ γὰρ ὅρκον, ἐμὰν δόξαν παρὰ Κασταλίᾳ
καὶ παρ' εὐδένδρῳ μολὼν ὄχθῳ Κρόνου 25
κάλλιον ἂν δηριώντων ἐνόστησ' ἀντιπάλων,

Ep. 2

πενταετηρίδ' ἑορτὰν Ἡρακλέος τέθμιον
κωμάσαις ἀνδησάμενός τε κόμαν ἐν πορφυρέοις
ἔρνεσιν. ἀλλὰ βροτῶν τὸν μὲν κενεόφρονες αὖχαι
ἐξ ἀγαθῶν ἔβαλον· τὸν δ' αὖ καταμεμφθέντ' ἄγαν 30
ἰσχὺν οἰκείων παρέσφαλεν καλῶν
χειρὸς ἕλκων ὀπίσσω θυμὸς ἄτολμος ἐών.

Str. 3

συμβαλεῖν μὰν εὐμαρὲς ἦν τό τε Πεισάνδρου πάλαι
αἷμ' ἀπὸ Σπάρτας, – Ἀμύκλαθεν γὰρ ἔβα σὺν Ὀρέστᾳ,
Αἰολέων στρατιὰν χαλκεντέα δεῦρ' ἀνάγων, – 35
καὶ παρ' Ἰσμηνοῦ ῥοᾶν κεκραμένον
ἐκ Μελανίπποιο μάτρωος· ἀρχαῖαι δ' ἀρεταί

Ordnung des Gastschützers Zeus übt man an den Tafeln, den stets
Wohlgedeckten; laß zu End ihn ehrenvoll
Führen sein zwölfmonatig Amt mit unverwundetem Sinn!

Vater Arkesilas' wegen preise ich glücklich den Mann,
Rühm ob seiner Wundergestalt ihn, des angebornen Muts;
Doch wer im Wohlstand lebt, an Schönheit läuft den Rang ab den
Und, in den Wettkämpfen Bester, Kraft bewies, denke daran: [andern
Sterblicher Glieder Umhüllung tragend, wird
Er als Ende von allem Erde sich anziehn als Kleid.

Mit der Städter redlichen Worten ziemt Lob ihm, auch geziemt's,
Daß durch süßtönende Lieder man ihn höchst kunstvoll besingt. Bei
Nachbarn rings waren es sechzehn glänzende Wettsiege, die
Aristagoras und die gepriesene   [Sieg.
Vaterstadt kränzten durch Ringkampf und Allkampfs prunkenden

Doch der Eltern Zutraun hielt, allzusehr zögernd, ab des Sohns
Kraft, in Pytho zu erproben und in Olympia den Wettkampf.
Bei meinem Eid, ich bin sicher, zu der Kastalia ziehnd
Und zum baumgeschmückten Kronoshügel, wär
Rühmlicher er als die Kampfgegner heimgekehrt, wenn das Fest

Er, das von Herakles als fünfjähriges festgesetzt war,
Mitgefeiert hätte, das Haupthaar bekränzt mit purpurnen
Zweigen. Es wirft aber den der Sterblichen leeres Geprahle
Aus seinem Glück; einen andern, tadelt zu sehr man die Kraft
Ihm, betrügt um Ehren, geeignet für ihn,
An der Hand ihn zurückziehnd, Sinn, dem der Wagemut fehlt.

Leicht erkannt dann hätte man Peisandros' Blut, das alte, von
Sparta — der kam aus Amyklai her ja zusamt dem Orestes,
Führte der Aioler erzgewappnete Heerschar hierher —
Blut auch, an Ismenos' Fluten beigemischt
Mutterseits von Melanippos. Uralter Tüchtigkeit Art

ἀμφέροντ' ἀλλασσόμεναι γενεαῖς ἀνδρῶν σθένος·   Ant. 3
ἐν σχερῷ δ' οὔτ' ὢν μέλαιναι καρπὸν ἔδωκαν ἄρουραι,
δένδρεά τ' οὐκ ἐθέλει πάσαις ἐτέων περόδοις   40
ἄνθος εὐῶδες φέρειν πλούτῳ ἴσον,
ἀλλ' ἐναμείβοντι. καὶ θνατὸν οὕτως ἔθνος ἄγει
                                                                Ep. 3
μοῖρα. τὸ δ' ἐκ Διὸς ἀνθρώποις σαφὲς οὐχ ἕπεται
τέκμαρ· ἀλλ' ἔμπαν μεγαλανορίαις ἐμβαίνομεν,
ἔργα τε πολλὰ μενοινῶντες· δέδεται γὰρ ἀναιδεῖ   45
ἐλπίδι γυῖα· προμαθείας δ' ἀπόκεινται ῥοαί.
κερδέων δὲ χρὴ μέτρον θηρευέμεν·
ἀπροσίκτων δ' ἐρώτων ὀξύτεραι μανίαι.

Bringt im Wechsel bei den Geschlechtern hervor der Männer Kraft;
Stets aufs neue geben ja nicht Frucht die Gefilde, die dunkeln,
Noch wollen Bäume in jedem Jahrumlauf Blüte voll Duft
Tragen, reich wie vordem, wechseln vielmehr ab.
So auch verfährt mit dem sterblichen Stamm das Schicksal. Was von

Zeus kommt an Zeichen – dem Menschenvolk ist es kein
Sichres Merkmal; trotzdem gehn hochmütgen Stolzes wir einher,
Vielerlei Taten erstrebend; sind doch gefesselt von frecher
Hoffnung die Glieder; der Vorsicht Quellen jedoch liegen fern.
Sucht Gewinn man, tut nach Maß zu trachten not;
Unerfüllbare Gier ruft heftigern Wahn nur hervor.

ΙΣΘΜΙΟΝΙΚΑΙΣ

I

⟨ΗΡΟΔΟΤΩΙ ΘΗΒΑΙΩΙ ΑΡΜΑΤΙ⟩

Daktyloepitriten

Str.

1 – ∪ ∪ – ∪ ∪ – – – ∪ – ×
2 – ∪ ∪ – ∪ ∪ – ṵ – ∪ –
3 – ∪ – – – ∪ ∪ – ∪ ∪ – –
4 – ∪ ∪ – ∪ ∪ –
5 ṵ – ∪ – – – ∪ ∪ – ∪ ∪ –
6 – ∪ – – – ∪ ∪ – ∪ ∪ –
  – ∪ ∪ – – ∪ – × – ∪ –

Ep.

1 – – ∪ – – – ∪ ∪ – ∪ ∪ – – – ∪ –
2 – ∪ ∪ – ∪ ∪ – –
  – ∪ ∪ – ∪ ∪ – – – ∪ –
3 – ∪ ∪ – ∪ ∪ – – – ∪ – – – ∪ ∪ –
4 – – ∪ – ṵ – ∪ ∪ – – ∪ – × – ∪ – ×
5 – – ∪ – × – ∪ – ṵ – ∪ ∪ – ∪ ∪ –
  – – ∪ – × – ∪ – –

Str. 1

Μᾶτερ ἐμά, τὸ τεόν, χρύσασπι Θήβα,
πρᾶγμα καὶ ἀσχολίας ὑπέρτερον
θήσομαι. μή μοι κραναὰ νεμεσάσαι
Δᾶλος, ἐν ᾇ κέχυμαι.
τί φίλτερον κεδνῶν τοκέων ἀγαθοῖς ;   5
εἶξον, ὦ Ἀπολλωνιάς· ἀμφοτερᾶν
   τοι χαρίτων σὺν θεοῖς ζεύξω τέλος,

Ant. 1

καὶ τὸν ἀκερσεκόμαν Φοῖβον χορεύων
ἐν Κέῳ ἀμφιρύτᾳ σὺν ποντίοις
ἀνδράσιν, καὶ τὰν ἁλιερκέα Ἰσθμοῦ
δειράδ᾽· ἐπεὶ στεφάνους   10
ἐξ ὤπασεν Κάδμου στρατῷ ἐξ ἀέθλων,

ISTHMISCHE ODEN

I

FÜR HERODOTOS AUS THEBEN, SIEGER MIT DEM WAGEN

Um diese Ode für einen Mitbürger schaffen zu können, verschiebt Pindar –
vermutlich 458 – die Arbeit an einem von den Bewohnern der Insel Keos
bestellten Apollonhymnos, verspricht ihn aber für später (vgl. Paian IV).
Nach dem Preis der Vaterstadt und ihres größten Heros Herakles lobt
Pindar den Sieger, auch deshalb, weil er selber den Wagen gelenkt hat,
wie es die Heroen Kastor und Iolaos einst taten. Ihre Erfolge in der ersten
Zeit der Spiele werden geschildert; dann lenkt der Dichter zurück zu
Herodotos, erzählt von dem Schicksal seines Vaters, der infolge poli-
tischer Wirren sich nach seiner Heimat Orchomenos begeben habe, doch
durch seine Tüchtigkeit wieder zu Ansehen und Wohlstand gelangt sei.
Pindar zählt die zahlreichen Erfolge des Siegers auf, wünscht ihm künf-
tige Siege in Pytho und Olympia und schließt das Lied mit Worten, die
Herodotos gegen kleinlichen Spott in Schutz nehmen.

Was, meine Mutter, du wünschest, Goldschildträgerin
Thebe, stell höher ich als mein Schaffen sonst.
Nicht soll Delos hegen, die felsge, mir Zorn, der
Ich mich verpflichtet. Was ist
Lieber als teure Eltern den Frommen? So weich
Denn, Apollons Insel! Die beiden Gesangs-
    pflichten, sind Götter mir hold, führ ich zum Ziel,

Feiernd den Phoibos mit niegeschornem Haar auf
Keos' umfluteter Flur mit Seemannsvolk
Und zugleich des wogenumschlossenen Isthmos
Nacken; gewährte er doch
Sechs Kränze Kadmos' Schar aus der Wettspiele Kampf,

καλλίνικον πατρίδι κῦδος. ἐν ᾇ
    καὶ τὸν ἀδείμαντον 'Αλκμήνα τέκεν

                                                          Ep. 1
παῖδα, θρασεῖαι τόν ποτε Γηρυόνα φρίξαν κύνες.
ἀλλ' ἐγὼ 'Ηροδότῳ τεύ-
    χων τὸ μὲν ἅρματι τεθρίππῳ γέρας,
ἀνία τ' ἀλλοτρίαις οὐ χερσὶ νωμάσαντ' ἐθέλω   15
ἢ Καστορείῳ ἢ 'Ιολάοι' ἐναρμόξαι μιν ὕμνῳ.
κεῖνοι γὰρ ἡρώων διφρηλάται Λακεδαίμονι καὶ
    Θήβαις ἐτέκνωθεν κράτιστοι·

                                                          Str. 2
ἔν τ' ἀέθλοισι θίγον πλείστων ἀγώνων,
καὶ τριπόδεσσιν ἐκόσμησαν δόμον
καὶ λεβήτεσσιν φιάλαισί τε χρυσοῦ,   20
γευόμενοι στεφάνων
νικαφόρων· λάμπει δὲ σαφὴς ἀρετά
ἔν τε γυμνοῖσι σταδίοις σφίσιν ἐν
    τ' ἀσπιδοδούποισιν ὁπλίταις δρόμοις,

                                                          Ant. 2
οἷά τε χερσὶν ἀκοντίζοντες αἰχμαῖς
καὶ λιθίνοις ὁπότ' ἐν δίσκοις ἵεν.   25
οὐ γὰρ ἦν πενταέθλιον, ἀλλ' ἐφ' ἑκάστῳ
ἔργματι κεῖτο τέλος.
τῶν ἀθρόοις ἀνδησάμενοι θαμάκις
ἔρνεσιν χαίτας ῥεέθροισί τε Δίρ-
    κας ἔφανεν καὶ παρ' Εὐρώτᾳ πέλας,

                                                          Ep. 2
'Ιφικλέος μὲν παῖς ὁμόδαμος ἐὼν Σπαρτῶν γένει,   30
Τυνδαρίδας δ' ἐν 'Αχαιοῖς
    ὑψίπεδον Θεράπνας οἰκέων ἕδος.
χαίρετ'. ἐγὼ δὲ Ποσειδάωνι 'Ισθμῷ τε ζαθέᾳ
'Ογχηστίαισίν τ' ἀϊόνεσσιν περιστέλλων ἀοιδάν
γαρύσομαι τοῦδ' ἀνδρὸς ἐν τιμαῖσιν ἀγακλέα τὰν
    'Ασωποδώρου πατρὸς αἶσαν

Schönen Sieges Ruhm für die Vaterstadt. Dort
   bracht' auch den furchtlosen Sohn Alkmene zur

Welt, ihn, vor dem erschraken Geryones' freche Hunde einst.
Doch wenn Herodotos für des
   Viergespanns Wagen ich Ehrung rüste, will,
Weil er die Zügel von fremden Händen nicht ließ lenken, ich nun
Einfügen ihn dem Hymnos zum Ruhm Kastors oder Iolaos';
Die wurden ja erzeugt in Lakedaimon und Theben als der
   Heroen beste Wagenlenker,

Griffen ins Wettspiel der meisten Kämpfe ein und
Schmückten mit Dreifüßen ihre Häuser, mit
Kesseln und mit Schalen von Gold, an der Kränze
Zier sich erbauend, des Siegs
Ertrag. Es leuchtet hell ihrer Tüchtigkeit Glanz,
Wenn sie nackt im Stadion liefen und schild-
   dröhnend beim Rennen der Schwerbewaffneten,

Wie, wenn mit Händen sie Speere warfen oder
Wenn sie die steinernen Scheiben schleuderten.
Nicht gab's schon den Fünfkampf; man hatte für jede
Kampfart bestimmt ihren Preis.
So, dichte Zweige oftmals gebunden aufs Haar,
Zeigten sie sich strahlend sowohl an der Flut
   Dirkes als auch nahe dem Eurotasfluß:

Iphikles' Sohn, den Spartern verwandt, und der Tyndaride, der
Bei den Achaiern Therapnais
   Wohnsitz, auf Höhen gelegen, innehat.
Doch lebt nun wohl! – Den Poseidon und den heilgen Isthmos sowie
Onchestos' Seegestade will nun ich umkleiden mit Gesang und
Preisen bei dieses Mannes Ehrung will ich das ruhmreiche, des
   Vaters Asopodoros Schicksal,

'Ερχομενοῖό τε πατρῷαν ἄρουραν,   Str. 3
ἅ νιν ἐρειδόμενον ναυαγίαις   36
ἐξ ἀμετρήτας ἁλὸς ἐν κρυοέσσᾳ
δέξατο συντυχίᾳ·
νῦν δ' αὖτις ἀρχαίας ἐπέβασε Πότμος
συγγενὴς εὐαμερίας. ὁ πονή-   40
    σαις δὲ νόῳ καὶ προμάθειαν φέρει·
                                                                   Ant. 3
εἰ δ' ἀρετᾷ κατάκειται πᾶσαν ὀργάν,
ἀμφότερον δαπάναις τε καὶ πόνοις,
χρή νιν εὑρόντεσσιν ἀγάνορα κόμπον
μὴ φθονεραῖσι φέρειν
γνώμαις. ἐπεὶ κούφα δόσις ἀνδρὶ σοφῷ   45
ἀντὶ μόχθων παντοδαπῶν ἔπος εἰ-
    πόντ' ἀγαθὸν ξυνὸν ὀρθῶσαι καλόν.
                                                                   Ep. 3
μισθὸς γὰρ ἄλλοις ἄλλος ἐπ' ἔργμασιν ἀνθρώποις γλυκύς,
μηλοβότᾳ τ' ἀρότᾳ τ' ὀρ-
    νιχολόχῳ τε καὶ ὃν πόντος τράφει.
γαστρὶ δὲ πᾶς τις ἀμύνων λιμὸν αἰανῆ τέταται·
ὃς δ' ἀμφ' ἀέθλοις ἢ πολεμίζων ἄρηται κῦδος ἁβρόν,   50
εὐαγορηθεὶς κέρδος ὕψιστον δέκεται, πολια-
    τᾶν καὶ ξένων γλώσσας ἄωτον.

                                                                   Str. 4
ἄμμι δ' ἔοικε Κρόνου σεισίχθον' υἱόν
γείτον' ἀμειβομένοις εὐεργέταν
ἁρμάτων ἱπποδρόμιον κελαδῆσαι,
καὶ σέθεν, 'Αμφιτρύων,   55
παῖδας προσειπεῖν, τὸν Μινύα τε μυχόν
καὶ τὸ Δάματρος κλυτὸν ἄλσος 'Ελευ-
    σῖνα καὶ Εὔβοιαν, ἐν γναμπτοῖς δρόμοις·
                                                                   Ant. 4
Πρωτεσίλα, τὸ τεὸν δ' ἀνδρῶν 'Αχαιῶν
ἐν Φυλάκᾳ τέμενος συμβάλλομαι.
πάντα δ' ἐξειπεῖν, ὅσ' ἀγώνιος 'Ερμᾶς   60

Preisen Orchomenos' väterlich Gefilde,
Das den auf Schiffstrümmern Umgetriebnen aus
Salzger unermeßlicher Flut in der Drangsal
Aufnahm des grausgen Geschicks.
Nun wieder hob empor ihn das Schicksal des Stamms,
Das schon einst gab Tage des Glücks. Wer die Not
   zwang mit Verstand, bringt als Frucht Erfahrung ein.

Wirft sich auf Tüchtigkeit einer allen Eifers,
Ohne daß Aufwand er spart noch Mühn, so muß
Ihm, der sie errungen, man herrlichsten Ruhms Klang,
Keinerlei Mißgunst im Sinn,
Darbringen. Leicht ja fällt's weisem Dichter, als Lohn
Mannigfaltger Mühsal sein treffliches Lied
   schaffend, ein allehrendes Mal aufzubaun.

Der Lohn scheint diesen, anderen jener erwünscht für Arbeit: dem
Hüter der Schafe, dem Pflüger,
   Dem, welcher Vögel fängt, und wen nährt die See.
Zusieht vor allem man, wie dem Magen ständgen Hunger man wehrt;
Doch wer im Wettkampf oder im Krieg Ruhmes Zierde sich erworben,
Empfängt durch guten Leumund höchsten Lohn: von der Mitbürger
   Fremdlinge Zunge Lobes Blüte.   [und

Uns aber ziemt es, den Erderschüttrer, Kronos'
Sohn, unsern Nachbar, weil er den rennenden
Roßgespannen hold war beim Kampf, und auch deine
Söhne, Amphitryon, im Lied
Zu nennen und des Minyas Schlucht wie den Hain
Voller Ruhm Demeters, Eleusis, und Eu-
   boia, bei Wettrennen auf gekrümmter Bahn.

Protesilaos, ich füg auch deinen Hain bei
Männern Achaias in Phylake hinzu.
Daß ich all das künde, was Hermes, der Kampfgott,

'Ηροδότῳ ἔπορεν
ἵπποις, ἀφαιρεῖται βραχὺ μέτρον ἔχων
ὕμνος. ἦ μὰν πολλάκι καὶ τὸ σεσω-
παμένον εὐθυμίαν μείζω φέρει.

Ep. 4

εἴη μιν εὐφώνων πτερύγεσσιν ἀερθέντ' ἀγλααῖς
Πιερίδων, ἔτι καὶ Πυ-   65
   θῶθεν 'Ολυμπιάδων τ' ἐξαιρέτοις
'Αλφεοῦ ἔρνεσι φράξαι χεῖρα τιμὰν ἑπταπύλοις
Θήβαισι τεύχοντ'. εἰ δέ τις ἔνδον νέμει πλοῦτον κρυφαῖον,
ἄλλοισι δ' ἐμπίπτων γελᾷ, ψυχὰν 'Αΐδᾳ τελέων
   οὐ φράζεται δόξας ἄνευθεν.

II

⟨ΞΕΝΟΚΡΑΤΕΙ ΑΚΡΑΓΑΝΤΙΝΩΙ ΑΡΜΑΤΙ⟩

Daktyloepitriten

Str.

```
1 - - υ υ - υ υ - υ̲
      - υ - x - υ -
2 - υ - x - υ -
      - υ - - - υ υ - υ υ -
3 - υ - x - υ - υ̲ - υ υ - υ υ - x
4 - υ υ - υ υ - υ̲ - υ - x
5 - υ - x - υ - - - υ - -
```

Ep.

```
1 - υ υ - υ υ -
        - - υ υ - υ υ - υ̲ - υ -
2 - υ υ - υ υ - - - υ - -
3 - υ - x - υ - -
4 - υ - x - υ - υ̲ - υ υ -
5 - υ - - - υ υ - υ υ -
6 - υ ͜υυ - - υ - -
```

Gab dem Herodotos durch
Der Rosse Sieg, verbeut – ist sein Maß doch nur kurz –
Mir der Hymnos. Oft ja geschieht's, daß auch das,
    was man verschwieg, größre Seelenruhe bringt.

So möge, von wohltönender Musen erhabenen Schwingen zur
Höhe geführt, noch aus Pytho
    er und Olympia mit Zweigen, auserwählt
An dem Alpheios, den Arm beladen, Thebe Ehre verleihn, [Reichtum
Dem siebentor'gen! Doch wer im Haus drin sich hält verborgnen
Und trifft er andre, lacht: bedenkt nicht, daß er sein Leben dem Ha-
des hingibt ohne Ruhm und Ehre.

II

FÜR XENOKRATES AUS AKRAGAS, SIEGER MIT DEM WAGEN

Die Ode nimmt zwar Bezug auf einen isthmischen Sieg (477), ist aber
erst – vielleicht 470 – nach dem Tod des Siegers Xenokrates verfaßt und an
seinen Sohn Thrasybulos gerichtet, mit dem Pindar 490 Freundschaft ge-
schlossen hatte (vgl. P VI). Sie wurde überbracht von Nikasippos, der vielleicht auch ihre Aufführung bei einer Gedächtnisfeier für Xenokrates leitete.
Einem Hinweis auf die frühere Chordichtung, die nicht auf Lohn und
Geld ausging, sondern die Schönheit der Jugend pries, ähnlich wie Pindar
vor langen Jahren der Anmut des Jünglings Thrasybulos gehuldigt hatte,
folgen – vielleicht auf die Rivalen Simonides und Bakchylides gemünzte –
Worte gegen die Gewinnsucht späterer Dichter. Im folgenden hebt Pindar hervor, daß die Siege des Xenokrates und Theron der Leistung des
Wagenlenkers Nikomachos zu danken waren, der auch in gastfreundlichem
Verhältnis zu den Abgesandten Olympias gestanden habe. Wenn dann
der Emmeniden, besonders des verstorbenen Vaters Xenokrates Freundlichkeit, Frömmigkeit und Gastlichkeit gepriesen werden, so bedeutet
das wohl einen leisen Wink für den Sohn, dem der Gruß der letzten Worte
gilt.

Οἱ μὲν πάλαι, ὦ Θρασύβουλε,   Str. 1
   φῶτες, οἱ χρυσαμπύκων
ἐς δίφρον Μοισᾶν ἔβαι-
   νον κλυτᾷ φόρμιγγι συναντόμενοι,
ῥίμφα παιδείους ἐτόξευον μελιγάρυας ὕμνους,
ὅστις ἐὼν καλὸς εἶχεν 'Αφροδίτας
εὐθρόνου μνάστειραν ἀδίσταν ὀπώραν.   5

                                                              Ant. 1
ἀ Μοῖσα γὰρ οὐ φιλοκερδής
   πω τότ' ἦν οὐδ' ἐργάτις·
οὐδ' ἐπέρναντο γλυκεῖ-
   αι μελιφθόγγου ποτὶ Τερψιχόρας
ἀργυρωθεῖσαι πρόσωπα μαλθακόφωνοι ἀοιδαί.
νῦν δ' ἐφίητι ⟨τὸ⟩ τὦργείου φυλάξαι
ῥῆμ' ἀλαθείας ⟨ἐτᾶς⟩ ἄγχιστα βαῖνον,   10
                                                              Ep. 1

'χρήματα χρήματ' ἀνήρ'
   ὃς φᾶ κτεάνων θ' ἅμα λειφθεὶς καὶ φίλων.
ἐσσὶ γὰρ ὦν σοφός· οὐκ ἄγνωτ' ἀείδω
'Ισθμίαν ἵπποισι νίκαν,
τὰν Ξενοκράτει Ποσειδάων ὀπάσαις,
Δωρίων αὐτῷ στεφάνωμα κόμᾳ   15
πέμπεν ἀναδεῖσθαι σελίνων,

                                                              Str. 2
εὐάρματον ἄνδρα γεραίρων,
   'Ακραγαντίνων φάος.
ἐν Κρίσᾳ δ' εὐρυσθενὴς
   εἶδ' 'Απόλλων μιν πόρε τ' ἀγλαΐαν
καὶ τόθι κλειναῖς ⟨τ'⟩ 'Ερεχθειδᾶν χαρίτεσσιν ἀραρὼς
ταῖς λιπαραῖς ἐν 'Αθάναις, οὐκ ἐμέμφθη   20
ῥυσίδιφρον χεῖρα πλαξίπποιο φωτός,

                                                              Ant. 2
τὰν Νικόμαχος κατὰ καιρὸν
   νεῖμ' ἀπάσαις ἁνίαις·
ὃν τε καὶ κάρυκες ὡ-
   ρᾶν ἀνέγνον, σπονδοφόροι Κρονίδα

Männer, Thrasybulos, von vordem,
 die der Musen Wagen, der
Goldreiftragenden, bestie-
 gen, die klangvoll tönende Harfe im Arm,
Schossen rasch vom Bogen honigtönende Knabengesänge,
Zeigte ein Schöner an Aphrodite, die hoch
Thronende, gemahnende holdeste Jugend.

Da war ja die Muse noch nicht aus
 auf Gewinn, schuf nicht um Lohn.
Feil nicht waren da der süß-
 tönenden Terpsichore liebliche, im
Antlitz silberblinkende Gesänge voll mildesten Wohlklangs.
Jetzt aber heißt sie uns hüten des Argeiers
Spruch, weil er ganz nah der vollen Wahrheit komme:

„Geld", sprach er, „Geld macht den Mann",
 Als Schätze zugleich er und – Freunde eingebüßt.
Nun, du verstehst. Den gar wohlbekannten Sieg am
Isthmos mit den Rossen sing ich;
Den hat dem Xenokrates Poseidon verliehn,
Sandte ihm aus dorischem Eppich den Kranz,
Ihn aufs Haar zu binden, so ehrend

Des siegreichen Rennwagens Herrn, das
 Licht des Volks von Akragas.
Und in Krisa sah der ge-
 waltge Apollon auf ihn hin und lieh Glanz;
Dort auch von Erechtheus' Stamm aufs rühmlichste anerkannt, in dem
Lichten Athen, konnt' er tadeln nicht die Hand, die
Wagenrettende, des roßpeitschenden Mannes;

Mit ihr gab Nikomachos rechtzeitig die Zügel alle frei.
Diesen kannten schon die Fest-
 künder, Friedensboten des Kronossohns Zeus,

Ζηνὸς Ἀλεῖοι, παθόντες πού τι φιλόξενον ἔργον·
ἀδυπνόῳ τέ νιν ἀσπάζοντο φωνᾷ   25
χρυσέας ἐν γούνασιν πίτνοντα Νίκας

                                                                    Ep. 2

γαῖαν ἀνὰ σφετέραν,
    τὰν δὴ καλέοισιν Ὀλυμπίου Διός
ἄλσος· ἵν᾽ ἀθανάτοις Αἰνησιδάμου
παῖδες ἐν τιμαῖς ἔμιχθεν.
καὶ γὰρ οὐκ ἀγνῶτες ὑμῖν ἐντὶ δόμοι   30
οὔτε κώμων, ὦ Θρασύβουλ᾽, ἐρατῶν,
οὔτε μελικόμπων ἀοιδᾶν.

                                                                    Str. 3
οὐ γὰρ πάγος οὐδὲ προσάντης
    ἁ κέλευθος γίνεται,
εἴ τις εὐδόξων ἐς ἀν-
    δρῶν ἄγοι τιμὰς Ἑλικωνιάδων.
μακρὰ δισκήσαις ἀκοντίσσαιμι τοσοῦθ᾽, ὅσον ὀργάν   35
Ξεινοκράτης ὑπὲρ ἀνθρώπων γλυκεῖαν
ἔσχεν. αἰδοῖος μὲν ἦν ἀστοῖς ὁμιλεῖν,

                                                                    Ant. 3
ἱπποτροφίας τε νομίζων
    ἐν Πανελλάνων νόμῳ·
καὶ θεῶν δαῖτας προσέ-
    πτυκτο πάσας· οὐδέ ποτε ξενίαν
οὖρος ἐμπνεύσαις ὑπέστειλ᾽ ἱστίον ἀμφὶ τράπεζαν·   40
ἀλλ᾽ ἐπέρα ποτὶ μὲν Φᾶσιν θερείαις,
ἐν δέ χειμῶνι πλέων Νείλου πρὸς ἀκτάν.

                                                                    Ep. 3
μή νυν, ὅτι φθονεραὶ
    θνατῶν φρένας ἀμφικρέμανται ἐλπίδες,
μήτ᾽ ἀρετάν ποτε σιγάτω πατρῴαν,
μηδὲ τούσδ᾽ ὕμνους· ἐπεί τοι   45
οὐκ ἐλινύσοντας αὐτοὺς ἐργασάμαν.
ταῦτα, Νικάσιππ᾽, ἀπόνειμον, ὅταν
ξεῖνον ἐμὸν ἠθαῖον ἔλθῃς.

Die Eleier, da sie einmal Gastfreundschaft bei ihm genossen;
Und sie begrüßten mit freudger Stimme Hauch ihn;
Sank er in der goldnen Siegesgöttin Schoß doch

Auf ihrem eigenen Erd-
   grund, der des olympischen Zeus Bezirk genannt
Wird; dort empfingen Ainesidamos' Söhne
Ihre unsterblichen Ehren.
Und nicht unbekannt sind eurem Hause sowohl
Heitre Festzüge, Thrasybulos, als auch
Honigsüß ertönende Lieder.

Denn weder ein Hügel ist da noch
   führt der Pfad steil aufwärts, bringt
In berühmter Männer Haus
   einer Ehrenschmuck helikonischer Fraun.
Könnt ich langen Wurfs den Diskus schleudern so weit, als an holdem
Wesen Xenokrates über all den Menschen
Stand! Voll Huld war er, wenn er mit Bürgern umging;

Der Rossezucht nahm er sich an, ganz
   nach der Panhellenen Brauch;
An den Göttermählern all
   hielt er fest; und niemals am gastlichen Tisch
Ließ ein Wind trotz heftigen Blasens seine Segel ihn einziehn;
Sondern er drang bis zum Phasis vor im Sommer,
Und im Winter fuhr er zu des Niles Ufer.

Nicht soll er nun, weil den Sinn
   der Sterblichen neidvolles Wünschen rings umhängt,
Jemals die Tüchtigkeit verschweigen des Vaters,
Noch auch dieses Loblied! Fürwahr,
Nicht zum Liegenbleiben ja hab ich es verfaßt.
Dies bring vor, wenn du, Nikasippos, gelangt
Zu meinem liebwerten Gastfreund!

III + IV

⟨ΜΕΛΙΣΣΩΙ ΘΗΒΑΙΩΙ ΙΠΠΟΙΣ ΚΑΙ ΠΑΓΚΡΑΤΙΩΙ⟩

Daktyloepitriten

Str.

1 – ∪ – ᴜ – ∪ – ᴜ – ∪ – × – ∪ – ᴜ
2 – ∪ – – – ∪ ∪ – ∪ ∪ – ᴜ – ∪ –
3 – ∪ ∪ – ∪ ∪ – ᴜ – ∪ – ᴜ
4 – ∪ ∪ – ∪ ∪ – ᴜ – ∪ – –
5 – ∪ – × – ∪ – –
    – ∪ ∪ – ∪ ∪ – ∪ ∪ – – ∪ – –
6 – ∪ – × – ∪ – – – ∪ – –

Ep.

1 – – ∪ ∪ – ∪ ∪ – – – ∪ ∪ –
2 – ∪ ∪ – ∪ ∪ – –
3 – ∪ – ᴜ – ∪ –
4 – – ∪ – ᴜ – ∪ –
5 – – ∪ ∪ – ∪ ∪ – ᴜ – ∪ –
6 – – ∪ – × – ∪ – ᴜ – ∪ –
7 – – ∪ ∪ – ∪ ∪ – – ∪ – ᴜ – ∪ –
8 – – ∪ – × – ∪ ᴜᴜ – – ∪ –

Str. 1

(III)

Εἴ τις ἀνδρῶν εὐτυχήσαις ἢ σὺν εὐδόξοις ἀέθλοις
ἢ σθένει πλούτου κατέχει φρασὶν αἰανῆ κόρον,
ἄξιος εὐλογίαις ἀστῶν μεμίχθαι.
Ζεῦ, μεγάλαι δ' ἀρεταὶ θνατοῖς ἕπονται
ἐκ σέθεν· ζώει δὲ μάσσων   5
   ὄλβος ὀπιζομένων, πλαγίαις δὲ φρένεσσιν
οὐχ ὁμῶς πάντα χρόνον θάλλων ὁμιλεῖ.

Ant. 1

εὐκλέων δ' ἔργων ἄποινα χρὴ μὲν ὑμνῆσαι τὸν ἐσλόν,
χρὴ δὲ κωμάζοντ' ἀγαναῖς χαρίτεσσιν βαστάσαι.

III+IV

FÜR MELISSOS AUS THEBEN SIEGER MIT DEM WAGEN UND IM ALLKAMPF

Die 3. und 4. Ode haben dieselbe metrische Form und handeln von demselben Sieger. In den Handschriften treten sie teils als zwei Oden, teils als eine auf. Vermutlich ist die dritte Ode, die einen inzwischen erfolgten zweiten Sieg (in Nemea) einbezieht, später als Einleitung der vierten vorangestellt worden. Sie bilden also wohl eine Einheit (vgl. Anmerkung). An das Lob des Melissos für seinen isthmischen und nemeïschen Sieg schließt sich das seines Geschlechtes, der Kleonymiden. Das Lob setzt sich für den isthmischen Sieg und die Kleonymiden in der 4. Ode fort, wo dann auch der schwere Verlust des Stammes im Kriege (wohl bei Plataiai 479) erwähnt wird. Auf die Darlegung der Wettkampfsiege folgt der Gedanke, daß das Schicksal manchmal auch den besseren Mann versagen läßt, ja ihn niederwirft, wie das Beispiel des Aias zeigt, dem freilich nach seinem tragischen Tod ein Weiterleben in der Dichtung durch Homer zuteil wird. Erneutes Lob des Allkampfsiegers, der nur klein von Gestalt war, lenkt hin zu einer Würdigung des auch als verhältnismäßig klein gedachten Herakles, des Sohnes der Alkmene, der den Riesen Antaios bezwingt und nach seinen Taten in den Olympos aufgenommen wird. Ihm und seinen acht Söhnen soll nach Aufführung der Ode ein Opfer zur Einleitung von Wettspielen dargebracht werden. Mit dem Hinweis, daß Melissos auch in den heimischen Kämpfen zweimal und vorher schon als Knabe mit dem Myrtenkranz geziert wurde, und mit einem Lob für seinen Lehrer Orseas schließt das Lied, das vermutlich 474/3 entstanden ist.

Wenn ein Mann, der Glück gehabt hat, sei's mit Ruhm im Wettkampf,
Sei's' mit Macht des Reichtums, bezwingt in dem Busen leidgen Stolz:
Wert ist er, daß ihn der Bürger Lob umfange.
Zeus, hoher Tugenden Art kommt Sterblichen von
Dir; es lebt länger das Glück de-
    rer, welche ehrfürchtig sind; doch mit starrsinngen Herzen
Pflegt's nicht, gleicherweise allzeit blühend, Umgang.

Ruhmeswürdgen Taten ziemt als Lohn, den Edlen zu besingen,
Ziemt's, im Festzug ihn mit erfreuendem Danke zu erhöhn.

ἔστι δὲ καὶ διδύμων ἀέθλων Μελίσσῳ
μοῖρα πρὸς εὐφροσύναν τρέψαι γλυκεῖαν   10
ἦτορ, ἐν βάσσαισιν Ἰσθμοῦ
  δεξαμένῳ στεφάνους, τὰ δὲ κοίλᾳ λέοντος
ἐν βαθυστέρνου νάπᾳ κάρυξε Θήβαν

                                            Ep. 1

ἱπποδρομίᾳ κρατέων· ἀνδρῶν δ᾽ ἀρετάν
σύμφυτον οὐ κατελέγχει.
ἴστε μὰν Κλεωνύμου   15
δόξαν παλαιὰν ἅρμασιν·
καὶ ματρόθε Λαβδακίδαισιν σύννομοι
πλούτου διέστειχον τετραοριᾶν πόνοις.
αἰὼν δὲ κυλινδομέναις ἁμέραις ἄλλ᾽ ἄλλοτ᾽ ἐξ   17b
ἄλλαξεν. ἄτρωτοί γε μὰν παῖδες θεῶν.   18b

                                            Str. 2

(IV)

Ἔστι μοι θεῶν ἕκατι μυρία παντᾷ κέλευθος,
ὦ Μέλισσ᾽, εὐμαχανίαν γὰρ ἔφανας Ἰσθμίοις,   20
ὑμετέρας ἀρετὰς ὕμνῳ διώκειν·
αἷσι Κλεωνυμίδαι θάλλοντες αἰεί
σὺν θεῷ θνατὸν διέρχον-
  ται βιότου τέλος. ἄλλοτε δ᾽ ἀλλοῖος οὖρος
πάντας ἀνθρώπους ἐπαΐσσων ἐλαύνει.

                                            Ant. 2

τοὶ μὲν ὦν Θήβαισι τιμάεντες ἀρχᾶθεν λέγονται   25
πρόξενοί τ᾽ ἀμφικτιόνων κλεαδεννᾶς τ᾽ ὀρφανοί
ὕβριος· ὅσσα δ᾽ ἐπ᾽ ἀνθρώπους ἄηται
μαρτύρια φθιμένων ζωῶν τε φωτῶν
ἀπλέτου δόξας, ἐπέψαυ-
  σαν κατὰ πᾶν τέλος· ἀνορέαις δ᾽ ἐσχάταισιν
οἴκοθεν στάλαισιν ἅπτονθ᾽ Ἡρακλείαις·   30

                                            Ep. 2

καὶ μηκέτι μακροτέραν σπεύδειν ἀρετάν·
ἱπποτρόφοι τ᾽ ἐγένοντο,
χαλκέῳ τ᾽ Ἄρει ἄδον.

Zweifacher Kampfpreis ward ja zuteil Melissos,
Daß er zu Freude, zu holder, wenden kann sein
Herz, da in des Isthmos Schluchten
    er seinen Kranzschmuck empfing, in des breitbrüstgen Löwen
Hohlem Waldtal Theben er ausrufen ließ als

Sieger mit dem Rossegespann. Er macht seines Stamms
Männlicher Tugend nicht Schande;
Kennt ihr doch Kleonymos'
Einstigen Ruhm durch Wagensieg.
Und, mutterseits den Labdakiden stammverwandt,
Schritten im Reichtum sie, ums Viergespann bemüht.
Zeit tauscht in der Tage Verlauf eins stets gegen andres aus.
Und unverwundbar sind der Götter Söhne nur.

Mir stehn mit der Götter Huld allwärts vieltausend Pfade offen –
Guten Weg, Melissos, wiesest du durch die Isthmien –
Euerer Leistungen Höh im Lied zu folgen;
So geht Kleonymos' Stamm, durch sie stets blühend,
Gottgeführt zum sterblichen, der
    Lebenszeit Endziel. Zu anderer Zeit treibt ein Fahrwind
Andrer Art die Menschen all, wenn er heranstürmt.

Jene nun in Theben hält in Ehren man seit alters, nennt sie
Ihrer Nachbarn gastliche Schutzherren, frei von rauschendem
Hochmut. Und was auch zu Menschen geweht wird an
Zeugnis von lebender und gestorbener Männer
Mächtgem Ruhm: sie teilten es in
    jeglicher Hinsicht und rührten durch mannhafte Taten
Ihres Stamms an Herakles äußerste Säulen.

Doch strebe man nicht mehr nach Leistung höherer Art!
Rossezucht treibend, gefielen
Ares sie, dem ehernen.

ἀλλ' ἁμέρᾳ γὰρ ἐν μιᾷ
τραχεῖα νιφὰς πολέμοιο τεσσάρων　　　　　　　35
ἀνδρῶν ἐρήμωσεν μάκαιραν ἑστίαν·　　　　　　35 b
νῦν δ' αὖ μετὰ χειμέριον ποικίλα μηνῶν ζόφον
χθὼν ὧτε φοινικέοισιν ἄνθησεν ῥόδοις　　　　　36 b

　　　　　　　　　　　　　　　　　　　　　　Str. 3
δαιμόνων βουλαῖς. ὁ κινητὴρ δὲ γᾶς 'Ογχηστὸν οἰκέων
καὶ γέφυραν ποντίαδα πρὸ Κορίνθου τειχέων,
τόνδε πορὼν γενεᾷ θαυμαστὸν ὕμνον
ἐκ λεχέων ἀνάγει φάμαν παλαιάν　　　　　　　40
εὐκλέων ἔργων· ἐν ὕπνῳ
　γὰρ πέσεν· ἀλλ' ἀνεγειρομένα χρῶτα λάμπει,
'Αοσφόρος θαητὸς ὣς ἄστροις ἐν ἄλλοις·

　　　　　　　　　　　　　　　　　　　　　　Ant. 3
ἅ τε κἀν γουνοῖς 'Αθανᾶν ἅρμα καρύξαισα νικᾶν
ἔν τ' 'Αδραστείοις ἀέθλοις Σικυῶνος ὤπασεν
τοιάδε τῶν τότ' ἐόντων φύλλ' ἀοιδᾶν.　　　　　45
οὐδὲ παναγυρίων ξυνᾶν ἀπεῖχον
καμπύλον δίφρον, Πανελλά-
　νεσσι δ' ἐριζόμενοι δαπάνᾳ χαῖρον ἵππων.
τῶν ἀπειράτων γὰρ ἄγνωτοι σιωπαί.

　　　　　　　　　　　　　　　　　　　　　　Ep. 3
ἔστιν δ' ἀφάνεια τύχας καὶ μαρναμένων,
πρὶν τέλος ἄκρον ἱκέσθαι.　　　　　　　　　50
τῶν τε γὰρ καὶ τῶν διδοῖ·
καὶ κρέσσον' ἀνδρῶν χειρόνων
ἔσφαλε τέχνα καταμάρψαισ'· ἴστε μὰν
Αἴαντος ἀλκάν, φοίνιον τὰν ὀψίᾳ　　　　　　53 b
ἐν νυκτὶ ταμὼν περὶ ᾧ φασγάνῳ μομφὰν ἔχει
παίδεσσιν 'Ελλάνων ὅσοι Τροίανδ' ἔβαν.　　　54 b

　　　　　　　　　　　　　　　　　　　　　　Str. 4
ἀλλ' 'Ομηρός τοι τετίμακεν δι' ἀνθρώπων, ὃς αὐτοῦ　55
πᾶσαν ὀρθώσαις ἀρετὰν κατὰ ῥάβδον ἔφρασεν
θεσπεσίων ἐπέων λοιποῖς ἀθύρειν.

Aber an einem einzigen
Tag hat dann ein schauriger Wettersturm des Kriegs
Vier Männer vom glückselgen Herd geraubt; doch jetzt
Ist wieder nach winterlich dunkelen Monden bunt in Pracht
Die Erde wie von Purpurblumen voll erblüht

Durch der Götter Rat. Der Erderschüttrer, der Onchestos und die
Brücke bewohnt über das Meer vor Korinthos' Mauern, den
Hymnos gewährend, den wunderbaren, führt dem
Stamm von dem Ruhbett empor die Mär, die alte,
Hochgerühmter Taten; in Schlaf
    sank sie ja; aber erweckt leuchtet auf sie am Leib, dem
Morgenstern gleich strahlend vor den andern Sternen.

Sie tat kund, daß auf Athens Gefild auch siegte ihr Gespann und
In Adrastos' Spielen von Sikyon, teilt' aus von dazumal
Lebenden Liederkränze – so wie diesen;
Auch von den Volksfesten hielten den gebognen
Wagen sie nicht fern, erfreuten
    sich, mit ganz Hellas im Wettstreit, der Zucht ihrer Rosse.
Wer nichts wagt, deß Los ist Unbekanntsein, Schweigen.

Doch bleibt auch der Kämpfenden Schicksal ungewiß, eh
Äußerstes Ziel sie erreichen.
Dies ja teilt's, jenes bald zu.
Den Bessren selbst warf nieder List
Von schlechtern Männern, wenn sie ihn faßte; wißt
Von Aias' Kraft ihr doch, die blutig, spät bei Nacht
Er rings um sein Schwert sich zerschnitt; Schmach so bracht' er all den
Hellenensöhnen, die gezogen nach Troia hin.

Doch Homer schuf Ehre ihm rings bei den Menschen, hat, sein ganzes
Heldentum aufrichtend, es dargestellt durch den Meisterstab
Göttlicher Verse, die Nachwelt zu erfreuen.

τοῦτο γὰρ ἀθάνατον φωνᾶεν ἕρπει,
εἴ τις εὖ εἴπῃ τι· καὶ πάγ-
   καρπον ἐπὶ χθόνα καὶ διὰ πόντον βέβακεν
ἐργμάτων ἀκτὶς καλῶν ἄσβεστος αἰεί.   60

Ant. 4

προφρόνων Μοισᾶν τύχοιμεν, κεῖνον ἅψαι πυρσὸν ὕμνων
καὶ Μελίσσῳ, παγκρατίου στεφάνωμ' ἐπάξιον,
ἔρνεϊ Τελεσιάδα. τόλμᾳ γὰρ εἰκώς
θυμὸν ἐριβρεμετᾶν θηρῶν λεόντων
ἐν πόνῳ, μῆτιν δ' ἀλώπηξ,   65
   αἰετοῦ ἅ τ' ἀναπιτναμένα ῥόμβον ἴσχει·
χρὴ δὲ πᾶν ἔρδοντ' ἀμαυρῶσαι τὸν ἐχθρόν.

Ep. 4

οὐ γὰρ φύσιν Ὠαριωνείαν ἔλαχεν·
ἀλλ' ὀνοτὸς μὲν ἰδέσθαι,
συμπεσεῖν δ' ἀκμᾷ βαρύς.
καί τοί ποτ' Ἀνταίου δόμους   70
Θηβᾶν ἄπο Καδμεϊᾶν μορφὰν βραχύς,
ψυχὰν δ' ἄκαμπτος, προσπαλαίσων ἦλθ' ἀνήρ   71 b
τὰν πυροφόρον Λιβύαν, κρανίοις ὄφρα ξένων
ναὸν Ποσειδάωνος ἐρέφοντα σχέθοι,   72 b

Str. 5

υἱὸς Ἀλκμήνας· ὃς Οὐλυμπόνδ' ἔβα, γαίας τε πάσας
καὶ βαθύκρημνον πολιᾶς ἁλὸς ἐξευρὼν θέναρ,
ναυτιλίαισί τε πορθμὸν ἡμερώσαις.   75
νῦν δὲ παρ' Αἰγιόχῳ κάλλιστον ὄλβον
ἀμφέπων ναίει, τετίμα-
   ταί τε πρὸς ἀθανάτων φίλος, Ἥβαν τ' ὀπυίει,
χρυσέων οἴκων ἄναξ καὶ γαμβρὸς Ἥρας.

Ant. 5

τῷ μὲν Ἀλεκτρᾶν ὕπερθεν δαῖτα πορσύνοντες ἀστοί
καὶ νεόδματα στεφανώματα βωμῶν αὔξομεν   80
ἔμπυρα χαλκοαρᾶν ὀκτὼ θανόντων,
τοὺς Μεγάρα τέκε οἱ Κρεοντὶς υἱούς·

Wandelt solch Lied doch unsterblich, klangvoll tönend,
Gab man edle Form ihm. Über
   fruchtreiches Land und die Flut hin des Meeres schreitet
Schöner Taten Lichtstrahl, ewig unauslöschbar.

Seien huldvoll mir die Musen, wenn ich solche Hymnenfackel
Auch Melissos zünde, den Allkampf zu kränzen, wie es ziemt,
Ihm, Telesiades' Sproß! An Kühnheit ist stark
Brüllender Löwen ergrimmtem Mut er gleich in
Kampfesmüh, ein Fuchs an Klugheit,
   welcher das Kreisen des Aars, sich zurückbeugend, fernhält;
Alles muß er tun, was schwächen kann den Gegner.

Denn nicht ward Orions gewaltger Wuchs ihm zuteil,
Doch – trotz verächtlichen Aussehens –
Bei dem Anprall höchste Wucht.
So kam auch zu Antaios' Haus
Von Theben, der Kadmosstadt, an Gestalt nur klein,
An Geist unbeugbar, einst zum Ringkampf her ein Mann
Ins Weizenland Libyen, um ihm, der mit Schädeln kränzte der
Fremdlinge rings Poseidons Tempel, Einhalt zu tun;

Er, Alkmenes Sohn, ging zum Olympos, als er alle Länder
Und des Meers hochufrige Fläche besucht, des grauen, der
Schiffahrt den Weg von Gefahr gesäubert hatte.
Jetzt aber wohnt er beim Aigishalter, freut des
Schönsten Glücks sich; hochgeehrt als
   Freund der Unsterblichen, hat zur Gemahlin er Hebe,
Goldner Häuser Herr und Fürst und Eidam Heras.

Ihm nun rüstend vorm Elektrator ein Mahl, wollen wir Bürger
Neuerbauten Altarkranz zieren, den Opferbrand den acht
Eherngerüsteten Toten zündend, welche
Megara, Tochter des Kreon, ihm geboren;

τοῖσιν ἐν δυθμαῖσιν αὐγᾶν
   φλὸξ ἀνατελλομένα συνεχὲς παννυχίζει,
αἰθέρα κνισάεντι λακτίζοισα καπνῷ,

Ep. 5

καὶ δεύτερον ἆμαρ ἐτείων τέρμ' ἀέθλων   85
γίνεται, ἰσχύος ἔργον.
ἔνθα λευκωθεὶς κάρα
μύρτοις ὅδ' ἀνὴρ διπλόαν
νίκαν ἀνεφάνατο παίδων ⟨τε⟩ τρίταν
πρόσθεν, κυβερνατῆρος οἰακοστρόφου   89 b
γνώμᾳ πεπιθὼν πολυβούλῳ· σὺν 'Ορσέᾳ δέ νιν   90
κωμάζομαι τερπνὰν ἐπιστάζων χάριν.   90 b

V

⟨ΦΥΛΑΚΙΔΑΙ ΑΙΓΙΝΗΤΗΙ ΠΑΓΚΡΑΤΙΩΙ⟩

Daktyloepitriten

Str.

1 – ∪ – ū – ∪ ∪ – ∪ ∪ – –
2 ∪∪ ∪ – ṳ – ∪ – ṳ – ∪ ∪ –
3 – ∪ – – – ∪ ∪ – ∪ ∪ – ṳ
4 – ∪ ∪ – ∪ ∪ –
5 – ∪ – – – ∪ ∪ – ∪ ∪ – –
6 ∪∪ ∪ – × – ∪ – – – ∪ – –
      – ∪ ∪ – – ∪ – × – ∪ – –

Ep.

1 – ∪ – – – ∪ ∪ – ∪ ∪ – –
2 – ∪ – × – ∪ – – – ∪ –
3 – ∪ – – – ∪ ∪ – ∪ ∪ –
4 – ∪ – – ∪ ∪ –
5 – ∪ – × – ∪ – – – ∪ ∪ –
6 ∪∪ ∪ – – – ∪ ∪ – ∪ ∪ – –
7 – ∪ – ∪ – ∪ ∪ – ∪ ∪ –
8 – ∪ ∪ – ∪ ∪ – ∪ ∪ – – – ∪ –
9 – ∪ ∪ – ∪ ∪ – – – ∪ –

Str. 1

Μᾶτερ 'Αελίου πολυώνυμε Θεία
σέο ἕκατι καὶ μεγασθενῆ νόμισαν
χρυσὸν ἄνθρωποι περιώσιον ἄλλων·

Ihnen, sinkt der Sonne Strahl, steigt
　Feuer empor, hält die ganze Nacht fortwährend an, mit
Fettem Qualme ankämpfend gegen den Äther;

Und folgenden Tags kommt der Jahreskampfspiele Zeit,
Kraftvoller Stärke Betät'gung.
Dort hat, hell leuchtend das Haupt
Von Myrten, der Mann doppelten
Siegs Glanz gezeigt, und bei den Knaben vorher des
Dritten, als er des Steuermanns, des lenkenden,
Weisung noch gefolgt, der verständgen. Mit Orseas will ich ihn
Feiern, erfreulich Lob auf sie träufend im Lied.

V

FÜR PHYLAKIDAS AUS AIGINA, SIEGER IM ALLKAMPF

Die Ode ist, wie die Erwähnung der Schlacht von Salamis zeigt, nach 480 entstanden. Sie feiert Lampons Sohn Phylakidas, den sein älterer Bruder Pytheas (als Sieger in N V gepriesen) zum Wettkämpfer ausgebildet hatte. Zu Anfang ruft Pindar die Gottheit Theia an, die Mutter der Sonne, „die Göttliche", die allen Dingen Glanz und Wert verleiht, rühmt dann Phylakidas wegen der isthmischen Siege, seinen Bruder Pytheas, sowie die Insel Aigina und ihre Heroen, die Aiakiden, die für hohe Taten im Lied verherrlichten. Neben Oineus' Söhnen, Tydeus und Meleagros, neben Iolaos, Perseus und den Dioskuren werden als Kämpfer vor Troia Telamon im ersten Zug, im zweiten Zug Achilleus gerühmt, dessen Taten Pindar ausführlich hervorhebt. Daß Aiginas Flotte auch in dieser Zeit bei Salamis sich ausgezeichnet hat, erwähnt Pindar, legt sich aber gleichals Sohn Thebens, das auf Seiten der Perser stand – Schweigen auf. Zum Schluß lobt er noch einmal den Stamm, auch den älteren Bruder und Wettkampflehrer des Siegers und fordert den Chor auf, Kranz und Lied dem Phylakidas darzubringen.

Mutter des Helios, vielnamige Theia,
Dein Werk ist's, wenn als stark und mächtig einschätzen das
Gold die Menschen, höher als andres; und so denn,

καὶ γὰρ ἐριζόμεναι
νᾶες ἐν πόντῳ καὶ ⟨ὑφ'⟩ ἅρμασιν ἵπποι   5
διὰ τεάν, ὤνασσα, τιμὰν ὠκυδινά-
   τοις ἐν ἀμίλλαισι θαυμασταὶ πέλονται,

                  Ant. 1

ἔν τ' ἀγωνίοις ἀέθλοισι ποθεινόν
κλέος ἔπραξεν, ὅντιν' ἀθρόοι στέφανοι
χερσὶ νικάσαντ' ἀνέδησαν ἔθειραν
ἢ ταχυτᾶτι ποδῶν.   10
κρίνεται δ' ἀλκὰ διὰ δαίμονας ἀνδρῶν.
δύο δέ τοι ζωᾶς ἄωτον μοῦνα ποιμαί-
   νοντι τὸν ἄλπνιστον εὐανθεῖ σὺν ὄλβῳ,

                  Ep. 1

εἴ τις εὖ πάσχων λόγον ἐσλὸν ἀκούῃ.
μὴ μάτευε Ζεὺς γενέσθαι· πάντ' ἔχεις,
εἴ σε τούτων μοῖρ' ἐφίκοιτο καλῶν.   15
θνατὰ θνατοῖσι πρέπει.
τὶν δ' ἐν Ἰσθμῷ διπλόα θάλλοισ' ἀρετά,
Φυλακίδα, κεῖται, Νεμέᾳ δὲ καὶ ἀμφοῖν
Πυθέᾳ τε, παγκρατίου. τὸ δ' ἐμόν,
οὐκ ἄτερ Αἰακιδᾶν, κέαρ ὕμνων γεύεται·   20
σὺν Χάρισιν δ' ἔμολον Λάμπωνος υἱοῖς

                  Str. 2

τάνδ' ἐς εὔνομον πόλιν. εἰ δὲ τέτραπται
θεοδότων ἔργων κέλευθον ἂν καθαράν,
μὴ φθόνει κόμπον τὸν ἐοικότ' ἀοιδᾷ
κιρνάμεν ἀντὶ πόνων.   25
καὶ γὰρ ἡρώων ἀγαθοὶ πολεμισταί
λόγον ἐκέρδαναν· κλέονται δ' ἔν τε φόρμιγ-
   γεσσιν ἐν αὐλῶν τε παμφώνοις ὁμοκλαῖς

                  Ant. 2

μυρίον χρόνον· μελέταν δὲ σοφισταῖς
Διὸς ἕκατι πρόσβαλον σεβιζόμενοι·
ἐν μὲν Αἰτωλῶν θυσίαισι φαενναῖς   30
Οἰνεῖδαι κρατεροί,
ἐν δὲ Θήβαις ἱπποσόας Ἰόλαος

Eifrig sich messend, sind auch
Auf der See die Schiffe, vorm Wagen die Rosse,
Kraft deiner Würde, Herrin, in schnell hinwirbelnden Wett-
  kämpfen für staunens-, bewundernswert zu halten;

Und in Wettspielfesten erwirkt sich ersehnten
Ruhm, wem auch immer dichter Kranzschmuck sich auf das Haar
Band, wenn mit der Faust er den Sieg oder durch der
Füße Gewandtheit errang.
Über Menschenkraft wird durch Götter entschieden.
Zweierlei hegt allein nur und hütet des Lebens
  lieblichste Höhe mit blühndem Segen, wenn mit

Wohlergehen trefflicher Ruf sich verbindet.
Heg den Wunsch nicht, Zeus zu werden! Alles hast
Du, wird dir solch Edles zuteil. Es gebührt
Sterbliches Sterblichen nur.
Dir, Phylakidas, ist zwiefach blühender Ruhm
Aufbewahrt am Isthmos, in Nemea euch beiden –
Pytheas auch – im Allkampf. Nicht freut sich mein Herz,
Preisen sie Aiakos' Söhne nicht, an Hymnen. Mit der
Huldinnen Gunst kam für Lampons Söhne ich hier

Zu der Stadt geordneten Rechts. Wenn den Gang man
Hinlenkt auf gottgegebner Taten lauteren Pfad,
Sei's vergönnt, geziemenden Prunk in den Sang zu
Mischen zum Lohne der Mühn!
Der Heroen tüchtige Kämpfer gewannen
So ja auch Ruhm im Wort; man preist sie auf den Harfen,
  sie mit der Flöten volltönend-reichem Einklang

Ewge Zeit; Betätigung geben den Dichtern –
Wille des Zeus ist's! – Männer, denen Ehrung geziemt.
In Aitoliens glänzenden Opfern wird Oineus'
Stamme, dem kraftvollen, in
Theben Iolaos, dem Tummler der Rosse,

γέρας ἔχει, Περσεὺς δ' ἐν "Αργει, Κάστορος δ' αἰχ-
μα Πολυδεύκεος τ' ἐπ' Εὐρώτα ῥεέθροις.

ἀλλ' ἐν Οἰνώνᾳ μεγαλήτορες ὀργαί	Ep. 2
Αἰακοῦ παίδων τε· τοὶ καὶ σὺν μάχαις	35

δὶς πόλιν Τρώων πράθον, ἑσπόμενοι
Ἡρακλῆι πρότερον,
καὶ σὺν Ἀτρείδαις. ἔλα νῦν μοι πεδόθεν·
λέγε, τίνες Κύκνον, τίνες "Εκτορα πέφνον,

καὶ στράταρχον Αἰθιόπων ἄφοβον   40
Μέμνονα χαλκοάραν· τίς ἄρ' ἐσλὸν Τήλεφον
τρῶσεν ἑῷ δορὶ Καΐκου παρ' ὄχθαις;

τοῖσιν Αἴγιναν προφέρει στόμα πάτραν,	Str. 3

διαπρεπέα νᾶσον· τετείχισται δὲ πάλαι
πύργος ὑψηλαῖς ἀρεταῖς ἀναβαίνειν.   45
πολλὰ μὲν ἀρτιεπής
γλῶσσά μοι τοξεύματ' ἔχει περὶ κείνων
κελαδέσαι· καὶ νῦν ἐν "Αρει μαρτυρῆσαι
   κεν πόλις Αἴαντος ὀρθωθεῖσα ναύταις

ἐν πολυφθόρῳ Σαλαμὶς Διὸς ὄμβρῳ	Ant. 3
ἀναρίθμων ἀνδρῶν χαλαζάεντι φόνῳ.	50

ἀλλ' ὅμως καύχαμα κατάβρεχε σιγᾷ·
Ζεὺς τά τε καὶ τὰ νέμει,
Ζεὺς ὁ πάντων κύριος. ἐν δ' ἐρατεινῷ
μέλιτι καὶ τοιαίδε τιμαὶ καλλίνικον
   χάρμ' ἀγαπάζοντι. μαρνάσθω τις ἔρδων

ἀμφ' ἀέθλοισιν γενεὰν Κλεονίκου	Ep. 3
ἐκμαθών· οὔτοι τετύφλωται μακρός	56

μόχθος ἀνδρῶν οὐδ' ὁπόσαι δαπάναι
ἐλπίδ' ἔκνιξαν ὄπιν.
αἰνέω καὶ Πυθέαν ἐν γυιοδάμαις
Φυλακίδᾳ πλαγᾶν δρόμον εὐθυπορῆσαι,   60
χερσὶ δεξιόν, νόῳ ἀντίπαλον.
λάμβανέ οἱ στέφανον, φέρε δ' εὔμαλλον μίτραν,
καὶ πτερόεντα νέον σύμπεμψον ὕμνον.

Ehre, in Argos Perseus, Kastors Lanze wie der
　　des Polydeukes an des Eurotas Strömung,

In Oinone Aiakos' und seiner Söhne
Mächtgen Seelen; die zerstörten kämpfend zwei
Mal der Troer Stadt, im Gefolge und Bund
Erstmals mit Herakles, dann
Den Atreiden. Schwing mir jetzt vom Boden dich auf!
Sage mir, wer den Kyknos, wer Hektor erschlug und
Aithiopiens Kriegsherrn, den furchtlosen, den
Memnon in eherner Wehr, wer den edlen Telephos
Traf mit der Lanze an des Kaïkos Ufern!

Ihnen rühmt Aigina mein Mund, die erlesne
Insel, als Heimat; aufgebaut seit alters als Turm
Ist es, hoher Tapferkeit nur zu ersteigen.
Viele Geschosse bereit
Hat die wortgewandte, die Zunge mir, jenen
Ruhm zu verleihn. Jetzt auch bezeugt dies Salamis, die
　　Aiasstadt, im Krieg gerettet durch das Seevolk

In des Zeus Vernichtungsgewitter, als zahllos
Männer erlagen dichten Hagelschauern des Tods.
Doch gleichwohl ersticke das Rühmen mit Schweigen!
Zeus erteilt dies zu und das,
Zeus, des Alls Beherrscher. Auch Ehren wie diese
Wünschen bei honigsüßem Lied sich herrlichen Siegs
　　Freude. Soll kämpfend sich wagen doch in

Spiele, wer ganz kennen gelernt Kleonikos'
Stamm! Nicht dunkel blieb der Männer Mühn fürwahr,
Noch vergällte Aufwand von jeglicher Art
Hinterher, was sie erhofft.
Pytheas lob ich auch, der bei gliederlähmendem Kampf
Richtigen Weg Phylakidas wies für die Schläge;
Ihn, der armgewandt ist und ebenso klug.
Nimm denn den Kranz für den Sieger mit schönwolligem Band
Und den beschwingten zugleich, den neuen Hymnos!

VI

⟨ΦΥΛΑΚΙΔΑΙ ΑΙΓΙΝΗΤΗΙ ΠΑΙΔΙ ΠΑΓΚΡΑΤΙΩΙ⟩

Daktyloepitriten

Str.   Ep.

1 − − ∪ − − ∪ ∪ − ∪ ∪ −   1 − ∪ − − − ∪ ∪ − ∪ ∪ −
2 − ∪ − × − ∪ − − − ∪ ∪ −   2 − ∪ − − − ∪ ∪ − ∪ ∪ − −
3 − ∪ − × − ∪ − − − ∪ ∪ − ∪ ∪ −   3 − ∪ − × − ∪ − − − ∪ ∪ − ∪ ∪ −
   ∪ ∪ − − − ∪ − −   4 − ∪ − × − ∪ − −
4 − ∪ ∪͜∪ ∪͟ − ∪ ∪ − ∪ ∪ −   − ∪ ∪ − ∪ ∪ − ∪̄ − ∪ − ∪ − −
5 − − ∪ − × − ∪ −   5 − ∪ − × − ∪ − − − ∪ ∪ − ∪ ∪ −
6 − ∪ ∪ − ∪ ∪ − − − ∪ − − − ∪ ∪ − 6 − − ∪ − − − ∪ ∪
7 ∪∪ ∪ − × − ∪ − − ∪͞∪ ∪ −   − ∪ ∪ − − − ∪ −
8 − − ∪ − − − ∪ ∪   7 − ∪ − − − ∪ ∪ − ∪ ∪ −
   − ∪ ∪ − − − ∪ −   − ∪ − − ∪ − × − ∪ −
9 − − ∪ − × − ∪ − −

Str. 1

Θάλλοντος ἀνθρῶν ὡς ὅτε συμποσίου
δεύτερον κρατῆρα Μοισαίων μελέων
κίρναμεν Λάμπωνος εὐαέθλου γενεᾶς ὕπερ, ἐν
   Νεμέᾳ μὲν πρῶτον, ὦ Ζεῦ,
τὶν ἄωτον δεξάμενοι στεφάνων,
νῦν αὖτε 'Ισθμοῦ δεσπότᾳ   5
Νηρεΐδεσσί τε πεντήκοντα παίδων ὁπλοτάτου
Φυλακίδα νικῶντος. εἴη δὲ τρίτον
σωτῆρι πορσαίνοντας 'Ο-
   λυμπίῳ Αἴγιναν κάτα
σπένδειν μελιφθόγγοις ἀοιδαῖς.

Ant. 1
                                                      10
εἰ γάρ τις ἀνθρώπων δαπάνᾳ τε χαρείς
καὶ πόνῳ πράσσει θεοδμάτους ἀρετάς
σὺν τέ οἱ δαίμων φυτεύει δόξαν ἐπήρατον, ἐ-
   σχατιαῖς ἤδη πρὸς ὄλβου

VI

FÜR PHYLAKIDAS AUS AIGINA, SIEGER IM ALL-KAMPF DER KNABEN

Die Ode feiert Siege der Söhne Lampons, einen isthmischen des Phylakidas und einen früheren nemeïschen des Pytheas. Sie ist eher verfaßt (um 480) als I v, wo von zwei isthmischen Siegen des Phylakidas die Rede ist. Diese Sachlage deutet auch das Bild vom Gelage der Männer an, dessen erste Spende Zeus (für den nemeïschen Sieg des Pytheas) galt, die zweite dem Poseidon (für den isthmischen Sieg des Phylakidas) gilt; von der dritten für Zeus ist zu hoffen, daß sie einem Sieg in Olympia gelten wird. Nachdem der Dichter Klotho und die Moiren, die Schicksalsgöttinnen, gebeten hat, dem Vater des Siegers seine Wünsche zu erfüllen, preist er die Aiakiden wegen ihres Tatenruhms: Peleus und besonders den Vater des Aias, Telamon, der mit Herakles zum ersten Kampf gegen Troia sowie auf andere Abenteuer auszieht. Zurückgreifend berichtet das Lied vom Gebet des Herakles vor dem Auszug, dem Gebet, auf das hin die Geburt des Helden Aias erfolgt. Nach Erwähnung der Siege des Geschlechtes hebt Pindar noch Lampons, des Vaters, Vorzüge in helles Licht; ihm und den Seinen gilt dieses wie Dirkes Quell strömende Lied.

Wie wenn voll Kraft ein Männergelage erblüht,
Laßt den zweiten Krug der Musenlieder uns nun
Mischen für Lampons im Kampf sieghaftes Geschlecht; in Nemea galt dir, o Zeus, der erste,
Als uns höchsten Ruhms Kranz ward; der zweite nun gilt
Des Isthmos Gebieter sowie
Den Nereïden, den fünfzig, da der Söhne jüngster ja jetzt
Siegte, Phylakidas. Wär uns den dritten zu weihn
Vergönnt doch dem olympischen
     Retter und in Aigina ihn
Zu spenden süßtönenden Chorsangs!

Denn wenn ein Mann, voll Freude die Kosten und Müh
Auf sich nehmend, gottverliehne Taten vollbringt,
Hiermit ihm die Gottheit Ruhm pflanzt, höchst ihm erwünschten, so
     an des Glücks äußersten Grenzen   [hat

βάλλετ' ἄγκυραν θεότιμος ἐών.
τοίαισιν ὀργαῖς εὔχεται
ἀντιάσαις 'Αΐδαν γῆράς τε δέξασθαι πολιόν   15
ὁ Κλεονίκου παῖς· ἐγὼ δ' ὑψίθρονον
Κλωθὼ κασιγνήτας τε προσ-
   εννέπω ἐσπέσθαι κλυταῖς
ἀνδρὸς φίλου Μοίρας ἐφετμαῖς.

                                                  Ep. 1
ὔμμε τ', ὦ χρυσάρματοι Αἰακίδαι,
τέθμιόν μοι φαμὶ σαφέστατον ἔμμεν   20
τάνδ' ἐπιστείχοντα νᾶσον ῥαινέμεν εὐλογίαις.
μυρίαι δ' ἔργων καλῶν τέ-
   τμανθ' ἑκατόμπεδοι ἐν σχερῷ κέλευθοι
καὶ πέραν Νείλοιο παγᾶν καὶ δι' 'Υπερβορέους·
οὐδ ἔστιν οὕτω βάρβαρος
   οὔτε παλίγγλωσσος πόλις,
ἅτις οὐ Πηλέος ἀΐει κλέος ἥ-
   ρωος, εὐδαίμονος γαμβροῦ θεῶν,   25

                                                  Str. 2
οὐδ' ἅτις Αἴαντος Τελαμωνιάδα
καὶ πατρός· τὸν χαλκοχάρμαν ἐς πόλεμον
ἆγε σὺν Τιρυνθίοισιν πρόφρονα σύμμαχον ἐς
   Τροΐαν, ἥρωσι μόχθον,
Λαομεδοντιᾶν ὑπὲρ ἀμπλακιᾶν
ἐν ναυσὶν 'Αλκμήνας τέκος.   30
εἷλε δὲ Περγαμίαν, πέφνεν δὲ σὺν κείνῳ Μερόπων
ἔθνεα καὶ τὸν βουβόταν οὔρεϊ ἴσον
Φλέγραισιν εὑρὼν 'Αλκυο-
   νῆ, σφετέρας δ' οὐ φείσατο
χερσὶν βαρυφθόγγοιο νευρᾶς

                                                  Ant. 2
'Ηρακλέης. ἀλλ' Αἰακίδαν καλέων   35
ἐς πλόον ⟨κούρων⟩ κύρησεν δαινυμένων.
τὸν μὲν ἐν ῥινῷ λέοντος στάντα κελήσατο νε-
   κταρέαις σπονδαῖσιν ἄρξαι

Er geworfen den Anker schon, göttergeehrt.
Solch Streben zu erfüllen, dann
Hades und Alter, das graue, hinzunehmen, ist das Gebet
Von Kleonikos' Sohn; die hochthronende ruf,
Klotho, und ihre Schwestern, die
    Moiren, ich an: Gewähret des
Manns, des teuren, edle Wünsche!

Aiakiden, goldgefährtlenkende, dies
Ist mir, sag ich, klarstes Gebot, daß ich euch, komm,
Ich zu dieser Insel, besprenge mit rühmendem Sang.
Zahllos sind trefflicher Taten
    Straßen fortwährend befahren, hundert Fuß breit,
Jenseit des Nils Quellen und durchs Hyperboreergebiet;
Nicht gibt es solch barbarische
    Stadt, eine so fremdzüngige,
Die den Ruhm des Peleus, des Heros, nicht kennt,
    Der der Götter glückselger Eidam ward,

Noch Ruhm des Aias, des Telamoniers, und den
Seines Vaters; diesen nahm zum erzfrohen Krieg
Samt dem Volk von Tiryns als Mitstreiter voll Kampflust nach Troi-
    a, das Helden Mühsal brachte,
Wegen der Verfehlung Laomedons auf
Den Schiffen mit Alkmenes Sohn,
Nahm die Burg Troias und schlug, mit ihm vereint, des Meropervolks
Schar und den Rinderhirten, bergegroß, den er fand
Auf Phlegrais Flur: Halkyoneus;
    nicht seiner Sehne schonte, der
Dumpftönenden, mit seinen Händen

Da Herakles. Doch als er des Aiakos Sproß
Rief zur Fahrt, traf er die jungen Helden beim Schmaus.
Wie im Löwenfell er dastand, hieß mit des Nektartranks Spen-
    den den speergewaltgen, den Sohn

καρτεραίχμαν 'Αμφιτρυωνιάδαν,
άνδωκε δ' αὐτῷ φέρτατος
οἰνοδόκον φιάλαν χρυσῷ πεφρικυῖαν Τελαμών,   40
ὁ δ' ἀνατείναις οὐρανῷ χεῖρας ἀμάχους
αὔδασε τοιοῦτον ἔπος·
    'Εἴ ποτ' ἐμᾶν, ὦ Ζεῦ πάτερ,
θυμῷ θέλων ἀρᾶν ἄκουσας,

                                                         Ep. 2
νῦν σε, νῦν εὐχαῖς ὑπὸ θεσπεσίαις
λίσσομαι παῖδα θρασὺν ἐξ 'Εριβοίας   45
ἀνδρὶ τῷδε ξεῖνον ἀμὸν μοιρίδιον τελέσαι·
τὸν μὲν ἄρρηκτον φυάν, ὥσ-
    περ τόδε δέρμα με νῦν περιπλανᾶται
θηρός, ὃν πάμπρωτον ἀέθλων κτεῖνά ποτ' ἐν Νεμέᾳ·
θυμὸς δ' ἐπέσθω.' ταῦτ' ἄρα
    οἱ φαμένῳ πέμψεν θεός
ἀρχὸν οἰωνῶν μέγαν αἰετόν· ἁ-   50
    δεῖα δ' ἔνδον μιν ἔκνιξεν χάρις,

                                                         Str. 3
εἶπέν τε φωνήσαις ἅτε μάντις ἀνήρ·
'"Εσσεταί τοι παῖς, ὃν αἰτεῖς, ὦ Τελαμών·
καί νιν ὄρνιχος φανέντος κέκλευ ἐπώνυμον εὐ-
    ρυβίαν Αἴαντα, λαῶν
ἐν πόνοις ἔκπαγλον 'Ενυαλίου.'
ὣς ἦρα εἰπὼν αὐτίκα   55
ἕζετ'· ἐμοὶ δὲ μακρὸν πάσας ⟨ἀν⟩αγήσασθ' ἀρετάς·
Φυλακίδᾳ γὰρ ἦλθον, ὦ Μοῖσα, ταμίας
Πυθέᾳ τε κώμων Εὐθυμέ-
    νει τε· τὸν 'Αργείων τρόπον
εἰρήσεταί που κἀν βραχίστοις.

                                                         Ant. 3
ἄραντο γὰρ νίκας ἀπὸ παγκρατίου   60
τρεῖς ἀπ' 'Ισθμοῦ, τὰς δ' ἀπ' εὐφύλλου Νεμέας,
ἀγλαοὶ παῖδές τε καὶ μάτρως. ἀνὰ δ' ἄγαγον ἐς
    φάος οἵαν μοῖραν ὕμνων·

Des Amphitryon, nun beginnen, dazu
Reicht' ihm die weinbergende, gold-
Starrende Schale zu Händen Telamon, der treffliche Held;
Jener, die unzwingbaren Hände reckend empor
Zum Himmel, sprach die Worte: „Wenn
    irgend mein Bitten, Vater Zeus,
Du gnädigen Sinnes gehört hast –

Jetzt fleh ich zu dir mit gewaltgem Gebet:
Einen mutgen Sohn aus dem Schoß Eriboias
Schenke diesem Mann, um meinen Gastfreund zu krönen mit Glück!
Mach ihn unverwundbar, gleichwie
    mich diese Haut jetzt umwallt ringsum des Tiers, das
Ich im ersten all der Kämpfe einst in Nemea erlegt;
Mut sei stets mit ihm!" Als er zu
    ihm so gesprochen, sandte der
Gott der Vögel König, den mächtigen Aar;
    süß durchzuckt' innen ihn der Freude Reiz,

Es sprach, verkündend gleich wie ein Seher, der Held:
„Ja, dir wird der Sohn, um den du, Telamon, flehst;
Ruf ihn nach dem Vogel, der erschienen, mit Namen, den mäch-
    tigen Aias, der beim Heervolk
Furchtbar sein wird in Nöten des mördrischen Kriegs!"
So sprach er und setzte sich gleich
Nieder. Doch mir wird, die Taten alle aufzuführen, zu lang.
Kam ich doch für Phylakidas, Muse, als des Zugs
Walter für Pytheas auch und Eu-
    thymenes; auf Argeierart
Sagt man's wohl auch in aller Kürze.

Heimbrachten sie drei Siege im Allkampfe vom
Isthmos, andre von Nemeas laubreichem Hain,
Sie, die stolzen Söhne und ihr Ohm. Und sie führten ans Licht –
    welchen Schatz für sie an Liedern!

τὰν Ψαλυχιαδᾶν δὲ πάτραν Χαρίτων
ἄρδοντι καλλίστᾳ δρόσῳ,
τόν τε Θεμιστίου ὀρθώσαντες οἶκον τάνδε πόλιν   65
θεοφιλῆ ναίοισι· Λάμπων δὲ μελέταν
ἔργοις ὀπάζων Ἡσιό-
   δου μάλα τιμᾷ τοῦτ᾽ ἔπος,
υἱοῖσί τε φράζων παραινεῖ,

                                      Ep. 3
ξυνὸν ἄστει κόσμον ἑῷ προσάγων·
καὶ ξένων εὐεργεσίαις ἀγαπᾶται,   70
μέτρα μὲν γνώμᾳ διώκων, μέτρα δὲ καὶ κατέχων·
γλῶσσα δ᾽ οὐκ ἔξω φρενῶν· φαί-
   ης κέ νιν ἄνδρ᾽ ἐν ἀεθληταῖσιν ἔμμεν
Ναξίαν πέτραις ἐν ἄλλαις χαλκοδάμαντ᾽ ἀκόναν.
πίσω σφε Δίρκας ἁγνὸν ὕ-
   δωρ, τὸ βαθύζωνοι κόραι
χρυσοπέπλου Μναμοσύνας ἀνέτει-   75
   λαν παρ᾽ εὐτειχέσιν Κάδμου πύλαις.

VII

⟨ΣΤΡΕΨΙΑΔΗΙ ΘΗΒΑΙΩΙ ΠΑΓΚΡΑΤΙΩΙ⟩

Äolisch

Str.

1   ∪ ∪ − ∪ ∪ − ∪ −   ∪ − −
2   ∪̄ − ∪ ∪ − ∪ −   ∪ − ∪ − − ∪ −
3 − − ∪ −   ∪̄ − ∪ ∪ − ∪ − −
4   − − ∪ ∪ − ∪ −   ∪ − −
5   − − − ∪ ∪ − ∪ −
         − − ∪ ∪ − ∪ −   ∪̱ − ∪ − ∪ ∪ −
         − − ∪ −   ∪ −

Ep.

1   − ∪ − ∪ ∪ − ∪ −   ∪ − ∪ −
2   − − ∪ ∪ − ∪ − −   ∪ ∪ − −

Psalychidenheimat benetzen sie so
Mit schönstem: der Huldinnen Tau!
Und des Themistios Haus fest gründend, wohnen sie in der Stadt
Hier, in der gottgeliebten; Lampon, „Sorgfalt der
Arbeit gesellend", hält dieses
  Wort Hesiods in Ehren, sagt's
Den Söhnen, berät und ermahnt sie,

Führt so zu gemeinsamen Glanz seiner Stadt.
Weil er Fremden wohltut, wird hoch er geachtet;
Maß erstrebt er sinnvoll, so wie Maß er auch hält. Und nicht fern
Steht die Zunge seinem Geist. Er
  sei, könntst du meinen, bei Wettkämpfern als Mann, was
Beim Gestein der naxische erzbändgende Wetzstein. Ich tränk
Mit Dirkes heilger Flut sie; die
  ließen die tiefgegürteten
Töchter Mnemosynes im Goldkleid empor-
  quellen an Kadmos' schöngebautem Tor.

VII

FÜR STREPSIADES AUS THEBEN, SIEGER IM ALLKAMPF

Einige Stellen der Ode deuten darauf hin, daß sie etwa 454, bald nach
der Schlacht bei Oinophyta entstanden ist, in der Theben von Sparta
in Stich gelassen, von Athen besiegt wurde und in der wohl der
dem Sieger gleichnamige Oheim Strepsiades, Sohn des Diodotos, gefallen ist. In Form einer Frage an die Stadtgöttin Thebe entwickelt
Pindar anfangs die mythische Vergangenheit über die Götter Dionysos
und Zeus zu Herakles, Teiresias, Iolaos, Adrastos und zu den Aigiden,
einem thebanischen Geschlecht, das mit den Lakedaimoniern die Peloponnes besetzte und in Sparta ansässig wurde. Nach rühmendem Gedenken an den gefallenen Strepsiades führt der Gedanke des Wechsels im
menschlichen Schicksal und die Mahnung, sich vor Überhebung zu hüten,
zur Sage von Bellerophontes, den sein Flügelroß abwirft, als er zum Olympos emporstrebt. Mit der Bitte an Apollon, auch in Pytho einen Sieg
zu gewähren, schließt die Ode.

```
3        − − ∪ ∪ − ∪ −
4    ∪ ∪ − ∪ ∪ − ∪ −        ∪ − −
5      − ū − ∪ ∪ − ∪ −    ṵ − ∪ ∪ − ∪ −
6        − ∪ ∪ −        − −
7      − − ∪ ∪ −    −    ∪ − ∪ ∪ −
```

Str. 1

Τίνι τῶν πάρος, ὦ μάκαιρα Θήβα,
καλῶν ἐπιχωρίων μάλιστα θυμὸν τεόν
εὔφρανας; ἦρα χαλκοκρότου πάρεδρον
Δαμάτερος ἀνίκ' εὐρυχαίταν
ἄντειλας Διόνυσον, ἢ χρυσῷ μεσονύκτιον   5
    νείφοντα δεξαμένα τὸν φέρτατον θεῶν,

Ant. 1

ὁπότ' 'Αμφιτρύωνος ἐν θυρέτροις
σταθεὶς ἄλοχον μετῆλθεν 'Ηρακλείοις γοναῖς;
ἢ ἀμφὶ πυκναῖς Τειρεσίαο βουλαῖς;
ἢ ἀμφ' 'Ιόλαον ἱππόμητιν;
ἢ Σπαρτῶν ἀκαμαντολογχᾶν; ἢ ὅτε καρτερᾶς   10
    "Αδραστον ἐξ ἀλαλᾶς ἄμπεμψας ὀρφανόν

Ep. 1

μυρίων ἑτάρων ἐς "Αργος ἵππιον;
ἢ Δωρίδ' ἀποικίαν οὕνεκεν ὀρθῷ
ἔστασας ἐπὶ σφυρῷ
Λακεδαιμονίων, ἕλον δ' 'Αμύκλας
Αἰγεῖδαι σέθεν ἔκγονοι, μαντεύμασι Πυθίοις;   15
ἀλλὰ παλαιὰ γὰρ
εὕδει χάρις, ἀμνάμονες δὲ βροτοί,

Str. 2

ὅ τι μὴ σοφίας ἄωτον ἄκρον
κλυταῖς ἐπέων ῥοαῖσιν ἐξίκηται ζυγέν·
κώμαζ' ἔπειτεν ἀδυμελεῖ σὺν ὕμνῳ   20
καὶ Στρεψιάδᾳ· φέρει γὰρ 'Ισθμοῖ
νίκαν παγκρατίου, σθένει τ' ἔκπαγλος ἰδεῖν τε μορ-
    φάεις, ἄγει τ' ἀρετὰν οὐκ αἴσχιον φυᾶς.

Von dem Schönen und Großen, selge Thebe,
Im Land hier zuvor geschehn, was hat am meisten dein Herz
Erfreut? War's, als Demeters, der erzumdröhnten,
Begleiter, den breitgelockten, du ans
Licht: Dionysos hobst; war's, als um Mitternacht du den Gold-
regner, den stärksten der Götter, aufgenommen, da,

An Amphitryons Schwelle stehnd, zu dessen
Gemahlin er ging, den Herakles zu zeugen mit ihr?
War's bei Teiresias' kluger Beratung? Bei dem
Roßkundigen Sinn des Iolaos?
Bei nie speermüder Sparten Mut? War's, als du aus mächtgem Kampf-
geschrei Adrastos, der eingebüßt Gefährten in

Unzahl, sandtest zum rosserreichen Argos hin?
War's, weil der Lakonier dorische Pflanzung
Du stelltest auf rechten Fuß?
Und weil nahmen Amyklai die Aigiden,
Deine Nachkommen, wie's in Pytho Wahrsprüche kundgetan?
Aber der Glanz frührer
Zeit schläft; dessen denken die Sterblichen nicht,

Was den Weg zu der Dichtung höchster Blüte
Nicht fand, in der Worte ruhmverkündenden Strom gefügt.
So feire denn süßstönenden Liedes auch den
Strepsiades! Trägt er doch vom Isthmos
Heim den Sieg in dem Allkampf; an Kraft furchtbar, an Aussehn
zeigt edlen Sinn er, nicht minder trefflich als sein Wuchs.   [schön,

φλέγεται δὲ ἰοπλόκοισι Μοίσαις,   Ant. 2
μάτρωΐ θ᾽ ὁμωνύμῳ δέδωκε κοινὸν θάλος,
χάλκασπις ᾧ πότμον μὲν Ἄρης ἔμειξεν,   25
τιμὰ δ᾽ ἀγαθοῖσιν ἀντίκειται.
ἴστω γὰρ σαφὲς ὅστις ἐν ταύτᾳ νεφέλᾳ χάλα-
   ζαν αἵματος πρὸ φίλας πάτρας ἀμύνεται,

                                                                  Ep. 2
λοιγὸν ἀμφιβαλὼν ἐναντίῳ στρατῷ,
ἀστῶν γενεᾷ μέγιστον κλέος αὔξων
ζώων τ᾽ ἀπὸ καὶ θανών.   30
τὺ δέ, Διοδότοιο παῖ, μαχατάν
αἰνέων Μελέαγρον, αἰνέων δὲ καὶ Ἕκτορα
Ἀμφιάραόν τε,
εὐανθέ᾽ ἀπέπνευσας ἁλικίαν

                                                                  Str. 3
προμάχων ἀν᾽ ὅμιλον, ἔνθ᾽ ἄριστοι   35
ἔσχον πολέμοιο νεῖκος ἐσχάταις ἐλπίσιν.
ἔτλαν δὲ πένθος οὐ φατόν· ἀλλὰ νῦν μοι
Γαιάοχος εὐδίαν ὄπασσεν
ἐκ χειμῶνος. ἀείσομαι χαίταν στεφάνοισιν ἁρμόζων. ὁ δ᾽ ἀθανάτων μὴ θρασσέτω φθόνος,

                                                                  Ant. 3
ὅ τι τερπνὸν ἐφάμερον διώκων   40
ἕκαλος ἔπειμι γῆρας ἔς τε τὸν μόρσιμον
αἰῶνα. θνᾴσκομεν γὰρ ὁμῶς ἅπαντες·
δαίμων δ᾽ ἄϊσος· τὰ μακρὰ δ᾽ εἴ τις
παπταίνει, βραχὺς ἐξικέσθαι χαλκόπεδον θεῶν
   ἕδραν· ὁ τοι πτερόεις ἔρριψε Πάγασος

                                                                  Ep. 3
δεσπόταν ἐθέλοντ᾽ ἐς οὐρανοῦ σταθμούς   45
ἐλθεῖν μεθ᾽ ὁμάγυριν Βελλεροφόνταν
Ζηνός. τὸ δὲ πὰρ δίκαν
γλυκὺ πικροτάτα μένει τελευτά.
ἄμμι δ᾽, ὦ χρυσέᾳ κόμᾳ θάλλων, πόρε, Λοξία,
τεαῖσιν ἀμίλλαισιν   50
εὐανθέα καὶ Πυθόι στέφανον.

Er erglänzt durch der veilchenlockgen Musen
Gunst, teilt mit dem gleichbenannten Ohm den Kranz, den dem Tod
Ares, der erzbeschildete Gott, vermählt hat.
Doch Ehre wird Tapfern als ihr Lohn. Denn
Wissen soll sicher man: wer auch in finsterm Gewölk des Blu-
   tes Hagel abwehrt von seinem lieben Vaterland,

Das Verderben rings werfend um der Feinde Heer,
Der mehrt bei den Bürgern sich herrlichsten Ruhm, ob
Er lebt, ob den Tod er fand.
Du, Diodotos' Sohn, nahmst dir zum Vorbild
Meleagros, den Kämpfer, Hektor und Amphiaraos zum
Vorbild and hauchtest die
Seele deiner schönblühenden Jugend dann aus

In der Vorkämpfer Ansturm, wo die Besten
Aushielten des Krieges Hader, auf das Letzte gefaßt.
Und ich ertrug unsagbares Leid. Doch gab mir
Jetzt heiteren Tag der Erdumfasser
Nach Sturmnot. Und ich singe nun, umschlungen das Haar mit Krän-
   zen. Der Unsterblichen Neid stör und verwirre nicht,

Was an täglicher Freude ich erjage,
In Ruhe zum Alter wandelnd und zur Zeit meines Tods!
Wir sterben alle ja, darin gleich; das Schicksal
Ist ungleich nur. Blickt ins Weite einer,
Zu kurz ist er, gelangt zur Erzflur nicht, zu der Götter Wohn-
   sitz. Warf das Flügelroß Pegasos doch seinen Herrn

Ab, Bellerophon, der zu kommen strebte in
Des Himmels Behausung zur Götterversammlung
Des Zeus! Wer nach Hohem strebt
Widers Recht, den erwartet bittres Ende.
Doch uns gib, o im goldnen Haare prangender Loxias, in
Wettspielen, dir geweiht,
Auf Pythos Gefild auch schönblühenden Kranz!

VIII

⟨ΚΛΕΑΝΔΡΩΙ ΑΙΓΙΝΗΤΗΙ ΠΑΙΔΙ ΠΑΓΚΡΑΤΙΩΙ⟩

Choriamben und äolisch

```
1        ∪ – – ∪ – ∪ ∪ –
   ∪ – ū ∪∪ – ∪ – ∪ – ∪ ∪ –
2          – ∪ – ∪ – ∪ ∪ –
           – ∪ – ∪ ∪ –
3              ∪ – ∪ ∪ – ∪ –
4            – ∪ – ∪ ∪ – ∪ –
          – ∪ – ∪ – ∪ ∪ –
5        ∪ – – ∪ – ∪ ∪ –
           – ∪ – ∪ ∪ –
           – ∪ – ∪ ∪ –
6          – ∪ – ∪ ∪ –
           – ∪ – ∪ ∪ –
7          – ū – ∪ ∪ – ∪ ∪∪ – ∪ – –
8          – ū – ∪ ∪ – ∪ – ∪∪ ∪ ∪ –
9          – ∪ – ∪ ∪ ∪∪
           – ū – ∪ ∪ – ∪ – – ∪ –
10  ∪∪ ∪ – – ∪∪ ∪ – ∪ ∪ ∪ –
11          ∪ – – ∪∪ – ∪ –
12 ∪ – ∪ ∪ – ∪ – ∪∪
           ∪ – – ∪ – ∪ ∪ –
```

Str. 1

Κλεάνδρῳ τις ἁλικίᾳ
  τε λύτρον εὔδοξον, ὦ νέοι, καμάτων
πατρὸς ἀγλαὸν Τελεσάρχου παρὰ πρόθυρον
ἰὼν ἀνεγειρέτω
κῶμον, Ἰσθμιάδος τε νί-
  κας ἄποινα, καὶ Νεμέᾳ
ἀέθλων ὅτι κράτος ἐξ-
  εῦρε· τῷ καὶ ἐγώ, καίπερ ἀχνύμενος   5
θυμόν, αἰτέομαι χρυσέαν καλέσαι   5 a
Μοῖσαν. ἐκ μεγάλων δὲ πενθέων λυθέντες

VIII

FÜR KLEANDROS AUS AIGINA, SIEGER IM ALL-KAMPF DER KNABEN

Die Ode hat Pindar nach den Perserschlachten (479), also nach der Gefahr der Vernichtung für das perserfreundliche Theben geschaffen; mit großer Selbstüberwindung. Doch sollen Kränze, so sagt er, die man bei Trauer absetzt, wenn die Gefahr beseitigt ist, die Häupter wieder schmücken, das Lied für den Sieger den Festzug geleiten. Die Ode betont die Freundschaft zwischen Theben und Aigina und behandelt aus dem Mythos der Aiakiden die Schicksale des Peleus, seine Heirat mit der Meeresgöttin Thetis und die Taten ihres Sohnes Achilleus ausführlicher. Wie Achilleus noch im Tode durch Hymnen geehrt wurde, so rühmt Pindar den im Krieg gefallenen Vetter des Siegers, den Nikokles, der auch isthmischer Faustkampfsieger war, erwähnt noch andere Siege des Kleandros und endet mit lobenden Worten für ihn.

Kleandẹr, dem jụngen, als rụ̈hm-
    lichẹn Entgẹlt der Mụ̈hn weck ẹiner, Jünglinge, zụm
Prächtgen Vọrhof gẹhend des Vatẹrs Telẹsarchos, ạuf
Den Fẹstzug, des ịsthmischẹn
Sịeges Lọhn, und auch, wẹil er ịn
Nemẹa der Wẹttspiele Prẹis
    nạhm; so tụ ich, betrübt zwạr im Hẹrzen, worụm
Mạn mich bạt: ruf die Mụsẹ, die gọldne, herbẹi.
Ạus der Trạuer, der grọßen, ẹrlọ̈st, nicht mọ̈ge

μήτ' ἐν ὀρφανίᾳ πέσωμεν στεφάνων,   6 a
μήτε κάδεα θερά-
    πευε· παυσάμενοι δ' ἀπράκτων κακῶν
γλυκύ τι δαμωσόμεθα καὶ μετὰ πόνον·
ἐπειδὴ τὸν ὑπὲρ κεφαλᾶς
λίθον γε Ταντάλου παρά   10
    τις ἔτρεψεν ἄμμι θεός,

                                                                Str. 2

ἀτόλματον Ἑλλάδι μό-
    χθον. ἀλλ' ἐμοὶ δεῖμα μὲν παροιχομένων
καρτερὰν ἔπαυσε μέριμναν· τὸ δὲ πρὸ ποδὸς
ἄρειον ἀεὶ ⟨σκοπεῖν⟩
χρῆμα πάν· δόλιος γὰρ αἰ-
    ὼν ἐπ' ἀνδράσι κρέμαται,
ἑλίσσων βίου πόρον· ἰ-   15
    ατὰ δ' ἔστι βροτοῖς σύν γ' ἐλευθερίᾳ
καὶ τά. χρὴ δ' ἀγαθὰν ἐλπίδ' ἀνδρὶ μέλειν.   15 a
χρὴ δ' ἐν ἑπταπύλοισι Θήβαις τραφέντα
Αἰγίνᾳ Χαρίτων ἄωτον προνέμειν,   16 a
πατρὸς οὕνεκα δίδυ-
    μαι γένοντο θύγατρες Ἀσωπίδων
ὁπλόταται, Ζηνί τε ἅδον βασιλέϊ.
ὃ τὰν μὲν παρὰ καλλιρόῳ
Δίρκᾳ φιλαρμάτου πόλι-   20
    ος ᾤκισσεν ἀγεμόνα·

                                                                Str. 3

σὲ δ' ἐς νᾶσον Οἰνοπίαν
    ἐνεγκὼν κοιμᾶτο, δῖον ἔνθα τέκες
Αἰακὸν βαρυσφαράγῳ πατρὶ κεδνότατον
ἐπιχθονίων· ὃ καί
δαιμόνεσσι δίκας ἐπεί-
    ραινε· τοῦ μὲν ἀντίθεοι
ἀρίστευον υἱέες υἱ-   25
    έων τ' ἀρηΐφιλοι παῖδες ἀνορέᾳ
χάλκεον στονόεντ' ἀμφέπειν ὅμαδον·   25 a
σώφρονές τ' ἐγένοντο πινυτοί τε θυμόν.

Gleich Verwaisten, uns treffen der Kränze Verlust!
Gib dich auch nicht den Sorgen
   hin! Befreit von dem Unheil, das nicht geschehn,
Läßt süßes Lied für jeden uns singen nach der Pein!
Denn überm Haupt Tantalos' Stein,
Den drohnden, wendete seitwärts
   ein Gott uns, verhütete so

Für Hellas untragbares Leid.
   Mir aber lähmte Schrecken über das, was vorbei
Ging, des Schaffens Kraft; doch auf das, was uns nahliegt als Pflicht,
Zu blicken, ist immer am
Besten; tückisch ja hängt die Zeit
   auf den Männern, krümmend den Pfad
Des Lebens. Doch heilbar ist Sterb-
   lichen, wenigstens wenn Freiheit hilft, sogar dies.
Gute Hoffnung soll wohnen im Herzen dem Mann.
Und es soll, wer im siebentor'gen Theben aufwuchs,
Weihn der Huldinnen Blüte Aigina zuerst,
Weil sie Zwillinge eines
   Vaters waren, der Kinder des Asopos
Jüngste und Zeus, dem Könige, lieb und angenehm.
Der gab dieser ihr Heim an der schön
Strömenden Dirke, Fürstin in
   der Stadt schöner Wagen zu sein;

Dich bracht' er zur Insel Oino-
   pia, lag bei dir, allwo den hehren Aiakos, des
Vaters, des dumpfdröhnenden, liebsten der Irdischen, du
Geboren. Der schlichtete
Göttern selbst ihren Streit. Und sein
   göttergleiches Söhnepaar, sie
Erwiesen als Beste sich wie
   deren Söhne, die aresgeliebten, voll Mut
Ehern, stöhnend Getümmel des Kriegs zu bestehn;
Maßvoll waren sie und vernünftigen Sinnes.

ταῦτα καὶ μακάρων ἐμέμναντ' ἀγοραί,   26a
Ζεὺς ὅτ' ἀμφὶ Θέτιος
    ἀγλαός τ' ἔρισαν Ποσειδᾶν γάμῳ,
ἄλοχον εὐειδέα θέλων ἑκάτερος
ἐὰν ἔμμεν· ἔρως γὰρ ἔχεν.
ἀλλ' οὔ σφιν ἄμβροτοι τέλε-   30
    σαν εὐνὰν θεῶν πραπίδες,

                                                      Str. 4
ἐπεὶ θεσφάτων ⟨ἐπ⟩άκου-
    σαν· εἶπε δ' εὔβουλος ἐν μέσοισι Θέμις,
εἵνεκεν πεπρωμένον ἦν, φέρτερον πατέρος
ἄνακτα γόνον τεκεῖν
ποντίαν θεόν, ὃς κεραυ-
    νοῦ τε κρέσσον ἄλλο βέλος
διώξει χερὶ τριόδον-   35
    τός τ' ἀμαιμακέτου, Ζηνὶ μισγομέναν
ἢ Διὸς παρ' ἀδελφεοῖσιν. 'ἀλλὰ τὰ μέν   35a
παύσατε· βροτέων δὲ λεχέων τυχοῖσα
υἱὸν εἰσιδέτω θανόντ' ἐν πολέμῳ,   36a
χεῖρας Ἀρεΐ ⟨τ'⟩ ἐν-
    αλίγκιον στεροπαῖσί τ' ἀκμὰν ποδῶν.
τὸ μὲν ἐμόν, Πηλέϊ γέρας θεόμορον
ὀπάσσαι γάμου Αἰακίδᾳ,
ὅν τ' εὐσεβέστατον φάτις   40
    Ἰαολκοῦ τράφειν πεδίον·

                                                      Str. 5
ἰόντων δ' ἐς ἄφθιτον ἄν-
    τρον εὐθὺς Χίρωνος αὐτίκ' ἀγγελίαι
μηδὲ Νηρέος θυγάτηρ νεικέων πέταλα
δὶς ἐγγυαλιζέτω
ἄμμιν· ἐν διχομηνίδεσ-
    σιν δὲ ἑσπέραις ἐρατόν
λύοι κεν χαλινὸν ὑφ' ἥ-   45
    ρωϊ παρθενίας.' ὣς φάτο Κρονίδαις
ἐννέποισα θεά· τοὶ δ' ἐπὶ γλεφάροις   45a

Daran dachten der Sel'gen Beratungen auch,
Als sich Zeus um die Eh mit
   Thetis stritt mit dem stolzen Poseidon, weil
Jeder zu seiner Gattin die Wohlgestaltete
Begehrte; Liebe hielt sie im Bann.
Doch nicht für sich die Heirat setz-
   te fest der Unsterblichen Geist;

Sie hörten auf Weissagung, sprach
   mit ihnen doch, sie klug beratend, Themis, verhängt
Sei, daß stärkern Sohn als der Vater gebäre vom Meer
Die Göttin, den Herrscher, der
Noch gewaltgere Waffe füh-
   re mit seiner Hand als der Blitz
Und noch stärkere als der Drei-
   zack, der unwiderstehliche, wenn sie mit Zeus
Sich vermähl' oder Brüdern des Zeus. ,,Nun wohlan,
Gebt dies auf! Wenn ein sterblich Lager sie teilt, soll
Ihren Sohn sie erblicken getötet im Krieg,
Ihn, an Armen dem Ares
   gleich, dem Blitz durch der Füße Schnellkraft. Mein Rat
Ist nun: der Heirat götterverhängte Ehre sei
Dem Peleus, dem Aiakossproß,
Verliehn, den, sagt man, als frömmsten
   wohl Iolkos' Ebene nährt;

Sogleich sollen gehen zu Chi-
   rons felsenfester Grotte gradwegs Botschaften hin!
Nicht soll Nereus' Tochter die Zettel des Zanks in die Hand
Uns geben zum zweiten Mal!
Nein, an Abenden vollen Monds
   mag sie dann den lieblichen Zaum,
Vom Helden bezwungen, wohl lö-
   sen der Jungfrauschaft". So sprach, verkündend den Spruch
Kronos' Söhnen, die Göttin; die winkten ihr zu

νεῦσαν ἀθανάτοισιν· ἐπέων δὲ καρπός
οὐ κατέφθινε. φαντὶ γὰρ ξύν' ἀλέγειν   46a
καὶ γάμον Θέτιος ἄ-
  νακτας, καὶ νεαρὰν ἔδειξαν σοφῶν
στόματ' ἀπείροισιν ἀρετὰν 'Αχιλέος·
ὃ καὶ Μύσιον ἀμπελόεν
αἵμαξε Τηλέφου μέλα-   50
  νι ῥαίνων φόνῳ πεδίον

                        Str. 6

γεφύρωσέ τ' 'Ατρεΐδαι-
  σι νόστον, 'Ελέναν τ' ἐλύσατο, Τροΐας
ἵνας ἐκταμὼν δορί, ταί μιν ῥύοντό ποτε
μάχας ἐναριμβρότου
ἔργον ἐν πεδίῳ κορύσ-
  σοντα, Μέμνονός τε βίαν
ὑπέρθυμον 'Έκτορά τ' ἄλ-   55
  λους τ' ἀριστέας· οἷς δῶμα Φερσεφόνας
μανύων 'Αχιλεύς, οὖρος Αἰακιδᾶν,   55a
Αἴγιναν σφετέραν τε ῥίζαν πρόφαινεν.
τὸν μὲν οὐδὲ θανόντ' ἀοιδαὶ ⟨ἐπ⟩έλιπον,   56a
ἀλλά οἱ παρά τε πυ-
  ρὰν τάφον θ' 'Ελικώνιαι παρθένοι
στάν, ἐπὶ θρῆνόν τε πολύφαμον ἔχεαν.
ἔδοξ' ἦρα καὶ ἀθανάτοις,
ἐσλόν γε φῶτα καὶ φθίμε-   60
  νον ὕμνοις θεᾶν διδόμεν.

                        Str. 7

τὸ καὶ νῦν φέρει λόγον, ἔσ-
  συταί τε Μοισαῖον ἅρμα Νικοκλέος
μνᾶμα πυγμάχου κελαδῆσαι. γεραίρετέ μιν,
ὃς 'Ίσθμιον ἂν νάπος
Δωρίων ἔλαχεν σελί-
  νων· ἐπεὶ περικτίονας
ἐνίκασε δή ποτε καὶ   65
  κεῖνος ἄνδρας ἀφύκτᾳ χερὶ κλονέων.

Mit unsterblichen Brauen. Und der Worte Frucht ward
Nicht zunichte. Gemeinsam bemühten sich um
Thetis' Hochzeit die Herrscher,
   sagt man; und auf das jugendlich-neue wies
Dichtermund hin Unkundge: Achilleus' Heldentum,
Der Mysiens rebenreiches Gefild
Rot färbte, als er mit Tele-
   phos' dunkelem Blut es genetzt.

Er schuf den Atreiden der Heim-
   fahrt Weg, befreite Helena, nachdem mit dem Speer
Er zerschnitten Troias Sehnen, die einst ihm gewehrt,
Des männerbezwingenden
Kampfes Werk in der Ebne zu
   rüsten: Memnons Kraft, übers Maß
Voll Kühnheit, und Hektor und and-
   re Vortreffliche; sie in Persephones Haus
Weisend, weckte Achilleus, des Aiakosstamms
Fahrwind, Glanz für Aigina und für sein Stammhaus.
Ihn verließen auch nicht im Tod Lieder und Sang;
Selbst am Holzstoß und Grabe
   standen die helikonischen Jungfraun ihm,
Gossen der Trauer tonreiche Klage auf ihn aus.
So schien auch den Unsterblichen gut,
Dem edlen Helden im Tod selbst
   der Göttinnen Hymnen zu weihn.

Das stimmt jetzt auch hier für uns; und
   es eilt der Musen Wagen, tönend den Ruhm
Nikokles', des Faustkämpfers, zu künden. Preiset ihn, dem
Im isthmischen Tal zuteil
Ward der dorische Eppich, nach-
   dem er auch die Umwohner einst
Bezwungen, die Männer, mit sei-
   ner unfliehbaren Faust wirbelnd sie vor sich her.

τὸν μὲν οὐ κατελέγχει κριτοῦ γενεά 65a
πατραδελφεοῦ· ἀλίκων τῶ τις ἀβρόν
ἀμφὶ παγκρατίου Κλεάνδρῳ πλεκέτω 66a
μυρσίνας στέφανον, ἐ-
πεί νιν 'Αλκαθόου τ' ἀγὼν σὺν τύχᾳ
ἐν 'Επιδαύρῳ τε νεότας δέκετο πρίν·
τὸν αἰνεῖν ἀγαθῷ παρέχει·
ἥβαν γὰρ οὐκ ἄπειρον ὑ- 70
πὸ χαλκῷ καλῶν δάμασεν.

Ihm nicht Schande macht nunmehr des trefflichen Ohms
Sprößling. Drum soll der Jugendfreunde einer flechten
Für den Allkampfsieg dem Kleandros einen Kranz
Zarten Myrtenlaubs, da Al-
    kathaos' Wettkampf wie in Epidauros auch
Jugendlich Volk ihn vordem erfolgreich bei sich sah.
Ihn loben — Edle tun es; er hielt
Seine des Schönen nicht unkund-
    ge Jugend ja ehern in Zucht.

FRAGMENTE

ΕΠΙΝΙΚΟΙ ΙΣΘΜΙΟΝΙΚΑΙΣ

1

⟨...... ΑΙΓΙΝΗΤΗΙ⟩

Daktyloepitriten
Str.

```
– ∪ – × – ∪ –   – – ∪ – –        5  – ∪ ∪ – ∪ ∪ –
  – ∪ ∪ – – ∪ – – ∪ ∪ – –           – – ∪ – × – ∪ – – ∪ ∪ –
– – ∪ ∪ – ∪ ∪ –                     – – ∪ – – – ∪ ∪ – ∪ ∪ –
– ∪ – × – ∪ –                       – – ∪ – × – ∪ – –   ...
– – ∪ ∪ – ∪ ∪ – – – ∪ – –
```

Str.

Κλεινὸς Αἰακοῦ λόγος, κλεινὰ δὲ καὶ ναυ-
   σικλυτὸς Αἴγινα· σὺν θεῶν δέ νιν αἶσα
"Υλλου τε καὶ Αἰγιμίου
Δωριεὺς ἐλθὼν στρατός
ἐκτίσσατο· τῶν μὲν ὑπὸ στάθμα νέμονται
οὐ θέμιν οὐδὲ δίκαν
ξείνων ὑπερβαίνοντες· οἷοι δ' ἀρετάν
δελφῖνες ἐν πόντῳ, ταμίαι τε σοφοί
Μοισᾶν ἀγωνίων τ' ἀέθλων.   5

1a

.]α[....] . φερει λαιλ[α
χαν νᾶα κύματος ακ. [
εν ὀρθῷ δρόμῳ βαθ[5
ἔσφαλ' ὅλῳ νόῳ
πτε[ρ]οε[......] . μο[
...

SIEGESLIEDER FÜR ISTHMOSKÄMPFER

1

(FÜR . . . . ? . . . . . . AUS AIGINA)

Der Zeussohn Aiakos, Stammvater des berühmten Geschlechts, zu dem auch Achilleus gehört, wird König von Aigina. Des Dorerkönigs Aigimios Pflegesohn Hyllos, der Sohn des Herakles, gilt als Gesetzgeber der Dorer (vgl. P I). Das Fragment findet sich in einer Handschrift als letzte isthmische Ode (IX).

Rühmend spricht von Aiakos man, auch vom schiffbe-
  rühmten Aigina; das hat – götterbestimmt – des
Hyllos und Aigimios Heer,
Als es kam, das dorische,
Besiedelt; nach deren Gesetz nun leben sie, nicht
Göttliche Satzung noch Brauch
Des Gastrechts überschreitend; an wackerem Mut
Delphinen gleich auf See, sind sie weise im Dienst
Der Musen und tüchtig im Wettkampf.

1 a

Neugefundenes Fragment: V. 1. 2. 8 ff. zu lückenhaft.
  . . . . . trägt der Sturmwind
  das Schiff auf der Höhe (?) der Woge . . .
  . . . in geradem Lauf . . .
  . . . brachte zu Fall mit voller Geistesgegenwart.
  geflügelt . . . . .

2
ΚΑΣΜΥΛΩΙ ΡΟΔΙΩΙ ΠΥΚΤΗΙ

Äolisch, iambisch

ὁ δ' ἐθέλων τε καὶ δυνάμενος ἀβρὰ πάσχειν
τὰν 'Αγαμήδεῖ Τρεφωνίῳ θ' 'Εκαταβόλου
συμβουλίαν λαβών ...

3
Μ⟨Ε⟩ΙΔ⟨Ι⟩ΑΙ ΑΙΓΙΝΗΤΗΙ

κεῖ μοί τιν' ἄνδρα τῶν θανόντων

4

Choriamben, Iamben

Αἰολίδαν δὲ Σίσυφον κέλοντο
ᾧ παιδὶ τηλέφαντον ὄρσαι
γέρας φθιμένῳ Μελικέρτᾳ

5
]ΩΙ ΜΕΓΑΡΕΙ ΣΤΑΔΙΕΙ

(a)   σύριγγες οἶμ[ον] ἐς π[

(b)   νὺξ μὲν ἦν, ὁ δ' 'Αλέξ[ανδρος ἤσθη ταῖς τῶν αὐλῶν ἐ]νοπαῖς τ(ῶν)
      θρεμμάτ(ων) κοι[μω]μ[έν]ων, ὁ δ' 'Ερμῆς [....] θ' ἵνα κρίνῃ (τὰς θεάς.)

2

FÜR KASMYLOS AUS RHODOS, SIEGER IM FAUST-KAMPF

Agamedes und Trephonios, die Söhne des Königs Erginos von Orchomenos, bitten, nachdem sie den Tempel Apollons zu Delphi erbaut haben, den Gott, sie dafür zu belohnen. Der Lohn des Gottes ist – nach sieben Tagen glücklichen Lebens – während des Schlafs in der Nacht der Tod.

Wer es erstrebt und holdes Glück kann erleben, weil des
Ferntreffers Rat an Agamedes und an Trephonios
Er angenommen hat...

3

FÜR MEIDIAS AUS AIGINA

Mit dem Toten ist Pytheas aus Aigina gemeint, der auch am Isthmos siegreich war (vgl. auch N V).

Wenn mir von den Toten einen Mann...

4

Der Chor der Nereïden fordert Sisyphos auf, dem Melikertes, dem Sohn des Athamas und der Ino, zu Ehren die Isthmischen Spiele einzurichten (vgl. O II Anm. zu 26; thr. II).

Sisyphos hießen sie, den Aioliden,
Ehre weit leuchtend stiften ihrem
Verstorbenen Sohn Melikertes.

5

....?... AUS MEGARA, DEM STADIONLÄUFER

Die ersten dieser neugefundenen Fragmente handeln, wie b zeigt, von Paris, der von Hermes aufgefordert wird, den Schönheitswettstreit Heras, Athenes und Aphrodites zu entscheiden.

a) Hirtenflöten Weise (Melodie) in

b) Nacht war es, Alexandros erfreute sich an den Klängen der Flöten, während die Tiere schliefen; Hermes aber .... damit er das Urteil über die Göttinnen abgäbe.

(c)   ἄκασκα
(d) νόμευε δ' ἐρισφαράγ[ου βουλ]ᾷ πατ[ρός
(e) ἀλλ' ἦ μακ[ρ]ότερον καθ' ἔτα[ς

ἔμβολον

] Μοῖσ', ἀνέγειρ' ἐμέ

(f) χέρσον ἔσω
    ἱέντ' ε.[
(g) δοκήσεις οὐ πὰρ σκοπόν
(h) εἴπερ τριῶν 'Ισθμ[οῖ], Νεμ⟨έ⟩α⟨ι δ⟩ὲ δυ[οῖν

6

(a)]νδε τοι οἴκοθεν
(b) μάτηρ ἀκόντων
(c)]ν γίνεται – – ὑποδέξωνται
(d) ἐπικράνοισι γὰρ ἂν κιόνων
(e) ἀριστεύοντα γὰρ ἐν .. υιαι. ασι.[
(f)]ἄρδοντ' ἀοιδαῖς [
    ]γενναίων ἄωτος νεκταρέας αι.[
    ].καρπὸν δρέποντες
(g) φροντίδες

7

(a)   – – ΑΘ]ΗΝΑΙΩΙ ΩΣΧΟΦ[ΟΡΙΚΟΝ
(b)   ἔρυξαν
(c)   Χάρισι πάσαι[ς
(d)   κίνδυνος (Θησέως ?)

8
ὅστις δὴ τρόπος ἐξεκύλισέ νιν . . .

c)   nichts Böses (tuend)

d)   Er weidete auf des lautdröhnenden Vaters Beschluß

e)   aber fürwahr weiter zu den Freunden (?)

Schiffsschnabel

Muse, ermuntere mich

f)   Ins Festland hinein
          Sendend

g)   Du wirst, scheint es, nicht neben das Ziel (treffen)

h)   Wenn ja (Kränze) von drei (Siegen) am Isthmos, von zweien bei
                                                                    Nemea..

6

Ein neugefundenes Fragment, zu dem nach den Scholien der Name des
Faustkämpfers Kasmylos gehört; vgl. 2 und 10.

a)   von Hause

b)   Mutter widerwilliger

c)   entsteht   sie sollen aufnehmen

d)   denn den Knäufen (?) der Säulen

e)   den sich auszeichnenden

f)   netzend mit Gesängen
          der Edlen Blüte   von Nektar
          Frucht pflückende

g)   Bemühungen

7

LIED ZUM WEINREBENFEST

Neugefunden; das Lied handelte wohl von Theseus (Scholien).

a)   ...?...dem Athener, als Lied zum Weinrebenfest

b)   sie wehrten ab

c)   allen Chariten

d)   Gefahr (für Theseus?)

8

Was für Wendung ihn auch nun zu Boden warf...

9

ἐλπίσιν ἀθανάταις ἁρμοῖ φέρονται.

10

ἀμεύσεσθαι Νάξιον Τείσανδρον

ΥΜΝΟΙ

ΘΗΒΑΙΟΙΣ ΕΙΣ ΔΙΑ?

11–23

Daktyloepitriten

Str.

```
− − ∪ − − − ∪ ∪ − ∪ ∪ −              − ∪ − − − ∪ ∪ − ∪ ∪ − −
− − ∪ − − − ∪ ∪ − ∪ ∪ − −            − ∪ ∪ − ∪ ∪ − −
3 − − ∪ ∪ − ∪ ∪ − −                   − − ∪ − − − ∪ ∪ − ∪ ∪ − −
  − ∪ − − − ∪ ∪ − ∪ ∪ −            6 − ∪ − × − ∪ − − − ∪ ∪ − ∪ ∪ − −
− − ∪ − − − ∪ ∪ − ∪ ∪ − −            − ∪ ∪ − ∪ ∪ − − − ∪ ∪ − ∪ ∪ − −
```

11 Ἰσμηνὸν ἢ χρυσαλάκατον Μελίαν
   ἢ Κάδμον ἢ Σπαρτῶν ἱερὸν γένος ἀνδρῶν
   ἢ τὰν κυανάμπυκα Θήβαν
      ἢ τὸ πάντολμον σθένος Ἡρακλέος
   ἢ τὰν Διωνύσου πολυγαθέα τιμὰν   5
      ἢ γάμον λευκωλένου Ἁρμονίας
      ὑμνήσομεν;

12 Κάδμος ἤκουσε τοῦ Ἀπόλλωνος
   μουσικὰν ὀρθὰν ἐπιδεικνυμένου

13 πρῶτον μὲν εὔβουλον Θέμιν οὐρανίαν
   χρυσέαισιν ἵπποις Ὠκεανοῦ παρὰ παγᾶν
   Μοῖραι ποτὶ κλίμακα σεμνὰν
      ἆγον Οὐλύμπου λιπαρὰν καθ' ὁδόν

9

Gleich mit unsterblichen Hoffnungen tragen sie sich.

10

Es werde den Teisandros aus Naxos übertreffen
als Faustkämpfer Kasmylos (?); vgl. 2,6.

HYMNEN

FÜR DIE THEBANER AUF ZEUS (?)

11–23

Nach Ismenos, dem Sohn Apollons und der Nymphe Melia, heißt das
Apollonheiligtum Ismenion in Theben (vgl. P XI 3ff.). Kadmos, der
Gemahl der Harmonia, ist der Gründer der Burg von Theben (vgl. dith.
II 26ff.). Sparten heißen die aus der Drachensaat des Kadmos Entsprosse-
nen: die Thebaner.
Die Titanin Themis, die „gesetz- und ratgebende", ist die erste Gemahlin
des Zeus; ihre Töchter sind die Horen, die Göttinnen der regelmäßig
wiederkehrenden Jahreszeiten.

1 Sollen Ismenos wir oder Melia mit
  Goldener Spindel, Kadmos, der Sparten Geschlecht voll
Kraft oder mit dunkelem Stirnband
    Thebe, die allwagende, des Herakles Kraft
Oder Dionysos' vielerfreuende Gabe
    oder der weißarmgen Harmonia Hochzeit
    feiern im Lied?...

2 Kadmos hörte von Apollon,
  Wie Musik er richtig zum Vortrag gebracht.

3 Ratgebrin Themis führten, die Himmlische, im
  Goldwagen erstmals von des Okeanos Quellen
Die Moiren zur heiligen Stufe
    des Olympos hin auf dem leuchtenden Pfad,

σωτῆρος ἀρχαίαν ἄλοχον Διὸς ἔμμεν· 5
ἀ δὲ τὰς χρυσάμπυκας ἀγλαοκάρ-
πους τίκτεν ἀλαθέας Ὥρας.

14 ἄνα⟨κτα⟩ τὸν πάντων ὑπερ-
βάλλοντα Χρόνον μακάρων...

Neugefunden; offenbar hierher gehörig (Lobel); vgl. auch Metrum.

15 ⟨– – ∪ ∪ – κορύναν –⟩
– ∪ – –]τον χερὶ τανδιεραν
– – ∪ – –]κῶν, ἐπὶ δὲ στρατὸν ἄϊσ-
σ᾽ [οὐκ ἴσος σθένει πυρ]ὸς οὔτε θαλάσ-
σ[ας κύμασιν οὔτ᾽ ἀνέ]μοισιν, 5
[ἀλλ᾽ ὡς κ]ε[ραυν(ός)....

16 ἐν χρόνῳ δ᾽ ἔγεντ᾽ Ἀπόλλων

17 χαῖρ᾽, ὦ θεοδμάτα, λιπαροπλοκάμου
παίδεσσι Λατοῦς ἱμεροέστατον ἔρνος,
πόντου θύγατερ, χθονὸς εὐρεί-
ας ἀκίνητον τέρας, ἄν τε βροτοί
Δᾶλον κικλήσκοισιν, μάκαρες δ᾽ ἐν Ὀλύμπῳ 5
τηλέφαντον κυανέας χθονὸς ἄστρον.

18 ἦν γὰρ τὸ πάροιθε φορητὰ
κυμάτεσσιν παντοδαπῶν ἀνέμων
ῥιπαῖσιν· ἀλλ᾽ ἁ Κοιογενὴς ὅποτ᾽ ὠδί-
νεσσι θυίοισ᾽ ἀγχιτόκοις ἐπέβα
νιν, δὴ τότε τέσσαρες ὀρθαί 5
πρέμνων ἀπώρουσαν χθονίων,
ἂν δ᾽ ἐπικράνοις σχέθον πέτραν ἀδαμαντοπέδιλοι
κίονες, ἔνθα τεκοῖσ᾽ εὐδαίμον᾽ ἐπόψατο γένναν. 10

Des Retters Zeus urerste Gemahlin zu sein; die
goldnes Stirnband tragen, gebar sie, die früchte-
prangenden, truglosen Horen.

14 Den Herrscher, Gott der Zeit, der all
die Seligen weit überragt . . .

15 Bei diesem neugefundenen Fragment handelt es sich um den Kampf des
Herakles gegen die Meroper, Bewohner der Insel Kos.

die Keule
(mit) der Hand   die feuchte (?)
. . . sprang gegen die Schar er, (nicht gleichend der Kraft des Feuers) und auch nicht des Mee-
(res Wogen noch Sturm)winden, (sondern
So wie ein Blitzstrahl . . . . .)

16 Zu der Zeit ward Apollon geboren.

17 Delos, einst eine schwimmende Insel, bekommt festen Grund, als Leto,
die Tochter des Titanen Koios, sie betritt, um dort Apollon und Artemis
zu gebären (vgl. pai V und VII b).

Gruß dir, o gottgeschaffene Tochter der Flut,
Den Kindern der glanzhaarigen Leto ein Reis der
Sehnsucht, du der Erde, der breiten,
unbeweglich Wunderbild nun, welches das Volk
Der Menschen Delos nennt, die Unsterblichen im O-
lymp: der dunklen Erde weitleuchtenden Stern . . .

18 Sie wurde ja ehdem getragen
von den Wogen stoßweis durch allerlei Art
Von Stürmen; als die Koiosentsproßne jedoch, in
Wehen rasend, nah der Geburt, sie betre-
ten, da nun erhoben empor aus
Grundfesten des Erdreiches sich vier
Pfeiler auf stählernen Füßen, stützten den Fels mit den Scheiteln.
Dort ward sie Mutter und sah, welch seliges Paar sie geboren.

19 ⟨Ζεύς⟩
ὃς καὶ τυπεὶς ἁγνῷ πελέκει τέκετο ξαν-
θὰν Ἀθάναν

20 ⟨οἱ Τιτᾶνες δεσμῶν⟩
κείνων λυθέντες σαῖς ὑπὸ χερσίν, ἄναξ

21 Ζεύς... αὐτὸς ἂν μόνος εἰπὼν ἃ χρὴ περὶ αὐτοῦ, θεὸς ἅτε
πλέον τι λαχών

22 σοφοὶ δὲ καὶ τὸ μηδὲν ἄγαν ἔπος αἴνη-
σαν περισσῶς

23 νόμων ἀκούοντες θεόδματον κέλαδον

24
ΕΙΣ ΑΜΜΩΝΑ
Ἄμμων Ὀλύμπου δέσποτα

25
ΕΙΣ ΠΕΡΣΕΦΟΝΗΝ
Πότνια θεσμοφόρε χρυσανίου
Ἄιδου ⟨δάμαρ⟩

26
ἐν ἔργμασιν δὲ νικᾷ τύχα,
οὐ σθένος.

27
Τύχα φερέπολις

Zeus,

Von heilger Axt getroffen, bracht' an das Licht die blonde
  Athena
(vgl. O VII 35ff.)

Zeus löst die Titanen von Fesseln.
Von jenen frei nun – Werk deiner Hände, o Herr!
(vgl. P IV 291).

Zeus vermag selbst allein Würdiges über sich zu sagen, als Gott,
Dem Größres zuteil ward
als allen andern.

Die Weisen lobten auch das Wort „in nichts zu viel!" ganz übermäßig.

Der Weisen (Melodien) gotterbauten Schall vernehmend
(vgl. P XII 7ff.)

24
AUF AMMON
Ammon, Beherrscher des Olymps
der ägyptische Gott, der Zeus entspricht.

25
AUF PERSEPHONE
Waltende Herrin, des goldzaumlenkenden
Hades Gemahlin

26
Bei Leistungen jedoch siegt das Glück,
Nicht die Kraft.

27
Glück (Schicksal): städteerhaltend

28

Τύχα ἀπειθὴς – δίδυμον στρέφοισα πηδάλιον

29

Daktyloepitriten

... ἀλλοτρίοισιν μὴ προφαίνειν, τίς φέρεται
μόχθος ἄμμιν· τοῦτό γέ τοι ἐρέω·
καλῶν μὲν ὧν μοῖράν τε τερπνῶν
ἐς μέσον χρὴ παντὶ λαῷ
δεικνύναι· εἰ δέ τις ἀνθρώ-   5
   ποισι θεόσδοτος ἀτλάτα κακότας
προστύχῃ, ταύταν σκότει κρύπτειν ἔοικεν.

30

Daktyloepitriten

ʽὦ τέκνον, ποντίου θηρὸς πετραίου
χρωτὶ μάλιστα νόον
προσφέρων πάσαις πολίεσσιν ὁμίλει·
τῷ παρεόντι δ᾽ ἐπαινήσαις ἑκών
ἄλλοτ᾽ ἀλλοῖα φρόνει.ʼ   5

31
ἐρίφων μεθομήρεον

32 a—c
ΕΙΣ ΑΠΟΛΛΩΝΑ ΠΤΩΙΟΝ
Daktyloepitriten

28

Glück (Schicksal): unüberredbar – wendend das Steuer nach zwei
Seiten

29

Vielleicht als Ermahnung des Vaters zu fr. 30 gehörig.

Fremden (darf man) nicht ins Licht stellen, was ertragen von uns
Wird an Pein; dies will ich dir sagen fürwahr:
Was uns an Schönem wird und Frohem,
Soll inmitten allen Volks man
Zeigen; jedoch, wenn uns Menschen
   gottheitverhängt, unerträglich Unheil befällt,
Dieses in Dunkel zu bergen, das geziemt sich.

30

Amphiaraos, der Seher, Mitkämpfer gegen Theben, ermahnt seinen Sohn
Amphilochos:
Kind, am Felsen sich festklammernden Meertiers
Haut mache möglichst den Sinn
Gleich bei deinem Umgang mit jeglichen Städten!
Spend Gegenwärtgem gern Lob; doch wandelt die
Zeit sich, wandle auch den Sinn!

31

... Böcklein sich gesellend ...
(vielleicht: Pan; vgl. P III 78, fr. 77–79).

32a–c

AUF APOLLON VOM PTOONGEBIRGE

Das Ptoongebirge, Sitz eines Apollonheiligtums: nahe dem Kopaissee.
b Die Jungfrau: wohl die Tochter des Königs Athamas von Orchomenos,
Zeuxippe, von Apollon Mutter des Ptoos. c Teneros: auch ein Sohn
Apollons (vgl. pai IX 41 ff.).

(a) 'Απόλλων

δ]ινηθεὶς ἐπῆεν
γᾶν τε καὶ ⟨πᾶσαν⟩ θάλασσαν
καὶ σκοπιαῖσιν [ἄκρ]αις ὀρέων ὕπερ ἔστα
καὶ μυχοὺς διζάσατο βαλλόμενος κρηπῖδας ἀλσέων.　　　5

(b)　　καί ποτε τὸν τρικάρανον
　　　Πτωίου κευθμῶνα κατέσχεθε κού[ρα]

(c)　　τὸν Τήνερον καλεῖ
　　　ναοπόλον μάντιν δαπέδοισιν ὁμοκλέ ͜α.

32 d

b)　9 .]χρυσόπεζα　　　　　　　c)　4 β]αθὺν δὲ διν[
　　12]ενδεδονημ[　　　　　　　　　8]α γλέφαρα[
　　　]βοῦς ὑπ' οἶστρ[

ΠΑΙΑΝΕΣ

I = fr. 33

[ΘΗΒΑΙΟΙΣ ΕΙΣ ΙΣΜΗΝΙΟΝ]

Iamben, äolisch

1	∪∪ ∪ –	∪ — ∪ [∪ –] ∪ –	7	– – ∪ –	∪ – –	∪ – –
2	– ∪ –	– ∪ – ∪ – ∪ –	8		∪ – –	∪ – ∪ ∪ –
3	∪ – ∪ ∪∪ ∪ ∪ ∪(∪) ∪ –			– ∪ ∪ ∪	∪ – –	
4	∪∪ ∪ –	∪ ∪ –	9	– ∪ –	– ∪ ∪ –	– ∪ ∪ – –
5	∪ – ∪ –	– ∪ – ∪ – ∪ ∪ – ∪	10		– ∪ ∪ – ∪ ∪ – ∪ ∪ –	
6	– – ∪ ∪∪	∪ –				

πρὶν ὀδυνηρὰ γήραος σ[χεδὸν μ]ολεῖν,
πρίν τις εὐθυμίᾳ σκιαζέτω

a) Apollon

... schwang sich, beging die
Erde und das ganze Meer, stand
Auf des Gebirges weitsichtbaren Höhen und suchte
Stellen, dort Grundlagen zu schaffen zum Bau heiliger Stätten.

b) .... und die dreigipflige, Ptoons
   Schlucht nahm einst als Wohnsitz die Jungfrau

c) Den Teneros beruft er zum
   .... Tempelwart, Seher, nach dem jene Flur heißt.

32 d

Dieses neue Fragment klingt an die Sage von der in ein Rind verwandelten, von einer Bremse verfolgten Io an; vgl. Aischylos' „Schutzflehende" 573, „Prometheus" 580, 879.

b) 9 goldfüßig   (c) 4 tief aber gedreht (herumge-
   12 gejagt (?)   trieben)
   Rind von der Bremse (?)   8 Augenlider

PAIANE

I = fr. 33

FÜR DIE THEBANER ZUM ISMENIONHEILIGTUM

Der Paian, nach Apollon als Heilgott (Paian) benannt, wendete sich, wie der Ruf: Ieie Paian! zeigt, ursprünglich an ihn und seine Schwester Artemis, später auch an andere Götter, sowie Heroen und Menschen. Lyra oder Flöte oder beides begleiteten Tanz und Gesang des Paians. Dieser ist für den Neujahrsfestzug geschaffen. – 5,6 Themis und Horen: vgl. fr. 13.

Ehe des Alters Not und Trübsal (nahe)kommt,
Schirme durch Frohsinn sein Gemüt mit Maß

νόημ' ἄκοτον ἐπὶ μέτρα, ἰδών
δύναμιν οἰκόθετον.

Ep. ?

ἰ]ὴ ἰή, νῦν ὁ παντελὴς 'Ενιαυτός   5
῾Ωρα[ί] τε Θεμίγονοι
πλάξ]ιππον ἄστυ Θήβας ἐπῆλθον
'Απόλ]λωνι δαῖτα φιλησιστέφανον ἄγοντες·
τὰ]ν δὲ λαῶν γενεὰν δαρὸν ἐρέπτοι
σώ]φρονος ἄνθεσιν εὐνομίας.   10

II = fr. 34
[ΑΒΔΗΡΙΤΑΙΣ]

Äolisch

Str.

```
1    – ∪ – ∪ ∪ –  ∪ – ∪  –  ∪ – –
2      ∪ –  ∪ – ∪ –
3  ∪ ∪ ∪ – ∪ ∪ – ∪ –  – ∪ – ∪ ∪ – –
4      – – ∪ ∪ –  –   ∪ – ∪ ∪ – – ∪ –
5    – ∪ – ∪ ∪ –  ∪ ∪  ∪ – ∪ ∪ – –
6      – – ∪ ∪ – ∪ –  – ∪ – ∪ ∪ – –
7      – – ∪ ∪ – –     ∪ – ∪ ∪ – ∪ – –
```


Ep.

```
1      – – ∪ ∪ – – ∪ ∪ –  ∪ ∪ ∪ ∪ – ∪ – –
2      – ∪ ∪ –       – ∪ – ∪ ∪ – – ∪ –
3      – –          – – – ∪ ∪ – –
4    ∪ ∪ – ∪ ∪ –       ∪ ∪ – ∪ –
5  ∪ ∪ ∪ ∪ –  ∪ – –    ∪ – ∪ ∪ – ∪ ∪ ∪ – –
6  ∪ ∪ ∪ – ∪ ∪ – –    ∪ – ∪ ∪ – – ∪ –
7      – –          ∪ – ∪ ∪ – ∪ – –
8    – ∪ – ∪ ∪ – ∪ –    – – ∪ ∪ – –
9    ∪ – ∪ ∪ – –      ∪ – ∪ ∪ – –
                     ∪ – ∪ ∪ – –
```

Man, ohne Groll, wenn man sieht, wie das Haus
Machtvoll verwaltet besteht!

Ie, nun kamen das heilge Jahr und die Horen.
Die einstmals Themis gebar,
Zu Thebes rossegeißelnder Stadt her,
Apollon des Festmahls, des kranz-
  frohen, Feier zu rüsten;
Schmücke er lang ihres Volkes Stamm noch mit weiser,
Edler Gerechtigkeit blühendem Kranz!

II = fr. 34
FÜR DIE ABDERITEN

Der Paian, nach der Zerstörung Athens durch die Perser (480) verfaßt,
ruft den Heros Abderos, Gründer der thrakischen Stadt Abdera, an.
Ihre Mutterstadt Teos wurde nach ihrer Zerstörung von Abdera neu besiedelt (St. L. Radt S. 38). – Derenos: Beiname nach einem dem Apollon
heiligen Ort bei Abdera. Anläßlich der Kämpfe mit den Nachbarstäm-
men, besonders den Paionern, wird Ep. 2 ff. der Athosberg auf der Chalkidike und der Melamphyllosberg in Thrakien (Plinius nat. hist. 4, 11,
50) erwähnt. Auf einen solchen Kampf bezieht sich der Spruch der Hekate,
der besonders in Thrakien verehrten, zaubermächtigen, weissagenden
Göttin des Neumonds und der Nacht. Der Schluß des Liedes bringt ein
Gebet an Abderos, der in der Sage auch als Kampfgefährte des Herakles
erscheint (vgl. fr. 143). – Deutscher Text: Vers 47—50, 95 nach Ju-
renkas, V. 96 nach Snells Ergänzungsversuch.

Ναΐδ]ος Θρονίας Ἄβδηρε χαλκοθώραξ   Str. 1
Ποσ]ειδᾶνός τε παῖ,
σέθ]εν Ἰάονι τόνδε λαῷ
   παι]ᾶνα [δι]ώξω
Δηρηνὸν Ἀπόλλωνα πάρ τ᾽ Ἀφρο[δίταν ἰών   5
(Es fehlen von der Str. Vers 5–7 und die Antistr.)

                                                     Ep. 1
. κα[. .]
   . .]α τινα [τάνδε] ναίω
Θ[ρ]αϊκίαν γ[αῖ]αν ἀμπελό[εσ]σάν τε καί   25
εὔκαρπον· μή μοι μέγας ἕρπων
κάμοι ἐξοπίσω χρόνος ἔμπεδος.
νεόπολίς εἰμι· ματρὸς
   δὲ ματέρ᾽ ἐμᾶς ἔτεκον ἔμπαν
πολεμίῳ πυρὶ πλαγεῖ-   30
   σαν. εἰ δέ τις ἀρκέων φίλοις
ἐχθροῖσι τραχὺς ὑπαντιάζει,
μόχθος ἡσυχίαν φέρει
   καιρῷ καταβαίνων.
ἰὴ ἰὲ Παιάν, ἰὴ ἰέ· Παιὰν   35
   δὲ μήποτε λείποι.

                                                     Str. 2
– ∪ – ∪ ∪ –] ἀλκαὶ δὲ τεῖχος ἀνδρῶν
ὕψιστον ἵσταται
∪∪ ∪ – ∪]ρα· μάρναμαι μὰν
   ∪ – ∪ ∪ δάοις·   40
– – ∪ Ποσ]ειδάνιο[ν] γένος [– – ∪ –
τῶν γὰρ ἀντομένων
   ∪∪ ∪ – ∪] φέρεσθαι
– – ∪ ∪ –]σέλας
   ἂν μὴ ἄλλο] τι κύρσῃ   45
– – ∪ κακῷ] μανίει
   ∪∪ – ∪ – –]

Erzbewehrter Abderos, Sohn der Nymphe Thronia
Und des Poseidon, von
Dir geh ich aus, führ den Paian weiter
  Ioniens Volk, zu
Derenos Apollon und zu Aphrodite den Schritt
Lenkend ...
(Es fehlen die folgenden Verse bis 22.)

Der Chor spricht:
.... dieses Land bewohn ich,
Thrakisches Land, voll von Reben und auch früchtereich;
Mög im Gehn die mächtige Zeit mir
Nicht ermüden, auch später beständig sein!
Jung bin ich als Stadtvolk; doch zeugt'
  ich neu meiner Mutter ihre Mutter,
Die feindlich Feuer zerschlagen.
  Und steht einer den Freunden bei,
Tritt Feinden grimmig entgegen, dem bringt
Mühsal Frieden, wenn rechter Zeit sie tritt auf den Kampfplatz.
Ruft Heil, Heil dem Paian, ruft Heil! Möge Paian
  uns niemals verlassen!

(Hochmut stürzte oft Städte); doch der Männer Kraft hält
Als höchste Mauer stand.
(Das mahnt zur Einsicht;) ich kämpfe gegen
  (berittene) Feinde,
(Doch hilft Posei)donischer (Rosse) Geschlecht (mir im Kampf).
Die sich stellen den an-
  rückenden (Feinden entgegen),
(Erlangen des Sieges) Glanz,
  Kommt (kein anderes) Schicksal.
(Die Gottheit) ist (Feiglingen) gram:
(Dem entging ich gern ganz.)

‒ υ ‒ υ υ ‒ υ ‒ υ λ]αὸν ἀστῶν   Ant. 2
× ‒ × ‒ υ ‒]
υυ υ ‒ υ υ]οι· τὸ δ' εὐβου-
  λίᾳ τε καὶ α[ἰδ]οῖ   51
ἐγκείμενο[ν] αἰεὶ θάλλει μαλακαῖς ε[ὐ]δίαι[ς·]
καὶ τὸ μὲν διδότω
  θεός· [ὁ δ]' ἐχθρὰ νοήσαις
ἤδη φθόνος οἴχεται   55
  τῶν πάλαι προθανόντων·
χρὴ δ' ἄνδρα τοκεῦσι⟨ν⟩ φέρειν
  βαθύδοξον αἶσαν.

                      Ep. 2

τοὶ σὺν πολέμῳ κτησάμ[ενοι
  χθόνα πολύδωρον, ὄλ[βον   60
ἐγκατέθηκαν πέραν Ἀ[θόω] Παιόνων
αἰχματᾶν [λαοὺς ἐλάσαντε]ς
ζαθέας τροφοῦ· ἀλλὰ [βαρεῖα μέν
ἐπέπεσε μοῖρα· τλάντ[ω]ν
  δ' ἔπειτα θεοὶ συνετέλεσσα[ν.   65
ὁ δὲ καλόν τι πονή[σ]αις
  εὐαγορίαισι φλέγει·
κείνοις δ' ὑπέρτατον ἦλθε φέγγος
ἄντα δ[υ]σμενέων Μελαμ-
  φύλλου προπάροιθεν.   70
ἰὴ ἰὲ Παιάν, ἰὴ ἰέ· Παιὰν
  δὲ μήποτε λείποι.

                      Str. 3

'ἀ]λλά μιν ποταμῷ σχεδὸν μολόντα φύρσει
βαιοῖς σὺν ἔντεσιν
ποτὶ πολὺν στρατόν'· ἐν δὲ μηνὸς   75
  πρῶτον τύχεν ἆμαρ·
ἄγγελλε δὲ φοινικόπεζα λόγον παρθένος
εὐμενὴς Ἑκάτα
  τὸν ἐθέλοντα γενέσθαι.

(Möge schamloser Hochmut nie der) Städter Volk, (weil
Es Tüchtigkeit vergaß,)
(Zwietracht ihm weckend, ergreifen!) Was auf
   Einsicht und auf Ehrfurcht
Ruht, blüht stets, von mildem und heiterem Himmel bestrahlt.
Das nun gebe die Gott-
   heit! Doch der Haß trug im Sinn, der
Neid, ist nun dahin, berührt
   nicht die längst schon Gestorbnen;
Ein Mann soll den Vätern ihr Teil
   hohen Ruhms gewähren!

Erwarben im Krieg sie ein Gebiet
   reich doch an Gaben, fügten
Wohlstand hinzu, als sie über den Athos gejagt
Paioniens Speervolk von der heiligen,
Der Ernährerin fort. Doch ein schwer Geschick
Befiel sie; sie dauerten aus,
   und Götter gewährten guten Ausgang.
Wer Edles mühsam vollbracht hat,
   der leuchtet in Worten voll Ruhms;
Jenen erstrahlte das höchste Licht im
Kampfe wider die Feindesschar
   vor dem Melamphyllos.
Ruft Heil, Heil dem Paian, ruft Heil! Möge Paian
   uns niemals verlassen!

„Doch das nah zu dem Flusse kam, das Heer, zersprengt der
Dereinst, der, schwach bewehrt,
Gegen das zahlreiche zog." An jenes
   Monats erstem Tag sprach
Die purpurfüßige Jungfrau, die wohlwollende
Hekate, dieses Wort,
   das dann erfüllt werden sollte.

ν]ῦν δ' αὖ γ[λ]υκυμαχάνων 80

(Es fehlen die Verse 81–94.)

Ep. 3
[– – ∪ ∪ – – ∪ ∪ –] 95
. . . .]ε καλέοντι μολπαί
Δᾶλο]ν ἀν' εὔοδμον ἀμφί τε Παρ[νασ]σίαις
πέτραις ὑψηλαῖς θαμὰ Δ[ελφ]ῶν
λιπαρ]άμπυ[κε]ς ἱστάμεναι χορόν 100
ταχύ]ποδα π[αρ]θένοι χαλ-
κέᾳ] κελαδ[έον]τι γλυκὺν αὐδᾷ
τρόπ]ον· ἐμο[ὶ δ' ἐπ]έ[ω]ν ἐσ[λῶν]
. . . ε]ὐκλέα [πρᾶξον] χά[ρ]ιν,
Ἄβδ]ηρε, καὶ στ[ρατὸν] ἱπποχάρμαν
σᾷ] βίᾳ πολέ[μ]ῳ τελευ- 105
ταί]ῳ προβι[β]άζοις.
ἰὴ ἰὲ Παιάν, ἰὴ ἰέ· Παιὰν
δὲ μήποτε λείποι.

III = fr. 35

Das Metrum ist nicht sicher erkennbar (äolisch, iambisch?).
Der deutsche Text (V. 13ff.) nach Ergänzungsversuchen von Grenfell-
Hunt und Schroeder.

Ὦναξ Ἄπολλ]ον ἀγλαό-
[θρονοί τε σεμ]ναὶ Χάριτε[ς   ]

Das Folgende bis Vers 11 zu lückenhaft.

ἀοιδαῖς ἐν εὐπλε[κέσι φωνᾷ μελιγάρυϊ, τ[ὶ]ν δέ, χρυσο[
ὥριον ποτὶ χρόνον [
θεᾶς θ' ἑλικάμπυκ[ος 15
ἐλαύν[ε]ις ἀν' ἀμβροτ[
φαεννὸς αἰθήρ

(Es fehlen die Verse 18–92); das Folgende ist lückenhaft.

Nun wieder der Süßes schaf-
fenden (Garten, der Musen,
Bestellend, ...)

Es fehlen die Verse 81–94.

(O Letosproß, du ruhmreicher,) es
rufen dich Gesänge im schön
Duftenden Delos; und um des Parnassosgebirgs
Steile Felsen häufig sich schwingend
In dem fußschnellen Reihn, lassen ehrnen Klangs
Im Glanz ihres Stirnreifs die Jung-
fraun Delphis die süßtönende Weise
Erschallen. Mir (schenk,) Abderos, für edeles Wort Ruhm und Huld;
Das Heer, das roßfrohe, führ dank deiner
Kraft in allesbeendendem
Krieg vorwärts zum Sieg hin!
Ruft Heil, Heil dem Paian, ruft Heil! Möge Paian
uns niemals verlassen!

III = fr. 35

Apollon kehrt im Frühling vom Winteraufenthalt in fernem Land heim
zu den ihm geweihten Stätten. Diese Sage liegt den Frühlingsfeiern zu
Ehren Apollons zugrunde.

(Herrscher Apollon und ihr
heilgen) Huldinnen, (thronend) im Glanz

Das Nächste lückenhaft.

.... (preisen sie in)
Gesängen, in schöngeflochtnen, süßklingenden
(Tones;) dich aber, Goldge(lockter, wenn du)
Bei gekommner Zeit (im Glanz der Sterne und)
Der stirnbandgezierten Göttin (des Monds)
Einherfährst auf unver(gänglichen Straßen, die)
Der lichte Äther (bestrahlt ....

Es fehlen die Verse 18–92; dann lückenhaft.

IV = fr. 36
[ΚΕΙΟΙΣ ΕΙΣ ΔΗΛΟΝ]

Äolisch, Iamben

Str.

1   ∪ ∪ − ∪ ∪ − ∪ ∪ − ∪ −

2 − −   ∪ −   − ∪ ∪ − ∪ −

3 − −   ∪ −   − ∪ ∪   ∪ −

   − ∪∪   ∪ −   − ∪ ∪   ∪ − ∪̠ − − ∪ −

4 ∪ −   ∪ −

   ∪̠ −   − ∪ ∪ − ∪ ∪ − ∪ −

5   − −   − ∪ ∪ − ∪ ∪ − ∪∪ −

6 ∪∪ −   ∪ −   − ∪ ∪ − ∪ − − ∪∪ − ∪ ∪ −

    − ∪ ∪ −   − ∪ ∪ −

     ∪ ∪ − ∪ ∪ − ∪ ∪ − ∪ −

Ep.

1   ∪̠ − ∪ ∪ − ∪ ∪ −

     − − ∪ ∪ −   − ∪   − ∪∪ ∪ − ∪ ∪ −

2 − −   ∪ −   − −   ∪ −   ∪ −

  −   − ∪ ∪ − ∪ −

3 − − ∪ ∪ −   − ∪ ∪ − ∪∪ −

4   ∪ ∪ − ∪ ∪ − ∪ ∪ − ∪ −

5 ∪ −   ∪ −

   ∪ −   − ∪ ∪ − ∪ ∪ − ∪ −

6   −   ∪ ∪∪   − ∪ − − ∪ −

7 ∪ −   ∪ ∪∪   ∪ − −   − −

8 ∪ ∪∪   −   − ∪ ∪ − ∪ −

9 ∪ −   ∪ −   − ∪ ∪ − −

Str. 1

∪ ∪ − ∪ ∪ − ∪ ∪   ] ″Αρτεμιν·

− − ∪ − − ∪ ∪   ]υσομαι

− − ∪ − − ∪ ∪   ]ος αὐδάν·

   ∪ ∪ ∪ − − ∪ ∪   γυν]αικῶν ἐδνώσεται

∪ − ∪ − × −   ]δ' ἐπέων δυνατώτερον   5

− − − ∪ ∪   ]ᾱ κατὰ πᾶσαν ὁδόν

IV = fr. 36

FÜR DIE KEIER NACH DELOS

Das Lied wurde für die Bewohner der Insel Keos (zu den Kykladen gehörig) geschaffen, um bei einer Apollonfeier auf Delos aufgeführt zu werden. Es mußte zunächst zurücktreten vor einem Siegeslied, das Pindar (wohl 458) für einen jungen Thebaner dichtete (vgl. I i). Wenn Pindar für Keos, die Heimat seiner Nebenbuhler Simonides und Bakchylides, den Paian schuf, so erklärt sich das daraus, daß Simonides 469 gestorben, Bakchylides zur Zeit verbannt war. Auftraggeberin war die kleine Stadt Karthaia.

Von Vers 23 an spricht die Insel Keos.

Vers 24 spielt auf die Sangeskunst des Simonides und Bakchylides an.

Vers 28: Melampos von Pylos war der älteste Seher von Hellas, Vorfahre des Amphiaraos.

Vers 38 ff.: Euxanthios, Sohn des Königs Minos von Kreta, wurde auf Keos geboren und erzogen und sollte – nach der Darstellung Pindars – mit den Söhnen seiner Stiefmutter Pasiphaë das Erbe teilen.

Der deutsche Text (V. 1—13) nach Ergänzungsversuchen von Blaß und Sitzler.

(Ihn, des Haar nie geschoren, die) Artemis
(Und Leto, Delos,) will ich (feiern im
Tanz, stimmend schöntönenden) Gesang
   (an; ihnen wird Ruhm immer doch) verschafft von Frauen sowie
(Von Männern; wird jemals) stärkere (Zierde) der Worte der
(Eifer finden des Schaffens wohl) allwärts (für sie)

∪ ∪ – ∪ – ἡ]συχίαν Κέῳ
  – ∪ ∪ – ∪ ∪ –]
  – ∪ ∪ – – ∪ ∪ –]
  ∪ ∪ – ∪ ∪ – ∪ ∪]άλλεται   10

Ant. 1

∪ ∪ – ∪ ∪ –]ν χρόνον ὀρνύει
– – ∪ –] Δᾶλον ἀγακλέα
– – ∪ – –] Χάρισι· Κάρθαι-
  α μὲν ἀραιᾶς ἔλα]χύνωτον στέρνον χθονός,
ὅμως δὲ πλούτων οὔ] νιν Βαβυλῶνος ἀμείψομαι·   15

Das Folgende lückenhaft.

Ep. 1

ἤτοι καὶ ἐγὼ σ[κόπ]ελον ναίων δια-   21
  γινώσκομαι μὲν ἀρεταῖς ἀέθλων
Ἑλλανίσιν, γινώσκ[ο]μα[ι] δὲ καὶ
  μοῖσαν παρέχων ἅλις·
[ε]ἲ καί τι Διω[νύσ]ου ἄρο[υρ]α φέρει   25
βιόδωρον ἀμαχανίας ἄκος,
ἄνιππός εἰμι καὶ βουνομίας ἀδαέστερος·
ἀλλ' ὅ γε Μέλαμπος οὐκ ἤθελεν
λιπὼν πατρίδα μο[να]ρχε[ῖν] Ἄργει
θέμενος οἰ[ω]νοπόλον γέρας.   30
ἰὴ ἰή, ὦ ἰὲ Πα[ιάν.]

Str. 2

τὸ δὲ οἴκοθεν ἄστυ κα[ὶ ἑστία
καὶ συγγένει' ἀνδρὶ φ[ερέγγυα
στέρξαι· ματ[αί]ων δ' ἔ[πλετ' ἔρως τῶν]
  ἑκὰς ἐόντων· λόγο[ν ἄν]ακτος Εὐξαν[τίου   35
ἐπαίνεσα [Κρητ]ῶν μαιομένων ὃς ἀνα[ίνετο
αὐταρχεῖν, πολίων δ' ἑκατὸν πεδέχει[ν
μέρος ἕβδομον Πασιφ[ά]ας ⟨σὺν⟩ υἱ-
  οῖ]σι· τέρας δ' ἐὸν εἲ-
  πέν σφι· 'τρέω τοι πόλεμον   40
Διὸς Ἐννοσίδαν τε βαρ[ύ]κτυπον.

(Auf der Dichtkunst) Pfad? Frieden für Keos ja
  (schenkten sie gnädigen Sinns,
Wohlstand und glückbringenden Se-
gen, an dem voller Stolz sich das Volk) erfreut.

(Der zum) ruhmreichen Delos (in heilger) Zeit
(Ich kam, mich) treibt an (zu der Heimat Preis)
Mit Hilfe der Huldinnen (die Mu-
se.) Ist auch Karthaia nur ein Stück Land, schmalrückig und klein,
Ich werd es doch
  nie mit Babylons (Reichtümern) tauschen!
Das Weitere bis Vers 20 zu lückenhaft.

Auch ich ja fürwahr, die auf Klippen haust, bin als
  trefflich in Wettkämpfen bekannt all dem Volk
Von Hellas, bekannt auch, weil Sangeskunst
  ich biete genug. Bringt gleich
Dionysos' Heilmittel, das Leben erweckt
Und Bedrängnis verjagt, meine Flur hervor,
Hab Rosse ich doch nicht, kenne das Weiden von Rindern kaum.
Doch Melampos wollte die Heimat nicht
Verlassen, König in Argos zu sein,
Nicht abtun des Vogelflugdeuters Amt.
Ie, ie! Oh, ie – Paian!

Es (verpflichten) den Mann seine Heimatstadt,
(Der Herd) und die mit ihm Gebornen, sie
Zu lieben; faßt Toren doch (die Gier)
  nach Fernem nur; ich lobe mir des Herrschers Euxanthios Wort,
Der, als die Kreter es wünschten, sich weigerte, König zu
Sein, von Städten, von hundert, den siebenten Teil
Mit Pasiphaes Söhnen zu haben; er
  sagte, was schrecklich ihm schien,
  ihnen: „Vorm Kampf zittr ich mit Zeus,
  vor der Erde Erschüttrer, der donnernd dröhnt.

χθόνα τοί ποτε καὶ στρατὸν ἀθρόον   Ant. 2
πέμψαν κεραυνῷ τριόδοντί τε
ἐς τὸν βαθὺν Τάρταρον ἐμὰν μα-
  τέρα λιπόντες κἀὶ ὅλον οἶκον εὐερκέα·   45
ἔπειτα πλούτου πειρῶν μακάρων τ' ἐπιχώριον
τεθμὸν π[ά]μπαν ἐρῆμον ἀπωσάμενος
μέγαν ἄλλοθι κλᾶρον ἔχω; λίαν
  μοι [δέο]ς ἔμπεδον εἴ-
  η κεν. ἔα, φρήν, κυπάρισ-   50
σον, ἔα δὲ νομὸν Περιδάϊον.

                                Ep. 2

ἐμοὶ δ' ὀλίγον δέδοται, θά[μνος δρυός·
  οὐ πενθέων δ' ἔλαχον, ⟨οὐ⟩ στασίων

Es fehlt Vers 54—57; das übrige lückenhaft.
ἰὴ ἰή, ὢ ἰὲ Παιάν.

                V = fr. 37
      [ΑΘΗΝΑΙΟΙΣ (?) ΕΙΣ ΔΗΛΟΝ]
Daktyloepitriten
  ∪ – ∪ ∪ – ∪ ∪ – –
   – ∪ ∪ – ∪ ∪ – ∪̲
   – ∪ – – – ∪ ∪ – ∪ ∪ – –
   – ∪ ∪ – ∪ ∪ – –
   – ∪ ∪ – ∪ ∪ – – ∪ ∪ – ∪ ∪ – –
Es fehlen oder sind lückenhaft Vers 2—35.
'Ἰήϊε Δάλι' "Απολλον·   1

[– ∪ ∪ – ∪ ∪ Εὔ-]   35
  βοιαν ἔλον καὶ ἔνασσαν·

                              Str. 7

ἰήϊε Δάλι' "Απολλον·
καὶ σποράδας φερεμήλους
ἔκτισαν νάσους ἐρικυδέα τ' ἔσχον

Dieses Land sandten einst und das ganze Volk
Sie mit dem Blitzstrahl und dem Dreizack in
Des Tartaros Tiefe; meine Mut-
   ter nur und ihr Haus ließen sie, das wohlumhegte, in Ruh.
Soll ich, um Reichtum mich mühend, was Selge bestimmt dem Land,
Das verwaist dann wird, weg von mir stoßen und drauf
Mir ein großes Land anderswo nehmen? Zu
   sehr wär ich, ständig in Furcht
   dann! Gib, o Herz, auf die Zypres-
   se, gib auf um den Ida die Weiden rings!

Verliehn ward mir wenig, (der Eiche) Laub nur; doch
   nicht wurden Leiden und nicht Zwietracht mein Los.
Es fehlen Vers 54–57, 59–60, das übrige zu lückenhaft.
Ie, ie! Oh, ie – Paian!

V = fr. 37
FÜR DIE ATHENER (?) NACH DELOS

Die Ionier besiedelten Euboia und „zerstreute Inseln" (Sporaden und Kykladen) im Ägäischen Meer, darunter auch Delos, das früher Asteria hieß. Asteria, eine Schwester der Leto, versagte sich der Werbung des Zeus und wurde in eine Wachtel verwandelt. Sie stürzte sich ins Meer und tauchte als Eiland wieder auf, das nach ihr Asteria, auch Ortygia (Wachtelinsel) und endlich Delos genannt wurde (vgl. pai VII b und XII).

Ięïe, Apollon von Dęlọs!

  (Von Athen aus)
Nạhmen (Ionier) Ęu-
   bọia und wọhnten im Lạnd dọrt, –

Ięïe, Apollon von Dęlọs! –
Sjedelten ạuf den zerstrẹutẹn
Ịnseln vọll Klẹinvjeh wie dem rụhmreichen Dęlọs;

Δᾶλον, ἐπεί σφιν 'Απόλλων   40
δῶκεν ὁ χρυσοκόμας
  'Αστερίας δέμας οἰκεῖν·

                            Str. 8
ἰήϊε Δάλι' "Απολλον·
Λατόος ἔνθα με παῖδες
εὐμενεῖ δέξασθε νόῳ θεράποντα   45
ὑμέτερον κελαδεννᾷ
σὺν μελιγάρυϊ παι-
  ᾶνος ἀγακλέος ὀμφᾷ.

                     VI = fr. 38
              ΔΕΛΦΟΙΣ ΕΙΣ ΠΥΘΩ

Äolisch, Iamben
Str.

Ep.

Hạt der goldlọckge Apọllọn
Dọch der Astẹria Lẹib
ịhnen gegẹben zur Wọhnụng.

Iẹïe, Apọllon von Dẹlọs!
Dọrt nehmt, ihr Kịnder der Lẹtọ,
Gnạ̈dgen Sịnns mịch ạuf, euren Dịener, der hẹrkọmmt
Họnigsüßtọnenden Schạllẹs
Mịt des bewụnderten, rụhm-
rẹichen, des Pạians Triụmphklạng!

VI = fr. 38
FÜR DIE DELPHER NACH PYTHO

Der Paian wurde verfaßt für die Theoxenien, das Fest der Bewirtung
aller Götter, in Delphi, ein Fest, das einst wegen einer Hungersnot gestiftet worden war (V. 60 ff.). Dem Fehlen eines Chors half Pindar damals
ab, indem er einen auswärtigen Chor, vielleicht aus Aigina, heranzog
(V. 7 ff.). So würde sich dann das Lob der Insel Aigina, deren König Aiakos
war (V. 177), erklären (V. 123 ff.).
Der Paian preist Apollon als mächtigen Gott; er schiebt die Eroberung
Troias hinaus, indem er in Paris' Gestalt den stärksten Helden Achilleus
beseitigt; und wenn Troia dann doch schicksalsgemäß gefallen ist, läßt
er den Sohn des Achilleus, Neoptolemos, der bei der Eroberung den greisen
Priamos getötet hat, zur Strafe im Streit mit den Tempeldienern von
Delphi den Tod finden. In N VII gibt Pindar diesen Vorgängen eine für
den bei den Aigineten verehrten Heros Neoptolemos ehrenvollere Wendung.

```
6      U − U U −   − U − U U − −
7     − − U − U U − U −   −
8     − UU − U U − U U − UU − UU − U −
9     U − U − U U −
10 U − − U − U U −   UU − U − U − U − U U − UU −
11          − U U − U − U̅ − U̅U̅ − U U − U − U − U U − −
12      − U − U U − U −
13      − UU  UU U − −        U − U U − −
    U − U −
        U − U U −   − U̅ − U − U U −
```

Str. 1

Πρὸς Ὀλυμπίου Διός σε, χρυσέα
    κλυτόμαντι Πυθοῖ,
λίσσομαι Χαρίτεσ-
    σίν τε καὶ σὺν Ἀφροδίτᾳ,
ἐν ζαθέῳ με δέξαι χρόνῳ   5
ἀοίδιμον Πιερίδων προφάταν·
ὕδατι γὰρ ἐπὶ χαλκοπύλῳ
    ψόφον ἀΐων Κασταλίας
ὀρφανὸν ἀνδρῶν χορεύσιος ἦλθον
ἔταις ἀμαχανίαν ἀ[λ]έξων   10
    τεοῖσιν ἐμαῖς τε τιμ[α]ῖς·
ἤτορι δὲ φίλῳ παῖς ἅτε ματέρι κεδνᾷ
    πειθόμενος κατέβαν στεφάνων
    καὶ θαλιᾶν τροφὸν ἄλσος Ἀ-
πόλλωνος, τόθι Λατοΐδαν   15
    θαμινὰ Δελφῶν κόραι
χθονὸς ὀμφαλὸν   17
    παρὰ σκιάεντα μελπ[ό]μεναι
ποδὶ κροτέο[ντι γᾶν θο]ῷ

(Es fehlt Str. 1, 19—21, Ant., Ep. 1, 43—49)

καὶ πόθεν ἀθαν[άτων ἔρις ἄ]ρξατο.   50
    ταῦτα θεοῖσι [μ]έν
πιθεῖν σοφού[ς] δυνατόν,

Polias (89) = Stadtgöttin (Athene). Skyros (101): Insel östlich von Euboia; dort wächst Neoptolemos auf, der Sohn des Achilleus und der Deïdameia, der Tochter des Königs Lykomedes von Skyros. Odysseus holt den jungen Helden nach Troia, weil geweissagt war, die Stadt könne nur mit seiner Hilfe erobert werden. Tomaros (109): ein Berg in Molossien, an dessen Fuß Dodona lag. Deutscher Text V. 173 ff. nach dem Ergänzungsversuch von Snell.

Beim Olympier Zeus, berühmte Seherin,
   goldne Pytho, ich fleh
Mit den Huldinnen, dich an,
   zugleich mit Aphrodite:
In der hochheilgen Zeit nimm mich auf,
Der, sangberühmt, der Pieriden Künder ist!
Da ich, Kastalias Ton beim aus Erz
   strömenden Wasser sei verwaist,
Sei ohne Männer zum Chorsang, gehört, kam
Ich, deinen Bürgern Verlegenheit fern-
   zuhalten und meinem Ansehn;
Meinem Herzen gehorchend wie ein Kind seiner trauten
   Mutter, so ging ich zum blüten- und kranz-
   nährenden Haine Apollons hin,
   wo, den Sprößling der Leto gar oft-
   mals Delphis Jungfrauen nah
Bei dem schattigen Er-
   dennabel feiernd, mit hurtigem Fuß
Aufklopfend, den Boden schla-
   gen ...
Es fehlen die Verse 19–49.
Apollons Groll wirkt sich auf Götter und Menschen aus.

Wo der Unsterblichen (Hader) wohl herkam, das
   lassen die Götter nur
Den Sinn der Weisen verstehn;

βροτοῖσιν δ' ἀμάχανο[ν εὔ]ρέμεν·
  ἀλλὰ παρθένοι γάρ, ἴσθ' ὅτ[ι], Μο[ῖ]σαι,
πάντα, κε[λαι]νεφεῖ σὺν   55
  πατρὶ Μναμοσ[ύν]ᾳ τε
  τοῦτον ἔσχετ[ε τεθ]μόν,
κλῦτε νῦν· ἔρα[ται] δέ μο[ι]
γλῶσσα μέλιτος ἄωτον γλυκὺν [καταλείβειν]
  ἀγῶνα Λοξίᾳ καταβάντ' εὐρὺν   60
  ἐν θεῶν ξενίᾳ.

                                  Str. 2

θύεται γὰρ ἀγλαᾶς ὑπὲρ Πανελ-
  λάδος, ἅν τε Δελφῶν
ἔθ[ν]ος εὔξατο λι-
  μοῦ θ[υ – υ – υ – –

Das Folgende ist zu lückenhaft.

  δ' ἐς Τροΐα[ν υυ – υ υ   75
  ἤνεγκέ[ν υ υ – θρασυμή-
  δεα πάϊς [Λαερτίου
υ υ – υ –] ὃν ἐμ-   78
  βα[λὼν ἰὸν ἔσχε μάχας
Πάριος ἑ[καβόλος βροτη-
  σίῳ δέμαϊ θεός,
'Ιλίου δὲ θῆκεν ἄφαρ   81
ὀψιτέραν ἅλωσιν,

                                  Ant. 2

κυανοπλόκοιο παῖδα ποντίας
  Θέτιος βιατάν,
πιστὸν ἕρκος 'Αχαι-   85
  ῶν, θρασεῖ φόνῳ πεδάσαις·
ὅσσα τ' ἔριξε λευκωλένῳ
ἄκναμπτον Ἥρᾳ μένος ἀν[τ]ερείδων
ὅσα τε Πολιάδι. πρὸ πόνων
  δέ κε μεγάλων Δαρδανίαν   90
ἔπραθεν, εἰ μὴ φύλασσεν 'Από[λ]λ[ω]ν·

Den Sterblichen selbst ist Erkenntnis un-
  möglich; doch ihr Jungfraun wißt ja, ihr Musen,
Alles, habt mit dem dunkel-
  umwölkten Vater und Mnemo-
  syne dieses als Satzung;
Hört denn jetzt! Es ersehnt mir die
Zunge, Köstlichkeit des Honigs, die süße, (zu träufeln,)
  Betret ich Loxias' weiten Bezirk bei der
  Götter gastlichem Mahl.

Denn man opfert für Allhellas' Fest, das glänzende, das der Delpher
Stamm gelobt für Befrei-
  ung aus Hungersnot . . . . .

Das Folgende ist lückenhaft.

  aber nach Troia . . . .
  brachte . . . . den kühnge-
  gemuten der Sohn . . . . (des Laërtes)
  . . . . den erschie-
  ßend, (trennte ihn von den Kämpfenden) in
Paris' Gestalt, der sterblichen,
  der (ferntreffende) Gott,
Schob so auf für spätere Zeit
Ilions Fall, indem er ausschloß

Den gewaltgen Sohn der dunkellockgen Meer-
  göttin Thetis, ihn, den
Sichern Wall der Achaier,
  durch kecke Bluttat. Wie oft
Stritt mit der weißarmigen Hera er,
Entgegen ihr reckend den unbeugsamen Sinn;
Wie oft mit Polias! Vor all den Mühn
  hätten sie, den schweren, schon zerstört
Dardanos' Burg, hätt' Apollon sie nicht geschützt;

νέφεσσι δ' ἐν χρυσέοις 'Ολύμποι-
ο καὶ κορυφα[ῖσι]ν ἵζων
μόρσιμ' ἀνα[λ]ύεν Ζεὺς ὁ θεῶν σκοπὸς οὐ τόλ-
μα· περὶ δ' ὑψικόμῳ ['Ε]λένᾳ   95
χρῆν ἄρα Πέργαμον εὐρύ[ν] ἀ-
ιστῶσαι σέλας αἰθομένου
πυρός· ἐπεὶ δ' ἄλκιμον
νέκυν [ἐ]ν τά[φῳ]
πολυστόνῳ θέντο Πηλείδαν,
ἁλὸς ἐπὶ κῦμα βάντες [ἦ]λ-   100
θον ἀγγελο[ι] ὀπίσω
Σκυρόθεν Ν[ε]οπτόλμεο[ν
εὐρυβίαν ἄγοντες,

                                                          Ep. 2

ὃς διέπερσεν 'Ιλίου πόλ[ιν·
ἀλλ' οὔτε ματέρ' ἔπειτα κεδνάν   105
ἔϊδεν οὔτε πατρωΐαις ἐν ἀρού[ραις
ἵππους Μυρμιδόνων,
χαλκοκορυ[στ]ὰν [ὅ]μιλον ἐγε[ίρ]ων.
σχεδὸν δ[ὲ Το]μάρου Μολοσσίδα γαῖαν
ἐξίκετ' οὐδ' [ἀ]νέμους ἔ[λ]ᾶ[θ]εν   110
οὐδὲ τὸν [ε]ὐρυφαρέτραν ἑκαβόλον·
    ὤ[μο]σε [γὰρ θ]εός,
γέ[ρον]θ' ὅ[τι] Πρίαμον
π[ρ]ὸς ἑρκεῖον ἤραρε βωμὸν ἐ[π-
εν]θορόντα, μή νιν εὔφρον' ἐς οἶ[κ]ον   115
μήτ' ἐπὶ γῆρας ἱξέ-
    μεν βίου· ἀμφιπόλοις δὲ
    κ]υριᾶν περὶ τιμᾶν
δηρι]αζόμενον κτάνεν
⟨ἐν⟩ τεμέ]νεϊ φίλῳ γᾶς παρ' ὀμφαλὸν εὐρύν.   120
    ⟨ἰὴ⟩ ἰῆτε νῦν, μέτρα παιηό-
    ν]ων ἰῆτε, νέοι.

                                                          Str. 3

ὀνομακλύτα γ' ἔνεσσι Δωριεῖ
    μ[ε]δέοισα [πό]ντῳ

Doch der in Goldwolken thront auf Höhn des
   Olympos, der Götter Vogt, Zeus
Wagte nicht, des Geschicks Fäden zu lösen; es mußte
   wegen der schönlockgen Helena das
   weiträumge Pergamon tilgen der Glanz des
   lodernden Feuers; als tot
   man den Peliden ins Grab,
In das vielumstöhn-
   te, ihn, den wehrhaft-gewaltgen, gelegt,
Zogen über Meergewog
   und kamen von Skyros wieder hin
Boten, Neoptolemos, den
Weithin gewaltgen, bringend;

Ihn, welcher ganz zerstörte Ilions Stadt.
Doch nicht die Mutter, die teure, sah er
Wieder, auf Vaters Gefild die Rosse nicht seiner
Myrmidonen, zum Kampf
Weckend der Schar erzgepanzert Getümmel.
Er kam bei Tomaros zum Land der Molosser;
Und nicht entging er den Stürmen, nicht dem
Ferntreffer mit dem geräumigen Köcher; es
   schwor ja der Gott: weil er
Den greisen Priamos tot
Schlug am Hausaltare, auf den er ge-
   sprungen, solle nie er kommen ins frohe Haus
Noch zu des Lebens Alter.
   Als mit den Dienern er stritt von-
   wegen schuldger Gebühren,
Hat der Gott ihn getötet im
Eignen Bezirk an dem Nabel der Erde, dem breiten.
Ie ie ruft nun, in den Maßen des
   Paians, Jünglinge, ruft!

Vielgenannt voll Ruhms, liegst, Insel, du im dorischen Meere als Herrin,

νᾶσος, [ὦ] Διὸς Ἑλ- 125
λανίου φαεννὸν ἄστρον.
οὔνεκεν οὔ σε παιηόνων
ἄδορπον εὐνάξομεν, ἀλλ' ἀοιδᾶν
ῥόθια δεκομένα κατερεῖς,
πόθεν ἔλαβες ναυπρύτανιν 130
δαίμονα καὶ τὰν θεμίξενον ἀρετ[άν.
ὁ πάντα τοι τά τε καὶ τὰ τεύχων
σὸν ἐγγυάλιξεν ὄλβον
εὐρύο[πα] Κρόνου παῖς, ὑδάτ⟨εσσ⟩ι δ' ἐπ' Ἀσ[ω-
ποῦ π[οτ' ἀ]πὸ προθύρων βαθύκολ- 135
ποῦ ἀνερέψατο παρθένον
Αἴγιναν· τότε χρύσεαι ἀ-
έρος ἔκρυψαν κόμ[α]ι
ἐπιχώριον κατάσκιον νῶτον ὑμέτερον,
ἵνα λεχέων ἐπ' ἀμβρότων 140

Das Folgende bis 174 lückenhaft: Str. 3,141—143, Ant., Ep. 3,164—172.
– υ υ – υ]ωι 173
υ – υ –]ξ[υ υ]ες
υ –]ι μυρία[ν φλ]όγ' ὀπῶν τε δο- 175
...κτ]ύποι ν[έμ]ειν ἀπείρονας ἀρετάς
Αἰακ]ιδᾶν· φ[ιλεῖ]τε
...]ι πόλιν πατρίαν, φί-
λων] δ' ἐύφ[ρον]α λαόν
..] γονευ[]στεφάνοισι πᾶν 180
εὐ]θαλέος ὑγιε[ίας] σκιάζετε· Μοισᾶν
δ'] ἐπαβολέοντ[ι] πολλάκι, Παιάν, δέ-
ξ'] ἐννόμων θ[αλί]αν.

Oh, du Zeus', des Helle-
  nengotts, leuchtend heller Stern! Drum
Lassen wir von der Paiane Sang
Nicht ungelabt ruhen dich, sondern Chorsangs
Brausen empfangend, tust du nun kund,
  woher du den schifflenkenden Geist
Nahmst und des Gastrechts vortreffliche Pflege.
Der alles — dies bald, bald das — verursacht:
  es hat dir dein Glück verliehn der
Weithinerdröhnende Kronossohn; an des Asopos
  Wassern entführt' aus der Vorhalle er
  einst ja die Jungfrau Aigina, die
  tiefgegürtete; da nun hat gold-
strähniges Haar, Nebels Haar,
Dort geborgen eures Landes Rücken in Schatten, allwo
Auf dem Lager, dem unsterb-
  lichen . . . .

Das Folgende ist zu lückenhaft; der Schluß gehört zu Ep. 3.

. . . . (Euch schalle, Götter, laut
Als Loblied klingend, Getön)
Unzähliger (Harfen) und Stimmen, dem
  Haus den Ruhm zu nähren endloser Taten
Der Aiakiden! Liebt, (wie's
  Pflicht ist,) die Vaterstadt; wohlge-
sinnter Freunde Schar (wie den
Stamm), den ganzen, beschattet mit
Kränzen schön blühender Gesundheit! Nimm, Paian, dem hold, der
  sich oft um sie müht, der Musen, der formtreuen,
  Blüte wohlwollend an!

VII = fr. 39
ΘΗΒΑΙΟΙΣ Ε[ΙΣ ΠΤΩΙΟΝ?]

Äolisch

Μαντευμάτ[ω]ν τε θεσπεσίων δοτῆρα
καὶ τελεσσιε[πῆ]
θεοῦ ἄδυτον [Πτώϊ]ον ἀγλαάν τ' ἐς αὐλάν
'Ωκεανοῖο [κόρας ἠυκόμο]υ Μελίας
'Απόλλωνί γ' [ἔρχομαι ὕμνον φέρω]ν[5
ὀρ⟨ε⟩ιδρόμον τ[ε κῶμον,
σὺν ἀπιομ[ήδ]ει φιλα[
  γα να⟨ί⟩ειν το[..?]νδέλ. [
χέων ῥαθά[μιγ]γα πλ[
Χαρίτεσσί μοι ἄγχι θ[10
γλυκὺν κατ' αὐλὸν αἰθερ[
ἰόντι τηλαυγέ' ἀγ κορυφὰν [
ἥρωα Τήνερον λέγομεν [
........]α ταύρων ει[
.........]ν προβωμ[15
.... κελ]άδησαν αὐδάν·   17
κτίσε μ]άντεσι χρηστήριον.   18

VIIa = fr. 40
Π[ΑΛΛΗΝΙΤ]ΑΙΣ ΕΙΣ ΔΗΛΟ[Ν

Äolisch

Str.

1 ∪−∪−−∪∪−	15 ∪−∪−−∪−−−−∪∪−
2 ∪−∪∪−∪·	16 −∪∪−∪−∪−
10 ∪∪−∪ [?]−−	17 −∪∪−∪∪−
11 ∪−[−∪−−]−∪∪−∪∪	18 ∪−∪−−∪∪
12 ∪−∪[−−]·∪−∪−−	19 −∪∪−∪∪−∪∪−
13 ∪∪−[ ]−−∪− ∪	20 ∪−∪·[·(·)]−∪−−∪∪−∪−
14 −−[ ]∪	

VII = fr. 39
FÜR DIE THEBANER ZUM PTOON

Für einen Festzug zum Heiligtum des Apollon auf dem Ptoongebirge in Boiotien am Kopaïssee; gestiftet war das Heiligtum von Teneros (vgl. fr. 32). Melia, eine Nymphe, durch Apollon Mutter des Ismenos (vgl. P XI 4).

Der Sprüche spendet, göttliche, sie vollzieht: zu
Ihm hin (komm ich,) des Gotts
Geweihtem Bezirk (Ptoon,) und zu Okeanos' (schön-
lockiger Tochter), der Melia, herrlich glänzendem Hof,
Apollon (den Festgesang darbringend) und
Den bergdurchstreifenden (Umzug)
Mit freundlich gesinntem (Gefolge.)
.... wohnen .....
Gießend Tropfen (des Lieds)
Den Charitinnen, die mir nahe sind,
Wenn ich, indem süßer Flöte Klang die Luft (erfüllt),
Hinschreite zum weithin leuchtenden Gipfel.
Vom Helden Teneros sagen wir ...
(Dem ein Opfer von) Stieren
(Sie brachten) vor dem Altar,
ihm tönen ließen die Stimme;
(Gründete er doch) den Sehern das Orakel.

VIIa = fr. 40
FÜR DIE PALLENITEN NACH DELOS

Pindar betont die Eigenart seines Schaffens, das wie alle Dichtung der Hilfe der Musen bedarf. Mnemosyne (d.h. Erinnerung) gilt als Mutter der Musen, deren Berg der Helikon in Boiotien ist. – Pallene: die west-lichste Halbinsel der Chalkidike. 42ff. Tochter des Koios: Asteria (vgl. pai V Einl.). Vers 1–9 bruchstückhaft. Anruf Apollons am Anfang des Liedes.

```
2        – ∪ – ∪ · [                    8  ∪ (∪) – ∪ ∪ – ∪ ∪ – – – ∪ –
3     – ∪ ∪ – ∪ ∪ – [ ·                 9  ∪ ∪ – ∪ ∪ – ? – ∪ ∪
4     – – ∪ ∪ – [ · ·                  10  – · ∪ – ∪ –
5     ∪ – ∪ – ∪ – [ · ·                11  ∪ – ∪ ∪ – –
6        ∪ ∪ – ∪ ∪ – |                 12  – ∪ ∪ – ∪ ∪ – ∪ ·
7     – – ∪ – – ∪∪ · – ∪ – – [
```

κελαδήσαθ᾿ ὕμνους,   10
Ὁμήρου [πολύτρι]πτον κατ᾿ ἀμαξιτόν
ἰόντες, ἀ[λλ᾿ ἀλ]λοτρίαις ἀν᾿ ἵπποις,
ἐπεὶ αὐ[τοὶ ἐς π]τανὸν ἅρμα
Μοισᾶ[ν ἀνέβα]μεν.

ἐ]πεύχο[μαι] δ᾿ Οὐρανοῦ τ᾿ εὐπέπλῳ θυγατρὶ   15
    Μναμ[ο]σύ[ν]ᾳ κόραισί τ᾿ εὐ-
    μαχανίαν διδόμεν.
τ]υφλα[ὶ γὰ]ρ ἀνδρῶν φρένες,
ὅ]στις ἄνευθ᾿ Ἑλικωνιάδων
βαθεῖαν ἐμ[πα]τῶν ἐρευνᾷ σοφίας ὁδόν.   20

ἐμοὶ δὲ τοῦτο[ν δ]ιέδω-   Ant.
    κ.ν] ἀθάνατ[ο]ν πόνον

Es fehlen oder sind lückenhaft Vers 23–40.

[. . . . . .]α[Ep.
    ε]ὐνᾶς – τί πείσομα[ι λέγων; –   42
ἦ Διὸς οὐκ ἐθέλο[ισα
Κοίου θυγάτηρ π[
ἄπιστά μ[ο]ι δέδο[ι]κα κἄσ[εβῆ λέγειν· φάτις   45
    δέ μιν ἐν πέλ[α]γ[ο]ς
ῥιφθεῖσαν εὐαγέα πέτραν φανῆναι[·
καλέοντί μιν Ὀρτυγίαν ναῦται πάλαι.
πεφόρητο δ᾿ ἐπ᾿ Αἰγαῖον θαμά·
ἃς ὁ κράτιστος   50
ἐράσσατο μιχθείς
τοξοφόρον τελέσαι γόνον

Das Folgende ist lückenhaft.

Es handelt von den Schwestern Asteria und Leto, von denen die
eine, vor Zeus fliehend, sich ins Meer stürzt und zur schwimmenden
Insel wird, die andere, von Zeus schwanger, Apollon und Artemis auf
dieser Insel (Asteria oder Delos) gebiert, die auf Wunsch des Zeus zur
festen Insel wurde (vgl fr. 17. 18).
Deutscher Text: V. 43f. nach dem Ergänzungsversuch von Snell.

Laßt die Hymnen tönẹn,
Họmẹrs Strạße, dịe vịelfach benụtzte, zịehnd,
Jedọch mit ạndersạrtigẹm Gespạnnẹ,
Da ja sẹlbẹr (der Mụsẹn) beschwịngten
Wạgẹn (wir bestịegen).
Zu Ụranọs' schọngewạndger Tọchtẹr Mnemosy-
nẹ, ihren Kịndern flẹh ich, mịr
gụte Erfịndung zu lẹihn.
Blịnd ist des Mạnns Gẹist ja, dẹr
Ọhne des Hẹlikon Jụngfrauen wịll
Den stẹilen gẹhn, ạufspụren ịhn: kụnstvoller Dịchtung Pfạd;
Mir ạber, mịr tẹilten sie sọlch
unstẹrblich Bemụhen zụ.
Bis 41 zu lückenhaft.

. . . .

Das Lager – wie wịrd's mir gẹhn, (sạg ich ẹs)!? –
Wạhrlich, des Zẹus Lager wẹigerte sịch zu (tẹilen)
Die Tọchter des Kọios, (flọh zum Mẹer hịn) –
Unglạublich, (ụnfromm ịst mein Wọrt), so fụrcht ich, (dọch es hẹißt),
daß, gestürzt in das Mẹer,
Ạls lịchte fẹlsige Ịnsel sịe erschịenẹn;
Die benẹnnen Ortygia dịe Schịffẹr von jẹ.
Im Ägäischen Mẹer trịeb stẹts sie hịn,
Bịs der Gewạltge,
Als ẹr sịch verẹint (mịt
Lẹto), begẹhrte, der bọgentrạgende (Gọtt)
Sollte von ihr geboren werden
(Auf nicht schwankendem Boden).
Das Weitere ist lückenhaft überliefert.

VIII = fr. 41
[.... ΕΙΣ ΠΥΘΩ?]

Äolisch

Str.

```
1  ∪ – – ∪ ∪ ∪ – – ∪
2  ∪ – ∪ ∪ – ∪ ∪
3  ∪ – – ∪ ∪ –
4  ∪ ∪ – ∪ ∪ – ∪ ∪ – – [ ] –
5     ∪ ∪ · – – ∪ ∪ · [
6  – – ∪ – – ∪ ∪ – [
7  ∪ – ∪ – – – [
8  ∪ ∪ – ∪ ∪ – ∪̆ [
9  – – ∪ ∪ – ∪ ∪ [–
10   – – ∪ ∪ – ∪ ·
11  · · (·)] – – ∪ ∪ – ∪ ͺ –
12  ∪ · – – ∪ ∪∪ –
```

Ep.

```
2  – – – ∪ ∪ – ∪ (∪) –  [
3  ∪ ∪ – ∪ ∪ – ∪ – [
4  – – – – ∪ – · –  [
5  – – – ∪ ∪ – ∪ ∪ – –  [
6  ∪ ∪ · ∪ ∪ – ∪ ∪
7  – (∪) – – – – – (∪) –
8     ∪ ∪ – ∪ ∪ – ∪ –
9  – (∪) – – ∪ ∪ · ∪ –
10  · – – – – ∪ ∪
11  – ∪ – ∪ – [– –
12  ∪ – – ∪ ∪ – ∪ ∪ –  [
13  · – – ∪ – – – · · (∪) – [∪ –
```

]ον δ' ἔπος 10
κλιθεὶ[ς] ἐκο[ινάσατο] σφίσιν
μάλα πρᾶξον [δι]καίως·

κλυτοὶ μάντι[ες] 'Απόλλωνος, Ant. 1
ἐ]γὼ μὲν ὑπὲρ χθονός
ὑ]πέρ τ' ὠκεανοῦ 15

Die folgenden Verse fehlen; 51–62 lückenhaft.

Ep.

⟨ἔπειτα δὲ οἱ Δελφοὶ ᾠκοδόμησαν τὸν πτέρινον καὶ τὸν χαλκοῦν⟩
ναόν· τὸν μὲν Ὑπερβορ[έοις
ἄνεμος ζαμενὴς ἔμ⟨ε⟩ιξ[εν σὺν ὑμῖν,
ὦ Μοῖσαι· το⟨ῦ⟩ δὲ παντέχ[νοις 65
'Αφαίστου παλάμαις καὶ 'Αθά[νας
τίς ὁ ῥυθμὸς ἐφαίνετο;
χάλκεοι μὲν τοῖχοι χάλκ[εαί
   θ' ὑπὸ κίονες ἔστασαν,

VIII = fr. 41

... NACH PYTO

Der Paian handelt von den verschiedenen Tempeln in Delphi. Es fehlt die Schilderung des ersten aus Lorbeer bestehenden und die des vierten aus Stein von Agamedes und Trephonios, den Söhnen des Erginos (vgl. fr. 2), erbauten Tempels. Auf den zweiten aus Wachs und Federn und den dritten aus Erz hergestellten Tempel bezieht sich das erhaltene Bruchstück (vgl. B. Snell, Hermes 73, 1938, S. 432 ff.). – 63 Hyperboreer: vgl. O III 16. 71 Keledonen: den Sirenen ähnliche singende Fabelwesen, 72 Zeus und Poseidon 82 ff. Wenn die Ergänzung stimmt, tritt hier Pallas Athene als weissagende Göttin auf.

Vers 1–9 zu lückenhaft.

.... und sein Wort,
(Als er genäht, teilt' er) ihnen (mit),
Das richtig einst ans Ziel kommt.

„Berühmte Seher Apollons, ich,
Der über die Erde und
Des Okeanos Flut ....

Die folgenden Verse fehlen oder sind lückenhaft.

Dann bauten die Delpher den Tempel aus Federn und den aus Erz.
Jenen brachte ein mächtiger Wind
Zu den Hyperboreern (mit eurer Hilfe,)
O Musen; dieser – was wies er
Durch Hephaistos' höchst kunstreiche Hände
Und Athenas für Formen auf?
Ehern waren die Wände und e-
    hern die Säulen darunter, und

χρύσεαι δ' ἐξ ὑπὲρ αἰετοῦ   70
ἄειδον Κηληδόνες.
ἀλλά μιν Κρόνου παῖ[δες
κεραυνῷ χθόν' ἀνοιξάμ[ε]νο[ι
ἔκρυψαν τὸ [π]άντων ἔργων ἱερώτ[ατον

                                                                 Str.
γλυκείας ὀπὸς ἀγασ[θ]έντες,   75
ὅτι ξένοι ἔφ[θ]⟨ι⟩νον
ἄτερθεν τεκέων
ἀλόχων τε μελ[ί]φρονι αὐδ[ᾷ θυ-
    μὸν ἀνακρίμναντες· επε[
λυσίμβροτον παρθενίᾳ κε[80
ἀκηράτων δαίδαλμα [
ἐνέθηκε δὲ Παλλὰς ἀμ[
φωνᾷ τά τ' ἐόντα τε κα[ὶ
    πρόσθεν γεγενημένα·
ὅσα τ' ἔσ]ται μναμοσύνα[ς διά   85
υ .]πάντα σφιν ἔφρα[σεν.

Die nächsten Verse sind lückenhaft.

                        VIIIa = fr. 41a
Äolisch, iambisch
10 — — · — · ūū [·] υ — υ υ — — [—
   — υ υ — υ υ υ υ —   υ — υ — — υ υ — [υ —
     — υ υ — υ — | 20 υ — — υ υ υ · [
   — · — υ υυ — —   υ υ — — — — — l
     — — υ — — υ υ — [ ] —   — υ — — — υ υ · [
15   υ υ · υ — — υ — [υ υ — υ υ — υ · [
   · — υ — υ — · [
     υ υ — υ υ — υ υ [—

σπεύδοντ', ἔκλαγξέ ⟨θ'⟩ ἱερ[ᾶς κόρας   10
δαιμόνιον κέαρ ὀλοαῖ-
    σι στοναχαῖς ἄφαρ,

Golden sangen überm Giebel dort
Sechs Keledonen im Chor.
Doch des Kronos Söhne, mit
Dem Blitz öffnend die Erde vor ihm,
Bargen so von allen Bauwerken das heiligste,

Voll Zorn ob des süßen Gesanges,
Weil Gäste dort hinschwanden,
Von Fraun, Kindern fern,
An die Laute, die sinnerfreund-honigsü-
   ßen, ihr Herz hängend; das mit Liedern
Der Menschen Sinn löst, mit aus Jungfrauen(haupt)
Rein strömenden: das Kunstwerk, (es blieb.)
Und es gab mit der Stimme da Pallas
(Antwort;) was da ist, wie auch das,
   was vordem geschehen ist,
(Und was kommt,) tat durch Bedacht und Erin-
   nerung alles sie ihnen kund.
Die folgenden Verse sind sehr lückenhaft überliefert.

VIIIa = fr. 41a

In diesem Bruchstück verkündet die Seherin Kassandra, auf das Traumbild ihrer Mutter Hekabe vor der Geburt des Paris zurückgreifend, Troias
Untergang (vgl. P XI 19ff.).

Kassandra warf auf Paris ihren Zorn, der zu Schiff wegfuhr
Eilends; es ertönte der heilgen (Maid)
Gottheitbegeistertes Herz sogleich
   stöhnenden Klagelauts,

καὶ τοιᾷδε κορυφᾷ σά-
   μαινεν λόγων· ὦ πανάπε[ιρον εὐ-
   ρ[ύ]οπα Κρονίων τελεῖς σ[15
π[ε]πρωμέναν πάθαν ἀ-
   νίκα Δαρδανίδαις Ἑκάβ[α φράσεν ὄψιν
ἄν] ποτ' εἶδεν ὑπὸ σπλάγχ[νοις
φέροισα τόνδ' ἀνέρ'. ἔδοξ[ε γάρ
τεκεῖν πυρφόρον ἐρι[νύν   20
ἑκατόγχειρα, σκληρᾷ [δὲ βίᾳ
Ἴλιον πᾶσάν νιν ἐπὶ π[έδον
κατερεῖψαι· ἔειπε δὲ μ[άντις
σὺν δίκ]ᾳ τέρας ὕπνα[λέον· οὐδ'
ἔσφα]λε προμάθεια   25

IX = fr. 42
[ΘΗΒΑΙΟΙΣ ΕΙΣ ΙΣΜΗΝΙΟΝ]

Äolisch

Str.

```
1          U̲ — — U U — U U — U U — U —
2      — — U — U — — U U —               U —
3      U̲ — U — —     — U U — U U — U U — U U
4          — — — U U — U U —             U —
5          U  — U U — U U — U U —
6      U̲ — — U U — U U —               U —
7          — U U — U U — U U — U —
8                   U U — U U — U —
9   — — — U U U — U — —
10                 — — U U — — — U —
```

Ep.

```
1   U U — ⟨U U —⟩ U U U — — U U — U —
```

                                                               Str. 1

   'Ακτὶς ἀελίου, τί πολύσκοπε μήσεαι,
ὦ μᾶτερ ὀμμάτων, ἄστρον ὑπέρτατον
ἐν ἀμέρᾳ κλεπτόμενον; ⟨τί δ'⟩ ἔθηκας ἀμάχανον

Wies mit solch erhabnen Worten
  der Zukunft Weg: „Endlos (gewaltiger,)
  o weitschaunder Kronide, du machst wahr (nun das längst)
Verhängte Leid; den Dar-
  danossprossen tat Hekabe kund, welch Gesicht sie
Sah einst, da sie im Schoß den Mann
Trug: Einen Feuerschleudrer, (Fluchgeist) schien
Zur Welt, einen hundertarmgen,
Sie zu bringen, der mit roher Gewalt
Ilion ganz niederriß auf den Grund,
Es vertilgend". – (Die Seherin) sprach (mit
Recht) vom Schreckbild des Schlafs; (und es trog
Nicht,) was sie vorurssah ...

IX = fr. 42
FÜR DIE THEBANER ZUM ISMENION

Der Paian ist verfaßt für einen Bittgang anläßlich der Sonnenfinsternis
vom 30. April 463. Sie könnte, so befürchtet Pindar, große Schrecknisse
mit sich bringen. – Im zweiten Teil des Brüchstücks stimmt der Dichter
ein Loblied auf Teneros an, den Sohn Apollons und der Nymphe Melia,
die im Ismenion zu Theben verehrt wird (vgl. P XI 4 ff.). Kadmos' Volk
sind die Bewohner Thebens, dessen Mauern einst durch Zethos' Kraft
und seines Bruders Amphion wunderwirkendes Saitenspiel erbaut wurden. – Euripos: Meerenge zwischen Euboia und dem Festland.
Deutscher Text: V. 11—13 nach dem Ergänzungsversuch von Schroeder.

Strahl der Sonne, was hast du ersonnen, vielschauender,
Mutter der Augen, o Stern, allerhöchster, daß
Am Tage hinweg du dich stiehlst? Warum machtest du ratlos die

ἰσχύν ⟨τ'⟩ ἀνδράσι καὶ σοφίας ὁδόν;
ἐπίσκοτον ἀτραπὸν ἐσσυμένα 5
ἐλαύνεις τι νεώτερον ἢ πάρος;
ἀλλά σε πρὸς Διός, ἱπποσόα θοάς,
ἱκετεύω, ἀπήμονα
εἰς ὄλβον τινὰ τράποιο Θήβαις,
ὦ πότνια, πάγκοινον τέρας. 10
Ant. 1

υ]ρα[– υ υ – υ υ – υ υ – υ –]
[– – υ – υ – – υ υ – υ –]
ū]ῶνος [– –], πολέμοιο δὲ σᾶμα φέρεις τινός,
ἢ καρποῦ φθίσιν, ἢ νιφετοῦ σθένος
ὑπέρφατον, ἢ στάσιν οὐλομέναν 15
ἢ πόντου κενεώσιας ἂμ πέδον,
ἢ παγετὸν χθονός, ἢ νότιον θέρος
ὕδατι ζακότῳ ῥέον,
ἢ γαῖαν κατακλύσαισα θήσεις 20
ἀνδρῶν νέον ἐξ ἀρχᾶς γένος;
Ep. 1

ὀλοφύ⟨ρομαι οὐ⟩δέν, ὅ τι πάντων μέτα πείσομαι.

(Es fehlen von Ep. 1 Vers 23–30, von Str. 2 Vers 31–33)

Str. 2

ἐκράνθην ὑπὸ δαιμονίῳ τινί
λέχει πέλας ἀμβροσίῳ Μελίας 35
ἀγαυὸν καλάμῳ συνάγεν θρόον
μήδεσί τε φρενὸς ὑμ[ε]τέραν χάριν.
λιτανεύω, ἑκαβόλε,
Μοισαίαις ἀν[α]τιθεὶς τέχνα[ι]σι
χρηστήριον, ὤπολλον, τ[εό]ν· 40
Ant. 2

ἐν ᾧ Τήνερον εὐρυβίαν θεμίτ[ων ποτέ
ἐξαίρετον προφάταν ἔτεκ[εν λέχει
κόρα μιγεῖσ' Ὠκεανοῦ Μελία σέο, Πύθι[ε.
τῷ] Κάδμου στρατὸν καὶ Ζεάθου πό[λιν,
ἀκερσεκόμα πάτερ, ἀνορέας 45

Kraft den Menschen, ungangbar der Weisheit Weg?
Bringst, dunkelen Pfades fortstürmend, du ein
Neues, Schlimmres auf uns, als es vordem gab?
Aber bei Zeus, schnelle Lenkrin der Rosse, fleh
Ich dich an: Wend in Segen, in
Leidlosen, für unser Theben, Herrin,
Das alle erschreckt, dies Wunder um!

(Willst du, über den Frevelmut zürnend der Sterblichen,
Auslöschen ganz und gar heiligen Lebens Licht?
Ist's etwa, weil) für einen Krieg du ein Zeichen gibst oder der
Frucht Verderbnis, des Schneesturms unsägliche
Gewalt oder Aufruhr vernichtender Art,
Des Meers Ausleerung über das Feld hin, des
Erdreiches Frost oder Hitze mit Südwinds Wehn,
Die von grimmiger Nässe strömt?
Setzest, die Erd' überflutend, du neu
Dem Menschengeschlecht sein Leben an?

Doch beklag ich um nichts mich, was mit allen ich erleiden muß,
Es fehlen Vers 23—33.

Bestimmt ward ich durch göttliche Macht dazu,
Dem Bett, dem unsterblichen, Melias nah,
Mit dem Rohre zu sammeln erlauchten Schall
Und mit des Geistes Gedanken zu eurem Lob.
Dich, o Ferntreffer, ruf ich an,
Schmückend durch musische Künste (deiner)
Weissagung, (Apollon), heilgen Ort.

Dort gebar den gewaltigen Teneros (einstmals,) den
Erkornen Deuter der Satzungen, die dein Bett
Geteilt, die Tochter des Okeanos, Melia, Pythier;
Kadmos' Volk gabst du ihm und Zethos' Stadt,
O Vater, deß Haar keine Schur kennt, in Hut,

ἐπέτρεψας ἕκατι σαόφρονος.
καὶ γὰρ ὁ πόντιος 'Ορσ[ιτ]ρίαινά νιν
περίαλλα βροτῶν τίεν,
Εὐρίπου τε συνέτεινε χῶρον   49

Das Weitere fehlt.

X = fr. 43

Äolisch, iambisch

Vers 1–18 lückenhaft.

ἐμὶν δὲ πὰ[ρ] κείνοι[ς
ζευχθεῖσα π[ρ]οβώμ[ιος   20
υἱὸν ἔτι τέξ[ε]ι· τὸν απ[
κλυτομάντιες τῷ δ[

XI = pai VIII 63 ff.

XII = fr. 44
[ΝΑΞΙΟΙΣ ΕΙΣ ΔΗΛΟΝ?]

Äolisch

```
                              ∪∪–∪∪–∪∪––∪––[
·]–∪–∪∪––               –∪∪∪·–
··–∪∪·[ ]–∪∪·[            ––∪∪–∪∪∪––
·]∪–∪––∪∪–?·?[            ––∪∪–––∪∪–∪∪∪–[
––∪–∪–∪∪–[·–        5    ·∪∪–∪∪∪––∪∪–            15
–∪–∪∪·∪–∪∪–[            ––∪–∪∪–∪∪∪–∪∪–[
––∪∪–∪––                ∪––∪∪–∪∪–∪∪–·[··
–∪–∪·–∪–∪[              ∪∪–∪·[··]
∪–∪∪–·––∪–·[            ·–––∪–∪∪
–∪∪–∪∪–              10   ·∪∪–∪–·[              20
```

  ]με[. . . . . .]ωνιο[
. . .].οισιν ἐννέ[α Μοί]σαις
.]αλαδαρτεμι.[..].ωϊονασ[
λέ]χος ἀμφέπο]ισ’ ἄν]θεα τοια[ύτας

Weil Mannheit er verband mit Besonnenheit.
Und auch der Meergott, der Schwinger des Dreizacks, ehrt'
Ihn vor allen den Sterblichen;
Zu des Euripos Gebiet enteilt' er (?)
Das Weitere fehlt.

X = fr. 43

Anfang lückenhaft. Inhaltlich an den Mythos von Ion anklingend
(vgl. Euripides Ion 336 ff., 1553 ff.). Worte Apollons?
Und mir wird bei jenen
Die mit mir Vermählte noch
Vorm Altar zur Welt bringen den Sohn; den ...
Die durch Wahrspruch berühmten ...

XII = fr. 44
FÜR DIE NAXIER NACH DELOS

Der Paian handelt von der Geburt Apollons und der Artemis auf Delos;
dort befindet sich das Kynthosgebirge. Tochter des Koios: Leto (vgl. pai V,
VII a), ihre Schwester Asteria, die, wenn die Ergänzung stimmt, der
Leto Beistand leistete und dem Zeus Opfer darbringen ließ; Eileithyia:
die Göttin der Geburt (vgl. O VI 32, P III 9, N VII 1); Lachesis: eine
der Schicksalsgöttinnen (vgl. O VII 64). – Die ersten Zeilen lückenhaft.
Deutscher Text: V. 1f. und V. 3 nach Ergänzungsversuchen von Snell
und Werner.

(Zu singen befiehlt) mir (Apoll)on mit den
Veilchen(gelockten) neun Musen,
Auch in Artemis' Sinn, daß As(teria, des schönen)
Betts Betreuerin, (Blüten) von solcher Art

.]ὺμνήσιος δρέπῃ· θαμὰ δ' ἔρ[χεται　　　　　　　5
Να]ξόθεν λιπαροτρόφων θυσί[ας
μή]λων Χαρίτεσσι μίγδαν
Κύ]νθιον παρὰ κρημνόν, ἔνθα [
κελαινεφέ' ἀργιβρένταν λέγο[ντι
Ζῆνα καθεζόμενον　　　　　　　　　　　　10
κορυφαῖσιν ὕπερθε φυλάξαι π[ρ]ονοί[ᾳ,
ἀνίκ' ἀγανόφρων
Κοίου θυγάτηρ λύετο τερπνᾶς
ὠδῖνος· ἔλαμψαν δ' ἀελίου δέμας ὅπω[ς
ἀγλαὸν ἐς φάος ἰόντες δίδυμοι　　　　　15
παῖδες, πολὺν ῥόθ[ο]ν ἵεσαν ἀπὸ στομ[άτων
'Ε]λείθυιά τε καὶ Λά[χ]εσις· τελέσαι δ' ὄλ[βον θέλουσαι
κα]τελάμβανον .[...]
..]εφθέγξαντο δ' ἐγχώριαι
ἀγ]λαὸς ὃς ἀν' ἕρκε[.]...[　　　　　　　20
Das Weitere ist lückenhaft.

XIII = fr. 45

Vers 1–12,21 ff. sind zu lückenhaft. Zum Inhalt vgl. B. Snell, Hermes 65 (1940) S. 190.

νυμφαν συ[ ]θυῖ' αἰγίδ' ἀμ [χορόν
ἱστάμεναι τέλ[εσαν πο-]
　δων τανυᾶ[χέϊ] σὺν κτύπῳ [(– –) υ – ἀν-　　　15
　δησάμεναι πλ[ο]κάμους
μύρτων ὑπ[ο καί] σφιν ἔγειρον [φθέγματα
αἰθέρι', ἑλικ[....] δὲ πορφυ-
　ρέᾳ σὺν κρόκ[ᾳ..]τιν ἀεὶ πρ[
ευανπυκιεν[.....]μῳ ....　　　　　　　20

XIV = fr. 46

Der erste Teil bis Vers 30 ist zu lückenhaft.

– – υ – υ υ – υ · [　　　　　　　　　　31
　υ υ – υ – – υ · [

Festlied sich pflücke. Scharenweis holte (sie)
Her aus Naxos von wohlgemästetem Vieh
Opfer mit der Huldinnen Gunst
Zu des Kynthosbergs Hang, wo der in
Dem dunklen Gewölk hellblitzende Zeus sich,
Sagen sie, niedergesetzt,
Auf den Häuptern des Berges fürsorglich zu warten,
Bis die sanftgemute,
Die Tochter des Koios, von den holden
Wehn frei ward. Hell strahlt, der Sonne Gestalt gleichend an Glanz,
Als sie ans Licht treten, der Zwillinge Paar.
Und lauten Heilruf entsandte Eileithyia dem Mund,
Dazu Lachesis; und (im Bestreben,) des Glücks Höhe zu künden,
Nahmen auf (den Ruf.....
Erschallten einheimische
Herrlich .....
Das Weitere ist zu lückenhaft.

XIII = fr. 45

Es handelt sich in dem Vers 1–12,21 ff. sehr lückenhaften Bruchstück um
eine Hochzeit, bei der die Götter beteiligt sind; erwähnt werden Poseidon,
Athene und Ares.

die Braut... (den Chor?) im Bakchengewand?
aufstellend, (führten sie v o r ihn mit der Fü-)
Be weithin schallendem Getöse, nachdem
sie umwunden die Flechten
mit Myrtenlaub; und sie erhoben für sie ihre Stimmen
zum Himmel empor, die Glanzäugige (?) mit purpur-
gewebtem Gewand   immer (geleitend?),
die Stirnbandgeschmückte ... (?)

XIV = fr. 46

Die folgenden, den Paianen XIV–XXII zugeordneten neuen Fragmente,
von denen XVII und XIX zu lückenhaft überliefert sind, bieten dem
Verständnis im einzelnen wie für den Sinn des Ganzen noch Schwierig-

```
 – ∪ – – ∪ ∪ – – [
∪ – – – ∪ (∪) – [
– – ∪ – ∪ ∪ – · [                                         35
  ∪ ∪ – – ∪ –
(∪) – ∪ – ∪ ∪ –
  – ∪ · – – ∪ · [
– – ∪ ∪ – – · [
∪ ∪ – ∪ ∪ – ∪ ∪ – · [ ·                                  40
```

εὐδοξίας δ' ἐπίχειρα δέ[ξεσ-   31
    θε· λίγεια μὲν Μοῖσ' ἄφαρ [ἐν κώ-]
μων τελευταῖς ὀαρίζε[ι
λόγον τερπνῶν ἐπέων [
μνάσει δὲ καί τινα ναίο[ν-   35
    θ' ἑκὰς ἡρωΐδος
θεαρίας· βασανι-
    σθέντι δὲ χρυσῷ τέλος τ[ιμά.
γνώμας δὲ ταχείας σύν[εσις
σοφίᾳ γὰρ ἀείρεται πλει[40

                    XV = fr. 47
           Α[Ι]ΓΙΝΗΤΑΙΣ ΕΙ[Σ] ΑΙΑΚΟΝ
Äolisch

```
1 – ∪ – ∪ ∪ – –              5  ∪ – · ∪ – – ∪ [
  × – ∪ – ∪ ∪ –                 ∪ – ∪ ∪ – ∪ [
  ∪ – – ∪ ∪ – – ∪ [             ∪ – – (∪) – ∪ – [∪ · ·
  – – ∪ ∪ – ∪ ∪ – [             ∪ ∪ – ∪ ∪ – ∪ – – [ ·
```

Τῷδ' ἐν ἄματι τερπνῷ
ἵπποι μὲν ἀθάναται
Ποσειδᾶνος ἄγοντ' Αἰακ[,
Νηρεὺς δ' ὁ γέρων ἔπετα[ι·
πατὴρ δὲ Κρονίων μολ[οῦσι   5
πρὸς ὄμμα βαλὼν χερὶ [
τράπεζαν θεῶν ἐπ' ἀμβ[ροσίαν,
ἵνα οἱ κέχυται πιεῖν νε[κταρ.

keiten. Doch mit Hilfe der Ergänzungs- und Erklärungsvorschläge wird hier der Text und der Versuch einer Übersetzung geboten. Der XIV. Paian ist für den Festzug zu Ehren eines Heros gedichtet; man gedenkt bei dem Lied (V. 35 ff.) eines Mannes, der fern sein muß; vielleicht des Dichters, wozu die folgenden Verse passen würden. 31 mit „des Ruhmes Handgeld (Lohn)" ist das Festlied gemeint.

Des Ruhmes Handgeld empfangt ihr nun.
   Hellen Tones bringt vor die Muse
   bei des Sühnopfers Erfüllung
Ihr Wort erfreunder Gesänge.
Sie wird auch eines gedenken,
   der dem Festzuge fern
Des Heros bleibt. Wenn man Gold
Prüft, stellt schließlich man die (Echtheit) fest.
Schnell fassender Einsicht Erkenntnis
Schwingt durch Kunst sich zu höchster Wirkung auf.

XV = fr. 47
FÜR DIE AIGINETEN AUF AIAKOS

Für ein Fest des Zeussohnes Aiakos, der König in Aigina war, ist das Lied bestimmt. Geschildert wird ein von Zeus veranstaltetes Götterfest, zu dem Aiakos und der Meeresgott Nereus sich einfinden.

Diesen Freudentag führen
Rosse, unsterbliche, – die
Poseidons – (zu dem Fest) Aiakos hin.
Nereus kommt, der Greis, hinterdrein.
Doch Vater Kronion, das Aug' auf
Die Kommenden werfend, (weist) mit der Hand auf
Den Tisch hin der Götter, den ambrosischen,
Wo gegossen ihm ist zum Trank Nektar.

XVI = fr. 48

...

....]ονδ' ἐφ[

....]ν ἄναξ Ἄπολλον

....]α μὲν γὰρ εὔχομαι

.....]θέλοντι δόμεν

....]ι δύναμις ἀρκεῖ·   5
κατεκρίθης δὲ θνα-
    τοῖς ἀγανώτατος ἔμμεν.

XVII zu lückenhaft

XVIII = fr. 49
Α]ΡΓΕΙΟΙΣΕΙΣ [ΤΑ]Σ ΗΛΕΚΤΡΥΩ[ΝΟΣ ΕΟΡΤΑΣ
Äolisch (?)

'Εν Τυν]δαριδᾶν ἱερῷ
τεμέ]νει πεφυτευμένον ἄ[λσος
ἀνδ]ρὶ σοφῷ παρέχει μέλος [
....].ν' ἀμφὶ πόλιν φλεγε[
....]ν ὕμνων σέλας ἐξ ἀκαμαν[το ...   5
.....]ι[.]' . μενος οὔ κεν ἐς ἀπλακ[
........]ερι[.]αρδανίᾳ
    ] . ι οἵά ποτε Θήβᾳ
    ]τε καὶ ἀν[ί]κα ναύλοχοι
    ]ήλασαν [ἐ]ννύχιον κρυφα[10
    Ἡ]λεκτ[ρύονο]ς . .

XIX zu lückenhaft

XVI = fr. 48

Von diesem Gebet an Apollon waren die beiden letzten Zeilen schon durch frühere Überlieferung bekannt. Deutscher Text: V.6ff. nach dem Ergänzungsvorschlag von Snell.

(Höre, wenn du auch früher dies Volk liebtest,)
.... Herrscher Apollon,
(Das) erflehe ich von dir,
Daß willigen (Sinns) du mir gibst,
(Wozu) die Macht dir ausreicht.
Man urteilt ja, daß du
    Menschen der mildeste Gott seist.

XVIII = fr. 49

DEN ARGEIERN (ZU DEM FEST FÜR) ELEKTRYON

Elektryon, Vater der Alkmene, der Mutter des Herakles, kämpfte mit den Teleboern, einem Volksstamm der Leleger, die, an den Küsten Kleinasiens wohnend, Bundesgenossen der Troer waren. 1 Tyndariden: Kastor und Polydeukes (vgl. O III). 7 Dardania: in der Troas. Deutscher Text: V. 6ff. nach dem Ergänzungsversuch von Snell.

(Der im Tyn)dariden-(Bezirk,)
Dem geweihten, gepflanzt ist, der (Hain,) er
Läßt einen Weisen erschaffen ein Lied ...
.... um die Stadt .....
Der Hymnen Glanz unermüdlichen (Mundes)
(Erzählend, verfall ich) wohl nicht in Verwirrung:
(Wie sie stritten) um Dardania, (die Stadt,
Oder)........ was einstmals mit Theben
Geschah, ... und auch, als dann die Seeräuber
.... trieben zur Nacht im Verborgenen
.... Elektryons (Rinder?) ...

XX = fr. 50

Die ersten 5 Verse zu lückenhaft; ebenso Vers 20 ff.

Āolisch

9 (– ∪ ∪ –) ∪ ∪ – ∪ ∪ – ∪	15 – ∪ ∪] ∪ – ∪ ∪ ∪ ∪ –
10 – –] – ∪ – ∪∪ ∪∪ ∪ – ∪ – ∪	16 – – – – ∪] – ∪ – ∪ ∪ – ∪
11 – ∪] – ∪ ∪ – ∪ ∪ – ∪	17 –] ∪ – ∪ ∪ – ∪ –
12 – ∪ ∪ – – ∪ ∪ – ∪ – – ∪ –	18] · – ·
13 ∪] – ∪ – ∪∪ ∪∪ ∪ – – ∪	19] – ∪ ∪ – ∪ – – [
14 ∪ – ∪] ∪ ∪ – ∪ (∪) – ∪ ∪ ∪	

Ἀλκαΐδα.[

κ[.] ·χ · [   ]   5
ἐπαγομ[... ... ... μορ]μορύξιας
.. μεν . [........] . [.] δ[ι]ὰ θυρᾶν ἐπειδ[
ὄφιες θεόπομπ[οι   ]
⟨βρί⟩ζ⟨ον⟩ ἐπὶ βρέφος οὐρανίου Διός
ἐσσεύο]νθ᾽, ὁ δ᾽ ἀντίον ἀνὰ κάρα τ᾽ ἄειρ[ε   10
.....] χειρὶ μελέων ἄπο ποικίλον
σπά]ργανον ἔρριψεν ἑάν τ᾽ ἔφανεν φυάν.
μέγα δ᾽ ὀμμ]άτων ἄπο σέλας ἐδίνασεν.
Ἀλκμήνα δ᾽] ἄπεπλος ἐκ λεχέων νεοτόκων
αὔτ]όθ᾽ [ἀ]νόρουσε περιφόβῳ   15
θυμῷ· ταὶ δ᾽] οἶκον Ἀμφιτρύωνος
    δεί]ματι σχόμεναι φύγον
    ] . α πᾶσαι
    ἀ]μφίπολ[οι] Κεφ[αλ]λαν [

XXI = fr. 51

Zu lückenhaft überliefert.

ἰὴ ἰὲ βασίλειαν Ὀλυ[μ]πίω[ν
νύμφαν ἀριστόπο[σ]ιν

XXII = fr. 52

Lückenhaft überliefert; Versmaß unsicher.

XX = fr. 50

Die hier behandelte Sage von dem Kind Herakles, das sich der von Hera gesandten Schlangen erwehrt, findet sich auch in N I und bei Theokrit (24). Der Alkaiossohn (V. 4) ist Amphitryon, der Gemahl der Alkmene. Mit ihm gemeinsam kämpft Kephalos gegen den König der Teleboer, der Bewohner der Insel Dulichion, die später nach Kephalos Kephallenia heißt. Die Mägde der Alkmene sind Kriegsbeute aus Kephallenia (V. 19).

... (Zum Haus) des Alkaiossohnes ...
(Kamen, von Hera) ....
Herangeführt,... Schreckgespenster ...
.... durch die Türen: ....
Schlangen, gottgesandte,... zum
Schlafenden Säugling des Himmelbeherrschers Zeus
(Stürzten sie); doch der – gegen sie – hob empor den Kopf, und
Mit der Hand von den Gliedern die Windeln, die
Farbigen, warf er, offenbarte, was in ihm lag.
(Mit Macht) aus den Augen hervor ließ er Glanz sprühn. Doch
Es sprang gewandlos von dem Bett, wo sie kürzlich erst gebar,
Auf (sogleich Alkmene), mächtige Furcht
(Im Herzen.) Und aus Amphitryons Hause
Flohn, von Schrecken erfaßt, davon
.... alle
.... die Mägde aus Kephallenia ...

XXI = fr. 51

Der in dem Paian wiederholt ertönende Heilruf gilt Hera:

Ruft Heil, Heil der Olympier Königin,
Gattin des höchsten Gemahls!

XXII = fr. 52

Es handelt sich hier um eine Hochzeit, vermutlich die des Pelops, der in Elis am Kronoshügel im Wagenrennen Hippodameia von ihrem Vater Oinomaos zur Gattin gewann (vgl. O I).

] .ος ἴκοιθ' ἔδ[νω]ν ἔκα[τι
] .ειμοι τοτε ποικίλον
]μον γλυκεῖ'
ὑ]μεναίῳ
]ἀμφιθαλεῖ   5
] . . βαμεν ἐξ 'Ολύμπου·
]Κρονίου Πέλοπος. ἀϊὼν γὰρ[
   ]εν οὐρανῷ

Vers 9–14 zu lückenhaft.

   ]ἔνειμ' ἐρανίστ[αις   15
πρό]θυρον ἐόν· . . . .

53
⟨ΕΙΣ ΔΙΑ ΔΩΔΩΝΑΙΟΝ⟩

Äolisch

Δωδωναῖε μεγασθενές
ἀριστότεχνα πάτερ

53 a

Nicht nur im Inhalt, auch in der Versform scheint das Les- und Deutbare dieses Fragments dem vorhergehenden zu entsprechen.

πάτερ 'Ελλῶν ἐορτ[ά·] κατεβα[
μαν[τ]ήϊον πτυχὶ Τομάρου[
ἀμετέρας ἄπ[ο φόρμι]γγι κοινω-
]ν πολυώνυμον·   10
ἔνθεν μὲν [τ]ριπόδεσσί τε
καὶ θυσίαις [   ]

54

Äolisch und Dimeter

∪ — ∪ — ∪ ∪ — — ∪ — ∪ ∪ — —   — — ∪ ∪ — — — ∪ ∪ — ∪ —
∪ — ∪ ∪ — ∪ — —   — — ∪ ∪ — ∪ ∪ —
— ∪ — ∪ — ∪ ∪ —

...... möge kommen der Brautgabe wegen

..... wenn mir dann ein buntes (Lied) ...

.... süß(e) ....

... einem Brautlied ....

... rings umblühten ....

.... vom Olympos ...

Des Kronoshügels des Pelops; Leben ja

... dem Himmel (?) ...

Vers 9–14 zu lückenhaft.

..... ich bin bei den Feiernden

Seine Vorhalle ....

53
AUF ZEUS VON DODONA

Dodona: altes Zeusorakel in Epeiros (vgl. N iv 53, fr. 53a).

Herr Dodonas, an Kraft und Macht

Gewaltger, kunstreichster Vater ...

53 a

Hier werden die Priester (Helloi) des Dodonaheiligtums mit seiner Wahrsagerstätte nahe dem Berg Tomaros (vgl. pai VI 109, fr. 53) erwähnt,
wohin, wie anderwärts berichtet wird, die Bewohner Thebens Dreifüße
brachten.

o Vater, der Zeuspriester Fest; hinabgehen ...

Wahrsagerstätte der Falte (Schlucht) des Tomaros .....

von unserer (ihn, der) mit der Zither verei-

(nen wird den Klang des) wortreichen (Chors);

Von dorther mit den Dreifüßen

Und mit den Opfergaben ...

54

Grenzen menschlicher Erkenntnis

τί ἔλπεαι σοφίαν ἔμμεν, ἂν ὀλίγον τοι
ἀνὴρ ὑπὲρ ἀνδρὸς ἴσχει;
οὐ γὰρ ἔσθ᾽ ὅπως τὰ θεῶν
βουλεύματ᾽ ἐρευνάσει βροτέᾳ φρενί·
θνατᾶς δ᾽ ἀπὸ ματρὸς ἔφυ.   5

55

Δώριον μέλος σεμνότατόν ἐστιν

56

Daktyloepitriten

πρόσθα μὲν ἲς Ἀχελωΐου τὸν ἀοιδότατον
Εὐρωπία κράνα Μέλ[α]ν[ό]ς τε ῥοαί
τρέφον κάλαμον . . .

ΔΙΘΥΡΑΜΒΟΙ

I = fr. 57
[ΑΡΓΕΙΟΙΣ]

Versmaß unsicher; die ersten 10 Verse, sowie 18 ff., zu lückenhaft.

εὐ]δαιμόνων βρομιάδι θοίνᾳ πρέπει
    ]κορυφάν
    ]θέμεν· εὐάμπυκες
ἀέ]ξετ᾽ ἔτι, Μοῖσαι, θάλος ἀοιδᾶν
    ]γὰρ εὔχομαι. λέγοντι δὲ βροτοί   15
    ]α φυγόντα νιν καὶ μέλαν ἕρκος ἅλμας
    ] Φόρκοιο, σύγγονον πατέρων.

Warum denn glaubst du, es sei Weisheit, worin ein wenig
Ein Mensch übertrifft den andern?
Denn nicht kann der Götter Beschluß
Und Plan er ergründen mit seinem Menschensinn,
Von sterblicher Mutter entstammt.

55

Dorisches Lied ist das heiligste; vgl. O I 17, III 5.

56

Acheloos: Fluß zwischen Aitolien und Akarnanien in Mittelgriechenland;
eine Quelle, nach Europe, Tochter des Okeanos und der Tethys, benannt
(?); Melas: Fluß nahe bei Orchomenos. Rohr: für Flöten.

Vordem ernährten des Acheloosstroms Stärke, der Quell
Europes und des Melasstroms Fluten an Ton
Das sangvollste Rohr ...

DITHYRAMBEN

Festlieder, an Dionysosfeiern mit Flötenbegleitung gesungen und getanzt
(vgl. O XIII 17 ff.).

I = fr. 57

FÜR DIE ARGEIER

Dem Fragment liegt die Sage von Perseus zugrunde. Er tötet Medusa,
eine der Gorgonen, der Töchter des Phorkos (Phorkys), die weit im
Westen am Okeanos wohnen (vgl. P X 31, XII 11; N X 4, I V 33; ferner
dith. IV).

Für der Glückselgen lauttönend Festmahl geziemt's,
.. Höchstes ...
.. zu geben; (helft), stirnbandprangende,
Ihr Musen, mir: ein Zweig blühender Lieder ist's, was
Ich erfleh (von euch!) Die Menschen sagen, er
Sei entflohn auch dem dunkelen Meergehege
Der Phorkos(töchter), gleichen Ahnen entstammt.

Das Weitere (18-39) zu lückenhaft.

II = fr. 58

Κ]ΑΤΑ[ΒΑΣΙΣ] ΗΡΑΚΛΕΟΥ[Σ] Η ΚΕΡΒΕΡΟΣ ΘΗΒΑΙΟΙΣ

Daktyloepitriten

```
– u – x – u u – u u – –              – u – x – u u – u u – x
        – u – –                          u̲u̲ u – x – u – –
– u – x – u – – – u u – u u –         – u – x – u – – – u u –
u u – – – u – x – u – –           10  u u – u u – x – u – x – u –
      – u u – u u – – u –              – u –
      – – u u – u u –                  – u – x – u – u – u –
5  – u – – – u u – u u –              – u – – – u u – u u –
   – u u – – – u – x – u – –          – u – – – u u – u u – –
   – u u – u u – – – u u –        15  – u – x – u – – – u – –
```

Str. 1

Πρὶν μὲν ἕρπε σχοινοτένειά τ' ἀοιδὰ
   διθυράμβων
καὶ τὸ σὰν κίβδηλον ἀνθρώποισιν ἀπὸ στομάτων.
διαπέπ[τ]α[νται δὲ νῦν ἱροῖς] πύλα[ι κύ-
   κλοισι νέαι· [ἰαχεῖτ' ε]ἰδότες   5
οἷαν Βρομίου [τελε]τάν
καὶ παρὰ σκᾶ[πτ]ον Διὸς Οὐρανίδαι
ἐν μεγάροις ἵσταντι. σεμνᾷ μὲν κατάρχει
Ματέρι πὰρ μεγάλᾳ ῥόμβοι τυπάνων,
ἐν δὲ κέχλαδ[εν] κρόταλ' αἰθομένα τε   10
   δαῒς ὑπὸ ξανθαῖσι πεύκαις ·
ἐν δὲ Ναΐδων ἐρίγδουποι στοναχαί
μανίαι τ' ἀλαλαί τ' ὀρίνεται ῥιψαύχενι
σὺν κλόνῳ.
ἐν δ' ὁ παγκρατὴς κεραυνὸς ἀμπνέων   15

II = fr. 58

GANG DES HERAKLES IN DIE UNTERWELT
ODER KERBEROS FÜR DIE THEBANER

Die Einleitung des nach 470 entstandenen Dithyrambos wendet sich
gegen die Schwächen der älteren Dithyrambosdichtung (Weitschweifigkeit
und Fehler in der Aussprache des S) und schildert ein Bromios-(d. i.
Dionysos-)fest bei den Himmlischen. Als erste der Gottheiten wird erwähnt die Große Mutter, d. i. Rhea, schon früh gleichgesetzt mit Kybele,
der man mit lärmendem Kult huldigte (vgl. fr. 67), ferner u. a. Pallas
Athena mit ihrem Brustpanzer, der von Schlangen umsäumten Aigis,
und Enyalios, wie Ares als stürmischer Kriegsgott genannt wird. Bei
dem Lob Thebens hebt Pindar Harmonia hervor, die Tochter des Ares und
der Aphrodite, und ihren Gatten, den Gründer Thebens, Kadmos; ferner
ist, wenn die Ergänzung stimmt, eine ihrer Töchter, Semele, durch Zeus
Mutter des Dionysos. Wie die Überschrift zeigt, handelte der nichter-
haltene Teil von Thebens größtem Sohne, von Herakles und seinem
Abenteuer mit dem Hadeshund Kerberos (vgl. fr. 58a). Geryones, dem
dreileibigen Riesen im fernen Westen, Lob zu spenden, weil er seine Rinder
tapfer gegen Herakles verteidigte, versagt sich Pindar in dem Gedanken,
daß Zeus auf seiten seines Sohnes Herakles stand (vgl. Ii 11, besonders
fr. 143). Deutscher Text: V. 31f. nach dem Ergänzungsversuch von Werner.

Einst kroch langsam, binsengerad der Gesang der
    Dithyramben,
Und das S kam unrein aus dem Munde der Menschen hervor.
Ganz geöffnet sind die Tore (heilgen) Runden
    nunmehr, die neuen; nun (jauchzt,) die ihr wißt
Von Bromios' Fest, wie es auch
Unter Zeus' Kronstabe die Himmlischen in
Ihren Gemächern feiern! Vor der heilgen Großen
Mutter beginnt es mit Paukenwirbels Gedröhn;
Drein erbrausen Klappern, mischt leuchtend sich lohnder
    Fackel Schein am braunen Kienholz;
Drein reckt der Najaden lauterschallend Gestöhn,
Reckt sich Rasen und jauchzend Schrein mit nackenwerfendem
Taumel hoch.
Drein schwingt, allbezwingend, feueratmend, der

πῦρ κεκίνη[ται τό τ'] Ἐνυαλίου
ἔγχος, ἀλκάεσσά [τ]ε Παλλάδο[ς] αἰγίς
μυρίων φθογγάζεται κλαγγαῖς δρακόντων.

                                                    Ant. 1

ῥίμφα δ' εἶσιν Ἄρτεμις οἰοπόλας
   ζεύξαισ' ἐν ὀργαῖς   20
Βακχίαις φῦλον λεόντων ἀ[γρότερον Βρομίῳ·
ὁ δὲ κηλεῖται χορευοίσαισι κα[ὶ θηρῶν ἀγέλαις. ἐμὲ δ' ἐξαίρετο[ν
κάρυκα σοφῶν ἐπέων
Μοῖσ' ἀνέστασ' Ἑλλάδι κα[λ]λ[ιχόρῳ   25
εὐχόμενον βρισαρμάτοις ὄ[λβον τε Θήβαις,
ἔνθα ποθ' Ἁρμονίαν [φ]άμα γα[μετάν
Κάδμον ὑψη[λαῖ]ς πραπίδεσ[σι λαχεῖν κεδ-
   νάν· Δ[ιὸ]ς δ' ἄκ[ουσεν ὀ]μφάν,
καὶ τέκ' εὔδοξο[ν παρ'] ἀνθρώπο[ις Σεμέλαν,   30
Διόνυσ[.] .' θ. [. . . . . .] .' τ[.]γ[
ματέ[ρ

                                    58 a

Κέρβερος ἑκατογκεφάλας

                                    58 b

– υ – – – σὲ δ' ἐγὼ παρά μιν
αἰνέω μέν, Γηρυόνα, τὸ δὲ μὴ Δί
φίλτερον σιγῷμι πάμπαν· – υ – –

                          III = fr. 59
Vers 1–5, 11 ff. zu lückenhaft.

]τεὰν τε[λετ]ὰν μελίζοι
]πλόκον σ[τεφά]νων κισσίνων
]κρόταφον
]εων ἐλθὲ φίλαν δὴ πόλεα
]ιόν τε σκόπελον γείτονα πρύτανιν[10

Blitzstrahl sich, drein auch Enyalios' Speer;
Und der Pallas wehrhafte Aigis erschallt von
Zischenden Geräuschen unzähliger Nattern.

Eilig schreitet Artemis einsamen Gangs,
  schirrt an in Lust, in
Bakchischer, (für Bromios) der Löwen (wildlebend) Geschlecht;
Den entzückt es, tanzt im Chor auch wilder Tiere
  Herde. – Doch mich hat die Muse erwählt,
Herold weiser Worte zu sein,
Daß dem (reigenprangenden) Hellas ich Glück,
(Segen) dem wagenstrotzenden Theben erflehe,
Wo einst Harmonia als Gattin, heißt es, gewann
Kadmos hohen Sinnes zum Treuebund; auf Zeus'
  Stimme hörte sie, gebar, die
Ruhm fand bei den Menschen: (Semele; machte die,)
O Dionysos, (ihr sich nahnd, der Götter Herr doch) zur
Mutter (dir . . . .)

58a

Kerberos, der hundertköpfige . . .

58b

. . . . Dich preise ich nach
Ihm, Geryones; doch was Zeus nicht genehm ist,
Möcht ich ganz und gar verschweigen . . . .

III = fr. 59

Sehr lückenhaft; auf dionysischen Kult sich beziehend; vielleicht für die
Korinther.

. . . dein Fest möge (er) besingen
. . . Geflecht von Efeukränzen
. . . um die Schläfe . . .
. . . komme nun zur teuren Stadt
. . . und zum benachbarten hohen Felsen, den Herrscher . . .

IV = fr. 60

Vers 1–3, 31–34, 47 zu lückenhaft in dem neugefundenen Bruchstück überliefert. Das übrige läßt wenigstens den Inhalt des Liedes erkennen.

4]ήταν πιφαύσκων[7 διορνύμενος
9 γ]ύαλα Μιδέας   13]ἀνίαρ[ον γάμον (?)
14]φύτευεν ματρί
   ] .αν λέχεά τ' ἀνα[γ]καῖα δολ[15
17 Κρ]ονίων νεῦσεν ἀνάγκᾳ[
18]δολιχὰ δ' ὁδ[ὸ]ς ἀθανάτω[ν
   ]. κορυφαί   20

. . . μ]έμηλεν πατρὸς νόῳ,   35
ἐφύλα]σσέ νιν ὑπάτοισιν βουλεύμασι·
Ὀλυμ]πόθεν δέ οἱ χρυσόρραπιν ὦρσεν Ἑρμᾶν . [
καὶ π]ολίοχον Γλαυ-
   κώπιδ]α· τὸ μὲν ἔλευσεν· ἴδον τ' ἄποπτα
θεάμα]τ'· ἢ γὰρ [α]ὐτῶν μετάστασιν ἄκραν[40
. . θη]κε· πέτραι δ' [ἔφ]α[ν]θεν ἀντ[ὶ] φωτῶν
λυγρά]ν τ' ἔρωτος ἀνταμοιβὰν ἐδάσσατο[
στρα]τάρχῳ·
. . . .
. . . .]ον . [. . . .] . γένος τε δαίμο-   45
   σιν φ]ίλτε[ρον ἔσ]ται· τὸ δὲ φυγεῖν

61

Daktyloepitriten

–] ἀλόχῳ ποτὲ θωραχθεὶς ἔπεχ' ἀλλοτρίᾳ
Ὠαρίων

IV = fr. 60

Perseus hilft seiner Mutter Danae gegen Polydektes, den König von Seriphos, der sie zur Ehe zwingen will (V. 13. 14). Mit dem Medusenhaupt, das er erbeutet hat, versteinert er den König und seine Gefolgschaft (V. 40 ff.; vgl. P XII, N X 4). 9 Midea (?) in Argolis, von Perseus gegründet, Heimat der Alkmene 38 die Helläugige: Athene 40 jener: des Polydektes und seiner Gäste 45 Söhne des Perseus: Elektryon, Vater Alkmenes; Alkaios, Vater Amphitryons; sein Enkel: Herakles.

... zeigend... hindurchdringend ....

.... Schluchten Mideas ..... lästige (Ehe)

.. pflanzte (stiftete an) der Mutter

.... erzwungene(s) Ehe(bett) durch List (?)

Kronion nickte (Gewährung) mit Zwang ...

... lang (ist) der Weg der Unsterblichen ...

... (die) Gipfel ......

Vers 21–34 lückenhaft; z. T. ganz fehlend.

(Perseus' Wohl) lag dem Vater am Herzen; (wacht')
Er doch über ihn, höchstem Ratschluß folgend. Und vom
Olympos sandt' er ihm Hermes mit dem goldnen Stab, die
Stadtgöttin auch, die Hell-
äugige. Dies bracht' in Gang er. Man sah von fernher –
Ein Schauspiel! – wie er ihre große Verwandlung
Schuf: Felsen erschienen an der Männer Statt, und
(Schlimme) Vergeltung wirkt' er für Liebesglut (der Schar)
Gebieter.

(Des Perseus) Geschlecht – den Göttern
wird lieber es sein; aber das Fliehn ...

61

Orion, boiotischer Jäger, verfolgt Merope, Oinopions Frau; ferner auch Pleione, die Frau des Atlas, und ihre Töchter, die Pleiaden. Diese werden wie er selbst und sein Hund Seirios unter die Sterne versetzt (vgl. Anm. zu N II 10 ff.).

.. auf die Gattin – im Rausch einstmals – eines anderen Manns
Warf sich Orion.

62

... τρεχέτω δὲ μετὰ Πληϊόναν, ἅμα δ' αὐτῷ κύων
(... λεοντοδάμας?)

63 a b
ΑΘΗΝΑΙΟΙΣ

Iamben, Choriamben

```
 — — ∪ ∪ ∪ — ∪ —                    ∪ ∪ ∪ ∪ — — ∪ ∪ — — ∪ ∪ —
 ∪ ∪ ∪ ∪ — — ∪ ∪ ∪ — ∪ —            ∪ — — ∪ — ∪ ∪ —
 ∪ ∪ ∪ ∪ — — ∪ — ∪ — ∪ ∪ —          ∪ — ∪ ∪ — ∪ ∪ — ∪ — — ∪ —
     — — ∪ ∪ — ∪ — —                — — ∪ ∪ ∪ — ∪ ∪ — — ∪ — ∪ ∪ —
5  — — ∪ — — ∪ — — ∪ ∪ ∪ —       15 ∪ — ∪∪ ∪ — ∪ ∪ — ∪ ∪ — ∪ ∪ —
 ∪ ∪ ∪ — ∪ ∪ ∪ ∪ ∪ — ∪ ∪ — — ∪ ∪ —  ∪ ∪ — ∪ — ∪ ∪ — ∪ — ∪∪ ∪ —
     ∪ — ∪ — —                      ∪ — ∪ — ∪ ∪ ∪ ∪ — ∪ — ∪ —
 ∪ ∪ — ∪ ∪ ∪ — ∪ ∪ —                ∪ — — — ∪ ∪ — ∪ — — —
 ∪ ∪ ∪ ∪ — — ∪ — — — ∪ —            — — ∪ ∪ ∪ — ∪ ∪ — ∪ ∪∪ —
 ∪ ∪ — ∪ ∪ — ∪ —
10 — ∪ ∪ ∪ ∪ ∪ ∪ — — ∪ — ∪ ∪ ∪ —
```

Δεῦτ' ἐν χορόν, Ὀλύμπιοι,
ἐπί τε κλυτὰν πέμπετε χάριν, θεοί,
πολύβατον οἵ τ' ἄστεος ὀμφαλὸν θυόεντ'
    ἐν ταῖς ἱεραῖς Ἀθάναις
οἰχνεῖτε πανδαίδαλόν τ' εὔκλέ' ἀγοράν·   5
ἰοδέτων λάχετε στεφάνων τᾶν τ' ἐαρι-
    δρόπων ἀοιδᾶν,
Διόθεν τέ με σὺν ἀγλαΐᾳ
ἴδετε πορευθέντ' ἀοιδᾶν δεύτερον
ἐπὶ τὸν κισσοδαῆ θεόν,
ὃν Βρόμιον Ἐριβόαν τε βροτοὶ καλέομεν,   10
γόνον ὑπάτων μὲν πατέρων μελπόμεν⟨οι⟩
γυναικῶν τε Καδμεϊᾶν.
ἐναργέα τ' ἔμ' ὥστε μάντιν οὐ λανθάνει,
φοινικοεάνων ὁπότ' οἰχθέντος Ὡρᾶν θαλάμου
εὔοδμον ἐπάγοισιν ἔαρ φυτὰ νεκτάρεα.   15

62

... er soll nachjagen Pleione, mit ihm gemeinsam sein Hund,
... der löwenbezwingende

63 a b
FÜR DIE ATHENER

Dieser Dithyrambos könnte für die im Frühjahr stattfindenden Großen Dionysien verfaßt sein. – Den Mittelpunkt ("Nabel") Athens bildete der von Peisistratos auf dem Markt errichtete Altar der zwölf Götter (Thuk. VI 54,6). Bromios (der Brausende) und Eriboas (der Lautrufende) sind Namen des Gottes Dionysos, des Sohnes der Kadmostochter Semele und des Zeus (vgl. dith. II 30 ff.). Die Horen sind die Jahreszeiten (vgl. O I 1; XIII 17; P IX 60; pai I 7 u. s.).

Eilt her zum Tanz, Olympier, her
Schickt Anmut, gepriesne, ihr Götter, die den oft
Umschrittenen, den opferduftreichen Nabel der Stadt
    im heilgen Athen ihr aufsucht,
Und den an Kunst reichen, weitberühmten: den Markt!
Veilchengebundene Kränze empfangt, frühlingsgepflück-
    ter Lieder Klänge!
Blickt auf mich auch, der von Zeus her im Glanz
Ich wandle des Sangs zu dem nächsten hin,
Zu dem efeuumflammten Gott;
Bromios nennen wir ihn, wir Menschen, und Eriboas, wenn
Den Sproß wir des höchsten aller Väter und der Frau
Besingen aus Kadmos' Geschlecht.
Was klar er zeigt, birgt sich mir nicht als Seher, so oft
Purpurumhüllter Horen Gemach sich eröffnet und herbei
Führt schönen Dufts der Frühling Gewächse, dem Göttertrank gleich.

τότε βάλλεται, τότ' ἐπ' ἀμβρόταν χθόν' ἐραταί
ἴων φόβαι, ῥόδα τε κόμαισι μείγνυται,
ἀχεῖ τ' ὀμφαὶ μελέων σὺν αὐλοῖς,
οἰχνεῖ τε Σεμέλαν ἑλικάμπυκα χοροί.

ἦν ὅτε σύας Βοιώτιον ἔθνος ἔνεπον.

64. 65
ΑΘΗΝΑΙΟΙΣ

Äolisch, Iamben, Daktylen

Ὦ ταὶ λιπαραὶ καὶ ἰοστέφανοι καὶ ἀοίδιμοι,
Ἑλλάδος ἔρει-
σμα, κλειναὶ Ἀθᾶναι, δαιμόνιον πτολίεθρον.

ἐπ' Ἀρτεμισίῳ
ὅθι παῖδες Ἀθαναίων ἐβάλοντο φαεννάν
κρηπῖδ' ἐλευθερίας

66
Choriambisch

Κλῦθ' Ἀλαλά, Πολέμου θύγατερ,
ἐγχέων προοίμιον, ᾇ θύεται
ἄνδρες ὑπὲρ πόλιος τὸν ἱρόθυτον θάνατον.

67

θεῶ[ν] Κυβέ[λαν] ματ[έρα]

68
τὰν λιπαρὰν μὲν Αἴγυπτον ἀγχίκρημνον

69
θύσων διθύραμβον

Dann, dann legt der heiligen Erde sich reizend Geflecht
Von Veilchen auf, und Rosen vermählen Haaren sich;
Hell tönt's von Stimmen des Sangs zur Flöte;
Aufsucht die stirnbandprangende Semele der Chor.

Für die Mißachtung der Boioter vgl. O VI 89f.

Einst war's, daß sie Schweine nannten das boiotische Volk.

64. 65
FÜR DIE ATHENER

Diese Fragmente bringen den Lobpreis Athens und die Würdigung seiner
Leistung in den Perserkriegen.

O schimmerndes, veilchenumkränztes, in Liedern besungenes,
Ruhmreiches Athen,
   Bollwerk du von Hellas, göttergesegnete Stadt!

Bei Artemision.

Wo athenischen Volkes Söhne errichtet den lichten
Grundstein der Freiheit . . . .

66

Alala, das Kriegsgeschrei, ist hier als mythische Person gedacht.

Hör, Alala, hör uns, Tochter des Kriegs,
Speertons Vorklang, du, der zum Opfer sich weihn
Männer zur Rettung der Stadt in heiligem Opfertod!

67

Vgl. II (58) Einleitung und V. 8 ff., dazu fr. 76.

Kybele, der Götter Mutter . . .

68

Ägypten, das strahlende Land, das ufernahe . . .

69

Als Opfer den Dithyrambos (dichtend) . . .

ΠΡΟΣΟΔΙΑ

70
ΕΙΣ ΑΡΤΕΜΙΝ;

Daktyloepitriten

Τί κάλλιον ἀρχομένοισ(ιν?) ἢ καταπαυομένοισιν
ἢ βαθύζωνόν τε Λατώ
καὶ θοᾶν ἵππων ἐλάτειραν ἀεῖσαι;

71

Daktyloepitriten

κείνῳ μὲν Αἴτνα δεσμὸς ὑπερφίαλος
ἀμφίκειται

72

Daktyloepitriten

ἀλλ' οἶος ἄπλατον κεράϊζε θεῶν
Τυφῶνα πεντηκοντοκέφαλον ἀνάγκᾳ Ζεὺς πατήρ
ἐν Ἀρίμοις ποτέ.

ΠΑΡΘΕΝΕΙΑ

I = fr. 73

Iamben, Choriamben

Str.   Ep.

1   ∪ ∪ – ∪   –   1   – – ∪ ∪ – ∪ ∪ –
     – – ∪ ∪ – ∪   – ∪ ∪ –   – ∪ –   ∪ – – ∪ –
2   – ∪ ∪ – ∪ ∪ –   ∪ – –   – ∪ – ∪ – –
3 ∪ ∪ – ∪ ∪ – ∪ ∪ – ∪ ∪ –   2 – – ∪ ∪ – ∪ ∪ – $\overline{\cup\cup}$ –
             – ∪ – – ∪ – ∪ – –   – ∪ – – ∪ –
                                                     – ∪ – ∪ – –

PROSHODIEN

Bitt- und Danklieder beim Festzug zu den Altären und Tempeln

70

AUF ARTEMIS

die Tochter der Leto.

Was gibt es wohl Schönres für Anfang oder Ende, als daß der
Tiefgegürteten, daß Leto
Und der Lenkrin hurtiger Stuten man lobsingt?

71

Von Typhon, dem hundertköpfigen Riesen, handelt dieses und das
nächste Fragment (vgl. bes. P I 15ff.; ferner O IV 7; P VIII 16).

Ihm ist der Ätna – Fessel gewaltsamster Art –
Umgelagert ...

72

Arima, Landschaft in Kilikien.

Von Göttern einzig warf den unnahbaren, den
Typhon, den hunderthäuptgen, in Drangsal Vater Zeus
Einstmals in Arima ...

PARTHENIEN

Mädchenchöre, Gesang und Tanz mit Flötenbegleitung

I = fr. 73

Für Aioladas aus Theben und seine Familie ist dieses Lied geschaffen wie
auch das folgende (vgl. dessen Einleitung). Für die offenbar blühende
Familie paßt der Gedanke gut, daß der einzelne wohl sterblich ist, doch
fortdauert in seinen Nachkommen. Die ersten Zeilen lückenhaft. Deutscher
Text der Schlußzeile nach dem Ergänzungsversuch von Schroeder.

Vers 1-4 ist lückenhaft.

μάντις ὡς τελέσσω 5

Str.

ἱεραπόλος· τιμαὶ
δὲ βροτοῖσι κεκριμέναι·
παντὶ δ' ἐπὶ φθόνος ἀνδρὶ κεῖται
ἀρετᾶς, ὁ δὲ μηδὲν ἔχων ὑπὸ σιγᾷ μελαίνᾳ κάρα κέκρυπται. 10

φιλέων δ' ἂν εὐχοίμαν Ant.
Κρονίδαις ἐπ' Αἰολάδᾳ
καὶ γένει εὐτυχίαν τετάσθαι
ὁμαλὸν χρόνον· ἀθάναται δὲ βροτοῖς
ἀμέραι, σῶμα δ' ἐστὶ θνατόν. 15

ἀλλ' ᾧτινι μὴ λιπότε- Ep.
κνος σφαλῇ πάμπαν οἶκος βιαί-
ᾳ δαμεὶς ἀνάγκᾳ,
ζώει κάματον προφυγὼν ἀνια-
ρόν· τὸ γὰρ πρὶν γενέ- 20
[σθαι υ – υ – –]

II = fr. 74
⟨ΘΗΒΑΙΟΙΣ ΔΑΦΝΗΦΟΡΙΚΟΝ ΕΙΣ ΙΣΜΗΝΙΟΝ⟩

Äolisch

Str.

1 u͟ × – υ υ – υ – u͟ – υ –
   – u͟ – υ υ – υ – u͟ – υ –
2 – – υ υ – υ – – × – υ υ – υ –
3 – – υ υ – –

Ep.

1 – – – υ υ – υ – – u͟ – υ υ – υ –
   – – υ υ – –
2 – u͟ – υ υ – υ –   – – υ υ – –

.... daß ich, ein
　Seher, es vollende,

Und ein Priester; Ehren
　teilen sich ungleich Sterblichen zu.
Doch es lädt jedem, der Edles tat, Neid
Sich auf; aber wer gar nichts vermag, dessen Haupt
　bleibt verborgen in schwarzem Schweigen.

Als ein Freund bitt Kronos'
　Söhne ich, daß Aioladas wie
Seinem Geschlecht hohes Glück verliehn sei
Immerfort. Frei vom Tod ist den Sterblichen die
　Zeit, des Einzelnen Leib ist sterblich.

Wem aber nicht kinderlos das
　Haus bleibt und durch gewaltsame Not
ganz und gar zu Fall kommt,
Der lebt, dem Aussterben entronnen, dem qual-
　vollen; was vor der Ge-
　burt war, (rührt an Nichtsein).

II = fr. 74
FÜR DIE THEBANER EIN LORBEERTRÄGERLIED ZUM ISMENION

Dieses Daphnephorikon, d.h. Lorbeerträgerlied, erklang bei dem Fest der
Daphnephorien, an dem als lorbeerbekränzter Knabe Agasikles dem Zug
zum Tempel des Apollon Ismenios voranging. Ihm folgte sein Vater Pagondas, der die „Kopo", einen mit Lorbeer und Blumen, mit roten und gelben
Bändern und ehernen Kugeln geschmückten Olivenstab, trug. Die Familie
des Sippenältesten Aioladas stellt sich nach dem Fragment so dar:

Aioladas (9) ~ Damaina (66)
　　　＼
　　　Pagondas (10.40.66) ~ Andaisistrota (40.71)
　　　┌─────────────────┴─────────────────┐
　　Agasikles (38)　　　　Ohne Namen (69)
　　　　　　　　　　　　　(Chorführerin)

Der Festzug holt zunächst vom Haus des Aioladas den Lorbeerkranz- und
den Stabträger ab. Ismenion: P XI Einleitung. Vers 13 ff.: Die Sirenen

Die lückenhaften Verse 1 und 2 erhielten nach den Ergänzungsversuchen von Purch, Sandys und Werner ihre deutsche Form.

Str. 1

υ̣ υ̅ – υ υ] χρυσοπ[επλ υ̅ – υ –

 …]δωμ[…].λέσῃστ[….]με.[– υ –

ῆκε]ι γὰρ ὁ [Λοξ]ίας

 π]ρ[ό]φρω[ν] ἀθανάταν χάριν

Θήβαις ἐπιμ⟨ε⟩ίξων. 5

Ant. 1

ἀλλὰ ζωσαμένα τε πέπλον ὠκέως

 χερσίν τ' ἐν μαλακαῖσιν ὅρπακ' ἀγλαόν

δάφνας ὀχέοισα πάν-

 δοξον Αἰολάδα σταθμόν

υἱοῦ τε Παγώνδα 10

Ep. 1

ὑμνήσω στεφάνοισι θάλ-

 λοισα παρθένιον κάρα,

 σειρῆνα δὲ κόμπον

αὐλίσκων ὑπὸ λωτίνων

 μιμήσομ' ἀοιδαῖς 15

Str. 2

κεῖνον, ὃς Ζεφύρου τε σιγάζει πνοὰς

 αἰψηράς, ὁπόταν τε χειμῶνος σθένει

φρίσσων Βορέας ἐπι-

 σπέρχῃσ' ὠκύαλον Νότου

ῥ]ιπὰν ἐτάραξε 20

Es fehlen 8 oder 23 Verse; zwei sind lückenhaft.

Str. 3

πολ]λὰ μὲν [τ]ὰ πάροιθ' [ἀοίδοιμ' ἂν καλοῖς

 δαιδάλλοισ' ἔπεσιν, τὰ δ' ἀ[τρεκῆ μόνος

Ζεὺς οἶδ', ἐμὲ δὲ πρέπει

 παρθενήϊα μὲν φρονεῖν

γλώσσᾳ τε λέγεσθαι· 35

haben mit ihrem Gesang auch Macht über die Winde, den Zephyr (West-
wind), den Boreas (Nordwind), den Notos (Südwind). Vers 46 ff.: In Boiotien fanden in Onchestos am Kopaïssee zu Ehren des Poseidon, in Itonia
zu Ehren Athenes Spiele statt. Pisa = Olympia (vgl. O I 18 u. s.). Der
Streit (V. 63) hängt vielleicht mit dem Gegensatz zu Athen zusammen.

Gǫldkleidprạngende (Tǫchter Zẹus', komm ịn dies) Hạus,
(Zụ vollbrịngen für mịch, was dịr am Hẹrzen lịegt!)
Ẹrschịenen ist Lǫxias jạ,
    gnạ̈dig gọ̈ttlichen Sẹgens Hụld
Thẹbẹn zu erwẹisẹn.

Doch im eilig gegürteten Kleid will ich, in
    zarten Händen den prächtigen Zweig tragend des
Lorbeers, des Aioladas
    allberühmtes Gehöft und des
Pagondas, des Sohnes,

Sịngẹnd prẹisen, von Krạ̈nzen prạn-
    gẹnd das mạgdliche Hạupt, und wịll
Sịrẹnengetọ̈n, vǫn
Lǫtosflọ̈ten beglẹitet, nạch-
    ạhmẹn in dem Chǫrsạng,

Das Getön, das des Zephyrs Wehn, das eilge, zum
    Schweigen bringt, und so oft mit Wintersturms Gewalt
Der störrische Boreas
    heranbraust und den hurtgen Schwung
Des Notos verstört ....
Es fehlen 8 oder 23 Verse ganz, 2 Verse sind zu lückenhaft.

Vieles Edle von vordem (könnt ich singen, kunst-)
    voll mit Worten es zierend, doch das (Wahre) weiß
Zeus (nur;) aber mir geziemt,
    Mädchenhaftes zu denken, ihm
Die Sprache zu wählen.

ἀνδρὸς δ' οὔτε γυναικός, ὦν θάλεσσιν ἔγ-   Ant. 3
 κειμαι, χρή μ[ε] λαθεῖν ἀοιδὰν πρόσφορον.
πιστὰ δ' 'Αγασικλέει
 μάρτυς ἤλυθον ἐς χορόν
ἐσλοῖς τε γονεῦσιν   40
                  Ep. 3

ἀμφὶ προξενίαισι· τί-
 μαθεν γὰρ τὰ πάλαι τὰ νῦν
 τ' ἀμφικτιόνεσσιν
ἵππων τ' ὠκυπόδων πο[λυ-
 γνώτοις ἐπὶ νίκαις,   45

                  Str. 4
αἷς ἐν ἀϊόνεσσιν 'Ογχη[στοῦ κλυ]τᾶς,
 ταῖς δὲ ναὸν 'Ιτωνίας ἀ[μφ' εὐκλε]ᾶ
χαίταν στεφάνοις ἐκό-
 σμηθεν ἔν τε Πίσᾳ περιπ[49
Es fehlen 8 oder 23 Verse; dann folgen 3 lückenhafte Verse.

                  Str. 5
ἐνῆκεν καὶ ἔπειτ' [ἐὼν σαφὴς φί]λος
 τῶνδ' ἀνδρῶν ἔνε[κε]ν μερίμνας σώφρονος
ἐχθρὰν [ἔ]ριν οὐ παλίγ-
 γλωσσον, ἀλλὰ δίκας ὀδούς
π[ισ]τὰς ἐφίλη[σε]ν.   65
                  Ant. 5

Δαμαίνας πα[ῖ, ἐ]να[ισίμ]ῳ νῦν μοι ποδὶ
 στείχων ἄγεο· [τ]ὶν γὰρ ε[ὔ]φρων ἔψεται
πρῶτα θυγάτηρ [ὁ]δοῦ
 δάφνας εὐπετάλου σχεδ[ό]ν
βαίνοισα πεδίλοις,   70
                  Ep. 5

'Ανδαισιστρότα ἂν ἐπά-
 σκησε μήδεσ[ιν εὐπό]ρο[ις
 ἃ δ' ἐρ[γ]ασί[αισιν
μυρίων ἐ[χάρη καλ]αῖς
 ζεύξα[ισά νιν οἴμων].   75

Nicht darf ich von dem Mann, der Frau nicht, deren Kin-
    der mir nahstehn, vergessen gebührenden Sang.
Agasikles rechte Zeu-
    gin zu sein, kam zum Chor ich, und
Den trefflichen Eltern

Ihrer Gastlichkeit wegen; es
    ehren früher und jetzt sie ih-
    re Nachbarn rings; waren
Ihrer fußschnellen Rosse Sie-
    ge weit ja bekannt, durch

Die am Ufer Onchestos', der ruhmreichen Stadt,
    wie beim Tempel Itonias, (dem berühmten,) auf
Ihr Haar sie der Kränze Schmuck
    empfingen, und in Pisa ...
Das Nächste ist lückenhaft.

Nicht rief auch, (der ein wahrer Freund war,) um die Män-
    ner hier klüglich besorgt, zu Streit voll Haß, voll Hin-
Und Herreden auf, gab viel-
    mehr des Rechtes gesicherten
Richtwegen den Vorzug.

Sohn Damainas, nun schreitend mit glückhaftem Fuß,
    geh als Führer voran; dir folgt ja frohen Sinns
Als erste die Tochter, die,
    nah dem schattenden Lorbeer, des
Wegs geht in Sandalen;

Andaisistrota brachte mit
    ihrem Rat sie auf guten Weg;
    es freute sie, wenn zu
Schöner Arbeit sie aller Art
    die Tochter heranzog.

μὴ νῦν νέκτα[ρ ἰδόντ' ἀπὸ κρά]νας ἐμᾶς   Str. 6
   διψῶντ' ἀ[λλότριον ῥόον] παρ' ἁλμυρόν
οἴχεσθον· ἐ[– ∪ –   78
Es fehlen 10 oder 25 Verse; das Weitere ist lückenhaft.

75
ΘΗΒΑΙΟΙΣ ΔΑΦΝΗΦΟΡΙΚΟΝ ⟨ΕΙΣ ΙΣΜΗΝΙΟΝ?⟩

Über die Familie Pindars, für die das Daphnephorikon bestimmt war,
vgl. Antike Zeugnisse Seite 497, 499.

Äolisch

Ὁ Μοισαγέτας με καλεῖ χορεῦσαι
['Α]πόλλων[?
ἄγοις, ὦ κλυτά, θεράποντα, Λατοῖ

76

Äolisch

Ὦ Πάν, Ἀρκαδίας μεδέων
καὶ σεμνῶν ἀδύτων φύλαξ,
Ματρὸς μεγάλας ὀπαδέ,
σεμνᾶν Χαρίτων μέλημα
τερπνόν

77

ὦ μάκαρ, ὅν τε μεγάλας
θεοῦ κύνα παντοδαπόν
καλέοισιν Ὀλύμπιοι

78

τὸ σὸν αὐτοῦ μέλι γλάζεις

Nicht sollt, wenn ihr den Nektar (seht aus meinem Quell,)
  dürstend ihr zu dem (fremden Wasser) salzger Art
Hingehn; .....
Das Folgende ist lückenhaft.

75

FÜR DIE THEBANER EIN LORBEERTRÄGERLIED ZUM ISMENION

Pindar schrieb dieses Lied für seinen Sohn Daïphantos. Pindars Frau war
Megakleia, die Tochter des Lysitheos und der Kalline; seine Töchter
hießen Protomache und Eumetis. Lorbeerträgerlied: vgl. fr. 74 und 80.
Ismenion: P XI Einleitung.

Es ruft mich zum Reigen der Herr der Musen,
Apollon ..
So führ deinen Diener, gepriesne Leto!

76

Pan dem Hirtengott, Tänzer und Syrinxbläser und der Großen Mutter
(Kybele), deren Gefolgsmann er war, baute Pindar ein Heiligtum auf
seinem Besitz (vgl. P III 77 ff.).

Pan, Arkadiens Betreuer, der
Allerheiligsten Räume Hort!
Der Großen Mutter Begleiter,
Von ehrwürdgen Huldinnen voll
Freude umhegt ...

77

Seliger, den man im Olymp
Den überall witternden Hund
Der Großen Göttin nennt!

78

Aus dir selbst saugst du den Honig (deines Lieds) ...

79

Πᾶνα
χορευτὴν τελεώτατον
[θεῶν]

80
ΔΑΦΝΗΦΟΡΙΚΟΝ ΕΙΣ ΓΑΛΑΞΙΟΝ

Äolisch

οἱ μὲν περὶ τὸ Γαλάξιον τῆς Βοιωτίας κατοικοῦντες ᾔσθοντο τοῦ θεοῦ
τὴν ἐπιφάνειαν ἀφθονίᾳ καὶ περιουσίᾳ γάλακτος·

προβάτων γὰρ ἐκ πάντων κελάρυξεν,
ὡς ἀπὸ κρανᾶν φέρτατον ὕδωρ,
θηλᾶν γάλα· τοὶ δ' ἐπίμπλαν ἐσσύμενοι πίθους·
ἀσκὸς δ' οὔτε τις ἀμφορεὺς ἐλίνυεν δόμοις,
πέλλαι γὰρ ξύλιναι πίθοι ⟨τε⟩ πλῆσθεν ἅπαντες.   5

ΥΠΟΡΧΗΜΑΤΑ

81
ΙΕΡΩΝΙ (ΕΙΣ ΠΥΘΙΑ?)

Aus Iamben entwickelt

a) ∪ ∪ ∪ − ∪ −
    ∪ (∪) − ∪ ∪ − ∪ − ∪ − ∪ − − ∪ − −

b) ∪ ∪ − ∪ ∪ − ∪ − ∪ − − ∪ −
    ∪ ∪ − ∪ ∪ − ∪ − ∪ − ∪ − −
    ∪ ∪ −   ∪ − · · ·

Σύνες ὅ τοι λέγω,
ζαθέων ἱερῶν ἐπώνυμε πάτερ, κτίστορ Αἴτνας·

79

Pan,

Den Tänzer, den vollendetsten, ...

Der Götter ...

80

DAPHNEPHORIKON (LORBEERTRÄGERLIED) AUF APOLLON GALAXIOS

Die um das Heiligtum Galaxion in Boiotien wohnten, bemerkten, so sagt man, das Erscheinen des Gottes an dem Überfluß an Milch bei den Herdentieren.

... Denn den Herdentieren allen entströmte,

Wie aus den Quellen reichlichstes Wasser,

Aus Eutern die Milch; die liefen, füllten die Kübel voll;

Kein Schlauch hatte, kein Weinkrug in den Häusern seine Ruh;

Denn Holzeimer und Fässer – gefüllt schon waren sie alle.

HYPORCHEMATA

Lieder, bei denen Tanz und Gesang besonders nahe verbunden waren

81

FÜR HIERON VON SYRAKUS

Man hat aus Stellen bei Aristophanes (Vögel 927 und 942, dazu die Scholien) schließen wollen, Pindar habe in diesem Lied dem Hieron nahegelegt, er möge dem erfolgreichen Lenker seines Maultiergespanns, dem er schon die Maultiere geschenkt hatte, auch noch den Wagen geben. Der Vergleich mit den auf Wagen hausenden Skythen würde dann die Bedeutung des Wagens für den Besitzer der Maultiere betonen (vgl. Turyn S. 319). „Hieron" klingt an das griechische Wort für heilig („hieros") an.

Versteh mein Wort an dich,

Dessen Name an Heilges anklingt, Vater, Gründer von Aitna ...

νομάδεσσι γὰρ ἐν Σκύθαις ἀλᾶται στρατῶν,
ὃς ἀμαξοφόρητον οἶκον οὐ πέπαται,
ἀκλεὴς ⟨δ'⟩ ἔβα.

82

Äolisch

<pre>
∪ ∪ – ∪ ∪ – ∪ – ∪ – –   ∪ ∪ ∪ – ∪ ∪ – ∪ –
∪ ∪ – ∪ ∪ – ∪ –   – ∪ – ∪ ∪ – – ∪ ∪ – –
∪ ∪ – ∪ ∪ – ∪ –   ∪ ∪ ∪ –   ∪ – ∪ – ∪ ∪ – ∪ – –
– ∪ – ∪ ∪ –   – ∪ – – ∪ – ∪ – ∪ –
</pre>

'Απὸ Ταϋγέτοιο μὲν Λάκαιναν
ἐπὶ θηρσὶ κύνα τρέχειν
πυκινώτατον ἕρπετον·
Σκύριαι δ' ἐς ἄμελξιν γλάγεος αἶγες ἐξοχώταται·
ὅπλα δ' ἀπ' "Αργεος, ἅρμα Θη-   5
    βαῖον, ἀλλ' ἀπὸ τᾶς ἀγλαοκάρπου
Σικελίας ὄχημα δαιδάλεον ματεύειν.

83a b

Iamben und Daktylen

<pre>
                    ∪ – ∪ – ∪ – ∪ –
                    ∪ – ∪ – ∪ – ∪ –
∪ ∪ – ∪ ∪ – ∪ ∪ – ∪ ∪ – ∪ – ∪ – ∪ – –
– ∪ ∪ – ∪ ∪ – ∪ ∪ – ∪ ∪ – ∪ ∪ – ∪ ∪ – ∪ ∪ – –
    – ∪ – ∪ – ∪ ∪ –   – ∪ – ∪ – ∪ –

            ∪ ∪ ∪ – – – ∪ ∪ –   – ∪ –
– ∪ – ∪ – ∪ ∪ –   ∪ – ∪ – ∪   – –
</pre>

a) Πελασγὸν ἵππον ἢ κύνα
     'Αμυκλάιαν ἀγωνίῳ
    ἐλελιζόμενος ποδὶ μίμεο καμπύλον μέλος διώκων,

Bei den schweifenden Skythen irrt, vom Volke entfernt,
Wer ein wagengetragnes Haus nicht in Besitz hat;
Ohne Ehre geht er.

82

Auch dieses Fragment schließt sich vielleicht an die vorhergehenden an,
da am Schluß der sizilische Wagen hervorgehoben wird. Skyros (4): Insel
östlich von Euboia; vgl. pai VII 101.

Vom Taygetos stammt Lakoniens Hündin,
Die, um Wild zu verfolgen, das
Allerklügste der Tiere ist,
Während Ziegen von Skyros zum Melken der Milch die besten sind.
Waffen aus Argos, den Wagen aus
   Theben, doch aus dem fruchtreichen Sizilien
Sollst du das kunstverzierte Maultiergefährt dir holen!

83 a b

Das Lied zeigt die nahe Beziehung zwischen Lied und Tanz nicht nur dem
Wortsinn nach, sondern auch in dem ihm eigenen zwischen Iamben und
Daktylen wechselnden Rhythmus. Pelasger: Ureinwohner Griechenlands;
Amyklai: südlich von Sparta; dotisches Feld: in Thessalien; Molossien:
in Epeiros.

Pelasgisch Roß, die Hündin von
Amyklai, mit dem Fuße, dem   [nach, so
Sich im Wetteifer schwingenden, ahme, des Lieds Bewegung folgend,

οἵ' ἀνὰ Δώτιον ἀνθεμόεν πεδίον πέτεται θάνατον κεροέσσᾳ
εὑρέμεν ματεῖσ' ἐλάφῳ·   5
τὰν δ' ἐπ' αὐχένι στρέφοι-
   σαν κάρα πάντ' ἐπ' οἶμον ...

b) ἐλαφρὸν ὄρχημ' οἶδα ποδῶν μειγνύμεν·
   Κρῆτα μὲν καλέοντι τρόπον, τὸ δ' ὄργανον Μολοσσόν.

84 a b

Aus Iamben entwickelt

∪ − ∪ ∪∪ − ∪   − −
∪ − ∪ − − ∪   − − ∪ −
∪ − ∪ ∪∪ − ∪   −
∪ − − ∪ − ∪ ∪ −
− ∪ −

a) θεοῦ δὲ δείξαντος ἀρχάν
   ἔκαστον ἐν πρᾶγος, εὐθεῖα δή
   κέλευθος ἀρετὰν ἑλεῖν,
   τελευταί τε καλλίονες.

b) θεῷ δὲ δυνατὸν μελαίνας
   ἐκ νυκτὸς ἀμίαντον ὄρσαι φάος,
   κελαινεφέϊ δὲ σκότει
   καλύψαι σέλας καθαρόν
   ἀμέρας   5

85. 86

ΘΗΒΑΙΟΙΣ

Iamben, äolisch

∪ ∪∪ ∪ ∪∪ ∪ − − ∪ − − − ∪ −
− − ∪ ∪ − ∪ − − ∪ − ∪ − −

∪ − − ∪ − − ∪ − ∪ −   ∪∪ ∪ − ∪∪ ∪ ∪∪ ∪ ∪∪ −
∪ − ∪ − − ∪ − ∪∪ − ∪∪ ∪ − ∪∪ − ∪ − − ∪ −   ∪∪ − ∪ − ∪ − − − ∪ ∪ −

Wie übers dotische blütenbedeckte Gefild
   sie dahinfliegt, den Tod der gehörnten
Hindin zu erspüren bestrebt;
Sie, die, auf den Nacken ihr
   Haupt, wendend, auf dem ganzen Lauf (verfolgt der Hund.)
                                        (Dem Sang)
Der Füße hurtgen Tanz zu vermählen, versteh
Ich; sie nennen's kretische Weise und molossisch Tonzeug.

84a b

Vielleicht steht der zweite Teil des Fragments mit der Sonnenfinsternis in
Verbindung, die dem Paian IX zugrundeliegt.

Wies an die Gottheit den Anfang
Zu jeglicher Tat, geradwegs führt dann
Der Pfad zu hohen Ruhms Erwerb;
Der Ausgang ist herrlicher noch.

Ein Gott vermag es, aus dunkler
Nacht fleckenlos Licht zu wecken, und auch
Mit dunkelwolkgen Schatten zu
Verdecken des leuchtenden Tags
Reinen Glanz ...

85. 86

FÜR DIE THEBANER

Während der Perserkriege stimmte Pindar den Thebanern bei, die sich
vom Kampfe fernhielten.

γλυκύ δὲ πόλεμος ἀπείροισιν, ἐμπείρων δέ τις
ταρβεῖ προσιόντα νιν καρδίᾳ περισσῶς.
τὸ κοινόν τις ἀστῶν ἐν εὐδίᾳ

τιθεὶς ἐρευνασάτω μεγαλάνορος Ἡσυχίας τὸ φαιδρὸν φάος,
στάσιν ἀπὸ πραπίδος ἐπίκοτον ἀνελών,
πενίας δότειραν, ἐχθρὰν κουροτρόφον.

87

Äolisch

⟨ἱδρῶτ'⟩
ἐνέπισε κεκραμένον αἵματι, πολλὰ
   δ' ἕλκε' ἔμβαλε νωμῶν
τραχὺ ῥόπαλον, τέλος δ' ἀείραις
⟨τὸν⟩ πρὸς στιβαρὰς ἐπάραξε πλευράς,
αἰὼν δὲ δι' ὀστέων ἐρραίσθη.

88

] . οιδ' ὅτ' ἐστρα[τεύθη
]ᾶωτος ἡρώω[ν

89
ΛΑΚΕΔΑΙΜΟΝΙΟΙΣ

Λάκαινα μὲν παρθένων ἀγέλα

ΕΓΚΩΜΙΑ

90. 91
ΘΗΡΩΝΙ ΑΚΡΑΓΑΝΤΙΝΩΙ

Daktyloepitriten

Βούλομαι παίδεσσιν Ἑλλάνων . . . .

οἱ τοῦ Θήρωνος πρόγονοι τὸ γένος ἀπὸ Θηβαίων εἶχον, ἀπὸ Κάδμου τὸ ἀνέκαθεν

Scheint süß ja der Krieg nur dem, der ihn nicht kennt, doch wer ihn
Schaudert, wenn er naht, vor ihm übers Maß im Herzen.   [kennt,

Wer schuf heitres Wetter der Bürgerschaft,   [Licht, nehme die
Der suche spähend der Göttin des Friedens, des wehrhaften, strahlend
Zwietracht, die zornweckende, fort aus der Brust, die nur Not
Als Geschenk bringt und die Jugend aufzieht zum Haß.

87

Herakles im Kampf mit dem Riesen Antaios, der, solange er seine Mutter,
die Erde, berührt, unbesiegbar ist (vgl. I iii 70).

.... (seinen Schweiß)
Trank hinein sie, vermischt ganz mit Blut; viel
Wunden schlug er ihm, schwingend
Die knorrige Keule, hebt zuletzt, preßt
Ihn gegen die stämmgen Rippen, daß ihm
Sein Mark durch der Knochen Bruch hervorquoll.

88

... als zu Felde zog
... die Blüte der Helden

89
FÜR DIE LAKEDAIMONIER
Von Lakedaimon der Jungfrauen Schar

ENKOMIEN

Lieder zum Preis eines Sterblichen, zum Festzug (Komos) zu singen

90. 91
FÜR THERON VON AKRAGAS
Therons Wohnsitz war Akragas (vgl. O II).
Der Hellenen Söhnen will ich ...
Therons Geschlecht leitete sich von Theben her, von Kadmos als ältestem
Stammherrn.

ἂν δὲ ῾Ρόδον κατῴκισθεν . . .
ἔνθεν δ᾽ ἀφορμαθέντες, ὑψηλὰν πόλιν ἀμφινέμονται,
πλεῖστα μὲν δῶρ᾽ ἀθανάτοις ἀνέχοντες,
ἔσπετο δ᾽ αἰενάου πλούτου νέφος.

92. 93
ΑΛΕΞΑΝΔΡΩΙ ΑΜΥΝΤΑ

Das Fragment 92 findet sich mit den Angaben über Alexander den Großen bei Dio Chrysost. orat. 2, 23 (I p. 23. 3 Armin).

Daktyloepitriten

᾽Ολβίων ὁμώνυμε Δαρδανιδᾶν,
παῖ θρασύμηδες ᾽Αμύντα

. . . πρέπει δ᾽ ἐσλοῖσιν ὑμνεῖσθαι . . .
. . . καλλίσταις ἀοιδαῖς.
τοῦτο γὰρ ἀθανάτοις τιμαῖς ποτιψαύει μόνον,
θνᾴσκει δὲ σιγαθὲν καλὸν ἔργον ⟨ἅπαν⟩.

94
ΞΕΝΟΦΩΝΤΙ ΚΟΡΙΝΘΙΩΙ

Daktyloepitriten

1 $\bar{\cup} - \cup - \bar{\cup} - \cup\cup - \cup\cup -$
2 $- - \cup \underline{\cup\cup} - - \cup - -$
3 $- \cup - - - \cup\cup - - \cup - -$
4 $- \cup - \underline{\cup} - \cup\cup - \cup\cup - -$
$ \hspace{3em} - \cup\cup - \cup\cup -$
5 $\bar{\cup} - \cup - \underline{\cup} - \cup - \underline{\cup} - \cup - -$

Str. 1

Πολύξεναι νεάνιδες, ἀμφίπολοι
Πειθοῦς ἐν ἀφνειῷ Κορίνθῳ,
αἵ τε τᾶς χλωρᾶς λιβάνου ξανθὰ δάκρη

Rhodos besiedelten sie . . . .
Brachen von dort auf, wohnen in der Stadt nun, der hohen; und reich-
Gaben bringen sie den Unsterblichen dar; stets   [lich
Bleibt ihnen dauernden Reichtums Wolke nah.

92. 93
FÜR ALEXANDROS, SOHN DES AMYNTAS

Alexandros von Makedonien ist gleichnamig mit Alexandros (= Paris)
von Troia aus Dardanos' Stamm. – Alexander der Große verschonte in
Erinnerung, daß Pindar einst diesen seinen Vorfahren besungen hatte,
das Haus des Dichters, als er Theben zerstörte. Vgl. Antike Zeugnisse.
S. 499, 503, 509.

Selger Dardaniden gleichnamiger Fürst,
Mutiger Sohn des Amyntas

. . . Den Edlen ziemt's, daß man sie feire . . .
. . . in schönsten Gesängen.
Dieses ja rührt nur allein an Ehren unsterblicher Art;
(Ganz) stirbt, verschweigt man's, was einer Edles getan.

94
FÜR XENOPHON AUS KORINTH

Xenophon, der einen doppelten Sieg in Olympia errang (vgl. O XIII), hatte
vor dem Kampf gelobt, im Falle des Siegs dem Tempel der Aphrodite in
Korinth 50 Hetären zu schenken. Dieses Lied, vom Dichter selbst ‚skolion',
d. h. Rundgesang oder Trinklied genannt, war dazu bestimmt, im Tempel
zur Weihrauchspende der Mädchen gesungen zu werden (Chamaeleon
fr. 16, Koepke b. Athen. 13,32 p. 573 F). Peitho: Göttin der Überredung
im Gefolge Aphrodites; Str. 3: die Herren des Isthmos: Korinths Adel.

Gastfreundliche Mädchen, zu dem Dienste bestellt
Der Peitho in dem üppgen Korinth, die
Ihr des grünen Weihrauchbaums Tränen, die blonden,

θυμιᾶτε, πολλάκι ματέρ' ἐρώτων
  οὐρανίαν πτάμεναι
νοήματι πρὸς Ἀφροδίταν,   5
                                              Str. 2

ὑμῖν ἄνευθ' ἐπαγορίας ἔπορεν,
ὦ παῖδες, ἐρατειναῖς ⟨ἐν⟩ εὐναῖς
μαλθακᾶς ὥρας ἀπὸ καρπὸν δρέπεσθαι.
σὺν δ' ἀνάγκᾳ πᾶν καλόν . . .
                                              Str. 3

ἀλλὰ θαυμάζω, τί με λεξοῦντι Ἰσθμοῦ
δεσπόται τοιάνδε μελίφρονος ἀρχὰν
  εὑρόμενον σκολίου
ξυνάορον ξυναῖς γυναιξίν.   (15)
διδάξαμεν χρυσὸν καθαρᾷ βασάνῳ . . .
                                              Str. 4

ὦ Κύπρου δέσποινα, τεὸν δεῦτ' ἐς ἄλσος
φορβάδων κορᾶν ἀγέλαν ἑκατόγγυι-
  ον Ξενοφῶν τελέαις
ἐπάγαγ' εὐχωλαῖς ἰανθείς.   (20)

95

ΘΕΟΞΕΝΩΙ ΤΕΝΕΔΙΩΙ

Daktyloepitriten

Str.   Ep.

```
  — — ∪ ∪ — ∪ ∪ —                   — — ∪ — — — ∪ ∪ — ∪ ∪ —
        — ∪ — — — ∪ ∪ — ∪ ∪ —       — — ∪ ∪ — ∪ ∪ — —
  — ∪ ∪ — ∪ ∪ — — — ∪ — —           — ∪ ∪ — ∪ ∪ —
  — ∪ — × — ∪ —                     — — ∪ — × — ∪ —
  — — ∪ — — — ∪ ∪ — ∪ ∪ — ×      5  — ∪ — — ∪ —
5 — ∪ — — ∪ — × — ∪ — × — ∪ —
```

                                              Str.

Χρῆν μὲν κατὰ καιρὸν ἐρώ-
  των δρέπεσθαι, θυμέ, σὺν ἁλικίᾳ·
τὰς δὲ Θεοξένου ἀκτῖνας πρὸς ὄσσων

Dampfen läßt und oft zu der Mutter der Liebesgötter, der himmlischen, fliegt
In eurem Sinn, zu Aphrodite:

Euch hat sie ohne Vorwurfs Beschämung gewährt,
Ihr Mädchen, auf gefälligem Lager
Eurer zarten Jugendzeit Frucht euch zu pflücken.
Unter Zwang ist alles ja schön . . .

Wundern soll mich, was von mir sagen des Isthmos
Herren, daß ich solch einen Anfang erfand süß
    klingenden Trinklieds, der „sich
Gemein macht mit gemeinen Weibern".
Wir lernten, Gold auf lauterem Prüfstein . . .

Kypros' Herrin, hierher in dein Heiligtum den
Trupp, den hundertgliedrigen, weidender Mädchen –
    Xenophon führte ihn her,
Was er gelobt, freudig erfüllend.

95
FÜR THEOXENOS AUS TENEDOS

Theoxenos, Sohn des Agesilas, war der jüngere Bruder des Wettkampf-
siegers Aristagoras (N XI); Pindar soll, den Kopf auf den Knieen dieses
Knaben, im Theater in Argos gestorben sein. Tenedos: im Ägäischen
Meer; zu dem Gedanken des Anfangs vgl. fr. 101. 14 Verführung und
Anmut: die Göttinnen Peitho (fr. 94) und Charis.

Zur Zeit zwar soll pflücken die Frucht
    man der Liebe, Seele, dem Alter gemäß;
Doch von Theoxenos' Augen – wer die Strahlen

μαρμαρυζοίσας δρακείς
ὃς μὴ πόθῳ κυμαίνεται, ἐξ ἀδάμαντος
ἢ σιδάρου κεχάλκευται μέλαιναν καρδίαν   5
ψυχρᾷ φλογί, πρὸς δ' 'Αφροδί-   Ant.
   τας ἀτιμασθεὶς ἑλικογλεφάρου
ἢ περὶ χρήμασι μοχθίζει βιαίως
ἢ γυναικείῳ θράσει
ψυχρὰν φορεῖται πᾶσαν ὁδὸν θεραπεύων.
ἀλλ' ἐγὼ τᾶς ἕκατι κηρὸς ὣς δαχθεὶς ἕλᾳ   10
ἱρᾶν μελισσᾶν τάκομαι, εὖτ' ἂν ἴδω   Ep.
παίδων νεόγυιον ἐς ἥβαν·
ἐν δ' ἄρα καὶ Τενέδῳ
Πειθώ τ' ἔναιεν καὶ Χάρις
υἱὸν 'Αγησίλα.   15

96 a b
ΘΡΑΣΥΒΟΥΛΩΙ ΑΚΡΑΓΑΝΤΙΝΩΙ

Daktyloepitriten

```
1  — ∪ ∪ — ∪ ∪ — ∪̱ — ∪ — ∪̱
2  — ∪ — — — ∪ ∪ — ∪ ∪ — — — ∪ — —
3  — ∪ — — — ∪ ∪ — — ∪ — × — ∪ — —
```

     Str. 1
'Ω Θρασύβουλ', ἐρατᾶν ὄχημ' ἀοιδᾶν
τοῦτό ⟨τοι⟩ πέμπω μεταδόρπιον. ἐν ξυνῷ κεν εἴη
συμπόταισίν τε γλυκερὸν καὶ Διωνύσοιο καρπῷ

     Str. 2
καὶ κυλίκεσσιν 'Αθαναίαισι κέντρον·
ἁνίκ' ἀνθρώπων καματώδεες οἴχονται μέριμναι   5
στηθέων ἔξω· πελάγει δ' ἐν πολυχρύσοιο πλούτου

     Str. 3
πάντες ἴσᾳ νέομεν ψευδῆ πρὸς ἀκτάν·
ὃς μὲν ἀχρήμων, ἀφνεὸς τότε, τοὶ δ' αὖ πλουτέοντες ...   8

     Str. 4
⟨–⟩ ἀέξονται φρένας ἀμπελίνοις τόξοις δαμέντες.   11

Dorther funkelnd glänzen sah
Und nicht in Sehnsucht aufschäumt: aus Stahl oder Eisen
Ist geschmiedet sein schwarzes Herz ihm mit erkalteter
Glut; von Aphrodite mißach-
  tet, der leicht die Lider bewegenden, müht
Entweder er sich um Schätze ab gewaltig
Oder, Weiberdreistigkeit
Dienend, zieht hin er, kalt, ohne Glut, jeden Weg; doch
Ich — so will sie's! — wie Wachs zernagt von Sonnenhitze, Wachs
Heiliger Bienen, schmelze dahin, wenn ich schau
Der Knaben zartgliedrige Jugend.
So auch auf Tenedos, wo
Verführung wohnt' und Anmut im
Sohn des Agesilas.

96 a b
FÜR THRASYBULOS AUS AKRAGAS

Mit Thrasybulos, dem Neffen des Königs Theron, wurde Pindar 490 in
Delphi bekannt, wo das Gespann seines Vaters gesiegt hatte (vgl. P VI
15,44; I ii 1,31). Trinkschalen aus Athen waren besonders beliebt.

O Thrasybulos, den Wagen anmutsvoller
Lieder hier send ich dir zum Nachtisch. In eurer Runde mag den
Zechgenossen süß er, erheiternd und für Dionysos' Frucht

Und die athenischen Becher sein ein Ansporn;
Wenn der Menschen nieder sie zwingende Sorgen weichen aus der
Brust, im Meer dann goldreichen Reichtums in gleicher Weise alle

Treiben wir hin an ein täuschend Traumgestade;
Wer sonst arm ist, der hat dann Überfluß; die dagegen reich sind..

Dem wächst hoher Mut, wen des Rebstockes Bogenschuß bezwungen.

97

Daktyloepitriten

δείπνου δὲ λήγοντος γλυκὺ τρωγάλιον
καίπερ πεδ' ἄφθονον βοράν

98. 99. 100
ΙΕΡΩΝΙ ΣΥΡΑΚΟΥΣΙΩΙ

Daktyloepitriten

– υ – – – υ – υ – υ – – – υ – –
– υ – – – υ υ – υ υ – –
– υ – – – υ – –
– υ – – – υ – – – – υ – – – υ –
– υ – – – υ – υ – υ υ –
υ – υ – ύ̣ – υ – –

98   βαρβι[τί]ξαι θυμὸν ἀμβλὺν ὄντα καὶ φωνὰν ἐν οἴνῳ...

99   τόν ῥα Τέρπανδρός ποθ' ὁ Λέσβιος εὗρεν
       πρῶτος, ἐν δείπνοισι Λυδῶν
       ψαλμὸν ἀντίφθογγον ὑψηλᾶς ἀκούων πακτίδος...

100   μηδ' ἀμαύρου τέρψιν ἐν βίῳ· πολύ τοι
       φέριστον ἀνδρὶ τερπνὸς αἰών.

101

Äolisch

– – υ υ – υ υ – –
υ – – – υ   υ – –
– – υ υ –   υ – –
υ –   υ –   υ – –

Εἴη καὶ ἐρᾶν καὶ ἔρωτι
χαρίζεσθαι κατὰ καιρόν·
μὴ πρεσβυτέραν ἀριθμοῦ
δίωκε, θυμέ, πρᾶξιν.

97

Der Vergleich des kleinen Lieds mit dem Nachtisch wird weiter ausgesponnen.

Ęndęt die Mąhlzęit, süß ist das Nąschwerk dann, ąuch
Nąch ęinem üppgen Ęssen ...

98. 99. 100

FÜR HIERON AUS SYRAKUS

Hieron: s. O I; Terpandros, Begründer der griechischen Musik und lyrischen Dichtung, soll der Lyra statt vier sieben Saiten gegeben, neue Saiteninstrumente (wie Barbitos) eingeführt und neue Rhythmen für die Lieder geschaffen haben. Er stammte aus Lesbos, wurde später nach Sparta berufen und dort hoch geehrt. Barbitos: eine Leier mit tieferen Tönen als die Pektis.

Bąrbitọs spięlẹn, um stụmpfen Sịnn und Stịmme bẹi dem Węinę
(Aufzumuntern ...)
Dẹn Terpạndrọs ęinstmals, der Lẹsbier, erfạnd, ạls
Ęrster, ạls er bẹi der Lydẹr
Mählern hörtę ạuf der họhen Pẹktịs Klạng wie ęinen Wịderhạll ...

Trübe dịr des Dạseins Fręude nịcht! Ist dem Mạnn
Das Bẹste dọch ein frọhes Lẹben!

101

Vgl. hierzu als Gegensatz das dem Theoxenos gewidmete Lied fr. 95.

Lạßt lịeben uns ụnd in der Lịebę
Willfạhrẹn, węnn's an der Zẹit ịst!
Nịcht übẹr die Zạhl der Jạhrę
Laß, Hẹrz, dich ạuf solch Tụn ęin!

102

Äolisch

⟨ .... ⟩

χάριτάς τ' ᾿Αφροδισίων ἐρώτων,
ὄφρα σὺν Χειμάρῳ μεθύων ᾿Αγαθωνίδᾳ
βάλω κότταβον

ΘΡΗΝΟΙ

I und II lückenhaft

III = fr. 103

Daktyloepitriten

```
   − ∪ − − ∪ ∪ − ∪ ∪ − − − ∪ − −
   − ∪ − − − ∪ ∪ − ∪ ∪ −
   − − ∪ − − − ∪ ∪ − ∪ ∪ − −
   − ∪ − − − ∪ ∪ − ∪ ∪ − − − ∪ −
 5 [− ∪ ∪ − ∪ ∪ − −] − ∪ ∪ − ∪ ∪ −
   − ∪ − ∪ − ∪ ∪ − ∪ ∪ − −
   − ∪ ∪ − ∪ ∪ − ∪ − ∪ ∪ − ∪ ∪ −
   − ∪ − × − ∪ −
   − ∪ − × − ∪ − − − ∪ ∪ − ∪ ∪ −
10 − − ∪ − × − ∪ −
   − ∪ − × − ∪ · · ·
   − ∪ − × − ∪ −
```

῎Εντι μὲν χρυσαλακάτου τεκέων Λατοῦς ἀοιδαί
ὥ[ρ]ιαι παιάνιδες· ἔντι [δὲ καί]
θάλλοντος ἐκ κισσοῦ στεφάνων Διο[νύσου
[διθύραμβον μ]αιόμεναι· τὸ δὲ κοι[μίσσ]αν⟨το⟩ τρεῖς
[οὐρανίαι θεαὶ υἱῶν] σώματ' ἀποφθιμένων·   5

102

Kottabos: Der Weinrest mußte beim Trinkgelage aus dem Becher so geschickt geschleudert werden, daß er klatschend auf eine metallne Schale auftraf.

(Erlangte ich doch)
Aphrodisischer Liebesgötter Huld, daß
So ich, trunken, mit Cheimaros für Agathonidas
Nun werfe den Kottabos ...

THRENOI

Trauergesänge, unter Flötenbegleitung vom Chor vorgetragen

I und II zu lückenhaft.

III = fr. 103

Der Trauergesang leitet von Göttergesängen, dem Paian auf die Kinder der Leto: Apollon und Artemis, dem Dithyrambos zu Ehren des Dionysos, über zu Klageliedern auf die Musensöhne: Linos, Hymenaios und Ialemos. Linos wurde früh hingerafft, weil er, wie es heißt, es gewagt hatte, sich mit Apollon in der Sangeskunst zu messen; das Klagelied über ihn schloß mit dem Weheruf: ai Linon! (weh über Linos!); daher bekam das Wort Ailinos die Bedeutung „Klagelied". Diese Beziehung, von Pindar hier ihrem Sinn und Klang nach dichterisch verwertet, läßt sich in der Übersetzung nicht wiedergeben. Hymenaios' Name bedeutet zugleich Hochzeitslied; unter Ialemos verstand man ein Lied äußerster Trauer. Orpheus, hier Sohn des Thrakers Oiagros, gilt sonst auch wie die drei genannten Musensöhne als Sohn Apollons (vgl. P IV 177).

Lieder gibt es für der goldspindeldrehenden Leto Kinder,
Zeitgebundne, Paian genannte, auch, wenn
Sich kränzt mit blühndem Efeu Dionysos, hin zum
Dithyrambos strebende Sänge; mit diesem legten drei
(Himmlische Mütter der Söhne) Leiber, der toten, zur Ruh:

ἁ μὲν ἀχέταν Λίνον αἴλινον ὑμνεῖ,
ἁ δ' Ὑμέναιον, ⟨ὃν⟩ ἐν γάμοισι χροϊζόμενον
[Μοῖρα] σύμπρωτον λάβεν,
ἐσχάτοις ὕμνοισιν· ἁ δ' Ἰάλεμον ὠμοβόλῳ
νούσῳ πεδαθέντα σθένος·
υἱὸν Οἰάγρου ⟨δέ⟩   10
'Ορφέα χρυσάορα

IV = fr. 104

Daktyloepitriten

Lückenhafter Text des neugefundenen Fragments, besonders von Vers
6–19.

                          'Ι]νὼ δ' ἐκ πυ[ρός
ἁρπά]ξαισα [παῖδ' ἔρ]ριψεν ἐς [κῦμ'· ἔνθα μέν
συνᾶψεν] ἀγλαοκ[όλπου] Δωρίδος
πε]ντήκο[ντα κο]ύραις   5

V = fr. 105

In dem Fragment kommt Leukothea (= Ino fr. 104) vor.
ὄ]ρθιον ἰάλεμ[ον] κελαδήσατ[ε.

VI = fr. 106

Daktyloepitriten

Zum Vergleich läßt sich die Darstellung des Vorgangs bei Apollon.
Rhod. 1,59 heranziehen.

ὁ δὲ χλωραῖς ἐλάταισι τυπείς
οἴχεται Καινεὺς σχίσαις ὀρθῷ ποδί γᾶν.

Die besingt den Linos mit tönendem Klaglied,
Die Hymnaios, den, als er kaum erst der Gattin genaht,
(Sein Geschick) hinraffte, mit
Höchsten Leids Gesängen, die Ialemos, der seine Kraft
Durch zehrende Krankheit verlor.
Oiagros' Sohn aber ...
Orpheus, den goldschwertbewehrten ...

IV = fr. 104

Vers 2–5 erzählt von Ino, die ihren Sohn Melikertes vor ihrem wahnsinnig
gewordenen Gatten Athamas zu retten sucht und mit ihm in das Reich des
Meergottes Nereus und seiner Gemahlin Doris gelangt (vgl. O II 28 ff.
Anm. zu 26; P XI 2 f.; fr. 4).

.... Ino (riß) aus dem Feuer (den
Knaben,) warf ihn in des (Meeres Wogen, wo
Sie sich) bei Doris', der busenprächtigen,
Fünfzig Töchtern (einfand.)

Das Folgende ist zu lückenhaft.

V = fr. 105

Aus den sonst sehr lückenhaften Versen hebt sich heraus:

Laut laßt tönend erschallen den Klageruf!

VI = fr. 106

Kaineus, der Lapithe, von Poseidon unverwundbar gemacht, wird von den
Kentauren unter Baumstämmen und Felsblöcken begraben. Vgl. das
Schicksal des Amphiaraos (O VI 13 ff.; N IX 24 f.; fr. 141).

... Von grünen Fichten getroffen, riß auf
Kaineus, steil stoßend den Fuß, die Erd' und verschwand.

VII = fr. 107. 108. 109

Daktyloepitriten

```
1  – U – – – U U – U U –        7  – U – X – U – – – U U – U U – –
2  – – U U – U U –                 – U – X  – U – –
3  – – U U – U U – – – U U – U U – –   8  – – U U – U U – – – U –
4  – U U – U U – ⟨     ⟩         9  – – U U – – – U U – U U –
5  – – U – X – U – U̲ – U –      10  – – U U – U U – –
6  – – U – – – U U – U · · ·
      – U – –
```

107 (περὶ τῶν εὐσεβῶν)

τοῖσι λάμπει μὲν μένος ἀελίου
τὰν ἐνθάδε νύκτα κάτω,
φοινικορόδοις ⟨δ'⟩ ἐνὶ λειμώνεσσι προάστιον αὐτῶν
καὶ λιβάνων σκιαρᾶν ⟨ἄλσεσιν⟩
καὶ χρυσοκάρποισιν βέβριθε ⟨δενδρέοις⟩·   5
καὶ τοὶ μὲν ἵπποις γυμνασίοισί ⟨τε γυίων⟩
   τοὶ δὲ πεσσοῖς
τοὶ δὲ φορμίγγεσσι τέρπονται, παρὰ δέ σφισιν
   εὐανθὴς ἅπας τέθαλεν ὄλβος·
ὀδμὰ δ' ἐρατὸν κατὰ χῶρον κίδναται
αἰεὶ θύα μειγνύντων πυρὶ τηλεφανεῖ
⟨παντοῖα θεῶν ἐπὶ βωμοῖς⟩.   10

καὶ ποταμοί τινες ἄκλυστοι καὶ λεῖοι διαρρέουσι, καὶ διατριβὰς ἔχουσιν ἐν μνήμαις
καὶ λόγοις τῶν γεγονότων καὶ ὄντων παραπέμποντες αὐτοὺς καὶ συνόντες,

108 ὄλβιοι δ' ἅπαντες αἴσᾳ λυσιπόνων τελετᾶν.

109 ἡ δὲ τρίτη τῶν ἀνοσίως βεβιωκότων καὶ παρανόμως ὁδός ἐστιν, εἰς ἔρεβός τι
   καὶ βάραθρον ὠθοῦσα τὰς ψυχάς,

ἔνθεν τὸν ἄπειρον ἐρεύγονται σκότον
βληχροὶ δνοφερᾶς νυκτὸς ποταμοί . . .

VII = fr. 107. 108. 109

Diese Fragmente behandeln gemäß den Glaubenslehren der Geheimkulte das Leben nach dem Tode (vgl. O II). Drei Wege führen dahin: der zum Olympos, den Herakles ging; der zu dem Gefilde der Seligen (Schilderung in 107, 10 8) und der an den rt der Verdammnis (109).

(Was die Seligen anlangt:)
Ihnen leuchtet drunten der Sonne Kraft, wenn
Bei uns es hier Nacht ist am Ort;
Auf Wiesen voll purpurner Rosen trägt ihr Gefild vor der Stadt an
Schattiger Zedern (Gehölz) wie auch an
Bäumen, an goldfruchtprangenden, reichen Bestand.
Die einen freun an Rossen und Ringkampf, andre
    sich am Brettspiel;
Wieder andre an der Harfen Klang; und es blüht und gedeiht bei
    ihnen jedes Glück in Fülle.
Duft über den lieblichen Ort breitet sich aus;
Stets Räucherwerk mischt weitsichtbarem Feuer man dort
Ja bei auf der Götter Altären.
Das Folgende ist lückenhaft.

Und einige Flüsse fließen ohne Gebraus und sanft dort durch; und man pflegt Unterhaltung, erinnert sich, spricht über Vergangenes und Gegenwärtiges, einander geleitend und beisammen verweilend.

Glücklich alle – sind doch qualbefreiende Weihen ihr Teil.

Der dritte ist der Weg derer, die gottlos gelebt haben und sich wider die Gesetze vergingen; der stößt in die Finsternis und in den Abgrund ihre Seelen.

Von dort das unendliche Dunkel speien aus
Trägfließende Ströme düsterer Nacht ...

110

Daktyloepitriten

$-\cup---\cup\cup-\cup\cup-\cup-\cup-$ $-\cup-\times-\cup---\cup\cup-\cup\cup-$

$--\cup\cup-\cup\cup--\cup--$ $--\cup-\times-\cup--$

$-\cup\cup-\cup\cup-$ $--\cup--\cup---\cup\cup-\cup\cup-$

σῶμα μὲν πάντων ἕπεται θανάτῳ περισθενεῖ,
ζωὸν δ' ἔτι λείπεται αἰῶνος εἴδω-
λον· τὸ γάρ ἐστι μόνον
ἐκ θεῶν· εὕδει δὲ πρασσόντων μελέων, ἀτὰρ εὐ-
δόντεσσιν ἐν πολλοῖς ὀνείροις
δείκνυσι τερπνῶν ἐφέρποισαν χαλεπῶν τε κρίσιν.

111

Daktyloepitriten

$-\cup\cup-\cup\cup---\cup-\times-\cup-$ $-\cup---\cup\cup-\cup\cup--$

$-\cup\cup-\cup\cup-\cup-\cup---\cup\cup-\cup\cup-$ $-\cup-\times-\cup---\cup\cup-\cup\cup-$

$-\cup---\cup\cup--\cup\cup-\cup\cup--$ $-\cup-\times-\cup--$

οἶσι δὲ Φερσεφόνα ποινὰν παλαιοῦ πένθεος
δέξεται, ἐς τὸν ὕπερθεν ἅλιον κείνων ἐνάτῳ ἔτεϊ
ἀνδιδοῖ ψυχὰς πάλιν, ἐκ τᾶν βασιλῆες ἀγαυοί
καὶ σθένει κραιπνοὶ σοφίᾳ τε μέγιστοι
ἄνδρες αὔξοντ'· ἐς δὲ τὸν λοιπὸν χρόνον ἥροες ἁ-   5
γνοὶ πρὸς ἀνθρώπων καλέονται.

112

εὐδαιμόνων δραπέτας οὐκ ἔστιν ὄλβος.

113

Daktyloepitriten
πέφνε δὲ τρεῖς καὶ δέκ' ἄνδρας·
τετράτῳ δ' αὐτὸς πεδάθη.

110

Das Unsterbliche im Menschen: seine Seele ist göttlichen Ursprungs.
Sie offenbart sich in den Träumen.

Zwar der Leib aller folgt dem übergewaltgen nach, dem Tod;
Doch bleibt noch lebendig ein Abbild des Lebens;
   dieses ja ist nur allein
Aus den Göttern; schläft es gleich, wenn tätig die Glieder sind, zeigt's
   doch Schlafenden in vielen Träumen
An, wenn für Frohes Entscheidung, wenn sie für Schlimmes sich naht.

111

Der Gedanke der Seelenwanderung (vgl. O II) ist hier in besonderer Weise
behandelt: Nach dreifachem Aufenthalt im Hades gelangen die Gerechte-
sten und Besten zu den Gefilden der Seligen und werden zu Heroen.

Doch deren Sühnung zuvor bewirkten Leids Persephone   [entläßt
Annimmt, zur Sonne hinauf im neunten Jahr von jenen die Seele,
Sie aufs neu; aus ihnen entstehn treffliche Kön'ge und Männer,
Höchst gewandt und stark und an Weisheit und Kunst die
Größten; doch für künftge Zeiten werden sie heilge Hero-
   en beim Menschenvolk geheißen.

112

Die Dauer der Seligkeit.
Der Seligen Glück ist kein Flüchtling, der forteilt.

113

Es handelt sich um Oinomaos, den Pelops bezwang (vgl. O I).
Dreizehn Männer schlug er tot, ward
Selber des vierzehnten Beute.

114

ἄστρα τε καὶ ποταμοὶ καὶ κύματα πόντου
τὴν ἀωρίαν τὴν σὴν ἀνακαλεῖ.

115

ΙΠΠΟΚΡΑΤΕΙ [?] ΑΘΗΝΑΙΩΙ

περὶ τῶν ἐν Ἐλευσῖνι μυστηρίων·
ὄλβιος ὅστις ἰδὼν κεῖν' εἶσ' ὑπὸ χθόν'
οἶδε μὲν βίου τελευτάν,
οἶδεν διόσδοτον ἀρχάν

ΕΞ ΑΔΗΛΩΝ ΕΙΔΩΝ

116

Der Text ist zu lückenhaft; das Versmaß daher erst von Vers 56 an (der 8. Zeile der Strophe) hier angegeben.

Str.

8 — — ∪ ∪ ∪ — — ∪ ∪ — [	14 — — ∪ ∪ — ∪ (∪) —
9 ∪ ∪ — ∪ ∪ — ∪ (∪) — ∪ —	15 ∪ · — ∪ ∪ — — ∪ ∪ (∪) — ∪
10 — — ∪ — ∪ — —	16 — — · ∪ · ∪ ∪ — — — —
11 ∪ ∪ ∪ — [— — ∪ — — · ·	17 ∪ ∪ — — — ∪∪ —
12 — ∪ ∪ — ∪ ∪ — ∪ — ∪ —	18 ∪ ∪ — ∪ ∪ —
13 — ∪ — ∪ ∪ — — —	19 ∪ · — ∪ · — ∪ ∪
	20 ∪ — ∪ — —

τοὶ πρόϊδ[ο]ν αἶσαν α[
  ζοι τότ' ἀμφε . ουτατ . [50
'Ηρακλέης· ἀλίαι [. .] . . [
ναῖ μολόντας [.]υ[. .]π[.] . [.] . σοεν
  θο . . οι φύγον ον[. . . . . .] . [.] . . .
πάντων γὰρ ὑπ[έ]ρβιος ανα . σεφα[
ψυχὰν κενεῶ[ν] εμε[.] . ἔρυκεν . . [55

Die Klage der Natur um einen zu früh Geschiedenen

Sterne und Ströme und Meereswogen – (sie rufen
Dich, der zur Unzeit schied, zurück).

115

FÜR HIPPOKRATES AUS ATHEN

Es handelt sich um die Eleusinischen Mysterien (vgl. O II 61 ff.).

Glücklich, wer jenes erschaut, eh er hinabging;
  weiß er doch des Lebens Ende,
Weiß auch den von der Gottheit gegebenen Anfang.

FRAGMENTE AUS
UNBESTIMMTEN DICHTUNGSGATTUNGEN

116

Herakles bestraft Laomedon

Laomedon enthielt Apollon und Poseidon ihren Lohn für den Mauerbau
Troias vor; zur Strafe dafür sandte Apollon die Pest, Poseidon ein Meeres-
ungeheuer. Laomedons Tochter Hesione sollte dem Ungetüm vorgeworfen
werden; doch Herakles erlegte es, nachdem Laomedon versprochen hatte,
ihm die Rosse zu geben, die sein Vater Tros für den geraubten Ganymedes
von Zeus erhalten hatte. Laomedon wurde wieder wortbrüchig, und Herakles entfernte sich unter Drohungen. Er unternahm einen Rachezug gegen
Laomedon, zerstörte, nachdem er unterwegs in Paros gelandet war, Troia
und tötete Laomedon und die meisten seiner Söhne. Diese Sage liegt dem
Fragment zugrunde.

Die sahen ihr Schicksal voraus . . .
. . . damals . . . . .
Herakles; . . . . den auf dem
Meerschiffe kommenden . . . . .
. . . . . entrannen sie . . . .
Denn allen an Kraft überlegen, . . .
Schirmt' er das Leben der erschöpften (?) Männer;

λαῶν ξενοδα[ΐ]κτα βασιλῆ[-]
 ος ἀτασθαλίᾳ κοτέω[ν] θαμά,
ἀρχαγέτᾳ τε [Δ]άλου
πίθετο παῦσέν [τ'] ἔργ' ἀναιδῆ· . . . .
 γάρ σε λ[ι]γυσφαράγων κλυτᾶν ἀυ-   60
 τά, 'Εκαβόλε, φορμίγγων.
μνάσθηθ' ὅτι τοι ζαθέας
Πάρου ἐν γυάλοις ἔσσατο ἄ[ν]ακτι
βωμὸν πατρί τε Κρονίῳ τιμάεν-
 τι πέραν Ἰσθμὸν διαβαίς,   65
ὅτε Λαομέδον-
 τι πεπρωμένοι' ἦρχετο
μόροιο κᾶρυξ.

                                        Ep.

ἦν γάρ τι παλαίφατον [. .] . . . ον
ΐκε συγγόνους   70
τρεῖς π[. .] . εω[.]ν κεφαλάν . . ρ . . ται[

117

Die vollständig oder fast vollständig erhaltenen Verse ergeben folgende
Übersicht:

2 ∪ — — ∪ — ∪ ∪ —   14   — ∪ — ∪ ∪ — — [
4 ∪ — · — ∪ — — ∪ ∪ —   15 ∪ ∪ — — — ∪ ∪ · ∪ —
5 — ∪ ∪ ∪ — ∪ — —   16 — ∪ ∪ — ∪ ∪ — — — ∪ ∪ —
13 — — ∪ — ∪ — [ ] ∪ ∪   17 — — ∪ — — ∪ ∪ — ∪ ·

'Ιων[
ἀοιδ[ὰν κ]αὶ ἀρμονίαν
αὐλ[οῖς ἐ]πεφράσ[ατο
τῶ[ν τε Λο]κρῶν τις, οἵ τ' ἀργίλοφον
πὰρ Ζεφυρίου κολώναν   5
ν[άοισ' ὑπὲ]ρ Αὐσονία[ς ἁλός
λι[παρὰ πόλ]ις· ἄνθ[ηκε δέ
οἷον [δ]χημα λιγ[υα-
 χές, οἷον παιήο[να

Dem gästemordenden Könige ob
 seines Frevels oft grollend, gehorchte er
Dem Oberherrn von Delos,
Setzte ein Ziel (schamlosen Taten); denn dich
 ehrte er, Ferntreffer, Meister helltö-
nenden herrlichen Saitenspiels.
Bedenk: er erbaute im Tal
Des hochheiligen Paros seinem Herrn, dir,
Und Vater Kronion Altäre zur Ehr,
 als er den Isthmos überquert;
Und er tat dem Lao-
 medon damals sein tödliches
Geschick zuerst kund.

Es war ja seit langem verkündet ...
Kam zu den Geschlechtsgenossen
Drei .... den Kopf ...
Das Folgende sehr lückenhaft.

117

Mit dem zephyrischen Lokrer (vgl. O X), der mit seiner Musik und Dich-
tung zu einem Ionier in Gegensatz trat, ist wohl Xenokritos gemeint. —
„Ausonisch" ist „sizilisch". Vers 1 nach dem Ergänzungsversuch von
Sandys.

(Zu) ionischer (Dichtung in Gegensatz),
So sann Lied und Fügung des Sangs
Zur Flöte ein Lokrer sich aus
Von dem Stamm, der an hellgipfligen Bergs
Höhen, am Zephyrion überm
Ausonischen (Meer wohnt;) dort liegt die Stadt
(Voller Glanz.) Einem helltönenden
Wagen gleich weiht' einen Sang er
 dem Paian ähnlich und für

'Απόλλωνί τε καὶ [Μούσαις   10
ἄρμενον. ἐγὼ μ[
παῦρα μελ[ι]ζομέν[ου τέχναν
[γλώ]σσαργον ἀμφέπω[ν ἐρε-
    θίζομαι πρὸς ἀϋτά[ν
ἀλίου δελφῖνος ὑπόκρισιν,   15
τὸν μὲν ἀκύμονος ἐν πόντου πελάγει
αὐλῶν ἐκίνησ' ἐρατὸν μέλος.

                            118
Daktyloepitriten

οἱ Τυνδαρίδαι
ἐπερχόμενόν τε μαλάσσοντες βίαιον
πόντον ὠκείας τ' ἀνέμων ... ῥιπάς

                            119
τί θεός; τὸ πάν.

                            120
θεὸς ὁ πάντα τεύχων βροτοῖς
καὶ χάριν ἀοιδᾷ φυτεύει.

                            121
Äolisch, Iamben
(περὶ τῶν θεῶν)
κεῖνοι γάρ τ' ἄνοσοι καὶ ἀγήραοι
πόνων τ' ἄπειροι, βαρυβόαν
πορθμὸν πεφευγότες 'Αχέροντος

                            122
'Ελασίβροντα παῖ 'Ρέας

Apollon und (die Musen) wohl
Passend; ich nun, (hör ich) das Spiel
Weniger Weisen von ihm, folg ich
Eiliger Zunge (Kunst): werd zu
    lautem Jubel gereizt, wie's
Des Delphins Gebaren zeigt, den in des
Meeres, des reglosen, Flut des Flötengetöns
Lieblicher Schall drehn sich und wenden läßt.

118

Es handelt sich um Kastor und Polydeukes (vgl. O III 1).

Die Tyndariden, die,
Wenn's anrückt, beschwichtigen das gewalttätge, das Meer
Und der Stürme hastige Stöße ...

119

Was ist Gott? Das All.

120

Der Gott, der alles den Sterblichen schafft, der pflanzt
Auch Anmut dem Lied ein.

121

Die Götter ja sind
Ohne Krankheit, vom Alter befreit, der Not
Nicht kundig, dumpferdröhnender
Fahrt durch den Acheron ganz entronnen ...

122

Der den Blitz schleudert, Rheas Sohn!
(Zeus) vgl. O II 12; N XI 1 f.

123

Ἀθηνᾶ

πῦρ πνέοντος ἅ τε κεραυνοῦ
ἄγχιστα δεξιὰν κατὰ χεῖρα πατρός
ἡμένη τὰς ἐντολὰς τοῖς θεοῖς ἀποδέχεται.

124

ὀρχήστ' ἀγλαΐας ἀνάσσων,
εὐρυφάρετρ' Ἄπολλον.

125

Daktyloepitriten

μαντεύεο, Μοῖσα, προφατεύσω δ' ἐγώ.

126

Μοῖσ' ἀνέηκέ με

127

Daktyloepitriten

μελισσοτεύκτων κηρίων ἐμὰ γλυκερώτερος ὀμφά.

128

Äolisch

δενδρέων δὲ νομὸν Διώνυσος πολυγαθὴς αὐξάνοι,
ἁγνὸν φέγγος ὀπώρας.

129

τί ἔρδων φίλος σοί τε, καρτερόβρεντα
Κρονίδα, φίλος δὲ Μοίσαις,
Εὐθυμίᾳ τε μέλων εἴην, τοῦτ' αἴτημί σε —

123

Athene,

Die dem feuersprühenden Blitz am
Nächsten, zur rechten Hand ihres Vaters thronend,
Die Befehle für die Götter entgegennimmt.

124

Tänzer, Herrscher des Fests, mit breitem
Köcher bewehrt, Apollon!

125

Gib, Muse, den Wahrspruch; und kund will i c h ihn tun!

126

Antrieb die Muse mich ...

127

Der Bienen Honigwaben übertrifft meine Stimme an Süße.

128

Segnen möge der Bäume Flur Dionysos, der freudvolle, der
Heilge Lichtglanz der Fruchtzeit!

129

An Zeus gerichtet.

Was, machtvoll erdröhnender Kronossohn, tu ich,
Daß ich lieb dir, lieb den Musen
Sei und der Göttin der Freude genehm, das frag ich dich —

130

ὁ ζαμενὴς δ' ὁ χοροιτύπος.
ὃν Μαλέας ὄρος ἔθρεψε, Ναΐδος ἀκοίτας
Σιληνός

131

διαλεγόμενος Σιληνὸς 'Ολύμπῳ·
ὦ τάλας ἐφάμερε, νήπια βάζεις
χρήματά μοι διακομπέων.

132

(περὶ τῶν τῆς Δήμητρος ἱερειῶν)

ταῖς ἱεραῖσ⟨ι⟩ μελίσσαις τέρπεται.

133

ἀνδρῶν δικαίων Χρόνος σωτὴρ ἄριστος.

134

θανόντων δὲ καὶ φίλοι προδόται.

135

(περὶ τῶν Κερκώπων)

οἱ μὲν κατωκάρα δεσμοῖσι δέδενται . . .

130

Maleia: im Süden der Peloponnes, eine Gegend, in der die Sage Silen und Satyrn, sowie den Kentauren Chiron hausen läßt.

Ein Verrückter, im Tanzgestampf,
Er, den Maleias Gebirg aufzog, der Quellnymphe Gatte:
Silenos!

131

Es spricht Silenos mit Olympos (dem Flötenspieler):
Taggeschöpf, unseliges, Törichtes schwatzst du,
Wenn du von Schätzen mir vorprahlst!

132

Es handelt sich um die Priesterinnen der Demeter (als Bienen bezeichnet; so auch die Priesterinnen der Artemis – Schol. zu P IV 104; 60).
Über die heiligen „Bienen" freut sie sich.

133

Gerechten Männern ist Zeit der beste Helfer.

134

Verstorbne – selbst Freunde geben sie preis.

135

Die Kerkopen, Kobolde, die den Reisenden Schabernack zufügen, werden deshalb von Herakles bestraft und gebunden (Schneidewin).
Die sind mit Fesseln – den Kopf unten – gebunden.

136. 137

136 ("Ωτος καὶ Εφιάλτης)

πιτνάντες θοὰν κλίμακ' οὐρανὸν ἐς αἰπύν

137 ἀλλαλοφόνους ἐπάξαντο λόγχας ἐνὶ σφίσιν αὐτοῖς.

138

φιλόμαχον γένος ἐκ Περσέος

139. 140

140 'Ροῖκος ... ἰδὼν δένδρον εὐφυὲς κεκλιμένον, ἀπὸ δὲ τοῦ χρόνου πίπτειν μέλλον, κάμαξιν ἐνστηρίξας ἐπὶ πλέον μένειν ἐποίησεν. ἡ δὲ Νύμφη θεασαμένη χάριν αὐτῷ ὡμολόγησεν

139 ἰσοδένδρου τέκμαρ αἰῶνος θεόφραστον λαχοῖσα,

140 καὶ ἐκέλευσεν αὐτόν, ὅτι ἂν ἐθέλῃ αἰτεῖν. ὁ δὲ τὴν συνουσίαν αὐτῆς ᾐτήσατο. ἡ δὲ ἔφη αὐτῷ, ὅτι τὸν καιρὸν τῆς μίξεως ἀφικνουμένη σοι μέλισσα προερεῖ. καί ποτε πεσσεύοντος αὐτοῦ παρίπτατο ἡ μέλισσα. πικρότερον δὲ ἀποφθρυξάμενος εἰς ὀργὴν ἔτρεψε τὴν Νύμφην ὥστε πηρωθῆναι.

141

Daktyloepitriten

⟨ἀνδρ⟩οδάμαν⟨τα⟩ δ' ἐπεὶ Φῆρες δάεν
ῥιπὰν μελιαδέος οἴνου,
ἐσσυμένως ἀπὸ μὲν λευκὸν γάλα χερσὶ τραπεζᾶν
ὤθεον, αὐτόματοι δ' ἐξ ἀργυρέων κεράτων
πίνοντες ἐπλάζοντο ...   5

136. 137

Otos und Ephialtes, zwei Riesen, wollten den Himmel erstürmen und wurden deshalb von Zeus bestraft (vgl. P IV 88).

(Otos und Ephialtes)

Mit hurtiger Leiter zum steilen Himmel langend ...

Die wechselseitig mordenden rammten sie, die Lanzen, einer in den andern.

138

Perseus' Nachkommen: Herakles, Amphitryon u.a. (vgl. dith. IV).

Kampfliebendes Geschlecht aus Perseus' Blut ...

139. 140

Als Rhoikos bemerkte, daß ein wohlgewachsener Baum gebeugt war und mit der Zeit zu stürzen drohte, stützte er ihn mit Pfählen und bewirkte so, daß er für länger fortbestand. Die Baumnymphe sah dies und versprach ihm, dankbar zu sein,

Da sie mit dem Baum des Lebens Schluß, den gottbestimmten, teilte,

und forderte ihn auf, einen Wunsch zu äußern. Der nun erbat sich Vereinigung mit ihr. Sie sagte ihm, daß den Zeitpunkt ihres Zusammenseins ihm das Kommen einer Biene vorher verkünden werde. Und als er einst beim Brettspiel war, flog die Biene herbei. Da er eine zu scharfe Antwort gab, brachte er die Nymphe in Zorn, so daß er die Zeugungskraft verlor.

141

„Pheren" ist ein anderer Name für die Kentauren; es handelt sich hier um ihren Kampf mit den Lapithen; vgl. fr. 106.

Doch als die Pheren des honigsüßen Weins
Bezwingende Wirkung erfahren,
Stürmisch da stießen die weiße Milch mit den Händen sie von den Tischen; und unaufgefordert silberne Hörner zum Trunk
Ansetzend, wurden wirr sie im Sinn ...

142

Ἡρακλῆς εἰς τὴν τοῦ Κορωνοῦ στέγην ἀφικόμενος σιτεῖται βοῦν ὅλον.

Daktyloepitriten

'δοιὰ βοῶν
θερμὰ πρὸς ἀνθρακιάν
στέψαν, πυρὶ δ' ὤπτων
σώματα· καὶ τότ' ἐγώ
σαρκῶν τ' ἐνοπὰν ⟨ἴδον⟩ ἠδ' ὀ-
στέων στεναγμὸν βαρύν·   5
ἦ διακρῖναι ἰδόντ' ⟨οὐ⟩ πολλὸς ἐν καιρῷ χρόνος'.

143

Es wurde versucht, trotz der Lücken einen sprachlich, metrisch, inhaltlich möglichst vollständigen Text dieses eigenartigen Fragments zu erzielen (vgl. Textabweichungen S. 535 f. Versmaße von Ep. 1, 7 ff. nach Snell).

Choriamben und Iamben

Str.

1 ∪∪ ∪ − − ∪ ∪ −
   − − ∪ ∪ − ∪ ∪ −
   ∪ − ∪ − − ∪ ∪ − ∪ ∪ −
   ∪̅ − ∪ − − ∪ ∪ − ∪ −
5 − − ∪ − − ∪ ∪
   ∪ − − ∪ ∪ − ∪ −
   − ∪∪ − ∪ ∪ − ∪ ∪ − ∪∪ − −
   ∪ − − ∪ ∪ − ∪ ∪ − ∪ ∪ −
   − − − ∪ ∪ − ∪ ∪ − −
10 − − ∪ ∪ − − ∪ ∪ −

∪ ∪ − ∪ ∪ ∪ − −
− ∪ − − ∪ ∪ − ∪ ∪ −
∪ ∪ − − − ∪ − −

Ep.

∪ ∪ − ∪ − ∪ − −
∪ ∪ − ∪ ∪ ∪ − −
∪ − (∪) − − ∪ − ∪ ∪ −
− − − ∪ ∪ − − ∪ − −
− ∪ − − ∪ ∪ −
∪ − − ∪ ∪ ∪ − −

                                                       Str. 1

Νόμος ὁ πάντων βασιλεύς
θνατῶν τε καὶ ἀθανάτων
ἄγει δικαιῶν τὸ βιαιότατον

142

Die Worte sollen von dem Lapithenfürsten Koronos stammen, in dessen
Behausung Herakles einen ganzen Ochsen verspeist haben soll.

„... Rindsleiber zwei,
Warm noch, legten auf sie der Glut
Der Kohlen und brieten
Sie in dem Feuer, und ich
Nahm wahr das Geprutzel vom Fleisch, der
   Knochen dumpfes Gestöhn;
Klar zu entscheiden, blieb nicht viel Zeit hierbei dem Schauenden."

143

Die Frage, wie übermenschliche Kraft sonst vorbildlicher Götter und
Helden zu Gewalttat und Raub führen kann und wie solche Taten zu
beurteilen sind, steht am Anfang des Fragments, dessen erster Teil aus
Platon schon bekannt war. Der Dichter legt den Gedanken, daß der
„Nomos", d.h. Brauch und Sitte, aber auch Gesetz und Recht, als gott-
gelenkte (44) mythische Macht gedacht. solche Taten rechtfertige, an
zwei Beispielen dar. Herakles führt die Rinder des Geryones zu Eurystheus. seinem Auftraggeber, mit sich fort, und — das wird in den neugefundenen Versen ausführlich berichtet — er raubt auf Heras Geheiß (44)
die Rosse des als tapfer und edel dargestellten Aressohnes Diomedes
(11 ff., 38 ff.). Diese Aufgabe löst der Zeussohn ohne seinen Helfer Iolaos.
der inzwischen seinen Großvater Amphitryon durch Opfer ehrt (42—53).
Herakles tötet den ihn verfolgenden Diomedes — wohl mit Hilfe des
Poseidonsohnes Abderos — und bringt die Rosse zu Eurystheus (55—61;
vgl. 10 ff.) — 10 f. Kikonen; Bistonischer See: in Thrakien. 13 Enyalios:
Ares; 20 „er": Herakles; 27 ff. Tische: Krippen; während die Stuten fressen,
bindet Herakles ihre Körper und Glieder mit Ketten. 41 „er": Herakles;
44 Sthenelos' Sohn: Eurystheus (vgl. O III 28; P IX 79 ff.); 47 Iolaos:
Neffe und Gefährte des Herakles (vgl. P IX 79 ff.; XI 59 f.); 60 Thronia:
Mutter des Abderos (pai II 1,104).

Nomos, der Sterblichen all wie
Unsterblichen König, er lenkt
Als Recht dies fordernd, das Gewaltsame mit

ὑπερτάτᾳ χειρί. τεκμαίρομαι
ἔργοισιν Ἡρακλέος·   5
ἐπεὶ Γηρυόνα βόας
Κυκλώπειον ἐπὶ πρόθυρον Εὐρυσθέος
ἀνατεί τε] καὶ ἀπριάτας ἔλασεν,
κεῖνος καὶ] Διομήδεος ἵππους
ἔκλεψε μ]όναρχον Κ[ι]κόνων   10
  παρὰ] Βιστονίδι λίμνᾳ
χαλκοθώρ]ακος Ἐνυαλίου
δαμάσας] ἔκπαγλον υἱόν

Ant. 1

Διὸς ὑπο]στάντα μέγαν
παῖδ᾽ οὐ κό]ρῳ ἀλλ᾽ ἀρετᾷ.   15
κρέσσον γ]ὰρ ἁρπαζομένων τεθνάμεν
πρὸ χρη]μάτων ἢ κακὸν ἔμμεναι.
αὔλισμ᾽] ἐσελθὼν μέγα
κρυφᾷ ν]υκτὶ βίας ὁδόν
ἥρως εὖ]ρε· λαβὼν δ᾽ ἕν[α] φῶ[τ]α πεδάσα[ις]   20
φά[τναις] ἐν λιθίναις βάλ[εν ὠμοτάτας
ἵππω[ν μαινομενᾶν φρέ[νας ἆσαι,
καί μ[ιν ἐλάκ]ιζον. ταχέως
  δ᾽ ἀράβη[σε] δια[λ]εύκων
ὀστέ[ων] δοῦπος ἐ[ρ]⟨ε⟩ικομένων.   25
ὁ δ᾽ ἄφ[αρ π]λεκτόν τε χαλκόν

Ep. 1

ὑπερή[γα]γε τραπεζᾶν
προβάτων ἁλυσιωτόν
δι᾽ ἑρκ[έ]ων, τεῖρε δὲ στερεῶ⟨ς⟩
ἄλλαν [μ]ὲν σκέλος, ἄλλαν δὲ πᾶχ[υν,   30
τὰν δὲ πρυμνὸν κεφαλᾶς
ὀδ[ὰ]ξ α[ὐ]χένα φέροισαν.
τάς μι[ν] δ᾽ ὅμως ἐ[σιδοῖ]σ᾽ ὑπάγ[οντα] θυρ[αία
πικρο[τά]ταν κλάγεν ἀγγε[λία]ν
ζαμενέ[᾽ εἰς]τύρανν[ον].   35
ποι]κίλω[ν ἐ]κ λεχέω[ν ἀπέ]διλ[ος
ἀνόρουσε]ν· καθέ[ηκεν Κικόνα]ς ῥᾳ[στους

Allzwingendęr Hand. Ich bewęise ęs
Durch Hęraklęs' Tąten; dęnn
Des Gęryones Rįnderschąr
Zu dem Kyklǫpischen, zu des Eurystheus Vǫrhǫf
(Ųngęstrąft), auch durch Kąuf nicht erląngt, trieb er fǫrt,
(Stąhl so ąuch) Diomędes die Rǫssę,
Dęr Kikǫnen Hęrrn (bändigend) ąn
Dem Bistǫnischen Gewässęr,
Ịhn, des (ęrzpąnzergerüsteten), des Gǫtts
Enyąliǫs fųrchtbarn Sǫhn, dęr

(Zeus' Sohn), dem starken, widerstand,
(Aus Hochmut nicht), sondern voll Mut.
Denn (besser), man stirbt bei Verteidigung (des Guts)
Gegen den Raub, als daß man feige ist.
(Den Stall), den großen, betrat
(Der Held heimlich), fand nachts des Zwangs
Weg; er ergriff einen Mann, hob ihn hoch, warf ihn nieder
In die steinernen Krippen, den (grausamen) Sinn
Der (wildrasenden) Stuten zu (sättgen).
Die (zerrissen) ihn. Und nicht gar lang
Danach knackte knirschend weißer,
  Brechender Knochen dumpf tönend Geräusch.
Aber der – über der Tiere

Abgetęilte Tịsche (fųhrt' ęr)
Ihre Ęrzkętte; hart zęrręnd,
Rieb jęne Stųtę am Schęnkel er, dịe
Ąn dem Vǫrderbein, ųnd die am Kǫpf vǫrn,
Mịt den Zähnen erfąßt,
(Die Kętte) trųg, ąn dem Nąckęn.
Dǫch (sịeht) ihn, wịe er sie (ąnspannt), vorm Hąus (eine Mągd), schręit
Bịtterste Bǫtschaft von drąußen hinęin
(Zu) dem grịmm'gen Hęrrschęr.
Vǫn dem bųntfąrbigen Bętt, unbeschụht, sprąng
Er empǫr lịeß (die Kikǫnęn möglichst) rąsch (ịns

ἐς πεδ]ίον κακ[ῷ τε ληστῇ
ἅρμα τρίπωλ]ον ἔ[σπετ' ἄγοντι.]
ἄνατ[ον οὐ βουλόμενος τοῦτο]ν ἐ[ᾶν   40

                Str. 2
ἔμολε[· κ]αὶ παῖδα [δ' [ἀφείς]   41
Ἡρακλ[έ]ος ἐξα[γαγεῖ]ν
τεταγμένον – τοῦτ' ἄρ[α δωδ]έκατο[ν
Ἥρας ἐφετμαῖς – Σθενέλο[ι]ό μιν
υἱὸς κέ[λ]ευσε⟨ν⟩ μόνον   45
ἄνευ συ[μμ]αχίας ἴμεν.
καὶ Ἰόλαο[ς ἐ]ν ἑπταπύλοισι μένω[ν τε
Θήβαις] Ἀμφιτρύωνί τε σᾶμα χέω[ν
ταύρους δέκα] μιᾷ δ' ἐπὶ θήκᾳ
πάντα θῦσε νῦ]ν καλλικέρως   50
   ἔχεεν θ' ὀμ]άδις· οὕς οἱ
τοῦδε δάμ]ου στρατὸς οὐκ ἀέκ[ων
ἄγ]αγ[εν. τοῦτ]όν τ[ε] κ[οιν]ᾷ

                Ant. 2
ἐπε]φέ[ρονθ' ἄ]ρμα[τι αἱ
ἵππ]οι προ[τὶ] λίμ[νον. ὁ τό]ν   55
ἰδὼ]ν ἑκὰ[ς ταγὸς ἔχων] πολ[έας
ἐξε]ῦρε· κα[ὶ τὸν δάμασ' ὀρχ]αμον
υἱὸς Δι]ός, [τὸν στρατόν
ἐπεὶ πα]ῦσ' ἐ[πικεί]μενον
παῖς Θρονίας]. ἔλ[ασ' οὗτος ἄρ' οἰκό]νδ' ἔμ[πας   60
ἐπ' Εὐρυσθέα, ὅς σφέ γε δ]έκ[το μέν, αἱ
δ' ἵπποι] . . . . .

                   144

Daktyloepitriten

κατὰ μὲν φίλα τέκν' ἔπεφνεν θάλλοντας ἥβᾳ
δώδεκ', αὐτὸν δὲ τρίτον

Tal ziehn. Dem schlimmen (Räuber) folgte
Er (des Dreigespanns, wollt' ihn) straflos
(Nicht) lassen; drum) macht' er sich auf. – Als den Knecht

Sthenelos' Sohn (abgesandt), daß
Die Heraklesarbeit getan
Sein sollte – die nämlich die (zwölfte) war auf
Heras Geheiß –, hatte er Herakles
Befohlen, er sollte ganz
Allein, ohne Gefolgschaft gehn.
Und Iolaos, im siebentorigen (Theben)
Bleibend, warf dem Amphitryon das Grab indes auf,
(Brachte dar) an dem Grabmal, dem einen,
(Zehn Rinder zum Opfer), prächtig gehörnt,
    samt dem Weihguß. Übergab sie
Ihm doch willig eine Schar (dieses Lands).
Aber jenen führten, gemeinsam

Ziehend, mit fort) auf dem Gefährt
(Die Stuten) zum See. Weit entfernt
(Sah ihn der Fürst), holte mit zahlreicher Schar
(Ihn) ein. Da (zwang nieder) den Herrscher des
Zeus (Sohn, indes) Einhalt bot
Der nach(drängen)den (Schar der Sproß
Thronias. Jener nun) fuhr das Gespann ganz heimwärts (zu
Eurystheus; der) empfing (ihn, die Rosse, die er
Freiließ, wurden von wildem Getier am
Olympos zerrissen.) . . . . .

144

Es handelt sich wohl um die Söhne des Neleus, die – mit Ausnahme von
Nestor – durch Herakles den Tod fanden.

Er erschlug liebe Söhne ihm zwölf, kraftvoll blühnde,
Selber ihn dann als den dreizehnten . . .

145

Daktyloepitriten

– ∪ ∪ – ∪ ∪ –   – ∪ – – – ∪ ∪ – ∪ ∪ – –

– – ∪ ∪ – ∪ ∪ – –   – ∪ ∪ – ∪ ∪ – – – ∪ ∪ – ∪ ∪ –

– ∪ – – – ∪ – – – ∪ – –   – ∪ – – ∪ – – – ∪ –

– ∪ ∪ – ∪ ∪ –

Πηλέος ἀντιθέου
μόχθοις νεότας ἐπέλαμψεν
μυρίοις· πρῶτον μὲν Ἀλκμήνας σὺν υἱῷ
Τρώϊον ἂμ πεδίον,
καὶ μετὰ ζωστῆρας Ἀμαζόνος ἦλθεν,   5
καὶ τὸν Ἰάσονος εὔδοξον πλόον ἐκτελέσαις
εἷλε Μήδειαν ἐν Κόλχων δόμοις

146

Ἀμαζόνες
Σύριον εὐρυαίχμαν διεῖπον στρατόν

Das Folgende ist zu lückenhaft.

147

Die Verse sind als Beispiele für besondere Gestaltung des Versmaßes ange-
führt, doch auch inhaltlich von Interesse.

a) πεπρωμέναν θῆκε μοῖραν μετατραπεῖν
b) ἀνδροφθόρου, οὐδὲ σιγᾷ κατερρύη

c) τροχὸν μέλος, ⟨τ⟩αὶ δὲ Χίρωνος ἐντολαί
d) αἴνιγμα παρθένοι’ ἐξ ἀγριᾶν γνάθων.
e) ἐν δασκίοισιν πατήρ, νηλεεῖ νοῷ δ’
f) δ’ οὐδὲν προσαιτέων ἔφθεγξάμαν ἔπι

148

...ὑφαίνω δ’ Ἀμυθαονίδαισιν ποικίλον
ἄνδημα

145

Statt des Telamon (so N IV 25; I vi 17) macht hier Pindar den Peleus
zum Gefährten des Herakles (vgl. auch Euripides Schol. Androm. 796).
Iasons Fahrt: die Fahrt der Argonauten (P IV 12, 119 ff.; N III 54);
Medeia; Tochter des Königs Aietes von Kolchis (O XIII 53; P IV 9 f. u. s.).

Peleus, dem gottgleichen, strahlt
Die Jugend in heldischen Mühen
Ohne Zahl; erst zog er mit Alkmenes Sohn zur
Troischen Ebene, der
Amazone Gürtel zu holen, sodann; und
Als er des Iason berühmte Seefahrt beendet, da nahm
Er Medea im Haus der Kolcher . . .

146

Die Amazonen —
Der Syrer Heer, das speerstarke, zerstreuten sie —
Das Folgende ist zu lückenhaft überliefert.

147

Die Verse a, b, d und e gehören zur Oidipussage: Rätsel der Sphinx und
Begegnung zwischen Vater (Laïos) und Sohn. c Der Kentaur Chiron als
Erzieher (vgl. P IV 102, 115; N III 53 u. s.).

a) Das ihm verhängte Los sucht' er zu ändern.

b) der Menschen Verderb, ward sie nicht durch Schweigen herab-
gestürzt.

c) Hinfließend Lied; was an Aufträgen Chiron gab . . .

d) der Jungfrau Rätsel – aus grausamen Kinnbacken (tönt es).

e) Im Dickicht der Vater; erbarmungslosen Sinns . . .

f) Gar nichts erbat ich und fing meine Rede an

148

Amythaons Sohn: der Wahrsager und Weihepriester Melampos; dessen
Nachkomme: Amphiaraos (P IV 126; pai IV 28).

. . . ein Stirnband den Amythaoniden web ich, ein
Buntglänzendes . . .

149

Daktyloepitriten

– ∪ ∪ – ∪ ∪ – – – ∪ – – – ∪ –

– – ∪ ∪ – ∪ ∪ – – – ∪ –

– – ∪ ∪ – ∪ ∪ – – – ∪ –

μὴ πρὸς ἅπαντας ἀναρρῆξαι τὸν ἀχρεῖον λόγον·
ἔσθ' ὅτε πιστόταται σιγᾶς ὁδοί·
κέντρον δὲ μάχας ὁ κρατιστεύων λόγος.

150

...ὁ γὰρ ἐξ οἴκου ποτὶ μῶμον ἔπαινος κίρναται.

151

περ ἰτῆς Ἐριφύλης

ὢ πόποι, οἷ' ἀπατᾶται φροντὶς ἐπαμερίων
οὐκ ἰδυῖα

152

Φοῖνιξ

ὃς Δολόπων ἅγαγε θρασὺν ὅμιλον σφενδονᾶσαι
ἱπποδάμων Δαναῶν βέλεσι πρόσφορον

153

ὑπερμενὲς ἀκαμαντοχάρμαν Αἴαν

154

ἔτι δὲ τειχέων κἄκίει καπνός.

155

ἥρωες αἰδοίαν ἐμείγνυντ' ἀμφὶ τράπεζαν θαμά.

149

Vielleicht zu den Ermahnungen eines Erziehers (Chiron vgl. N III 53) oder Vaters (Amphiaraos vgl. fr. 30) gehörig; auch fr. 29 paßt nach Inhalt und Form hierher.

Nicht gegen jedermann laß losbrechen das unnütze Wort!
Manchmal der sicherste ist des Schweigens Weg;
Doch Stachel zum Streit, das am stärksten tönt: das Wort.

150

... Kommt's aus eignem Hause, mit Tadel wird dann das Lob vermischt.

151

Es handelt sich um Eriphyles Schicksal (N IX 16 ff.).
Weh, wie der Tagesgeschöpfe Denken dem Truge erliegt!
Nicht ja weiß sie ...

152

Phoinix, Führer der am Pindos ansässigen Doloper im Kampf um Troia (P I 72).
Phoinix,
Welcher der Doloper tapfere Schleudererschar führte; die half
Reisigen Danaern mit den Geschossen im Kampf.

153

O überstarker, nie kampfesmüder Aias!

154

Ob es sich um Troia handelt, läßt sich nicht mit Sicherheit sagen.
Noch aus den Mauern strömt Rauch hervor.

155

Die Helden fanden an dem Ehrentische ringsum oft sich ein.

156

Daktyloepitriten

φθέγμα μὲν πάγκοινον ἔγνω-
   κας Πολυμνάστου Κολοφωνίου ἀνδρός·

157

πανδείματοι μὲν ὑπὲρ πόντιον ῞Ελλας πόρον ἱρόν

158

αὐλὸς
Αἰολεὺς ἔβαινε Δωρίαν κέλευθον ὕμνων.

159

Δελφοὶ θεμίστων μάντιες
'Απολλωνίδαι

160

Daktyloepitriten

— ∪ ∪ — ∪ ∪ — —
— — ∪ ∪ — — ∪ —
   — — ∪ ∪ — ∪ ∪ — — ∪ —

πενταετηρὶς ἑορτά
βουπομπός, ἐν ᾇ πρῶτον εὐνάσθην ἀγαπατὸς ὑπὸ σπαργάνοις

161
⟨ΘΗΒΑΙΟΙΣ⟩

Daktyloepitriten

— ∪ — × — ∪ — — ∪ ∪ — ∪ ∪ — —   — ∪ — — — ∪ ∪ — ∪ ∪ —
— ∪ — × — ∪ — — — ∪ —   5   — — ∪ ∪ — ∪ ∪ — — — ∪ —
— ∪ — — — ∪ ∪ — —   — ∪ — × — ∪ — —

156

Polymnastos aus Kolophon, Musiker, Zeitgenosse Pindars.

Den geläufgen Ausspruch kennst du,
　der von Polymnastos aus Kolophon herstammt: ...

157

Das Perserheer
Zu aller Schrecken (zog hin über) der Helle heilgen Meersund.

158

Die dorische Weise: vgl. O I 102 und fr. 71.
Die Flöte,
Die aiolische, beschritt den dorischen Pfad der Weisen.

159

Die Delpher, Wahrspruchdeuter in
Apollons Bezirk ...

160

Pindar über den Tag seiner Geburt (Pythisches Fest 518); über seine
Vaterstadt Theben vgl. die Fragmente 161—165.

Als das Fünfjahrfest begann mit
Stieropfern, da ward ich zuerst
　als Kind voller Liebe in Windeln gelegt.

161

FÜR DIE THEBANER

Vgl. O VI, wo am Anfang der Vergleich des Liedes mit einem Bauwerk
weiter ausgeführt ist.

κεκρότηται χρυσέα κρηπὶς ἱεραῖσιν ἀοιδαῖς·
εἶα τειχίζωμεν ἤδη ποικίλον
κόσμον αὐδάεντα λόγων. ⟨ὅς⟩
καὶ πολυκλείταν περ ἐοῖσαν ὅμως
   Θήβαν ἔτι μᾶλλον ἐπασκήσει θεῶν
καὶ κατ' ἀνθρώπων ἀγυιάς.

162

Daktyloepitriten
Εὐάρματε χρυσοχίτων ἱερώτατον
ἄγαλμα, Θήβα...

163

λιπαρᾶν τε Θηβᾶν μέγαν σκόπελον

164

Daktyloepitriten
   οὗτοι με ξένον
οὐδ' ἀδαήμονα Μοισᾶν ἐπαίδευσαν κλυταί
Θῆβαι...

165

Äolisch
μελιγαθὲς ἀμβρόσιον ὕδωρ
Τιλφώσσας ἀπὸ καλλικράνου

166

Daktyloepitriten
περί τῶν Λακεδαιμονίων·
ἔνθα βουλαὶ γερόντων
καὶ νέων ἀνδρῶν ἀριστεύοισιν αἰχμαί,
καὶ χοροὶ καὶ Μοῖσα καὶ 'Αγλαΐα.

Goldner Grund ist für die heiligen Gesänge geschmiedet;
Auf denn, laßt uns bauen ein bunt schimmernd, in
Worten redend Bauwerk! Das wird
Theben, das schon weithin berühmte, doch noch
   viel prächtiger machen auf den für Götter wie
Menschenvolk erbauten Straßen.

162

Die Stadt Theben ist als Gottheit gedacht.
Auf herrlichem Wagen, im Goldkleid, Götterbild,
Mir heiligstes: Theben . . . !

163

Der Felsen Thebens trägt die Burg Kadmeia.
Des schimmernden Theben mächtigen Fels . . .

164

. . . . . . Nicht als einen, der
Fremd ist noch unkund der Musen, hat mich erzogen das
Ruhmreiche Theben . . .

165

Tilphossa in Boiotien.
Süß wie Honig, göttliches Wasser von
Der lieblichen Tilphossaquelle . . .

166

Über die Lakedaimonier,
Wo der Ratschlag der Alten,
Junger Männer Lanzenkraft vortrefflich sind und
Reigen, Kunst der Musen und Freude des Fests.

167

Daktyloepitriten

Αἰγυπτίαν Μένδητα, πὰρ κρημνὸν θαλάσσας
ἔσχατον Νείλου κέρας, αἰγιβάται
ὅθι τράγοι γυναιξὶ μίσγονται

168

λευκίππων Μυκηναίων προφᾶται

169

Ionisch

```
    — — —   U U — — U U —
U U — — U U —   U U — — U U — U — U — —
U U — U — U — U — U UU — UU U — · · ·
```

ἄνδρες θήν τινες ἀκκιζόμενοι
νεκρὸν ἵππον στυγέοι-
    σι λόγῳ κείμενον ἐν φάει, κρυφᾷ δέ
σκολιαῖς γένυσσιν ἀνδέροντι πόδας ἠδὲ κεφαλάν.

170

καὶ λιπαρῷ Σμυρναίων ἄστεϊ

171

Daklyloepitriten

Ἀρχὰ μεγάλας ἀρετᾶς,
ὤνασσ' Ἀλάθεια, μὴ πταίσῃς ἐμάν
σύνθεσιν τραχεῖ ποτὶ ψεύδει.

172

παρὰ Λύδιον ἅρμα πεζὸς οἰχνέων

167

Die Schilderung der Landschaft entspricht nicht der Wirklichkeit.

Ägyptisch Mendes, an des Meers Steilhang, des Niles
Äußerstem Berghorn, wo die Böcke, die sonst
Die Geiß bespringen, Weibern sich paaren ...

168

Bezieht sich vielleicht auf Amphiaraos (vgl. fr. 30 und 148).

Schimmelberittner Mykenaier Wahrspruchdeuter

169

Wider Heuchelei und Verstellung; besonders gegen Menschen gerichtet,
die öffentlich ihren Abscheu vor Dingen oder Taten bezeugen, die sie
heimlich begehren oder auszuführen wünschen.

Es ekeln manche Männer sich – sie tun
Nur so – vor einem veren-
   deten Roß, liegt es am Licht des Tags; doch heimlich –
Ihre Backen breit gezogen – häuten Schädel sie ab und Gebein.

170

Und der Smyrnaier Stadt, der glanzvollen ...

171

Ursprung hoher Tüchtigkeit, laß,
O Herrin Wahrheit, mein mühsam Schaffen nicht
Straucheln über steinige Lüge! ...

172

Sprichwörtlich für Leute, die als Schwächere mit Stärkeren wetteifern.

Neben lydischem Wagen hin zu Fuße gehend ...

173

Ταρτάρου πυθμένα ποθ' ἥξεις ἀφανοῦς
σφυρηλάτοις ἀνάγκαις.

174

τοὺς φυσιολογοῦντας
ἀτελῆ σοφίας καρπὸν δρέπ(ειν)

175

χαλεπώτατοι
ἄγαν φιλοτιμίαν μνώμενοι
ἐν πόλεσιν ἄνδρες.
ἱστᾶσιν ἄλγος ἐμφανές.

176

(ἡ κακία?)
κακόφρονά τ' ἄμφαν(εν) πραπίδων καρπόν

177

φθόνον
κενεοφρόνων ἑταῖρον ἀνδρῶν

178

πότερον δίκᾳ τεῖχος ὕψιον
ἢ σκολιαῖς ἀπάταις ἀναβαίνει
ἐπιχθόνιον γένος ἀνδρῶν·
δίχα μοι νόος ἀτρέκειαν εἰπεῖν.

173

Ungewiß ist, auf wen sich die Worte beziehen.

Zu des dunklen Tartaros Grund kommst du einst hin
Durch erzgehämmerten Zwang.

174

Von den Naturphilosophen sagt Pindar,
Daß sie unreif der Weisheit Frucht sich pflücken.

175

Ein durch Papyrusfund bestätigtes und etwas erweitertes Zitat:

Höchst gefährlich sind
Zu sehr sich auf Ehrsucht einstellende
Männer in den Staaten;
Sie wirken Leid, das klar sich zeigt.

176

Die Feigheit –
Bösartige Frucht des Sinns offenbart sie ...

177

Neid,
Den Gefährten dünkelhafter Männer ...

178

Ob durch rechtes Handeln die höhere
Mauer ersteigt oder krummes Betrügen
Das irdische Menschengeschlecht, läßt
Mich mein zweifelnder Sinn nicht klar entscheiden.

179

ὃς ἂν δικαίως καὶ ὁσίως τὸν βίον διάγῃ,

γλυκεῖά οἱ καρδίαν
ἀτάλλοισα γηροτρόφος συναορεῖ
Ἐλπίς, ἃ μάλιστα θνατῶν πολύστροφον γνώμαν κυβερνᾷ.

180

[ΘΗΒΑΙΟΙΣ?]

Daktyloepitriten, wie Vers 2–7 zeigt, sonst lückenhaft.

2 – ∪ – – – ∪ ∪ – ∪ ∪ –   5 – ∪ –
3   – – ∪ – ✕ – ∪ – –   6 – ∪ – – – ∪ ∪ – ∪ ∪ –
4 – ∪ ∪ – – – ∪ – ✕ – ∪ –   7 – ∪ – ✕ – ∪ – – – ∪ – (–)

a) ἄλλα δ' ἄλλοισιν νόμιμα, σφετέραν
   δ' αἰνεῖ δίκαν ἀνδρῶν ἕκαστος.
  δάϊον, ὦ τάν, μή με κερτόμ[ει γόνον.
  ἔστι μοι   5
  πατρίδ' ἀρχαίαν κτενὶ Πιερίδ[ων
  ὦ]στε χαίταν παρθένου ξανθ[ὰν ἀγάλλειν.
  ἔπ]ν[ευσ]εν γάρ, Ἄπολλον],
  . . .λύ]ρᾳ τε καὶ ὕ[μνοις
  . . . . .]αι μελί[φρ]ων ἀγλαΐαις[10
  . . . .]συνετοῖ[ς   ] . τ[έρ]ψεις· ἔπομ[αι

b) ἀμ]φέπων χρυ[σο]π[λόκοις εὔδ]οξα Μοίσαις[
  νέ]μομαι παρὰ [   ]
  Παρ]νασσίδι [. .] . ο[. . . . . . .ἀκρο]τόμοι[ς]
  πέ]τραισι Κιρρα[   ] . . .ν πεδίων
  . . .] . .ν εὐκάρπ[ου χθον]ὸς ὀ[μ]φαλόν· οὔθ' ἱπ[-   5
  ποισι]ν ἀγαλλόμ[ενος

Das Folgende ist zu lückenhaft.

179

Führt einer gerecht und fromm sein Leben,
Ist süße, herzlabende,
Das Alter erquickende Hoffnung ihm gesellt,
Hoffnung, die am stärksten der Sterblichen sich oft wan-
delnden Sinn lenkt.

180

FÜR DIE BEWOHNER THEBENS (?)

Zu dem bisher nur in zwei Zeilen erhaltenen Fragment kommen durch die
neuen Papyrusfunde eine ganze Anzahl weiterer, allerdings vielfach
lückenhafter Verse hinzu. Es ist von den Pieriden (Musen; O X 96 Anmerkung), vom Parnassos, dem Berg, und von Kirrha, dem Hafen Delphis,
die Rede; Apollon wird angeredet. Auch Athene und – anscheinend – der Erd-
erschütterer Poseidon kommen in den letzten zu lückenhaften Versen vor.

Dem scheint dies, das jenem gerecht; und sein eig-
nes Rechttun lobt jeder der Männer.
Nicht die armselge Herkunft, Bester, schmähe mir!
Kann ich die
Alte Heimat – hell strahlt vom Kamme sie der
Musen wie der Jungfrau blondes Haar – (doch preisen.)
(Es wehte), Apollon, ...
.. durch (Leier) und Festlieder ...
ja herzerfreuend (die Luft.) Durch festlichen Glanz ...
Wirst du den Sinn den Verständigen .... (ergötzen); ich folge ..

Schaff ich, was Ruhm bringt, mit Huld goldlockger Musen,
Find ich Weide beim (Berge)
Parnassos und bei den (hoch)geschnittnen
Felsen bei Kirrha .... der Ebenen
..... des (Lands), des fruchtreichen, Nabel; an Rossen
weder erfreuend mich noch

181

γλυκύ τι κλεπτόμενον μέλημα Κύπριδος

182

οἱ δ' ἄφνει πεποίθασιν

183

τῶν ἐπὶ ταῖς τραπέζαις
οὔτε τι μεμπτόν
οὔτ' ὧν μεταλλακτόν, ὅσσ' ἀγλαὰ χθών
πόντου τε ῥιπαὶ φέροισιν.

184

Daktyloepitriten

$-\cup\cup-\cup\cup--\cup--\cup--$ $\quad$ $-\cup-\cup-\cup\cup-\cup\cup-$

$---\cup\cup-\cup\cup-$ $\quad$ $-\cup\cup-\cup\cup--\cdot\cdot$

$--\cup---\cup\cup-\cup\cup--$

...ἀελλοπόδων μέν τιν' εὐφραίνοισιν ἵππων
τιμαὶ καὶ στέφανοι,
τοὺς δ' ἐν πολυχρύσοις θαλάμοις βιοτά·
τέρπεται δὲ καί τις ἐπ' οἶδμ' ἅλιον
ναῒ θοᾷ διαμείβων...   5

185

Διὸς παῖς ὁ χρυσός·
κεῖνον οὐ σὴς οὐδὲ κίς,
δάπτει ⟨δὲ⟩ βροτεᾶν φρένα κάρτιστον κτεάνων.

181

Kypris (Kypria): Aphrodite; vgl. O I 15, N VIII 7.

Süß ist gestohlenes Liebespfand, wenn Kypris (hilft).

182

Die vertrauen auf Reichtum ...

183

Vielleicht wendet sich hier Pindar gegen die Speiseverbote der Pytha-
goreer (Wilamowitz, Pindaros, S. 251).

Bei dem, was auf den Tisch kommt:

Verachten soll, ändern
Man nichts von dem, was die prangende Erde
Wie auch des Meers Wogen bringen ...

184

Vgl. Horatius, c. I 1.

Ein Beispiel für die bei Pindar öfter vorkommende Form der Aufzählung
(Priemel); vgl fr. 82 und 197.

Sturmfüßgen Rossegespanns Ehrungen und Kränze freun den
Einen, andre erfreut
Ihr Leben in goldreichen Gemächern; es wird
Mancher auch ergötzt, wenn den Schwall er des Meers
Eilenden Schiffes durchkreuzt ...

185

Des Zeus Sohn ist – das Gold;
Motten nicht fressen's noch Wurm;
Es zerfleischt als das mächtigste Gut der Sterblichen Sinn.

186. 187 a b

χρυσέων βελέων ἔντι τραυματίαι ...

κῆρες ὀλβοθρέμμονες ... μεριμναμάτων ἀλεγεινῶν ...
θέλγητρ' ἀδονᾶς ...

188

(Πίνδαρος ἐκέλευσεν) ὑποτρέσαι

ἴσον μὲν θεὸν ἄνδρα τε φίλον ⟨θεῷ⟩

189

ὁπόταν θεὸς ἀνδρὶ χάρμα πέμψῃ,
πάρος μέλαιναν καρδίαν ἐστυφέλιξεν.

190

οὔτις ἑκὼν κακὸν εὕρετο.

191

Daktyloepitriten

... νέων δὲ μέριμναι σὺν πόνοις εἱλισσόμεναι
δόξαν εὑρίσκοντι· λάμπει δὲ χρόνῳ
ἔργα μετ' αἰθέρ' ⟨ἀερ⟩θέντα ...

192

τιθεμένων ἀγώνων πρόφασις

... ἀρετὰν ἐς αἰπὺν ἔβαλε σκότον.

193

νικώμενοι γὰρ ἄνδρες ἀγρυξίᾳ δέδενται·
οὐ φίλων ἐναντίον ἐλθεῖν

186. 187ab

Vom Geiz und den Gefahren des Reichtums; vgl. 182.

Von des Goldes Geschossen Verwundete sind sie ...

[Kummer ...

Mißgeschicke, reichtumgenährte... voll von schmerzlichen Sorgen und
Reizmittel der Wollust ...

188

Pindar mahnt,
Ein Gott sei und ein Mann, der einem Gotte lieb,
In gleichem Maß zu fürchten ...

189

Wenn ein Gott einem Menschen Freude sendet,
Stößt vorher er sein Herz ihm in düstre Bedrängnis.

190

Zuzieht freiwillig sich keiner ein Unheil.

191

... Der Jungen Bemühn, dem sie mit Nöten sich unterziehn,
Findet seinen Ruhm; und hell strahlt mit der Zeit,
Was sie geleistet, zum Äther erhoben ...

192

Kommt es zum Wettkampf − ein Ausweichen stürzt
Selbst tüchtigste Kraft dann jählings in das Dunkel hin.

193

Besiegte Männer sind gefesselt durch ihr Verstummen;
Freunden nicht entgegen zu gehen ...

194

τόλμα τέ μιν ζαμενὴς καὶ σύνεσις πρόσκοπος ἐσάωσεν.

195

τὸ πεπρωμένον οὐ πῦρ, οὐ σιδάρεον σχήσει τεῖχος.

196

πιστὸν δ' ἀπίστοις οὐδέν

197

Daktyloepitriten

... ὑφ' ἄρμασιν ἵππος,
ἐν δ' ἀρότρῳ βοῦς· παρὰ ναῦν δ' ἰθύει τάχιστα δελφίς,
κάπρῳ δὲ βουλεύοντα φόνον κύνα χρή
τλάθυμον ἐξευρεῖν ...

198

οἱ δελφῖνες

φιλάνορα δ' οὐκ ἔλιπον βιοτάν.

199

ὄπισθεν δὲ κεῖμαι θρασειᾶν
ἀλωπέκων ξανθὸς λέων.

200

ἔνθα ποῖμναι κτιλεύονται κάπρων λεόντων τε ...

201

ἰαχεῖ βαρυφθεγκτᾶν ἀγέλαι λεόντων ...

194

Mutvolle Kühnheit und Einsicht, die vorausblickt, die hat ihn
gerettet.

195

Was verhängt ist, nicht Feuer wehrt es ab, nicht ehrne Mauer.

196

Untreuen keine Treue ...

197

(Es zeigt seine Tüchtigkeit)

... am Wagen das Roß, am   [phin; für
Pflug der Stier; gradaus an dem Schiff hin eilt schnellstens der Del-
Den Keiler muß ein Hund voller Mordlust, doch höchst
Standhaft, gefunden werden ...

198

Die (aus Seeräubern entstandenen) Delphine (vgl. Relieffries am Denkmal des Lysikrates) —
Von menschlicher Lebensart ließen sie nicht.

199

„Den Freunden freundlich, den Feinden feindlich begegnen" (P II 83 ff.).
Ich lieg auf der Lauer den Füchsen,
Den frechen, ich, ein gelber Leu.

200

Dort ist's, wo Herden sie zähmen von Ebern und Löwen ...

201

Laut erschallend ruft dumpfbrüllender Löwen Rudel ...

202

ποτίκολλον ἅτε ξύλον παρὰ ξύλῳ

203

Αἴγινα
ἁ μὲν πόλις Αἰακιδᾶν

204

(περὶ Πειρίθου καὶ Θησέως)
φὰν δ' ἔμμεναι
Ζηνὸς υἱοὶ καὶ κλυτοπώλου Ποσειδάωνος.

205

χεῖρ' Ἀκιδαλίας

206

μελιρρόθων δ' ἔπεται πλόκαμοι ...

207

τῷ Λυαίῳ λύοντι
δυσφόρων σχοινίον μεριμνᾶν

208

εἰς Πύλας Γαδειρίδας ... ὑστάτας ἀφῖχθαι ... τὸν Ἡρακλέα.

209

Μοῖσαι ἀργύρεαι

202

(Von Schmeichlern gesagt:)
Sich fest anhängend wie an Holz geleimtes Holz ...

203

(Von Aigina gesagt:)
Der Aiakossprößlinge Stadt ...

204

Peirithoos und Theseus
Sagten: „Des Zeus
Sind wir und des rosseberühmten Poseidon Söhne."

205

Akidalia: Quelle von Orchomenos in Boiotien.
Hand der Akidalia ...

206

Mischung von Bildern und Vergleichen; vgl. fr. 35,12.
Der honigfließenden (Worte) Geflecht ...

207

Lyaios (Dionysos, der Weingott) löst
Schwer erträglicher Sorgen Stricke.

208

Tore von Gadeira: Straße von Gibraltar.
Zu diesem weit entlegenen Ort gelangte Herakles, vgl. O III 44).
Zu Gadeiras Toren hin ...

209

Der Ausdruck bezieht sich auf Bezahlung von Liedern; vgl. P XI 42, I ii 8.
Die silbernen Musen ...

210

(Πίνδαρος πού φησιν εἶναι)

μάλων χρυσῶν φύλαξ,

τά δὲ εἶναι Μουσῶν καὶ τούτων ἄλλοτε ἄλλοις νέμειν.

211

ἡ διάνοια ... πέτεται

τᾶ(ς) τε γᾶς ὑπένερθε ... οὐρανοῦ θ᾽ ὕπερ.

212

ὑψικέρατα πέτραν

213

Ὠκεανοῦ πέταλα κρᾶναι

214

Πίνδαρος εἶπε σκώψας πλούσιόν τινα εὔξασθαι

κατὰ χρυσόκερω λιβανωτοῦ

210

Pindar sagt irgendwo, er sei
Goldener Äpfel Wächter.

Sie gehörten den Musen; und von ihnen teile er den einen hier, den andern
dort zu.

211

Das Denken (die Geisteskraft) fliegt
Tief unter die Erde ... und über den Himmel.

212

Vielleicht von Delos gesagt:
Den hochgehörnten, den Felsen

213

Des Okeanos Blätter – die Quellen

214

Pindar verspottete einen Reichen, der beim Weihrauchopfer Stiere mit
vergoldeten Hörnern schlachten ließ, und sagt, er habe gebetet
Bei goldgehörntem Weihrauch.

ANTIKE ZEUGNISSE

Βίος Πινδάρου

Πίνδαρος ὁ ποιητὴς Θηβαῖος ἦν ἐκ Κυνοκεφάλων· κώμη δέ ἐστι Θηβαϊκή· υἱὸς δὲ Δαϊφάντου, κατὰ δ' ἐνίους Παγώνδα. ἔνιοι δὲ Σκοπελίνου αὐτὸν γενεαλογοῦσι, τινὲς δὲ τὸν Σκοπελῖνον πατρωὸν αὐτοῦ γενέσθαι καὶ αὐλητὴν ὄντα τὴν τέχνην διδάξαι. μητρὸς δὲ Κλεοδίκης· οἱ δὲ Κληδίκης γράφουσι. παῖς δὲ ὢν ὁ Πίνδαρος, ὡς Χαμαιλέων καὶ Ἴστρος φασί, περὶ τὸν Ἑλικῶνα θηρῶντα αὐτὸν ὑπὸ πολλοῦ καμάτου εἰς ὕπνον κατενεχθῆναι, κοιμωμένου δὲ αὐτοῦ μέλισσαν τῷ στόματι προσκαθίσασαν κηρία ποιῆσαι. οἱ δέ φασιν ὅτι ὄναρ εἶδεν ὡς μέλιτος καὶ κηροῦ πλῆρες εἶναι αὐτοῦ τὸ στόμα, καὶ ἐπὶ ποιητικὴν ἐτράπη. διδάσκαλον δὲ αὐτοῦ Ἀθήνησιν οἱ μὲν Ἀγαθοκλέα, οἱ δὲ Ἀπολλόδωρον λέγουσιν, ὃν καὶ προϊστάμενον κυκλίων χορῶν ἀποδημοῦντα πιστεῦσαι τὴν διδασκαλίαν τῷ Πινδάρῳ παιδὶ ὄντι, τὸν δὲ εὖ διακοσμήσαντα διαβόητον γενέσθαι. ἔρεισμα δὲ τῆς Ἑλλάδος εἰπὼν Ἀθήνας (fr. 64) ἐζημιώθη ὑπὸ Θηβαίων χιλίαις δραχμαῖς, ἃς ἐξέτισαν ὑπὲρ αὐτοῦ Ἀθηναῖοι. ἦν δὲ οὐ μόνον εὐφυὴς ποιητής, ἀλλὰ καὶ ἄνθρωπος θεοφιλής. ὁ γοῦν Πὰν ὁ θεὸς ὤφθη μεταξὺ τοῦ Κιθαιρῶνος καὶ τοῦ Ἑλικῶνος ᾄδων παιᾶνα Πινδάρου· διὸ καὶ ᾆσμα ἐποίησεν εἰς τὸν θεόν, ἐν ᾧ χάριν ὁμολογεῖ τῆς τιμῆς αὐτῷ, οὗ ἡ ἀρχή (fr. 76)· ὦ Πὰν Πὰν Ἀρκαδίας μεδέων καὶ σεμνῶν ἀδύτων φύλαξ. ἀλλὰ καὶ ἡ Δημήτηρ ὄναρ ἐπιστᾶσα αὐτῷ ἐμέμψατο, ὅτι μόνην τῶν θεῶν οὐχ ὕμνησεν· ὁ δὲ εἰς αὐτὴν ἐποίησε ποίημα, οὗ ἡ ἀρχή (fr. 25)· Πότνια θεσμοφόρε

Leben Pindars

Der Dichter Pindar war Thebaner aus Kynoskephalai, einem thebanischen Dorf. Er war der Sohn des Daïphantos, nach einigen der des Pagondas. Einige lassen ihn von Skopelinos abstammen; manche behaupten, daß Skopelinos sein Stiefvater geworden sei und als Flötenspieler ihn in seiner Kunst unterrichtet habe[1]). Seine Mutter war Kleodike, manche schreiben: Kledike. Als Pindar als Knabe, so erzählen Chamaileon und Istros[2]), auf dem Helikon jagte und vor großer Müdigkeit in Schlaf verfallen war, habe sich auf des Schlummernden Mund eine Biene niedergelassen und Honigwaben gebildet. Manche sagen, er habe im Traum erlebt, wie von Honig und Wachs sein Mund voll war, und habe sich der Dichtkunst zugewandt. Als seinen Lehrer in Athen nennen die einen den Agathokles, die andern den Apollodoros; der habe, als er als Leiter von kyklischen Chören verreiste, dem jungen Pindar Einübung und Aufführung anvertraut; der aber habe sie gut durchgeführt und sei weithin bekannt geworden. Als er Athen das „Bollwerk von Hellas" nannte (fr. 64), wurde er von den Thebanern mit 1000 Drachmen bestraft, die für ihn die Athener bezahlten. Er war nicht nur ein begabter Dichter, sondern auch ein gottgeliebter Mensch. Den Gott Pan nämlich sah man, wie er zwischen Kithairon und Helikon einen Paian Pindars sang. Deshalb verfaßte er auch ein Lied auf den Gott, in dem er ihn des Dankes für diese Ehre versichert; es fängt so an (fr. 76): „O Pan, Pan, Arkadiens Betreuer und heiliger Räume Wächter!" Ferner erschien ihm auch Demeter als Traumbild und hielt ihm vor, daß er sie allein von den Göttern nicht besungen habe. Da verfaßte er auf sie ein Gedicht, das so anfängt (fr. 25): „Herrin ‚Gesetzgeberin, gold-

---

[1]) Vgl. Pindars Herkunft; auch die Suda bevorzugt den Namen Daïphantos.

[2]) Pindarbiographen; Chamaileon von Heraklea (340—270 v. Chr.); Istros von Kyrene (um 200 v. Chr.), Schüler des Kallimachos.

χρυσάνιον. ἀλλὰ καὶ βωμὸν ἀμφοτέρων τῶν θεῶν πρὸ τῆς οἰκίας τῆς ἰδίας ἱδρύσατο. Παυσανίου δὲ τοῦ Λακεδαιμονίων βασιλέως ἐμπιπρῶν-τος τὰς Θήβας ἐπέγραψέ τις τῇ οἰκίᾳ· Πινδάρου τοῦ μουσοποιοῦ τὴν στέγην μὴ καίετε· καὶ οὕτως μόνη ἀπόρθητος ἔμεινεν, καὶ ἔστι τὸ νῦν ἐν Θήβαις πρυτανεῖον. ἀλλὰ καὶ ἐν Δελφοῖς ὁ προφήτης μέλλων κλείειν τὸν νεὼν κηρύσσει καθ᾽ ἡμέραν· Πίνδαρος ὁ μουσοποιὸς παρίτω πρὸς τὸ δεῖπνον τῷ θεῷ. καὶ γὰρ ἐν τῇ τῶν Πυθίων ἑορτῇ ἐγεννήθη, ὡς αὐτός φησι (fr. 160)· Πενταετηρὶς ἑορτὰ βουπομπός, ἐν ᾇ πρῶτον εὐνάσθην ἀγαπατὸς ὑπὸ σπαργάνοις. λέγεται δὲ θεωροὺς ἀπιόντας εἰς Ἄμμωνος αἰτῆσαι Πινδάρῳ τὸ ἐν ἀνθρώποις ἄριστον, καὶ ἀποθα-νεῖν ἐν ἐκείνῳ ἐνιαυτῷ. ἐπέβαλλε δὲ τοῖς χρόνοις Σιμωνίδῃ ἢ νεώτερος πρεσβυτέρῳ· τῶν γοῦν αὐτῶν μέμνηνται ἀμφότεροι πράξεων. καὶ γὰρ Σιμωνίδης τὴν ἐν Σαλαμῖνι ναυμαχίαν γέγραφε καὶ Πίνδα-ρος μέμνηται τῆς Κάδμου βασιλείας. ἀλλὰ καὶ ἀμφότεροι παρὰ Ἱέρωνι τῷ Συρακοσίων τυράννῳ γεγένηνται. γήμας δὲ Μεγάκλειαν τὴν Λυσιθέου καὶ Καλλίνης ἔσχεν υἱὸν Δαΐφαντον, ᾧ καὶ δαφνηφορικὸν ᾆσμα ἔγραψεν· καὶ θυγατέρας δύο, Πρωτομάχην καὶ Εὔμητιν. γέγραφε δὲ βιβλία ἑπτακαίδεκα· ὕμνους, παιᾶνας, διθυράμβων β', προσοδίων β', παρθενίων β', φέρεται δὲ καὶ γ' ὃ ἐπιγράφεται κεχωρισμένων παρ-θενίων, ὑπορχημάτων β', ἐγκώμια, θρήνους, ἐπινίκων δ'. φέρεται δὲ ἐπίγραμμα ἐπὶ τῇ τελευτῇ αὐτοῦ τόδε·

    Ἦ μάλα Πρωτομάχα σε καὶ Εὔμητις λιγύφωνοι
      ἔκλαυσαν πινυταί, Πίνδαρε, θυγατέρες,
    Ἀργόθεν ἦμος ἵκοντο κομίζουσ᾽ ἔνδοθι κρωσσοῦ
      λείψαν᾽ ἀπὸ ξείνης ἀθρόα πυρκαϊῆς.

                                (cod. Ambrosianus)

zaumlenkend"[1]). Er baute weiterhin auch einen Altar für beide Gottheiten vor seinem eigenen Hause[2]). Als Pausanias, der König der Lakedaimonier, Theben verbrannte[3]), schrieb einer an das Haus: „Pindars des Dichters Haus verbrennt nicht!" Und so blieb es allein unzerstört und besteht noch jetzt in Theben als Rathaus. Aber auch in Delphi ruft der Wahrsager, wenn er den Tempel schließen will, täglich aus: „Pindar, der Dichter, möge herkommen zum Mahl für den Gott!" Wurde er doch am pythischen Fest geboren, wie er selbst sagt (fr. 160): „Als das Fünfjahrfest begann mit Stieropfern, da ward ich zuerst als Kind voller Liebe in Windeln gelegt." Man erzählt, daß Festgesandte, die zum Heiligtum des Ammon zogen, für Pindar das unter Menschen Beste erfleht hätten; und er sei in jenem Jahre gestorben[4]). Der Zeit nach stand er als der Jüngere dem Simonides als dem Älteren nach. Sie erinnern wenigstens beide an dieselben Unternehmungen. Simonides nämlich beschreibt die Seeschlacht bei Salamis, und Pindar erinnert an die Königsherrschaft des Kadmos[5]). Beide sind bei Hieron, dem König der Syrakusaner, gewesen. Pindar heiratete Megakleia, die Tochter des Lysitheos und der Kalline, und hatte von ihr einen Sohn, Daïphantos, für den er auch ein Lorbeerträgerlied verfaßte; ferner zwei Töchter, Protomache und Eumetis. Verfaßt hat er 17 Bücher: Hymnen, Paiane, 2 Dithyramben, 2 Proshodien, 2 Parthenien, dazu, so berichtet man, ein 3., das ,abgesonderte Parthenien' betitelt wird, 2 Hyporchemata (Tanzlieder), Enkomien, Threnoi (Trauergesänge), 4 Epinikien (Siegeslieder). Überliefert wird folgendes Epigramm auf seinen Tod:

> Wahrlich, Protomache und Eumetis, deine verständ'gen
> Töchter, beweinten dich laut klagend, o Pindaros, als
> Sie von Argos kamen und brachten die Urne hierher, die
> Barg, was fremden Lands Holzstoß an Asche belieβ.

---

[1]) Vielmehr auf Persephone, vgl. Paus. IX 23.3; Demeter mit Meter (Mutter) Kybele verwechselt.

[2]) Für Kybele und Pan.

[3]) Nicht Pausanias, der Theben nicht verbrannte, sondern Alexander; vgl. Herkunft Pindars und Pindars Herkunft in Versen, sowie die Suda.

[4]) Die Suda verbindet diese Geschichte mit der vom Tode Pindars auf den Knien des von ihm besungenen Knaben Theoxenos; vgl. fr. 95.

[5]) Xerxes (?).

Πινδάρου ἀποφθέγματα

Πίνδαρος ὁ μελοποιὸς ἐρωτηθεὶς ὑπό τινος, τί πρίονος ὀξύτερον, εἶπε· διαβολή.

Παραγενόμενος δὲ εἰς Δελφοὺς καὶ ἐρωτώμενος, τί πάρεστι θύσων, εἶπε· παιᾶνα.

Ἐπερωτηθεὶς πάλιν, διὰ τί Σιμωνίδης πρὸς τοὺς τυράννους ἀπεδήμησεν εἰς Σικελίαν, αὐτὸς δὲ οὐ θέλει· ὅτι βούλομαι, εἶπεν, ἐμαυτῷ ζῆν, οὐκ ἄλλῳ.

Ἐρωτηθεὶς δέ, διὰ τί οὐ τῷ εὖ πράττοντι τὴν θυγατέρα δίδωσιν, οὐ μόνον δεῖσθαί φησιν εὖ πράττοντος, ἀλλὰ καὶ πράξοντος εὖ.

Ἐρωτηθεὶς πάλιν ὑπό τινος, διὰ τί μέλη γράφων ᾄδειν οὐκ ἐπίσταται, εἶπε· καὶ γὰρ οἱ ναυπηγοὶ πηδάλια κατασκευάζοντες κυβερνᾶν οὐκ ἐπίστανται.

Τοὺς φυσιολογοῦντας ἔφη ἀτελῆ σοφίας δρέπειν καρπόν (fr. 174).

Πινδάρου γένος

Πίνδαρος τὸ μὲν γένος Θηβαῖος, υἱὸς Δαϊφάντου κατὰ τοὺς ἀληθεστέρους· οἱ δὲ Σκοπελίνου· οἱ δὲ τὸν αὐτὸν Σκοπελίνου φασίν. οἱ δὲ Παγώνδα καὶ Μυρτοῦς, ἀπὸ κώμης Κυνοκεφάλων. ἡ δὲ Μυρτὼ ἐγαμήθη Σκοπελίνῳ τῷ αὐλητῇ, ὃς τὴν αὐλητικὴν διδάσκων τὸν Πίνδαρον, ἐπεὶ εἶδε μείζονος ἕξεως ὄντα, παρέδωκε Λάσῳ τῷ Ἑρμιονεῖ μελοποιῷ, παρ' ᾧ τὴν λυρικὴν ἐπαιδεύθη. γέγονε δὲ κατὰ χρόνους Αἰσχύλου καὶ συγγεγένηται καὶ τέθνηκεν· ὅτε καὶ τὰ Περσικά, ἤκμαζον. ἔσχε δὲ θυγατέρας δύο, Εὔμητιν καὶ Πρωτομάχην. κατῴκει δὲ τὰς Θήβας, πλησίον τοῦ ἱεροῦ τῆς μητρὸς τῶν θεῶν τὴν οἰκίαν ἔχων. ἐτίμα δὲ τὴν θεὸν σφόδρα, ὢν εὐσεβέστατος, καὶ τὸν Πᾶνα, καὶ τὸν Ἀπόλλωνα, εἰς ὃν καὶ πλεῖστα γέγραφε. νεώτερος δὲ ἦν

Pindars Aussprüche

Als der Dichter Pindar von einem gefragt wurde, was schärfer sei als eine Säge, sagte er: „Verleumdung".

Als er nach Delphi kam und man ihn fragte, was er hier opfern wolle, sagte er: „Einen Paian".

Als man ihn weiterhin fragte, warum Simonides zu den Königen nach Sizilien gereist sei, er aber nicht dorthin wolle, sagte er: „Weil ich mir selber leben will, keinem andern".

Auf die Frage, weshalb er nicht dem, der tüchtig und wohlhabend sei, seine Tochter gebe, sagte er: „Nötig ist einer, der nicht nur tüchtig und wohlhabend ist, sondern es auch in Zukunft bleibt".

Auf eines Mannes weitere Frage, warum er als Verfasser von Liedern nicht zu singen verstehe, sagte er: „Auch die Schiffbauer, die Steuerruder herstellen, verstehen ja nicht, zu steuern".

Von den Naturphilosophen sagte er, daß sie unreif der Weisheit Frucht pflücken (fr. 174).

Herkunft Pindars

Pindar, von Herkunft Thebaner, war nach glaubwürdigeren Zeugen ein Sohn des Daïphantos. Manche sagen, des Skopelinos, andere, daß Daïphantos und Skopelinos derselbe seien. Andere sagen, er sei der Sohn des Pagondas und der Myrto[1]) aus dem Dorf Kynoskephalai. Myrto aber vermählte sich mit dem Flötenspieler Skopelinos, der Pindar das Flötenspiel lehrte; dann, als er sah, daß er höhere Begabung besaß, übergab er ihn dem Dichter Lasos aus Hermione, bei dem er in der lyrischen Dichtung unterrichtet wurde. Er lebte und starb zur Zeit des Aischylos und hatte Umgang mit ihm; zur Zeit der Perserkriege hatten sie ihre Blüte. Er hatte zwei Töchter: Eumetis und Protomache. Er wohnte in Theben; nahe dem Heiligtum der Göttermutter hatte er sein Haus. Er verehrte die Göttin sehr, da er sehr fromm war, dazu den Pan und den Apollon, auf den er auch die meisten Dichtungen schuf. Jünger

---

[1]) Wohl verwechselt mit der Dichterin Myrtis, nach der Suda Lehrerin Pindars.

Σιμωνίδου, πρεσβύτερος δὲ Βακχυλίδου. κατὰ δὲ τὴν Ξέρξου κατάβα-
σιν ἤκμαζε τῇ ἡλικίᾳ. ἐτιμήθη δὲ σφόδρα ὑπὸ πάντων τῶν Ἑλλήνων
διὰ τὸ ὑπὸ τοῦ Ἀπόλλωνος φιλεῖσθαι οὕτως, ὡς καὶ μερίδα λαμβάνειν
ἀπὸ τῶν προσφερομένων τῷ θεῷ, καὶ τὸν ἱερέα βοᾶν ἐν ταῖς θυσίαις·
Πίνδαρον ἐπὶ τὸ δεῖπνον τοῦ θεοῦ. λόγος καὶ τὸν Πᾶνα[1]) εὑρῆσαί ποτε
ᾄδοντα περὶ τοῦ Πέλοπος· λόγος δὲ ὅτι ποτὲ Λακεδαιμόνιοι Βοιωτοὺς
ἐμπρήσαντες καὶ Θήβας ἀπέσχοντο μόνης τῆς οἰκίας αὐτοῦ, θεασά-
μενοι ἐπιγεγραμμένον τὸν στίχον τοῦτον· Πινδάρου τοῦ μουσοποιοῦ
τὴν στέγην μὴ καίετε. ὅπερ καὶ τὸν Ἀλέξανδρον μετὰ ταῦτά φασι
πεποιηκέναι· καὶ γὰρ οὗτος ἐμπρήσας τὰς Θήβας μόνης ἐκείνης
ἐφείσατο. ἐχθρωδῶς δὲ διακειμένων τῶν Ἀθηναίων πρὸς τοὺς Θη-
βαίους, ἐπεὶ εἶπεν ἐν τοῖς ποιήμασιν· ὦ ταὶ λιπαραὶ καὶ μεγαλοπόλιες
Ἀθᾶναι, ἐζημίωσαν αὐτὸν χρήμασι Θηβαῖοι, ἅπερ ὑπὲρ αὐτοῦ
ἔτισαν Ἀθηναῖοι. γέγραπται δὲ αὐτῷ ἑπτακαίδεκα βιβλία, ὧν τέσσαρα
ἡ λεγομένη περίοδος λέγει τάδε· Ὀλυμπιονίκας Πυθιονίκας Ἰσθμιονί-
κας Νεμεονίκας.

Τέθνηκε δὲ ὁ Πίνδαρος ἐξ καὶ ἑξήκοντα ἐτῶν γεγονὼς ἐπὶ Ἀβίωνος
ἄρχοντος κατὰ τὴν ἕκτην καὶ ὀγδοηκοστὴν Ὀλυμπιάδα. ἤκουσε δὲ
Σιμωνίδου.

(Nach Thomas Magister[2])

Πινδάρου γένος δι' ἐπῶν

Πίνδαρον ὑψαγόρην Καδμηίδος οὐδεῖ Θήβης
Κλειδίκη εὐνηθεῖσα μενεπτολέμῳ Δαϊφάντῳ
γείνατο ναιετάουσα Κυνὸς κεφαλῆς παρὰ χώρῳ,
οὐκ οἶον· ἅμα τῷ καὶ Ἐρίτιμον εἰδότα θήρην,
εἰδότα πυγμαχίην τε παλαισμοσύνην τ' ἀλεγεινήν.   5
τὸν μὲν ὅτε κνώσσοντα ποτὶ χθόνα κάτθετο μήτηρ
εἰσέτι παιδνὸν ἐόντα, μέλισσά τις ὡς ἐπὶ σίμβλῳ

---

[1]) ὀρχήσασθαί ποτε τὸν αὐτοῦ παιᾶνα καὶ χαίρειν ᾄδοντα τοῦτον ἀεὶ ἐν τοῖς ὄρεσι v. l.
[2]) Thomas Magister, ca. 1270—1325 n. Chr., Schüler des Planudes, gelehrter
Mönch.

war er als Simonides, älter als Bakchylides. Um die Zeit des Xerxeszugs stand er auf der Höhe seiner Kraft. Er wurde hoch geehrt von allen Hellenen, weil er von Apollon derart geliebt wurde, daß er einen Anteil von den Einkünften des Gottes erhielt und daß auch der Priester bei den Opferfesten rief: „Pindar möge zum Mahl des Gottes kommen!" Man erzählt, einst habe man auch den Pan angetroffen, wie er seine Ode über Pelops (OI) getanzt habe und wie er sich immer am Singen dieses Liedes im Gebirge erfreute. Man erzählt ferner, daß einst die Lakedaimonier, als sie Boiotien und Theben verbrannten[1]), sich allein von seinem Hause ferngehalten hätten, als sie diese Zeile daran geschrieben sahen: „Das Haus des Dichters Pindar verbrennet nicht!" So habe nachher auch Alexander gehandelt, sagt man; denn auch er verschonte, als er Theben verbrannte, nur jenes Haus. Da er (Pindar) trotz der feindlichen Einstellung der Athener gegen die Thebaner in seinen Gedichten gesagt hatte: „O glänzendes und großstädtisches Athen" (fr. 64), bestraften ihn die Thebaner mit einer Geldstrafe, die für ihn die Athener bezahlten. Verfaßt sind von ihm 17 Bücher, von denen die sogenannte „Gruppe" folgende vier Titel nennt:
Für die Olympia-, Pytho-, Nemea- und Isthmossieger.

. . . .

Gestorben ist Pindar 66 Jahre alt[2]) unter dem Archon Abion[3]) in der 86. Olympiade. Er „hörte" Simonides (war Zuhörer des S.).

Pindars Herkunft in Versen

Pindar, den hohen Sänger, gebar an der Kadmosstadt Theben
Schwelle Kleidike, Gattin des tapfren Daïphantos, die im
Dorf Kynoskephalai wohnhaft war; sie gebar nicht als einzgen
Ihn, außerdem Eritimos, der sich verstand auf das Jagen,
Sich verstand auf den Faustkampf und auf die schmerzvolle Ringkunst.
Pindar, den schlummernden, legte die Mutter hin auf die Erde,
Als er ein Kind noch war; da flog herzu eine Biene,

[1]) Vgl. Leben Pindars S. 499 Anm. 3.
[2]) Dagegen Pindars Herkunft in Versen V. 31; die Suda gibt 55 Jahre an.
[3]) Unbekannt.

χείλεσι νηπιάχοισι τιθαιβώσσουσα ποτᾶτο.
τῷ δὲ λιγυφθόγγων ἐπέων μελέων θ᾽ ὑποθήμων
ἔπλετο δῖα Κόριννα· θεμείλια δ᾽ ὤπασε μύθων   10
τὸ πρῶτον· μετὰ τὴν δ᾽ Ἀγαθοκλέος ἔμμορεν αὐδῆς,
ὅς τέ ῥά οἱ κατέδειξεν ὁδὸν καὶ μέτρον ἀοιδῆς.
εὖτε δ᾽ Ἀλεξάνδροιο Φιλιππιάδαο μενοινῇ
Καδμείων ἀφίκοντο Μακηδόνες ἄστεα πέρσαι,
Πινδαρέων μεγάρων οὐχ ἥψατο θεσπιδαὲς πῦρ.   15
ἀλλὰ τὰ μὲν μετόπισθεν. ἔτι ζώοντι δ᾽ ἀοιδῷ
Φοῖβος ἄναξ ἐκέλευσε πολυχρύσου παρὰ Πυθοῦς
ἦια καὶ μέθυ λαρὸν ἀεὶ Θήβηνδε κομίζειν.
καὶ μέλος, ὡς ἐνέπουσιν, ἐν οὔρεσιν ἠυκέρως Πάν
Πινδάρου αἰὲν ἄειδε, καὶ οὐκ ἐμέγηρεν ἀείδων.   20
ἦμος δ᾽ ἐν Μαραθῶνι καὶ ἐν Σαλαμῖνι παρέσταν
αἰναρέται Πέρσαι μετὰ Δάτιδος ἀγριοφώνου,
τῆμος ἔτι ζώεσκεν, ὅτ᾽ Αἰσχύλος ἦν ἐν Ἀθήναις.
τῷ δὲ Τιμοξείνῃ παρελέξατο δῖα γυναικῶν,
ἣ τέκεν Εὔμητιν, μεγαλήτορα καὶ Δαΐφαντον,   25
Πρωτομάχην δ᾽ ἐπὶ τοῖσιν. ἔμελψε δὲ κῦδος ἀγώνων
τῶν πισύρων, μακάρων παιήονας ἄνδρασι θρήνους,
καὶ μέλος ὀρχηθμοῖο, θεῶν τ᾽ ἐρικυδέας ὕμνους,
ἠδὲ μελιφθόγγων μελεδήματα παρθενικάων.
τοῖος ἐὼν καὶ τόσσα παθὼν καὶ τόσσα τελέσσας   30
κάτθανεν ὀγδώκοντα τελειομένων ἐνιαυτῶν.

(cod. Laurentianus 32, 37; 32, 35; Parisinus 2403[1])

Suda[2]) s. v. Πίνδαρος

Πίνδαρος Θηβῶν, Σκοπελίνου υἱός, κατὰ δέ τινας Δαϊφάντου, ὃ καὶ μᾶλλον ἀληθές. ὁ γὰρ Σκοπελίνου ἐστὶν ἀφανέστερος καὶ προσγενὴς Πινδάρου. τινὲς δὲ καὶ Παγωνίδου ἱστόρησαν αὐτόν. μαθητὴς δὲ Μυρτίδος γυναικός, γεγονὼς κατὰ τὴν ξε᾽ ὀλυμπιάδα καὶ κατὰ τὴν

---

[1]) Auch in der Einleitung zu Eustathios' sonst verlorenem Pindarkommentar (A. B. Drachmann, schol. Pind III p. 285ff); im wesentlichen bietet sie nur eine Verbreiterung der vita Ambrosiana. Eustathios (12. Jh. n. Chr.) war Redelehrer in Konstantinopel, später Erzbischof von Thessaloniki.

[2]) Umfangreichstes griechisches Lexikon, um 1000 n. Chr. in Byzanz entstanden.

Brachte wie zu dem Stock den Lippen, den kindlichen, Nahrung.
Lehrerin ward in tönender Dichtung und Liedern Korinna
Ihm, die edle, legte zuerst die Grundsteine ihm der
Mythen. Nach ihr nahm an Agathokles' Lehren er teil; der
Unterrichtete ihn über Aufbau und Maß der Gesänge.
Als auf Betreiben von Philipps Sohn Alexander gekommen
Die Makedonen, die Kadmosstadt zu zerstören, berührte
Pindars Behausung nicht das gewaltig lodernde Feuer.
Doch das geschah erst später. Als noch lebte der Dichter,
Da befahl Herr Phoibos, ihm von dem goldreichen Pytho
Speisen stets und köstlichen Wein nach Theben zu bringen[1]).
Und ein Lied von ihm sang stets im Gebirge, so sagt man,
Pan, der schöngehörnte, und wurde nicht müd, es zu singen.
Als auf Marathons Flur und bei Salamis einst sich genaht die
Unglückshelden, die Perser, mit Datis, der rauhen Befehl gab,
Da war er noch am Leben, als Aischylos in Athen war.
Ihm war Timoxeine[2]) vermählt, die edle der Frauen,
Die Eumetis, den mutigen Daïphantos gebar, nach
Ihnen Protomache. Pindar besang der vier Wettspiele Ruhm, schuf
Für die Sel'gen Paiane, für Menschen Trauergesänge,
Lieder zum Tanz und für Götter Hymnen von hoher Berühmtheit;
Auch was an honigsüßen Jungfrauenliedern man auftrug.
Solch ein Mann nun war er, all dies erlebt' und vollbracht' er,
Starb sodann, als das achtzigste Jahr[3]) dem Ende sich nahte.

Aus der Suda

Pindar aus Theben, des Skopelinos Sohn, nach einigen des
Daïphantos, was mehr der Wahrheit entspricht. Der Sohn des Skopelinos nämlich ist ziemlich unbekannt, ein Verwandter Pindars. Einige
erzählten auch, er sei des Pagonidas Sohn. Er war Schüler der

---

[1]) Vgl. zu den hier vergröberten Angaben Herkunft Pindars S. 503.
[2]) Vielmehr: Megakleia; vgl. Pindars Leben; so auch die Suda.
[3]) Vgl. Herkunft Pindars Anm. 2.

Ξέρξου στρατείαν ὢν ἐτῶν μ'. καὶ ἀδελφὸς μέν ἦν αὐτῷ ὄνομα Ἐρω-
τίων καὶ υἱὸς Δαΐφαντος, θυγατέρες δὲ Εὔμητις καὶ Πρωτομάχη.
καὶ συνέβη αὐτῷ τοῦ βίου τελευτὴ κατ' εὐχάς· αἰτήσαντι γὰρ τὸ
κάλλιστον αὐτῷ δοθῆναι τῶν ἐν τῷ βίῳ ἀθρόον αὐτὸν ἀποθανεῖν, ἐν
θεάτρῳ ἀνακεκλιμένον εἰς τὰ τοῦ ἐρωμένου Θεοξένου αὐτοῦ γόνατα,
ἐτῶν νε'.

Ἔγραψε δ'ἐν βιβλίοις ιζ' Δωρίδι διαλέκτῳ ταῦτα· Ὀλυμπιονίκας,
Πυθιονίκας, ⟨Νεμεονίκας, Ἰσθμιονίκας⟩, προσόδια, παρθένια, ἐνθρονισ-
μούς, βακχικά, δαφνηφορικά, παιᾶνας, ὑπορχήματα, ὕμνους, διθυράμ-
βους, σκόλια, ἐγκώμια, θρήνους, δράματα τραγικά (ιζ')[1], ἐπιγράμματα
ἐπικά, καὶ καταλογάδην παραινέσεις τοῖς Ἕλλησι καὶ ἄλλα πλεῖστα.

Καὶ ἕτερος Πίνδαρος Σκοπελίνου Θηβαῖος καὶ αὐτὸς λυρικός,
ἀνεψιὸς τοῦ προτέρου.

Τὰς Θήβας τὴν πόλιν Ἀλέξανδρόν φασιν εἰς ἔδαφος κατασκάψαι καὶ
πλὴν ἱερῶν τε καὶ ἱερέων τοὺς ἄλλους ἀνδραποδίσαι. καὶ τὴν Πινδάρου δὲ τοῦ ποιητοῦ οἰκίαν καὶ τοὺς ἀπογόνους τοῦ Πινδάρου
λέγουσιν ὅτι ἀπαθεῖς ἐφύλαξεν, αἰδοῖ τῇ Πινδάρου, ὥς φησιν Ἀρριανὸς
ὁ ἱστορικὸς ἐν τῇ α' Ἀναβάσει Ἀλεξάνδρου (Arr. an. I 9, 9—10).

(Sudae lex. ed. A. Adler Nr. 1617—1619)

---

[1] Die Zahl ist fälschlich aus der oben genannten Gesamtzahl eingedrungen.

Fußnoten zu Seite 507

[1] 520—517 v. Chr.
[2] Wohl aus Versehen ausgefallen.
[3] Gesänge bei den Mysterien der „Großen Mutter", wobei ein auf einem Sessel
sitzender Myste zur Reinigung umtanzt wurde.
[4] Mädchenprozessionslieder mit Lorbeerzweigen.
[5] Gesellschaftslieder bei Gelagen.
[6] Nach schol. Aristophan. ran. 320 wohl Dithyramben.
[7] Um 95—175 n. Chr., aus Nikomedia in Bithynien.

Myrtis, geboren zur 65. Olympiade[1]), beim Zuge des Xerxes 40 Jahre alt. Er hatte einen Bruder Erotion und einen Sohn Daïphantos, sowie die Töchter Eumetis und Protomache. Das Lebensende verlief ihm nach Wunsch: Er habe um das Schönste im Leben gebeten; da sei er unverzüglich gestorben, im Theater gelehnt an die Kniee seines Lieblings Theoxenos, 55 Jahre alt.

Er dichtete in 17 Büchern im dorischen Dialekt: Gesänge auf die Sieger in den Olympischen, Pythischen, ⟨Nemeischen, Isthmischen⟩[2]) Spielen, Prozessionslieder, Mädchenlieder, Enthronisationsgesänge[3]), bacchische Lieder, Daphnephorika[4]), Paiane, Tänze, Hymnen, Dithyramben, Skolien[5]), Preislieder, Trauerlieder, tragische Handlungen[6]), Epigramme in Distichen, und in Prosa Ermahnungen an die Griechen und anderes in größter Zahl.

Es gibt einen zweiten Pindar, Skopelinos' Sohn aus Theben, ebenfalls Lyriker und Neffe des Obengenannten.

Als Alexander Theben von Grund aus zerstörte und außer den Priesterinnen und Priestern alle anderen Einwohner versklavte, soll er das Haus des Dichters Pindaros und dessen Nachkommen unversehrt erhalten haben, aus Achtung vor Pindar. Das berichtet der Historiker Arrian[7]) im ersten Buche des Alexanderzugs.

Über Bildnisse Pindars

Eine wahrscheinlich Pindar darstellende Statue befindet sich in Kopenhagen (Ny Carlsberg Glyptotek). Der Dichter sitzt auf einem Sessel; er scheint, die Kithara spielend, den Chor einzuüben. Es handelt sich um eine Kopie der frühen Kaiserzeit, wohl nach dem Original aus der Zeit 180/170 v. Chr. G., das auf dem Markt von Athen als Dank für den Dithyrambos auf Athen (fr. 64, 65; vgl. auch fr. 63 a b) aufgestellt war (K. Schefold. Die Bildnisse der antiken Dichter, Redner und Denker. Basel 1943, S. 138 f.).

Ein in Basel befindliches, vielleicht für Pindar bestimmtes Grabrelief (nach 440 v. Chr. G. geschaffen und bei Theben gefunden) stellt einen Dichter dar, der nach seinem Gesang das Saiteninstrument an einen vor ihm stehenden Knaben gibt (K. Schefold. Grabrelief eines Dichters. Antike Kunst 1. Jahrg. 1958 Heft 2 S. 69ff.).

ANHANG

ANMERKUNGEN

Olympische Oden

I. Hieron von Syrakus 478–467 v.Chr. G. *1* In der Einleitung (wie auch O XI u. s.) führt der Dichter durch Aufzählung wertvoller Dinge hin zu dem bedeutungsvollsten, hier zu den Olympischen Spielen. *17* „Dorische" Leier: wohl die Form des Instruments bezeichnend; als Weise (Art der Musik) wird V. 102 die „aiolische" genannt. *18* Pisa: Ort bei Olympia, dann für Olympia selbst gebraucht; Pherenikos, d.h. Siegbringer. *20* Alpheios: Fluß bei Olympia. *26* Klotho: eine der Schicksalsgöttinnen, Göttin der Geburt. *27* Der elfenbeinerne Glanz der Schulter erinnert noch an die gewöhnliche, hier von Pindar abgelehnte Wendung der Sage, nach der die von Göttin Demeter verzehrte Schulter des den Göttern als Speise vorgesetzten, dann wieder zum Leben erweckten Knaben durch Elfenbein ersetzt wird. *30* Charis: Göttin der Anmut, der Huld, auch des Gesanges (vgl. O IX 26, O XIV Einl.). *38* Sipylos: am gleichnamigen Berg Kleinasiens. *44* Ganymedes: Mundschenk des Zeus (vgl. O X 105). *57* Zeus. *59/60* Die drei Qualen: Hunger, Durst, keine Aussicht auf Änderung. *70* Oinomaos will seine Tochter Hippodameia nur dem zur Frau geben, der ihn im Wagenrennen besiegt; die er besiegt, tötet er mit der Lanze. *75* Kypria: Aphrodite (nach der Insel Kypros). *78* Elis: Landschaft, in der Olympia liegt. *88* Darstellung der Sage am Ostgiebel des Zeustempels von Olympia. *101* Hieron. *110* Den Sieg des Viergespanns besang nicht Pindar, sondern sein Rivale Bakchylides (Ode 5). *111* Kronios: Hügel des Kronos am Festplatz.

II. Theron von Akragas 488–472 v.Chr. G. *1* Das Dichterwort ist das Maßgebende, die Musik begleitet es. *4* Die Vorfahren. *10* Heilig ist Stadt und Land als Geschenk des Zeus an Persephone (vgl. N I 13ff.). *17* Chronos: Gott der Zeit. *26 ff.* Semele: Geliebte des Zeus, durch den Blitz des Gottes getötet, der ihren hinterlassenen Sohn Dionysos ihrer Schwester Ino übergibt. Hera, voll Zorn, schlägt deren Gatten Athamas mit Wahnsinn. Ino flieht vor ihm und stürzt sich mit ihrem Sohn Melikertes (fr. 4 und thr. II) ins Meer, wo sie und ihr Sohn unter den Namen Leukothea und Palaimon als Meeresgottheiten leben. *29* Nereus: Meeresgott. *35* Moira: Schicksalsgöttin. *38* Laios: Vater des Oidipus (vgl. Sophokles „König Oidipus"). *39* Pytho: alter Name des Orakels von Delphi (O VI 38). *41* Erinys: Rachegöttin. *42* Eteokles und Polyneikes töten sich gegenseitig im Kampf um Theben (vgl. Aischylos „Die Sieben gegen Theben"). *43* Thersander: Sohn des Polyneikes und der Argeia, der Tochter

des Argeierkönigs Adrastos, gehört in die Geschlechterfolge der Emmeniden.
46 Ainesidamos: Vater Therons.   *48 f.* Siege in Olympia und Delphi erfocht
Xenokrates, Therons Bruder (vgl. P VI, I II).   *50* Huldinnen (Chariten): sieg-
verleihende Göttinnen der Anmut (O I 30).   *54* Dem Jäger gleich: Wortspiel
mit dem Namen Theron, der dem griechischen Wort für „der Jagende" (therōn)
fast gleichlautet.   *61 f.* Stets „Tag- und Nachtgleiche" d. h. Frühling, schönste
Jahreszeit.   *75* Rhadamanthys: Sohn des Zeus (P II 72 ff.); der mächtige Vater:
Kronos; Rhea: die Göttermutter.   *78* Peleus: Vater des Achilleus; Kadmos:
Gründer Thebens.

III. *1* Tyndariden: Kastor und Polydeukes, Söhne der Leda, deren Gemahl
Tyndareos sie aufzog; sie heißen Dioskuren, d. h. Söhne des Zeus; nach einer Sagen-
form gilt nur Polydeukes als unsterblicher Zeussohn (vgl. P XI 61 ff.).   *7* Der
von der Gottheit mit der Gabe der Dichtung Begnadete ist verpflichtet, große
Leistungen durch seine Kunst zu verherrlichen.   *9* Ainesidamos: Vater Therons;
Pisa: Olympia (O I 18).   *12* Die Kampfrichter stammten alle aus Elis, dessen
Einwohner einst aus Aitolien eingewandert sein sollen.   *14* Istros: Donau;
Herakles, durch Zeus Sohn der Alkmene, der Gattin Amphitryons.   *20* Mena:
Mondgöttin; die Wettspiele begannen gegen Ende August, kurz vor Vollmond
oder am Vollmondstag.   *22* Alpheios, Kronios, Pelops: O I 20, 111, 23 f.
26 Letos Tochter: Artemis.   *28* Eurystheus stellt auf Befehl des Zeus Aufgaben,
deren Erfüllung dem Herakles Ruhm und Unsterblichkeit verleiht.   *29* Taygeta,
Tochter des Atlas, wird von Artemis Orthosia in eine Hirschkuh mit goldenem
Geweih verwandelt, um sie Zeus' Nachstellungen zu entziehen; zum Dank weiht
Taygeta, als sie wieder menschliche Gestalt erhalten hat, der Göttin eine in gleicher
Weise wunderbare Hirschkuh, die Herakles holen soll.   *31* Boreas: Nordwind.
40 Theoxenien, d. h. Göttermähler; Mähler, an denen, wie man glaubte, die
durch sie geehrten Götter teilnahmen (vgl. N X 49/50).   *44* Säulen des Herakles
(d. i. Gibraltar): Endziel der Fahrten des Herakles als Sinnbild der Grenzen des
Menschenmöglichen.

IV. *7* Typhos (Typhoeus): Riese, durch Zeus vom Blitz getroffen und unter dem
Ätna begraben (P I 15 ff.).   *9* Chariten (Charitinnen, Huldinnen): O I 30,
II 50.   *11* Pisa: O I 18.   *23 ff.* Hypsipyleia: Königin von Lemnos; das Beispiel vom Erfolg des Erginos paßt auf Psaumis, der im Wettkampf siegte, ist aber
vielleicht auch ein Hinweis auf Pindar selbst, der, an Jahren alt, innerlich jung,
in dem Lied seine dichterische Kraft bewährte.

V. Kamarina: s. Einl. zu IV.   *9* Pelops: O I 23 ff.   *11 f.* Oanis, Hipparis:
Flüsse bei Kamarina, als hilfsreiche göttliche Wesen gedacht.   *17* Kronos'
Höhe: Hügel in Olympia (O I 111).   *18* Grotte am Ida: wohl in der Nähe von
Olympia, ein Gegenstück zu der Grotte auf Kreta, der Geburtsstätte des Zeus.
21 Das Roß ist Poseidons heiliges Tier (vgl. P IV 45).

VI. *5 f.* Seherpriester und Mitgründer von Syrakus waren die Ahnen des Olympia-
siegers.   *9* Sostratos' Sohn: Hagesias.   *13 ff.* Adrastos: Sohn des Talaos,
König von Argos; er führt die Sieben gegen Theben, die alle fallen bis auf den Seher
Amphiaraos, der auf wunderbare Weise entrückt wird.   *22 ff.* Phintis: Wagenlenker des Hagesias; als siegreicher Lenker soll er den Dichter zu dessen Ziel fah-

ren: den Ursprung des Iamidengeschlechtes zu schildern. *28* Pitana: Stadt und Gründerin der Stadt; Eurotas: Fluß in Lakonien, an dem Sparta liegt. *23* Eilatossohn: Aipytos s. Einl. *38* Pytho: Delphi (O II 39). *41* Der Goldhaarige: Apollon. *42* Eileithyia: Göttin der Geburt; Moiren: Schicksalsgöttinnen. *49* Phoibos: Apollon. *56 f.* Der Name Iamos wird hier in Verdung gebracht mit dem griechischen Wort für Veilchen: ,,ion". *58* Hebe: Göttin der Jugend; die Frucht der Hebe erlangen = zum Jüngling heranwachsen. *59* Apollon; für die Geburt Apollons und der Artemis wird Delos, ehemals eine schwimmende Insel, von den Göttern festgegründet (fr. 17.18). *64* Kronios: O I 111. *67* Alkaïden: Alkaiossprößlinge; Alkaios war der Vater Amphitryons, der Herakles aufzog (O III 14). *76* Charis (O I 30) verleiht den von der Freude des Sieges verklärten Siegern Anmut. *77* Kyllene: Gebirge in Arkadien, als Geburtsort dem Hermes heilig (vgl. Homerischer Hermeshymnos und Sophokles ,,Die Spürhunde"). *81* Zeus. *82* Pindar ist als Thebaner mit Stymphalos ,,verwandt", denn die Stadtgöttin Thebe ist die Tochter des boiotischen Flußgottes Asopos und der arkadischen Flußgöttin Metope. *89 f.* Aineias soll durch seine Kunst als Einüber und Leiter des Chores seinen Verwandten, den Boiotiern, den Vorwurf der Roheit und Unbildung abwehren. *92* Versprechen an Aineias bei Bestellung des Liedes; Ortygia: ältester Teil von Syrakus mit dem Palast Hierons (P II 6ff., N I 1ff.). *95* Demeters, der Erdgottheit, Tochter: Persephone, die im Winter im Hades, im Sommer auf der Erde sich aufhält; dem Zeus war der Ätna heilig, nach dem die neugegründete Stadt Aitna genannt wurde (P I 60ff.). *101/2* Hagesias kam zwei Jahre danach bei einer Revolution in Syrakus um.

VII. *10* Pytho: O VI 38. *11* Charis: O I 30. *13 f.* Die Inselgöttin Rhodos gilt als Tochter Poseidons und der Aphrodite. *15* Alpheios: O I 20. *17* Die kastalische Quelle: in Delphi. *18* Vorsprung Asiens: Kleinasiatische Halbinsel gegenüber von Rhodos. *24/5* Astydameia: Tochter des thessalischen Königs Amyntor, Mutter des Tlepolemos. *29* Tiryns: in der Argolis; Likymnios: Sohn der Magd Midea, Verwandter (Großoheim) des Tlepolemos.

Midea + Elektryon

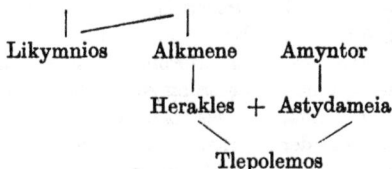

```
          |‾‾‾‾‾‾‾‾‾‾|
  Likymnios    Alkmene    Amyntor
                 |          |
             Herakles + Astydameia
                \        /
               Tlepolemos
```

32 Apollon. *53* Lerna: an der Küste von Argolis. *38* Uranos: Himmelsgott; Gaia: Erde. *39* Hyperion: Vater des Sonnengotts Helios. *50* Die Helläugige: Athene. *51 ff.* Rhodische Metall- und Bildhauerarbeit war berühmt. *64* Lachesis: die das Los zuteilende Schicksalsgöttin. *73* Einer: Kerkaphos. Trauriges Geschick: Totschlag aus Jähzorn. *81 ff.* Isthmische Spiele, dem Poseidon, Nemeische, dem Zeus geweiht; Erzschilde, auch Dreifüße und Gefäße: Preise der Heraspiele in Argos. *86 f.* Pellana in der nördlichen Peloponnes mit Hermesspielen, Aigina mit Aiakosspielen; Diagoras' Name ist auf der Siegerliste von Megaras Zeusspielen eingegraben. *87* Atabyrios: Gebirge auf Rhodos. *93* Kallianax: Urahne der Eratiden. Die Bitte an Zeus um Schutz des Geschlechtes und die Sorge des Dichters, die aus seinen letzten Worten spricht, waren nicht unbegründet; die Athener halfen den Demokraten in Rhodos gegen die Aristokraten, die ihre Macht verloren; ein Sohn des Diagoras mußte infolgedessen nach Italien fliehen. – Wie Diagoras den Höhepunkt seines Ruhms erreichte, erzählt Cicero (Tuscul. I 111); als zwei Söhne des Diagoras ebenfalls im Wettkampf gesiegt hatten, trugen sie ihren Vater auf den Schultern durch die Menge der Zuschauer, die Blumen auf ihn warf und ihm zurief: „Stirb, Diagoras; denn zum Himmel kannst du nicht aufsteigen!"

VIII. *9* Pisa, Alpheios: O I 18, 20. *16* Nemeïsche Spiele: O VII 81 ff. *22* Themis: Göttin des Rechts. *25*, auch *84 ff.* Wünsche für Aigina, dem Pindar sich wegen seiner dorischen Bevölkerung verbunden fühlte. *30* Die Dorer waren später nach Aigina gekommen. *31* Apollon. *42* Pergamos: Troia. *45 ff.* Aiakos' Söhne Telamon und Peleus ziehen mit Herakles, deren Söhne Aias und Achilleus mit Agamemnon gegen Troia. Der vierten Generation, von Aiakos aus gerechnet, gehört Neoptolemos an. *47* Xanthos: Fluß bei Troia; Heimat der Amazonen: am Schwarzen Meer; Istros: Donau (O III 14). *54/5* Weil die Aigineten in Gegensatz zu Athen, der Heimat des Melesias, standen. *59* Allkampf (Pankration): Verbindung von Faust- und Ringkampf. *67 ff.* Die Worte schildern die gedrückte Stimmung und Schmach der Besiegten. *84 ff.* Die Segenswünsche des Dichters für Stamm und Stadt erfüllten sich nicht; in den folgenden Jahren wurde Aigina von Athen besiegt und tributpflichtig gemacht.

IX. *5*, auch *11* Bogen und Pfeile der Musen: bildlich für Dichtung und Lied (vgl. O II 83 ff.). *7* Elis: O I 78. *9/10* Pelops: O I 24 ff. *12* Pytho: Delphi (O I 38). *14* Opus: Hauptstadt der Opuntischen Lokrer am Euripos, der Meerenge zwischen Euboia und dem Festland. *15/16* Themis und Eunomia: Göttinnen der Gerechtigkeit und gesetzlichen Ordnung. *17/18* Kastalia, Alpheios: O VI 16, I 20. *26* Garten der Chariten (Charitinnen, Huldinnen): Reich der Dichtkunst (O XIV Einl.). *30 ff.* Herakles bedroht Neleus, den König von Pylos in Messenien, der sich geweigert hat, ihn von dem Mord an Iphitos zu entsühnen. Poseidon, Apollon und Hades, die Schutzgötter von Pylos, kommen Neleus zu Hilfe. Daß sie Herakles, einem Sterblichen, sich vergeblich widersetzen, dieses zu schildern, scheint Pindar Lästerung der Götter. So wendet er sich zur Sage vom Ursprung der Vorfahren des Siegers. *41* Protogeneia (Erstgeborene): Tochter Deukalions und der Pyrrha. *46* Griechisch „lithinon genos" = „laes": Steine wird in Verbindung gebracht mit griechisch „laoi": Völker. *56* Wie es scheint und wie im deutschen Text angedeutet, nimmt hier Pindar vorweg, was er im folgenden bringt: Zeus wird Stammvater der lokrischen Könige durch Kapye, die Tochter des Opus aus dem Land der Epeier (Einwohner von Elis). *59* Mainalias Höhen: Berg in Arkadien. *70* Menoitios: Vater des Patroklos. *71 ff.* Theutras: König von Mysien, dessen Sohn Telephos, der die auf der Fahrt nach Troia in sein Gebiet geratenen Griechen zurückschlägt. *76* Achilleus. *82* Lampromachos: Bruder des Epharmostos, der an demselben Tag wie Epharmostos siegte, wohl Auftraggeber des Liedes. *86* In den Isthmischen Spielen hatte er demnach noch zweimal gesiegt. *88* Bei den Heraspielen und wohl bei den Panathenaien. *89 ff.* Bei den Heraklesspielen wirkte Epharmostos, dem trotz seines jugendlichen Alters der Bart schon sproßte, unter den Männern siegreich mit. *95* Parrhasia: in Arkadien am Fuß des Lykaiongebirges mit einem Heiligtum des Zeus. *98* Pellana: in Achaia, wo Apollonspiele stattfanden; Preis: ein wollener Mantel; Iolaosspiele in Theben. *99* Eleusis: Demeterspiele.

X. Epizephyrische Lokrer: in Unteritalien, nach dem Berg Zephyrion benannt. *14* Kalliope: Muse einer Art Musik, die man besonders in Lokroi pflegte. *16* Kyknos: Sohn des Ares, der ihm im Kampf beisteht. *18 f.* Patroklos hielt auf Rat Achills bei dem Rückzug der Griechen vor Telephos stand (O IX 70ff.). *20* „Wetzt": schärft, treibt an, „trainiert". *25* Pelops: O I 24ff. *26 ff.* Kteatos und Eurytos, Söhne Poseidons und der Molione, haben aus dem Hinterhalt das in Tiryns gegen Augeias aufgebotene Heer vernichtet. Herakles besiegt sie bei Kleonai (nahe dem Isthmos), erobert das Land des „Königs der Epeier" Augeias und tötet auch ihn. *43 ff.* Pisa, Alpheios, Oinomaos: O I 18, 20, 70. *49 ff.* Pindar betont entgegen anderer Wendung der Sage, die einen uralten Kronosdienst annahm, daß Herakles der bisher nur als schneebedecktem Berg bekannten Höhe den Namen Kronoshügel gegeben habe. *52, 55* Die Schicksalsgöttinnen und der Zeitgott sind bei jedem Lebensbeginn und jeder Gründung von Bedeutung.

65 ff. Die drei zuerst genannten Sieger sind Genossen des Herakles, stammen aus der Argolis oder arkadischen Grenzstädten. *75* die Wettspiele fanden zur Zeit des Vollmonds statt (vgl. O III 20). *78 ff.* Durch die Zeichen seiner Macht, Blitzstrahl und Donner, rühmt Pindar Zeus selbst. *84* Rohr: Flöte (P XII). *85* Dirke: Quelle bei Theben. *96* Die Musen; Pieria: Landschaft am Olympos. *98* Honig: des Liedes. *105* Kypria: Aphrodite (O I 75), die Liebesgöttin, bewirkt, daß Zeus, von der Jugendschönheit Ganymeds entzückt, ihn entführt und unsterblich macht.

XI. *15* Epizephyrisch: O X.

XII. *2* Der Stadt Himera an der Nordküste Siziliens, die stürmische Kämpfe hinter sich hatte, verhalf Hieron zu friedlicher Entwicklung und Macht; so erklärt sich des Dichters Gebet für sie und seine Gedanken über das Walten Tyches, der Schicksalsgöttin. *19* Himeras heutiger Name Termini leitet sich von den warmen Quellen (Thermen) her, die der Sage nach einst auf Athenes Geheiß Nymphen dort hervorquellen ließen, damit Herakles sich im Bade erquicken könnte.

XIII. Der Fünfkampf bestand aus Weitsprung, Wettlauf, Diskus- und Speerwurf und Ringen. *6 ff.* Themis: Göttin des Rechts; Eunomia: gesetzliche Ordnung, Dike: Gerechtigkeit, Eirene: Frieden sind ihre Töchter. *10* Hybris: Überheblichkeit. *17 ff.* Horen: Jahreszeiten (O IV 1, vgl. fr. 13); sie bringen Blüten und Früchte, sind Dichtungen und Leistungen günstig, und auch Erfindungen; so erfand man in Korinth für die Pferdezucht den Zaum, auf musischem Gebiet den Dithyrambos, ein Chorlied zu Ehren des Dionysos, der dabei in Stierform im Reigen mitgetrieben wird (vgl. dith. I = fr. 57 und ff.), und leistete Besonderes in der Gestaltung dorischer Tempel, deren Giebel auch „aëtoi" Adler genannt werden.

Den Dithyrambos gestaltete zuerst um 600 unter dem Herrscher Periandros von
Korinth Arion zu kunstmäßiger Form.   *20, 61 ff.* Bellerophon: I VII 44 ff.
33 ff. Aus Eppich (wildem Sellerie) wand man die Kränze für die Sieger in den
Nemeïschen und Isthmischen Spielen.   *40* Hellotien: Wettspiele mit dem Lauf
fackeltragender Jünglinge zu Ehren der Athena Hellotis in Korinth.   *44* Im
Geheg des Löwen: des „Nemeïschen", den Herakles bezwang, also in Nemea.
52 Sisyphos: der Sage nach der Erbauer Korinths, zeichnet sich durch Klugheit
aus und überlistet sogar den Tod. Auch Begründer der Isthmischen Spiele (vgl.
fr. 4).   *53* Medeas Vater Aietes war König von Korinth gewesen; über Medea
vgl. P IV.   *56* Dardanos: Stammvater der Troer.   *57 ff.* Sie: die Korinther,
von denen Euchenor auf Seiten der Griechen kämpfte (Ilias XIII 663 ff.), Glaukos
auf Seiten der Troer (Ilias VI 152 ff.). Glaukos ist der Sohn des Lykierfürsten Hip-
polochos, der Enkel des Bellerophon; den meint er mit „Vater" (eigentlich Großvater), der an der Peirenequelle (d. i. in Korinth) ansässig war.   *63 ff.* Aus dem
Blut der von Perseus enthaupteten Gorgone Medusa entspringt das Flügelroß
Pegasos, unter seinem Hufschlag die Peirenequelle (vgl. P XII, N X 4).   *66* Pallas: Athene.   *67* Aiolos: Stammvater der Aiolier; sein Urenkel ist Bellerophon.   *69* „Bändiger": Kultname Poseidons, dem das Roß heilig ist (O V 21,
P IV 45); er erzeugt Bellerophon, als dessen menschlicher Vater Glaukos gilt.
70 Aigis: Athenes Brustschild mit dem Gorgonenhaupt.   *74 ff.* Erst jetzt ergibt sich, was der Übergabe des Zaumes vorausging; vgl. Einl.   *81* Starkfuß:
der weiße Stier (69).   *82* Hippia: Athene als Roßgöttin.   *90* Chimaira: ein
Ungeheuer, vorn ein Löwe, in der Mitte eine Ziege, hinten ein Drache; Solymer:
Bergvolk an Lykiens Grenze.   *91* Bellerophons Tod, bedingt durch seine Überheblichkeit, wird I VII 44 ff. erzählt.   *99* 60 mal(iger Sieg); dieses Wort faßt
„kurz" zusammen, was Pindar und die Heroldsrufe kundtaten. Am Parnassos:
die Pythischen Spiele.   *106* Enyalios: Kriegsgott Ares.   *108* Lykaion; Berg,
auf dessen Gipfel Zeusspiele gefeiert wurden.   *109* Pellana und Sikyon: in
der Nachbarschaft von Korinth; Megara: gegenüber von Salamis.   *110* Aiakiden: auf Aigina.   *111* Z. B. Syrakus und Aitna mit Wettkämpfen.
XIV. *1* Kephisos: Fluß, an dem Orchomenos lag.   *4* Minyer: alter aiolischer
Stamm mit dem Sitz in Orchomenos.   *17* Lydisch: Tonart, die das unbeschwert
Schreitende, anmutig Schwebende auszudrücken vermochte.   *19 f.* Minyeia:
Orchomenos (vgl. 4) erhielt den Ruhm des Siegs durch Thaleias Huld.   *21* Perse-
phoneia: Gemahlin des Hades, des Gottes der Unterwelt; Echo: Verkörperung des
Widerhalls, hier auch der Botschaft.   *22* Kleodamos: Asopichos' verstorbener
Vater.

Pythische Oden

I. *12* Geschosse: bildlich für Töne der Musik.   *14* Pieriden: Musen (O X 96).
18 Kyme: nicht weit vom Vesuv; bis dorthin erstreckt sich also Typhons Riesen-
leib.   *21 ff.* Hinter der Schilderung der vulkanischen Erscheinungen, die hier
mythisch gedeutet werden, steht ein kurz vor Abfassung der Ode erfolgter Ausbruch des Ätna (vgl. auch Aischylos Prometheus 351 ff.).   *25* „Kriechtier":
Typhon; Hephaistos: Schmiedegott.   *30 ff.* Für die neu gegründete Stadt Aitna

verfaßte Aischylos ein Festspiel „Die Frauen von Aitna". *39* Lykien: in Kleinasien; dort wurde Apollon wie auf Delos, an seiner Geburtsstätte, besonders verehrt. *47* Ihn: Hieron. *53* Poias' Sohn: Philoktetes, den Odysseus und Diomedes (bei Sophokles Neoptolemos) von der Insel Lemnos, wohin er als Kranker verbannt ist, nach Troia holen, weil nur durch Mitwirkung seines Bogens Troia erobert werden kann. (vgl. Sophokles „Philoktetes"). *62 ff.* Hyllisch: dorisch; Hyllos, den Sohn des Herakles, nimmt Aigimios, den Gesetzgeber der Dorier, an Kindesstatt an; seine eigenen Söhne sind Pamphilos und Dymas. *64* Taygetos: Gebirge bei Sparta. *65 f.* Die Dorier erobern, vom Pindos, einem Gebirge Nordgriechenlands, kommend, Amyklai, die Hauptstadt der vordorischen Bevölkerung Lakoniens, und werden so Nachbarn der Söhne des Tyndareos Kastor und Polydeukes, der Dioskuren, deren Geburtsstadt Amyklai war. (O III 1 ff.). *67* Amenas: Fluß, der die Stadt Aitna durchströmte. Pindar betet, daß die dorische Staatsordnung, die er für die beste hält, in Aitna Bestand haben möge. *72* Kyme: Hierons Sieg über die Etrusker (474). An ihn erinnert der halbkugelförmige etruskische Bronzehelm im Britischen Museum, den gemäß der Inschrift „Hieron, der Sohn des Deinomenes, und die Syrakosier dem Zeus aus der Siegesbeute von Kyme" in Olympia weihten. *75 ff.* Pindar verknüpft mit diesem Sieg den der Athener bei Salamis und den der Spartaner bei Plataiai (am Fuß des Kithairongebirges) und den von Himera, den Gelon und Hieron, die Söhne eines (älteren) Deinomenes, über die Karthager erfochten. *94* Kroisos: König von Lydien, als reich und freigebig bekannt. *96* Phalaris: Tyrann von Akragas, wegen seiner Grausamkeit gefürchtet.

II. *6 f.* Ortygia: Insel mit dem ältesten Stadtteil von Syrakus und dem Palast Hierons sowie einem Heiligtum der Artemis (O VI 92). *12* Poseidon, dem die Rosse heilig sind (O V 21, P IV 45). *18* Deinomenes' Sohn: Hieron (P I 75 ff.). *20* Hieron wendete von dem italischen Lokroi die Bedrohung durch den Tyrannen Anaxilas von Rhegion ab. *21 ff.* Ixion, der Lapithenkönig, wird, als er seinen Schwiegervater ermordet hat, von Zeus entsühnt und sogar zur Tafel der Götter herangezogen. Da der Undankbare Hera, die Gemahlin des Zeus, mit seiner Liebe verfolgt, täuscht Zeus ihn durch ein Trugbild Heras, eine Wolke, und fesselt ihn auf ein feuriges, sich stets umschwingendes Rad. *42 ff.* Sie: die Wolke (Nephele) gebiert dem Ixion ein Mischwesen, das sich mit Stuten paart und mit ihnen die Kentauren erzeugt; Magnesia: thessalische Halbinsel. *54* Der Iambendichter Archilochos lebte um 650 v. Chr. G. *62* Durch die „blumenbekränzte Fahrt" wird das Schaffen des Liedes versinnbildlicht. *69* Als „Kastorlied" kennzeichnet Pindar die Ode; das heißt wohl, daß diese Art besonders für Zähmer und Einüber der Rosse bestimmt war (Kastor als Rossebändiger und Lenker: P V 9; vgl. auch I I 16). *70* „es": dein Wesen. *72 ff.* Sinn: Nur Kinder finden das Häßliche schön; wer klug und erfahren ist wie Rhadamanthys, der Sohn des Zeus, der zum Regenten der Abgeschiedenen im Elysion bestimmt wird, ist vor Täuschungen und Verleumdungen sicher. *79* Pindar meint mit dem Vergleich, daß er sich vor Verleumdung und Täuschung sicher fühlt. *90* Die Meßschnur dient der Landesverteilung; der Sinn ist: Wer aus Neid und Gier zuviel haben will, schadet sich selbst. Ob die Worte über Verleumder und Mißgünstige

auf bestimmte Nebenbuhler Pindars in der Gunst Hierons zielen und wer gemeint ist – man hat an Bakchylides und Simonides gedacht – ist nicht klar zu erkennen.
III. *4* Pelion: Gebirge Thessaliens. *8* Phlegyas: thessalischer Fürst, Vater der Koronis. *9* Eileithyia: Geburtsgöttin (O VI 42). *10* Artemis schickt (wie Apollon) durch Pfeile tödliche Seuchen, weshalb nicht nur Koronis zugrunde geht, sondern auch viele mit ihr (36 f.). *16 f.* Koronis hätte sich nach Geburt ihres Kindes noch vermählen können. *27 f.* Pytho: Delphi; Loxias: Apollon als Gott des Lichts oder – anders erklärt – dunkler Weisheitssprüche. *32* Artemis, vgl. 10. *34* In Thessalien. *45* Magnesia: an der thessalischen Küste (P II 42 ff.). *55* Die Bestechung des Arztes ist Pindars Erfindung, um die harte Strafe der Gottheit zu rechtfertigen; aus demselben Grund läßt er auch – entgegen der ursprünglichen Sage – Koronis durch ihre Liebschaft, noch dazu mit einem Fremdling, schuldig werden (vgl. auch O I Einl.: Pelopssage). *67* D. h. einen Asklepios (Apollonsohn) oder Apollon (Zeussohn). *69* Arethusa: Quelle bei Syrakus; nach Aitna nennt sich Hieron selbst (P I 32). *74* Pherenikos siegte 482 und 478 in den Pythischen Spielen und 476 in Olympia (O I); Kirrha: Hafenort von Delphi. *78* Der Großen Mutter: Kybele, auch Rhea genannt, Gemahlin des Kronos, Göttermutter (O II 76 f., fr. 67, 76, 77) und dem Pan, dem Feld-, Wald- und Weidegott, hatte Pindar nahe seinem Haus ein Heiligtum gestiftet. *87 ff.* Peleus, Vater des Achilleus, war mit Thetis, einer Tochter des Meergottes Nereus, Kadmos, Gründer Thebens, mit Harmonia (d. h. Eintracht), einer Tochter des Ares und der Aphrodite, vermählt. *90* Der Berg der Musen: Pelion (4). *97* Dem: Kadmos; seine Tochter Agaue tötet in bakchischer Raserei ihren Sohn Pentheus, der sich dem Kult des Dionysos widersetzt (vgl. Euripides „Bakchen"); Ino flieht vor ihrem wahnsinnig gewordenen Gatten Athamas und stürzt sich mit ihrem Sohn ins Meer (O II 24 ff., P XI 2, fr. 4); Autonoës Sohn Aktaion wird auf Geheiß der Artemis von seinen eigenen Hunden zerfleischt. *98* Thyone: so heißt hier Semele, durch Zeus Mutter des Dionysos (O II 25 f., P XI 1; dith. II 30 f.). *100* Achilleus. *101* Phthia: thessalische Landschaft. *112* Den Griechen Nestor und den auf troischer Seite kämpfenden Sarpedon führt Pindar als Beispiele an, wie Weisheit und Tapferkeit durch die Dichtkunst Ruhm gewinnen.

IV. Kyrene: in Nordafrika. *3* Letoïden: Apollon und Artemis; Pytho: Orakel von Delphi, Erdmittelpunkt (Erdnabel), an dem sich einst die nach zwei Seiten ausgesandten Adler des Zeus zusammenfanden. *5* Die Orakel gelten als untrüglich, wenn Apollon in Delphi anwesend ist. *6* Die zweite Weissagung: s. Einl.; die heilige Insel (Insel mit einem Heiligtum): Thera. *7* Kyrene. *9 ff.* Die erste Weissagung: s. Einl. *12* Kolchis: im SO des Schwarzen Meers. *14* Epaphos: Sohn des Zeus und der Io (vgl. Aischylos „Prometheus" 448 ff., „Schutzflehende" 40 ff.); seine Tochter: Libya (Verkörperung des Erdteils Afrika). *16* Ammon: Beiname des Zeus (Verschmelzung der griechischen mit der ägyptischen Gottheit; vgl. fr. 24). *17 f.* Die ehemaligen Bewohner der Insel Thera (Ruderer und Fischer) werden Festlandsbewohner (Pferdezüchter und Rosselenker). *19* Die Erdscholle: s. Einl. *20* In Libyen an der kleinen Syrte. *22* Eurypylos: s. Einl. *25 ff.* Das Schiff Argo tragen die Argonauten durch die Wüste bis zum Tritonsee und

gelangen später zum Mittelmeer. *33f.* Poseidon. *36* Euphamos. *43f.*
Tainaros (oder Tainaron): Vorgebirge an der Südspitze Lakoniens; dort war nach der
Sage der Eingang zur Unterwelt. *46* Tityos: Sohn der Gaia (Erde); Kephisos:
Fluß in Boiotien (O XIV 1). *48f.* Hinweis auf eine frühere Besiedelung von der
südlichen Peloponnes aus. *50* Auf Lemnos. *52* Battos. *59* Polymnastos:
Vater des Battos. *60* Biene: Priesterin (vgl. fr. 132); sie gibt den Spruch „von
selber", von sich aus, d. h. ohne auf die Frage des Battos nach Heilung seiner schweren
Zunge einzugehen; vgl. dazu P V 55ff.). *69* Minyer: ein alter Volksstamm in
Thessalien und Boiotien, aus deren Gebiet die meisten Argonauten stammten.

71ff. Stammtafel der „Aiolossprößlinge":

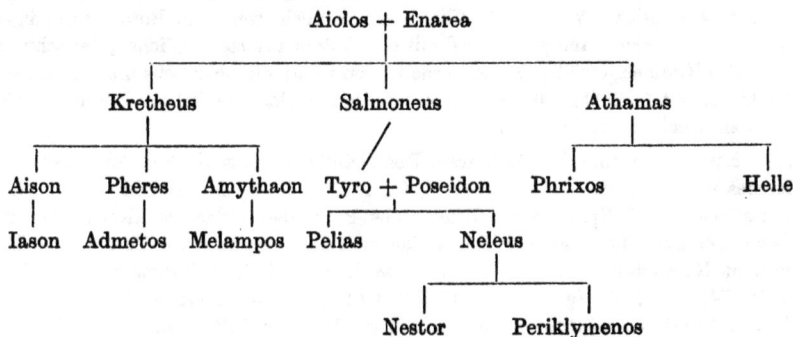

Aiolos + Enarea

Kretheus — Salmoneus — Athamas

Aison — Pheres — Amythaon — Tyro + Poseidon — Phrixos — Helle

Iason — Admetos — Melampos — Pelias — Neleus

Nestor — Periklymenos

77 Iolkos: in Thessalien. *80* Magneten: Magnesia in Thessalien. *87ff.* Ares;
Otos, Ephialtes, Tityos: Giganten, die von Apollon und Artemis getötet werden,
weil die ersten beiden der Artemis nachstellten, Tityos der Leto. *102f.* Philyra:
die Mutter, Chariklo: die Frau Chirons. *110* Aisons Vater war der älteste Sohn
des Aiolos, Pelias stammte von dem zweiten Sohne her; s. Stammtafel. *119* Chiron.
124ff. Aisons Brüder: Oheime Iasons; s. Stammtafel. Hypereia: bei Pherai in Thessalien; Messana: Landstrich um Pherai. *138* Felsengott: Poseidon durchbricht
mit dem Fluß Peneios die Berge Thessaliens. *142* „Kuh": damit ist Enarea, die
Gattin des Aiolos gemeint. *152* Aison. *159f.* Da des in der Ferne gestor-
benen Phrixos Gebeine nicht heimgeholt, auch seine Seele nicht zur Beisetzung im
leeren Grab abgerufen ist, lastet ein Fluch auf Aiolos' Geschlecht, der nun durch
Heimholung des goldenen Widderfells aufgehoben werden soll, das einst Phrixos dem
König Aietes in Kolchis als Dank für gastliche Aufnahme schenkte. Der geflügelte
Widder hatte Phrixos dorthin gebracht und ihn so vor den Nachstellungen seiner
bösen Stiefmutter gerettet. Aietes läßt das kostbare Vlies durch einen Drachen be-
wachen. *172* Herakles und die Dioskuren Kastor und Polydeukes. *173ff.*
Der Ennoside: Poseidon; s. 36, 43f.; Periklymenos: aus Pylos, Neffe des Pelias;
s. Stammtafel. *180* Pangaios: Gebirge Thessaliens. *181* Boreas: Nordwind
(O III 31). *203* Axeinos: ungastliches (Meer), dann auch – besänftigend –
Euxeinos gastlich genannt, das Schwarze Meer. *208ff.* Die Felsen (Symplegaden:
die Zusammenprallenden) haben so lange Leben und Bewegung, bis es einem Schiff
gelingt, durch sie hindurchzufahren; die Durchfahrt der Argo bewirkt das Ende

ihrer Bewegung: die Felsen erstarren.   *211* Phasis: Fluß in Kolchis.   *213ff.*
Kypris (Kypria): Aphrodite (O I 75); sie hilft Iason, Medeas Liebe zu gewinnen durch
den Liebeszauber mit dem Wendehals; man band den Vogel auf die Speichen eines
Rades und drehte es unter Hersagen von Zauberformeln.   *219* Peitho: Göttin der
Überredung.   *241* Helios' Sohn: Aietes.   *247* Pindar ermahnt sich damit
selbst zu kurzer Fassung.   *250* Medea läßt die Töchter des Pelias, der Iason sein
Reich vorenthält, den eigenen Vater zerstückeln, angeblich, um ihn zu verjüngen.
253 Wettkampf, geschildert O IV 19ff.   *258* Kallisto (d.h. die Schönste): Thera
260f. Kyrene als göttliche Gestalt.   *263ff.* Die Gleichnisse und Ermahnungen
bereiten die Bitte vor, den verbannten Damophilos, der als Gast bei Pindar in
Theben war, zurückkehren zu lassen; s. Einl. Heilgott (Paian): Apollon.   *277*
Homer: wohl Ilias XV 207: „Trefflich steht es auch, wenn ein Bote verständigen
Sinn hat".   *290* Damophilos wird mit dem Titanen Atlas verglichen, der schwere
Last, das Himmelsgewölbe, in der Ferne tragen muß; wie aber Zeus die Titanen aus
der Unterwelt freiläßt, soll Arkesilaos den Damophilos heimkehren lassen.   *294*
Apollons Quell: Kyre in Kyrene.

V. *9* Kastor: der eine der Dioskuren, Rossebändiger, Wagenlenker, Schutzgott des
Staates und der Spiele (P II 69, N X, I I 16).   *21* Pytho: Delphi.   *23* Ihm:
Arkesilaos.   *27* Epimetheus; Bruder des Prometheus, der als „Nachbedacht",
als zu spät Denkender, Fehlschläge erleidet und die „Ausrede" zur Tochter hat. Die
braucht Karrhotos als Sieger nicht.   *38* Krisa (Kirrha): Hafenort von Delphi
(P III 74).   *39ff.* Vgl. Paus. X 13,5 und 15,6.   *45* Alexibios: Vater des Karrhotos; Chariten: Göttinnen der Anmut (O I 30, O XIV Einl.).   *55* Battos:
Stammvater des Geschlechts des Arkesilaos; s. Einl. und P IV.   *69ff.* Die Nachkommen des Herakles herrschten in der Peloponnes; Aigimios, König der Dorier
(P I 64), eroberte mit Herakles das Land der Lapithen in Thessalien, dessen Herrscher
er wurde.   *75* In der ersten Person spricht hier der Chor; die Auffassung, daß
Pindar selbst spreche und damit seine Zugehörigkeit zum Aigidengeschlecht be-
tone, wird – wohl mit Recht – abgelehnt. Vgl. H. Fränkel, Dichtung und Philosophie
des frühen Griechentums S. 541[1])   *124* Die Bitte um einen Sieg wurde zwei Jahre
später erfüllt.

VI. *3* Nabel: P IV 3.   *5ff.* Mit einem Schatzhaus, wie sie damals vielfach in
Delphi errichtet wurden, vergleicht Pindar sein Lied für die Emmeniden.   *9* d.h.
an goldenen Weihgeschenken reichen.   *19* d.h. du bist ihm nahe verbunden.
22 Philyras Sohn: Chiron (P IV 102f.).   *34f.* Nestors Reich war Messenien in der
Peloponnes.   *49* Pieriden: Musen (O X 96).

VII. *10* Erechtheus: ein attischer Stammheros.   *15* Der Sieg in Olympia war
wohl der des Alkmaion im Jahre 592.   *16* Kirrha: Delphi (P III 74).

VIII. *12* Porphyrion: König der Giganten, von Apollon getötet.   *15* Typhon:
P I, O IV 9.   *19* Kirrha: Delphi (P III 74, V 38).   *22* Von Zeus und Aigina
stammte Aiakos, von ihm Peleus, der Vater des Achilleus, sowie Telamon.   *39* Amphiaraos: O VI 13ff.   *55* Abas: früherer König von Argos.   *59* Nach Delphi.
66 Bei eurem Fest: Apollons und seiner Schwester Artemis, bei den Delphinien.
71ff. d.h. was mein Lied berichtet, gründet sich auf Recht (Dike) und Wahrheit;
die Zukunft mögen Götter gnädig gestalten.   *99f.* s. 22.

IX. *1* Erzbeschildet: Lauf in voller Bewaffnung; der Schild wird genannt als schwerste Waffe.   *8* Der dritte Erdteil neben Europa und Asien ist Libyen (Afrika). *9* Apollons Geburtsstätte ist Delos.   *11* Von Hephaistos, dem Gott der Schmiede, erbaut. Hypseus: Vater Kyrenes.   *14* Lapithen: thessalischer Volksstamm. *15* Peneios: Fluß(gott) Thessaliens.   *29* Chiron: der Kentaur, Erzieher Achills und Iasons (P III 1, 63 IV 102, 115).   *39* Peitho: Göttin der Überredung (P IV 219).   *53* Zeus' Garten: Libyen.   *60 f.* Horen: Göttinnen der Jahreszeiten, der Blüte, der Jugend (O XIII 17); Gaia: Mutter Erde.   *64 a f.* Agreus d. h. „Jäger", Nomios „Hirte".   *71* Telesikrates.   *79 ff.* bezieht sich auf den Sieg bei den Spielen zu Ehren des Iolaos; Iolaos wird von den Einwohnern Thebens neben seinem Großvater Amphitryon ehrenhalber bestattet, nachdem er, von den Toten auferstanden, Eurystheus, den Dienstherrn des Herakles, erschlagen hat, der von den Athenern die Auslieferung der Herakliden erzwingen wollte.   *82* Von der Drachensaat des Kadmos leiten sich die vornehmen Geschlechter Thebens her. *86* Herakles und Iphikles, der Vater des Iolaos.   *88* Dirke: bei Theben (O X 85). *91* Nisos: sagenhafter König von Megara.   *94* Meergreis: Nereus (O II 19, P III 87 ff.).   *97 ff.* Alles Festspiele in Kyrene, bei denen auch Frauen anwesend waren. *104* Einer: der Besteller des Liedes.   *105* Irasa: Stadt in Libyen, Herrschersitz des Antaios.   *112* Nachdem die Danaostöchter ihre Vettern, die sie zur Hochzeit zwingen, in der Brautnacht getötet haben, werden sie so zum zweiten Mal vermählt; und zwar von den fünzig achtundvierzig, da eine (Hypermestra) ihren Gatten verschont hat, zu einer anderen (Amymone) sich Poseidon gesellt; vgl. Aischylos „Die Schutzflehenden".   *125* Fittiche: Kränze, deren Blätter fittichartig zu beiden Seiten des Kopfes liegen.

X. *8* Parnassisches Tal: Delphi.   *13* Als Waffenläufer; vgl. P IX 1.   *15* Kirrha: Delphi (P III 74).   *33* Eselsopfer: sonst von nordischen Völkern (Skythen) den Griechen bekannt, hier auch bei den Hyperboreern (O III 15, I VI 23) angenommen. *44* Nemesis: Rachegöttin.   *46* Gorgo: Medusa (O XIII 63 ff., P XII).   *51 ff.* Wie mit schnellem Ankerwurf der Schiffer sich vor dem Felsenriff schützt, will Pindar sein Lied vor Weitschweifigkeit bewahren.   *55 f.* Ephyra: Stadt, Peneios: Fluß in Thessalien; Ephyras Männer: der Chor.   *65* Pieriden: Musen (O X 96). Das Bild vom Anschirren des Musengespanns deutet auf den Auftrag des Thorax zur Abfassung der Ode hin.

XI. *1 ff.* Semele, Ino: O II Einl. und Anm.; Herakles' Mutter: Alkmene.   *5* Loxias: Apollon (P III 27).   *9* Pytho, den Erdnabel: Delphi (P IV 3).   *19* Dardaniden: Nachkommen des Dardanos (O XIII 56).   *21* Acheron: Fluß der Unterwelt. *22* Euripos: Meerenge zwischen Euboia und dem Festland.   *24 f.* Mit Aigisthos. *36* Mordgott: Ares.   *59 f.* Iolaos, Herakles' Neffe, Gefährte und Wagenlenker (P IX 79 ff. fr. 143, 47 ff.).   *61 ff.* Kastor und Polydeukes: Söhne der Leda; Kastor als Sohn des Tyndareos ist sterblich, fällt im Kampf; Polydeukes als Sohn des Zeus ist unsterblich, bittet um den Tod, um mit dem Bruder vereint zu sein; Zeus gestattet, daß beide gemeinsam abwechselnd im Olympos und in Therapnai, in ihrem Heiligtum in Lakonien, verweilen (O III 1; N X, besonders 56 ff.). **XII.** Die altgriechische „Flöte" entspricht ihrer Bauart und ihrem Klang nach unserer Oboe.   *2* Persephoneia: Herrscherin der Unterwelt, deren Kult in Sizilien verbreitet war (O XIV 21, N I 14). *3* Akragas: auch Name des Flusses. *13* In Nacht: „des Todes und der Trauer"; Phorkos (sonst Phorkys): Vater der Gorgonen Euryale, Stheno und Medusa. *14* Das Medusenhaupt ist das „Festgeschenk", das Perseus dem Polydektes zu seinem Hochzeitsmahl mit Danaë zu bringen versprochen hat. (dith. IV Einl.). *17* Als Goldregen gesellt sich Zeus zu Danaë. *18* Jungfrau: Athene. *23* Vielhäupterton: eine Weise, aus mannigfaltigen Tonsätzen bestehend. *26* Stadt der Huldinnen (Charitinnen): Orchomenos in Boiotien an dem vom Kephisos durchflossenen Kopaissee (O XIV 1 ff.); dort wuchs das beste Schilfrohr für Flöten.

Nemeïsche Oden

I. *1 ff.* Ortygia: Insel (und Inselgöttin) – ältester Teil von Syrakus (O VI 92); Rast im Lauf des Alpheios: dieser peloponnesische Flußgott verfolgt, wie die Sage erzählt, die peloponnesische Quellnymphe Arethusa, holt sie hier in Sizilien ein, wo sie als Quelle hervorströmt. Arethusa steht unter dem Schutz der Artemis, ja wird mit ihr gleichgesetzt; daher: Bett der Artemis, als deren Kultstätte Ortygia „Schwester von Delos", der Geburtsstätte der Artemis und Apollons, genannt wird. *13* Die Muse wird angeredet. *14* Sizilien: Brautgeschenk des Zeus an Persephone bei ihrer Vermählung mit Hades. *17* Siege sizilischer Fürsten in Olympia. *19* Ich: Pindar und der von ihm geleitete Chor. *24 f.* Wasser wider Rauch tragen: Schmähung und Verleumdung auslöschen, ihnen entgegentreten. *29* Chromios. *36* Iphikles. *51* Kadmeier: Nachkommen der aus der Drachensaat des Kadmos entstandenen Menschen (P IX 82). *54 ff.* Wohl Antaios, der Sohn der Erde, der mit Schädeln von Fremden, die er erschlägt, den Tempel seines Vaters Poseidon schmückt und den dann Herakles durch Emporheben von seiner ihn unüberwindbar machenden Mutter Erde im Ringkampf bezwingt (P IX 105 ferner fr. 87). *67* Phlegras Gefild: in Thessalien, Schauplatz der Gigantenschlacht. *71* Hebe: Göttin der Jugend (O VI 58).

II. Pankration (Allkampf): Verbindung von Ring- und Faustkampf als besonderes Wettspiel (O VIII 59). *1 ff.* Homeriden: Nachfolger Homers, die wandernden Sänger; wie sie beim epischen Vortrag mit einem Vorspiel auf Zeus anfangen, so soll der in den Zeusspielen errungene Sieg die Grundlage künftiger Siege bilden. *10 ff.* Der Sohn des Timonoos, Timodemos, wird künftigen Siegen nachstreben, wie Orion der Jäger, den Pleiaden, den Töchtern des Berggotts Atlas, nacheilt; und wie sie in kleine Sterne, er selbst in ein großes Gestirn verwandelt wird, so sollen kleineren Siegen größere folgen. *14* Gemeint ist: im Zweikampf hat Hektor die Kraft des Aias zu spüren bekommen. *19* In den Pythischen Spielen. *20* In den Isthmischen, auf korinthischem Gebiet liegenden Spielen. *23* Zuhause: in Attika. *25* Der Siegesruf lautete: Heil dem, der schönen Sieg errang! (τήνελλα καλλίνικε.) **III.** *3 f.* Asopos: Fluß auf Aigina. *13* Myrmidonen: Zeus verwandelt, wie die Sage berichtet, um dem einsamen Aiakos, seinem und der Aigina Sohn, Gefährten zu geben, Ameisen (griechisch: myrmekes) in Menschen als Urbewohner Aiginas. *20* Aristophanes' Sohn: Aristokleides. *21* Säulen des Herakles: O III 44. *28* Aiakos: O VIII 30 ff., P VIII 22. *29 ff.* Zum Preis edlen Heldentums findet man Stoff genug in Aigina, braucht nicht dazu in die Ferne zu gehen – so der Zusammenhang zwischen den Versen. *33* Peleus: Sohn des Aiakos, Vater des Achilleus; s. 28. *34* Iolkos: Stadt in Thessalien. *35* Thetis kann wie andere Meeresgottheiten verschiedene Gestalt annehmen. *36* Telamon: Bruder des Peleus, hilft dem Herakles und dessen Neffen Iolaos den Troerkönig Laomedon bestrafen, der Herakles gegenüber wortbrüchig geworden ist. *42* Philyra: Mutter Chirons (P IV 102f.). *54* Iason: P IV; Asklepios: P III 5ff., 67. *56* Nereus' Tochter: Thetis; ihr Sohn: Achilleus. *61* Dardaner: Troer. *63* Memnon: Sohn des Tithonos; dessen Bruder: Priamos; dessen Sohn: Helenos. *79* Aiolisch: Bezeichnung der Tonart. *80 ff.* Pindar vergleicht sein Schaffen dem stark zupackenden, sicheren Griff des aus der Höhe herabstoßenden Adlers, das seiner Nebenbuhler dem Gekrächz der im Niederen hausenden Krähen. *84* In Nemea und Megara: Spiele zu Ehren des Zeus, in Epidauros: des Asklepios.

IV. *11 f.* Aigina; Aiakos: O VII Einl. *17* Kleonai: Nachbarstadt von Nemea; aus ihr stammten die Kampfrichter. *20* Amphitryons Grabmal: P IX 79ff. fr. 143, 49ff. *22 f.* Nahe Beziehung Thebens, und so auch Pindars, zu Aigina wird besonders in diesem Lied betont, doch auch sonst, z.B. O VIII 20ff. *25* Telamon: N III 36. *26* Meroper: alte Einwohner der Insel Kos im Ägäischen Meer. *27* Halkyoneus: ein Riese, anfangs erfolgreich gegen die von Troia zurückkehrenden Helden Herakles und Telamon, später von Herakles getötet; zu den Zügen des Herakles mit Telamon vgl. I VI 27ff. *35* „Wendehals": (Liebeszauber; vgl. P IV 219ff. Vergleich ohne Vergleichswort. *45 ff.* Oinone: alter Name Aiginas; auf Kypros in einem zweiten Salamis herrscht Teukros, sein Bruder Aias auf der Insel Salamis. *49* Insel Leuke (die „Leuchtende") im Schwarzen Meer, vor der Donaumündung. *51* Neoptolemos: Sohn des Achilleus. *54 f.* vgl. P IV 77 und N III 33, 34. *56* Haimoner: Thessalier. *57 ff.* Akastos: Sohn des Pelias; seine Frau Hippolyta verliebt sich in Peleus, verleumdet ihn, als er ihre Liebe verschmäht, bei Akastos, der ihn töten will; Chiron rettet ihn. *61* Sein Los: die Vermählung mit der Nereustochter Thetis, die er trotz ihrer Verwandlungen (Feuer, Löwe, Schlange) bezwingt; vgl. N III 35, P III 92ff. *69* Gadeira: heute Cadiz; O III 44. *85* Acheron: Fluß der Unterwelt; vgl. P XI 21. *86 ff.* Bei den Isthmischen Spielen zu Ehren Poseidons; Eppich: vgl. O XIII 33ff. *93* Melesias: vgl. O III 54ff. und Einl.

V. *7 ff.* Aiakos, Sohn des Zeus und der Aigina, zeugt mit Endaïs, Tochter des Kronossohns Chiron, Peleus und Telamon und mit der Nereïde Psamatheia Phokos. *16* Oinone: Aigina (N IV 45). *22* Jenen: den Aiakiden, hier besonders Peleus zu seiner Hochzeit. *26* Hippolyta: N IV 57ff. *27* Der Vogt der Magneten: Akastos. *33* Mit dem Ehebruch wäre zugleich Bruch des Gastrechts, also Frevel gegen den Hüter des Gastrechts Zeus, verbunden gewesen. *37* Poseidons Gemahlin Amphitrite ist die Schwester der Thetis, doch kann das griechische Wort (gambros) außer Schwager auch „Freier" heißen; Zeus und Poseidon bewerben sich beide um Thetis, geben wegen eines ungünstigen Orakels ihre Werbung auf; Aigai: an der Nordküste der Peloponnes, wo Poseidon besonders verehrt wurde. *41 f.* In den Aiakosspielen; Nike: Siegesgöttin. *43* Als Wettkämpfer zeichneten sich aus: Pytheas' Oheim mütterlicherseits Euthymenes und sein Großvater mütterlicherseits Themistios. *46* Nisos: sagenhafter König von Megara.

VI. *23* Ihm: Hagesimachos; die drei jüngeren Brüder des Sokleides. *32* Besteller des Musengefildes: die Dichter. *36* Apollon (und Artemis). *37* D.h. der pythische Sieger im Glanz des Siegesgesanges, der den Chariten verdankt wird (O I 30 u. s.). *39* Isthmos von Korinth mit den Spielen zu Ehren Poseidons. *42 ff.* Des Löwen: des nemeïschen, den Herakles bezwang; Laub: Eppich (O XIII 33 ff.); Phlius: Stadt bei Nemea. *49* Memnon: Fürst der Aithiopier (O II 83). *62* Kronios-Hain: in Olympia (O I 111). *65* Melesias: O III 54 ff., Einl.

VII. Fünfkampf, Weitsprung, Wettlauf, Diskus- und Speerwurf, Ringen.

1 Moiren: Schicksalsgöttinnen (O X 52). *9* Aiakiden: N V 7 ff.; ihre Stadt: Aigina. *15* Mnemosyne: Mutter der Musen (ihr Name bedeutet „Gedächtnis"). *23* Ihm: dem Odysseus. *25* Die Waffen des Achilleus standen dem Stärksten zu, also Aias; doch wußte sie der schlaue Odysseus zu gewinnen. *30* Ilos: Gründer von Ilion. *33 f.* In Delphi. *37* Skyros: Insel im Ägäischen Meer; Ephyra: in Epirus, wo der Sage nach Hektors Witwe Andromache, die Kriegsgefangene des Neoptolemos, ihm den Molossos gebar, nach dem das Land Molossien genannt wurde. *40* Zu dem Gott: zu Apollon nach Delphi. *52* Wörtlich: Von dem „Haus", d.h. von dem Geschlecht, von der göttlichen Herkunft. *58* Thearion: Vater des Siegers. *64* Aus Epeiros, wo einst Neoptolemos herrschte. *70* Euxenos: Stammvater des Geschlechts. *71* Beim Speerwurf über den Strich hinaus treten: ein Bild für pflichtwidriges Handeln. *72 ff.* beziehen sich auf den ziemlich mühelosen, schnellen Sieg des Sogenes. *77* Kranzwinden: Bild für Siegeslieddichten; Pindars Lied wird wertvoll durch Vorzüge, die Begabung und göttliche Eingebung verleiht. *84* Aiakos war „Stadtheger": Schutzgott Thebens. *90* Herakles als Helfer der Götter in der Gigantenschlacht; vgl. N I 67. *95* Jungfrau: Athene. *98* Ihnen: der Familie des Siegers. *105* Redensart, wohl Drohung oder Fluch.

VIII. *6* Kypria: Aphrodite (O I 75). *7* Oinona: alter Name für Aigina; ihr Sohn: Aiakos (P VIII 22). *12* Pelops: O I. *16* Lydische Binde: Bild für ein Lied in lydischer Weise. *18* Kinyras: sagenhafter König (P II Einl.). *27* Wehr: Waffen des Achilleus (Aias und Odysseus: N VII 23 ff.). *43* Sinn: Freude über den Sieg regt zum Lied als Zeichen der Freundschaft an. *51* Adrastos: Führer gegen die Thebaner (N IX 9 ff.).

IX. Diese sowie die folgenden Oden N X und N XI sind von den antiken Herausgebern den ursprünglich am Schluß der Odensammlung stehenden Nemeïschen Oden angeschlossen worden, ohne daß es sich bei ihnen um Siege in Nemea handelt. Nach der Handschrift, die Isthmische und Nemeïsche Oden in ihrer Reihenfolge vertauschte, haben sich dann offenbar die späteren Handschriften gerichtet, die für unsere Ausgaben maßgebend sind. *1* Sikyon: in der Peloponnes. *4* Bildlich für: Chromios Sieg veranlaßt das Festlied auf Leto, Apollon und Artemis. *9 ff.* Adrastos, Sohn des Talaos, wird mit seinen Brüdern von Amphiaraos, Sohn des Oïkles, aus Argos vertrieben, kommt nach Sikyon, wird dort Herrscher, stiftet die Apollonspiele, kehrt nach Argos zurück und versöhnt sich mit Amphiaraos, indem er ihm seine Schwester Eriphyle zur Gattin gibt, gewissermaßen als Schwurpfand oder Bürgschaft; daher wird sie, die Vermittlerin der Versöhnung, als „männerbezähmend" bezeichnet. *26* Periklymenos: Kämpfer auf Seite Thebens, Enkel des Teiresias. *28* Phoiniker: Karthager. *37* Enyalios: Beiname des Kriegsgottes Ares (O XIII 106). *39* Skamandros: Fluß bei Troia. *40* Heloros:

Fluß an der Ostküste Siziliens, wo sich einst der junge Chromios, Hagesidamos' Sohn, beim Sieg Gelons über die Syrakusaner (um 492) rühmlich bewährte. *55* Bild für das Schaffen eines vortrefflichen Liedes. **X.** s. Vorbemerkung zu N IX. *1* Danaostöchter: P IX 112ff. *2* Charitinnen: auch Göttinnen des Lieds (O II 50 u. s.). *4* Perseus: P XII 7ff. *5* Epaphos: Sohn des Zeus und der Inachostochter Io (P IV 14ff.). *6* Hypermestra: Danaostochter, die im Gegensatz zu ihren Schwestern ihren Gatten (Lynkeus) verschont; s. l. *7* Athene: dem Diomedes huldvoll gesinnt. *8* Oïkles' Sohn: Amphiaraos. *11* Alkmene wird Mutter der Herakles, Danaë Mutter des Perseus. *12* Adrastos' Vater: Talaos, wie Lynkeus König von Argos; vgl. IX 9ff. *13* Amphitryon gehört als Perseusenkel nach Argos. *15* Teleboer: in Akarnanien. *18* Mutter der Hebe: Hera. *22* Der Preis der Herawettspiele in Argos war ein eherner Schild. *26* Bildlich für: gab durch seinen Sieg Stoff für ein Lied. *27* Betonte Wiederholung des vorigen (isthmische und nemeïsche Siege). *32f.* Herakles als Stifter der Olympischen Spiele: O II 3, III 11, VIII 68ff. *35f.* Die Sieger bei den Panathenaien erhielten mit Öl oder Oliven gefüllte Krüge. *38* Die Chariten und die Dioskuren als Spender des Siegs. *41* Proitos: ein König von Argos: *42* Kleonai: bei Nemea (N IV 17). *43* Sikyon: N IX 1 und Schluß der Einl. *44* Pellana: O IX 98. *47* Kleitor und Tegea: Städte in Arkadien; Achaia: in der Peloponnes. *48* Lykaion: Berg in Arkadien. *49* Pamphaës: Vorfahre des Theaios. *56* Therapnai: Stadt in Lakonien (P XI 61ff.). *60f.* Idas und Lynkeus: Söhne des Aphareus, ein Brüderpaar, das mit den Dioskuren in Streit gerät. *64* Vermessene Tat: Tötung Kastors. *66* Sohn der Leda: Polydeukes. *71f.* D.h. ohne rechte Bestattung und Totenklage. *81* Der Held: Tyndareos. *90* D.h. Zeus erweckt Kastor wieder zum Leben.

XI. Vgl. Vorbemerkung zu N IX. *1* Rhea: auch Mutter des Zeus und der Hera (O II 77). *4* Die Amtsbrüder. *5* Tenedos: Insel vor der kleinasiatischen Küste. *8f.* Im Prytaneion (Stadthaus) bewirtete man hohe Gäste. *24f.* Kastalia: Quelle in Delphi; Kronoshügel: in Olympia. *33* Peisandros: Ahne des Aristagoras. *34* Orestes besiedelte von Amyklai (Lakonien) aus die Aiolischen Inseln, darunter Tenedos. *36* Ismenos: Fluß bei Theben. *37* Melanippos: einer der sieben Verteidiger Thebens.

Isthmische Oden

I. *1f.* Theben erscheint hier Pindar als Mutterstadt und Stadtgöttin (vgl. fr. 162). *9f.* Sechsmal hatten Bewohner Thebens (des Kadmos Schar) bei den Isthmischen Spielen gewonnen. *13* Geryones: ein Riese im fernen Westen, dem Herakles seine Rinder abnimmt; vgl. I I 12f., fr. 143; 58b. *16f.* Kastor, Sohn des Tyndareos, gehört nach Sparta, Iolaos, Sohn des Iphikles, Neffe des Herakles, nach Theben. *26* Fünfkampf: N VII. *31* Therapnai: dort ein Heiligtum der Tyndariden (Dioskuren). *33* Onchestos: Stadt in Boiotien mit Poseidonspielen. *55ff.* Herakles und Iphikles zu Ehren fanden Spiele in Theben statt; für Minyas Leichenspiele in Orchomenos; für Poseidon (des Kronos Sohn 52f.) und Artemis

Spiele auf Euboia; für Protesilaos, den griechischen Helden, der vor Troia fiel'
Leichenspiele in der thessalischen Landschaft Achaia. *67 ff.* Vielleicht verspotte-
ten Mitbürger den Herodotos: er habe selbst sein Gespann gelenkt, weil er sich keinen
Wagenlenker habe leisten können.

II. *7* Terpsichore: eine der Musen.   *9* Der Argeier: Aristodemos aus Lakonien,
einer der Sieben Weisen.   *12* Nicht unbekannt: von Simonides in einer Ode
gefeiert.   *16* Eppich vgl. O XIII 33ff.   *18* Der pythische Sieg: P VI.
19 Erechtheus: sagenhafter König Athens (P VII 8).   *23* Die Abgesandten
Olympias kündigten die Spiele und damit den allgemeinen Frieden an.   *28* Theron
und Xenokrates; Therons olympischer Wagensieg 476: O II, III.   *33 ff.* D.h.
keine Hemmungen gibt es für Lieder (Ehrenschmuck der Musen, deren Berg der
Helikon ist).   *39 ff.* D.h. seine Gastlichkeit kannte nicht Hemmung noch Grenzen; Phasis: der Fluß Rion ganz im Norden, in das Schwarze Meer mündend.

III/IV. Die beiden Oden haben dieselbe metrische Form; sie treten in den Handschriften teils als zwei Oden, teils als eine auf. Vermutlich ist die dritte Ode, die einen
inzwischen erfolgten zweiten (nemeïschen) Sieg mit einbezieht, später als Einleitung
der vierten vorangestellt worden; sie bilden also wohl eine Einheit. – Allkampf:
O VIII 59.   *11 f.* Des Löwen Waldtal: Nemea, wo Herakles den Löwen bezwingt.
17 Labdakos: Enkel des Kadmos, des Gründers von Theben.   *30* Säulen des
Herakles: O III 30.   *37* Onchestos: I I 33.   *43* Athen: Fest der Panathenaien.
44 Adrastos; Sikyon: N IX 1, 9ff.; X 12.   *47* Ganz Hellas: die panhellenischen
großen Feste.   *53 b* Aias: N VII 25, VIII 23ff.   *67* Orion: N II 10ff., fr. 61, 62.
76 Zeus.   *81* „Eherngerüstet" heißen hier die Söhne des Herakles und der
Megara; nach der herkömmlichen Sage werden sie von dem wahnsinnigen Herakles
als *Kinder* getötet; vgl. auch Euripides „Herakles".   *89 b* Steuermann: Bild für
den „Trainer".

V. *1* Der Name Theia klingt auch an griechisch theaomai „ich schaue" an; die „Vielnamige" schaut vieles und läßt vieles in seinem Glanz schauen.   *23* Stadt geordneten Rechts: Aigina (mit dorischer Verfassung; vgl. O VIII 25).   *30* Aitolien:
im Westen Mittelgriechenlands.   *33* Eurotas: bei Sparta; in Therapnai befand sich
ein Heiligtum der Dioskuren.   *34* Oinone: Aigina (N IV 45ff.).   *39 ff.* Taten
des Achilleus: O II 82, IX 73; N III 63, VI 50.   *54* Solche Ehren: die der Wettspiele.   *54 ff.* Kleonikos: Großvater des Siegers; sein Stamm – dieses der Sinn der
Worte – macht im Wettkampf den Gegnern Mühe.   *57 f.* Aufwand an Mühen, an
Kosten konnte die erfüllte Hoffnung, die Freude des Siegs nicht beeinträchtigen.
62 Die Kränze waren mit weißen Wollbinden umwunden.

VI. *6* Nereïden: Töchter des Meergottes Nereus, in den Machtbereich Poseidons
gehörend.   *16 ff.* Kleonikos: Vater Lampons; Moiren: Schicksalsgöttinnen.
23 Hyperboreer: sagenhaftes, weit entferntes Volk (O III 16, P X 30ff.).   *25 ff.*
Peleus, Telamon: N III 33, 36.   *28* Das Volk von Tiryns untersteht dem Herakles,
Alkmenes Sohn.   *30 ff.* Meroper, Halkyoneus, Phlegrai: N IV 26f., N I 67.
58 Euthymenes: Oheim des Phylakidas.   *58 f.* Den Bewohnern von Argos sagte
man auch „lakonische" Kürze nach.   *63* Psalychiden: Geschlecht des Siegers.
64 Tau der Chariten: Lieder (O XIV Einl.).   *65* Themistios: Großvater des
Phylakidas, Vater des Euthymenes.   *66 f.* Hesiod, Werke und Tage 412: „Sorg-

falt fördert das Werk" (μελέτη δὲ τὸ ἔργον ὀφέλλει).   *73 f.* Sie: Lampon und seine Söhne (erfreue ich mit diesem Lied aus Theben).   *74* Dirke: Quelle im Westen von Theben.   *75* Mnemosyne: Mutter der Musen (N VII 15).

VII. *3* Demeter (O VI 95 ff.) heißt erzumdröhnt, wegen der Musik, die bei ihrem mit Dionysos gemeinsam gefeierten eleusinischen Kult ertönte.   *5* Goldregner: als Goldregen nahte Zeus sich der Danaë (P XII 17); Gold regnete er nach der Geburt Athenes (O VII 34 ff.).   *7* Alkmene.   *8* Teiresias: der Seher (N I 60 ff.).   *9* Iolaos: Neffe des Herakles (I I 16).   *10* Sparten: P IX 82; Adrastos kommt, vor Theben besiegt, nach Argos (N IX 9 ff.).   *14* Amyklai: die Eroberung dieser Stadt vollendete die Besetzung des Landes (P I 65 ff.).   *38* Erdumfasser: Poseidon, der den Sieg verlieh.   *44 ff.* Pegasos, Bellerophon: O XIII Einl. und 61 ff.

VIII. *5 ff.* Was wie der Stein über Tantalos' Haupt als drohende Gefahr, als ein für Hellas untragbares Leid über Theben hing, war das Strafgericht, das Athen und Sparta nach den Perserkriegen über die perserfreundliche Stadt verhängen wollten: völlige Vernichtung, die freilich dann in Auslieferung der Hauptschuldigen gemildert wurde.   *16 a* Der Chariten Blüte: das Lied (O XIV Einl.).   *17* Asopos: boiotischer Flußgott; dessen jüngste Töchter: Thebe, am Dirkequell wohnend, und Aigina.   *21* Oinopa (vgl. Oinone): alter Name für Aigina.   *23* Aiakos' Söhne: Peleus und Telamon.   *31* Themis: wahrsagende Göttin des Rechts (O IX 15, XIII 8).   *40* Iolkos: Stadt in Thessalien, von Peleus erobert (P IV 77, N IV 54 f.).   *41* Chiron erzog auch Peleus; oder sollte die Hochzeit dort stattfinden?   *42* Zettel des Zanks: Bild für Entscheidung (durch Abstimmung) zwischen Zeus und Poseidon als Gatten der Thetis.   *44* Feier der Hochzeit an Vollmondstagen.   *49* Mysien: in Kleinasien.   *50* Telephos: O IX 73, I V 41.   *52* Troias Sehnen: die Verteidiger Troias.   *55* Persephones Haus: die Unterwelt.   *57* Die Musen: I II 33 ff.   *64* Eppich: vgl. O XIII 33 ff.   *65 a f.* Kleandros.   *67* Alkathoos: Sohn des Pelops und der Hippodameia; Spiel zu seinen Ehren in Megara.   *68* In Epidauros: Asklepiosspiele.

ZUM GRIECHISCHEN TEXT

Die für den Gesamttext wichtigen Handschriften und Papyri sind in den maßgebenden griechischen Textausgaben aufgeführt; für die Fundstellen wird auf deren kritischen Apparat verwiesen.

Die Geschichte des Textes behandelt *J. Irigoin,* Histoire du texte de Pindare, Paris 1952. Von den Pindarausgaben des 19. Jhs. ist besonders die große Ausgabe von *A. Boeckh* (Leipzig 1811/21) zu nennen. Ihr folgten Ausgaben von *I. A. Hartung* (Leipzig 1855/6), *Tycho Mommsen* (Berlin 1864) und *W. Christ* (Leipzig 1869 und 1898). Maßgebend wurden dann *O. Schroeders* Ausgaben, die große (Leipzig 1900) und die kleinen Ausgaben (1908; 1914, 3. Aufl. 1930 mit neuen Fragmenten). Ihnen schlossen sich u. a. an *J. Sandys* (London 1915, letzte Aufl. 1957), *A. Puech* (Paris 1922/31; 3. und 2. Auflage 1949/52), *C. M. Bowra* (Oxford 1935, letzte Aufl. 1951), *A. Turyn* (Oxford 1952), *B. Snell* (Leipzig, 2. Aufl. 1953; 3. Aufl. I. Teil: Epinicia 1959, II. Teil: Fragmenta 1964). — Die Scholien gab *A. B. Drachmann* heraus: 1. Leipzig 1903; 2. 1910; 3. 1927.

Für die Tusculumausgabe wurde der griechische Text erneut vergleichend durchgesehen. Dabei wurden besonders zu der Ausgabe von *B. Snell* herangezogen die Ausgaben von *A. Puech*, *A. Turyn* und *C. M. Bowra*; ferner für die neugefundenen Fragmente: The Oxyrhynchus Papyri, Part. XXVI, edited with notes by *E. Lobel*, *M. A. Londinii* 1961, sowie der Fragmententeil der Ausgabe von *B. Snell*.

Aus den erhaltenen Fragmenten wurden die ausgewählt, die ihres Sinnes wegen oder für Leben, Auffassung und Stoffe des Dichters bedeutsam erschienen. Wer mit dem Textbestand arbeiten muß, wird an sich die großen Ausgaben zugrunde legen, in denen die Textüberlieferung in einem wissenschaftlichen Apparat geboten ist und auch die nur ungewiß lesbaren Buchstaben der Papyri durch Punkte gekennzeichnet sind. In der Tusculumausgabe geben zwei Übersichten die Herkunft der in ihr von Snells Text abweichenden Fassungen unter Heranziehung der betr. Stellen bei Puech, Turyn und Bowra an. Angefügt ist eine Zusammenstellung der Versuche griechischer Ergänzungen, die nicht in den griechischen Text aufgenommen, aber für den deutschen Text der Fragmente verwendet wurden, und eine vergleichende Übersicht (Konkordanz) über die Nummern der Fragmente.

Übersicht über wesentliche Textabweichungen in den Epinikien und Fragmenten

Stelle	Snell	Puech	Turyn	Bowra	Tusculum	Herkunft
O I 286	φάτις	φάτις	φάτις	φάτιν	φάτιν	Scholien
64	θεν νιν…⟨τι⟩	θῆκαν… τις	θῆκαν…κε	θῆκαν… τι	θέν νιν … νιν	T. Mommsen
104	+ἁμᾷ	ἀμᾷ	ἀμᾷ	ἐόντα	ἐόντα	Maas
110	κλεῖξεν	κλεῖξειν	κλεῖξειν	κλεῖξειν	κλεῖξειν	cod Π¹ C β
113	ἄλλοισι	⟨ἐπ'⟩ἄλλοισι	ἐπ' ἄλλοισι	ἐν ἄλλοις	ἐν ἄλλοις	cod. Par. gr. 2403
II 87	γαρύετον	γαρυέτων	γαρυέτων	γαρυέτον	γαρυέτον	Bergk
III Überschrift	[ΕΙΣ ΘΕΟΞΕΝΙΑ]	ΕΙΣ ΘΕΟΞΕΝΙΑ	ΕΙΣ ΘΕΟΞΕΝΙΑ	ΕΙΣ ΘΕΟΞΕΝΙΑ	(gestrichen)	Fränkel
IV 30	'Ορθωσίας	'Ορθωσίᾳ	'Ορθωσίᾳ	'Ορθωσίας	'Ορθωσίᾳ	Ahrens
IV 9	θ'Ἑκάτι	θ'Ἑκάτι	θ'Ἑκάτι	θ'Ἑκάτι	Ἑκάτι	cod. (Tricl.)
VII 67	δγυιωτον	δγυιωτον	δγυιωτον	δγυιωτον	δγυιωτον	cod. α
IX 9	Ἰλάσκομαι,	Ἰλάσκομαι,	Ἰλάσκομαι,	Ἰλάσκομαι,	Ἰλάσκομαι	Werner
76	Θέτιος +γόνος	Θέτιος γόνος	Θέτιος γ'ἔρνος	Θέτιος γόνος	Θέτιός γ'ἵνις	Bothe
X 25	τόκος +θνατῶν	τόκος θνατῶν	τόκος θνατῶν	τόκος· δρᾶτ' ὃν	τόκος ἄντιτος	Erbse
	+βωμῷ	βωμῷ	πόνων	πόνων	καμὼν	Erbse
XIII 107	'Αρκάσιν +ἀνάσσων	'Αρκάσι ⟨βάσσαις⟩	'Αρκάσιν ἄσσον	'Αρκάσι βάσσαις	'Αρκάσι βασσᾶν	Werner
P II 17	ποί τινος	ποί τινος	ποί τινος	πολίνιμος	πολίνιμος	Spigel
IV 80	ἀβάπτιστος εἰμι	ἀβάπτιστός εἰμι	ἀβάπτιστος εἰμι	ἀβάπτιστος εἰμι	ἀβάπτιστός εἰμι	Sandys
15	μελησίμβροτον	μελησίμβροτον	μελησίμβροτον	μελησίμβροτον	μελησίμβροτον	Barett
145	ἀφίσταντ'	ἀφίσταντ'	ἀφίσταντ'	ἀφίσταντ'	ἀφίσταντ'	codices
V 16	ἔασί'… πολλῶν	ἔασί… πολλῶν	ἔασί… πολλῶν	ἔασί… πολλῶν,	ἔασί… πολλῶν,	Schroeder
23/24	λαθέτω, Κυράνᾳ,	λαθέτω, Κυράνᾳ,	λαθέτω Κυράνᾳ	λαθέτω Κυράνας	λαθέτω Κυράνας	
73	γαρύει	γαρύειν	γαρύει	γαρύει	γαρύειν	Hermann
100	κώμων	κώμων	κώμων	ὕμνων	κώμων	codices
VIII 78	[ἐν] Μεγάροις	ἐν Μεγάροις	ἐν Μεγάροις	ἐν Μεγάροις	Μεγάροις	byz.
IX 19	+οἰκουριᾶν	οἰκουριᾶν	οἰκουριᾶν	οἰκουριᾶν	οἰκουριᾶν	Mosch.
90/91	γάρ / φαμί	γάρ / φαμί	γάρ / φαμί	γάρ / φαμί	γάρ / φαμί	
105	ἑῶν	τεῶν	ἑῶν	ἑῶν	τεῶν	codices
XI 9	θέμιν	Θέμιν	θέμιν	θέμιν	Θέμιν	Sandys

Stelle		Snell	Puech	Turyn	Bowra	Tusculum	Herkunft
N IV	47	'Ολυμπίᾳ τ'	'Ολυμπίᾳ	'Ολυμπίᾳ τ'	'Ολυμπίασθ'	'Ολυμπίασθ'	Maas
VIII	51	ἀπείρω	'Απείρω	ἀπείρω	'Απείρω	'Απείρω	Sandys
VIII	40	αὔξεται δ'... ⟨– –⟩	αὔξεται δ'... ξόσει	αὔξεται δ'... ξόσει	αὔξεται δ'... οἴνας	αὔξεσει δ'... ⟨αὔξει⟩	Werner
IX	46	τ'ἔλαφρὸν	τε λάβρον	τε λάβρον	τ'ἔλαφρὸν	τε λάβρον	codices
X	17	⟨– –⟩	⟨λαγέται⟩	καὶ ποτε	καὶ ποτε	⟨δεσπόται⟩	Mair
X	41	+ἱπποτρόφον ἄστυ	τὸ Προῖτοιο	Προῖτοιο τόδ'	Προῖτοιο τόδ'	Προῖτοιο τόδ'	Boeckh
I II	10	τὸ Προῖτοιο	Ἱπποτρόφον ἄστυ	Ἱπποτρόφον ἄστυ ὁδῶν	Ἱπποτρόφον ἄστυ	Ἱπποτρόφον ἄστυ	Bergk
V	12	⟨υ –⟩	⟨– –⟩		⟨ἐτᾶς⟩	⟨ἐτᾶς⟩	
VI	36	⟨– –⟩	⟨– –⟩	λαῶν	⟨κούρων⟩	⟨κούρων⟩	Shackle
VII	28	+λοιγὸν ἀμύνων+	λοιγὸν ὄντα φέρων	λοιγὸν ἀμφιβαλὼν	λοιγὸν ὄντα φέρων	λοιγὸν ἀμφιβαλὼν	Mair
VIII	70	χειρᾶ	χειρᾶ	χειρᾶ	χειρᾶ	χαλκᾷ	Erbse
fr. 5a		οι.[.] εστ[				οἰμ[ων] ἐς πι	Snell
b		[ανδρος [ ]νοισαις				[ανδρος ἥσθη ταῖς τῶν αὐλῶν ἐ]νοπαῖς	⎱Lobel
d		ραγ[ ]αι ποστ[ρ καθετ. [...				ρᾱγ[ου βουλᾷ]ᾶ πατ[ρός καθ'ἕται[ς....	
e		σ–υ–υ–υ]οις				σ' οὐκ ἴσος σθένει πυρ]ὸς	Snell
fr. 15	4 ff.	σ– –υυ–υυ]μοισιν				ος κύμασιν οὔτ' ἀνέ]μοισιν	Lobel Snell
fr. 29	6	+ἀτλαγκηκότας προ[.]ινηθεις	ἀτλᾶτα κακότας κινηθεὶς	ἀτλᾶτα κακότας [δι]νηθεὶς	ἀτλᾶτα κακότας δινηθεὶς	[δάλ' ὡς κεραυν]ὸς]. ἀτλᾶτα κακότας δ[ι]νηθεὶς	Lobel Snell Boeckh
fr. 32a		καὶ ⟨– –⟩	καὶ ⟨– –⟩	⟨πᾶσαν⟩ καὶ	καὶ ⟨πᾶσαν⟩	καὶ ⟨πᾶσαν⟩	Meineke
b		κού[ρος]	κούρα	κού[ρα]	κού[ρα]	κού[ρα]	Meineke
pai I.fr.33	1	σ[.... μ]ολεῖν	σ[χεδὸν μ]ολεῖν	σ[χεδὸν μ]ολεῖν	σ[χεδὸν μ]ολεῖν	σ[χεδὸν μ]ολεῖν	Schroed.(Reitzenst.)
II.fr. 34	5	'Αφρο[δίταν υ–] υ]ιος ἕκᾱς	'Αφρο[δίταν υ–] υ–]σέλας	'Αφρο[δίταν ἰών] υ–] σέλας	'Αφρο[δίταν ἰών] υ–] σέλας	'Αφρο[δίταν ἰών] υ–] σέλας	Turyn
	44	υ–πο]τικύροσῃ	ποτικύροσῃ	υ–πο]τικύροσῃ	[νείκος εἰ πο]τικύροσῃ	ἂν μὴ ἄλλο] τι κύροσῃ	Grenfell-Hunt
	45	υ καὶ] μανίει	υ]ι μανίει	]ι μανίει	]ι μανίει	κακᾷ] μανίει	Werner
	46	γλυκυμάχανον	γ[λ]υκυμαχάνων	γ[λ]υκυμαχάνων	γλυκυμαχάνων	γλυκυμάχανον	Jurenka
	80	ἐσι[.]...	ἐσι[λῶν ε]	ἐσι[λῶν ε]	ἐσι[λῶν ε]	ἐσι[λῶν]	Grenfell-Hunt
	102	[.....]ν χά[ρ]ιν	[κραίνω]ν χάριν	[πέμψο]ν χάριν	[κραίνω]ν χάριν	[πρᾶξον] χά[ρ]ιν	Bury
	103					Ὧναξ Ἀπόλλον	Arnim
III.fr. 35	1	]ον	[	[ ]ν	]ν		Snell

Line						Editors
2	[.....]]ναι		[ ]ναι	]ναι	[θρονοὶ τε σεμ]ναὶ	Snell
	εὐπλε[κέοσι		εὐπλε[κέοσι	εὐπλε[κέσιν ἔλα	εὐπλε[κέοσι φωνᾷ	
IV-fr.36 12	Κάρθα[ι – α μὲν υ – –	Καρθαα[α μὲν ἐλα-	Καρθα[ι – α μὲν υ – –	Κάρθαια[	Κάρθαι[α μὲν [ἀραπᾶς	Grenfell-Hunt
13/14 } 15	ἔλα]χ]ύνωτον	θέος ἔλα]χ]ύνωτον	ἔλα]χ]ύνωτον	χ]ύνωτον	ἔλα]χ]ύνωτον οὔ	Schroeder
	υ – υ – x –]νιν	[ὅμως γε μὰν οὔτοι]	υ – υ – – οὔ]νιν	ὅμως γε μὰν οὔτοι	ὅμως δὲ πλούτων οὔ	Grenfell-Hunt, Snell
		νιν			νιν	
32	κα[ὶ – υ –	κα[ὶ δᾶικες]	κα[ὶ – υ –	κα[ὶ ἑστία	κα[ὶ ἑστία	Wilamowitz
33	φ[– υ – υ –	φ[ὶλ' ὥστε κατ]	[– υ – υ –	φ[ερέγγυα	φ[ερέγγυα	Housman
34	δὲ[υ υ – –]	δ'ἐ]πεὶ ὁροδεῖν'	δὲ[υ υ – –]	δ'ἐ]π'πλεῖ' ἔρως	δ'ἐ]π'πλεῖ' ἔρως τῶν	Hermann
51	Περιδάϊον	Περιδάϊον	περιδάϊον	περιδάϊον	Περιδάϊον	Grenfell-Hunt
52	θά[μνου υ υ	θάμνος δρυός	θά[μνος δρυός	γ]ατᾶς, ὅθεν ἔδρυς	θά[μνος δρυός	Wilamowitz
VI-fr.38 59	γλυκὺν[υ υ – –	γλυκὺν [υ υ – –]	γλυκὺν [υ υ – –	γλυκὺν[	γλυκὺν [κατταλεῖβειν	Grenfell-Hunt
77	πᾶϊς[– υ –	πᾶϊς [Ζηνός –]	πᾶϊς [Πηλέος]	πᾶϊς [	πᾶϊς [Λαερτίου	Snell
78	βα[λ – – – υ – υ υ –	βαλὼν ἰὸν ἔσχε	ἔμβα[λὼν ἰὸν ὦλεσ'	βα[λὼν ἰὸν ἔσχε	βα[λὼν ἰὸν ἔσχε μάχας	Grenfell-Hunt
		μάχας	ἄνας[	μάχας		
VII-fr.39 3	[......]ον	[..........]ον	[.........]ον	[.......]	Πτοίο]ον	Snell
4	]υ[ ]ν	γ'[...	[.......].	γ'[	[κόρας ἡυκόμο]ν	
5	τ[ε		γ'[	[	γ'[Ἔρχομαι ὑμνον φέρω]ν	
6			[		τ[ε κῶμον	
VIIa-fr.40 18	......]αντεσι	...εὐ]αντέσι	εὐ]αντέσι	εὐ]αντέσι	μ]άντεσι κτίσε	Erbse
11	[δὲ μὴ τρι]πτον κατ'		]ιστον...		[πολύντρι]πτον κατ'	Lobel
13	αὐ[π]πανὸν	π]πανὸν	π]πανὸν		αὐ[τοὶ ἐς π]πανὸν	Snell
14	Μοισα[ ]μεν	]εν	]εν		Μοισᾶ[ν ἀνέβα]μεν	
20	ε..[...]. ων	ελθ[όν]των	'ελθ[...]των	ΕΛΘ[...]των	ἐμ[πα]πᾶτῶν	Snell, Wilamowitz
45	και[		κα.[	κα..[	κάσεβῆ λέγειν· φάτις	Grenfell-Hunt
	τὸς		ὅς	ὅς	ὅς	
VIII-fr.41a 50	κλιθεὶ[.] εκο[.....]	κλιθεὶ[ς] ἐκοινάσατο	κλιθεὶ[ς] εκο[ινάσατο	κλιθεὶ[ς] ἐκοὶ[νάσατο	κλιθεὶ[ς] ἐκοὶ[νάσατο	Grenfell-Hunt
11	ἔμ(ε)ξ[	μνηστευμί[ς	ἔμ(ε)ξ[ε]ι' Ἀπόλλων	ἔμει[ξ]εν	ἔμει[ξ]εν σὺν ὑμῖν,	Snell
64	]ται Μναμοσύνα[				ὅσα τ' ἔσ]ται μναμοσύ-	Lobel, Werner
85					να[ς διά	
VIIIa-fr.41a 86	υ.]παντα...[σ.ν				ἐκεῖ] πάντα...[σεν	Werner
10	ιερ[	ιερ[.....]	ιερ[	ιερ[ᾶς κόρας	ἱερ[ᾶς κόρας	Robert

Stelle	Snell	Puech	Turyn	Bowra	Tusculum	Herkunft
14	παναπ[	παναπτειρον	παναπ[	παναπτ[ειρον	παναπτε[ρον	Grenfell-Hunt
15	τέλει σ[	τελείς σ[ὺ	τελείς σ[	τελείς σ[ὺ	τελείς	Scholien
16	α[	ἀνίκα	α[	ἀνίκα	ἀ/νίκα	Grenfell-Hunt
18	..]	[ἀν]	[...]	[ἀν]	ἀν]	
20	ἐρι[	Ἐρι[νὺν...]	ἐρι[σφάραγον	ἐρι[νὺν	ἐρι[νὺν	
21	Ἑκατόγχειρα...[	ἑκατόγχειρα	Ἑκατόγχειρα...[1	ἑκατόγχειρα..[	ἑκατόγχειρα...[δὲ βίᾳ	Grenfell-Hunt
23	δὲ μ[	δὲ ....[	δὲ μ[ἀντις	δὲ ἐ.[	δὲ μ[ἀντις	Schroeder
24	...].[.]ᾳ τέρας ὑπνα[λέον	[....]ᾳ τέρας ὑπνα[λέον	...].[.]ᾳ τέρας ὑπνα[λέον	σὺν δίκ]ᾳ τέρας ὑπνα[λέον	σὺν δίκ]ᾳ τέρας ὑπνα-[λέον] οἰδ'	Schr. Snell Werner
25	.....]λε	[...]λε	...]λε	ἔσφα[λε	ἔσφα[λε	Sitzler
IX-fr.42 40	χρηστη[ριον,[.]πωλοῦντ[..].]ι	Χρηστήριον, [ὥπολ]λον, τ[υ]1	Χρηστήριον[....]λουντ[..]ᾳ	χρηστήριον,[ὥπολ]λον, τ[εὁ]ν,	χρηστήριου, [ὥπολ]λον, τ[εὁ]ν-	Grenfell-Hunt
41	θεμιτ[ων ποτέ	θεμιτ[ων ποτέ	θεμιτ[ων ποτέ	θεμιτ[ων ποτέ	θεμιτ[ων ποτέ	Grenfell-Hunt
44	στρατόν ἀν	στρατόν / καὶ	στρατόν / καὶ	στρατόν καὶ	στρατόν καὶ	Wilamowitz
XII-fr.44 4	]χος	Λέ]χος	[Λέ]χος	λέχος	λέχος	Grenfell-Hunt
6	θυσί[α(1)	θυσί[ας	θυσί[ας	θυσίας	θυσί[ας	Grenfell-Hunt
11	π[ρ]όνοι[ᾳ	[ᾳ Χρόνου	Χρόνου	Χρ]όνου	π[ρ]όνοι[ᾳ	Lobel
XIII-° fr.45 13	δ'ὀλ[	δ'ὀλ[	δ'ὀλ[	δ'ὀλ[	δ'ὀλ[βου θέλουσα	Snell
14	θυιαδγιδ' αμ[		αὐτ' αἰγίδ' αμ[	θυῖ' αἰγίδ' αμ[	θυῖ' αἰγίδ' αι[χορὸν	Snell Zuntz
17	τεΛ[ ]δων	τεΛ[..]1	τεΛ[ ]δων	τεΛ[ ]δων	τέλ[εσαν πο-]ίδὼν	Zuntz
	ταναυα[....]	ταναυα[....]	ταναυα[....]	ταναυα[ ]	ταναυα[χέϊ]	Zuntz
	υπ[	ὑπ[ο καὶ	ὑ[...]	υ[ ]	ὑπ[ο καὶ	Snell
XIV-° fr.46 31	δε[				δέ[ἐσ-	Lobel
32	ἔσφα.[				ἔφαρ [ἐν κώ-	Snell
38	τέλος.[				τέλος τ[ιμά,	van Groningen
39	συν[				συν[εστι	Lobel
XV-fr.47 5	μολ[				μολ[οῦσι	Lobel
XVIII fr.49 9	]λεκ[......]...				Ἥλεκ[τρύονο]ς	Lobel
10	..ζ..					Snell
XX-fr.50 13	....].[.]νθ'				⟨βρί⟩χ⟨ον⟩ ἐσσεύο]νθ'	
14	.....] ὀμμ]άττων				μέγα δ' ὀμμ]άττων	
15	....] ἀππεπλος				Ἀλκμήνα δ'[ἀππεπλος	Snell, Lobel
	]οθ[.]νόρουσε περὶ φόβῳ				αὐτόθ'[ἐ]νόρουσε πεισαθθω	

Ref. / line	Version A	Version B	Version C	Version D	Editors
XXII 16	].			θυμῷ· ται δ'	Lobel
fr.52 1	εδ[ ]ν εκα[			εδ[ινὸν εκα[τι	Snell
fr.52 15	]. νειμ' ἐρανιστ[			]ἐνειμ' ἐρανιστ[αις	Snell
dith.II fr.58 4	[νται.....].....[	[νται δὲ νῦν ἱεροῖς] πύλαι κύ]	[νται δὲ νῦν ἱροῖς] πύλαq[ι κῦ]	[νται δὲ νῦν ἱροῖς]πύλαq[ι κῦ]	Grenfell-Hunt
5	νέαι[....].ε	νέαι· [υ υ − ε]	νέαι· [ε]	νέαι· [λαχεῖτ'ε]	Bury, Schroeder
21	α[υ υ − υ υ −	δ[γρότερον Βρομίῳ']	δ[γρότερον Βρομίῳ	δ[γρότερον Βρομίῳ	Bury, Schroeder
IV·fr.60 26	ο[− − υ Θήβαις	ο[− − υ Θήβαις]	ὅ[Λβον δὲ Θήβαις	ὅ[Λβον τε Θήβαις	Bury
30	ἀνθρώπο[ις γενέαν.	ἀνθρώπο[ις γενέαν].	ἀνθρώπο[ις γενέαν.	ἀνθρώπο[ις Σεμέλαν,	Grenfell
36	....]οτέ νιν			ἐφύλαα]οσέ νιν	Snell
40	...].ἤ			θεμα[τ'· ἤ	Snell
42	...]ν			λυγρά]ν	Lobel
46	...]ιλτε[.....]ται			σιν φ]ιλτε[ρον ἔσ]ται	Snell, Lobel
fr.63ab 10 / parth.18 ff. / II·fr.74	τὸν Βρόμιον, τὸν ἐπιπτέρχησ' ὠκύ- αλον τε πόντου ρ]ιπτᾶν ἐτάραξε καὶ	δν Βρόμιον ἐπιπτέρχησ' ὠκύ- αλον Νότου [ρ] ππα ἐτάραξεν	Βρόμιον δν τ' ἐπιπτέρχησ' ὠκύαλον τ'ὠκύαλον [ρ] ππαῖσι ταράξεν	δν Βρόμιον ἐπι-/σπέρχη ' ὠκύαλον Νότου ῥιπτᾶν ἐτάραξε καὶ	codices } Wilamowitz
31	πάρποιθ[υ − x − υ −	πάρποιθ[υ − υ − υ −]	πάρποιθ'[ε μέμναμαι καλά?	πάρποιθ'[σοίδουμ' ἂν καλοῖς	Snell
32	τὰ δ'α[x − υ −	τὰ δ' α[υ − υ υ]	τὰ δ' α[λλ' ὁ παγκρατὴς	τὰ δ' α[τρεκῆ μόνος	Snell
47	α[........]α		α[μφ' εὐκλέᾳ	α[μφ' εὐκλέᾳ	Grenfell-Hunt
61	ἐπειπτ[.........]λος	ἔπειπτ[α δυσμενὴς χό]λος	ἔπειπτ[α δυσμενὴς χό]λος	ἔπειπτ'· ἐὼν σαφῆς φῖ]λος	Snell
72	μήδεσ[τ[.].[.].]ροf	μήδεσ[τ ποικίλοις]	μήδεσ[ι ποικί]λο[ις	μήδεσ[ιν εὐπό]ρο[ις	Werner
73	ἐρ[γ]μασι[−−	ἐρ[..]ασι.[.− υ]	ἐρ[γασία]ισιν	ἐρ[γ]ασί[αισιν	
74	μυρίων ε[............] αις	μυρίων ε[υ − υ]ις	μυρίων ε[ί]χάρη καλ αῖς	μυρίων ε[ί]χάρη καλ]αῖς	} Schroeder
75	ζευξα[υ υ − −	[ ]ζεύξα[ισα υ − −	[ ]ζεύξα[ισα νιν οἱμωον	ζεύξα[ισα νιν οἱμωον	

Stelle	Snell	Puech	Turyn	Bowra	Tusculum	Herkunft
76	νέκτα[ρ......]νας	νέκτα[ρ ἔχοντ' ἀπὸ κρά]νας δ[ιλλότριον ῥόον παρ'	νέκτα[ρ ἔχοντ' ἀπὸ κρά]νας α[υ υ – υ –] παρ'	νέκτα[ρ ἔχοντ' ἀπὸ κρά]νας δ[ιλλότριον ῥόον παρ'	νέκτα[ρ ἰδόντ' ἀπὸ κρά]νας δ[ιλλότριον ῥόον] παρ'	⎫ Schroeder
77	α[........] παρ	α[υ υ υ –] παρ'				⎫ Zuntz
hyp. fr.87 vor 1	κεκραμέν' ἐν	κεκραμέν' ἐν	κεκραμέν' ἐν	κεκραμέν' ἐν	κεκραμένον	Werner
2	Ἕλκε' ἔμβαλλε].	ἔμβαλ' Ἕλκεα	Ἕλκε' ἔμβαλε	ἔμβαλ' Ἕλκεα	Ἕλκε' ἔμβαλε	
4	– / πρὸς	... πρὸς	πρὸς	... πρὸς	⟨τὸν⟩ πρὸς	
enk. fr.92.93 6	ἔργον ⟨υ –⟩	ἔργον ⟨ἅπαν⟩	ἔργον	ἔργον ⟨ἅπαν⟩	ἔργον ⟨ἅπαν⟩	Schroeder
thr. III. fr.103 4	.[........μ]αιόμεναι	⟨διθύραμβον μ⟩αιόμεναι	μεταμ[αι]ομέναι	⟨διθύραμβον μ⟩αιόμεναι	[διθύραμβον μ]αιόμεναι	Wilamowitz
5	κοι[..]αϲαν [ ] σῶματ'	κοιμίϲϲαν⟨το⟩ σῶματ'	κοι .. αν	κοιμίϲϲαν⟨το⟩ .... σῶματ'	κοι[μίϲϲα]αν⟨το⟩ [οὐρανία θεαί υἱῶν] σῶματ'	⎫ Schroeder
IV. fr.104 2	πυ[ρ				πυ[ρός	⎫ Snell
3	ε.[ ]ἀγλαϲοκ[όλπου]				ἐς [κῦμ'. ἔνθα μὲν συνᾶψεν] ἀγλαο- κ[όλπου]	
VII. fr.107 4	λιβάνων σκιαρᾶ	λιβάνῳ σκιαρὸν καὶ	λιβάνῳ σκιαρᾶ καὶ	λιβάνῳ σκιαρὸν καὶ	λιβάνων σκιαρᾶν ⟨ἄλσεσιν⟩	Werner
6	γυμνασίοιϲι ⟨τε– –⟩ τοὶ δέ	γυμνάϲαιϲ ⟨τε⟩, τοὶ δέ	γυμνασίοιϲ τε, τοὶ δέ	γυμνασίοις ⟨τε⟩, τοὶ δέ	γυμνασίοιϲι ⟨τε γυίων⟩, τοὶ δέ	Wilamowitz
9	+ἀεὶ..θύματα	ἀεὶ θύα	ἀεὶ θύα	ἀεὶ θύα	ἀεὶ θύα	Boeckh
fr.117 6	ν[...ὑπὲ]ρ	ν[αίοιϲ'] [ὑπὲ]ρ	ν[αίοιϲ ὑπὲ]ρ	ν[αίοιϲθ' ὑπὲ]ρ	ν[άϊος' ὑπὲ]ρ	Snell, Grenfell-Hu
7	λ[.....]ϲ ἄνθ.[	λι[παρὰ πόλ]ιϲ. Ἀνθ.[⟨ὦϋξε δέ⟩,	λ[......] ἐϲανθ.[	λι[παρὰ πόλ]ιϲ· ἀνθ [⟨ὦϋξε δέ⟩	λι[παρὰ πόλ]ιϲ· ἀνθ [ἧκε δέ	Grenfell-Hunt
8 f.	λιγ[υ/κες ο[.]ον παιηο[ν	λιγ[......]κες, οἷον παιῆονα	λιγ[υ/κες ο[.]ον παιῆο[να	λιγ[υ.../]κες, ὅ[λ]ον παιῆο[να	λιγ[υυ./χές, οἷον παιῆο[να	DiehlGrenfell-Hu
10	καὶ [	και [...]	καὶ [	καὶ...[	καὶ[Μούϲαιϲ	Diehl
12	μελ[ι]ζομεν[	μελ[ι]ζομέν[ου, τέχναν]	μελ[ι]ζομέν[ου, τέχναν	μελ[ι]ζομέν[ου τέχ-ναν	μελ.[ι]ζομέν[ου τέχναν	Schroeder
fr.142 5	σαρκῶν τ' ἐνοπᾶν ⟨υ υ ?⟩	σαρκῶν τ' ἐνοπᾶν ⟨ἰδών⟩	⟨ἄϊον⟩ σαρκῶν τ' ἐνοπᾶν	σαρκῶν τ' ἐνοπᾶν ⟨ἰδὼν⟩	σαρκῶν τ' ἐνοπᾶν [ἰδὼν]	Schroeder

fr.143				
9	??	μ]όναρχον	κεῖνος καὶ]	
10	u u –]	ἔκλεψε μ]όναρχον		⎱ Page
13	u u υ].ιαντα	δαμάσας]		Snell
14	– οὐ κό]ρῳ	Διὸς ὑπο]στάντα		Page
15	x – γ]άρ	παῖδ' οὐ κό]ρῳ		⎱ Snell
16	x –]μάττων	κρέασον γ]άρ		
17	–] ἐσελθὼν	πρὸ χρη]μάτων		Mette
18	u –ν]υκτι	ἀθλίσμι'] ἐσελθὼν		
19	]ρε	κρυφᾶ ν]υκτι		⎱ Page
20		ἦ]ρος εὖ]ρε		
21	βάλ[υ – u u –	βάλ[εν ὠμοτάτος		Snell
22	]ππο[ι]ένον	ἵππο]ν μανυομ]ενᾶν		Werner
23	φρέ[ν u – –	φρέ[νας ἔσσι		Werner
27	μ[ιν].ζον	μί[ιν ἐλάκ]ίζον		
33	ὑπερη[..].ε	ὑπερή[γαγ]ε		Snell
	...μι[ ] δ'ὅμος ε[ ]	τάς μί[ν] δ'ὅμος		Werner
	σ.υπα[ ]θυ[	ἐξ[αιδοῖ]ο' ὑπάξ[γοντα]		
		θυ[ραία		
35	ζ'αμενε[ ]τυρανν[	ζ'αμενεῖ' εἰς] τύρανναν[ν		Snell
37	]υκαθε[ ]ρ ρα[	ἀνδρούσε]ν, καθέ[ηκεν		Werner
		Κικόνα]ς ῥάξ[οντος		
38	]ιον κακ[	ἐξ'πεδ]ίον και[ῶ τε λῃστῇ		
39	].ον ε[ ]	ἄρμα τρίπωλ]ον		
		ἔ[σπερ' ἄγοντι,		
40	.υατ[ ]ν.[	δ']ινατ[ον οὐ βουλόμενος		Werner
		τοῦτο]ιν[ἐᾶν		
41	ἐμολε[.]αι παῖδα	ἐμολε['κ]αι παῖδα[δ'		
	[u–]	ἄφεῖς]		
42	ἐξα[....].[ ]	ἐξα[γαγεῖ]ν		Lobel
43	τουτα.[.....] εκατ.[	τοῦτ' ἄρ[α δωδ]έκατο[ν]		Snell
49	–... u]μιᾷ	ταύρους δέκα] μιᾷ		

Stelle	Snell	Puech	Turyn	Bowra	Tusculum	Herkunft
50	]ν καλλικέρως				πάντα θέοσε νῦ]ν καλλι-κέρως	Werner, Snell
51	]αδεις				ἔχεεν θ' ὁμ]άδεις·	Werner
52	]ου				τοῦδε δάμ]ου	
53	...].αθ[......]όντ				παρ]αδδ[οικε· τοῦτ]ον τ[ε κ]οινᾳ̃	} Werner
54	]αθ[..].[ ]ρμα.[				ἔπε]αφέ[ρονθ' ἁ]ρμα[τι αἱ	
55	].ω προ[ ]λιμ[ ]ν				[ππρ]οι προς[τι] λίμ[νον. ὁ τό]ν [ἡ λίμνος = λίμνη vgl. P.Oxy.103.18 [IV A.D.]	} Werner e. g.
56	].νεκα[ ].πολ[				Der versuchsweise er-gänzte Schluß, der sich	
57	]υρεκα[ ]αμον				im griechischen Text	
58	].οα[ ]				findet, nimmt an Wen-	
59	]υσ' ε[ ].ενον				dungen der Sage zu-	
60	]εΛ[ ]. νδεμ[				hilfe: Hygin fab. 250	
61	].[ ]. εκ[				und 30; Apollodor 2,5,8; Strabo VII fr. 44 und 47.	
fr. 154	+ἔστι δέ τοι χέκων+	ἔτι δὲ τειχέων	ἔτι δὲ τειχέων	ἔτι δὲ τειχέων	ἔτι δὲ τειχέων	Boeckh
fr. 161	λόγων	λόγων...	λόγων	λόγων	λόγων ⟨δὲ⟩	Boeckh
fr. 178	πυθμένα +πτι̃ξεις ἀφανοῦς	πυθμήν πιέζει σ' ἀφανέος	πυθμένα ποθ' ἥξεις ἀφανέος	[πυθμήν] πιέζει [σ']ἀφανή[ς]	πυθμένα ποθ' ἥξεις ἀφανοῦς	Wilamowitz
fr. 180 6	ξανθ[α υ υ-[-]				ξανθ[ὰν ἀγάλλειν.	van Groningen
8	.]ν[..]εν				ἔπε]ν[ευσ]εν	Snell
9	.....]ραι τε καὶ ὑ[μιν				λύ]ραι̣ τε καὶ ὕ[μνοις	Lobel
10	μεΛ[...]ωον				μελ[ίφρ]ων	Snell
fr. 183	μεταλλακτόν, ⟨...⟩ δο'	μεταλλακτόν, δο'	μεταλλακτόν, δοσ'	μεταλλακτόν, δοσ'	μεταλλακτόν, δοσ'	Heyne, Sohneider
fr. 184 5	+διαστείβων	σῶς διαστείβων	διαστείβων	διαμείβων	διαμείβων	Maas
185	βροτεᾶν +φρένα κάρτιστον φρενῶν	⟨δάμναται δὲ⟩ βροτεᾶν φρένα κάρτιστον ⟨κτεά-νων⟩	δάμναται δὲ βροτεᾶν φρένα κάρτιστον κτεάνων	βροτεᾶν φρένα κάρτιστον κτεάνων	βροτεᾶν φρένα κάρτι-στον κτεάνων	Boeckh

Nicht in den griechischen Text aufgenommene, jedoch im deutschen Text verwendete Ergänzungsversuche

pai II = fr.34   37, 39, 40, 41, 43, 44, 47, 48, 49, 50 (Jurenka, vgl. Sandys S. 520) 95 f. [ὤ Λατογενὲς παῖ, (Jurenka) σέ, περί/κλυτε (Snell)

pai III = fr.35   13 Χρυσο[κόμα]   14 [ἄστρων ὁπότ' ἐν φάει]   15 [κος Σελάνας ἐπερχόμενος]   16 ἀν' ἄμβροτ[ον κέλευθον, ἀμφὶ δὲ λάμπει] (Grenfell-Hunt, Schroeder)

pai IV = fr.36   1, 2, (Blass) 3-7, 8-13 (Sitzler; Sandys S. 526 ff.)

pai VI = fr.38   173 f. ὔμμι μὲν οὖν, θεοί, γέρας τόδ' ὀξυμελές (Snell)   175 λυρᾶ]ν 176 δό-[μοις]   180 καὶ] γένος … πᾶν (Snell)

pai VIIa = fr.40   43 f. [ισ' ἐμβῆναι λέχος] … π[όντονδ' ἔφυγεν (Snell)

pai VIII = fr.41   79 ἐπέ[ων δὲ   80 κε[φαλᾷ   82 ἀμ[οιβάν (Snell)   86 ἐκεῖ (Werner)

pai IX = fr.42   11-13 (Schroeder, vgl. Sandys S. 548)

pai XII = fr.44   1 f. …… 'Απόλλων ἰο [πλόκ]οισιν Lobel, Snell   3 'Αρτέμιδ[', ὡς καλ]ὸν 'Ασ[τερία[?] (Werner, Schluß: Lobel,)

pai XV = fr.47   6 χερὶ [δείκνυεν? (Werner)

pai XVI = fr.48   1 Sinn: κλῦθι, εἰ καὶ πρότερον λαὸν τόνδ' ἐφίλεις   3 ταῦτ]α 5 θυμῷ] (Snell)

pai XVII = fr.49   6 ff. Sinn: μυθησόμενος οὔ κεν ἐς ἀπλακίαν πέσοιμι ὡς ἔρισαν περὶ Δαρδανίᾳ ἢ … οἷά ποτε Θήβᾳ ἐγένετο … (Snell)

dith II = fr.58   31 f. Διόνυσ[' ὁ] θ[εῶν ἄναξ] σφ[ε] γ[άμας σὰν θέτο] ματέ[ρα(?) (Werner)

parth I = fr.73   21 [σθαι ἐς τὸ μὴ συνάπτει.] (Schroeder)

parth II = fr.74   1 'Ελθὲ νῦν τόδε,] χρυσόπεπλ]ε παῖ Διός, (Anfang: Puech, Schluß: Werner)   2 ἰς] δῶμ[', ὡς τε]λέσῃς τ[εὸν] μέ[λημά μοι. (Anfang: Puech, Schluß nach Sandys: Werner)

fr.117   'Ιων[ίδος ἀντίπαλον Μοίσας (Schroeder)

Nummern der Fragmente in den Ausgaben

Tusculum	Snell	Turyn	Bowra
1	I IX	1	1
1a	1a	—	—
2	2	5	2
3	4	3	4
4	5	7	5
5	6a	—	—
6	6b	—	—
7a–d	6c–f	—	—
8	7	8	7
9	10	257	236
10	23	10	—
11	29	19	9
12	32	22	13
13	30	19	10
14	33	24	14
15	33a	—	—
16	33b	25	134
17	33c	156	78
18	33d	156	79
19	34	26	15
20	35	27	16
21	35a	21	257
22	35b	28	204
23	35c	23	167
24	36	29	17
25	37	30	18
26	38	167	256
27	39	165	19ab
28	40	166	20
29	42	32	234
30	43	208	235
31	47	40	25
32a–d	51abdf	31*)	30, 32, 34*)
33	52a	41	35

*) Ohne Π^{27} fr. 3.4.

Tusculum	Snell	Turyn	Bowra
34	52 b	42	36
35	52 c	43	37
36	52 d	44	38
37	52 e	45	39
38	52 f	46	40
39	52 g	47	41
40	52 h	48	42
41	52 i	49	43 b, 46
41 a	52 i(A)	50	43 a
42	52 k	51	44
43	52 l	52	45
44	52 m	53	47
45	52 n	54	343
46	52 o	—	—
47	52 p	—	—
48	52 q	158*)	136*)
49	52 s	—	—
50	52 u	—	—
51	52 v	—	—
52	52 w	—	—
53	57	66	48
53 a	59	—	—
54	61	70	50
55	67	78	56
56	70	71	233
57	70 a	—	—
58	70 b	86	61
58 a	70 b	87	—
58 b	70 b	88	70
59	70 c	90	62
60	70 d	—	—
61	72	84	68
62	74	85	239
63 a	75	91	63
63 b	83	95	72
64	76	92	64

*) Ohne Π^{28} fr. 3.

Tusculum	Snell	Turyn	Bowra
65	77	93	65
66	78	94	66
67	80	148	77
68	82	96	71
69	86 a	—	—
70	89 a	101	80
71	92	103	240
72	93	103	240
73	94 a	105	83
74	94 b	106	84
75	94 c	159	241, 242
76	95	110	85
77	96	111	86
78	97	112	87
79	99	114	89
80	104 b	108	93
81	105	121	94
82	106	121	95
83 a b	107 a b	122	96, 97
84 a b	108	117	98 a b
85, 86	110/109	120	99 a b
87	111	118	100
88	111 a	—	—
89	112	123	101
90, 91	118, 119	128	105
92, 93	120, 121	126	106
94	122	130	107
95	123	131	108
96 a b	124 a b	127	109
97	124 c	132	111
98—100	124 d—126	132, 129	110 a b
101	127	134	112
102	128	133	113
103	128 c	217	126
104	128 d	—	—
105	128 e	—	—

Tusculum	Snell	Turyn	Bowra
106	128f	204	150
107—109	129,131a,130	135, 136	114abc, 115
110	131b	136	116
111	133	137	127
112	134	138	117
113	135	139	118
114	136	140	119
115	137	142	121
116	140a	192	124
117	140b	222	125
118	140c	205	128
119	140d	145	129
120	141	146	130
121	143	147	131
122	144	149	132
123	146	154	133
124	148	157	135
125	150	168	137
126	151	169	138
127	152	223	139
128	153	171	140
129	155	150	141
130	156	174	142
131	157	175	143
132	158	176	144
133	159	255	145
134	160	279	146
135	161	191	147
136, 137	162, 163	178	148ab
138	164	182	149
139, 140	165, 252	184	168
141	166	203	150
142	168	186	151
143	169	187*)	152*)
144	171	193	154
145	172	195	155

*) Ohne Π^{33} fr. 1 col. 2, 1—34.

Tusculum	Snell	Turyn	Bowra
146	173	197	156
147	177	206	161—166
148	179	207	169
149	180	246	170
150	181	247	171
151	182	209	172
152	183	210	173
153	184	212	174
154	185	214	175
155	187	216	177
156	188	218	178
157	189	292	179
158	191	227	180
159	192	228	182
160	193	230	183
161	194	231	184
162	195	232	185
163	196	233	186
164	198 a	234	187
165	198 b	236	188
166	199	238	189
167	200	241	190
168	202	239	191
169	203	242	192
170	204	219	193
171	205	244	194
172	206	243	195
173	207	278	196
174	209	248	197
175	210	250	198
176	211	252	199
177	212	253	200
178	213	254	201
179	214	256	202
180	215	188*)	203*)

*) Ohne Π^{37}, 3—6.

Tusculum	Snell	Turyn	Bowra
181	217	258	205
182	219	262	206
183	220	259	207
184	221	260	208
185	222	261	209
186	223	265	210
187a	277	264	289
187b	278	266	—
188	224	268	211
189	225	269	212
190	226	270	213
191	227	271	214
192	228	272	215
193	229	274	216
194	231	276	217
195	232	277	218
196	233	280	219
197	234	281	220
198	236	282	221
199	237	283	222
200	238	284	223
201	239	285	224
202	241	287	225
203	242	4	226
204	243	202	227
205	244	177	232
206	246a	224	229
207	248	172	231
208	256	189	271
209	287	—	328
210	288	170	299
211	292	249	302a
212	325	328	320
213	326	331	339
214	329	267	—

ZUR METRISCHEN FORM

Für die metrische Form war im wesentlichen die Ausgabe von Snell,
ferner B. Snell. Griechische Metrik. Göttingen ³1962 und P. Maas.
Griechische Metrik. Leipzig ³1929 maßgebend. Jedem Siegesgesang
und jedem Fragment, bei dem es angängig schien, ist das Schema der
Versmaße vorangestellt, deren Namen und Zeichen im folgenden kurz
zusammengefaßt sind.

Zeichenerklärung

– lang, ∪ kurz, × lang oder kurz, ∪̲ häufiger lang als kurz, ū umgekehrt;
∪̲∪̲ Länge, statt deren auch zwei Kürzen, ūū umgekehrt. Ein Strich
zwischen zwei Konsonanten (mutat + liquida), z.B. π′ρ, im griechischen
Text bedeutet, daß die vorhergehende kurze Silbe als lang gilt.

iambus	× – ∪ –	creticus	– ∪ –	E = – ∪ – ∪̲ – ∪ –	
trochaeus	– ∪ – ×	baccheus	∪ – –	e = – ∪ –	Daktyloepitriten
dactylus	– ∪ ∪	ionicus	∪ ∪ – –	D = – ∪ ∪ – ∪ ∪ –	
anapaestus	∪ ∪ –	choriambus	– ∪ ∪ –	d¹ = – ∪ ∪ –	
spondeus	– –	dochmius	∪ – – ∪ –	d² = ∪ ∪ –	

Äolische Maße

glyconeus	× × – ∪ ∪ – ∪ –	pherecrateus	× × – ∪ ∪ – –
telesilleus	× × – ∪ ∪ – ∪ –	reizianus	× × – ∪ ∪ – –
hipponacteus	× × – ∪ ∪ – ∪ – –	„Achtsilber"	× × – ∪ ∪ – ∪ – –

Die deutsche Form behandelt der nächste Abschnitt; über die
Strophengestaltung geben die „Erläuternden Darlegungen" S. 562 f.
Auskunft.

DIE DEUTSCHE FORM

Aus den Ausführungen über Wesen, Sprache, Stil und Metrik der
Chorlieder Pindars (s. u. S. 562 ff.) ergibt sich, welche Schwierigkeiten
sich bei dem Versuch einer Übersetzung einstellen müssen. Gleichwohl wurde – wie bei den Chorliedern der Aischylosausgabe und der
sophokleischen „Spürhunde" – eine dem Original möglichst in jeder,

also auch in rhythmischer Beziehung nahebleibende und zugleich dem Wesen der deutschen Sprache angemessene Übersetzung erstrebt. Wenn es sich um Satzbau und Wortstellung, um Neubildung und Zusammensetzung von Wörtern handelt, so helfen bei der Wiedergabe die mannigfaltigen Möglichkeiten und die Kraft der deutschen Sprache. Bei der klanglich-rhythmischen Gestaltung hilft ihr verhältnismäßig großer Reichtum an Selbst- und Doppelselbstlauten und ihre Fähigkeit, in der Betonung zu wechseln und vielseitig abzustufen. Auch liegt es, was die Akzentverhältnisse angeht, nicht so, wie noch vielfach angenommen wird, daß der deutsche Vers rein akzentuierend, der griechische rein quantitierend ist; es spielt vielmehr im deutschen Vers auch die Länge und Kürze der Silben, im Griechischen auch der Akzent eine gewisse Rolle. Daß griechische Verse ohne taktierende Betonung der Längen und damit Zerstörung der Wortakzente durch die Versakzente, vielmehr unter Berücksichtigung der Längen und Kürzen und zugleich der Wortakzente gelesen werden können, ist von verschiedenen Seiten behauptet, begründet und erprobt worden. So von Alfred Schmitt, Collinder und Wifstrand[1]). Ihrer Auffassung und ihren praktischen Erfahrungen entspricht in der Hauptsache auch, was ich selbst durch die auf dem Vortrag oder auf innerlichem Hören des Urtextes beruhenden Übersetzungstätigkeit erarbeitet und festgestellt habe. Dabei ergab sich außerdem, daß durch genaue Nachbildung im Deutschen rhythmische Formen erzielt werden können, die dem Wesen und der Wirkung der griechischen, soweit sie uns faßlich werden, in gewissem Grade entsprechen.

---

[1]) Alfred Schmitt, Musikalischer Akzent und antike Metrik. Münster 1953 (Orbis antiquus Heft 10). Zu dem Wesen des griechischen Verses und über die Möglichkeit, ihn zu sprechen, vgl. außer A. Schmitt noch F. Saran. Die Quantitätsregeln der Griechen und Römer. Streitberg-Festgabe 1924; A. Heusler. Deutsche Versgeschichte[2]. 1956 Nr. 97 und 1087. Einen anderen Standpunkt vertritt Th. Georgiades. Der griechische Rhythmus. Hamburg 1949 und: Musik und Rhythmus bei den Griechen, 1958. Zur Frage der Übersetzung: W. Schadewaldt. Das Problem des Übersetzens. Die Antike 3, 1927, 278ff. und: Die Wiedergewinnung antiker Literatur auf dem Wege der nachdichtenden Übersetzung. Deutsche Universitätszeitung XIII 1958, 741ff. Beides in Hellas und Hesperien 1960, 523 und 538. O. Werner. Aischylos. München 1959, 714 und 761; Aischylos (Rowohlt) 1966. S. 344f. (vgl. auch Zeitschrift für Deutsche Bildung XVI 1940, 177ff.). Über das

Wenn ich mich entschlossen habe, in dem deutschen Text dem Griechischen entsprechend jedesmal in der 1. Strophe und 1. Epode alle metrisch starken Silben durch Punkte zu bezeichnen, wodurch sich auch die Betonung der folgenden Strophen erschließen läßt, soll damit nicht etwa ein dem schulmäßigen Skandieren der griechischen Verse entsprechender gleichmäßig taktierender, leiernder Sprechvortrag angedeutet oder gar bewirkt werden; es ist vielmehr eine natürliche Sprechweise anzustreben, bei der die einzelnen durch Punkte bezeichneten Silben sinn- und stimmungsgemäß *verschieden* gestaltet werden, so daß manche den Hauptton tragen, andere mittelstark oder schwach betont werden, manchmal die Punkte bei ganz schwacher Betonung dazu dienen, eine kleine Pause vor dem nächsten betonten Wort eintreten zu lassen oder den Schluß einer Zeile anzudeuten[2]). Nur die metrisch betonten Silben sind durch Punkte gekennzeichnet; doch ist klar, daß in den im Deutschen seltenen Fällen, in denen Wortakzent und metrische Betonung nicht zusammenfallen, der Wortakzent auch sich geltend macht. Allerdings so, daß dann ein Ausgleich („schwebende Betonung") zwischen beiden betonten Silben stattfindet. In dem Spruch: γένοι᾽ οἷος ἐσσὶ μαθών[3]) steht die kurze Silbe mit dem Wortakzent vor den folgenden zwei langen Silben; die deutsche Übersetzung gibt dem dadurch auch im Griechischen hervorgehobenen Wort γένοι᾽ einen besonderen Ton: „Wérdę, węr du bist ..." Nach „wérdę" tritt eine kurze Pause ein; so kommt das Wort in seiner vollen Bedeutung und in seinem Gegensatz zu „bist" heraus. Bei dem Ausruf: ἐπάμεροι[4]) = „Tágwęsen!" trägt im Griechischen die zweite, zugleich lange Silbe den Akzent; im Deutschen hebt sich durch schwebende Betonung das Wort ausdrucksvoll hervor, Dem im Griechischen häufigen Fall, daß zwei kurze Silben nebeneinander treten, läßt sich im Deutschen auf folgende Weise entsprechen: Zwei Silben, von denen im gewöhnlichen Sprechen eine leicht betont

---

Sprechen der aus dem Griechischen übersetzten deutschen Verse: O. Werner. Der Vortrag der Verse in den „Persern" des Aischylos. Z. f. Deutsche Bildung XIII 1941, 47 ff. und: Satyrspiele auf der Schulbühne. Der altsprachliche Unterricht IV, 1 1958, 86 ff.

[2]) So z. B. „und" in Oi 1: „... Wąsser; und – Gǫld" Ähnlich öfter beim Artikel; vgl. unten 5. isthmische Ode.

[3]) P ii 72.   [4]) P viii 95.

ist, können unbetont werden, wenn man über sie hin schnell zu einer
betonten Silbe gelangen will; es fassen sich dann die betreffenden
zwei oder drei Wörter zur Einheit zusammen. Z.B.: „liebe Sęele"[5]),
„Leg ans Hęrz dir"[6]), ferner: „Ktęatọs schlug tọt er, ... Tot
auch Ęurytos"[7]), wobei „tot auch" zum zweiten Namen hindrängt,
das zweite „tot" nur Wiederholung des ersten stark betonten ist.
Starke Betonung der ersten Silbe läßt manchmal auch die beiden
folgenden unbetont sein. Ein Beispiel dafür und zugleich für leicht
betonten Artikel bietet die 5. isthmische Ode in den ersten Zeilen.
Wie im Griechischen stehen die beiden am stärksten betonten Wörter
σέο – χρυσὸν und „Dein (auf die in der ersten Zeile angerufene Göttin
Theia sich beziehend) – Gold" am Anfang der Zeilen: „Dẹin Werk
ist's, wẹnn als stạrk und mạchtig ẹinschätzen dạs Gọld die Mẹnschen";
„das " am Schluß des Verses bewirkt, leicht betont, eine kleine Pause
vor dem hauptbetonten „Gold". Eine Reihe betonter Silben nebeneinander kann nicht nur sinn- und gefühlsmäßiger Hervorhebung
dienen, sondern auch, den langen Silben im Griechischen entsprechend,
das Tempo verlangsamen; so bei dem schönen, geradezu feierlichen
Vergleich des Liedes mit dem Wein in goldener Schale in der 7. olympischen Ode:

„Wie wenn ẹinẹr ẹine Schạlẹ nịmmt, von des Wẹinstockes Tạu
Ịnnen schäumend, rẹicht sie mịt begụtertẹr
Hạnd ạls Geschẹnk
Dem jụngen Ęidam ......, eine gọldnẹ Schạle, ...
So send ịch ạuch Nẹktartrạnk, dẹr Mụsen Geschẹnk, meines Gẹists
Süße Frụcht, den prẹisgekrọnten Männern ...

LITERATURHINWEISE

Ausgaben, Lexikon, Kommentare

S. Seite 527f. Dazu:

J. Irigoin. Les scholies metriques. Paris 1958.

B. H. van Groningen. Pindare au banquet. Les fragments des Scholies édités avec un comm. crit. et expl. Leyde 1960.

---

[5]) O i 4.   [6]) P i 40.   [7]) O x 27f.

J. Rumpel. Lexicon Pindaricum. Leipzig 1883 (Nachdruck 1961).

Pindars Pythien, erklärt von *O. Schroeder*, Leipzig und Berlin 1922.

St. L. Radt. Pindars II. und VI. Paian (Text, Scholien, Kommentar, Übersetzung). Amsterdam 1958.

R. W. Burton. Pindar's Pythian Odes. Essays in Interpretation. London–Oxford 1962.

L. R. Farnell. Critical Commentary of the works of Pindar. Amsterdam 1961.

E. Thummer. Forschungsbericht über die Pindarliteratur 1945—1957. Anz. f. d. Alt. wiss. 11 (1958) 68ff.

Gesamtdarstellungen

U. von Wilamowitz. Pindaros. Berlin 1922.

G. Norwood. Pindar. Berkeley 1956.

C. M. Bowra. Pindar. Oxford 1964.

    (vgl. *M. Treu*, Gymnasium 74 (1967) 149ff.)

Dazu die betreffenden Abschnitte aus den griechischen Literatur-geschichten von *W. Schmid* (Handbuch der Altertumswissenschaft) Abt. 7, I. Teil, 1) München 1929, 546, und von *A. Lesky*. Bern 1957/8, 180, ferner der Artikel aus der Real-Encyklopädie: *F. Schwenn* RE 20 (1950) 1606.

Einzeluntersuchungen

F. Dornseiff. Pindars Stil. Berlin 1921.

W. Schadewaldt. Der Aufbau des pindarischen Epinikion. Halle-S. 1928.

L. Illig. Zur Form der pindarischen Erzählung. Berlin 1932 (dazu W. Schadewaldt, Deutsche Literaturzeitung 55 (1934) 1407).

H. Gundert. Pindar und sein Dichterberuf. Frankfurt a. M. 1935.

R. Nierhaus. Strophe und Inhalt im pindarischen Epinikion. Berlin 1936.

F. Schwenn. Der junge Pindar. Berlin 1940.

W. Theiler. Die zwei Zeitstufen in Pindars Stil und Vers. Königsberger Gel. Ges. 17. 4 (1941) 225.

M. Untersteiner. La formazione poetica di Pindaro. Messina 1951.

H. Maehler. Die Auffassung des Dichterberufs im frühen Griechentum bis zur Zeit Pindars. Göttingen 1963 (bespr. von W. Barner Gnomon 36 (1964) 540 ff.).

O. Schroeder. Die Religion Pindars. NJ für Kl. Altert., Gesch. u. neuere Lit. 51 (1923) 129.

H. Fränkel. Pindars Religion. Die Antike 3 (1927) 39.

H. Strohm. Tyche. Zur Schicksalsauffassung bei Pindar und den frühgriechischen Dichtern. Stuttgart 1944.

G. Rudberg. Zu Pindaros' Religion. Eranos 43 (1945) 317.

E. Thummer. Die Religiosität Pindars. Comm. Aenipont. XIII (1957).

R. Rossi. La religiosità di Pindaro. Parola del passado 7 (1952) 30.

G. Nebel. Pindar und die Delphik. Stuttgart 1961.

E. des Places. Pindare et Platon. Paris 1949.

J. H. Finley. Pindar and Aeschylus. Cambridge 1955.

U. von Wilamowitz. Glaube der Hellenen. Berlin 1931 II, 127.

M. B. Nilsson. Geschichte der griechischen Religion. I² München 1955, 749.

H. Fränkel. Dichtung und Philosophie des frühen Griechentums. New York 1951, 538.

B. Snell. Entdeckung des Geistes³. Hamburg 1955, 118 und sonst.

M. Treu, ΝΟΜΟΣ ΒΑΣΙΛΕΥΣ: alte und neue Probleme. Rhein. Mus. 106 (1963) 13 ff.

Übersetzungen

1. Deutsch

Des Pindaros Werke ... übersetzt von *J. T. Mommsen.* Leipzig 1846.

Pindars Siegesgesänge. Übersetzt von *G. Ludwig.* Stuttgart 1856.

Pindars Siegesgesänge. Deutsch in den Versmaßen der Urschrift von *J. J. Ch. Donner.* Leipzig und Heidelberg 1860.

Pindar. Siegesgesänge. Übersetzt von *C. F. Schnitzer* Berlin u. Stuttgart 1855–1914.

Pindar. Übersetzt und erläutert von *F. Dornseiff*. Leipzig 1921.

Pindar. Die Dichtungen und Fragmente. Verdeutscht und erläutert von *L. Wolde*. Leipzig 1942.

Von zahlreichen anderen Übersetzern (meist nur einiger Gedichte) seien erwähnt: Herder, Goethe, W. von Humboldt, Hölderlin, Böhmer, Borchardt, Bogner, von Stauffenberg, Rüdiger, Schadewaldt, Hölscher (vgl. Pindar. Siegeslieder. Deutsche Übertragungen. Zusammengestellt von *Udo Hölscher*. Fischer Bücherei 1962).

2. Italienisch

   E. Romagnoli. Le Odi e i Frammenti. I–II. Bologna 1927.

3. Englisch

   J. Sandys (Prosaübersetzung) s. S. 528

4. Französisch

   Ai. Puech (Prosaübersetzung) s. S. 528

5. Serbokratisch

   Ton Smerdel, Pindar Ode i Fragmenti. Zagreb 1952.

Erläuternde Darlegungen

Leben und Schaffen Pindars

Pindar stammt aus einem vornehmen Geschlecht Boiotiens; er ist in Kynoskephalai bei Theben geboren, wohl im Jahre 518 v. Chr. G., und zwar zur Zeit der dem Apollon geweihten Pythischen Spiele[1]). In Theben erlernt er das Flötenspiel und kommt dann zur musischen Ausbildung, zum Unterricht in der Kunst der Chorlieddichtung, in der sich sprachliche, musikalische und tänzerische Form verbinden, nach Athen. In die Heimat zurückgekehrt, beginnt er mit eigenen Dichtungen, die ihn allmählich in immer weiteren Gebieten Griechenlands und seiner Kolonien bekannt und berühmt werden lassen. – Pindar wurzelt ganz in seiner Heimat, die vorher den von ihm verehrten, bedeutenden epischen Dichter Hesiod hervorgebracht hat, und hält an den religiösen und politischen Anschauungen des dort herrschenden Adels sein Leben lang fest. Er tritt damit in Gegen-

---

[1]) fr. 160.

satz zu dem demokratischen Athen und gerät, als in den Perserkriegen seine Vaterstadt sich perserfreundlich verhält, mit ihr in
größte Gefahr[2]). Als er mit den Fürstenhöfen von Sizilien in Verbindung gekommen ist, dringt sein Blick bei Betrachtung der weltge-
schichtlichen Abwehrkämpfe des Griechentums gegen Perser, Karthager und Etrusker weiter und tiefer. Er feiert Athen in einigen
Dithyramben[3]), was ihm von Theben Bestrafung, von Athen Be-
lohnung und Gastfreundschaft einträgt[4]), leidet aber auf das schmerz-
lichste mit seiner Vaterstadt, als die Boiotier bei Oinophyta (457)
von den Athenern besiegt und von ihnen abhängig werden, wie
auch mit der – wie er immer wieder betont – ihm und seiner Vaterstadt besonders nahestehenden, von ihm oft besungenen, aristokratisch regierten Insel Aigina, die im folgenden Jahre den Athenern
unterliegt[5]). Durch die Niederlage der Athener bei Koroneia (446)
kommt dann wohl eine günstige Wendung; doch sie kann, wie Pindar
offenbar auch einsieht, den Sieg des Neuen, der Demokratie, und
damit das Ende des Althergebrachten, der oligarchischen Adelsherrschaft, auf die Dauer nicht aufhalten. In der Tat erfolgt im
Jahre 431 die Vertreibung der Aigineten von ihrer Insel. Pindar hat
dieses Ereignis nicht mehr erlebt; er stirbt nach 446 v. Chr. G. in
Argos, wie es heißt: auf den Knien des Knaben Theoxenos, den er
in einem seiner Lieder besungen und für dessen Bruder Aristagoras
er einen Festgesang geschaffen hat[6]). Seine Töchter – er hatte deren
zwei und einen Sohn[7]) – bringen seine Asche nach Theben.

Pindar verfaßt im Laufe seines Lebens eine große Anzahl Dichtungen.
Sie werden in alexandrinischer Zeit von Aristophanes von Byzanz in
17 Büchern herausgegeben. Zu 13 Büchern zumeist kultischer Lieder, von denen nur Bruchstücke auf uns gekommen sind, gehörten
je 1 Buch Hymnen (Götterlieder) und Paiane (zunächst Apollon,
dem Heilgott „Paian", dann auch anderen Göttern, sowie Heroen
und Menschen gewidmet), je 2 Bücher Dithyramben (Festlieder zu
Ehren des Dionysos) und Prozessionslieder, 3 Bücher Mädchenlieder, 2 Bücher Tanzlieder, dazu noch je 1 Buch Enkomien (auf

---

²) I viii.   ³) fr. 64.65.   ⁴) Vgl. auch über das Bildnis Pindars S. 507.
⁵) P viii.   ⁶) fr. 95; N xi.   ⁷) Leben Pindars S. 499.

einzelne Personen für den Komos „Festzug") und Trauerlieder.
4 Bücher Oden auf die Wettkampfsieger sind uns erhalten, weil
man in späterer Zeit einer Schulausgabe die Siegesgesänge als die
am leichtesten faßlichen Dichtungen Pindars zugrunde legte. Sie
sind nach den Festen geordnet, deren Sieger Pindar besingt, und
zwar nach der Bedeutung der Feste; voranstehen 14 olympische und
12 pythische Oden, denen 11 nemeïsche und 8 isthmische Oden
folgen[1]).

Sinn und Bedeutung der Siegesgesänge beruhen darauf, daß im
Gegensatz zu unseren Sportkämpfen die griechischen Wettspiele
kultischer Art, also Gottesdienst, waren. Sie fanden zu Ehren von
Göttern und Heroen statt, deren Huld, wie man glaubte, den Sieg
verlieh. Der Siegespreis bei den höchsten panhellenischen Festen
war ein Kranz; beim Zeusfest in Olympia schmückte ein Oliven-,
beim Apollonfest in Delphi ein Lorbeer-, bei dem Poseidonfest am
Isthmos und dem Zeusfest in Nemea ein Eppichkranz das Haupt
des Siegers. Wer mit dem Viergespann, dem Rennpferd, im Wettlauf, im Allkampf (Ring- und Faustkampf verbunden), im Fünfkampf, der Lauf, Weitsprung, Diskus- und Speerwurf sowie Ringen
umfaßte, oder auch auf musikalischem Gebiet, etwa als Flötenspieler
den Preis gewann, der errang seinen Sieg zugleich für seine Heimatstadt und seinen Vater, deren Namen der Herold feierlich mit aus-
rief. Und so enthalten Chorlieder, die, zu Ehren des Siegers bestellt,
gedichtet, vertont, eingeübt, an der Stätte des Siegs wie auch in
der Heimat des Siegers unter Instrumentalbegleitung aufgeführt,
d. h. gesungen und getanzt wurden, nicht nur Mitteilungen über
den Ort des Wettkampfs und seine Schutzgottheit, über Person,
Heimat, Sippe des Bekränzten; sie bringen außer Worten des Lobes
und der Ermahnung auch Schicksale und Taten von Göttern und
Heroen vor, besonders von solchen, die mit der Familie und Heimat
des Siegers als Stammväter oder auch mit der Stätte des Sieges
sich irgendwie verbinden ließen.

Als kultische Hymnen, aus hohem religiösen und prophetischen
Ernst erwachsen, schafft Pindar seine Siegesgesänge über den per-

---

[1]) Über Unstimmigkeiten in den beiden letzten Gruppen vgl. Einl. zu N ix, x, xi.

sönlichen Anlaß hinaus für ganz Griechenland und ist sich dessen wohl bewußt[1]). Von Makedonien, Thrakien, Thessalien bis Nordafrika (Kyrene), von Rhodos bis Sizilien und Unteritalien reicht das Gebiet, aus dem für Pindar die Aufträge zu Dichtungen kommen. Wir überblicken, soweit dies möglich ist, die Pindarlieder nach ihrer Entstehungszeit, die man bei den Siegesgesängen auch durch erhaltene Siegerlisten feststellen konnte. Seinen ältesten Siegesgesang verfaßt Pindar als Zwanzigjähriger auf den Thessalier Hippokles, Sieger im Lauf der Knaben zu Delphi, im Jahre 498[2]). 496 siegt er mit einem Dithyrambos in Athen[3]). Von anderen frühen Götterliedern vielleicht aus dem Jahre 490 haben wir das Fragment eines von den Delphern bestellten Paians, auf den der Dichter dann in einem viel späteren Siegesgesang zurückgreift[4]). Aus seiner ersten Begegnung mit einem sizilischen Herrscherhaus in Delphi erwachsen die VI. pythische Ode für den Bruder des Tyrannen Theron von Akragas, Xenokrates, und die XII. pythische Ode für den Flötenspieler Midas aus derselben Stadt. Damals im Jahre 490 schließt Pindar mit dem Sohn des Xenokrates, dem jungen Thrasybulos, der das Viergespann seines Vaters nach Delphi bringt, Freundschaft, von der auch ein Trinklied für den Prinzen zeugt[5]). Zwei Jahre nach den beiden pythischen Gesängen verfaßt er ein kleines Siegeslied für Asopichos aus Orchomenos in Boiotien, der in Olympia im Wettlauf der Knaben gesiegt hatte[6]). 486 und wohl 485 entstehen zwei kurze Oden auf athenische Erfolge; die erste auf den pythischen Wagensieg des aus dem vornehmen Geschlecht der Alkmaioniden stammenden, damals aus Athen verbannten Megakles und die zweite auf den Allkampf des Timodamos aus Acharnai bei Athen in Nemea[7]). Den Sieg im Fünfkampf der Knaben, den Sogenes aus Aigina damals in Nemea gewann, preist ein Lied, das die Sage von dem in Aigina besonders verehrten Heros Neoptolemos in anderem Sinne darstellt

---

[1]) O i 115 f.; dith. II 23 ff.

[2]) P x.

[3]) Pap. Oxy. 2438.

[4]) pai VI; N vii.

[5]) fr. 96 ab. 97.

[6]) O xiv.

[7]) P vii; N ii.

als in dem oben erwähnten Paian[1]). In die folgenden Jahre gehören
noch einige für aiginetische Sieger geschaffene Oden. Es handelt
sich um die Söhne des mit Pindar befreundeten Lampon: Pytheas,
der außer auf Aigina und in Megara zu Nemea 483 im Allkampf
siegt, und seinen jüngeren Bruder Phylakidas, den Sieger im isthmischen Allkampf des Jahres 480 und wohl 476[2]). Dazwischen liegt
ein Sieg des Kleandros von Aigina im Allkampf der Knaben am
Isthmos[3]). Zu der Ode, die ihn feiert, entschließt sich Pindar nur
schwer, da er noch unter dem Eindruck der Gefahr der Vernichtung
steht, die seiner Vaterstadt nach den Perserkriegen gedroht hat.
Hagesidamos aus Lokroi Zephyrioi (Unteritalien), den Sieger im
olympischen Faustkampf der Knaben, preist ein wohl 476 entstan-
denes kurzes Lied, dem später (vielleicht 474) eine für die Aufführung in der Heimat versprochene längere Ode folgt[4]). Vermutlich um dieselbe Zeit besingt Pindar einen seltenen, im Wagenrennen und Allkampf am Isthmos errungenen Doppelsieg seines
Landsmannes Melissos, aus dessen Geschlecht, wie das Lied erwähnt,
vier Männer bei Plataiai (479) gefallen sind[5]). Im Jahr 476 und in
den Jahren danach entstehen aber noch bedeutende Gesänge für
Wettkampfsieger Siziliens, an dessen Fürstenhöfe Pindar wohl auch
infolge seiner Bekanntschaft mit Thrasybulos eingeladen wird.
In der ersten Hälfte des 5. Jahrhunderts schwangen sich in Sizilien
Gelon von Syrakus und Theron von Akragas zu mächtigen Königen
auf. Im Jahr der Schlacht bei Salamis 480 wehrten diese beiden
Fürsten gemeinsam den Angriff der Karthager auf Sizilien in der
Schlacht bei Himera ab. Gelon sowie seinem bedeutenden Nachfolger, seinem Bruder Hieron, und Theron ist die Kulturblüte
Siziliens in dieser Zeit hauptsächlich zu verdanken. Die Städte
wuchsen zu Großstädten, auch in unserem Sinne, heran; so besonders Syrakus, Akragas und Gela. Die Könige bauten Tempel, Pa-
läste, Theater und legten Straßen und Befestigungswerke an. Sie
traten in enge Beziehung zum Mutterland, nahmen an den großen
Wettspielen in Olympia, in Delphi, am Isthmos und in Nemea teil
und luden namhafte Dichter und Künstler an ihren Hof.

---

[1]) N vii; vgl. E. Tugendhat Hermes 88 (1960) 385 ff.
[2]) N v; I vi, v.   [3]) I viii.   [4]) O xi, x.   [5]) I iii/iv.

So kommt auch Pindar im Jahre 476 nach Sizilien. Und damit beginnt mit Theron und Hieron seine persönliche Bekanntschaft, die freilich nicht ohne gelegentliche Verstimmungen bleibt, da Pindar seine Würde als freier Grieche und seine auf politischem Gebiet abweichende Stellung wohl zu wahren weiß. Für beide schafft er damals Siegesgesänge. In der ersten olympischen Ode feiert er Hierons Erfolg mit dem Rennpferd Pherenikos; die dritte verfaßt er bei Therons Sieg mit dem Viergespann zur Aufführung bei einer Feier für die Dioskuren und Helena und die zweite bei demselben Sieg zum Vortrag in kleinem Kreise. Dem wohl spätestens 477 von dem General Chromios, dem Schwager Hierons, errungenen Wagensieg gilt die erste nemeïsche Ode. Auch nach der Rückkehr in die Heimat 475 oder 474), wo Pindar von den Einkünften im fremden Land auf seinem Besitztum ein Heiligtum der Göttermutter Kybele und ihres Begleiters, des Gottes Pan, erbauen kann[1]), bleibt er mit Sizilien verbunden.

Dort treten in der zweiten Hälfte der siebziger Jahre bedeutungsvolle Ereignisse ein. Hieron gründet eine neue Stadt: Aitna, nach dem Berg Ätna benannt, als Königtum für seinen Sohn Deinomenes. Ein Ausbruch des Ätna erfolgt. Hieron vernichtet 474 die Flotte der Etrusker bei Kyme. Nach Therons Tod (472) fügt er Akragas seinem Reich hinzu. Pindar, von Hieron eingeladen, sendet dem kranken Herrscher ein Absage- und Trostgedicht, das auf einen Sieg des Rennpferdes Pherenikos hinweist. Eine andere Ode, die einen Wagensieg erwähnt, warnt Hieron vor Schmeichlern und Verleumdern und wirbt um Verständnis für Pindars ehrliche Art, mit der er auch seine politische Meinung vertritt. Als letztes Werk für Hieron gestaltet Pindar eine seiner bedeutendsten Oden, die den Preis eines pythischen Wagensieges mit Lobsprüchen auf Hieron und seine Taten verbindet, den Ätnaausbruch schildert, die siegreiche Abwehr der Bedroher Siziliens hervorhebt und mit Lob, Wünschen und Mahnungen die neue Stadt Aitna, ihren Gründer und dessen Sohn bedenkt[2]). Dem Andenken des Xenokrates widmet Pindar eine an einen Wagensieg erinnernde Ode[3]), die sich an den Sohn des Verstor-

[1]) Vgl. P iii 78; fr. 76, 77.   [2]) P iii, ii, i.   [3]) I ii.

benen, an Thrasybulos, wendet. Für den Schwager Hierons, Chromios, der als Statthalter Aitnas nach dieser Stadt benannt wird, verfaßt er einen zweiten Gesang[1]), der, in die nemeïschen Oden eingereiht, in Wahrheit sich an einen Wagensieg in Sikyon anschließt. Einen offenbar vom Besteller des Liedes erbetenen Hinweis auf Hieron finden wir noch in der Olympiaode für Hagesias von Syrakus[2]) aus dem Jahr 468, also zwei Jahre vor Hierons Tod, während eine wohl schon vorher entstandene olympische Ode für den aus Knossos nach Himera ausgewanderten Wettläufer Ergoteles[3]) nichts von Fürsten Siziliens erwähnt. Bruchstücke von Liedern für Theron. Hieron und Thrasybulos bietet der Fragmententeil[4]).

In den sechziger Jahren, in denen Pindars Ruhm und Ansehen ihre Höhe erreichen, heben sich neben den Oden auf die Ringkämpfer Epharmostos aus Opus, 466 Sieger in Olympia[5]), und Alkimidas aus Aigina, Sieger in Nemea[6]), besonders die Olympiaoden auf den Faustkämpfer Diagoras von Rhodos und den Sieger im Lauf und Fünfkampf Xenophon von Korinth heraus, beide aus dem Jahre 464[7]). Diagoras wird in dem zu Ialysos auf Rhodos aufgeführten Lied als Sieger in vielen Kämpfen gerühmt; dem Xenophon, dessen Familie auf zahlreiche Siege zurückblicken kann, gelingt der seltene Erfolg in zwei Kampfarten; voll Freude macht der reiche Sieger, wie er gelobt hat, eine Stiftung eigener Art, für die Pindar ein Lied verfaßt[8]). Im folgenden Jahr entsteht bei einer Sonnenfinsternis (30. 4. 463), einem auch für Pindar schreckenerregenden Ereignis, ein Paian für die Thebaner, von dem uns Teile erhalten sind[9]). 462 feiert Pindar Arkesilaos, den Herrscher von Kyrene, wohin er schon 474 ein Lied für den in Delphi siegreichen Waffenläufer Telesikrates gesandt hat[10]), in zwei pythischen Oden[11]), von denen die erste – mit fast 300 Versen die längste uns erhaltene Ode – im Königspalast von Kyrene wohl von einem einzelnen Sänger vorgetragen, die zweite als der eigentliche Siegeschorgesang im Festzug aufgeführt wird. In dieser Zeit verfaßt Pindar auch wieder für das von ihm hochgeschätzte Aigina zwei nemeïsche Oden, und zwar auf den

---

[1]) N ix.   [2]) O vi.   [3]) O xii.   [4]) fr. 90.91; 99.100; 96 ab, 97.
[5]) O ix.   [6]) N vi.   [7]) O vii; O xiii.   [8]) fr. 94.
[9]) pai IX.   [10]) P ix.   [11]) P iv; v.

Sieger im Ringkampf der Knaben Alkimidas und auf den Sieger im Doppellauf Deinias[1]). Thebanische Wettkampferfolge, den Wagensieg des Herodotos (wohl 458), um dessentwillen Pindar die Abfassung eines von Keos bestellten Paians (IV) verschiebt, und den Allkampfsieg des Strepsiades (454), dessen gleichnamiger Oheim bei Oinophyta (456) gefallen ist, finden wir in den isthmischen Oden besungen[2]). Auch ein Bewohner Siziliens, Psaumis von Kamarina, erhält damals noch (452) zu Ehren seines olympischen Sieges mit dem Maultiergespann ein Lied von Pindar, dem ein weiteres, in seiner Echtheit bestrittenes folgt[3]). In die Spätzeit des Dichters gehört ein Festgesang für Aristagoras[4]), einen hohen Beamten von Tenedos, den Bruder des Theoxenos, und je ein Lied für zwei Ringkämpfer, den in Nemea siegreichen Theaios von Argos und den mit dem pythischen Kranz gekrönten Aristomenes von Aigina[5]). Das Jahr 446, in dem dieser siegte, – es ist das letzte sichere Datum für die Siegesgesänge Pindars – brachte seiner Vaterstadt Aigina durch die Niederlage der Athener bei Koronea die Freiheit wieder.

Nach dem Überblick über die Siegesgesänge wenden wir uns zu den Fragmenten, die sich aus schon früher bekannten und aus neugefundenen, besonders in der englischen Ausgabe der Oxyrhynchos-Papyri veröffentlichten zusammensetzen. Eine Anzahl der *Fragmente* stammt *aus* nicht überlieferten *isthmischen Siegesgesängen*. Das erste Fragment findet sich in einer Handschrift als letzte (IX.) isthmische Ode und ist als solche auch in manchen Ausgaben aufgenommen. Sie war wie die Ode des dritten die Sisyphossage berührenden Fragments für einen Aigineten bestimmt, während das zweite Fragment den Namen eines rhodischen Faustkämpfers als Überschrift trägt. Von vier neugefundenen Bruchstücken beschäftigt sich eines mit dem Parisurteil[6]), ein anderes war für einen Athener zum Weinrebenfest geschaffen[7]). Aus den Fragmenten der *Hymnen* heben sich die schönen Verse auf die Insel Delos heraus[8]), ferner ein neugefundenes, das die stürmische Kampfkraft des Herakles eindrucksvoll schildert[9]). In anderen Bruchstücken hören wir von Themis als der

---

[1]) N vi; viii.   [2]) I i; vii.   [3]) O iv; v.   [4]) N ix.
[5]) N x, P viii.   [6]) fr. 5.   [7]) fr. 7.   [8]) fr. 16, 17, 18.
[9]) fr. 15.

ersten Gemahlin des Zeus, von der Freilassung der Titanen durch Zeus und von der Geburt der Athena aus dem Haupt des Himmelsgottes[1]). Überschriften kurzer Fragmente von Hymnen auf Zeus Ammon, auf Persephone, auf Apollon vom Ptoongebirge[2]) wecken Bedauern über den Verlust dieser Lieder. Verhältnismäßig ausführlichere Reste sind uns von den *Paianen*, ursprünglich zu Ehren Apollons, dann auch anderer Götter geschaffenen Gesängen, erhalten; so von dem nach der Zerstörung Athens (480) für die Abderiten verfaßten Paian, der mit einem Anruf des Poseidonsohnes Abderos beginnt[3]), wie von dem für Keos, die Heimat der Rivalen Pindars, Simonides und Bakchylides, bestellten Paian[4]), der auf deren Sangeskunst hinweist und Worte bringt, die zur Heimatliebe verpflichten. Der für die Delpher 490 gedichtete Festgesang schildert die Macht Apollons und behandelt den Neoptolemosmythos[5]). Z. T. durch neugefundene Verse ergänzte Fragmente berichten von den verschiedenen Tempeln in Delphi[6]); ein anderes Bruchstück läßt uns in das mit den Namen Ilion, Hekabe und den Gestalten der Kassandra und des Paris angedeutete Schicksal einen Blick tun[7]). Besonders kennzeichnend für Pindars Art und in seinem Anlaß für uns heute auf den Tag genau festzulegen ist der für einen Bittgang bei der Sonnenfinsternis am 30. April 463 für die Thebaner verfaßte Paian[8]). Von der Geburt Apollons und der Artemis handeln eindrucksvoll Verse des XII. Paian. Eins der neugefundenen, manchmal leider recht lückenhaft erhaltenen Festlieder ist zu Ehren eines nicht genannten Heros gedichtet; ein anderes, zur Ehrung des Zeussohnes Aiakos von Bewohnern Aiginas bestellt, berichtet in dem, was sich noch von ihm vorfindet, von einem durch Zeus veranstalteten Götterfest[9]). Während in einem Lied für Argos, wie es scheint, Elektryon, der Vater der Heraklesmutter Alkmene, gefeiert wurde, erzählt ein anderes die Sage von dem Kind Herakles, das sich der von Hera entsandten Schlangen erwehrt[10]), eine Schilderung, die zum Vergleich mit Theokrits Idylle (24) einlädt. An die

---

[1]) fr. 13, 19, 20.   [2]) fr. 24, 25, 32a–d.   [3]) pai II
[4]) pai IV.   [5]) pai VI.   [6]) pai VIII.   [7]) pai VIII A.
[8]) pai IX.   [9]) pai XIV, XV.   [10]) pai XVIII, XX.

erste olympische Ode denken wir bei Worten eines Fragments, die sich auf die Hochzeit des Pelops mit Hippodameia deuten lassen[1]). Unter den Bruchstücken des *Dithyrambos*, einer Form des Festgesangs zu Ehren des Dionysos, spricht ein für Theben bestimmtes Lied, von dem freilich der von der Hadesfahrt des Herakles handelnde Hauptteil fehlt, einleitend von den Schwächen der früheren Dithyrambosdichtung und schildert dann ein lärmendwildes Dionysosfest der olympischen Götter[2]). Anmutige Verse sind uns erhalten von einem Dithyrambos, der vermutlich für die in Athen im Frühjahr stattfindenden Großen Dionysien geschaffen war; ihnen an die Seite treten die bekannten den Ruhm und den Glanz Athens kündenden kurzen Fragmente[3]). Ein von Argos bestelltes Lied behandelt offenbar die Sage von Danaë und Perseus, von der uns etwas ausführlicher das neugefundene Fragment eines anderen Dithyrambos berichtet[4]). Während die Reste der *Proshodien* (bei Festzügen gesungene Bitt- und Danklieder) nur gering sind – zu erwähnen wären Verse eines Artemisliedes und solche die von Typhon, dem Riesen, handeln[5]), – erweisen sich die Fragmente der *Parthenien* (Mädchenlieder) als ergiebiger. Für Aioladas aus Theben schuf Pindar zwei solcher Gesänge[6]), das eine ist ein sogenanntes Lorbeerträgerlied für ein Fest des Apollon, bei dem ein lorbeerbekränzter Knabe dem Zug voranschritt. Neben die verhältnismäßig zahlreichen Verse dieses Liedes treten die freilich nur geringen Reste eines anderen, das nach Ausweis durch die Oxyrhynchospapyri Pindar für seine Familie, für seinen Sohn Daïphantos schuf, und einige Verse eines dritten für Apollon Galaxios verfaßten Liedes[7]). In den Bruchstücken der Parthenien finden sich auch noch Verse auf Pan, den Helfer und Wächter der Großen Mutter (Kybele)[8]). Von den *Hyporchemata* (Tanzliedern) sind nur geringe Fragmente vorhanden. Eines ist Hieron gewidmet; ein anderes, für die Thebaner geschaffen, bringt Worte gegen Krieg und Aufruhr[9]). Neugefundene Verse bestätigen und ergänzen ein Bruchstück, das des Herakles Ringkampf mit Antaios, dem Sohn der Mutter Erde, schildert[10]). Unter

---

[1]) pai XXII.
[4]) dith. I, IV.
[7]) fr. 75, 80.

[2]) dith. II.
[5]) fr. 70, 71, 72.
[8]) fr. 76, 77, 79.

[3]) fr. 63a, 64, 65.
[6]) parth. I, II.
[9]) fr. 81, 85, 86.   [10]) fr. 87.

den Resten von *Enkomien* (Liedern für einzelne) heben sich, wie schon erwähnt, hervor die für Theron[1]), Hieron[2]), Thrasybulos[3]), ferner die für Theoxenos[4]) und Xenophon von Korinth, der ein Lied aus Anlaß der Stiftung von fünfzig Hetären für das Aphroditeheiligtum bestellt hatte[5]) – ein etwas heikler Auftrag, den aber Pindar mit überlegenem Humor ausführte. Hinzukommen noch Verse für den König Alexander von Makedonien, den Vorfahren Alexander des Großen[6]). Die *Threnoi* (Trauergesänge), enthielten – nach den Bruchstücken zu urteilen – auch Glaubenslehren der Geheimkulte und behandelten, den Eleusinischen Mysterien entsprechend, Unsterblichkeit und Leben nach dem Tod[7]). Einer knüpft an Klagelieder auf Söhne von Musen an[8]). Neu hinzugekommen sind Fragmente von Trauerliedern, von denen eines die Sage von Ino und Melikertes, ein anderes, schon früher bekannte Verse bestätigend, die von dem Lapithen Kaineus behandelt, den wie den Amphiaraos die Erde verschlingt[9]). In kleinen Fragmenten von *Dichtungen unbestimmter Gattung* werden Apollon und Silenos als Tänzer lebendig[10]); an Göttern finden wir noch Athene, Zeus, Poseidon und Dionysos erwähnt[11]). An Sagengestalten treten hervor die Dioskuren (Tyndariden)[12]), die Lapithen und Kentauren[13]), Oidipus[14]) und besonders Herakles, von dessen Streit mit Laomedon und den Feldzügen mit Peleus gegen Troia und gegen die Amazonen die Rede ist[15]). Ein bereits bekanntes Bruchstück, das, vom Begriff des „Nomos" (Brauch, Gesetz) ausgehend, sich mit dem Raub der Rinder des Geryones durch Herakles befaßt, wird durch eine ganze Reihe neugefundener, leider lückenhafter Verse ergänzt, die in lebendiger, ja drastischer Weise den Raub der Rosse des Aressohnes Diomedes durch Herakles schildert[16]). Aus Pindars eigenem Munde tritt uns oft in knappster Fassung manches für sein Leben, seine Kunst- und Lebensauffassung Bedeutsame entgegen: er bezeichnet den Tag seiner Geburt, nennt Theben seine Erzieherin

---

[1]) fr. 90, 91. [2]) fr. 99, 100. [3]) fr. 196 a b.
[4]) fr. 95. [5]) fr. 94; vgl. O xiii. [6]) fr. 92, 93.
[7]) thr. VII; fr. 110, 111, 112; vgl. dazu O ii.
[8]) thr. III. [9]) thr. IV, V. [10]) fr. 124, 130.
[11]) fr. 123; 122, 129, 204; 128. [12]) fr. 118.
[13]) fr. 141; vgl. auch fr. 142, 144. [14]) fr. 147.
[15]) fr. 116, 146; vgl. auch fr. 142, 145. [16]) fr. 143.

zur Musenkunst, sich selbst Künder des Wahrspruchs der Musen[1]). Die Anmut des Liedes sieht er als gottgegeben an, vergleicht es mit einem Bauwerk und schildert, wie stark auf ihn der Sang zur Flöte wirkt[2]). Er lobt Theben und die Lakedaimonier[3]). Neben Worten über Eigenlob, Heuchelei, Lüge, Betrug[4]), über Ehrsucht und Zwietracht, Feigheit und Neid[5]) stehen Äußerungen über das Gold, über die verschiedenen Freuden der Menschen[6]), über die Hoffnung, das Schweigen[7]), über die Wirkung der Geisteskraft, die „tief unter die Erde und über den Himmel fliegt", und über das Wesen der Gottheit: „Was ist Gott? Das All"[8]).

Nachwirkung

Dem Ansehen, das Pindar während seines Lebens genoß, folgten Ehrungen nach seinem Tod. So erhob noch lange nach seinem Ableben der delphische Priester beim Fest der Theoxenien, d. h. der Festmähler zu Ehren der Götter, den Ruf: „Pindar möge kommen und an der Göttertafel teilnehmen!" Und Alexander der Große befahl vor der Plünderung Thebens, man solle das Haus des Dichters Pindar verschonen. Wohl feierte die Folgezeit ihn immer wieder als großen Dichter, ja, nannte ihn den größten Lyriker; doch von preisendem Wort zu wahrem Erfassen, Begreifen, Erkennen, Aufsichwirkenlassen seiner Dichtung ist ein weiter Weg, der nur selten und kaum je zu Ende beschritten wurde. Von deutschen Schriftstellern beschäftigten sich u. a. Herder und unter seinem Einfluß der junge Goethe mit Pindar; auch Wilhelm von Humboldt und Hölderlin übersetzten Oden von ihm. Man spürt seine Einwirkung, freilich auch manche grundsätzlich falsche Auffassung seiner Kunst in der deutschen Oden- und Hymnendichtung seit Klopstock. Dichtern und Gelehrten gelang und gelingt es erst in neuerer Zeit, dem eigentlichen Wesen Pindars und seines Schaffens, wie es der

---

[1]) fr. 160, 164, 125.   [2]) fr. 120, 161 (vgl. auch O vi), 117.
[3]) fr. 161, 162, 163; 166.   [4]) fr. 162, 169, 171, 178.   [5]) fr. 175, 176, 177.
[6]) fr. 185, 184.   [7]) fr. 179, 149.   [8]) fr. 211, 119.

späte Herder schon richtig in der Adrasteia 11 gedeutet hatte[1]), näher zu kommen, es genauer zu verstehen und in klare Begriffe zu fassen. Dieses Verstehen wuchs mit der Erkenntnis, die man von der geschichtlichen Epoche, in der Pindar lebte, und von dem Wesen und der Form seiner Dichtung gewann. Man erkannte als das Tragische an Pindar, daß er der letzte große Vertreter der archaischen Zeit war, einer Epoche und Kultur, die mit ihm und nach ihm durch Überwindung und Ablösung der Aristokratie durch die Demokratie versank. Das Neue siegte und setzte sich durch, während Pindar sein Leben lang am Althergebrachten festhielt und in dem Glauben an die Möglichkeit einer sittlichen Erneuerung der Adelsherrschaft lebte, wirkte und seine Dichtungen schuf. In diesem Sinne führte er, mit seiner Person und seinem Schaffen im Religiösen und Mythischen fest verankert, die von älteren Dichtern überkommene Form des Chorlieds zu letzter Höhe empor.

Form und Wesen pindarischer Dichtung

Das Chorlied, kultischen Urpsrungs, wurde zur Aufführung durch eine Gemeinschaft vor einer Gemeinschaft geschaffen. Diese Aufführung, die Sprache und Gesang, Geste und Tanz sowie Instrumentalbegleitung verband, erforderte demnach einen Dichter, der zugleich Tonschöpfer war, auch Chormeister für Lied- und Tanzeinübung und Begleiter auf dem Saiteninstrument oder der Flöte sein konnte, ferner in Gesang und Tanz ausgebildete Chorleute und endlich eine für derartig mannigfaltige Darbietung verständnisvolle Zuhörer- und Zuschauerschaft. Was von Chorliedern erhalten ist, also besonders Pindars Siegesgesänge, mußte die spätere Nachwelt, müssen wir rein aus dem Text – Musik[2]) und Tanz fehlen ja – zu verstehen suchen. Dabei ist außer dem Inhalt und der Sprache die metrische Form für uns einigermaßen faßbar. Zunächst nur einstrophig[3]), entwickelte das Chorlied später meist einen kunstvollen Strophenbau in Dreiform, die Triade, bei der Strophe (Stollen) und

---

[1]) Vgl. H. Fränkel, Dichtung und Philosophie des frühen Griechentums S. 543.
[2]) Die Echtheit einer für P I von A. Kircher (1950) angegebenen Melodie konnte nicht überzeugend nachgewiesen werden; vgl. Hermes 70 (1935) 463.
[3]) So bei Alkman; bei Pindar vgl. O xiv; P vi, xii; N ii, iv, ix; I viii.

Antistrophe (Gegenstollen) sich metrisch genau entsprechen und den Abschluß die Epode (der Abgesang) bildet. Die meisten Siegesgesänge Pindars setzen sich aus mehreren solchen Triaden[1]) zusammen; und jedes Chorlied hat wieder seinen eigenen Rhythmus, seine metrische Form, der die musikalische (Gesang, Instrumentalbegleitung) und die tänzerische entsprochen haben muß[2]). Die Sprache der Pindaroden hat zur Grundlage die Sprache des Epos, ist aber dorisch gefärbt und weist aiolische Bestandteile auf. Sie steht als Literatursprache der Volkssprache fern und bildet den hohen Stil der Chorlyrik in persönlicher Weise weiter. Von diesem Stil pindarischer Lyrik seien einige Eigentümlichkeiten hervorgehoben[3]).

Mannigfaltige, manchmal kühne, doch stets treffsichere Bilder und Vergleiche machen die Sprache Pindars reich an Beziehung, an Sinn und Bedeutung. Sie strömen, wenn er, um ein Beispiel zu geben, Wesen und Aufgabe dichterischen Schaffens kennzeichnen will, ihm besonders aus dem Gebiet der Gymnastik zu, aus dem Ringkampf, dem Wettlauf, dem Weitsprung[4]), dem Diskus- und Speerwurf, dem Wagenrennen[5]). Häufig dient der Bogenschuß zum Vergleich für kraftvolle Treffsicherheit und weiten Flug seiner Dichtung[6]). Aus der Baukunst stammt die Bezeichnung der Dichter als Baumeister des Worts, der Gesänge[7]); der Entwurf des Liedes gleicht der Grundsteinlegung, die Gestaltung einer kunstvollen Einleitung (des Prooimions) dem Aufbau einer prunkvollen, säulengeschmückten Vorhalle, seine Ruhmeswirkung auf die Nachwelt der eines Denkmals oder einer Steinsäule mit Inschrift[8]). Dem Handwerk des Webens, der Arbeit des Goldschmieds, der Tätigkeit des pflügenden Landmanns, dem Kranzwinden sind andere Vergleiche für das dichterische Schaffen entnommen[9]); in Verbindung damit für das ruhmbringende Wirken des Liedes das Schmücken mit dem Kranz, ferner mit einem

---

[1]) P iv aus 13 Triaden!   [2]) Zur Metrik vgl. S. 544.
[3]) Unter Heranziehung des griechischen Textes ausführlich entwickelt bei Dornseiff. Pindars Stil.
[4]) N iv 93 f., viii 19, v 19 f.
[5]) I ii 35; N ix 54 f.; P i 43; O vi 21 ff.; N i 7.
[6]) O i 111, ii 90 f., ix 5 ff., ix 11 f.
[7]) P iii 113; N iii 4 f.   [8]) P vii 3 f.; O vi 1 ff.; N viii 46 f.
[9]) N iv 44; vii 78 ff.; P vi 1 ff.; O vi 86; O i 103; fr. 148.

faltenreichen Gewand[1]). Auch Vergleiche aus der Natur finden sich, wie Quelle und Fluß für Dichter und Gedicht[2]); Adler und Raben für den wahren Dichter (Pindar) und seine Nebenbuhler[3]), die Biene, die von Blüte zu Blüte schwärmt, für das Siegeslied, das von einem Geschehen (Teil) zum andern springt[4]). Bei der Weinspende ist von dem „Mischkrug der Lieder" die Rede[5]). Häufig findet sich der Vergleich mit der Fahrt auf dem Wagen (Musenwagen) und zu Schiff[6]): Das Lied gleicht einem Naß, mit dem der Gärtner die Blumen begießt[7]); es ist ein erquickender Trank, ein linderndes Heilmittel, eine süße Speise[8]). Die Süße des Liedes betonen auch zahlreiche mit Honig gebildete Beiwörter; ja, es übertrifft das Lied des Dichters an Süße das Werk der Bienen[9]). Wie von einem Liebeszauber fühlt der Dichter sein Herz zum Dichten hingezogen[10]).

Eine besondere Wirkung erzielt Pindar, wenn er einzelne Vergleiche und Bilder miteinander mischt und verschränkt; z.B. wenn er einen Gedanken, einen Einfall, den er „auf der Zunge" hat, vergleichsweise zusammenbringt, was sein plötzliches Auftauchen anlangt, mit dem schrillen Laut eines Wetzsteins, was sein – ihm erwünschtes – Ankommen anlangt, mit dem schönfließenden Hauchen des Windes[11]), oder wenn er die Lobgesänge wie eine Speise die Insel Aigina laben und sie in brausenden Fluten von ihr empfangen läßt[12]).

Selten bringt Pindar weit ausgeführte Gleichnisse, weiß sie aber dann auch aufs prächtigste und wirksamste in Wortwahl und Satzbau wie in klanglich-rhythmischer Form und treffsicher dem Sinn nach zu gestalten. So wird als Eingang einer großen Ode das Lied dem Wein in goldener Schale verglichen, den der Brautvater dem Bräutigam reicht[13]). Einem Schatzhaus erweist sich das Lied als überlegen dadurch, daß es den Ruhm länger und dauerhafter bewahrt als das

---

[1]) O vi 86f., i 103 – O i 105. [2]) P i 298; N vii 62f.; O x 9f.
[3]) N iii 80ff. [4]) P x 53f.
[5]) I vi 2f. [6]) P x 65; N v 50f.; P xi 39f.; N iii 26f.
[7]) N viii 40f.; P viii 57. [8]) I vi 75f.; N iv 1f.; O vii 7f.
[9]) fr. 127.
[10]) N iv 35 (ein Vergleich, der bei Pindar ohne Vergleichswort steht).
[11]) O vi 82f.
[12]) pai VI 126ff.
[13]) O vii 1ff.; vgl. auch S. 547.

Schatzhaus die Schätze[1]). Mit dem Vergleich verwandt ist eine Form
der Aufzählung, die sog. Priamel; nach dem Nebeneinanderstellen
mehrerer Dinge, Handlungen, Gedanken gibt die Priamel dem letzten
Glied seinen besonderen Wert, hebt es mit oder vor den andern hervor.
Das geschieht z. B. in der ersten olympischen Ode, wo Wasser, Gold,
Sonne hinführen zu dem wertvollsten Wettkampf: den Olympischen
Spielen[2]).

So abwechslungsreich Pindar in der Wortwahl ist, so häufig kehrt er
in seinen Oden zu besonderen Lieblingswörten und Wendungen
zurück, die unter seinen Händen wohl auch ihre Bedeutung erweitern
und vertiefen, ja, zu Trägern seiner Weltauffassung werden. Zu den
Wörtern, die vieldeutig und für ihn wertträchtig sind, gehört nament-
lich das Wort „Aretá"; es kann alles bezeichnen, was taugt, tüchtig,
tugendhaft, hervorragend, trefflich, aber auch gedeihlich und glückhaft ist, alles, was durch Abkunft, Gestalt und Charakter, durch Verstand und Können, durch Tat und Leistung, aber auch durch Besitz
und Glück sich hervorhebt. Ein für Pindar „wertvolles" Wort ist
ferner „Aidós", das nicht nur Scham und Scheu, auch Bescheidenheit, Ehrliebe und Ehrfurcht bedeuten kann. Umgekehrt wählt Pindar
auch oft statt eines einfachen üblichen Worts Ausdrücke allgemeinerer
Art, die sich inhaltlich mit ihm berühren, aber auf einen weiteren,
auch tieferen bedeutsamen Bezirk hinweisen; so für Sieg das, was er
ist: Bezwingen des Gegners, hohe Leistung, Mannestat, und das, was
er bringt: Ehre, Ansehen, Glanz, auch Anmut.

Einen eigenen Ton durch eine Art von Ironie gewinnen bei ihm ab-
sichtlich gewählte zunächst harmlos klingende, „untertreibende"
Ausdrücke und Wendungen. Wenn wir lesen: „Hektor hörte von
Aias[3])", so heißt das: er bekam seine Stärke zu fühlen. Memnons Tod
wird auf ähnliche Weise höchst eindrucksvoll umschrieben[4]). Wirk-
sam wendet Pindar oft auch die doppelte Verneinung an, die dann
einer verstärkten Bejahung nahekommt[5]).

Man kann beobachten, daß in Pindars Chorlyrik die in Sinn und
Klang verhältnismäßig unbedeutend erscheinenden Zeitwörter vor

---

[1]) P vi 7 ff.
[2]) Vgl. fr. 82, 197; O xi 1 ff.; I v 30 ff.
[3]) N ii 14. [4]) N iii 61 ff. [5]) O i 81, 86; P vi 37.

den stark, klangvoll, oft feierlich wirkenden Hauptwörtern zurück-
stehen, so daß diese damit noch an Schwere gewinnen und im Fluß der
Rede bedeutsam hervortreten. Dieser „Fluß der Rede" aber ergießt
sich manchmal in über mehrere Verszeilen sich erstreckende Sätze
mit weitgespannten Fügungen, die durch in wenige kurze Worte
gefaßte Teile, besonders durch häufige Appositionen unterbrochen,
dann wieder neu aufgenommen werden und sich wohl auch über die
Enden der Strophen, ja manchmal der Triaden hinausdrängen[1]). Das
Subjekt kann dann bisweilen wirkungsvoll am Schluß eines solchen
langen Satzes, womöglich noch am Anfang einer neuen Strophe
stehen; und so geschieht es auch mit anderen wichtigen Satzteilen[2]).
Die logische Verknüpfung der Sätze fehlt oft; unverbunden, ohne
Bindewörter treten sie nebeneinander; das, was sie sagen, kann so an
Bedeutung gewinnen. In der Wortstellung der Sätze beobachtet man
Ähnliches: die im Griechischen vorhandene Möglichkeit, die Satzteile
verschieden anzuordnen, bewirkt ein Auseinandertreten von an sich
Zusammengehörigem, manchmal auch eine Verschränkung und ein
Ineinanderschieben; lange Einschiebsel entstehen besonders zwischen
Artikel oder Attribut und Hauptwort; dann findet sich wieder ein
Zusammendrängen, Nebeneinanderstellen; zu den langen Sätzen
tritt die Wucht kurzer Sätze, bisweilen ohne Prädikat in Gegensatz[3]).
Außer daß sie als reale Dinge bestehen, sind in Pindars Anschauung
und Denken Städte, Länder, Flüsse, Gebirge lebendige, in die mythische
Welt gehörige Wesen. Sie bleiben für ihn eine Einheit, während für uns
der Eindruck einer Mehrdeutigkeit, einer Vermischung entstehen
kann. So erscheinen die Städte Akragas, Syrakus und Theben und die
Kampfstätte Olympia zugleich als göttliche Wesen[4]); in ähnlicher
Weise die Inseln Ortygia und Delos und der Fluß Alpheios als Göttinnen und Gott[5]). In menschlicher Gestalt sieht und empfindet der
Dichter den Ätna; er nennt ihn – im Griechischen ist das Wort weib-
lich – „Amme des ewigen Schnees". Ihm ist das Gebirge „des fruchtbaren Erdreichs Stirn", der Hades (eingang) „der Mund der Erde";
„auf jener Erde weißer Brust" – in Afrika – läßt er die Stadt Kyrene

---

[1]) O vi 23, ix 29; P ii 73, iv 162, 185, 231, 254; I iv 19, 55.
[2]) P xii 16; O x 34, ii 95.   [3]) P viii 95f.; N vi 1; fr. 119.
[4]) P xii 1ff.; ii 1ff.; O viii 1ff.   [5]) N i 1ff.

gegründet werden[1]). Er spricht von Arkadias und Mainalias „Hälsen", von des Parnassos „Braue[2])". Zeus' Vermählung mit Aigina findet statt, wo „goldsträhniges Haar, Nebels Haar", des „Landes Rücken in Schatten geborgen[3])". Wie hier zugleich die Naturerscheinung des Nebels als Wesen lebendig wird, so anderwärts die Luft, der Wind, der Regen („Kind der Wolke")[4]), der Rauch. Das Naturerzeugnis, der Wein, ist der Sohn der Rebe[5]). Es nimmt nicht Wunder, daß auch, was zu Pindars dichterischem Schaffen gehört, ihm besonders lebendig wird[6]) und sich genealogisch verbindet. So sind die Musen Töchter der Mnemosyne (Erinnerung), die Lieder Töchter der Musen[7]). Zum Werk der Dichtung verbindet sich für Pindar die Muse mit Aletheia (Wahrheit), die er Tochter des Zeus nennt[8]). Die Harfe, „gemeinsames Eigentum Apollons und der Musen", regiert den Tanz; die Flöten, an heiliger Stelle gewachsen, werden „Zeugen" und Helfer beim kultischen Fest und „beschreiten den dorischen Pfad der Weisen" (des Klangs)[9]). Was unserer Zeit als Allegorie erscheinen mag, ist – häufiger und oft eindrucksvoller als bei anderen Dichtern – Pindars Geist als persönliches Wesen gegenwärtig; so z. B. Stasis (Zwietracht), Polemos (Krieg), Alalá (Kriegsgeschrei: „Tochter des Kriegs[10])"; Nika (Sieg), Fama (Gerücht)[11]). Als Töchter der Göttin des Rechts (Themis) erscheinen Eunomia (gesetzliche Ordnung), Eirene (Frieden) und Dike (Gerechtigkeit); deren Tochter wiederum ist Hesychia (Stille)[12]). In ähnlicher Weise tritt Nomos (Brauch, Gesetz) als persönliche Wesenheit auf; er ist der „König aller Sterblichen und Unsterblichen[13])". Wie Heba (Jugend) die Tochter der Hera, die Schwester der Eileithyia (Geburtsgöttin) ist und Gemahlin des Herakles wird, so sind die Horen (Jahreszeiten) Töchter des Zeus[14]). Echo (Widerhall) und Angelia (Botschaft), die Tochter des Hermes, sind göttliche Botinnen[15]). In der Vieldeutigkeit des Worts[16]) und als

---

[1]) P i 19ff., 30; iv 43f.; iv 8.
[2]) pai VI 137ff.
[3]) N ix 52.
[7]) I vi 74f.; N iv 3.
[9]) P i 1ff. – P xii 27; fr. 158.
[11]) N v 42; dazu P viii 37 – I iii 40.
[13]) fr. 143.
[15]) O xiv 21 – O viii 81f.

[3]) O iii 27; ix 59; xiii 106.
[4]) O x 3.
[6]) Siehe auch die Vergleiche S. 563f.
[8]) O x 3f.
[10]) O xii 16; N i 16; fr. 66.
[12]) O xiii 6; P viii 1f.
[14]) N i 71; vii 4; x 18; I iv 65 – O iv 2ff.
[16]) S. S. 565.

göttliches Wesen erweist sich Charis (Anmut, Huld, Dank, Liebesgabe) als bedeutsam für Pindars Stil und Gedankenwelt; seine religiöse Auffassung läßt sich erkennen aus der Art, wie Theia („Schau", auch „die Göttliche") sich ihm als „Mutter aller Werte" darstellt[1]).
Mit der sprachlichen uns stilistischen Eigenart der pindarische Siegesode hängt ihr Inhalt und ihre dichterische Form zusammen. Die Siegesgesänge enthalten – die kurzen wenigstens andeutungsweise – als bestellte Gelegenheitsdichtungen Angaben über den Ort des Wettkampfs, die Person, Heimat, Sippe des Siegers, ferner Lob, Ermahnung und Wünsche für ihn, sowie allgemeine Spruchweisheit; sie betonen Wesen und Zweck des Lieds wie auch Bedeutung und Berufung seines Schöpfers. Als kultische, ursprünglich Göttern geweihte Hymnen bringen sie, anknüpfend an die Schutzgottheiten der Wettkämpfe und an andere Götter und Heroen – zumeist solche, die mit Person, Familie, Heimat des Siegers oder auch mit der Stätte und Art des Wettkampfs in Zusammenhang zu bringen sind – mythische Erzählungen und Gebete.
So weist der pindarische Siegesgesang eine Verbindung von Lyrischem mannigfaltiger Art, Epischem, auch mit dramatischem Einschlag: Rede und Gegenrede[2]) und Gnomischem (Spruchweisheit) auf. Dabei wird der Zusammenhang der einzelnen Bestandteile bald nur angedeutet, bald breit ausgeführt; der Übergang erfolgt manchmal durch besondere Gedanken, bisweilen sprunghaft oder auch scheinbar unvermittelt. In der Ichform vorgebrachte Äußerungen sind meist als persönliche Worte des Dichters, manchmal als solche des Chors aufzufassen, selten als solche des im Festzug mitgehenden Siegers. Eine Besonderheit der Siegesgesänge ist es, daß sie bei Erzählungen nicht wie das Epos die Ereignisse in ihrer Reihenfolge, sondern gelegentlich die späteren Vorgänge zuerst, die früheren zuletzt vorbringen, manchmal zurückgreifen, auch wohl mit der Mitte beginnen und zwischen die Teile der Erzählung anderes (Lyrisches, Gnomisches, Persönliches) einschieben[3]).
Überblickt man das bis jetzt über Sprache, Stil, Form und Wesen des pindarischen Siegesgesangs Gesagte, so scheint es, daß einem Dicht-

---

[1]) O i 30 u. s. – I v 1 ff.
[2]) Vgl. z. B. O i; P iv, ix; N x.   [3]) Vgl. besonders O vii, P iv.

werk, dessen Inhalt aus so verschiedenartigen Teilen zusammen-
gesetzt ist, dessen Aufbau und Form z.T. sprunghaft und unaus-
geglichen wirkt, dessen Ausdrucksmittel durch Wortwahl, durch sich
kreuzende Bilder und Vergleiche, durch Wortstellung und Satzbau
manchmal befremdend und schwer faßlich zu sein scheinen, die einer
wahren Dichtung zukommende einheitliche Wirkung fehlen müsse.
Dem widerspricht aber der Eindruck, den man bei längerer eindrin-
gender Beschäftigung gewinnen kann. Man erkennt, daß hinter der
äußeren Schicht des Inhalts und der Form eine tiefere Schicht steht,
die dem Inhalt Wert, der Form Sinn, dem Ganzen inneren Zusammenhang zu geben vermag. Schon bei den Ausführungen über Inhalt,
Form und Wesen der Siegesgesänge zeigte sich, daß Pindars Dichtung
nicht so sehr eine darstellende, erzählende, unterhaltende wie eine
wertende ist. Was ihm unwesentlich, gering an Wert oder wertlos
erscheint, das tut er kurz ab oder übergeht es, springt so wohl auch
von einem Wesentlichen zum andern, läßt Wertvolles durch Satzbau
und Wortstellung hervortreten und gibt ihm durch die Wahl der Wörter und Wendungen, durch Bilder und Gleichnisse Glanz, Schönheit
und Tiefe. Möglichkeit und Maßstab solchen wertenden Schaffens
erwächst Pindar aus seinem Glauben an die Götter, besser noch an
das Göttliche, das sich ihm in zahllosen Gestalten und Formen offenbart und das ihm das Vorhandensein und die Wirksamkeit einer Welt
der Werte verbürgt. Diese Welt der Werte ist es, die den Kern der
ethischen Einstellung Pindars bildet und die sich als ein Stück der
nach seinem Glauben alles Edle und Gute, Echte und Gerechte um-
fassenden Wahrheit bezeugt.

Dem wertenden Charakter pindarischen Schaffens entspricht nun
auch das Wesen des einzelnen Siegesgesangs. Er ist nicht auf Schilderung der äußeren Vorgänge des Wettkampfs eingestellt; und wenn
er von der Leistung des Siegers spricht, so in dem Sinne, daß der Sieg
der Hilfe eines Gottes oder eines Heros zu danken ist, der seinen Geist
und seine Kraft in den Leib des Kämpfenden eingehen läßt. Der Dichter aber, so ist weiterhin Pindars Auffassung, kündet und deutet als
Mund der Götter dieses das Reale mit dem Mythischen vermählende
Geschehen; er schafft in seinem der Gottheit geweihten Hymnos dem
Sieger, seinem Stamm und seiner Heimat dauernden Ruhm, stellt –

weniger erzählend als durch die Darstellung wertend – göttliches und heroisches Beispiel und Vorbild vor Augen und ruft zugleich zu neuer Aretá, zu neuem hohem Streben und edlem Tun auf, das den Wert des Menschen, das Göttliche in ihm bezeugt. Pindars Glaube und Ethos, die seine Dichtung durchpulsen, sein Geist und Schöpfertum, die ihr unverwechselbare Eigenart und Form geben, sichern so seinem Werk im ganzen wie dem einzelnen Lied durch besonderes Erleben der Wirklichkeit, Tiefe der Gedanken und innere Einheitlichkeit den Rang hoher Dichtung.

Wie jedem großen schöpferischen Geist ist Pindar der Blick für das Reale nicht verschlossen; er kennt die Grenzen menschlicher Leistung und die das Sein des Menschen bestimmende, ihm durch Tod und Vergänglichkeit verhängte Tragik; doch glaubt er zugleich, daß trotz Unheil und Not immer wieder menschliches Glück aufleuchten, menschlicher Wert sich als etwas Göttliches offenbaren kann[1]). Dieser Glaube verbindet sich bei ihm mit Selbstbescheidung, mit Demut, die alles Glück, alle hohe Leistung der Huld der Gottheit zuschreibt. Daß Pindar aber nicht nur über den aus solcher Einstellung sich ergebenden Ton der Feierlichkeit, ernster Mahnung und Weisheit verfügt, daß er vielmehr auch der lärmenden Lust dionysischer Feste, der Armut und Zartheit einer Idylle sowie seinem leidenschaftlichen persönlichen Gefühl und seiner Freude am Genuß Ausdruck zu geben vermag, daß ihm gelegentlich treffender Witz und liebenswürdiger Humor zu Gebote stehen, erkennen wir aus manchen Stellen der Siegesgesänge, besonders aber aus den Fragmenten anderer Lieder, die uns das Bild des Siegeslieddichters und damit des Menschen Pindar in erfreulicher Weise vervollständigen[2]).

---

[1]) P viii 95ff.
[2]) Vgl. z.B. dith. II; O ii 27ff., fr. 95, 94 (vgl. oben S. 560).

ZEITTAFEL

J. v. Chr. G. Ereignisse, Werke

wohl
518 *Geburt Pindars*
498 P x (Hippokles aus Thessalien)
496 Sieg mit dith. in Athen
490 *Marathon*
490 P vi (Xenokrates von Akragas)
490 P xii (Midas von Akragas)
490 pai vi (Delpher nach Pytho)
nach
490 fr. 96 a b (Thrasybulos)
488? O xiv (Asopichos v. Orchome-
     nos)
486 P vii (Megakles von Athen)
485? N ii (Timodemos von Acharnai)
485? N vii (Sogenes von Aigina)
483? N v (Pytheas von Aigina)
480 *Salamis; Himera*
480 I vi (Phylakidas von Aigina)
479 *Plataiai; Theben vom Untergang
     bedroht*
478 I viii (Kleandros von Aigina)
478? I v (Phylakidas von Aigina)
476/5 *Reise nach Sizilien*
476 O xi (Hagesidamos von Lokroi
     Zephyrioi)
476 O i (Hieron von Syrakus)
476 O ii (Theron von Akragas)
476 O iii (Theron von Akragas)
476? N i (Chromios von Syrakus)
475? P ii (Hieron von Syrakus)
475? N iii (Aristokleides von Aigina)
474 *Kyme (Sieg über die Etrusker)*
474 P ix (Telesikrates von Kyrene)
474 P xi (Thrasydaios von Theben)
474? P iii (Hieron von Syrakus)

J. v. Chr. G. Ereignisse, Werke

474? O x (Hagesidamos von Lokroi
     Zephyrioi)
474? N ix (Chromios von Aitna)
474/3? I iii/iv (Melissos von Theben)
473? N iv (Timasarchos von Aigina)
472 *Tod Therons*
470 P i (Hieron von Aitna; *Ein-
     weihung der Stadt Aitna*)
470? O xiii (Ergoteles von Himera)
470? I ii (Xenokrates von Akragas)
nach
470 dith ii (Theben)
468 O vi (Hagias von Syrakus)
466 *Tod Hierons*
466 O ix (Epharmostos von Opus)
465? N vi (Alkimidas von Aigina)
464 O vii (Diagoras von Rhodos)
464 O xiii (Xenophon von Korinth)
463 pai ix (Theben nach Ismenion)
     30. 4. 463 Sonnenfinsternis
462 P iv (Arkesilaos von Kyrene)
462/1 P v (Arkesilaos von Kyrene)
460 O viii (Alkimedon von Aigina)
459? N viii (Deinias von Aigina)
458? I i (Herodotos von Theben)
nach
458 pai iv (Keos nach Delos)
457 *Oinophyta (Sieg Athens)*
456 *Aigina von Athen erobert*
454 I vii (Strepsiades von Theben)
446 P viii (Aristomenes von Aigina)
446 *Koroneia (Niederlage Athens)*
446? N xi (Aristagoras von Tenedos)
444? N x (Theaios von Argos)
nach
446 *Tod Pindars*

NACHWORT

Diese griechisch-deutsche Ausgabe der Siegesgesänge und Fragmente Pindars möchte den Weg zu einer Beschäftigung mit dem Dichter ebnen und zu einer stärkeren Wirkung seines Wesens und seiner Dichtung auf unsere Zeit beitragen.

Sie bietet den griechischen Text aus kritischer Vergleichung der neueren wissenschaftlichen Ausgaben; siehe dazu S. 527—537 „Zum griechischen Text". Daß dabei auch schon der zweite Band der Teubner-Ausgabe mit den jüngsten Fragmenten herangezogen werden konnte, verdanke ich dem Entgegenkommen von Herrn Prof. Bruno Snell, der mir Fotokopien und Druckbogen freundlich noch vor dem Erscheinen zur Einsicht überließ.

Besonderen Nachdruck aber legt unsere Ausgabe auf die Übersetzung, über deren Art und Ziel der Abschnitt „Die deutsche Form" (S. 544 ff.) Aufschluß gibt; sie erstrebt die Möglichkeit sinngemäßen, wirksamen Sprechens, die schon mehrfach in Vorträgen erprobt werden konnte.

Die Gestaltung des Anhangs, die sich wie die Einleitungen zu den einzelnen Oden und Fragmenten auf einen breiteren Leserkreis einstellen mußte, verwertet Erkenntnisse und Hinweise der reichhaltigen Literatur sowie Eindrücke und Beobachtungen bei der Beschäftigung mit dem griechischen und dem deutschen Text.

Für die gewiß nicht leichte Gestaltung des Druckbildes gilt mein Dank der Sorgfalt und Geduld der Setzer. Was den Inhalt des Buches anlangt, so habe ich Herrn Dr. Hans Färber für verständnisvolle Mitarbeit zu danken.

Kassel, im Juli 1967   Oskar Werner

DIE LIEFERBAREN TUSCULUM-BÜCHER

Zweisprachige Ausgaben antiker Autoren

Stand vom Herbst 1967

AISCHYLOS: TRAGÖDIEN UND FRAGMENTE ed. Oskar Werner. 768 Seiten.

ALKAIOS: LIEDER ed. Max Treu. 208 Seiten.

ARCHILOCHOS: SÄMTLICHE FRAGMENTE ed. Max Treu. 264 Seiten

ANTHOLOGIA GRAECA ed. Hermann Beckby 4 Bände mit zusammen 2972 Seiten

APULEIUS: DER GOLDENE ESEL edd. E. Brandt und W. Ehlers. 608 Seiten

DER ARZT IM ALTERTUM ed. Walter Müri. 508 Seiten

AUGUSTINUS: SELBSTGESPRÄCHE ed. E. Remark. 224 Seiten

CAESAR: GALLISCHER KRIEG ed. Georg Dorminger. 544 Seiten

CICERO: CATO MAIOR – DE SENECTUTE ed. Max Faltner. 200 Seiten

CICERO: AD FAMILIARES ed. Helmut Kasten. 1076 Seiten

CICERO: DE FATO ed. Karl Bayer. 168 Seiten

CICERO: AD QUINTUM FRATREM ed. Helmut Kasten. 340 Seiten

CICERO: LAELIUS ed. Max Faltner. 208 Seiten

GRIECHISCHE INSCHRIFTEN ed. Gerhard Pfohl. 248 Seiten

HERAKLIT: FRAGMENTE ed. Bruno Snell. 56 Seiten

HERODOT: HISTORIEN ed. Josef Feix. 2 Bände mit zusammen 1440 Seiten

HOMER: ILIAS vergriffen, Neuauflage in Arbeit

HOMER: ODYSSEE ed. Anton Weiher. 760 Seiten

HOMERISCHE HYMNEN ed. Anton Weiher. 168 Seiten

HORAZ: SÄMTLICHE WERKE edd. Burger-Färber-Schöne. 666 Seiten

MENANDER: DYSKOLOS ed. Max Treu. 152 Seiten

MUSAIOS: HERO UND LEANDER ed. Hans Färber. 116 Seiten

OVID: FASTI ed. Wolfgang Gerlach. 436 Seiten

OVID: LIEBESKUNST ed. Franz Burger. 192 Seiten

OVID: METAMORPHOSEN vergriffen, Neuauflage in Arbeit

PETRON: SATYRICA edd. K. Müller und W. Ehlers. 472 Seiten

PLATON: BRIEFE edd. W. Neumann und J. Kerschensteiner. 236 Seiten

PLATON: ION ed. Hellmut Flashar. 72 Seiten

PLATON: PHAIDON ed. Franz Dirlmeier. 288 Seiten

PLATON: PHAIDROS ed. Wolfgang Buchwald. 192 Seiten

POMPEJANISCHE WANDINSCHRIFTEN edd. H. Geist und W. Krenkel. 112 Seiten

PROKOP: WERKE ed. Otto Veh
> Band 1: Anekdota 328 Seiten
> Band 2: Gotenkriege 1288 Seiten

REUTERN: HELLAS. Ein Griechenlandführer. 288 Seiten

SALLUST: WERKE UND SCHRIFTEN edd. W. Schöne und W. Eisenhut. 560 Seiten

SAPPHO: LIEDER ed. Max Treu. 252 Seiten

SOPHOKLES: TRAGÖDIEN UND FRAGMENTE edd. W. Willige und K. Bayer. 1052 Seiten

TACITUS: DIALOGUS ed. Hans Volkmer. 144 Seiten.

TIBULL UND SEIN KREIS ed. Wilhelm Willige. 160 Seiten

VERGIL: AENEIS ed. Johannes Götte. 800 Seiten

XENOPHON: ERINNERUNGEN AN SOKRATES ed. Gerhard Jaerisch. 392 Seiten

Satz, Druck und Bindearbeiten:
Graphische Betriebe Dr. F. P. Datterer & Cie. Nachfolger Sellier OHG, Freising